W0072766

Werner Maser

Fälschung, Dichtung und Wahrheit über Hitler und Stalin

Meiner Frau Ingrid

in Dankbarkeit gewidmet

Werner Maser

Fälschung, Dichtung und Wahrheit über Hitler und Stalin

OLZOG

Bibliografische Information der Deutschen Bibliothek

Die Deutsche Bibliothek verzeichnet diese Publikation
in der Deutschen Nationalbibliografie:
detaillierte bibliografische Daten sind im Internet
über http://dnb.ddb.de abrufbar.

Bildnachweise:
Carell S. 451; Keystone S. 210; Koch S. 351; Nowosti S. 184, 282, 454;
Ullstein S. 454; Springer, Berlin S. 457. Alle weiteren Fotos: Archiv Maser und Privat.

ISBN 3-7892-8134-4

OLZOG Verlag GmbH, München

Internet: http://www.olzog.de

Umschlagentwurf: Gruber & König, Augsburg
Satz: Fotosatz H. Buck, Kumhausen
Druck- und Bindearbeiten: Himmer-Druck, Augsburg
Printed in Germany

VORWORT

„… die Zeiten der Vergangenheit sind uns ein Buch mit sieben Siegeln“, deklamierte Goethes Faust und fuhr belehrend fort: „Was ihr den Geist der Zeiten heißt, das ist im Grund der Herren eigner Geist, in dem die Zeiten sich bespiegeln“. Rund 1800 Jahre zuvor hatte Vergil in „Georgica 2“ ausgesprochen, was nach wie vor nicht nur für Historiker gilt, deren Aufgabe es vor allem nach den ungeheuerlichen Geschehnissen in der ersten Hälfte des 20. Jahrhunderts ist, einen Dialog zwischen den Toten und den Lebenden zu stiften: „Glücklich, wer zu erkennen vermocht' die Gründe der Dinge“.

Die in aller Welt wegen ihrer Taten und Hinterlassenschaften verfluchtesten Gipfelgestalten des 20. Jahrhunderts, Hitler und Stalin, werden in aller Zukunft im Zentrum der Geschichtsschreibung stehen. Als Hitler mir, dem knapp vierzehnjährigen Schüler, am 18. März 1936 „staatsmännisch jovial“ riet, es mir doch noch zu überlegen, ob ich denn tatsächlich einmal über Geschichte – und vor allem über ihn – schreiben wolle, was ich ihm ehrfurchtsvoll stammelnd erklärt hatte, war das noch nicht so zwingend sicher. Seit jener „historischen“ Stunde sind 68 Jahre vergangen, und die Welt von 2004 ist eine völlig andere als die von 1936. Ich habe in der Zeit rund ein Dutzend in aller Welt übersetzte Bücher über Hitler und die Folgen seines unheilvollen Wirkens geschrieben und als lehrender und schreibender Historiker – nicht selten bestürzt – zur Kenntnis nehmen müssen, wie Darstellungen sowohl ungezählter deutscher als auch fremdsprachiger Autoren über Hitler und Stalin von den eindeutig nachweisbaren Tatsachen abwichen.

In diesem Buch, das dem Diktum von Thukydides und Leopold von Ranke folgt, die Geschichte so nachzuzeichnen, wie sie „eigentlich gewesen“ ist, wird an exemplarischen Beispielen gezeigt, wie die Biographien Hitlers und Stalins, deren Wirken die Geschichte maßgeblich beeinflußt hat, – ob vorsätzlich gewollt oder nicht – gefälscht, verfremdet und phantasievoll „zeitgeistgerecht“ geschrieben worden sind.

Da die herausgestellten Urheber weit verbreiteter falscher Darstellungen den historischen Diskurs beherrschten und beherrschen, was diese für Laien – und oft nicht nur für sie – als Fachwissenschaftler von Rang erscheinen lässt, und einigen von ihnen gar eine ständige öffentliche Repräsentanz ermöglicht, sind sie es, die nicht nur der breiten Öffentlichkeit ein nicht selten extrem falsches Bild von der Geschichte vermitteln, sondern darüber hinaus auch der soliden Geschichtswissenschaft das Leben schwer machen. Daß sich unter den kritisierten und korrigierten Historikern mehrfach auch Exponenten der Zunft befinden, denen uneingeschränktes Lob für ihre Geschichtsschreibung gebührt, soweit es sich dabei nicht um Hitler und Stalin als Zentralgestalten handelt, ist ebenfalls eine unbestreitbare Tatsache.

Scharlatane, eifernde Laienhistoriker und Fälschungen „nachbetende Trittbrettfahrer“, die sich in der Zeitgeschichtsschreibung, von bestimmten Medien unterstützt, lauthals tummeln, werden nur gelegentlich – und auch da – nur am Rande erwähnt, es sei denn, die absurden Inhalte ihrer Publikationen sind weit verbreitet.

Daß dieses Buch keinen einhelligen Beifall finden wird, ist mir bewußt. Doch der Historiker, der nicht der historischen Wahrheit allein verpflichtet sein will, beschädigt sich und seine Zunft.

Werner Maser

Speyer, im Februar 2004.

INHALT

EINLEITUNG

Adolf Hitler nahm sich am 30. April 1945 das Leben, nachdem er sein „Groß-deutschland" als Trümmerfeld zurückgelassen, am 29. April um 4 Uhr früh sein Testament diktiert und seinen Selbstmord schriftlich angekündigt hatte. Doch erst am 25. Oktober 1956, rund dreieinhalb tausend Tage danach, wurde vom Amtsgericht Berchtesgaden ohne Angabe weiterer Details dokumentarisch festgehalten: „... wird festgestellt, daß Adolf Hitler, geboren am 20. April 1889 in Braunau am Inn, tot ist. Als Zeitpunkt seines Ablebens wird der 30. April 1945 15.30 Uhr" festgehalten.

Bereits diese Tatsache deutet an, daß gravierend anders mit ihm umgegangen wurde, als dies bei anderen Exponenten der Geschichte des 20. Jahrhunderts der Fall war. Stalin, Churchill, Mussolini, Roosevelt, Truman, um hier nur sie zu nennen, haben die Historiker – außer vielleicht Stalin – nicht entfernt so widersprüchlich beschäftigt wie er. Und nicht nur dies: Über keine der historischen Gipfelgestalten sind auch nur annähernd so viele Biographien, Verzeichnungen, Mutmaßungen, Behauptungen, Fälschungen und Lügen verbreitet worden wie über ihn, den Golo Mann als „widrigen Gegenstand" bezeichnete.

Johann Fischart bezeichnete 1528 Tatsachen grob verunstaltende Geschichtsdarstellungen auf dem Titel seines zweiten „Gargantua"-Druckes bereits treffend als „Geschichtsklitterung" und prägte damit einen Begriff, der in der Geschichtsschreibung leider nach wie vor zu einer – wenn auch beschämenden – Methode geworden ist.

Dieses Buch zeigt an exemplarischen Beispielen, wie die Geschichte verdreht, verfälscht wurde – und vielfach weiterhin wird, soweit sie Hitler und Stalin und die von ihnen geprägten Regime betreffen. Daß dabei nicht nur die nachweisbar falschen Darstellungen, sondern auch ihre Urheber namentlich genannt werden[1], ist eine zwangsläufige Folge. Wo zweifelsfrei nachgewiesen werden konnte, daß Fälschungen vorsätzlich vorgenommen wurden, wird auch dies nachgewiesen.[2] Angesichts der Tatsache, daß kein Historiker und erst recht kein Medienexponent von sich behaupten kann, niemals falsche Angaben hinterlassen zu haben, wobei

---

1 Angesichts der ungewöhnlich zahlreichen Verfälschungen der Geschichte kann in diesem Buch zwangsläufig nur auf die Publikationen eingegangen werden, deren Autoren über einen bemerkenswerten Bekanntheitsgrad verfügen.

2 Problematische Urteilsgrundlagen bilden Darstellungen, die nur Eckpunkte (gleichgültig ob negative oder positive) behandeln und auf diese Weise den vernünftigen Dialog zwischen den Toten und den Lebenden verhindern, den der Historiker stiften soll. Wer beispielsweise das katastrophale Ende dieser Geschichte zur ständigen Vorgabe für seine Gesamtdarstellung erhebt, muß sich den Vorwurf gefallen lassen, die Geschichte nicht so dargestellt zu haben, wie sie wirklich gewesen ist.

auch ich mich selbstverständlich nicht ausnehme[3], sind viele der Fälschungen und Irrtümer auf eine unzureichende Auswertung der maßgeblichen Quellen und Forschungsergebnisse zurückzuführen, was ebenfalls sachgerecht belegt wird.

Adolf Hitler schilderte sein Leben am 29. November 1921, vier Monate nach seiner Proklamation zum „Führer" der NSDAP, in einem als „kurzen Abriß über meine Person" deklarierten Informationsbrief an einen (namentlich nicht zu ermittelnden) Empfänger, den er mit „Lieber Herr Doktor" anredete:

„Ich bin am 20. April 1889 in Braunau a. Inn als Sohn des dortigen Postoffizials Alois Hitler geboren. Meine gesamte Schulbildung umfaßt 5 Klassen Volksschule und 4 Klassen Unterrealschule. Ziel meiner Jugend war, Baumeister zu werden und ich glaube auch nicht, daß wenn mich die Politik nicht gefaßt hätte, ich mich einem anderen Beruf jemals zugewandt haben würde. Da ich, wie Sie wahrscheinlich wissen, bereits mit 17 Jahren väterlicher- und mütterlicherseits verwaist war, im übrigen ohne jedes Vermögen dastand, mein gesamter Barbetrag bei meiner Reise nach Wien betrug rund 80 Kronen[4], war ich gezwungen, sofort als gewöhnlicher Arbeiter mir mein Brot zu verdienen. Ich ging als noch nicht 18-Jähriger als Hilfsarbeiter auf einen Bau und habe nun im Verlaufe von 2 Jahren so ziemlich alle Arten von Beschäftigungen des gewöhnlichen Taglöhners durchgemacht. Nebenbei studierte ich, soweit meine Mittel es zuließen, Kunstgeschichte, Kulturgeschichte, Baugeschichte und beschäftigte mich nebenbei mit politischen Problemen. Aus einer mehr weltbürgerlich empfindenden Familie stammend, war ich unter der Schule der härtesten Wirklichkeit in kaum einem Jahr Antisemit geworden. Schon damals jedoch konnte ich mich keiner der bereits bestehenden Parteien anschließen.

Unter unendlicher Mühe gelang es mir, mich nebenbei als Maler soweit auszubilden, daß ich durch diese Beschäftigung von meinem 20. Lebensjahr ab ein, wenn auch zunächst kärgliches, Auskommen fand. Ich wurde Architektur-Zeichner und Architektur-Maler und war praktisch mit meinem 21. Lebensjahr vollkommen selbständig. 1912 ging ich in dieser Eigenschaft dauernd nach München. Im Verlauf der 4 Jahre, vom 20. bis 24. hatte ich mich mehr und mehr mit politischen Dingen beschäftigt, weniger durch Besuch von Versammlungen als vielmehr durch gründliches Studium volkswirtschaftlicher Lehren, sowie der damals zur Verfügung stehenden gesamten antisemitischen Literatur.

---

3 Damit ist keineswegs die Identifizierung des im März 1918 in Seclin in Französisch-Flandern geborenen und aus der Soldatenliebschaft Adolf Hitlers mit der 1951 verstorbenen (Extrait d'Acte de Naissance, Année 1898, No. d'acte 521, Départment L'Aisne, de Saint Quentin) französischen Schönheitstänzerin Charlotte Lobjoie hervorgegangenen französischen Hitler-Sohnes Jean-Marie Loret gemeint. Vgl. dazu auch Maser, Werner, Adolf Hitler. Legende – Mythos – Wirklichkeit, Eßlingen und München 1971, S. 598–628, fortan zit. als Maser, Hitler. Vgl. auch Maser, Hitler, Vater eines Sohnes, in der Salzburger Universitätszeitschrift „Zeitgeschichte", H. 5, 1978, S. 173–202.

4 Eine unzutreffende Behauptung. Vgl. S. 14 ff.

Seit meinem 22. Jahr warf ich mich mit besonderem Feuereifer über militärpolitische Schriften und unterließ die ganzen Jahre niemals, mich in sehr eindringlicher Weise mit der allgemeinen Weltgeschichte zu beschäftigen.

Aktiv betätigt habe ich mich in der Politik auch in diesen Jahren nicht. Ich vermied es, irgendwo als Redner aufzutreten schon aus dem Grunde, weil keine der damals bestehenden Parteien mir innerlich irgendwie sympathisch gewesen wäre.

Auch in dieser Zeit war das letzte Ziel unverrückbar, Baumeister zu werden.

Am 5. August 1914 meldete ich mich auf Grund eines genehmigten Majestätgesuches beim 1. Bayr.Inf.Regiment zum Eintritt in die deutsche Armee. Nach einigen Tagen zurückgestellt wurde ich dem 2. Inf.Reg. überwiesen und trat am 16. August in die damals in Aufstellung begriffenen Formationen des Bayr.Res.Inf.Regt.s Nr. 16 ein. Das Regiment marschierte unter dem Namen: Regiment ‚List' als erstes Bayerisches Freiwilligen-Regiment ins Feld und empfing Ende Oktober 1914 in der ‚Schlacht an der Yser' die Feuertaufe.

Es war eines jener Freiwilligen-Regimenter, die damals im Verlaufe von wenigen Tagen oft nahezu vollständig aufgerieben wurden …

Ich blieb dauernd beim Regiment und wurde in der Schlacht an der Somme am 7. Oktober 1916 zum erstenmal verwundet (durch Granatsplitter am linken Oberschenkel) und kam am 10. Oktober 1916, am Jahrestag meines Ausmarsches, als Verwundeter zum ersten Male wieder in die Heimat.

Nach zweimonatlicher Behandlung im Lazarett Beelitz bei Berlin wurde ich im Dezember 1916 dem Ersatzbatl. 2. Inf.Reg. München überwiesen und meldete mich wieder freiwillig ins Feld. Am 1. März 1917 war ich wieder bei meinem Stammregiment …

In der Nacht vom 13./14. Oktober 1918 erhielt ich eine sehr schwere Gelbkreuzvergiftung, im Verlaufe deren ich zunächst vollständig erblindete. Ich wurde von Werwick in Flandern abtransportiert und dem Vereinslazarett Pasewalk bei Stettin überwiesen. Da meine Erblindung in verhältnismäßig kurzer Zeit wieder wich, und das Augenlicht allmählich wieder zurückkehrte, außerdem ja am 9. November die Revolution ausgebrochen war, ersuchte ich um möglichst schnelle Überführung nach München und war seit Dezember 18 wieder beim Ers.Batl. 2. Inf.Reg. Während der Räteperiode auf der Konskriptionsliste stehend, wurde ich nach Niederschlagung der roten Herrschaft in die Untersuch. Kommiss. des 2. Inf.Reg. kommandiert und von dort als Bildungsoffizier dem Schützenregiment 41 überwiesen. Ich hielt in diesem Regiment sowie in anderen Formationen nun zahlreiche Aufklärungsvorträge über den Wahnsinn der roten Blutdiktatur und konnte mit Freude erleben, daß aus den infolge der allgemeinen Reichswehrverminderung aus dieser ausscheidenden Heeresangehörigen die 1. Truppe meiner späteren Anhänger entstand.

Im Juni 1919 schloß ich mich der damals 7 Mitglieder zählenden Deutschen Arbeiterpartei an, in der ich nun endlich auf politischem Gebiet die Bewegung gefunden zu haben glaubte, die meinem Ideal entsprach. – Heute ist die Zahl ihrer Anhänger in München allein auf über 4 ½ Tausend gewachsen, und ich darf mit Stolz wohl einen großen Teil aus dieser Arbeit mir zuschreiben."[5]

Nicht alle Angaben entsprachen den Tatsachen, was zur Folge hatte, daß Publizisten und Hitler-Biographen die an die Öffentlichkeit gelangten falschen Angaben übernahmen und jahrzehntelang Unwahrheiten verbreiteten. Den Grundstein für die anrührende und effektvoll wirkende Legende vom einstigen armen Tagelöhner und notleidenden Hilfsarbeiter hat Hitler selbst gelegt. Falsch waren Hitlers Angaben über den Beruf seines Vaters, der nicht „Postoffizial", sondern Zollamtsoberoffizial (heute: Oberamtmann) mit einem Jahresgehalt von 2.600 Kronen gewesen ist.[6] Nicht zutreffend ist, daß er „vier Klassen Unterrealschule" besucht habe. Die Schulen, in die er in Linz und Steyr ging, waren die „Staats-Realschule" in Linz und die „Oberrealschule" in Steyr.[7] Unzutreffend war auch die Behauptung, daß er in Wien, wo er von Februar 1908 bis Mai 1913 lebte, anfänglich aus finanzieller Not gezwungen gewesen sei, seinen Lebensunterhalt als Hilfs- und Bauarbeiter zu bestreiten. Er, der 1908 von seiner Tante Johanna Pölzl 1.304 Kronen geerbt hatte, erhielt monatlich 58 Kronen aus dem väterlichen Erbteil und 25 Kronen „Waisenpension", auf die er im April 1911 zugunsten seiner Schwester Paula[8] von sich aus verzichtete. In Wien, wo er für ein Zimmer monatlich durchschnittlich 10 bis 15 Kronen Miete zahlte, konnte er von seinem 19. bis 24. Lebensjahr ebenso wie von Mai 1913 bis August 1914 in München[9] ein sorgloses Leben als lediger Bonvivant führen. Ihm standen von Februar 1908 bis Mai 1913 insgesamt 6.023 Kronen steuerfrei zur Verfügung, was heißt, daß er monatlich jeweils über mehr als 95 Kronen verfügte, wozu noch erhebliche und ebenfalls nicht versteuerte Beträge aus dem Verkauf seiner Bilder kamen, die er entweder selbst verkaufte oder von einem von ihm bezahlten jungen Mann namens Reinhold Hanisch verkaufen ließ.[10] Ein Lehrer erhielt in den ersten fünf Dienstjahren zu der Zeit in Wien monatlich 66 Kronen, ein am

---

[5] Abschrift (Maschinenschrift vom 26. August 1941). Links unten befindet sich ein Stempel des Hauptarchives der NSDAP und unter „F.d.R. der Abschrift" der (nicht zweifelsfrei zu entziffernde) Name Richter. Ehemaliges Hauptarchiv der NSDAP, Bundesarchiv Koblenz, NS 26/17 a. Vgl. auch Der Spiegel (Titelserie) ab 2. April 1973: „Hitler 73: Grüße Ihres A.H." mit differenzierten Maser-Kommentaren. Hitlers Angaben über die ihm während des Ersten Weltkrieges verliehenen Tapferkeitsauszeichnungen wurden hier ausgeklammert. Vgl. dazu jedoch S. 405.

[6] Vgl. Maser, Werner, Die Frühgeschichte der NSDAP. Hitlers Weg bis 1924, Frankfurt 1965, S. 52; fortan zit. als Maser, Frühgeschichte.1889, als Hitler geboren wurde, war sein Vater Zollamtsoffizial.

[7] Vgl. Maser, Frühgeschichte, S. 53 und Maser, Hitler.

[8] Bezirksgericht Linz, Abt. V, 4. Mai 1911, Az.: PV 49/3 – 24. Dank der Erklärung Hitlers vor dem Wiener Bezirksgericht Leopoldstadt, daß er in der Lage sei, „sich selbst <zu> erhalten", weshalb er auf die „Waisenpension" zugunsten seiner Schwester Paula verzichtete, erhielt Paula Hitler bis April 1920, bis zu ihrem 24. Lebensjahr, monatlich 50 Kronen „Waisenpension", was ihr nicht nur ermöglichte, sorglos die Oberschule zu besuchen und ihr Abitur abzulegen.

[9] Vgl. S. 75.

[10] Vgl. Maser, Hitler (18. Aufl.) S. 96, 117, 141, 285, 310, 553, 616, 627.

Gericht tätiger Jurist nach einjähriger Beschäftigung 70 Kronen, ein Postangestellter 60 Kronen und ein k. u. k.-Supplent (Assessor) an einer Realschule 82 Kronen. Benito Mussolini, der 1909 als Chefredakteur des „L'Avvenire del Lavoratore" in dem damals österreichischen Trient lebte und zugleich auch Sekretär der Sozialisten der Arbeitskammer war, erhielt für beide Tätigkeiten zusammen 120 Kronen.

Hitler, der sich im Mai 1913, als er noch mit unverheirateten Beamten, ausgedienten österreich-ungarischen Offizieren, Künstlern und auch Tagedieben im Männerheim in der Wiener Meldemannstraße wohnte, von der Linzer Waisenkasse 819 Kronen plus Zinsen ab 1. Januar 1913 überweisen ließ[11], die sein Leondinger Vormund Mayerhofer dort für ihn verwaltet hatte, ging es auch in München in finanzieller Hinsicht so gut wie in Wien, so daß er auch da auf jede bezahlte Tätigkeit verzichten konnte. Daß er wie zuvor in Wien weiterhin systematisch zeichnete und malte und seine Bilder verkaufte, entsprang keineswegs einem Zwang, einem „Broterwerb" nachgehen zu müssen. Allein schon von den 819 Kronen, die dem Jahresgehalt eines Studienrates entsprachen, da Hitler nach dem Barumtausch der Kronen in Mark keine Steuern für diesen Betrag zu zahlen brauchte, konnte er die 14 Monate bis zu seinem freiwilligen Eintritt in die deutsche Armee – beim Beginn des Ersten Weltkrieges – ohne finanzielle Sorgen leben, zumal er auch da – wie bis 1913 in Wien – zusätzlich über nennenswerte Schwarzeinnahmen aus Bilderverkäufen verfügte, problemlos seinen spezifisch pointierten autodidaktischen Studien nachgehen und auch weiterhin tun und lassen, was er wollte.[12]

Kaum ein anderes „Problem" aus der Frühzeit Hitlers ist seit jeher so oft und so falsch dargestellt worden wie seine finanziellen Verhältnisse und seine Lebensphase nach dem Tod seiner Mutter – bis zum Ausbruch des Ersten Weltkrieges.

Hitlers Darstellung in „Mein Kampf[13]", daß er bereits 1912 von Wien nach München gegangen sei[14], ist falsch. Er siedelte nicht 1912, sondern als Wehrdienstflüchtling erst 1913 von Österreich nach Deutschland um, nachdem die Linzer „Waisenkasse" ihm den oben genannten Geldbetrag überwiesen hatte. Und er war nach der Niederwerfung der kommunistischen Räte in Bayern 1919 auch nicht „Bildungsoffizier", sondern „V-Mann", „Vertrauensmann" des für die Politik in Bayern maßgeblichen bayerischen Militärs, das ihn allerdings als Redner für die Versammlungen der von der Front heimkehrenden Soldaten eingesetzt

[11] Maser, Hitler, S. 92 f.

[12] Vgl. Maser, Frühgeschichte, S. 80 f. und 482.

[13] Hitler, Mein Kampf, 469.–473. Aufl., München 1939, S. 138, fortan zit. als Hitler, Mein Kampf.

[14] Am 9. April 1938, nach dem Anschluß Österreichs, behauptete er in einer Rede in der Wiener „Nordwestbahnhalle" gar, als „Knabe" von Wien nach München gegangen zu sein, was offenbar „Gottes Wille" gewesen sei. „Ich glaube", sagte er, „daß es auch Gottes Wille war, von hier einen Knaben in das Reich zu schicken, ihn groß werden zu lassen, ihn zum Führer der Nation zu erheben, um es ihm zu ermöglichen, seine Heimat in das Reich hineinzuführen". NS-Briefe. Schulungsblätter der NSDAP im Rhein-Main-Gebiet, Dez.-Ausg., Frankfurt 1938. S. 402. 1913 war der „Knabe Hitler" immerhin 24 Jahre alt.

Bei allen Eingaben ist nachstehende Geschäftszahl anzugeben.

Geschäftszahl O V 49/13 29

Die Barschaft wird durch die Post übersendet.

Ausfolgung des in der gemeinschaftlichen Waisenkasse erliegenden Vermögens

Dem k. k. ~~Haupt~~-Steuer- als kumulativen Waisenamte Linz

~~der k. k. Finanz- und gerichtlichen Depositenkasse des~~ — Bezirkes in Wien wird aufgetragen, das für

d— am 20/4. 1889 geborene—, durch

zur Eigenberechtigung gelangten Adolf Hitler

aus Linz in der kumulativen Waisenkasse laut Passiv-

Kontobuch Linz B. II fol. 328/1429

verrechnete Guthaben im Betrage von 819 K 98 h mit Worten

nebst Zinsen hievon seit 1/1. 1913

in Ausgabe zu stellen und an H. Adolf Hitler

Kunstmaler in Wien

XX. Meldemannstr. 27

Zur Nachricht: Die Partei hat die ihr zugestellte Ausfertigung des Erfolglassungsbeschlusses beim Vollzuge der Erfolglassung vorzuweisen; die Ausfertigung wird vom Amte (der Kasse) mit der Anmerkung des Vollzuges versehen und der Partei zurückgestellt.

Ueber die erfolgte Barschaft ist dem Waisenamte eine Empfangsbestätigung zu übergeben.

Dem Waisenamte nicht bekannte Personen haben ihre Idendität durch zwei dem Amte bekannte Zeugen (beim k. k. Civilgerichtsdepositenamte in Wien allenfalls durch nur einen Zeugen und geeignete Legitimationspapiere) nachzuweisen.

Die Erfolglassung eines den Betrag von 1000 K nicht übersteigenden Bardeposits kann vom Waisenamte mittels Postanweisung bewerkstelligt werden, wenn die bezugsberechtigte Partei zu diesem Behufe die Erfolglassungsbelege (Empfangsbestätigung, Erfolglassungsbeschluß) vorlegt.

Die über Guthaben in der gemeinschaftlichen Waisenkasse ausgefertigten Einschreibbüchel sind bei der Behebung des Guthabens abzugeben.

Für die aus der Kasse des Waisenamtes erfolgten Barschaften ist außer dem Falle eines gesetzlichen Befreiungsgrundes eine Verwahrungsgebühr zu entrichten, deren Berechnung und Einhebung dem Waisenamte zusteht.

Verl. a. Streitf. Nr. 119 (Ausfolgung des in der gemeinschaftlichen Waisenkasse erliegenden Vermögens § 217 Verl. Pat.)

— als ausgewiesenen Bevollmächtigten d —

auszufolgen — und an das k. k. Haupt-Steueramt — Civilgerichts-depositenamt — die k. k. Finanz- und gerichtliche Depositenkasse des Bezirkes in Wien, welche hiemit zugleich um Ausfolgung an die obgenannte Partei ersucht wird, zu übersenden

K. k. -Gericht

Abteilung

Zustellungsverfügung:

Beschluß 1. dem Haupt-Steuer- als Waisenamte — der Finanzkasse

2. dem Haupt-Steueramte

Civilgerichtsdepositenamt —

Finanzkasse des Bezirkes in Wien durch

Steueramt — Finanzkasse hier zu übersenden.

3

Anweisung des Linzer k.k. Bezirksgerichts vom 16. Mai 1913, dem von 1908 bis Ende Mai 1913 durchgehend in Wien lebenden Kunstmaler Adolf Hitler sein bei der gemeinschaftlichen Waisenkasse vorhandenes Barvermögen von rund 819 Kronen plus Zinsen ab 1. Januar 1913 „mittels Postanweisung" auszuzahlen. *Dok-Kopie: Archiv Maser.*

hatte.[15] Daß er sich der „Deutschen Arbeiter-Partei“ (der Vorgängerin der NSDAP) im Juni 1919 angeschlossen habe, stimmte ebenfalls nicht. Er wurde erst im September 1919 Mitglied der DAP.[16] Ebenso unzutreffend war, daß er der DAP als Mitglied Nr. 7 beigetreten sei. 1919 hatte er die Mitglieds-Nr. 555[17], seit dem 26. Juli 1921 die Nummer 3680.[18]

Nach dem Nürnberger Prozeß und seinen zwölf amerikanischen Nachfolgeverfahren dominierten in den Publikationen das kämpferische Pathos, die terminologische Unbefangenheit, die drastisch schwarzweiß malende, von Abscheu und undifferenziertem Antifaschismus bestimmte Wertung. Daß Alan Bullock eine Zeit lang einen großen Erfolg mit seiner in Deutschland erstmals 1953 erschienenen Hitler-Biographie hatte, hing nicht zuletzt mit der Tatsache zusammen, daß sich zu Beginn der fünfziger Jahre eine Versachlichung, Verwissenschaftlichung durchzusetzen begann. Aber erst eigentlich zu Beginn der sechziger Jahre, in denen sich eine neue Historikergeneration zu Wort meldete, erschienen die ersten Untersuchungen zu Hitler, zur NSDAP und zum Nationalsozialismus, die historiographischen Ansprüchen gerecht wurden. Sie ließen nicht nur deutlich werden, daß es sinnlos und falsch ist, Hitler und seine Folgen wortlos zu den Akten zu legen, sondern bewiesen auch, wie wichtig es ist, Hitler unbefangen aus den Primärquellen darzustellen.

Von Hitler-Biographien ausgewertet wurden in den sechziger Jahren die bis dahin publizierte und vornehmlich von Memoiren aus Hitlers Umgebung dominierte Literatur – wie beispielsweise „12 Jahre mit Hitler“ von Otto Dietrich (1955), „The Missing Years“ von Ernst Hanfstaengl (1957), „Mit Hitler Meldegänger 1914–1918“ von B. Brandmayer (1940), „Im Angesicht des Galgens“ von Hans Frank (1953), „Hitler Was My Friend“ von Heinrich Hoffmann (1955), „Mit Adolf Hitler auf Festung Landsberg“ von Hans Kallenbach (1933), „Ich habe Adolf Hitler verbrannt“ von Erich Kempka (1950), „Adolf Hitler, mein Jugendfreund“ von August Kubizek (1953), „I Knew Hitler“ von Kurt Luedecke (1938), „Staatssekretär unter Ebert-Hindenburg-Hitler“ von Otto Meissner (1950), „Adolf Hitler im Felde 1914–1918“ von Hans Mend (1931), „Mit Adolf Hitler im Bayer. Reserve-Infanterie-Regiment 16 List“ von Adolf Meyer (1934), „Geschichte eines Hochverräters“ von Ernst Röhm (1933), „Letzte Aufzeichnungen“ von Alfred Rosenberg (1955) und „Hitler und ich“ von Otto Strasser (1948).

Hitlers Reden, sein 1925 erstmals erschienenes Buch „Mein Kampf“ und sein 1961 veröffentlichtes „Zweites Buch“ gehörten ebenso zu den Vorlagen und Quellen wie die Hitler-Biographien von Konrad Heiden (1936/37), Walter Görlitz und

[15] Maser, Frühgeschichte, S. 132 ff.
[16] Vgl. ebenda, S. 166 f.
[17] Vgl. das Dok. S. 19.
[18] Vgl. Maser, Hitler, S. 297.

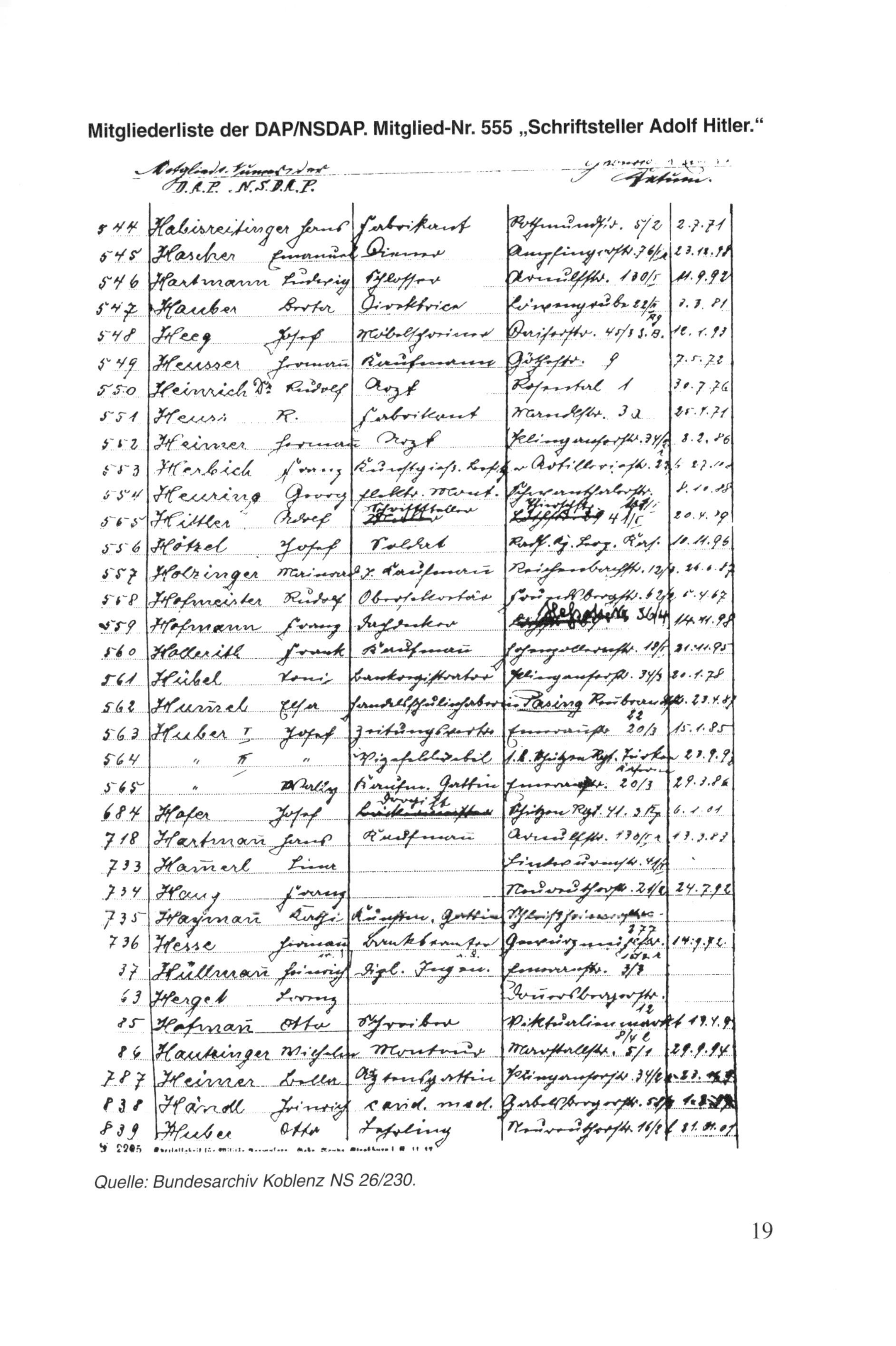

Mitgliederliste der DAP/NSDAP. Mitglied-Nr. 555 „Schriftsteller Adolf Hitler."

Quelle: Bundesarchiv Koblenz NS 26/230.

Herbert A. Quint (1952), Alan Bullock (1953) und Helmut Heiber (1960) sowie die von Henry Picker herausgegebenen Tischgespräche[19], die von Trevor-Roper 1959 herausgegebenen sogenannten Bunkeraufzeichnungen Martin Bormanns von Februar bis April 1945, die von Helmut Heiber editierten Lagebesprechungen, Walter Hubatschs, „Hitlers Weisungen für die Kriegführung“, seine Unterredungen mit ausländischen Staatsmännern, Diplomaten und Militärs (Andreas Hillgruber), die von Max Domarus zusammengetragenen Hitler-Reden von 1932–1945, Percy Ernst Schramms „Erkenntnisse und Erfahrungen aus dem Kriegstagebuch des Oberkommandos der Wehrmacht“, das dreibändige Kriegstagebuch des Generaloberst Franz Halder, des Chefs des Generalstabes des Heeres und die 1947 publizierten Dokumentenbände über den „Nürnberger Prozeß gegen die Hauptkriegsverbrecher vom 14. November 1945 – 1. Oktober 1946“.

Der 1947 geborene Politologe Werner Weidenfeld konstatierte 1990, daß in den sechziger Jahren die „jeweils eigene Schuld, und sei es auch in Form des geleugneten Mitwissens derjenigen, die den Nationalsozialismus noch miterlebt hatten, und der ganze verdrängte Komplex der Naziverbrechen … schmerzhaft in Erinnerung gerufen … <und> in der Geschichtsforschung ein Paradigmenwechsel eingeläutet“ worden seien. „Bis dahin gültige und verbreitete Deutungen der Vergangenheit und Methoden der Geschichtsforschung erfuhren weitreichende Umbewertungen und Wandlungen“[20], stellte er unter Verzicht auf die Nennung der bis dahin erschienenen wichtigsten Fachpublikationen und Autoren fälschlich

---

19 Seit dem Beginn des deutsch-sowjetischen Krieges wurden Hitlers Tischgespräche (Monologe) im Führerhauptquartier vom 5. Juli 1941 bis 12. März 1942, vom 1. August bis 7. September 1942 und vom 13. Juni 1943 bis 30. November 1944 von Heinrich Heim (Jurist, seit 1920 mit Hitler bekannt und NSDAP-Mitglied mit der Mitgliedsnummer 1.782, von Ende 1939 – Herbst 1942 Adjutant Martin Bormanns) aufgezeichnet. Der Oberregierungsrat Henry Picker, den Hitler ebenfalls seit längerer Zeit persönlich kannte, vertrat Heim auf Bormanns Veranlassung „als Protokollant“ von März bis Juli 1942, da Heim mit Hitlers Zustimmung zu der Zeit als Berater für eine Ausstellung des von Heim entdeckten Malers Karl Leipold im „Haus der Kunst“ fungierte. Am 14. November 1953 erklärte Heim schriftlich (Kopie im Besitz des Autors – aus der Hand Heinrich Heims), daß die Aufzeichnungen keineswegs immer wortgetreu wären, da seine stenographischen Fertigkeiten dazu nicht ausreichten und Hitler ja nicht sehen durfte, daß er (Heim) sich Notizen machte. Zudem habe er, der als Bormann-Adjutant regelmäßig Hitlers Tischgast war und häufig auch an den nächtlichen „Tee“-Stunden Hitlers teilnehmen durfte, von den Äußerungen Hitlers während des „Tees“ „kein Wort“ festhalten können. „… alles das“, schrieb er, „ist aus der Erinnerung am nächsten Tag einer der Sekretärinnen des Reichsleiters <Bormann> in die Maschine diktiert.“ „Ich habe“, so ergänzte er, „nichts niedergelegt, von dem ich nicht sicher war, es recht mitbekommen und deshalb inhaltlich richtig zitiert zu haben“. Diesem Ausspruch Heims kann nicht widersprochen werden. Im Gegensatz zu den Originalaufzeichnungen Heims fehlen in den oft zitierten Übersetzungen zwangsläufig gelegentliche mundartliche Hitler-Wendungen wie beispielsweise „Bazi“ und „Sauhändel“ und die typischen NS-Vokabeln (vgl. dazu auch Gruchmann, Lothar, Hitler über die Justiz. Das Tischgespräch vom 20. August 1942, in Vierteljahrshefte für Zeitgeschichte, H. 12/1964, S. 86 ff.), wodurch ihnen häufig Lebendigkeit und Anschaulichkeit verlorengeht. Deutsche Ausgaben: Heim, Heinrich, Adolf Hitler. Monologe im Führer-Hauptquartier 1941–1944. Hrsg. Jochmann, Werner, Hamburg 1980 (fortan zit. als Heim, Monologe) und Picker, Henry, Tischgespräche, Stuttgart 1963, zit. 2. Aufl., 1965.

20 Hier genügt der Hinweis auf die in den dreißiger Jahren erschienenen Publikationen des Hitler-Biographen Konrad Heiden und der Veröffentlichungen unter anderem von Carl von Ossietzky, Kurt Tucholsky, Sigurd Neumann, Weigand von Miltenberg, Ernst Niekisch und Theodor Heuss. Vgl. dazu S. 90 ff.

fest, die den Sachverhalt bereits eineinhalb Jahrzehnte vor seiner Geburt in mancher Hinsicht mehr als nur ansatzweise zur Diskussion gestellt hatten.[21]

Drei Jahrzehnte nach Hitlers Tod boomte eine „Hitler-Welle" nicht nur in Deutschland. Im Herbst 1972 registrierte der amerikanische Buchhandel 19 neue Hitler-Titel. „Der Führer wird von Mal zu Mal größer an den Kiosken und in den Buchläden Amerikas", meldete der New Yorker „National Observer". Filme („The Producer") und Theaterstücke („Hitler Dances") über Großdeutschlands Führer begeisterten das Publikum. Der Titel einer Film-Komödie gab dem bizarren Hitler-Kult einen Namen: „Springtime for Hitler" – Frühling für Hitler.

In England, Dänemark, Schweden und Italien erschienen Neuauflagen von „Mein Kampf". Verlage in Slowenien, in den Niederlanden, in den USA, in Großbritannien, Frankreich, Japan, Finnland und Spanien verlegten Übersetzungen der Hitler-Biographie „Adolf Hitler. Legende – Mythos – Wirklichkeit."[22] In den USA, Italien, Großbritannien und Japan erschienen zusätzlich „Hitlers Briefe und Notizen"[23] mit dem hier vorweg zitierten Hitler-„Aufriß über meine Person". Das Florentinische Teatro Laboratorio dramatisierte das Hitler-Buch. Das Scheichtum Adschman am Persischen Golf druckte eine Briefmarke mit Hitlers Porträt. Die englische Film- und Fernsehindustrie präsentierte Filmproduktionen über Hitler. 26 Folgen bereitete die BBC vor. ITV strahlte eine Sendung mit dem Titel „The Death of Adolf Hitler" aus. Wolfgang Reinhardt drehte mit Sir Alec Guinnes das monströse Lichtspiel „Hitler – The last ten days" – und der „Daily Mirror" spottete: „It's Oscar Time for Adolf."

SED-Ideologen behaupteten 1960 wahrheitswidrig in einem in (Ost-)Berlin erschienenen Pamphlet „SS im Einsatz" (Herausgeber: „Komitee der Antifaschistischen Widerstandskämpfer in der Deutschen Demokratischen Republik"), daß die in ihren Fälschungslaboratorien produzierte und auf der nächsten Seite abgebildete Münze 1954 in Rheinland-Pfalz geprägt und in den Handel gebracht worden sei.

Extreme Verzeichnungen der Zeitgeschichte und Lobpreisungen Hitlers blieben nicht aus, nachdem beispielsweise die Franzosen Paul Rassinier 1948 „Die Lüge des Odysseus" und Maurice Bardèche, der Schwager des hingerichteten französischen Kollaborateurs Robert Brasillach, sein Pamphlet „Nürnberg oder das gelobte Land" veröffentlicht hatten, oder der Amerikaner David L. Hoggan 1961 seine geschichtsverfälschende Publikation „Der erzwungene Krieg"[24] und Udo

---

21 Weidenfeld, Werner, Geschichtsbewußtsein der Deutschen. Die Gegenwart der Vergangenheit, in: Deutschland zwischen Krieg und Frieden. Beiträge zur Politik und Kultur im 20. Jahrhundert, Bundeszentrale für politische Bildung, Bd. 295, Bonn 1990, S. 446.

22 Eßlingen und München 1971 ff; fortan zit. als Maser, Hitler.

23 Maser, Werner, Hitlers Briefe und Notizen. Sein Weltbild in handschriftlichen Dokumenten, 1. Aufl. Düsseldorf 1973 ff., 10. deutsche Neuauflage, Graz 2002.

24 Hoggan zitierte zwar authentische Quellen und wissenschaftliche Forschungsergebnisse, verfälschte sie jedoch häufig, indem er Passagen unterschlug, die seiner Rechtfertigung Hitlers und dessen Politik widersprachen und dichtete andererseits Passagen hinzu, wodurch die in den Original-Dokumenten und vorhan-

Dieser „Opferpfennig", so hieß es in der SED-Schrift, „wurde 1954 in Rheinland-Pfalz herausgegeben und vertrieben".

Walendy 1964 seine Geschichtsklitterung „Wahrheit für Deutschland – Die Schuldfrage des 2. Weltkrieges".[25]

Obwohl der Zweite Weltkrieg erst kurz zuvor ein Ende gefunden hatte und die Wunden, die er geschlagen hatte, noch nicht einmal vernarbt waren, blieben Hitler und das NS-Regime in der Bundesrepublik Deutschland keineswegs Tabu-Themen. Als das Allensbacher Institut für Demoskopie 1950 sorgfältig ausgewählte Probanden beispielsweise fragte, „welcher große Deutsche hat Ihrer Ansicht nach am meisten für Deutschland getan?", nannten rund 10% Adolf Hitler. Bis 1952 lag er in der „Gunst" der Westdeutschen immer noch – hinter Otto von Bismarck – vor Konrad Adenauer und Friedrich dem Großen.[26] 1966 allerdings „votierten" nur noch 2% für ihn. 44% entschieden sich für Adenauer, der von 1949 bis 1963 erfolgreicher Bundeskanzler war.[27] Daß es für Deutschland besser wäre, wenn es „keine Juden im Land" gäbe, hatten im Dezember 1952 37% der Bundesbürger gemeint. Im April 1956 waren es 29% und im März 1965 19%.[28] Im Mai 1958 waren 46% und im Januar 1960 78% der Auffassung gewesen, daß Personen, die sich „antisemitisch betätigten", „von den Gerichten bestraft" werden sollten.[29] Daß Deutschland den Zweiten Weltkrieg verschuldet habe, hielten im Oktober 1951 32%, im Mai 1955 43% und im Mai 1959 50%

denen wissenschaftlichen einwandfreien Forschungsergebnissen enthaltenen Feststellungen gelegentlich ins Gegenteil verkehrt wurden.

25 Die revisionistisch orientierten Autoren urteilten so zielgerichtet einseitig, wie die Siegermächte es beispielsweise während des Nürnberger Prozesses getan hatten, in denen gegenseitige Aufrechnungen oder Vergleiche mit eigenen Kriegsverbrechen grundsätzlich nicht zugelassen worden waren.

26 Noelle, Elisabeth und Neumann, Erich Peter, Hrsg., Jahrbuch der Öffentlichen Meinung 1965–1967, Allensbach und Bonn 1967, S. 144. Fortan zit. als Noelle-Neumann und jeweilige Jahrbuch-Ausgabe.

27 Ebenda.

28 Ebenda, S. 96.

29 Vgl. ebenda, Jahrbuch 1958–1964, S. 235.

für erwiesen.[30] Noch im Oktober 1952 antworteten 42% der Probanden auf die Frage, wann es nach „ihrem Gefühl" Deutschland in „diesem Jahrhundert" am „besten gegangen" sei: „Zwischen 1933 und 1939". 1959 waren es 18% und im Dezember 1963 immer noch 10%.[31]

Die politischen Erfolge Adenauers und das zunehmende internationale Ansehen der Bundesrepublik Deutschland in den zwei Jahrzehnten nach dem Ende des Zweiten Weltkrieges führten in mancher Hinsicht zu Meinungsänderungen, doch das Bedürfnis nach Publikationen, die Hitler und das NS-Regime der Verdammung entzögen, versiegte nicht.

Daß diese Publikationen erschienen und auch Leser fanden, lag nicht nur daran, daß die Generation noch fest im Leben stand, deren großer Teil sich bis 1945 mit Hitler identifiziert hatte und nun sowohl nach Rechtfertigungsvariationen als auch nach Aufrechnungs- und Anklagemodellen gegen die Siegermächte suchte, die mit Deutschland und dessen Geschichte nicht besonders sensibel umgegangen waren. In den USA waren von 1941–1945 105 deutschfeindliche Filme produziert[32] und auch gezeigt worden. Deutschland hatte die deutschen Landesteile bis zur Oder-Neiße-Linie an die Sowjetunion und an Polen abtreten müssen, war in 4 Besatzungszonen aufgeteilt worden und jahrelang von den Entscheidungen der Siegermächte abhängig. Tausende deutsche Spezialisten jedweder Art waren zur Zwangsarbeit (zum Teil bis 1955) ebenso in die Sowjetunion transportiert worden wie deutsche kriegsgefangene Offiziere – unter denen sich auch der Autor befand –, Unteroffiziere und Mannschaften, die sich in amerikanischen Kriegsgefangenenlagern in Frankreich befanden und Anfang 1946 den Sowjets übergeben und in das zu der Zeit mit über 15.000 „Internierten" belegte „Sonderlager" Sachsenhausen eingewiesen wurden. Noch im Jahre 2002 heißt es in einem im Nationalarchiv Washington befindlichen Dossier lapidar: „During month of January 1946 a transport was formed in ATTICHY which was to bring all released German prisoners living in the Russian Zone to the U.S.-Russian border where they were to be turned over to the proper authorities. Upon boarding the Russian train German policemen took away all U.S. discharge papers from the prisoners ‚for the purpose of the registration'. Officers were separated from enlisted men and sent to camp in ERFURT. At ERFURT source met a former friend, a Doctor, who told him no officer who had ever gone through the camp in ERFURT had come home. All transports were directed to former concentration camp in

30 Ebenda, S. 233.

31 Ebenda, Jahrbuch 1968–1973, S. 209.

32 Details: Seminar für Theaterwissenschaft/Kulturelle Kommunikation, Humboldt-Universität Berlin (Prof. Dr. Mühl-Benninghaus). Zu den wichtigsten Produzenten der antideutschen („Anti-Nazi"-)Filme gehörten vor allem die polnischen jüdischen Brüder Jack und Harry Warner und die Disney-Studios, die mit Regierungsgeldern äußerst bösartige und die Geschichte – teilweise – schlimm verunstaltende „Anti-Nazi"-Filme auf Trickfilm-Ebene herstellten. Vgl. hierzu auch Wolfschlag, Claus M., Horrorwesen, Angstprojektion, Stereotyp. Die Figur des „Nazis" im phantastischen Film, in: Sechzehnte Etappe, Bonn, Jan. 2001/Dez. 2002, S. 65 ff.

ORANIENBURG. Source then met another former acquaintance who warned him not to stay in ERFURT, but to escape immediately, as all former officers, no matter in what physical condition they were, would be deported to Russia. The POWs were told they were going to ORANIENBURG the next day ‚for registration'."[33]

Übersetzung: „Im Januar 1946 wurde ein Transport in Attichy <in Frankreich> zusammengestellt, welcher alle entlassenen deutschen Gefangenen[34], die in der russischen Zone ihren Wohnsitz hatten, an die amerikanisch-russische Zonengrenze bringen sollte, wo sie den zuständigen <russischen> Behörden übergeben werden sollten. Beim Einsteigen in den russischen Zug nahmen ihnen deutsche Polizisten alle amerikanischen Entlassungspapiere ab, mit der Begründung einer Registrierung.[35] Die Offiziere wurden von den <Unteroffiziers- und Mannschaftsdienstgraden> anderen aufgelisteten Männern getrennt und in ein Lager in Erfurt gebracht. Dort traf der Zeuge einen früheren Freund, einen Arzt, der ihm sagte, daß keiner, der jemals durch dieses Lager gegangen sei, nach Hause zurückgekehrt sei. Alle Transporte würden in ein weiteres Lager in Oranienburg[36] geleitet werden. Der Zeuge traf dann einen weiteren Bekannten, der ihn warnte, nicht in Erfurt zu bleiben, sondern so schnell wie möglich aus Erfurt zu fliehen, da alle weiteren Offiziere, gleichgültig in welchem gesundheitlichen Zustand sie sich befanden, nach Rußland deportiert würden. Den Kriegsgefangenen wurde gesagt, dass sie am darauffolgenden Tag <lediglich> zum Zweck einer Registrierung nach Oranienburg fahren würden."

Abertausende von ihnen verloren ebenso ihr Leben wie ungezählte in den von den Sowjets in der SBZ eingerichteten „Sonderlagern" Fünfeichen, Sachsenhausen, Weesow, Berlin-Hohenschönhausen, Ketschendorf, Frankfurt/Oder, Jamlitz/Lieberose, Bautzen, Torgau, Mühlberg/Elbe und Buchenwald.[37] Allein in

---

33 RG 319/270/A/19/5 Box 34. Army Staff CIC-Collection IRR Case Files: Impersonal Records 1940–1976. Vgl. Morré, Jörg, Speziallager des NKWD, Brandenburgische Landeszentrale für politische Bildung 1997, S. 63 ff.

34 Keiner der Kriegsgefangenen war entlassen worden. US-Soldaten kolportierten vor dem Transport das Gerücht, daß alle Gefangene, die ihren Wohnsitz in der sowjetischen Zone hätten, „nach Hause" gebracht werden würden.

35 Unter den sogenannten „Entlassungspapieren" befanden sich auch die amerikanischen Sold-Bescheinigungen für Offiziere, die den ihnen zugesicherten Sold jedoch niemals erhielten.

36 Oranienburg = SU-Sonderlager 7, Sachsenhausen. Vgl. dazu auch Maser, Werner, Heinrich George. Mensch aus Erde gemacht, Berlin 1998.

37 Bei den Lagern Buchenwald, Sachsenhausen und Jamlitz beispielsweise handelte es sich um ehemalige Konzentrationslager aus der NS-Zeit, in denen von den Sowjets eine ganze Anzahl einstiger KZ-Häftlinge weiterhin inhaftiert blieben. Fünfeichen und Mühlberg waren ehemalige Kriegsgefangenenlager, Bautzen und Torgau Strafanstalten. Nach sowjetischen Angaben gab es zwischen 1945 und 1950 zehn „Internierungslager" in der SBZ und DDR mit 122.671 internierten Deutschen, von denen 14.202 dem Ministerium des Innern und damit der Gerichtsbarkeit übergeben wurden. 12.770 wurden in die UdSSR zur Zwangsarbeit transportiert, 6.680 als „Kriegsgefangene" in Kriegsgefangenenlagern festgehalten. Vgl.: Denkschrift des Innenministeriums der UdSSR, Deutschland-Archiv 23 (1990), S. 1804 ff.

Sachsenhausen verstarben zwischen 1945 und 1950 nach zuverlässigen Schätzungen 12.000 Inhaftierte.[38]

Während Ausländer, die während der NS-Zeit in Deutschland arbeiten mußten, von der Bundesregierung entschädigt wurden, sind die deutschen Zwangsarbeiter, die nach 1945 beispielsweise in der Sowjetunion arbeiten mußten, nicht entschädigt worden. Einer ehemaligen deutschen Zwangsarbeiterin, die sich in einem Offenen Brief an Bundeskanzler Schröder wandte, wurde mitgeteilt: „Zwangsarbeit von Deutschen im Zusammenhang mit dem Zweiten Weltkrieg ist als allgemeines Kriegsfolgeschicksal zu bewerten und demzufolge von innerstaatlichen Ausgleichsleistungen auszuschließen."[39]

In den siebziger Jahren nutzten Autoren die Resonanz, die von den Publikationen der sechziger Jahre ausging, den Behauptungen des französischen Professors Rassinier von 1950 über die angeblich vom Weltjudentum erfundene These über 6 Millionen ermordete Juden folgend, ohne Umschweife weiter und erhoben sie zu einer erwiesenen Tatsache. Andere Autoren wandten sich gegen die durch Filmberichte, Dokumente, Gerichtsermittlungen und Zeugenaussagen belegten Berichte über Massenvergasungen in Konzentrationslagern und „entlarvten" sie nach ihrer Meinung als Konstruktionen und Geschichtslügen der Siegermächte zu ihren Gunsten. Auf deutscher Seite waren es (1972) unter anderem Emil Aretz mit dem „Erlebnisbericht"[40] des einstigen SS-Mannes und KZ-Sonderführers Thies Christopherson, dem Erfinder des „Auschwitz-Lüge"-Stichwortes, der im Landwirtschaftsbetrieb des Konzentrationslagers Auschwitz tätig gewesen war, und Richard Harwood mit „Starben wirklich sechs Millionen?" (1975). Arthur R. Butz machte mit „Hoax of the century" (1977), Wilhelm Stäglich mit „Der Auschwitz-Mythos. Legende und Wirklichkeit" (1979) und Emil Kern mit „Die Tragödie der Juden. Schicksal zwischen Propaganda und Wahrheit" (1979) von sich reden. Und es blieb nicht nur bei Druckerschwärze auf Papier, wie Otto von Bismarck Presseberichte bezeichnet hatte, die ihm nicht behagten. Der bereits vor dem Hitler-Putsch von 1923 der NSDAP angehörende (West-)Berliner Erwin Schönborn lobte öffentlich 10.000 Mark aus „für jede einwandfreie nachgewiesene ‚Vergasung' in einer ‚Gaskammer', wie es deutsche KZ-Zeugen aus Polen, Israel oder den USA, in den NS-Prozessen geschworen haben, ohne dafür belangt worden zu sein.[41] Unterstützt wurden die deutschen Auschwitz-Leugner vor allem von dem englischen Schriftsteller David Irving, den Michael Ratcliffe, der englische Rezensent seines Buches „Hitlers War"[42] in „The Times" vom 16. Juni 1977 als einen „Schuljungen" bezeichnete, der neben einem abgeschossenen

[38] Vgl. Morré, S. 73. Erst 1990 konnte ein Gedenkstein aufgestellt werden. Bis zur „Wende" durfte von einer „Gedenkstätte" nicht geredet werden.

[39] Zit. nach dem Bericht der einstigen Zwangsarbeiterin, Das Ostpreußenblatt, 5. Oktober 2002, S. 22.

[40] Aretz, Emil, Die Auschwitz-Lüge. Ein Erlebnisbericht, 1972.

[41] Vgl. Fromm, Rainer und Kernbach, Barbara, Europas braune Saat, Bonn 1994, S. 17 f. Fortan zit. als Fromm/Kernbach, braune Saat.

[42] Irving, Hitlers War, London 1977.

deutschen Heinkel-Flugzeug stünde und es fasziniert bewunderte. Irving bestritt die Massenvergasungen in Auschwitz, behauptete 1977 in seinem Buch „Hitlers Krieg“, daß weder Hitler noch seine Stenographen und Sekretärinnen sowie Karl Wolff, Himmlers Adjutant bei Hitler, noch bis November 1943 von der Judenvernichtung eine Ahnung gehabt hätten[43] und verfocht seit 1988 die Thesen der „Gutachter“ Fred Leuchter und Germar Rudolf, die behaupteten, „wissenschaftlich“ nachgewiesen zu haben, daß die von ihnen untersuchten Gesteinsproben aus Auschwitz keine Blausäureverbindungen (Cyanidverbindungen) aufgewiesen hätten.[44] Er schrieb das Vorwort zum Leuchter-„Gutachten“ und behauptete: „Es gab weder in Auschwitz noch in Birkenau noch in Majdanek Gaskammern in den deutschen Konzentrationslagern. Es gab keine Massenvernichtung durch Giftgas.“[45]

Nicht nur Kriegsgefangene, die sich in sowjetischem „Gewahrsam“ befanden, hatten nach 1945 ihr Leben verloren, weil Vorgaben des Roten Kreuzes, der Haager und Genfer Konventionen ignoriert wurden, sondern auch Soldaten, die den anderen Siegerstaaten als Kriegsgefangene in die Hände gefallen waren. So starben beispielsweise innerhalb rund eines Jahres nach dem Ende des Zweiten Weltkrieges allein in den US-amerikanischen Gefangenenlagern am Rhein, in Bad Kreuznach-Bretzenheim, Remagen, Heidesheim, Rheinberg, Wickratberg und Buderich, in denen im Mai 1945 insgesamt rund 557.000 deutsche Kriegsgefangene „interniert“ worden waren, nach amerikanischen Angaben 3.053 Kriegsgefangene[46], während es nach deutschen Feststellungen 4.537 Tote waren.[47] Daß dieser Sachverhalt nicht nur die unmittelbar Betroffenen und die Bevölkerung im Umfeld irritierte und bei vielen von ihnen Rachegelüste schürte, war eine logische Konsequenz. Gerüchte und Halbwahrheiten fanden zusehends offene Ohren. So machten im Frühjahr 1946 Gerüchte die Runde, daß jüdische Geheimorganisationen und Geheimbrigaden geplant hätten, in Hamburg, Frankfurt, München und Nürnberg das Trinkwasser zu vergiften und auf diese Weise tausende Deutsche zu Tode kommen zu lassen. Im amerikanischen Kriegsgefangenenlager Nürnberg-Langwasser, so wurde kolportiert, hätten namentlich bekannte „jüdische Rächer“ den dort inhaftierten 12.000 bis 15.000 deutschen Kriegsgefangenen, die meist der SS angehörten, tausende mit Arsen bestrichene Brote als Verpflegung ausgegeben, was bei etwa 2.000 Gefangenen zu schweren

43 Ebenda, S. 327.

44 Germar Rudolf arbeitete befristet am Stuttgarter Max-Planck-Institut für Festkörperforschung und wurde fristlos entlassen, nachdem er rund 1.000 „Gutachten“ an Bundeskanzler Kohl, an den Justizminister, an den Zentralrat der Juden, Abgeordnete, Naturwissenschaftler, Historiker und Journalisten usw. verschickt und sich auf dem mit Institutskopf versehenen Bogen als „Wissenschaftler des Max-Planck-Instituts“ bezeichnet hatte, was der Institutsleitung erst später bekannt wurde.

45 Fromm/Kernbach, braune Saat, S. 59. Zu den Gaskammern von Auschwitz vgl. Meyer, Fritjof, Die Zahl der Opfer von Auschwitz. Neue Erkenntnisse durch neue Archivfunde, Osteuropa, 52. Jg. 5/2002. S. 631–641.

46 Vgl. Smith, Arthur L. jun., Der geplante Tod?, in: Deutschland zwischen Krieg und Frieden. Beiträge zur Politik und Kultur im 20. Jahrhundert, Bundeszentrale für politische Bildung, Bd. 295, Bonn 1990, S. 114.

47 Ebenda.

Charta der Vereinten Nationen

Artikel 53

1. Der Sicherheitsrat nimmt gegebenenfalls diese regionalen Abmachungen oder Einrichtungen zur Durchführung von Zwangsmaßnahmen unter seiner Autorität in Anspruch. Ohne Ermächtigung des Sicherheitsrats dürfen Zwangsmaßnahmen auf Grund regionaler Abmachungen oder seitens regionaler Einrichtungen nicht ergriffen werden; ausgenommen sind Maßnahmen gegen einen Feindstaat im Sinne des Absatzes 2, soweit sie in Artikel 107 oder in regionalen, gegen die Wiederaufnahme der Angriffspolitik eines solchen Staates gerichteten Abmachungen vorgesehen sind; die Ausnahme gilt, bis der Organisation auf Ersuchen der beteiligten Regierungen die Aufgabe zugewiesen wird, neue Angriffe eines solchen Staates zu verhüten.

2. Der Ausdruck „Feindstaat" in Absatz 1 bezeichnet jeden Staat, der während des Zweiten Weltkriegs Feind eines Unterzeichners dieser Charta war.

Artikel 107

Maßnahmen, welche die hierfür verantwortlichen Regierungen als Folge des Zweiten Weltkriegs in bezug auf einen Staat ergreifen oder genehmigen, der während dieses Krieges Feind eines Unterzeichnerstaats dieser Charta war, werden durch diese Charta weder außer Kraft gesetzt noch untersagt.

Die sogenannte „Feindstaatenklausel" der Vereinten Nationen.

Erkrankungen, bei vielen zur Erblindung und bei Hunderten den Tod zur Folge gehabt habe, ohne daß die inzwischen nach Palästina ausgewichenen „Rächer" zur Rechenschaft gezogen worden seien.[48]

Im „Nürnberger Prozeß"[49] der Siegermächte gegen die 23 als „Hauptkriegsverbrecher" angeklagten deutschen und österreichischen Militärs, Minister und sonstige exponierte Funktionsträger des NS-Regimes, von denen zumindest Hermann Göring mehr als nur zeitweilig breite Zustimmung und Sympathien in der deutschen Bevölkerung gefunden hatte, waren 12 zu Todesstrafen und 7 zu Haftverbüßungen verurteilt worden. In Landsberg am Lech, wo 1924 in der Festungshaftanstalt das Buch „Mein Kampf" des einstigen Häftlings Adolf Hitler entstanden war, waren bis 1951 von den US-Amerikanern 255 Deutsche und Österreicher als Kriegsverbrecher gehenkt worden: 102 einstige Handwerker, 37 Beamte, 25 Kaufleute, 22 Arbeiter und Hilfsarbeiter, 15 Angestellte, 11 Landwirte und Bauern, 11 Soldaten, 4 Angehörige freier Berufe, 3 hauptamtliche NS-Funktionsträger (1 Gauleiter und 2 Kreisleiter) und 2 Schüler.[50]

---

[48] Vgl. u.a. Tobias, Jim G. und Zinke, Peter, NAKAM. Jüdische Rache an NS-Tätern, Hamburg 2001.

[49] Vgl. Maser, Werner, Hermann Göring, Hitlers janusköpfiger Paladin, Berlin 2000.

[50] Vgl. Maser, Werner, Nürnberg. Tribunal der Sieger, Düsseldorf 1977, S. 611. Fortan zit. als Maser, Nürnberg.

Deutschland war, wie sein einstiger Pakt-Partner Japan, durch die Feindstaatenklausel 53 und 107 der Satzung der Vereinten Nationen auch fürderhin zum Feindstaat proklamiert worden, in dem der Sicherheitsrat nach eigenen Entschlüssen Zwangsmaßnahmen vornehmen konnte. „Maßnahmen, welche die hierfür verantwortlichen Regierungen als Folge des Zweiten Weltkrieges in bezug auf einen Staat ergreifen oder genehmigen, der während dieses Krieges Feind eines Unterzeichnerstaates dieser Charta war", hieß es im (zunächst als „Übergangsbestimmung" deklarierten) Artikel 107 der „Charta der Vereinten Nationen", „werden durch diese Charta weder außer Kraft gesetzt noch untersagt."[51] Kriegsfolgemaßnahmen der Siegermächte des Zweiten Weltkrieges, so erklärte das Generalsekretariat am 1. April 1981, sollten „durch die Satzung der neugegründeten Weltorganisation nicht berührt werden".[52] Inzwischen wurde die Bundesrepublik Deutschland, die bis zum heutigen Tage immer noch nicht über einen Friedensvertrag verfügt, (ab 1. Januar 2003) zum vierten Mal für jeweils zwei Jahre als „nichtständiges Mitglied" mit Sitz und Stimme in den Weltsicherheitsrat gewählt.[53]

Wie seit jeher nach verlorenen Kriegen, so erschienen den Verlierern auch nach 1945 die vor allem von den Siegern als unumstößlich vorgetragenen Schuldzuweisungen keineswegs als von jedermann widerspruchslos zu akzeptierende verbindliche Kriterien.

Ausländische Verlage hatten sich beeilt, Hitlers „Mein Kampf" neu aufzulegen und zu vertreiben. Anders als deutsche Politiker hatten ihre ausländischen Kollegen begriffen, daß die Verbreitung der Hitler-Publikation eines der besten Mittel zur Unterbindung restaurativer Vorstellungen darstellt.[54]

Hitlers Buch „Mein Kampf", dessen ersten Band Hitler während seiner Haftzeit 1923/24 in der Festungshaftanstalt Landsberg am Lech in Reden vor seinen rund 3 ½ Dutzend Mithäftlingen formuliert hatte,[55] erschien trotz deutscher Proteste bereits seit 1950 in unveränderter Fassung 1950 in Mexiko und in Madrid, 1952 und 1963 in Beirut im Libanon, 1961 in Athen, in Japan, (eine weitere Auflage in Mexiko), 1962 in Boston, in Paris, in Spanien und in Sao Paulo. Nach Angaben der New York Times vom 18. September 1960 stieß die amerikanische Ausgabe von Houghton, Mifflin & Co., wo „Mein Kampf" bereits am 11. Oktober 1933 auszugsweise erschienen war, nach dem Zweiten Weltkrieg zunächst auf kein besonderes Interesse. Später nahm es wieder zu, was nicht zuletzt eine

---

51 Vgl. das Dok. S. 27.

52 Kopie im Besitz des Autors.

53 Am 27. September 2002 erhielt Deutschland 180 Stimmen von 183 an der Wahl beteiligten Staaten.

54 Auf deutscher Seite wies allerdings Bundespräsident Theodor Heuss darauf hin, daß es kaum ein besseres Mittel zur Verhinderung einer Renaissance der NS-Vorstellungen geben würde als Hitlers „Mein Kampf", weshalb er mir empfahl, das Hitler-Original kommentiert herauszugeben.

55 Vgl. Maser, Werner, Adolf Hitler. Mein Kampf. Fahrplan eines Welteroberers. Geschichte – Auszüge – Kommentare, München 1966 (1. Aufl. Eßlingen 1963). Fortan zit. als Maser, Hitlers Mein Kampf.

Folge des Kalten Krieges zwischen den beiden „Supermächten“ USA und UdSSR war. Mehr als 3.000 Schillinge bezahlten englische und amerikanische Sammler 1951 in Österreich für deutschsprachige Ausgaben, mehr als gut situierte Akademiker monatlich verdienten, was eine kommunistische österreichische Druckerei bewog, das Buch kurzerhand nachzudrucken und über Annoncen zu vertreiben.[56]

Eindeutig „neofaschistisch“ allerdings waren die Motive, denen die Herausgeber des Buches zwischen 1945 bis 1965 in Portugal folgten, was die von ihnen in mehreren Auflagen publizierten Ausgaben umißverständlich bezeugten. So empfahl der Herausgeber Mestre Jou, „Mein Kampf“, weil das Buch nach seiner Auffassung den Studenten ein eindrucksvolles Studium der zeitgenössischen Geschichte ermögliche, nicht teuer wäre und eine „dramatische Botschaft einer Warnung in der Krise“ enthielte, von der die Nationen der Welt bedroht worden seien. Hitler wurde von Leonardo Arroyo, dem Verfasser des Vorwortes, zwar für die Ausrottung ganzer Völker, für die furchtbare Praktizierung des „Rechtes des Stärkeren“, für die Besetzung von Nachbarterritorien, für die willkürliche Interpretation des internationalen Rechts und für den pervertierten Rassenwahn in Deutschland in der Zeit von 1933 bis 1945 verantwortlich gemacht, jedoch auch in den auserwählten Reigen der „göttlich inspirierten Führer“ eingereiht und gerühmt, „eine vollständige Serie schöpferischer Gedankenströme“ ausgelöst und verwirklicht zu haben.[57]

Im Sog der „Hitler-Welle“ publizierte Ausgaben und Auszüge aus „Mein Kampf“ versuchte die Bundesregierung dadurch aus dem Verkehr zu ziehen, daß sie die erschienen Auflagen aufkaufte, was ihr beispielsweise 1967 in New York gelang, indem sie zwei spanische Ausgaben erwarb, was ihr 1964 in Argentinien nicht gelungen war. Die Bemühungen der Bundesregierung, 1966 eine dänische Ausgabe zu verhindern, scheiterten an der Tatsache, daß die deutschen Rechte in Dänemark mit dem Gesetz Nr. 132 vom 30. März 1946 aufgehoben worden waren. Und auch 1971 blieben ihre Proteste gegen eine italienische Ausgabe nach einer Entscheidung eines zuständigen Gerichts in Bologna so erfolglos, wie es ein Jahr zuvor auch in Barcelona geschehen war, wo die Organisatión de Circulo Espaniol

[56] Einige Blätter weigerten sich anfänglich zwar, Annoncen zu veröffentlichen, gaben infolge der zahlreichen Anfragen schließlich Mitte der sechziger Jahre jedoch aus Geschäftsinteresse nach. Nachdem von der Berliner Polizei 1960 „Mein Kampf“-Exemplare beschlagnahmt worden waren, hatte die zur Stellungnahme veranlaßte Berliner Verleger- und Buchhändler-Vereinigung noch vorsichtig formuliert, daß der Verkauf der Hitler-Publikation nur zu verantworten sei, wenn er „einen begrenzten Kreis von wissenschaftlichen Bibliotheken … und dergleichen, die ein berechtigtes fachliches Interesse … geltend machen können, versorgt“ (Vgl. auch Der Spiegel, Nr. 29/66, S. 3). Derartige Erklärungen wurden bald nicht mehr verlangt.

[57] Vgl. Maser, Hitlers Mein Kampf, S. 44. Der Nürnberger Pressechef Wolfgang Hübner wurde 1997 fristlos entlassen, nachdem er die Memoiren eines 82-jährigen Spätaussiedlers redigiert und dabei einen Passus hatte durchgehen lassen, in dem es hieß: „Nach meinem Dafürhalten war da <in „Mein Kampf“> viel Wertvolles drin. Wie niemand vor ihm schrieb er <Hitler> von der Gefahr des Kommunismus und von der ‚gelben Gefahr‘. Das war nicht nur damals, das ist auch heute noch aktuell.“ Vgl. Mannheimer Morgen vom 7. August 1997.

Hitlers „Mein Kampf“ als „Nazi Alchemy!“ aus der Perspektive der US-Zeitschrift „Fortune“ während des Krieges. Neben Hitler als „Denker“ sind Göring, Schacht, Funk, Rust und Rosenberg in Karikaturen dargestellt.

de Amigos de Europa (CEDADE) eine Faksimile-Ausgabe herausgebracht hatte. Eine im März 1974 vom Verlag Ridderhof in Ridderkerk bei Rotterdam ausgelieferte holländische Ausgabe wurde dagegen von der Staatsanwaltschaft eingezogen, was jedoch nur teilweise möglich war, da sich ein Teil der Auflage bereits in den Händen von Lesern befand. Gegen die Verbreitung einer französischen Ausgabe klagte 1978 die „Internationale Liga gegen Rassismus und Antisemitismus“ (LICA), was zur Folge hatte, daß der Verlag sich verpflichten mußte, „Mein Kampf“ nur unter der Bedingung auf den Markt zu bringen, daß auf den ersten Seiten der Übersetzung Auszüge aus den Urteilen des IMT über den Nationalsozialismus, über Hitler und „Mein Kampf“ abgedruckt werden müssen. Den russischen Verlag „T-OKO“ fochten solche Vorgaben nicht an. Er veröffentlichte 1992 eine den NS-Vorgaben nachempfundene Ausgabe in russischer Sprache mit dem Goldaufdruck „Adolf Hitler Mein Kampf“ in deutscher Sprache.

Daß „Mein Kampf“ nach 1945 nicht auch in Deutschland wieder verlegt wurde, obwohl besonders zur Zeit der „Hitler-Welle“ das Bedürfnis vieler Deutscher weder zu übersehen noch zu überhören war, wenigstens die vor und nach 1933 sträflich versäumte Lektüre des Buches nachzuholen[58], war und ist die Folge einer Auffassung, die rechtlich auf tönernen Füßen steht. Das „Bayerische Staatsministerium der Finanzen“ erhebt seit 1945 den Anspruch, Rechtsnachfolger des Urheberrechts an den Werken Adolf Hitlers und des einstigen Münchener Hitler-Verlages „Franz Eher Nachfolger“ zu sein, in dem von 1925 bis 1945 „Mein Kampf“ erschien.[59]

„Der Freistaat Bayern“, so hieß es in einem – hier unter Weglassung der Einleitung vollständig zitierten – Schreiben des Staatsministeriums der Finanzen vom 17. Februar 1975,

1) „ist bezüglich des Urheberrechts an den Werken Adolf Hitlers dessen Rechtsnachfolger. Aufgrund des Spruches der Spruchkammer des LG München I vom 15. Oktober 1948 ist Hitlers gesamtes Vermögen ein-

---

[58] Nach Karl Lange (Hitlers unbeachtete Maxime. „Mein Kampf“ und die Öffentlichkeit, Stuttgart-Berlin-Koln-Mainz 1968, S. 30 ff.), der 1968 120 wahlberechtigte, politisch und literarisch besonders interessierte Personen befragte, gaben nur 11 an, „Mein Kampf“ ganz gelesen zu haben, 16 erklärten, das Buch teilweise und 84 es gar nicht gelesen zu haben. Bei einer Befragung von 1933 hatten von 120 Personen 61 erklärt, „Mein Kampf“ gelesen zu haben: 2 „ganz“, 58 „teilweise“. C. Caspar überlieferte in „Mein Kampf – A Best-seller“ in Jewish Sozial Studies, Jg. XX, 1958, S. 8 einen authentischen Bericht von Otto Strasser, in dem es (auszugsweise) hieß: „Nach einem Jahresbericht auf dem Parteitage in Nürnberg (1927), in dem er <Goebbels> einige Sätze aus ‚Mein Kampf‘ zitierte, fragten ihn manche Parteigenossen, einschließlich einiger Gauleiter, ob er wirklich das Buch gelesen habe ‚with which none of them seemed to be familiar‘. Auf eine weitere Frage schüttelte Goebbels sein Haupt schuldbewußt, Göring brach in lautes Lachen aus, und Graf Reventlow entschuldigte sich damit, daß er keine Zeit habe. Selbst Streicher, einer der wenigen Freunde Hitlers, der besonders in dem Buche erwähnt wird, hatte nur das gelesen, was die Judenfrage betraf.“

[59] Bis zum 30. Januar 1933 hatte der Franz-Eher-Verlag 287.000 Exemplare verkauft. Bis 1930 kostete das Buch zwölf und seit 1930 acht Mark. Bis 1939 stieg die Auflage auf 5.450.000, bis 1942 auf 8.450.000 und bis 1943 auf 9.840.000 Exemplare an. Den höchsten Umsatz erreichte der Verlag mit 1.500.000 Exemplaren von Februar bis Dezember 1933. Vgl. S. 149 und Maser, Hitlers Mein Kampf, S. 35.

schließlich seiner Urheberrechte im Wege der Einziehung nach der Einziehungsverordnung (BayGVBl 1948 S. 268) auf den Freistaat Bayern übergegangen.

Dem Rechtsnachfolger des Urhebers steht nach § 30 Urheberrechtsgesetz wie dem Urheber selbst nach § 15 Urheberrechtsgesetz das ausschließliche Recht der Verwertung seines Werkes zu. Das Verwertungsrecht umfaßt auch das Vervielfältigungsrecht (§ 16) und das Verbreitungsrecht (§ 17) und schließt damit das Recht zur Neuauflage des Werkes ein.

2) Daneben ist der Freistaat Bayern Inhaber des Verlagsrechts an Hitlers ‚Mein Kampf'. Der Zentralverlag der NSDAP, Franz Eher Nachfolger GmbH, München, hatte von Hitler das ausschließliche Nutzungs- oder Verlagsrecht an ‚Mein Kampf' für die erste und alle folgenden Auflagen und Ausgaben in jeder Form, einschließlich der Verwertung des Rechts der Übersetzung in andere Sprachen erworben.

   Das gesamte Vermögen des ehemaligen Franz-Eher-Verlags ist einschließlich aller Verlagsrechte mit der Übertragungsurkunde Nr. 1918/V vom 12. November 1951 aufgrund Art. V Nr. 1 der Kontrollratsdirektive Nr. 50 auf den Freistaat Bayern übertragen worden, so daß dieser Inhaber des ausschließlichen Verlagsrechts an ‚Mein Kampf' ist.

3) Diese Rechtsstellung des Freistaats Bayern hat durch den sog. Überleitungsvertrag zwischen den westlichen Alliierten und der Bundesrepublik Deutschland (BGBl II 1955, S. 405) keine Änderung erfahren.

   a) Die Stellung als Rechtsnachfolger bezüglich des Urheberrechts Adolf Hitlers wird durch den Überleitungsvertrag nicht betroffen, da die Einziehungsverordnung bayerisches Landrecht und nicht Besatzungsrecht darstellt, dessen Fortgeltung allein durch den Überleitungsvertrag geregelt wird.
   b) Die Kontrollratsdirektive Nr. 50 ist weder durch den Überleitungsvertrag (vgl. Art. 1) noch durch die Gesetze zur Aufhebung des Besatzungsrechts (vgl. BGBl I 1956 S. 437, 1958 S. 540, 1960 S. 1015) aufgehoben worden. Selbst wenn dies der Fall wäre, könnte eine Änderung der aufgrund des Besatzungsrechts geschaffenen Rechtsstellung des Freistaats Bayern nicht mehr eintreten (vgl. Art. 2).

4. Neuauflagen von Hitlers ‚Mein Kampf', auch mit kritischer Kommentierung, werden vom Freistaat Bayern aus grundsätzlichen, vorwiegend politischen Gründen nicht gestattet. Diese Haltung ist mit dem Auswärtigen Amt Bonn, abgesprochen und soll eine Schädigung des deutschen Ansehens im Ausland verhindern, die durch den Vorwurf, die Bundesrepublik Deutschland dulde eine Weiterverbreitung nationalsozialistischen Gedankenguts, entstehen könnte."[60]

[60] Schreiben des Bayerischen Staatsministeriums für Finanzen vom 17. Februar 1975.

SPIEGEL-VERLAG/HAUSMITTEILUNG

Datum: 11. Juli 1966 Betr.: „Mein Kampf"

In der letzten Ausgabe der „Zeit" knöpfte sich der auch fernseh-aktive Erlanger Polit-Professor Waldemar Besson den politischen Schriftsteller Dr. Werner Maser und dessen „Frühgeschichte der NSDAP" vor. „Bislang", kritisierte Besson, „waren wir eher der Meinung, dass der Aufenthalt in der Festung Landsberg und das autobiographische Manuskript 'Mein Kampf'... den vollen Durchbruch des Führergedankens in der Partei bewirkt hätten. Aber Maser deutet nur an, dass die alte These revisionsbedürftig sei." Während sich die „Zeit" noch bei der vor fast einem Dreivierteljahr erschienenen „Frühgeschichte" (SPIEGEL 41/1965) aufhält, ist Maser mit seinen Forschungen schon ein Stück weiter und hat Entstehung und Bedeutung jenes „autobiographischen Manuskripts" geklärt, das dann unter dem Titel „Mein Kampf" ungelesen in Millionen Bücherschränken weltanschauliche Konventionen verkörperte, darin der Bibel oder dem „Kapital" von Marx vergleichbar, und seine grösste Bedeutung mutmasslich erst als Souvenir-Artikel erreichte. Für die beiden Bände der Erstauflage werden, laut „Sonntagsblatt", in den USA 5000 Dollar gezahlt, für die Bände der 829. Auflage von 1943 in der Bundesrepublik immerhin 50 Mark. Dabei ist nicht einmal sicher, ob „Mein Kampf" überhaupt unbeschränkt gehandelt werden darf. Noch 1960 wurden Exemplare in Berliner Antiquariaten polizeilich beschlagnahmt, die Berliner Verleger- und Buchhändlervereinigung erklärte darauf den Handel nur für verantwortbar, wenn er „einen begrenzten Kreis von wissenschaftlichen Bibliotheken...u. dgl., die ein berechtigtes fachliches Interesse... geltend machen können, versorgt". Masers wissenschaftliche Zergliederung von „Mein Kampf" ist die Fortführung seiner Doktor-Arbeit „Die Organisierung der Führer-Legende" und zugleich die Verwirklichung einer Berufsidee, die er bereits 1935* als dreizehnjähriger „Jungvolk"-Junge in Königsberg seinem Führer bekannt hatte. „Was willst du einmal werden, mein Junge?", fragte der Führer den Jugendgenossen aus Paradeningken. „Schriftsteller, mein Führer", meldete der. Kommentar des Bestseller-Autors Hitler: „Das überleg dir lieber noch einmal." 2500 Schreib- und Druckfehler, falsche Satzzeichen und stilistische Anomalien, die in den Ausgaben von „Mein Kampf" zwischen 1925 und 1943 verbessert wurden, behandelt Maser in seinen Vergleichen... Der SPIEGEL wird wieder einmal, wie schon so oft, zum Geschichtslehrbuch." In den nächsten Wochen wird er wieder einmal Geschichtslehrbuch sein: Von der folgenden Ausgabe an laufen in vier Folgen Auszüge aus Masers „Mein Kampf"

Maser

* Statt 1935 muß es heißen: 18. März 1936.

Als der „Spiegel“ am 1. August 1966 mit dem Vorabdruck meines Buches „Adolf Hitler. Mein Kampf“ als Titelserie unter dem Titel „Hitlers ‚Mein Kampf‘ Fahrplan eines Welteroberers“ begann, beschlagnahmte die aufgeschreckte und sichtlich schlecht informierte Staatsanwaltschaft vorübergehend einen Teil der Ausgabe unmittelbar nach deren Auslieferung, obwohl das Nachrichtenmagazin in seiner Ausgabe vom 11. Juli 1966 unmißverständlich angekündigt hatte, daß er „in den nächsten Wochen ... wieder einmal Geschichtslehrbuch sein“ werde. „Während die ‚Zeit‘ sich noch bei der vor fast einem Dreivierteljahr erschienenen ‚Frühgeschichte‘ <Masers> aufhält“, hatte es da geheißen, „ist Maser mit seinen Forschungen schon ein Stück weiter und hat Entstehung und Bedeutung jenes ‚autobiographischen Manuskripts‘ geklärt, das dann unter dem Titel ‚Mein Kampf‘ ungelesen in Millionen Bücherschränken weltanschauliche Konventionen verkörperte, darin der Bibel oder dem ‚Kapital‘ von Karl Marx vergleichbar, und seine größte Bedeutung mutmaßlich erst als Souvenir Artikel erreichte ... Der SPIEGEL wird wieder einmal Geschichtslehrbuch sein: Von der folgenden Ausgabe an laufen ... Auszüge aus Masers ‚Mein Kampf‘.“

Die weltweit als „Hitler-Welle“ apostrophierte Aufarbeitung eines meist nur in vorurteilsvollen Formeln und vielfach ahnungslos und geschichtsfremd kolportierten dunklen Teiles der deutschen Zeitgeschichte war zwar eingeläutet, entfaltete sich jedoch erst fünf Jahre später.

Drei Jahre nachdem der „Spiegel“ diese Titel-Serie ab 1. August 1966 veröffentlichte und das Maser-Buch „Adolf Hitler. Mein Kampf“ als Vorabdruck publiziert hatte, behauptete der Stuttgarter Historiker Eberhard Jäckel tatsachenwidrig in einem 160 Seiten umfassenden Buch „Hitlers Weltanschauung. Entwurf einer Herrschaft“ (Tübingen), erstmals Hitlers Weltanschauung ermittelt und beschrieben zu haben. Die deutliche Anlehnung seines Buch-Titels an den „Spiegel“-Titel von 1966 sprach für sich.

Der Anspruch des Bayerischen Staatsministeriums der Finanzen, über die Urheberrechte an „Mein Kampf“ zu verfügen, ist rechtlich umstritten.[61] Schon eine Klage auf Wahrnehmung des Nutzungsrechts seitens der Erben Adolf Hitlers würde das Bayerische Ministerium (gemäß § 41 URG, Absatz 3) zwingen, seine Ansprüche zu überprüfen. Der Freistaat Bayern war laut Urteil des Landgerichts München I vom 15. Oktober 1948 zwar berechtigt, Hitlers Vermögen zu beschlagnahmen; aber er war und ist (gemäß § 28 Abs. 1 URG) nicht berechtigt, auch als Inhaber des Urheberrechts von Adolf Hitler aufzutreten, da das Urheberrecht ein Recht eigener Art mit ineinander übergreifenden verwertungs- und urheberpersönlichkeitsrechtlichen Befugnissen (§§ 1, 11 ff. URG) darstellt, so

[61] Das Ministerium verficht die (von ausländischen Verlagen erfolgreich ignorierte) Auffassung, daß dem Freistaat Bayern mit der Übertragung des 1945 liquidierten Franz-Eher-Verlages, dessen gesamte Gesellschafteranteile bereits 1921 an Hitler übergegangen waren, zugleich auch alle Urheberrechte Hitlers und die Verlagsrechte an „Mein Kampf“ übertragen worden seien.

Die junge Paula Hitler nach dem Abitur. Am 17. Februar 1960 stellte das Amtsgericht München ihr einen „Erbschein über die Erbfolge von Adolf Hitler“ aus, der ihr zwei Drittel des gesamten Hitler-Vermögens zusprach. Sie starb am 1. Juni 1960. „Mein sehnlichster Wunsch wäre“, so hatte sie mir noch am 10. Januar geschrieben, „daß ich endlich den Erbschein erhalten würde, der mir die Möglichkeit gibt, eine gesunde, sonnige Wohnung zu beziehen, damit der Rest des Lebens vielleicht doch noch einen freundlichen Schimmer ausstrahlen würde, auf den ich bisher vergeblich gehofft habe.“

daß weder die Vorschriften über Vermögensrechte (insbesondere des Sachrechts) noch über die des Persönlichkeitsrechts unmittelbare Anwendung finden können. Die Berufung des bayerischen Finanzministeriums im Zusammenhang mit dem behaupteten Erwerb des Urheberrechts auf die bayerische Einziehungsverordnung (Bay GVBI 1948, S.268) von 1948 ignoriert, daß das Urheberrecht nach § 28 URG zwar vererblich, aber unübertragbar (§ 29 Satz 2 URG) ist. Der Kern des Urheberrechts ist kraft Erbganges auf die Erben Adolf Hitlers übergegangen. Die Erben: Nach dem Urteil des Amtsgerichts München vom 17. Februar 1960: Hitlers Schwester Paula Hitler. „Erbschein über die Erbfolge von Adolf Hitler“, so urteilte das Gericht, „auf Grund Testaments (vom 29. April 1945) und Ausschlagung nach Wegfall der Vorerbin, der NSDAP“[62]. Ihr wurden ⅔ des Besitzes ihres Bruders zugesprochen. Nach ihrem Tod am 1. Juni 1960 in Schönau fiel das Erbe nach einer Entscheidung des Amtsgerichts Berchtesgaden vom 25. Oktober 1960 (Zeichen: Nr. VI 108/60) an die Kinder ihrer und Adolfs Halbschwester Angela Hammitzsch, geborene Raubal[63]. Dies waren Leo und Elfriede Hocheg-

[62] Amtsgericht München, Z.: 2994/48. Mit dem Testament vom 29. April 1945 war das letzte Testament Adolf Hitlers gemeint.

[63] Amtsgericht Berchtesgaden, Nr. VI 108/60. Angela Raubal, geborene Hitler, seit Mai 1945 verwitwete Hammitzsch, war eine 6 Jahre vor Adolf Hitler geborene Tochter des Hitler-Vaters Alois Hitler aus dessen zwei-

Grabstätte der Hitler-Schwester Paula. Infolge ihres zu frühen Todes erbte sie zwar nicht 2/3 seines persönlichen Besitzes, erhielt jedoch eine Grabstätte nahe dem Grab Dietrich Eckarts (1868 bis 1923) des einstigen Hitler-Mentors, Freundes, Geldbeschaffers und namhaftesten NS-Dichters. Als Journalist, Dichter und Dramatiker, der sein Drama „Lorenzaccio" als sein Lebenswerk bezeichnete, hatte der Sohn eines bayerischen Justizrates große Erfolge gefeiert. So führte beispielsweise das Berliner Staatstheater seine während des Ersten Weltkrieges auch ins Holländische, Tschechische und Ungarische übersetzte Nachdichtung von Ibsens Per Gynt bis 1923 fünfhundertmal auf.

ger, geborene Raubal[64], deren Schwester „Geli" sich im September 1931 aus Liebeskummer in Abwesenheit Hitlers in dessen Münchener Wohnung – mit Hitlers Pistole – erschossen hatte.

Das Bayerische Finanzministerium, das sich auf eine Entscheidung der Spruchkammer des Landgerichts München I vom 15. Oktober 1948 beruft, ging (und geht) davon aus, daß eine Neuveröffentlichung von „Mein Kampf" das Ansehen der Bundesrepublik im Ausland schädigen und ihr den Vorwurf eintragen könnte, eine „Weiterverbreitung nationalsozialistischen Gedankengutes" zu dulden[65], was

ter Ehe mit Franziska Matzelsberger (1861–1884). Angela war am 30. Oktober 1949 in Hannover verstorben. Vgl. auch Anm. 9, S. 152.

[64] Elfriede Hochegger, eine 21 Jahre nach Adolf Hitler geborene Tochter Angelas, starb am 24. September 1993 in Esternberg, ihr Bruder Leo Raubal am 18. August 1977 während einer Spanien-Reise in Tarragona. Am 1. November 1977 schrieb mir Frau Hochegger aus Linz, daß sie mit ihrem „Onkel bis zum Schluß in Verbindung" gestanden habe.

[65] Schreiben des Bayerischen Staatsministeriums für Finanzen vom 17. Februar 1975.

verständlicherweise weder in Deutschland noch im Ausland auf einhellige Zustimmung stieß. So schrieb beispielsweise der jüdische Autor C.C. Aronsfeld 1972 in der Zeitschrift „Prejudice" des Institute of Jewish Affairs: „Die deutschen Behörden widersetzen sich der Wiederveröffentlichung dieses Buches in dem Glauben, daß es für eine Freundschaft und Verständigung schädlich sein könnte. Diese Zweifel können wir verstehen, aber nicht teilen. Der Ursprung Hitlers ist fast irrelevant. Was wichtig ist, ist die Tatsache, daß er existierte, daß er seinem Volk und der Welt Unheil brachte und daß es immer noch Anhänger in vielen Teilen der Welt gibt. „Mein Kampf" ist ein Handbuch ihrer Vorurteile und ihrer Unwissenheit, ob sie nun der deutschen, britischen oder irgendeiner anderen Nation angehören. Es ist deshalb notwendig, daß Hitler ... verstanden werden sollte. „Mein Kampf" ist eine Einführung in seinen Geist und seine Methoden und sollte als solches zum Studium verfügbar sein."[66] Noch immer haben deutsche Politiker offenbar nicht begriffen, was Historiker seit Jahren für gesichert halten: Gegen eine „Wiederbelebung" Hitlerschen Geistes gibt es kein besseres Mittel als Hitlers „Mein Kampf", in dem Hitler lärmend aufrichtig seine Weltanschauung und sein nach seiner Auffassung realisierbares politisches Programm offenbarte, was er später, als diese „Aufrichtigkeit" ihm in verschiedener Hinsicht zur Fessel wurde, als Fehler eingestand.[67] Seinem Buch allerdings, an dem er bis 1945 insgesamt rund 7.872.000 Mark[68] verdiente, wovon bis zur Machtübernahme 2.296.000 Mark auf sein Konto geflossen waren, haben selbst die scharfen Demaskierungen beispielsweise durch Heinrich Mann, Konrad Heiden, Rudolf Olden, Edgar Alexander, Ernst Niekisch, Manuel Humbert, Irene Harand und zahlreicher namhafter Exponenten der ausländischen Presse weder in Deutschland noch im Ausland geschadet, was nicht nur die Auflagenziffern und die Anzahl der Übersetzungen beweisen.

Über welche persönlichen Einnahmen Hitler, der am 15. März 1935 seine Steuerunterlagen als Steuerzahler aus den Akten des Münchener Finanzamtes entfernen ließ und seit 1934 keine Steuern zahlte, bis 1945 (neben seinen offiziellen staatlichen Gehältern als Reichskanzler und Staatsoberhaupt nach Hindenburgs Tod) verfügte, sobald die „Mein Kampf"-Honorare ausgeklammert werden, ist nicht zweifelsfrei verifizierbar.[69] Er selbst, der für wirtschaftliche Fragen kein besonderes Interesse zeigte und beispielsweise den Reichsfinanzminister Lutz Graf Schwerin von Krosigk 1942 letztmals zu einem Vortrag empfing[70], erklärte am

---

[66] Aronsfeld, C.C., Mein Kampf's career since 1945, Patterns of Prejudice, Institute of Jewish Affairs, vol. 6, No. 4, Juli–August 1972, S. 29.

[67] Vgl. Maser, Hitlers Mein Kampf, S. 17 und S. 167 ff.

[68] Jährlich durchschnittlich 660.000 Mark. Die höchste Summe konnte er nach dem Verkauf von rund 1.500.000 Exemplaren im Jahre 1933 verzeichnen: 1.232.335 Mark. Vgl. auch S. 157.

[69] Vgl. S. 149 ff.

[70] Aufschlußreich erscheint in diesem Zusammenhang eine Darstellung des „Völkischen Beobachters" vom 1. März 1945 über die deutsche Reichsschuld Ende 1944. Danach betrug die gesamte Reichsschuld 1944 346 Milliarden Mark, wobei als monatlicher Schuldenzuwachs durchschnittlich 7,78 Milliarden Mark (1940 waren es monatlich 2,80 Milliarden, 1941 4,11 Milliarden, 1942 4,77 Milliarden und 1943 5,80 Milliarden

Hitler wird Regierungsrat

Geschehen

zu Berlin am 26. Februar 1932

in der Braunschweigischen Gesandtschaft.

37

Vor mir erschien heute der laut Verfügung des Herrn Vorsitzenden des Braunschweigischen Staatsministeriums und des Herrn Braunschweigischen Finanzministers vom 25. Februar 1932 Nr. D Pers. Hitler im braunschweigischen Staatsdienste angestellte nunmehrige Regierungsrat Adolf H i t l e r, geboren am 20. April 1889 in Braunau a/Inn. Dieser leistete nach Eröffnung des Erforderlichen den durch die Verordnung des Staatsministeriums über die Vereidigung der öffentlichen Beamten vom 31. Oktober 1919 (G.u.V.S.Nr. 143 S.407) vorgeschriebenen Diensteid, wie folgt:

„Ich schwöre Treue der Reichs- und Landesverfassung, Gehorsam den Gesetzen und gewissenhafte Erfüllung meiner Amtspflichten."

v. g. u. u.

Adolf Hitler

Regierungsrat.

Zur Beglaubigung:

Boden.

Gesandter, Wirkl. Geheimer Rat.

4. Juli 1942 im Führerhauptquartier „Wolfsschanze“, daß er nicht in der Lage gewesen wäre, Museen, Galerien und Städte „und so weiter“ durch Stiftungen zu fördern und während des Krieges auch die Kosten des Führerhauptquartiers aus seiner „Privatschatulle“ zu übernehmen, wenn ihm die hohen Einnahmen aus „Mein Kampf“ nicht zur Verfügung gestanden hätten.[71] Sein einziges staatliches Salär als Reichskanzler, das er nicht mit 60.000 RM, sondern fälschlich mit 36.000 RM angab, habe „noch nicht einmal ein Zehntel davon“ ausgemacht.[72] Die Beträge, die ihm aus dem Verkauf der seit dem 1. August 1941 mit seinem Porträt versehenen Briefmarken zuflossen, waren zwar nicht unerheblich, wurden von ihm jedoch für Kunstkäufe vor allem für sein „Herzensanliegen“, das Museum in Linz, verwendet.[73] Als Spekulationspapier ohne Kursüberwachung galten die Postwertzeichen mit Hitlers Kopf im Gegensatz zu anderen Briefmarken niemals. Für die 1938 für 1,50 RM verkaufte Marke „Das braune Band 1938“ dagegen wurden beispielsweise 140 RM, für die erste Überdruckausgabe „Böhmen und Mähren“ 450 RM und für den 1933 3,50 RM kostenden „Nothilfsblock“ 1.400 RM bezahlt. Welche Beträge Hitler aus den Gewinnen des „Völkischen Beobachters“ und des Franz-Eher-Verlages, deren gesamte Gesellschafteranteile sich seit November 1921 in seiner Hand befanden, und aus dem Parteivermögen zuflossen, muß offen bleiben.[74]

Nach Hitlers Tod bezahlten Sammler – vor allem während der „Hitler-Welle“ – Preise für „Mein Kampf“, die in keinem Verhältnis zum tatsächlichen Wert standen. 3.500 DM und weitaus mehr für handsignierte Ausgaben waren keine Seltenheit. In der FAZ, die sich zunächst dazu entschieden hatte, keine Annoncen zu veröffentlichen, forderte ein Inserent einen „echten Perserteppich“ für ein „Mein Kampf“-Exemplar. Ähnliche Auswüchse waren keine Seltenheit.

Für Hitler-Devotionalien, für (sehr oft gefälschte) Hitler-Briefe, Notizen, Autographen und Abhandlungen, wurden schwindelerregende Preise bezahlt. So gab ein in Kanada lebender jüdischer Rechtsanwalt 50.000 US-Dollar für Hitlers goldene Pistole aus, die Hitler zu seinem 50. Geburtstag geschenkt bekommen hatte. Ein Auktionshaus in Arizona versteigerte Hitlers Parade-Mercedes von 1941 für umgerechnet 490.000 Mark, was das Auto zum teuersten Gebrauchtwagen der Welt machte. Ein Ex-Oberst der US-Armee, der nach dem Kriege in Deutschland Dienst getan hatte, richtete so etwas wie ein privates Museum für Unifor-

Mark gewesen) angegeben wurden. Als Zinslast Ende 1944 wurde mit etwa 10,2 Milliarden Mark gerechnet.

71 Picker, Tischgespräche, S. 432.

72 Als Regierungsrat der Landesregierung Braunschweig erhielt Hitler 1932 ein Jahresgrundgehalt von 4.400 Reichsmark, wozu ein Wohnungszuschuß von 691,00 RM kamen: jährlich insgesamt 5.091,20 RM (monatlich: 424,26 RM. Davon wurden 103,56 (25%) als „Kürzungen abgezogen, so daß er monatlich über 320,70 RM verfügen konnte. Bundesarchiv Koblenz NS 26/6. Infolge seiner Einnahmen aus „Mein Kampf“ verzichtete er auf das Gehalt und ließ es von der Staatsbank Braunschweig an ausgesteuerte Arbeitslose überweisen. Bundesarchiv Koblenz 26/5.

73 Vgl. S. 149ff.

74 Vgl. Neue Zürcher Zeitung vom 23. Februar 1944.

Diese Aquarelle von 1912 und 1913 bot der britische Collector John 2003 im Internet zu Limitpreisen von je 10.000 Pfund an. Der Wiener Geschichtsphilosoph, Kunstkenner und renommierte Theatermann Friedrich Heer urteilte 1968 in seinem – keineswegs lückenlos zu akzeptierenden Buch „Der Glaube des Adolf Hitler. Anatomie einer politischen Religiosität“ (München und Eßlingen 1968, S. 159) über Hitlers Kunst: „Hitlers Kunstglaube hat in Wien ... reiche Anregung, reiche Nahrung gefunden. Sein ‚konservativer‘ Kunstglaube entsprach damals und entspricht heute dem ‚gesunden Empfinden‘ breiter Volksschichten, die noch nicht im hohen 20. Jahrhundert angekommen sind. Im Heute – 1968 – arbeitet in diesem Sinne in Wien eine kulturpolitische Propaganda, die ‚Kunst dem Volke‘ vermitteln will ... mit denselben ... antisemitischen religiös-politischen Formeln wie im antisemitischen Wien des jungen Hitler.“

men der Wehrmacht, der SS und Parteiuniformen ein, sammelte für teures Geld deutsche Waffen (bis hin zu Granatwerfern), kaufte deutsche Kriegsauszeichnungen und hängte die deutsche Reichskriegsflagge an eine Wand innerhalb seines Hauses.[75] Ein anderer US-Oberst, der als 19-jähriger Leutnant als einer der ersten US-Soldaten die Grenze bei Aachen überschritten hatte und später Direktor des Spandauer Kriegsverbrechergefängnisses wurde, heiratete die Tochter eines SS-Offiziers. Hitler-Hinterlassenschaften bleiben bis in die Gegenwart hinein Gegenstände, die hoch im Kurs stehen. Das Münchener Auktionshaus „Hermann Historica" versteigerte im Mai 1990 Hitlers Smoking für 10.000 Mark[76] und brachte Hitlers Führerschein, seine Schreibmaschine und Uniformteile für teures Geld an den Mann. Im Juni 1990 entschied ein US-Bundesrichter, daß vier Hitler-Aquarelle und eine Fotosammlung des 1957 verstorbenen Leibfotografen und eifrigen Kunstsammlers Heinrich Hoffmann, der Hitler nach langer Zeit noch einmal am 6. April 1945 in Berlin aufsuchte, 11,3 Millionen Mark wert seien.[77] In Deutschland, wo diesem „Trend" zwangsläufig zunächst entschiedene Vorbehalte entgegengestanden hatten, verflüchtigten sich diese Blockaden im Sog der „Hitler-Welle", die ein allgemeines Bedürfnis weckte, Hitler nicht mehr als vorgestanztes Klischee vorgesetzt zu bekommen.

Am 2. April 1973 schrieb der „Spiegel": „Schließlich schwappte die Hitler-Welle", die kurioserweise der britische Astrologe Frederic Davis ein Jahr zuvor im deutschen Fernsehen mit Hinweisen auf die zu erwartende stellare Konstellation (Mond und Sonne im Meridian) und der Feststellung vorausgesagt hatte, daß Hitler im Sommer 1973 wieder „entdeckt" werden würde, „auch auf die Bundesrepublik über" – seit langem erwartet von Historikern und Autoren, die sich seit Jahren darauf vorbereiten, das gängige Hitler-Bild der Deutschen zu korrigieren. Erste Vorreiter wie der Schriftsteller Walter Kempowski („Haben Sie Hitler gesehen?") und Hitler-Romancier Peter Haage („Der Tip") stimmten das Bundesvolk in das Thema ein. Helmut Qualtingers ‚Mein Kampf'-Lesungen kündeten die Hitler-Hausse ebenso an wie Faksimile-Nachdrucke aus dem ‚Völkischen Beobachter' und Erwin Leisers Filmdokumentation ‚Mein Kampf', die eine Filmfirma seit Januar in sechs Super-8-Kassetten … anbietet. Doch das war nur Vorgeplänkel, das große Hitler-Spektakulum beginnt erst in dieser Woche:

---

75 Mehrfach wurde ich von ihm um Gutachten gebeten, die die Echtheit der Sammelstücke bestätigen sollten. Im Laufe der Jahre wurden mir beispielsweise dutzendweise angebliche „Hitler-Pistolen", „Hitler-Schreibmaschinen", „Hitler-Bilder" usw. zur Begutachtung vorgelegt, von denen nur insgesamt drei echt waren.

76 Vgl. Mannheimer Morgen vom 14. Mai 1990.

77 Bild-Zeitung vom 29. Juni 1990. Am 31. Januar 1947 hatte die Münchener Spruchkammer III das gesamte Vermögen (bis auf 3.000 Mark) Heinrich Hoffmanns, der am 28. Juli 1945 von amerikanischen Soldaten in Altaussee gefangen genommen worden war, einziehen lassen und ihn als Hauptschuldigen in der Gruppe I zu einer Haftstrafe verurteilt, aus der er 1950 entlassen wurde. Den weitaus größten Teil seiner umfangreichen Kunstsammlung (vornehmlich Deutsche Schule, jedoch auch Gemälde des 17. und 18. Jahrhunderts und die angeblich umfangreichste Spitzweg-Sammlung der Welt), die er rechtzeitig verstreut untergebracht hatte, fanden die Fahnder unter anderem in Berlin, Neuruppin, im Anwesen des Grafen Törring in Bad Reichenhall, in Hoffmanns Landhaus Griffelhalm bei Holzkirchen, in seinem Landsitz „Heinrichshof", in Nürnberg, Wien und in Waldmünchen bei Passau.

Der Düsseldorfer Econ-Verlag liefert ein Buch des Führer-Biographen Werner Maser mit bisher unbekannten Briefen und Notizen Hitlers aus … Die linken Faschismus-Theoretiker wissen … wenig mit der Figur Hitlers anzufangen. Sie haben bisher auf jeden Versuch verzichtet, eine Hitler-Biographie zu schreiben, selbst die Historiker der DDR, seit Jahrzehnten zum planmäßigen Aufarbeiten neudeutscher Geschichte eingesetzt, meiden eine detailliert-biographische Beschäftigung mit dem Diktator. Wer spürt nicht ihre Verlegenheit, wenn etwa der junge westdeutsche Politologe Stefan Jensen in einer jüngst erschienenen Bertelsmann-Publikation (‚Panorama der deutschen Geschichte') zu der umwerfenden Erkenntnis gelangt, ‚daß die Person Hitlers nicht beherrschend im Mittelpunkt gestanden hat'.

Solche Formeln enthüllen eine Hilflosigkeit, die marxistische Faschismus-Theoretiker freilich mit manchen konservativen und liberalen Historikern teilen. Michael Freund meinte einst in seiner ‚Deutschen Geschichte', Hitler sei ‚mit menschlichem Maß kaum zu messen', und Golo Mann war die Figur so widerwärtig, daß er sich oft weigerte, den Namen auszuschreiben – er begnügte sich dann mit dem Initial H."[78]

Eine ganze Generation von Hitler-Biographen hatte übernommen, was Konrad Heiden, der überzeugte Republikaner und einstige Leiter des Demokratischen Studentenbundes an der Münchener Universität und Mitarbeiter der „Frankfurter Zeitung", meist im Ausland als Emigrant publiziert hatte. Für Heiden war Hitler eine Abenteurernatur, die vor dem Ersten Weltkrieg in Wien auf Parkbänken übernachtet und in Obdachlosenasylen vegetiert hatte, eine Symbolfigur für „das Zeitalter der dämonischen Hanswürste", was nicht nur so namhafte frühe Hitler-Biographen wie der „Berliner Tageblatt"-Redakteur Rudolf Olden („Hitler the Pawn", 1936) und Ludwig Wagner („Hitler. Man of Strife", 1942) übernahmen. Alan Bullock bildete keine Ausnahme[79], auch wenn seine als „Studie über Tyrannei" bezeichnete Hitler-Biographie von 1952 wissenschaftlichen Anspruch erhob. Auch er schrieb im Grunde Heidens Vorgaben fort, ohne sich (außer bestimmter Dokumente des Nürnberger Prozesses) neuer Quellen zu bedienen. Der „Spiegel" urteilte: „Bullocks offensichtliche Schwächen bewogen freilich auch nicht die westdeutschen Historiker, mit gründlichen Forschungen zu beginnen. Man fuhr auf den alten Geleisen weiter: Die neue Generation der Hitler-Biographen, Autoren wie Walter Görlitz und Herbert A. Quint (1952), Karl Dietrich Bracher (1952–1969), Helmut Heiber (1966) und Hans Bernd Gisevius (1963) begnügten sich damit, die alten Quellen neu zu interpretieren."[80] „Gegen eine so ‚voreingenommene und befangene Methode, Geschichte zu schreiben' ", hieß es im „Spiegel" vom 2. April 1973, „rebellierte … nicht zufällig der Historiker, der

[78] Der Spiegel vom 2. April 1973.
[79] Vgl. S. 49 ff.
[80] Ebenda.

die Welle der neuen Hitler-Bücher eröffnete: Werner Maser … <Er> korrigierte durch jahrelange Forschungen das überkommene Hitler-Bild".

Ungezählte Publikationen von Historikern, Pseudohistorikern, Psychohistorikern, Journalisten, „Zeugendarstellungen" und Scharlatanen nahmen sich seitdem bestimmter Aspekte und historischer Konsequenzen an, die letztlich auf Hitler zurückgehen, wobei vorwiegend Verbrechen dominierten, die dem NS-Regime nach Auffassung einiger namhafter Historiker den Charakter der „Einmaligkeit" verliehen.

Was auf dem grauen Markt bereits zwei Jahrzehnte zuvor begonnen hatte, erhielt eine neue Dimension und „Qualität": Das Sammeln von Hitler-Devotionalien, NS-Abzeichen, Uniformteilen, SS-Fingerringen, Fahnen, Ehrendolchen, angeblichen Hitler-Pistolen, Hitler-Füllfederhaltern, Rasiermessern Hitlers, Alraunen aus Braunau, Bekleidungsstücken jedweder Art und sogar Socken, die Hitler getragen haben sollte. Daß dieser „Markt" vornehmlich für Deutsche produziert worden sei, wie häufig behauptet wird, trifft keineswegs zu, was die seit Jahren unentwegt im Internet vor allem in den USA zum Kauf angepriesenen Devotionalien unmißverständlich bezeugen. Millionen gab längst zuvor bereits beispielsweise der US-Millionär Ray Bily aus Nevada für angebliche Pistolen Hitlers, für „historische" NS-Fahnen, Uhren mit den Initialen AH, Hitler-Fotos und Münzen mit Hitler-Porträts aus. Von Hitler vor 1933 gemalte Ölbilder, Aquarelle und Zeichnungen, die während der NS-Zeit offiziell als „unersetzliches deutsches Kulturgut" galten und nicht ins Ausland verkauft werden durften[81], sind nach wie vor besonders in den USA gefragte und hoch bezahlte Sammlerobjekte. So erzielte beispielsweise ein Hitler-Aquarell von 1914, das über das Internet im April 2001 angeboten wurde, den Preis von 10.000 US-Dollar[82], während das vom Münchener Auktionshaus Hermann für 15.000 DM angebotene Hitler-Aquarell „Peterskirche" vom Oktober 1917 42.000 DM und ein vom selben Auktionshaus versteigerter, nur elf Zeilen umfassender, mit der Schreibmaschine geschriebener Aufruf Hitlers (mit dessen Unterschrift) vom 17. März 1932 anstelle der Limitforderung von 4.500 DM 9.200 DM erzielten.[83] Der Texaner Billy Price, ein Sammler von Hitler Memorabilia, streitet seit zwei Jahrzehnten vor Gericht gemeinsam mit Henriette Hoffmann, der geschiedenen Ehefrau Baldur von Schirachs und Tochter des Leibfotografen Heinrich Hoffmann, um die in einer Washingtoner Klimakammer aufbewahrte 40 x 53 cm große Hitler-Zeichnung „Alter Hof" (Münchener Altstadt), die Hitler seinem Fotografen zu dessen 50. Geburtstag geschenkt hatte. Obwohl das Bundesgericht von Texas die Rückgabe an Frau Hoffmann verfügte, wurde das Bild nicht zurückgegeben. Price und

---

[81] „… die Ausfuhr" von Hitler-Bildern ins Ausland war nur möglich, wenn der Reichsminister des Innern dies genehmigte. Zuwiderhandlungen wurden bestraft. Dazu u.a. ein Schreiben des Reichsstatthalters in Hessen vom 10. Februar 1942. Dok.-Kopie im Besitz des Autors.

[82] http:www.manions.com/bid.asp?cat=ger&catitem = 5192653.

[83] 41. hermann-historica-auction/kat3/lot5626htm. Vgl. auch 39. Auktion … Kat 3/lot 5289 . htm.

Internet-Werbung des amerikanischen Auktionshauses Matakowich & Eartling (Los Angeles) im Juli 2001 für Fotos mit angeblichem Adolf Hitler.

Oben: Die angebliche Familie Hitler im Jahre 1895 mit Adolf und dessen Freunden.
Unten: Der angebliche Soldat Adolf Hitler während des Ersten Weltkrieges: 2. von links in der ersten Reihe. Beide Fotos gehören zu den ungezählten Fälschungen, die nicht nur in den USA als authentisch für teures Geld vertrieben werden.

Hoffmann klagten auf 99 Millionen Dollar Schadenersatz wegen entgangener Einnahmen.[84] Während das amerikanische Armeemuseum im September 1981 der deutschen Bundesregierung anbot, 6.300 der von der amerikanischen Armee 1945 eingezogenen Kunstwerke, die den Nationalsozialismus nicht „verherrlichten", wieder herauszugeben, weigerte sich das Museum, vier von Hitler zwischen 1909 und 1919 gemalte Aquarelle an die Bundesrepublik zurückzugeben.[85] Wie die Hitler-Aquarelle, so behielt es auch die Begründung für diese Entscheidung für sich.

Jüdische Sammler im Ausland füllen ihre Vitrinen nach wie vor ebenso mit Hitler-Devotionalien und „Souvenirs" wie persönlich unbetroffene Sammler und alte „Nazis" oder „Neonazis" in Deutschland. Der Katalog der Fälschungen ist unübersehbar. Zwar sind Betrug, Mogelei, Inkonsequenz und Ergebnisvortäuschungen im Rahmen der Wissenschaft durchaus nicht selten. Selbst Ptolemäus, Galilei, Newton, Mendel und John Dalton, um hier nur einige große Namen zu nennen, sind im Laufe der Zeit nicht ohne Grund beschuldigt worden, die „wissenschaftliche Ehrlichkeit" gelegentlich verletzt zu haben. Seit jeher treiben Schwindler, Scharlatane, Hochstapler, Plagiatoren und andere Betrüger überall ihr Unwesen. Beispiele – allein aus neuester Zeit – füllen ganze Kataloge. Amerikanische Herzforscher, Pathologen, Biochemiker und Organ-Transplanteure beispielsweise mußten sich 1983 auf dem Kongreß der American Association for the Advancement of Science hart korrigieren und der Verletzung der wissenschaftlichen Sorgfaltspflicht und akademischen Redlichkeit bezichtigen lassen. Zwar haben Lügen kaum irgendwo sonst so kurze Beine wie in der Wissenschaft, aber bis sie entdeckt und ihre Erfinder bloßgestellt werden, vergeht gewöhnlich dennoch sehr viel mehr Zeit, als es 1983 im Zusammenhang mit dem „Stern"-Debakel geschehen ist.[86]

Einen besonderen Anlaß für breit gestreute Hitler-Analysen bildete Hitlers hundertster Geburtstag im April 1989, wobei allerdings keinerlei neue detaillierte Erkenntnisse oder Sichtweisen eine Rolle spielten. Der Historiker Klaus Hildebrand beispielsweise schrieb in der „Welt am Sonntag" vom 16. April 1989 unter dem Titel „Der tödliche Schatten Hitlers fällt bis heute auf unsere Existenz" und postulierte: „... im Grunde brach er <Hitler> mit allen Überlieferungen deutscher Geschichte, indem er sich ihrer gewissenlos bediente und sie verbrecherisch übersteigerte ... An unserem Urteil über Hitlers präzedenzlose Eigenmacht wird sie – die neue Zeit – im Grunde kaum etwas ändern ... In diesem Sinne erscheint die Auseinandersetzung mit Person und Politik Hitlers, weit über jede sogenannte Bewältigung einer Vergangenheit hinaus, allerdings als Aufgabe, die in zweifacher Hinsicht an den Grundsatz der Freiheit gebunden ist ...

84 Vgl. Süddeutsche Zeitung vom 11. Mai 2001, S. 17.
85 Vgl. FAZ vom 25. September 1981.
86 Vgl. S. 127 ff.

Freiheit bleibt nämlich die entscheidende … Bedingung für die Erforschung des sperrigen Untersuchungsgegenstandes, und könnte so ihrerseits auch das sinnvolle Ergebnis eines solchen Tuns beschreiben, da historische Einsicht in das Vergangene die dafür unabdingbare Voraussetzung legt.“

Die Hamburger Presse-Agentur (dpa) fragte zum 100. Geburtstag Hitlers im April 1989 „elf der bekanntesten Hitler-Forscher und Zeitgeschichtler“[87], ob „nach ihrer Auffassung das Phänomen Hitler durch die Forschung der vergangenen Jahrzehnte schlüssig und überzeugend erklärt worden sei.“

Der Journalist Joachim Fest hielt der Hitler-Forschung vor, Hitler „nicht zu einem Gegenstand rationalen Begreifens“ machen zu können. Der Historiker Andreas Hillgruber verfocht die Auffassung, daß das Thema Hitler „nicht erledigt und abgehakt“ werden könnte, da bei der „Erforschung historischer Persönlichkeiten“ immer „neue Perspektiven möglich seien und so etwa auch Julius Caesar noch nicht ganz erklärt“ worden sei. Der Geschichtsphilosoph Ernst Nolte warf den Historikern vor, „die wichtigste aller Fragen … bisher … kaum erörtert“ zu haben, „nämlich die Frage, welche unter den Emotionen Hitlers die stärkste gewesen ist“. Der Historiker Hans Mommsen wiederum war überzeugt, daß „die biographische Seite“ Hitlers „genau“ erklärt, seine „Ausstrahlung und die starke Akzeptanz seiner Umgebung“ jedoch noch der „weiteren Forschung“ bedürfe. Sein Schüler Klaus Hildebrand attestierte der Geschichtsforschung zwar, „das Phänomen Hitler … in vielerlei Hinsicht plausibel erklärt“ zu haben, formulierte jedoch auch das Diktum, daß ein so „schwieriges Phänomen wie Hitler … kaum, wenn überhaupt jemals, in wenigen Jahrzehnten schlüssig“ gelöst werden könnte. Der im Großbritannien lebende jüdische Germanist Joseph Peter Stern bemängelte, daß die Fragestellung „das Phänomen Hitler“ isoliere, „indem es seine Rezeption durch die zeitgenössische deutsche Gesellschaft außer acht“ ließe, was dem historischen Gesetz nach seiner Ansicht widerspräche, da es „kein historisches Phänomen ohne sozialen Kontext“ gäbe. Wolfgang Wippermann hielt der Forschung „Fehler und Versäumnisse“ hinsichtlich der Quellenbehandlung vor, da sie Äußerungen zitiere, die Hitler „aller Wahrscheinlichkeit nach nicht gemacht“ habe, Hitler entweder „maßlos überschätze“ oder ebenso unterschätze und die Historiker ihre Forschungsergebnisse „nicht hinreichend und allgemein verständlich genug“ vermittelten. Martin Broszat, der Leiter des Münchener Instituts für Zeitgeschichte, erklärte: „Die Zeitgeschichtsforschungen und die Hitler-Biographen haben es nicht vermocht, die historische Figur Hitlers wirklich zu enträtseln und in psychologisch nachvollziehbarer Weise verständlich zu machen. Karl Dietrich Erdmann, ein Exponent der älteren Historikergeneration, vertrat den Standpunkt, daß man wisse, was Hitler „gedacht, was er gewollt und was er getan

[87] In der von der Studie der Hamburger Presse-Agentur zitierten Reihenfolge: Joachim C. Fest, Werner Maser, Andreas Hillgruber, Ernst Nolte, Hans Mommsen, Klaus Hildebrand, Joseph Peter Stern, Wolfgang Wippermann, Martin Broszat, Karl Dietrich Erdmann und Eberhard Jäckel.

habe“, daß jedoch die nach seiner Überzeugung wichtigere Antwort auf die „auf unser Volk zurückgehende Frage nach dem Hitler in uns“, die „uns noch lange“ beschäftigen werde, offen sei – und durch Forschung auch gar nicht gelöst werden könne. Der zu der Zeit in Stuttgart lehrende Eberhard Jäckel schließlich lehnte eine Antwort mit der Begründung ab, daß er sich angesichts des hundertsten Hitler-Geburtstages und der Tatsache, daß es ihm auch infolge seiner „eigenen intensiven Beschäftigung mit dem Phänomen Hitler“ schwer fiele, sich dazu zu äußern.[88]

„Die Vorstellung, die die gegenwärtige Generation von Adolf Hitler hat“, schrieb ich, „ist nicht nuancenreich. Die grellen Farben, die sein Bild seit Juli 1921, seit er sich vom Führungsgremium der NSDAP zu deren Führer mit diktatorischen Vollmachten ‚wählen‘ ließ, stets bestimmt haben, lassen sein ‚Porträt‘ vorwiegend als Abbild eines verhunzten Monsters erscheinen. Nach einer Umfrage, die das Bielefelder Emnid-Institut im März 1989 im Auftrage des ‚Spiegel‘ veranstaltete, waren 74 Prozent der repräsentativ befragten Männer und Frauen überzeugt, daß Hitler auf der Negativseite der Geschichte einzuordnen ist. 60 Prozent wollten ihn selbst unter der spekulativ unhistorischen Prämisse, daß es weder den Zweiten Weltkrieg noch die Judenverfolgung gegeben hätte, nicht zu den größten deutschen Staatsmännern gerechnet sehen. Daß 48 Prozent die unzureichende Information über Hitler und das NS-Regime in den Schulen bemängelten, bestätigt ebenso überzeugend wie der sogenannte ‚Historiker-Streit‘, daß die Konturen nach wie vor verschwimmen. Anders lautende Urteile ignorieren den historisch nachvollziehbaren Sachverhalt. Wer beispielsweise behauptet, daß alle Primär- und Sekundärquellen bekannt und ausgewertet worden seien und daß das Hitler-Bild bis ins Detail hinein ein für allemal feststünde, kennt weder den Forschungsstand noch die Quellenlage. Sicher ist lediglich, daß das Hitler-Bild auch in der Zukunft keine gravierenden Veränderungen hinsichtlich seiner Grundstruktur erfahren wird; es sei denn, Dilettanten oder ideologisch orientierte Urheber konstruieren es nach Vorgaben, die mit den nachweisbaren Tatsachen nichts zu tun haben. Entscheidend bei all dem ist, daß von einem Hitler-Bild ausgegangen wird, das als Ergebnis der wissenschaftlichen Forschung spekulativen Kriterien und Mutmaßungen keinen Raum läßt. Hitler selbst hat 1936 einmal gesagt, daß er der größte, am meisten verehrte, gerühmte und bewunderte Staatsmann der Geschichte sein werde, wenn er durchkomme, der am meisten verfluchte und gehaßte jedoch, wenn er scheitere. Er ist gescheitert.“ Seine Prophezeihung ist Wirklichkeit geworden, was Spekulationen und Mutmaßungen jedweder Art Tür und Tor geöffnet hat.“[89]

Was unbefangene Fachhistoriker nachwiesen und sachgerecht definierten, degradierten andere nicht selten zum puren Fantasieprodukt. Scharlatane, Märchen-

---

[88] dpa, bw. 1073 ff. 5 vm 612 ff. vvb 002 ff.

[89] Maser in der dpa-Untersuchung von Hans Grimm vom April 1989 über die Frage, ob „das Phänomen Hitler schlüssig erklärt“ sei. bw 1073 ff. 5 vm 612 ff. vvvvb 002 ff.

erzähler, Hochstapler, Spekulanten und Trittbrettfahrer jedweder Art folgten – oft aus mangelnder Quellenkenntnis – dubiosen Vorlagen und münzten sie zu „Tatsachendarstellungen“ um. Vom Märchen bis zum Hitler-Klon reicht die Skala der Hitler-Darstellungen – aus meist „erster Hand“. Spekulationen, Mutmaßungen, Behauptungen, gewollte und ungewollte Fälschungen und drastische Lügen lassen den historischen Hitler zuweilen zu einem Wesen mutieren, das einem Duplikat des wesenlosen Prokrustes der griechischen Sagenwelt mehr ähnelt, als einem verruchten personifizierbaren Exponenten der Geschichte.

Da weder Hitlers Leben insgesamt noch seine politische Karriere ohne seinen weltanschaulichen Gegner, vorübergehenden „Pakt“-Partner und schließlichen Todfeind Josef Stalin plausibel dargestellt werden kann, wird Stalin überall dort, wo sich dies als maßgeblich erweist, behandelt. Da er, der Hitler zwar nur um 8 Jahre überlebte[90], jedoch ein Jahrzehnt nach seinem Tod noch von legitimen politischen Nachfolgern in der Sowjetunion und in dem von ihm geschaffenen Imperium „Ostblock“ als die buchstäblich jederzeit persönlich gegenwärtige und für alle politischen Maßnahmen entscheidende Gestalt nachwirkte und auch danach nicht gänzlich aus der aktuellen Politik verschwand, werden hier die historischen Ereignisse, Facetten, Aspekte und Kriterien nachgezeichnet, die Hitler und ihn gemeinsam Geschichte werden ließen.

---

[90] Die Medien des von ihm bis zuletzt beherrschten Imperiums reagierten einhellig peinlich überschwenglich auf sein Ableben. Johannes R. Becher fabulierte im Neuen Deutschland so: „Und als er verhaucht/sein letzter Atemzug, / Da hielt die Taube ein / auf ihrem Flug … Seht! / Über Stalins Grab / die Taube kreist, / Denn Stalin: Freiheit-Stalin / Stalin: Frieden heißt! / Und aller Ruhm der Welt / wird Stalin heißen! / Laßt uns den Ewig-Lebenden / lobpreisen“. Das ZK der KPdSU erklärte ihren Mitgliedern: „Das Herz des Genossen und Ausführenden des Willens Lenins, des weisen Führers und Lehrers der Kommunistischen Partei und des sowjetischen Volkes, Josef Stalin, hat zu schlagen aufgehört. Stalins Name ist unserer Partei, dem sowjetischen Volk, den Arbeitern der Welt für immer eine Ehre“ Zit. nach: Die Neue Zeitung vom 7. März 1953. Daß die Geschichte dies nicht bestätigt hat, bedarf keines weiteren Beweises. Konrad Adenauer erklärte unmittelbar nach Stalins Tod, daß niemand voraussagen könne, welche Folgen das Ableben des sowjetischen Diktators haben werde. Heinrich von Brentano, der Fraktionsvorsitzende der CDU/CSU-Fraktion des Deutschen Bundestages, tat das Ereignis mit der Bemerkung ab, daß es nach seiner Ansicht nicht „eine deutsche Aufgabe“ sei, sich mit den Konsequenzen zu beschäftigen, während der SPD-Vorsitzende Erich Ollenhauer die Überzeugung ausdrückte, daß Stalins Tod weder den „Zusammenbruch des Sowjetsystems noch den grundlegenden Wandel der sowjetischen Politik zur Folge haben werde“. Vgl. Die Neue Zeitung vom 6. März 1953.

Alan Bullocks und Hans Franks tatsachenwidrige Darstellungen über die Herkunft und Abstammung Adolf Hitlers

Der 1914 in Trowbridge geborene englische Oxford-Historiker und Hitler-Biograph Alan Louis Charles Bullock[1], der während des Zweiten Weltkrieges als BBC-Korrespondent tätig war, schrieb in seiner bemerkenswerten Hitler-Biographie: 1837 hatte die Bauerntochter Anna-Maria Schicklgruber aus Strones, die Großmutter Adolf Hitlers väterlicherseits, einen „unehelichen Sohn namens Alois zur Welt gebracht", der „den Namen seiner Mutter „Schicklgruber" fast „vierzig Jahre" beibehielt.[2] Vom „Beginn des Jahres 1877 an, also zwölf Jahre vor Adolf Hitlers Geburt", so folgerte er – nicht ganz zutreffend, „trug sein Vater den Namen Hitler. Und der Sohn hat niemals einen anderen Namen als Adolf Hitler gehabt, bis seine politischen Gegner den lang vergessenen Dorfklatsch ausgruben und ihm, ohne jede Berechtigung, den Mädchennamen seiner Großmutter, Schicklgruber, anhängten."[3] Als Quelle für das Datum der Namensänderung nannte Bullock die von ihm veröffentlichte unvollständige „Stammtafel"[4] Hitlers. Tatsächlich nannte Alois Schicklgruber sich bereits seit dem 20. November 1876 Alois Hitler. Mit „Adolf Schicklgruber" wurde Adolf Hitler von seinen politischen Gegnern noch bis zu dessen Machtübernahme – zumindest ironisch – tituliert. So schrieb beispielsweise Reichswehrminister Wilhelm Groener im April 1932 nach seinem Verbot der SA und SS an General Kurt von Schleicher: „Ich glaube, dem Heer ein Opfer gebracht zu haben, indem ich die ungeeignete Braut, die SA, in den Orkus schaffte. Nun ist es Sache der Generäle, dafür zu sorgen, daß das Heer nicht letzten Endes doch Herrn Schicklgruber die Hände küßt wie hysterische Frauen."[5] Selbst noch nach 1945 behaupteten nicht wenige Autoren, daß Adolf Hitler selbst in Wirklichkeit zumindest eine zeitlang „Adolf Schicklgruber" geheißen und den Namen nur in Hitler geändert habe, weil es komisch gewesen wäre, wenn der offizielle Gruß „Heil Schicklgruber" gelautet hätte.

Ein umfangreicher amtlicher Schriftverkehr bezeugt die Legalität der Namensänderung von Alois Schicklgruber in Alois Hitler im Jahre 1876. Die Abbildung auf Seite 51 zeigt eine Seite des Schreibens der Bezirkshauptmannschaft Mistelbach vom 20. November 1876, in dem es heißt: „... der k.k. Zollamtsoffizial

---

1 Bullocks Hitler-Biographie (Vgl. die Anm. 2) bezeichnete der als Hitler-Kenner weltweit anerkannte Amerikaner schottischer Herkunft Gordon A. Craig (Prof. an den Universitäten Yale, Princeton, Stanford und Berlin) 1997 als „ziemlich eindimensional", da sie (was zutrifft) in Hitler „nur einen unverbesserlichen Opportunisten" sehe. Vgl. Welt am Sonntag vom 16. November 1997.

2 Bullock, Alan, Hitler. Eine Studie über Tyrannei, 71.–75. Tausend, Düsseldorf 1967, S. 4.

3 Ebenda.

4 Ebenda, S. 12 f.

5 Zit. nach Fabry, Philipp W., Mutmaßungen über Hitler. Düsseldorf 1969, S. 88.

Alois Schicklgruber (ist) vollkommen berechtigt, den Geschlechtsnamen seines Vaters ‚Hitler' zu führen. Hiervon werden E. Hochw. in Erledigung der Berichte vom 6. Oktober und 2. November d.J. ... zur weiteren Verständigung der Partei in die Kenntnis gesetzt." (Niederösterreichisches Landesarchiv Wien)

Hans Frank, der am 23. Mai 1900 in Karlsruhe geborene und am 16. Oktober 1946 in Nürnberg als Hauptkriegsverbrecher gehenkte einstige Generalgouverneur (seit 12. Oktober 1939) in Polen, hinterließ ein während seiner Haftzeit in Nürnberg mit „entscheidender" Unterstützung des amerikanischen Franziskanerpaters und Armeepfarrers Sixtus O'Connor verfaßtes Manuskript, das 1953 unter dem Titel „Im Angesicht des Galgens"[6] veröffentlicht wurde. Darin behauptete der ehemalige Rechtsanwalt Hitlers, spätere bayerische Justizminister und (seit 1934) Reichsminister ohne Geschäftsbereich: „Eines Tages, etwa Ende 1930 muß es gewesen sein, wurde ich zu Hitler gerufen ... Er sagte mir unter Vorlage eines Briefes, daß hier eine ‚ekelhafte Erpressergeschichte' eines seiner widerlichsten Verwandten vorliege, die seine, Hitlers[7] Abstammung betreffe. Wenn ich nicht irre, war es ein Sohn seines Stiefbruders Alois Hitler <aus der 2. Ehe des drei mal verheirateten Vaters Adolf Hitlers mit Franziska Matzelsberger>, der leise Andeutungen machte, daß sicher ‚im Zusammenhang mit gewissen Presseäußerungen ein Interesse daran bestünde, sehr gewisse Umstände unserer Familiengeschichte nicht an die große Glocke zu hängen'. Diese Presseäußerungen, auf die hier angespielt wurde, lauteten dahin, daß ‚Hitler Judenblut in seinen Adern hätte[8], und er daher eine geringe Legitimation hätte, Antisemit zu sein'. Aber sie waren zu allgemein gehalten, um irgendwie Anlaß zu weiteren Schritten zu geben. Im Rahmen des Kampfgewoges ging das auch alles unter. Aber diese erpresserhaften Hinweise aus dem Verwandtenkreis waren doch irgendwie bedenklich. Und ich ging im Auftrag Hitlers der Sache vertraulich nach. Insgesamt habe ich zu alledem folgendes aus allen möglichen Quellen festgestellt: der Vater Hitlers war das uneheliche Kind einer in einem Grazer Haushalt angestellten Köchin namens Schicklgruber aus Leonding bei Linz. Er trug daher entsprechend dem Gesetz, wonach das uneheliche Kind den Familiennamen der Mutter führt, bis etwa zu seinem vierzehnten Lebensjahr auch den Namen Schicklgruber. Als nun seine Mutter, also Adolf Hitlers Großmutter, heiratete, nämlich einen Herrn Hitler, wurde ihr uneheliches Kind, der Vater Adolf Hitlers, durch Rechts-

---

[6] Frank, Hans, Im Angesicht des Galgens, München und Gräfelfing 1953. Frank, der in Nürnberg zum römisch-katholischen Glauben konvertierte, „schenkte" O'Connor das Manuskript mit der Bitte, es dem Klosterarchiv zu übergeben.

[7] Gemeint war der 1911 geborene William Patrick Hitler, der Sohn von Adolf Hitlers Halbbruder Alois und dessen englischer Ehefrau Bridget (verschiedene Schreibweisen) Elizabeth Dowling. Vgl. die Urkunden S. 74.

[8] Diese tatsachenferne Spekulation nahm der amerikanische Historiker Robert Weit vom William Colleg offensichtlich zum Anlaß, 1966 während der Jahreskonferenz der Amerikanischen Historischen Gesellschaft in San Francisco zu behaupten, er wisse aus – von ihm verschwiegener Quelle – daß Hitler vermutet habe, möglicherweise Enkel eines jüdischen Großvaters zu sein. Vgl. Maser, Werner, Adolf Hitler. Legende – Mythos – Wirklichkeit, Eßlingen und München 1971 S. 27 ff., fortan zit. als Maser, Hitler.

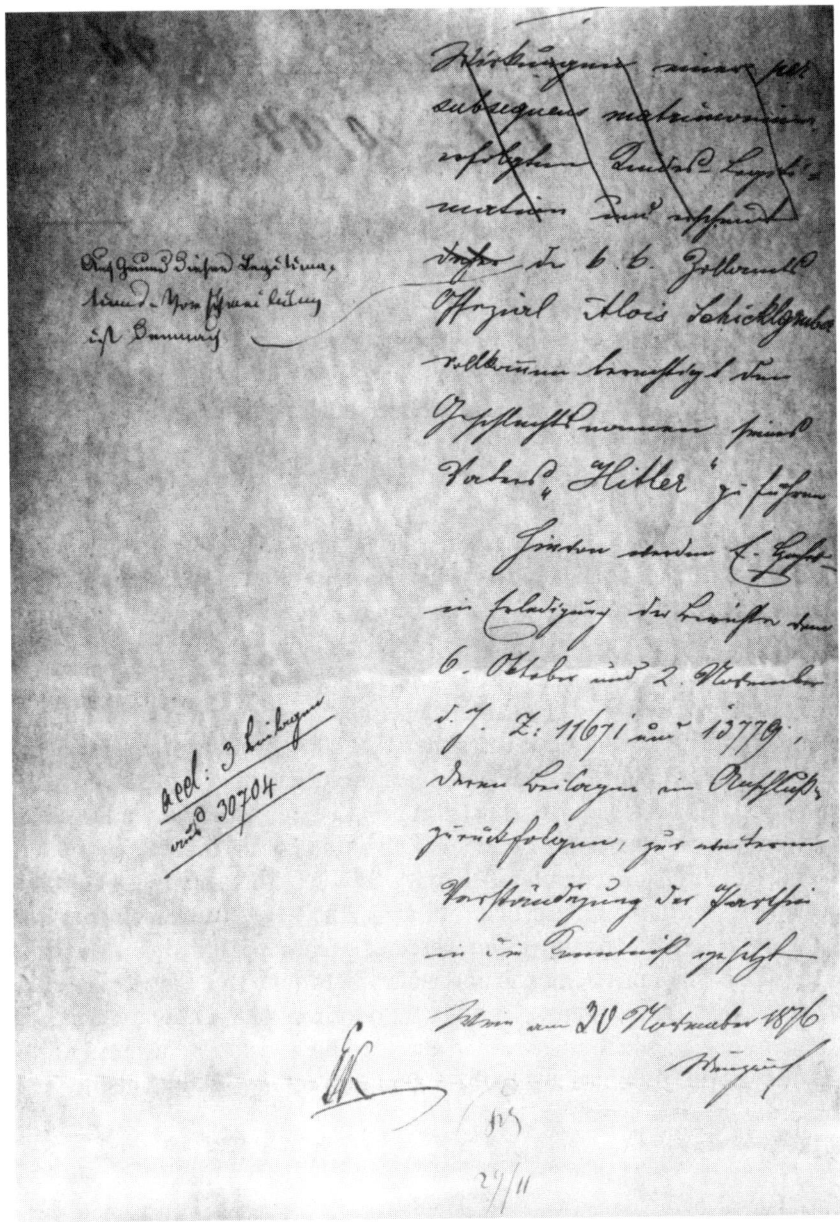

Wirkungen einer per subsequens matrimonium erfolgten Legitimation und ... daher der k.k. Zollamts Offizial Alois Schicklgruber vollkommen berechtigt den Geschlechtsnamen seines Vaters „Hitler" zu führen.

Hievon werden E. Hochw. in Erledigung der Berichte vom 6. Oktober und 2. November d.J. Z: 11671 und 13779, deren Beilagen im Anschluße zurückfolgen, zur weiteren Verständigung der Partei in die Kenntniß gesetzt.

Wien am 20 November 1876

acl: 3 Beilagen und No 30704

Ein umfangreicher amtlicher Schriftverkehr bezeugt die Legalität der Namensänderung von Alois Schicklgruber in Alois Hitler im Jahre 1876. Diese Abbildung zeigt eine Seite des Schreibens der Bezirkshauptmannschaft Mistelbach vom 20. November 1876, in dem es heißt: „... der k.k. Zollamtsoffizial Alois Schicklgruber (ist) vollkommen berechtigt, den Geschlechtsnamen seines Vaters ‚Hitler' zu führen. Hievon werden E. Hochw. in Erledigung der Berichte vom 6. Oktober und 2. November d.J. ... zur weiteren Verständigung der Partei in die Kenntniß gesetzt." *(Niederösterreichisches Landesarchiv Wien)* akt per matrimonium subsequens als eheliches Kind der Ehe Hitler-Schicklgruber legitimiert … das ganz über alle Maßen Merkwürdige an der Geschichte ist folgendes: diese Köchin Schicklgruber, Großmutter Adolf Hitlers, war in einem jüdischen Familienhaushalt mit Namen Frankenberger bedienstet, als sie ihr Kind gebar. Und dieser Frankenberger hat für seinen … Sohn, mit der Geburt beginnend, bis in das vierzehnte Lebensjahr dieses Kindes der Schicklgruber Alimente bezahlt. Diese gesamte Geschichte war zwar höchst peinlich."[9]

Alle lückenlos überlieferten Dokumente lassen die Frank-„Erzählung" als frei erfundene Legende erscheinen. Anna Maria Schicklgruber, die Tochter des Bauern Johann (auch Johannes) Schicklgruber aus Strones bei Döllersheim im österreichischen Waldviertel, stammte nicht aus Leonding bei Linz, wie Frank behauptete, und sie ist auch niemals in Leonding gewesen und hat auch niemals als „Köchin" in einem „jüdischen Familienhaushalt" in Graz gearbeitet. Ebenso falsch ist, daß Alois „bis zu seinem vierzehnten Lebensjahr … den Namen Schicklgruber" getragen habe. Tatsache ist, wie bereits festgestellt daß er seinen Namen „Schicklgruber" in „Hitler" erst als 39-jähriger Zollamtsoffizial ändern ließ. Anna Maria Schicklgruber, die über relativ solide „Vermögensverhältnisse" aus „elterlicher Erbschaft" verfügte[10], gebar 1837 als 42-jährige ihren Sohn, was nicht nur zu der Zeit eine absolute Seltenheit hinsichtlich der Fruchtbarkeit und Geburtsfähigkeit einer Frau darstellte. Die Schicklgrubers waren seit Generationen als Bauern in Strones bei Döllersheim ansässig. Adolf Hitlers Angaben in „Mein Kampf", „daß sein Großvater (der Vater der Anna Maria Schicklgruber) ein „armer, kleiner Häusler"[11] gewesen sei, zielten ganz offensichtlich auf propagandistisch auswertbare Effekte. Während seine Großmutter Anna Maria Schicklgruber von ihren Eltern zu deren Lebzeiten 74,25 Kronen bekommen hatte, die durch Verzinsungen auf 153 Kronen anwuchsen, erbten ihre Geschwister Theresia und (Vorname unleserlich: offenbar eine Schwester) nach dem Tod der Eltern Johann (auch Johannes) und Theresia, geborene Pfeisinger, jeweils 700 Kronen.[12] Daß Johannes Schicklgruber angesichts der damaligen Verhältnisse im österreichischen „Armenhaus" Waldviertel durchaus kein „kleiner, armer Häusler" war, bezeugen nicht zuletzt auch die im Niederösterreichischen Landesarchiv aufbewahrten „Heiratsabsprachen" und „Inventar"-Verzeichnis der in Strones ansässigen Schicklgruber-„Dynastie".

---

[9] Frank, S. 330 f. Frank schrieb fälschlich Schickelgrober statt Schicklgruber. Getuschelt wurde über eine – mögliche jüdische – Abstammung Hitlers auch während der Zeit des NS-Regimes, was Himmler am 4. August 1942 bewog, die Gestapo durch einen „Geheimauftrag" mit dem Zeichen B/23/h 22 einzuschalten und in Österreich Untersuchungen über Hitlers Herkunft anzustellen. Vgl. Maser, Hitler S. 17.

[10] Anna Maria hatte auf ihrem Konto 153 Kronen aus „elterlicher Erbschaft". Niederösterreichisches Landesarchiv, Bez. Ger.-Archiv Allentsteig 8/17. fol. 48. Vgl. das Dok. S. 53. 1830, sieben Jahre vor der Geburt ihres Sohnes, kostete beispielsweise ein „Wirtshof" (Gastwirtschaft) zwischen 450 und 500 Gulden.

[11] Hitler, Mein Kampf, Aufl., München 1939, S. 2 fortan zit. als Hitler, Mein Kampf.

[12] Niederösterreichisches Landesarchiv, Bez.-Ger.-Allentsteig 8/19, fol. 78 und ebenda 8/14, fol. 51.

Heuraths Beschreibung in Dorf Strones.
dto: 28. Jenner 777.

„Heiratsbeschreibung“ mit Vermögens- und Mitgiftangaben der Eltern Anna Maria Schicklgrubers und der Urgroßeltern Adolf Hitlers väterlicherseits Johann Schicklgruber und Theresia Schicklgruber, geb. Pfeisinger: „Die Braut heiratet ihren lieben Bräutigam nebst aller Liebe, Ehre und Treue … in barem Geld …“ *Quelle: Niederösterreichisches Landesarchiv, Bezirksgerichts-Archiv Allentsteig 8/7, fol. 29.*

„Inventar-Verzeichnis"

Quelle: Niederösterreichisches Landesarchiv, Bezirksgerichts-Archiv Allentsteig 8/17, fol. 48.

„Aber wer konnte dem Enkel die Sünden seiner Großeltern aufbürden?", fragte der einstige extreme Antisemit Frank und fuhr spekulierend fort: „Daß Adolf Hitler bestimmt kein Judenblut in seinen Adern hatte, scheint mir aus seiner ganzen Art dermaßen eklatant erwiesen, daß es keines weiteren Wortes bedarf. Zudem ist dieser ‚Grazer Komplex' die einzige Quelle, aus der heraus überhaupt an einen Zusammenhang abstammungsmäßiger Art zwischen Hitler und dem Judentum gedacht werden könnte. Freilich gibt es hierzu nur eine – wenn schon überragend begründbare Meinung. Wer wollte alles dazu als Wissen der Wirklichkeit darstellen?! Ich muß also sagen, daß es nicht vollkommen ausgeschlossen ist, daß der Vater Hitlers demnach ein Halbjude war, aus der außerehelichen Beziehung der Schicklgruber zu dem Grazer Juden entsprungen. Demnach wäre dann Hitler selbst ein Vierteljude gewesen. Dann wäre sein Judenhaß mitbedingt gewesen aus blutempörter Verwandtenhaßpsychose. Wer mag das alles ausdeuten können!"[13]

[13] Frank, S. 330 f. Die Behauptung Franks, daß ein jahrelanger Briefwechsel zwischen Anna Maria Schicklgruber und einer Familie Frankenberger stattgefunden habe und von einer über die Raubals mit Hitler verwandten Dame aufbewahrt worden sei, wird von der Familie Raubal als Erfindung bezeichnet. Persönliche Auskunft von Leo Raubal (seit Mai 1967) in mehreren Gesprächen.

Hans Franks Angaben haben zumindest eine ganze Generation von Hitler-Biographen beschäftigt und zu den absonderlichsten Vermutungen und Behauptungen inspiriert. Daß Hitlers Karriere beendet worden wäre, wie vielfach vermutet wurde, wenn Frank seine Version nicht im Safe behalten hätte, ist durchaus fraglich, obwohl Juden und „Judenabkömmlinge" nach den Forderungen des von Hitler 1920 zwar verkündeten, jedoch nicht von ihm verfaßten NSDAP-Programms[14] nicht deutsche Staatsbürger (Punkt 4) sein durften, „nur als Gast in Deutschland" (Punkt 5) leben sollten und nicht berechtigt waren, ein öffentliches Amt, „gleichgültig welcher Art, gleich ob im Reich, Land und Gemeinde" (Punkt 6), zu bekleiden. Als der populäre Hitler-Biograph Konrad Heiden, selbst Sohn einer jüdischen Mutter, in seinen 1932 und 1936 erschienenen – und viel beachteten – Büchern auf einige mögliche Belege für eine jüdische Abstammung Hitlers hinwies, geschah buchstäblich nichts.

Porträtskizzen von Löw

Journalisten und Maler bemühten sich zwar, Hitler als jüdischen Abkömmling „bloßzustellen", doch ihre Bemühungen blieben erfolglos, wie der jüdische Maler Löw, von dem diese Skizzen von 1932/33 stammen, deprimiert feststellte. Im Februar 1932 wurde der staatenlose Hitler „Deutscher Staatsbürger", am 30. Januar 1933 Reichskanzler. *Archiv Maser.*

[14] Maser, Hitler. S. 208.

Die Fälschungen des ehemaligen katholischen Priesters Franz Jetzinger

Franz Jetzinger, ein in den Laienstand zurückversetzter österreichischer katholischer Priester und Hitler-Biograph mit politischen Ambitionen und provinziellen Erfahrungen, behauptete in seinem teilweise aufschlußreichen, jedoch sehr unsachlich geschriebenen Buch „Hitlers Jugend. Phantasien, Lügen und die Wahrheit", daß in der französischen Zeitung „Paris Soir" vom 5. August 1939 ein Artikel von Adolf Hitlers Neffen Patrick erschienen sei, der festgestellt habe, daß sein Onkel der Enkel eines Grazer Juden namens Frankenreither sei.[1]

Nirgendwo wurde der Zeitungsartikel von 1939 nachgedruckt. Kaum einer der Hitler-Biographen hat ihn offensichtlich je zu Gesicht bekommen; denn anders sind die phantasiereichen Erzählungen nicht erklärbar. Immer wurde er nur aus zweiter Hand zitiert oder erwähnt.[2] Dennoch hat er besonders infolge der Jetzinger-Behauptungen den Rang einer zuverlässigen Quelle erhalten. Die Angaben Jetzingers, der diese Nummer des „Paris Soir" ebenfalls niemals gesehen haben kann, haben mit der Wahrheit nichts zu tun, die Feststellungen der Autoren, die sich auf seine Behauptungen stützen, ebenfalls nicht. In dem zwei Seiten umfassenden und mit sechs Bildern versehenen Artikel Patrick Hitlers im „Paris Soir" vom 5. August 1939 werden weder die Namen Frankenberger noch Frankenreither genannt (den Jetzinger ins Gespräch brachte) und auch Anna Maria Schicklgruber, Adolf Hitlers Großmutter, wird nicht erwähnt. Ebenso fehlt jeder Hinweis auf Graz und auf eine mögliche jüdische Abstammung Adolf Hitlers.[3]

Ohne Respekt vor den historischen Tatsachen erweckte Jetzinger den Eindruck, daß Adolf Hitler das Kirchdorf Döllersheim, in dem sein Vater im Juni 1837 getauft worden war, habe zerstören lassen, weil sich dort Dokumente befunden hätten, die über seine Abstammung Auskunft geben konnten. Phantasiereich behauptete er: „Döllersheim und dessen weitere Umgebung (mit Strones <wo Alois Hitler im Juni 1837 geboren wurde, der Verf.>) existieren nicht mehr! Es wurde zu einem großen Truppenübungsplatz umgewandelt; dieses einst blühende und fruchtbare Land ist heute eine verwahrloste Stätte … die einstigen Bewohner sind in alle Winde zerstreut. Hitler konnte noch durch mehrere Jahre den Triumph auskosten, daß die Geburtsstätte seines Vaters und die Grabstelle seiner Großmutter von seiner Wehrmacht zerschossen und niedergewalzt wurden. Ob für die Auswahl gerade dieser Gegend militärische Gründe den Ausschlag gaben,

---

1 Jetzinger, Franz, Hitlers Jugend. Phantasien, Lügen – und die Wahrheit, Wien 1956, S. 32.

2 Nur sehr wenige Autoren taten es so vorsichtig wie Bradley F. Smith (S. 158): „Dieser Artikel steht nicht zur Verfügung, aber er soll versteckte Anspielungen auf Hitlers Abstammung enthalten."

3 Maser, Werner, die Frühgeschichte der NSDAP. Hitlers Weg bis 1924, Düsseldorf – Wien – New York – Moskau 1994, S. 208. Fortan zit. als Maser, Frühgeschichte.

muß man bezweifeln, zumal einwandfrei feststeht, daß der Befehl zur Bodenschätzung bei den Grundbuchämtern in Allentsteig und Weitra schon Mitte Mai 1938, also knapp zwei Monate nach der Besetzung Österreichs, vorlag … Es hat ganz den Anschein, daß die Vernichtung Döllersheims direkt über Auftrag des Führers erfolgte – aus irrsinnigem Haß gegen seinen Vater, der vielleicht einen Juden zum Vater hatte."[4]

Keine der Behauptungen Jetzingers deckte sich mit den Tatsachen. Abgesehen davon, daß es sich bei dem Gebiet um Döllersheim niemals um ein ‚blühendes und fruchtbares Land' gehandelt hat, sondern um eine Landschaft mit sehr kargem Wuchs auf lehmigem Boden, der im Frühjahr und Herbst nur schwer passierbar ist. Es stimmt nicht, daß die Ortschaften bereits 1938 zu einem Truppenübungsplatz umgewandelt werden sollten. Im ‚Gemeindeverzeichnis von Österreich'[5] heißt es unter ausdrücklichem Hinweis auf die Sonderausgabe des Verordnungs- und Amtsblattes[6] für den Reichsgau Niederdonau: „Der ehemalige Truppenübungsplatz Döllersheim wurde im Jahre 1941 gebildet. Mit Wirkung vom 1. April 1941 wurden durch Verfügung des damaligen Reichsstatthalters in Niederdonau nachstehende Ortsgemeinden und Teile von Ortsgemeinden zum Heeresgutbezirk ‚Truppenübungsplatz Döllersheim' erklärt."[7] Bis 1945 standen die Einzelhäuser und Gehöfte in den von der Deutschen Ansiedlungsgesellschaft für die Wehrmacht angekauften[8] Ortschaften oft nur relativ geringfügig beschädigt auf dem Döllersheimer Übungsplatz in der Nähe des Neunzer Militärlagers Kaufholz. 1945, nach Hitlers Tod, wurden sie ausgeschlachtet, die für Neubauten und Reparaturzwecke noch geeigneten Baumaterialien von der Bevölkerung der Nachbarschaft abgefahren. Die restlose Zerstörung besorgten erst die Sowjets, die bis 1955 im Lande waren und einige der männlichen Verwandten Adolf Hitlers … verhafteten und in die Sowjetunion verschleppten.[9] Wie absurd Jetzingers Behauptungen sind, bezeugt nicht zuletzt auch die Tatsache, daß Anna Maria Schicklgruber nach dem ‚Anschluß' ein Ehrengrab mit einem Kreuz erhielt, auf dem zu lesen war: ‚Hier ruht die Großmutter des Führers – Maria A. Hitler, geborene Schicklgruber.'[10] Dieses Grab wurde stets besonders gepflegt und vor allem von Schulen und Hitler-Jugend-Gruppen besucht.[11] Am Döllersheimer

---

[4] Jetzinger, S. 34 f.

[5] Gebietsstand vom 21. März 1961, Wien 1961, S. 100–102.

[6] 1941, Folge 20, Nr. 216.

[7] Gemeindeverzeichnis von Österreich, S. 100.

[8] Angaben in den Zeugnissen der Deutschen Ansiedlungsgesellschaft vom 1. September 1944 für Theodor Fabian, der für den Ankauf der Ortschaften und für die Ersatzbeschaffung für die Aussiedler verantwortlich war. Repros und Abschriften der Zeugnisse im Besitz des Autors.

[9] Persönliche Auskunft von Leo Raubal (Mai 1969).

[10] Abb. des Grabkreuzes des Ehrengrabes. In: Die alte Heimat. Beschreibung des Waldviertels um Döllersheim, Eger 1942, S. 62.

[11] Schriftliche Mitteilung (26. Juli 1967) des ehemaligen Hitler-Jugend-Hauptjungzugführers Klaus Fabian vom Fähnlein 4, Bann 520, Südost Niederdonau, der von seiner übergeordneten HJ-Dienststelle beauftragt wurde, das Grab von Anna Maria Schicklgruber mit seinem HJ-Fähnlein zu besuchen.

30.

Unterthans Entlassung etc. 4. 9bris 776.

Auf das von der Hochgräflich Kuenburg: Herrschaft Wetzldorf eingereichte intercessionale
wird hiemit dem Mathias Sillipp, des
Lorenz Sillipp gewest Herrschaft Waldreichs
Unterthanen in [illegible] nunmehro seel: [illegible]
[illegible] Ehewirthin so noch im Leben ehe-
lich erzeugten Sohn, seiner Unterthänigkeits
Pflicht, mit welcher derselbe hiesig Hochgräflich
Englischen Herrschaft Waldreichs zugethan war
mit all seinem dermalen Habend, und etwa künftig
quocunque iuris titulo überkommenden Vermögen gänzlichen entlassen, und obgedachter
Hochgräflich Kuenburg: Herrschaft Wetzldorf,
um sich unter dem dahin gehörigen Dorf [illegible]
[illegible] häuslich: niederlassen zu können, gegenwärti-
ger unterthänig übergeben, daß eine solches
aber von derselben beobachtet werde. Actum
Schloß Waldreichs ut supra.

Entlassung – – – – – – – 1 fl 30 kr
Schreibgeld samt Stempel – – – – 30.–
[illegible] – – – – – – –

2 fl –.

73 Jahre vor der Aufhebung der Patrimonialgewalt in Österreich: Entlassung des Ur-Ur-Urgroßvaters Adolf Hitlers väterlicherseits, Mathias Sillipp, im Jahre 1776 aus der „Hochgräflichen … Untertanenpflicht“. *Quelle: Niederösterreichisches Landesarchiv, Bezirksgerichtsarchiv Allentsteig, 8/7, fol. 30.*

Schulgebäude befand sich eine Tafel mit der unzutreffenden Behauptung, daß Alois Hitler, „der Vater des Führers", dort zur Schule gegangen[12] sei.[13]

Daß Döllersheim zerstört worden sei, weil sich dort Dokumente befunden hätten, die nicht gefunden werden durften, ist eine Legende ohne Wahrheitsgehalt. Tatsache nämlich ist, daß sämtliche Dokumente, Kirchenmatriken, Unterlagen der politischen Gemeinde und archivierte Gerichtsunterlagen ordnungsgemäß verlagert wurden, bevor die Einwohner von Döllersheim, Strones und den anliegenden Ortschaften ihre angestammten Heimatorte verlassen mußten und andererorts wie beispielsweise in Krenglbach in Oberösterreich wieder angesiedelt wurden. Die Taufmatrik Adolf Hitlers befand sich stets in Braunau am Inn, die Taufmatrik seines Vaters – auf behördliche Anordnung – zunächst im niederösterreichischen Landesarchiv in Wien und danach in Rastenfeld, einem kleinen Dorf in der Nähe der einstigen Pfarrgemeinde Döllersheim. Die Behauptung, daß nach 1938 Änderungen an den ursprünglichen Eintragungen vorgenommen – oder die entsprechenden Seiten aus den Büchern entfernt worden seien, deckt sich ebenfalls nicht mit den Tatsachen. Die einzige „Änderung", die nachträglich vorgenommen wurde, war eine Ergänzung: die auf einen Gerichtsentscheid verweisende Registrierung des Todes von Adolf Hitler. Sie wurde am 11. Januar 1957, 12 Jahre nach dem Selbstmord der eingetragenen „Person" (Adolf Hitler), von Konsistorialrat Johann Ludwig, dem Braunauer Dechanten und Stadtpfarrer, eingetragen und lautete, wie bereits festgestellt: „Durch Beschluß des Amtsgerichts Berchtesgaden vom 25. Oktober 1956, II 48/52[14] für tot erklärt in fid publ. Stadtpfarramt Braunau am 11. Januar 1957. Johann Ludwig."[15]

Gegen eine Dokumentation über Döllersheim und Umgebung hat Hitler niemals etwas eingewandt. Im Gegenteil: 1942 erschien mit seiner Billigung zum Beispiel in der Sudetendeutschen Verlags- und Druckerei GmbH in Eger ein aufwendiges Buch unter dem Titel „Die alte Heimat, Beschreibung des Waldviertels um Döllersheim". Dort sind die Ortschaften und ihre Geschichte – mit den Vorfahren Hitlers, den Schicklgrubers und Hiedlers als Mittelpunkt – ausführlich dargestellt und mit zahlreichen Fotos versehen.[16]

Wenn die Angaben Hans Franks (und die davon abgeleiteten Behauptungen) zuträfen, müßte ein Jude namens Frankenberger 1836 in Graz gelebt haben. Ferner müßte nachweisbar sein, daß 1830 in Wetzelsdorf bei Graz „eine über die Raubals mit Hitler verwandte Dame" wohnte, wie Frank behauptete. Und nachgewiesen werden müßte auch, daß Hitlers Großmutter Anna Maria Schicklgruber 1836 in Graz angestellt war.

12 Schriftliche Mitteilung von Klaus Fabian (26. Juli 1967 und 25. August 1967).
13 Maser, Hitler, S. 23.
14 Vgl. das Dokument S. 456.
15 Tomus XIX, 30. Juni 1881–1891, S. 15.
16 Die alte Heimat, S. 18 und Maser, Hitler, S. 24.

Nichts von alledem trifft zu. Darüber hinaus ist nicht ohne Bedeutung, daß in Österreich Alimentenverpflichtungen zur Zeit der Patrimonalgewalt, also bis zu deren Aufhebung im Jahre 1853, als Alois Schicklgruber 17 Jahre alt war, grundsätzlich nicht üblich waren. Zudem gab es seit dem Ende des 15. Jahrhunderts bis ein Jahrzehnt nach dem Tode Anna Maria Schicklgrubers in Graz keinen einzigen ansässigen Juden.[17] Und: Anna Maria Schicklgruber, Adolf Hitlers Großmutter väterlicherseits, war niemals in Graz wohnhaft und oder auch nur irgendwo angestellt. Sie ist weder im Grazer „Dienstbotenbuch" noch im „Bürgerbuch" registriert.[18] Die Eintragungen der jährlichen Zinsen für die ihr laut Nachlaß zustehende elterliche Erbschaft wurden von 1821 bis 1838 beim Bezirksgericht Allentsteig vorgenommen, das für Strones zuständig war, wo Anna Maria Schicklgruber im Juni 1837 ihr Kind gebar. In den Unterlagen der Waisenkasse sind weder 1836 noch 1837 Änderungen vorgenommen worden. Da sie Untertanin der „Hochgräflichen Herrschaft Ottenstein" war, hätte sie sich auch nicht einfach auf eine lange Wanderschaft von Strones nach Graz begeben können, um sich mit einem Mann zu treffen.

Daß ihre Eltern so arm waren, daß sie nicht einmal über Betten verfügten und in Trögen schlafen mußten, wie Jetzinger behauptet, widerlegt ihr detailliert verfaßter und im Niederösterreichischen Landesarchiv, Bezirksgerichts-Archiv Allentsteig aufbewahrter Nachlaß.

---

[17] Ein im „Volkszählungsprotokollbuch" des Jahres 1900 unter der Nr. 82.348 eingetragener (Alois) Frankenberger, von dem sich ein handschriftlicher Brief vom 20. April 1913 an den Pfarrer von Sulzbach am Inn mit genauen Angaben zur Person und Herkunft findet, war jünger als Adolf Hitlers Vater. Er wurde am 10. Juli 1854 in Sulzbach geboren und war nach den Sulzbacher Kirchenmatriken der unehelich geborene Sohn einer Maria Frankenberger aus Engertham. In den Zweitbüchern der Grazer Israelitischen Kultusgemeinde (1864–1938) ist kein Frankenberger verzeichnet, und auch in den Grazer „Geburtenzweitbüchern" der anderen Religionsgemeinschaften der Jahrgänge 1838 bis 1900 findet sich kein Frankenberger, ebensowenig in den bis 1837 vorgenommenen Eintragungen, wie auch der Name Frankenberger in den pfarramtlichen Matriken des 1938 eingemeindeten Gebietes nicht festzustellen ist. Vgl. Maser, Hitler, S. 28.

[18] Niederösterreichisches Landesarchiv, Bez.-Ger.-Archiv Allentsteig 8/17, fol. 48 ff. Vgl. Maser, Hitler, S. 30.

Kimberley Cornishs Spekulationen über Hitlers Schulzeit in Linz und dessen angebliche Beziehung zu dem jüdischen Mitschüler Ludwig Wittgenstein

1998 veröffentlichte der australische Philosoph Kimberley Cornish in England ein Buch unter dem Titel „The Jew of Linz", das der Ullstein-Verlag zur gleichen Zeit als Übersetzung unter dem Titel „Der Jude aus Linz" herausbrachte, Cornish meinte damit den jüdischen österreichischen Industriellensohn Ludwig Wittgenstein, der von 1903–1904 mit Hitler die Linzer Realschule besuchte.

Zunächst Cornishs Resümee: „Hitler und Wittgenstein hatten um 1904 so etwas wie eine wechselseitige Beeinflussung. Wittgensteins Persönlichkeit – kraftvoll und daran gewöhnt, Dienern zu befehlen und sich in Hochdeutsch zu artikulieren – hatte sogar eine tiefgreifende Wirkung auf den jungen Hitler. Irgendwie wurde er mit Wittgensteins jugendlicher Praktik der Einfühlung bekannt und dem, was sie angeblich über das Wesen des Subjekts der Erfahrung zeigte, nämlich, daß Arier, Juden, Neger oder Chinesen, wir alle einen Geist teilen. Nichts von alldem liegt außerhalb des Rahmens des Möglichen für intelligente Schuljungen. Hitler kam jedoch dahin, den Glauben an einen gemeinsamen, allumfassenden Geist, der Juden einschloß, als abstoßend zu empfinden. Er gelangte dazu, diese Lehre für ein Mittel zu halten, mit dem Juden Internationalismus und Brüderlichkeit der Menschen predigen konnten, wohingegen sich arische Solidarität gegenüber Juden abschwächte. Während Wittgenstein sich selbst als einen ‚internationalen Wahrheitssucher' darstellte, beutete seine Familie österreichische Deutsche durch ihre Kontrolle der Wirtschaft der Donaumonarchie aus. Die Lösung, zu der Hitler gelangte, war die, gegen den universalen Aspekt von Wittgensteins Doktrin anzukämpfen und den allgemeinen Geist auf allein jene zu beschränken, die der rein arischen Rasse angehörten; das heißt, ihn auf Arier zu begrenzen und die Juden auszuschließen. Da war tatsächlich ein ‚rassischer Geist' zu finden, wie die Indogermanen es geglaubt hatten, aber nur Arier konnten ihn erlangen."[1]

Cornish, der im „Vorwort" der deutschen Ausgabe hervorhob, als angelsächsischer Forscher aus großer Entfernung „viel unbefangener"[2] forschen und urteilen zu können als Historiker und Hitler-Biographen im europäischen Umfeld des Holocaust, hat diese Einschätzung selbst in fataler Weise durch krasse Fälschungen und fantasiereiche Manipulationen ad absurdum geführt. Den umfangreichen Katalog seiner Fälschungen leitet bereits das Titel-Foto seines Buches ein:

---

1 Cornish, Kimberley, Der Jude aus Linz, Berlin 1998. S. 253.

2 Ebenda, S. 9

Ein Foto der Linzer Realschulklasse 1 B. des Schuljahres 1900–1901.[3] Auf ihm ist der elfjährige Schüler Hitler in der obersten Reihe ganz rechts zu sehen. Cornish fälschte das Foto zu einem „Detail aus einer Schulaufnahme" von 1903 um und behauptete, daß in der Reihe vor dem dann 14-jährigen Hitler der nur 6 Tage jüngere Wittgenstein (angeblich 3. von rechts) stünde.[4] Tatsächlich aber besuchte Wittgenstein, der bis September 1903 nur häuslichen Privatunterricht erhalten hatte, die Schule erst ab September 1903, als Hitler Schüler der dortigen 3. Klasse war. Doch auch da waren Hitler und Wittgenstein keine Klassenkameraden; denn Wittgenstein war sogleich in die 5. Klasse aufgenommen worden. Hitler dagegen hatte nach 5 Klassen Volksschule (seit Mai 1895) und der Wiederholung der 1. Klasse der Linzer Realschule seit September 1900 (wegen einer 5 in Mathematik und Naturgeschichte: „Nicht genügend") nur in die 3. Klasse dieser Schule wechseln können.

Beweise dafür, daß die beiden Schüler einander gekannt oder gar auffällig kommuniziert hätten, gibt es nicht. Doch Cornish sieht als gegeben an, daß zwischen ihnen engere persönliche Beziehungen bestanden haben, indem er sich auf die Bemerkung Hitlers in „Mein Kampf" bezieht: „In der Realschule lernte ich wohl einen jüdischen Knaben kennen, der von uns allen mit Vorsicht behandelt wurde, jedoch nur, weil wir ihm im bezug auf seine Schweigsamkeit, durch verschiedene Erfahrungen gewitzigt, nicht sonderlich vertrauten; irgendein Gedanke kam mir dabei nicht".[5] Da beispielsweise 1903 17 der 329 Schüler der Realschule jüdischen Glaubens waren[6], kann keineswegs davon ausgegangen werden, daß Hitler Wittgenstein gemeint habe.[7]

Während Wittgenstein die Schule 1907 mit dem Abitur verließ, tat Hitler dies nach einer Wiederholung der Französisch-Prüfung bereits 1904 mit dem Ende des Schuljahres[8], so daß eine eventuelle Schüler-Beziehung Hitler-Wittgenstein (abzüglich der Ferienzeiten) nicht einmal ein Jahr hätte dauern können.[9] In Steyr, wo Hitler ab September 1904 auf Anraten der Linzer Realschule die Staatsoberrealschule besuchte[10] und bis 10. Februar 1905 30 Tage ohne Rechtfertigung fehlte[11], lernte er August Kubizek kennen, der Musiker werden wollte und ihm als willi-

3 In der Klasse 1 B des Schuljahres 1901/02 waren von 39 Schülern sechs Juden, fünf Protestanten und 28 Katholiken. In der Klasse 1 A befand sich nur ein jüdischer Schüler. Vgl. Jahresbericht der Staatsoberrealschule Linz 1901/02, Katalog, S. 38 und 40.

4 Fotos des Schülers Wittgenstein, der 1926 sein zumindest unter der Lehrerschaft weithin bekanntes „Wörterbuch für Volksschulen" veröffentlichte, sind der Forschung nicht bekannt.

5 Cornish, „intelligente Schuljungen", S. 253.

6 Hitler, Mein Kampf, 469.–473. Aufl., München 1939, S. 55, fortan zit als Hitler, Mein Kampf.

7 Vgl. Maser, Hitler, S. 249.

8 Ebenda, S. 69.

9 Vgl. auch die ausführliche Rezension: War Wittgenstein Hitlers „Jude aus Linz", wie Kimberley Cornish aus antipodischer Sicht meint?, von Möcker, Hermann, in: Österreich in Geschichte und Literatur, H. 5 (308), Wien 2000, S. 281–333.

10 Maser, Hitler, S. 69 f.

11 Ebenda, S. 72.

Der pensionierte Direktor der Linzer Staatsrealschule Dr. Leopold Poetsch, der Hitler in Linz bis Herbst 1904, bis zu dessen Wechsel in die Staatsoberrealschule Steyr hinüberwechselte, in Geschichte unterrichtet hatte, schrieb seinem einstigen Schüler im Juni 1929 diesen von hohem Respekt zeugenden Brief, in dem er ihn um die Abschrift der Stelle aus „Mein Kampf“ bat, in der er (Hitler) ihn als Geschichtslehrer in besonderer Weise würdigte.

St. Andrä i. Lavanttale, Kärnten, am 20. Juni 1929.

Hochgeschätzter Herr Hitler!

[illegible]

Der Passus, um den Poetsch seinen einstigen Schüler aus dessen Buch „Mein Kampf“ in diesem respektvoll formulierten Brief 1929 bat, lautete: „Geschichte ‚lernen‘ heißt die Kräfte suchen und finden, die als Ursachen zu jenen Wirkungen führen, die wir dann als geschichtliche Ereignisse vor unseren Augen sehen.

Die Kunst des Lesens wie des Lernens ist auch hier: Wesentliches behalten, Unwesentliches vergessen.

Es wurde vielleicht bestimmend für mein ganzes späteres Leben, daß mir das Glück einst gerade für Geschichte einen Lehrer gab, der es als einer der ganz wenigen verstand, für Unterricht und Prüfung diesen Gesichtspunkt zum beherrschenden zu machen. In meinem damaligen Professor Dr. Leopold Poetsch, an der Realschule zu Linz, war diese Forderung in wahrhaft idealer Weise verkörpert. Ein alter Herr, von ebenso gütigem als aber auch bestimmtem Auftreten, vermochte er besonders durch eine blendende Beredsamkeit uns nicht nur zu fesseln, sondern wahrhaft mitzureißen. Noch heute erinnere ich mich mit leiser Rührung an den grauen Mann, der uns im Feuer seiner Darstellung manchmal die Gegenwart vergessen ließ, uns zurückzauberte in vergangene Zeiten und aus dem Nebelschleier der Jahrtausende die trockene geschichtliche Erinnerung zur lebendigen Wirklichkeit formte. Wir saßen dann da, oft zu heller Glut begeistert, mitunter sogar zu Tränen gerührt.

Das Glück ward um so größer, als dieser Lehrer es verstand, aus Gegenwart Vergangenes zu erleuchten, aus Vergangenheit aber die Konsequenzen für die Gegenwart zu ziehen. So brachte er denn auch, mehr als sonst einer, Verständnis auf für all die Tagesprobleme, die uns damals in Atem hielten. Unser kleiner nationaler Fanatismus ward ihm ein Mittel zu unserer Erziehung, indem er, öfters als einmal an das nationale Ehrgefühl appellierend, dadurch allein uns Rangen schneller in Ordnung brachte, als dies durch andere Mittel je möglich gewesen wäre.

Mir hat dieser Lehrer Geschichte zum Lieblingsfach gemacht.

Freilich wurde ich, wohl ungewollt von ihm, auch damals schon zum jungen Revolutionär." Hitler, Mein Kampf, S. 12f.

ger und geistig von ihm abhängiger „Zuhörer" diente. Kubizek, der alle Gedanken seines Freundes kannte und 1953 seine Erinnerungen an den einstigen Freund unter dem Titel „Adolf Hitler. Mein Jugendfreund"[12] veröffentlichte, hat niemals auch nur ein Wort über Wittgenstein verloren.

Cornish läßt Hitler infolge angeblicher Begegnungen mit Wittgenstein 1903 in Linz zum Antisemiten werden[13], obwohl Hitler in „Mein Kampf" ausdrücklich hervorgehoben hatte, daß ihm 1903 nach einer Begegnung mit einem jüdischen Mitschüler in Linz „irgendein Gedanke" nicht gekommen sei. Und auch Hitlers Bericht in „Mein Kampf" über seine erste Begegnung mit einem Kaftan-Juden[14] in Wien und dem erst danach einsetzenden Literaturstudium, das ihn erst nach „rückfälligen Wochen, ja einmal … Monaten"[15] zum Antisemiten werden ließ, ignoriert Cornish um der Kontinuität seiner fantasiereichen Konstruktionen willen.

Dem Juden im Kaftan war Hitler Anfang 1908 – als 19-Jähriger – begegnet, was ihn nach Kubizeks Angaben bewog, einen jüdischen Gottesdienst aufzusuchen und sich dem Wiener Antisemitenbund anzuschließen.[16] Da er sich im Juli 1908 von Kubizek trennte[17], ist er selbst die einzige Quelle für den Nachvollzug des Beginns seiner „Entwicklung" zum Antisemiten geblieben. Wenn zutrifft, daß

[12] Graz 1953.
[13] Vgl. in dem Zusammenhang Cornish, u.a. S. 22, 35, 48, 153, 160, 163 und 172.
[14] Hitler, Mein Kampf, S. 59.
[15] Ebenda, S. 60.
[16] Kubizek, S. 301.
[17] Ebenda, S. 302.

34 Jahre nach dem Abschied von der Linzer Staatsoberrealschule begrüßt Hitler seinen einstigen Geschichtslehrer Prof. Leopold Poetsch in Linz.

seine Mutation zum Antisemiten, wie er in „Mein Kampf" berichtete, als Folge von Zweifeln, Unsicherheiten, Irritationen und „Rückfällen" einmal gar für Monate unterbrochen worden sei, hat es den Antisemiten Hitler seit 1908/09 gegeben. Die Angaben einstiger Linzer und Steyrer Mitschüler, daß er bereits vor 1905 in den von ihm besuchten Oberschulen antisemitisch agiert habe, sind durch Dokumente nicht zu belegen. Cornishs Darstellung erweist sich auch in dieser – für Hitlers Vita außerordentlich wichtigen – Frage als unbrauchbar.

Im Gegensatz zu den Vermutungen und Behauptungen über Wittgenstein und Hitler während ihrer gemeinsamen Schulzeit ist die durch ungezählte Fälschungen verzeichnete Anfangsphase der von Hitler schon vor dem Schulabschluß in Steyr angestrebten Künstler-Karriere zweifelsfrei und lückenlos belegbar: Im September 1907 unterzog er sich als 18 ½-jähriger mit weiteren 112 Kandidaten einer Aufnahmeprüfung an der Allgemeinen Malerschule der Wiener Akademie der Bildenden Künste. Während 33 Kandidaten den ersten Teil der Prüfung nicht bestanden, wurde Hitler, der von seinen künstlerischen Fähigkeiten fest überzeugt war und in dem Prüfungsteil mit guten Leistungen auf sich aufmerksam gemacht hatte, mit 79 Studienbewerbern für den zweiten Teil der Prüfungsprozedur, der Disziplin „Probezeichnen", zugelassen. 28 Kandidaten bestanden auch diesen Prüfungsteil. Mit Hitler fielen 52 Studienbewerber durch. Er hatte sich auf Architekturzeichnungen vorbereitet und die Darstellung von Köpfen grob vernachlässigt. Das Urteil der Prüfungskommision: „Adolf Hitler, geb. in Braunau/ Inn, Oberösterreich am 20. April 1889, deutsch, kath. Eltern: k. u. k. Oberoffizial, Probez. ungenügend, wenig Köpfe."[18] Zumindest einer von denen, die mit Hitler durchfielen, erntete später Ruhm und machte eine große Karriere: Robin Christian Andersen. Er war 1945 bis 1948 Rektor und von 1948 bis 1951 Prorektor der Akademie der Bildenden Künste. Von 1945 bis 1965 leitete er an der Akademie die Meisterschule für Malerei und 1957, 1958, 1961 und 1962 die Meisterschule für Kunsterzieher.

Nach Hitlers Darstellung in „Mein Kampf" wurde ihm von Siegmund L'Allemand, dem Rektor der Akademie, dem er sich nach der Prüfung vorstellen ließ, erklärt, daß aus seinen „mitgebrachten Zeichnungen einwandfrei" die „Nichteignung zum Maler hervorgehe" und daß seine Fähigkeit doch ersichtlich auf dem Gebiete der Architektur liege.[19]

---

[18] Schriftliche Mitteilung des Rektoratsdirektors (Dr. Sommer) der Akademie vom 24. Februar 1971.

[19] Hitler, Mein Kampf, S. 19.

Das hier erstmals abgebildete Aquarell aus dem Nachlaß von Geraldine (Gerdy) Troost, das Hitler 1907 für die Aufnahmeprüfung malte – und drei Jahrzehnte später der von ihm am 24. April 1937 zur Professorin ernannten Architektin Troost schenkte, bestätigt das Urteil des Akademie-Rektors. Hitlers Versuch, 9 Monate nach dem Tod seiner Mutter, die Aufnahmeprüfung im September 1908 noch einmal zu wiederholen, scheiterte. Er war unkonzentriert, seine Klausurkomposition „unzureichend". Diesmal wurde er nicht zur „Probezeichnung" zugelassen. Der Professoren-Titel wurde Frau Troost am 7. März 1950 von der Münchener Spruchkammer aberkannt.

Stationen der Entwicklung Hitlers zum Antisemiten

Anders verhält es sich hinsichtlich der Spekulationen und nachweisbar falschen Definitionen von Hitler-Biographen und Historikern, die sich ausführlich mit Hitler auseinandersetzten, im Zusammenhang mit der Frage, wann Hitler Antisemit geworden ist, wie das hier folgende Beispiel es exemplarisch deutlich werden läßt. Während der „Aschaffenburger Gespräche“ vom 1. und 2. Juli 1978 erklärte David Irving: „Eine Frage an Herrn Jäckel: Wann ist Hitler Ihrer Meinung nach Antisemit geworden? Oder ist er von Haus aus Antisemit gewesen? Wenn man die frühesten Reden Hitlers aus den Jahren 1919 und 1920 liest, kann man eine sehr merkwürdige Erscheinung entdecken. In den allerersten Reden werden die Juden fast gar nicht erwähnt. Erst in der dritten oder vierten Rede erwähnt Hitler ausführlich das Judentum. In den früheren Reden hat er schwierige Thesen erörtert, politische und wirtschaftliche Theorien, die weit über dem Niveau des Publikums lagen. Aber dann erwähnt er, nur mit einem Satz, die Juden und erhält dafür Beifall. In den nächsten Reden spricht er schon mehr über sie. Und im August 1920 widmet er den Juden eine ganze Rede. Ich glaube, zum Antisemitismus hat ihn seine eigene Propaganda getrieben.“[1]

Daß sich Irvings Behauptungen nicht mit den Tatsachen deckten, bezeugt ein Hitler-Dokument von September 1919.[2] Nachdem Adolf Gemlich, ein V-Mann des Gruppenkommandos 4 des bayerischen Militärs, seinen Vorgesetzten, den Hauptmann (im Generalstab) Karl Mayr, am 4. September 1919 schriftlich gebeten hatte, ihm eine Belehrung zukommen zu lassen, die ihn über die Haltung der SPD gegenüber dem Judentum informieren sollte[3], hatte Mayr den „sehr verehrten Herrn Hitler“[4] beauftragt, ein entsprechendes Gutachten zu formulieren. Schon der Sachverhalt allein macht deutlich, daß Hitlers antisemitische Einstellung zu der Zeit selbst im bayerischen Generalstab bekannt war, der 1919 in Bayern eine maßgebliche politische Führungsrolle wahrnahm. Am 16. September 1919 legte Hitler sein „Gutachten“ vor, das Gemlich als Adressaten hatte. Der mit „Sehr geehrter Herr Gemlich“ beginnende Text:

> „Wenn die Gefahr, die das Judentum für unser Volk heute bildet, seinen Ausdruck findet in einer nicht wegzuleugnenden Abneigung großer Teile unseres Volkes so ist die Ursache dieser Abneigung meist nicht zu suchen in der kla-

---

1 Hitler heute. Gespräche über ein deutsches Trauma (Hrsg. Knopp, Guido), Aschaffenburg 1979, S. 57. Fortan zit. als Hitler heute.

2 Veröffentlicht in Maser, Hitlers Briefe und Notizen. Sein Weltbild in handschriftlichen Dokumenten, Düsseldorf 1973, S. 223 ff. fortan zit. als Maser, Hitlers Briefe und Notizen.

3 Hauptstaatsarchiv München (HStA München), Abt. II, Gruppen-Kdo. 4, Bd. 50/8.

4 Hauptmann Mayr redete Hitler in seinem schriftlichen Befehl an Hitler (der erst im März 1920 aus der Armee ausschied) in dieser für militärische Umgangsformen ungewöhnlichen Weise an: „Sehr verehrter Herr Hitler“. Hauptstaatsarchiv München, Abt. II, Gruppen-Kdo. 4, Bd. 50/8.

ren Erkenntnis des bewußt oder unbewußt planmäßig verderblichen Wirkens der Juden als Gesamtheit auf unsere Nation, sondern sie entsteht meist durch den persönlichen Verkehr, unter dem Eindruck, den der Jude als Einzelner zurück läßt und der fast stets ein ungünstiger ist. Dadurch erhält der Antisemitismus nur zu leicht den Charakter einer bloßen Gefühlserscheinung. Und doch ist dies unrichtig. Der Antisemitismus als politische Bewegung darf nicht und kann nicht bestimmt werden durch Momente des Gefühls, sondern durch die Erkenntnis von Tatsachen. Tatsachen aber sind:

Zunächst ist das Judentum unbedingt eine Rasse und nicht Religionsgenossenschaft. Und der Jude selbst bezeichnet sich nie als jüdischen Deutschen, jüdischen Polen oder etwa jüdischen Amerikaner, sondern stets als deutschen, polnischen oder amerikanischen Juden. Noch nie hat der Jude von fremden Völkern in deren Mitte er lebt viel mehr angenommen als die Sprache. Und so wenig ein Deutscher, der in Frankreich gezwungen ist sich der franz. Sprache zu bedienen, in Italien der italienischen und in China der chinesischen, dadurch zum Franzosen, Italiener oder gar Chinesen wird, so wenig kann man einen Juden, der nunmal unter uns lebt und, dadurch gezwungen, sich der deutschen Sprache bedient, deshalb einen Deutschen nennen. Und selbst der mosaische Glaube kann, so groß auch seine Bedeutung für die Erhaltung dieser Rasse sein mag, nicht als ausschließlich bestimmend für die Frage, ob Jude oder Nichtjude gelten. Es gibt kaum eine Rasse, deren Mitglieder ausnahmslos einer einzigen bestimmten Religion angehören.

Durch tausendjährige Inzucht, häufig vorgenommen in engstem Kreise, hat der Jude im allgemeinen seine Rasse und ihre Eigenarten schärfer bewahrt, als zahlreiche der Völker, unter denen er lebt. Und damit ergibt sich die Tatsache, daß zwischen uns eine nichtdeutsche fremde Rasse lebt, nicht gewillt und auch nicht im Stande, ihre Rasseneigenarten zu opfern, ihr eigenes Fühlen, Denken und Streben zu verleugnen, und die dennoch politisch alle Rechte besitzt wie wir selber. Bewegt sich schon das Gefühl des Juden im rein Materiellen, so noch mehr sein Denken und Streben. Der Tanz ums goldene Kalb wird zum erbarmungslosen Kampf um alle jene Güter, die nach unserm inneren Gefühl nicht die Höchsten und einzig erstrebenswerten auf dieser Erde sein sollen.

Der Wert des Einzelnen wird nicht mehr bestimmt durch seinen Charakter, der Bedeutung seiner Leistungen für die Gesamtheit, sondern ausschließlich durch die Größe seines Vermögens, durch sein Geld.

Die Höhe der Nation soll nicht mehr gemessen werden nach der Summe ihrer sittlichen und geistigen Kräfte, sondern nur mehr nach dem Reichtum ihrer materiellen Güter.

Aus diesem Fühlen ergibt sich jenes Denken und Streben nach Geld, und Macht, die dieses schützt, das den Juden skrupellos werden läßt in der Wahl der Mittel, erbarmungslos in ihrer Verwendung zu diesem Zweck. Er winselt im autokratisch regierten Staat um die Gunst der „Majestät“ des Fürsten, und mißbraucht sie als Blutegel an seinen Völkern.

Er buhlt in der Demokratie um die Gunst der Masse, kriecht vor der „Majestät des Volkes“ und kennt doch nur die Majestät des Geldes.

Er zerstört den Charakter des Fürsten durch byzantinische Schmeichelei, den nationalen Stolz, die Kraft eines Volkes, durch Spott und schamloses Erziehen zum Laster. Sein Mittel zum Kampf ist jene öffentliche Meinung, die nie ausgedrückt wird durch die Presse, wohl aber immer durch sie geführt und gefälscht wird. Seine Macht ist die Macht des Geldes, das sich in Form des Zinses in seinen Händen müht – und endlos vermehrt, und den Völkern jenes gefährlichste Joch aufzwingt, das sie seines anfänglichen goldigen Schimmers wegen so schwer in seinen späteren traurigen Folgen zu erkennen vermögen. Alles was Menschen zu Höherem streben läßt, sei es Religion, Sozialismus, Demokratie, es ist ihm alles nur Mittel zum Zweck, Geld und Herrschgier zu befriedigen.

Sein Wirken wird in seinen Folgen zur Rassentuberkulose der Völker.

Und daraus ergibt sich folgendes: Der Antisemitismus aus rein gefühlsmäßigen Gründen wird seinen letzten Ausdruck finden in der Form von Pogromen. Der Antisemitismus der Vernunft jedoch muß führen zur planmäßigen gesetzlichen Bekämpfung und Beseitigung der Vorrechte des Juden, die er zum Unterschied der anderen zwischen uns lebenden Fremden besitzt. (Fremdengesetzgebung). Sein letztes Ziel aber muß unverrückbar die Entfernung der Juden überhaupt sein. Zu beidem ist nur fähig eine Regierung nationaler Kraft und niemals eine Regierung nationaler Ohnmacht.

Die Republik in Deutschland verdankt ihre Geburt nicht dem einheitlichen nationalen Willen unseres Volkes, sondern der schlauen Verwertung einer Reihe von Umständen, die zusammengefaßt sich in tiefer allgemeiner Unzufriedenheit äußerten. Diese Umstände jedoch waren unabhängig von der Staatsform und sind auch heute noch wirksam. Ja mehr noch als früher. So erkennt denn auch schon ein großer Teil unseres Volkes, daß nicht die geänderte Staatsform als solche unsere Lage zu ändern und bessern vermag sondern nur eine Wiedergeburt der sittlichen und geistigen Kräfte der Nation.

Und diese Wiedergeburt wird nicht in die Wege geleitet durch eine Staatsführung unverantwortlicher Majoritäten unter dem Einfluß bestimmter Parteidogmen, einer unverantwortlichen Presse, durch Phrasen und Schlagwörter internationaler Prägung, sondern nur durch rücksichtslosen Einsatz nationalgesinnter Führerpersönlichkeiten mit innerlichem Verantwortungsgefühl.

Diese Tatsache jedoch raubt der Republik die innere Unterstützung der vor allem so nötigen geistigen Kräfte der Nation. Und so sind die heutigen Führer des Staates gezwungen, sich Unterstützung zu suchen bei jenen, die ausschließlich Nutzen aus der Neubildung der deutschen Verhältnisse zogen und ziehen, und die aus diesem Grunde ja auch die treibenden Kräfte der Revolution waren, den Juden. Ohne Rücksicht auf die auch von den heutigen Führern sicher erkannte Gefahr des Judentums (Beweis dafür sind verschiedene Aussprüche derzeitig leitender Persönlichkeiten) sind sie gezwungen, die ihnen zum eigenen Vorteil von den Juden bereitwillig gewährte Unterstützung anzunehmen, und damit auch die geforderte Gegenleistung zu bringen. Und dieser Gegendienst besteht nicht nur in jeder möglichen Förderung des Judentums überhaupt, sondern vor allem in der Verhinderung des Kampfes des betrogenen Volkes gegen seine Betrüger, in der Unterbindung der antisemitischen Bewegung.

Mit vorzüglicher Hochachtung
Adolf Hitler."[5]

Dieses „Gutachten", Hitlers erstes politisches Dokument, zeigt zwar deutlich, daß seine „Weltanschauung" im September 1919, als er Mitglied der Deutschen Arbeiter-Partei[6] wurde, im Hinblick auf den Antisemitismus mehr als nur umrißhaft ausgeformt war; aber das „Gutachten" verrät auch, daß zu der Zeit noch die Vorstellungen, Formulierungen und das Begriffsrepertoir der österreichischen Alldeutschen hinter seinen Ausführungen standen.

Eberhard Jäckel[7], der diesen Text in sein Buch (Seite 88–90) über Hitlers Aufzeichnungen von 1905 bis 1924 aufnahm, antwortete auf Irvings Frage: „Das ist eine sehr umstrittene Frage. Fast alle Hitler-Biographien führen die Entstehung des Antisemitismus auf die Wiener Zeit zurück und setzen Zusammenhänge mit dem Habsburgischen Antisemitismus. Das ist möglich, aber überhaupt nicht belegt, denn wir haben aus Hitlers Wiener Zeit an schriftlichen Zeugnissen nur ein paar nichtssagende Postkarten, in denen das Judentum nicht erwähnt wird. Die erste Formulierung des ‚Internationalismus' taucht in einem Brief aus dem Ersten Weltkrieg auf. Was ich über die Entfernung der Juden zitiert habe, stammt aus einem Brief vom September 1919. Da ist dies zum ersten Mal schriftlich belegt. Ich vermute deshalb, daß man auch hier fließende Übergänge annehmen muß."[8]

Quellen nannte Jäckel nicht. Er verwies lediglich auf sein zu der Zeit noch nicht erschienenes Opus „Hitler. Sämtliche Aufzeichnungen 1905–1924".[9] Daß Hitlers erster Hinweis auf den „Internationalismus" von 1915 stammte und dem Buch „Hitlers Briefe und Notizen. Sein Weltbild in handschriftlichen Dokumenten"

5 Zit. nach Maser, Hitlers Briefe und Notizen, S. 223 ff.
6 Aus der Deutschen Arbeiter-Partei (DAP) ging im Februar 1920 die NSDAP hervor.
7 Vgl. S. 120 ff.
8 Hitler heute, S. 57.
9 Jäckel, Eberhard, Hitler, Sämtliche Aufzeichnungen 1905–1924, Stuttgart 1980.

von 1973 entnommen worden war, ließ Jäckel ebenso unerwähnt wie die Quelle für das von ihm als „Brief“ bezeichnete und erstmals bereits 1968 von Ernst Deuerlein publizierte Hitler-“Gutachten“ von 1919,[10] in dem Hitler Pogrome voraussagte und „die Entfernung der Juden überhaupt“ forderte.

Hitlers Landsmann, der 1975 geborene und in Holland lebende jüdische Romanschriftsteller Harry Mulisch, der nach eigenen Angaben „Wissenschaftler“ werden wollte, dies infolge des fehlenden Abiturs jedoch nicht werden konnte, fabulierte im August 2002 in einem Interverview: „Man hat Hitler immer zu ergründen versucht … Alles ist schon über ihn geschrieben worden, nur eines nicht. Hitler ist nichts. Und das habe ich getan … Hitler ist wie ein schwarzes Loch, und das ist das Nichts – für mich die Endlösung der Hitlerfrage“.[11] Der von einigen Medien als „Grandseigneur der niederländischen Literatur“ („Die Erfindung des Himmels“) gerühmte Autor übersah nicht nur, daß über sein „Nichts“ abertausende Seiten von ausgewiesenen Wissenschaftlern geschrieben wurden und werden, sondern auch, daß seine Quintessenz seine Definition auf den Kopf stellte. „Wenn man denkt, der Holocaust sei in fünf oder zehn Jahren vergessen, irrt man“, folgerte er logisch und nachvollziehbar und fuhr fort: „Daß man davon <vom Holocaust> noch tausend Jahre sprechen wird, das ist das wahre tausendjährige Reich Hitlers“.[12] Zweifellos ist davon auszugehen, daß die Menschheit auch in tausend Jahren noch vom Holocaust sprechen wird, doch absurd und geschichtsfremd ist, daß ihr Verursacher das „Schwarze Loch“, das „Nichts“ gewesen sei.

---

10 Deuerlein, Ernst, Der Aufstieg der NSDAP in Augenzeugenberichten, Düsseldorf 1968, S. 93.
11 Mulisch in einem Interview des Mannheimer Morgen vom 10. August 2002.
12 Ebenda.

Erfindungen über einen Aufenthalt Adolf Hitlers von 1912 bis 1913 in Liverpool

1976 behauptete William Stevenson in einer Fußnote seines in New York erschienenen Buches „A man called Intrepid“, daß Adolf Hitler von November 1912 bis April 1913 bei seinem Halbbruder Alois Hitler[1] in Liverpool gelebt habe, was einiges Aufsehen erregte. Dokumente des britischen Geheimdienstes BSC (British Security Coordination) und ein Memoiren-Manuskript der englischen Ex-Schauspielerin Bridget Elizabeth Dowling, die Adolf Hitlers Halbbruder Alois 1910 in England geheiratet hatte, gab er als „Quellen“ an. Die 1934 in Nordengland geborene Ex-Schauspielerin Beryl Bainbridge hat einen Roman daraus gemacht.[2] Alle von Hitler-Gegnern phantasiereich erfundenen und nicht nur bis 1965 immer erneut kolportierten Legenden über einen jungen Taugenichts und Tagedieb namens Adolf Hitler kamen ihren literarischen Wunschvorstellungen entgegen. Gescheiterte Existenzen, kleine Hochstapler und Tagediebe sind es, die in ihren spürbar autobiographisch geprägten Publikationen im Schmierentheaterstil agieren. Detailliert liebevoll geschilderte Gaunereien und Betrügereien sind dabei so an der Tagesordnung wie Angst- und Panikstimmungen.

Bei Beryl Bainbridge, der aus einem zerrütteten Elternhaus stammenden Lebenskünstlerin, die als junges Mädchen nach Amerika durchbrannte und sich mit allerlei Gelegenheitsjobs über Wasser hielt, schmarotzt der 23-jährige Hitler, ein erbarmungswürdiger armer Teufel, in der verkitscht billigen Hochstapleratmosphäre seines Halbbruders Alois in Liverpool herum, faulenzt, wird von krankhaften Tagträumen und Wahnvorstellungen geplagt und agiert als fanatischer, weltfremder Phantast. Er besitzt anfänglich nur einen schäbigen Anzug und ein Hemd, hat kein Geld, ist oft geistig „weggetreten“, bekommt beängstigende Wutanfälle und stellt eine Bedrohung für seine Schwägerin Bridget Elizabeth und deren – im Roman verschlüsselt „Pat-Lieb“ genannten – Sohn William Patrick Hitler[3] dar, dessen 1949, 1951 und 1965 geborenen Kinder Alex Adolf,

[1] Hitler, Alois (1882–1956) war ein Sohn des Hitler-Vaters Alois Hitler (1837–1903) aus dessen Ehe mit Franziska Matzelsberger (1861–1884). Aus Alois' Ehe mit der Engländerin Bridget Elizabeth Dowling (vgl. S. 160 ff.), die er 1910 in London heiratete, ging Adolf Hitlers Neffe William Patrick Hitler (1911–1987) hervor, der infolge seiner Differenzen mit seinem Onkel, der ihm vorwarf, faul zu sein, mit seinem Nachnamen (als Angestellter bei Opel) Geschäfte zu machen und Beziehungen zu Persönlichkeiten (u.a. zu emigrierten russischen Adeligen) anzubahnen und zu unterhalten, vor dem Beginn des Zweiten Weltkrieges schließlich in die USA ging, US-Soldat bei der US-Marine wurde und 1987 als Vater von drei Söhnen (Alex Adolf, Louis, Brian) verstarb, die den von ihrem Großvater Alois Hitler nach 1945 in Hamburg angenommenen Namen Hiller führten und in Queens, New York, leben. William Patrick warf seinem Onkel am 5. August 1939 in der französischen Zeitung „Paris Soir“ unter dem Titel „Mein Onkel Adolf Hitler“ vor, von ihm kein Geld bekommen zu haben, obwohl er über sehr viele finanzielle Mittel verfügt habe. „Obwohl es genügt hätte“, schrieb er wörtlich, „ein Handzeichen zu geben, um die Taschen seiner nächsten Verwandten zu füllen, machte er nicht die geringste Geste“.

[2] Bainbridge, Beryl, Jung Adolf, Roman, Zürich 1979.

[3] Vgl. S. 163 f.

Eheschließungsdokument von 1910 für Alois Hitler und Bridget Elizabeth Dowling.

1910 Marriage solemnized at the Register Office in the District of St. Marylebone in the County of London

150	Third June 1910	Alois Hitler	27 years	Bachelor	Hotel waiter	27 Blandford Square St. Marylebone	Alois Hitler deceased	Customs Officer
		Bridget Elizabeth Dowling	18 years	Spinster	—	4 Percy Street St. Pancras	William Dowling	Carpenter

Married in the Register Office by Licence

This Marriage was solemnized between us, Alois Hitler, Bridget E. Dowling; in the Presence of us, William Oldbury, J. G. Cummings; Hugh Stokes Deputy Registrar, Henry J. Dudman Superintendent Registrar

Geburtsurkunde William Patrick Hitlers von 1911.

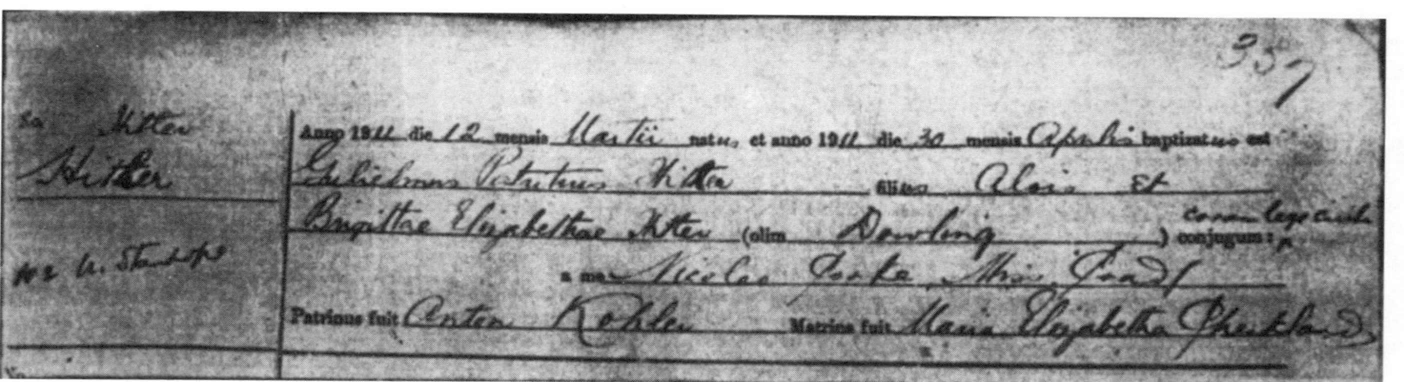

Hitler Hitler 102 U. Stanhope

Anno 1911 die 12 mensis Martii natus, et anno 1911 die 30 mensis Aprilis baptizatus est Gulielmus Patritius Hitler filius Alois et Brigittae Elizabethae Hitler (olim Dowling) conjugum: [illegible]

a me Nicolao [illegible]

Patrinus fuit Anton Kohler Matrina fuit Maria Elizabetha [illegible]

Quelle: „Schrift- und Bild-Kopie, Literaturbeschaffung“, Heinrich Heim, München (August 1980).

Louis und Brian[4] derzeit in den USA unter anderem Namen leben. Auf ihn, den faulenzenden Drückeberger, Nichtsnutz und Tagedieb, der seinen Onkel Adolf Hitler vor Beginn des Zweiten Weltkrieges immer wieder schamlos anbettelte, hätte vieles von dem gepaßt, was Beryl Bainbridge dem jungen Adolf Hitler andichtete. Doch davon ist in dem Roman, dessen Autorin in Anspruch nimmt, abgesicherte historische Fakten „präzise" literarisch verarbeitet zu haben, mit keinem Wort die Rede.

K.K. POLIZEI KOAT. 26. JUN. 1910

Meldzettel.

Präs. ... 190

Im Bezirke BRI... XX. Meldemannstrasse 27 Nr. Stock Tür Nr.

		Abmeldung
Vor- und Zuname	Hitler Adolf	
Charakter (Beschäftigung)	Kunstmaler	ausgezogen (abgereist) am
Geburtsort und -land	Braunau O. Ö.	24. IV. 913
Heimats(Zuständigkeits)ort und -land. (Nicht zu verwechseln mit Geburtsort.)	detto	Wohin?
Alter (Geburtstag, -monat und -jahr), Religion und Stand (ledig, verheiratet, verwitwet)	20/IV 1889 r. k. l.	Bezirk unbekannt
Namen und Alter der Gattin und Kinder		Gasse
Frühere Wohnung	Bezirk Gasse Nr.	Nr.

Wien, ... 1910

Anmerkung: ...

Meldezettel der Wiener Polizei, der bestätigte, daß Adolf Hitler in dieser Zeit nicht in England, sondern in Wien lebte: 26. Juni 1910–24. April 1913.
Der österreichische Historiker Friedrich Heer meinte (Der Glaube des Adolf Hitler, Anatomie einer politischen Religiosität, München und Eßlingen 1968, S. 355): „Adolf Hitler ist ... ein gegen sich selbst wütender Österreicher, der durch Deutschland sein ihm verunglückt erscheinendes Österreich sich selbst verdecken möchte." Er entzog sich der Wehrpflicht in Österreich und ging nach München, wo der Linzer Magistrat ihn von der bayerischen Polizei aufspüren ließ – und zur Nachmusterung in Linz zwang. Aus gesundheitlichen Gründen vom Wehrdienst befreit, konnte er in München bleiben.
Bundesarchiv Koblenz, NS 26/65.

[4] Ein 1957 geborener Sohn namens Howard kam 1989 durch einen Unfall ums Leben. Alex Adolf erklärte 2002, daß sein Vater (William Patrick Hitler) ein „guter Mann" gewesen sei, „der gegen Hitler gekämpft" habe. Richtig ist, daß er gegen Hitler kämpfte, weil dieser ihm untersagt hatte, in Deutschland ein Schmarotzerleben zu führen. Daß William Patrick seinen Onkel Adolf abgrundtief gehaßt habe, wie dessen Söhne vorgeben, ist schwerlich nachvollziehbar. Wäre es so, hätte er seinen 1949 geborenen ältesten Sohn wohl kaum „Adolf" genannt. Vgl. zu William Patrick Hitler und dessen Familie auch David Garner, Getting to the Hitlers, in The Sunday Telegraph vom 20. Januar 2002.

Tatsache ist: Adolf Hitler war niemals in Liverpool. In der Zeit, in der die phantasiereiche Engländerin ihn dort darbend, bettelnd und vagabundierend „leben" läßt, wohnte er (vom Dezember 1909 bis zum 23. Mai 1913) als finanziell außergewöhnlich gut abgesicherter Bohemien mit unverheirateten Künstlern, Kaufleuten, Beamten, Anwälten, Offizieren und auch einigen undurchsichtigen Existenzen im für damalige Verhältnisse relativ teuren Männerheim in der Meldemannstraße in Wien, wo sich jeder Bewohner beim Portier täglich an- und abmelden mußte, wenn er das Haus verließ oder betrat, was handschriftlich in das (noch vorhandene) Hausbuch eingetragen wurde. Infolge des Forschungsstandes und der Quellenlage[5] wäre es müßig, all die weiteren Belege aufzuzählen, die beweisen, daß Adolf Hitler niemals in England gewesen ist. Die dokumentarischen Unterlagen der Wiener Polizei und der dortigen Meldebehörden bis Mai 1913, die Angaben Paula Hitlers, William Patrick Hitlers und Alois Hitlers (der 1956 als Keller-Gastwirt „Alois Hiller" in Hamburg starb) und die ebenso zuverlässigen Versicherungen und Dokumente der noch lebenden Verwandten Hitlers[6] belegen diese Tatsachen so eindeutig, daß sich jeder weitere Kommentar erübrigt. Den im Roman geschilderten „Adolf Hitler" hat es niemals gegeben, und auch der so wort- und farbenreich gezeichnete Alois Hitler, der Gefängnisse nicht nur von außen kannte, von seinem Halbbruder Adolf zeitlebens wie ein Fremder behandelt und von ihm als jemand bezeichnet wurde, mit dem er gar nicht verwandt sei[7], ist nichts weiter als eine schlechte literarische Erfindung.

5 Maser, Werner, Die Frühgeschichte der NSDAP. S. 45 ff., und Maser, Hitler S. 82.
6 Ebenda.
7 Mehrfache Äußerungen Hitlers. In seinem Testament vom 2. Mai 1938 allerdings hatte Hitler ihm im Falle seines (Adolfs) Todes „einen einmaligen Betrag von 60.000 Mark" vermacht.

Wolfgang Leppmanns Gerhart Hauptmann – Adolf Hitler-Vergleich

Mangelnde Quellenkenntnis und Ignorierung des Forschungsstandes im Zusammenhang mit der Vita des jungen Hitler und dessen Mentalität und Charakterstruktur dürften den 1922 in Berlin geborenen Germanistikprofessor Wolfgang Leppmann (1974–78: Princeton-Universität und Gastprofessor in Toronto und an der Yale-Universität) bewogen haben, 1986 in seiner Hauptmann-Biographie[1] die Jugendzeit Gerhart Hauptmanns mit Hitlers Zeit in Linz und Wien zu vergleichen und „markante Ähnlichkeiten"[2] zu entdecken. „Beim einen wie beim anderen", vermerkte er, „eine prekäre Entwicklung am Rande des Bürgertums; der schwere Bildungsgang des Autodidakten; eine langjährige gesundheitliche Gefährdung und die Erfahrung des Hungerns, der Ausschluß aus der Kunstakademie, bei Hauptmann vorübergehend in Breslau, bei Hitler in Wien, obwohl doch gerade die Kunst (beim einen die Bildhauerei, beim anderen die Malerei und Architektur, bei beiden mit bezeichnendem Hang zur Monumentalität) das Mittel zum sozialen Aufstieg darstellte. Dazu die latenten, sich im Haß auf das Bürgertum äußernden Gefühle des Emporkömmlings sowie das Milieu der grenznahen Kleinstadt mitsamt der Flucht in die bergende Mitte des Landes, bei diesem nach Breslau und Berlin, bei jenem nach Linz und Wien. Diese ‚biographische Teilidentifikation' … läßt es als denkbar erscheinen, daß Hauptmann, dem – man denke an seine Goethe-Nachahmung – ohnehin ein starkes Bedürfnis nach Identifizierung mit anderen innewohnt, Hitlers Jugend unbewußt als eine Wiederholung und Bekräftigung, nunmehr auf weltgeschichtlicher Ebene, seines eigenen Werdegangs empfindet. Eine gewagte Hypothese? Vielleicht. Aber wie läßt sich sonst sein eifriges, von … Randbemerkungen begleitetes Studium von Mein Kampf erklären? Gewiß nicht aus Bewunderung für die literarischen Qualitäten des Buches oder aus Sympathie für den Verfasser als Menschen … oder aus Einverständnis mit dem Programm der NSDAP, das ihn, zumal auf dem Weg zur Verwirklichung, in allen wesentlichen Teilen abstößt."[3]

Daß Leppmann beide in ihrer Entwicklung „am Rande des Bürgertums" ansiedelte, widersprach den Tatsachen. Hauptmanns Vater, der 1824 geborene einstige Weber und nachmalige Inhaber des florierenden Hotels „Zur Krone", das er, der Bismarck-Verehrer, im Laufe der Zeit zum Hotel „Zur preußischen Krone" umtaufte, war mit Maria Strachler, der Tochter des „Fürstlich-Plessischen Brunneninspektors" (heute: Kurdirektor) von Bad Salzbrunn verheiratet, die ihm vier Kinder geboren hatte, wobei Gerhart das jüngste war. Hitlers Vater, ein einstiger Schuhmacherlehrling und späterer angesehener Zollamtsoberoffizial, war in drit-

---

1 Leppmann, Wolfgang, Gerhart Hauptmann, München 1986.

2 Leppmann, S. 365.

3 Ebenda.

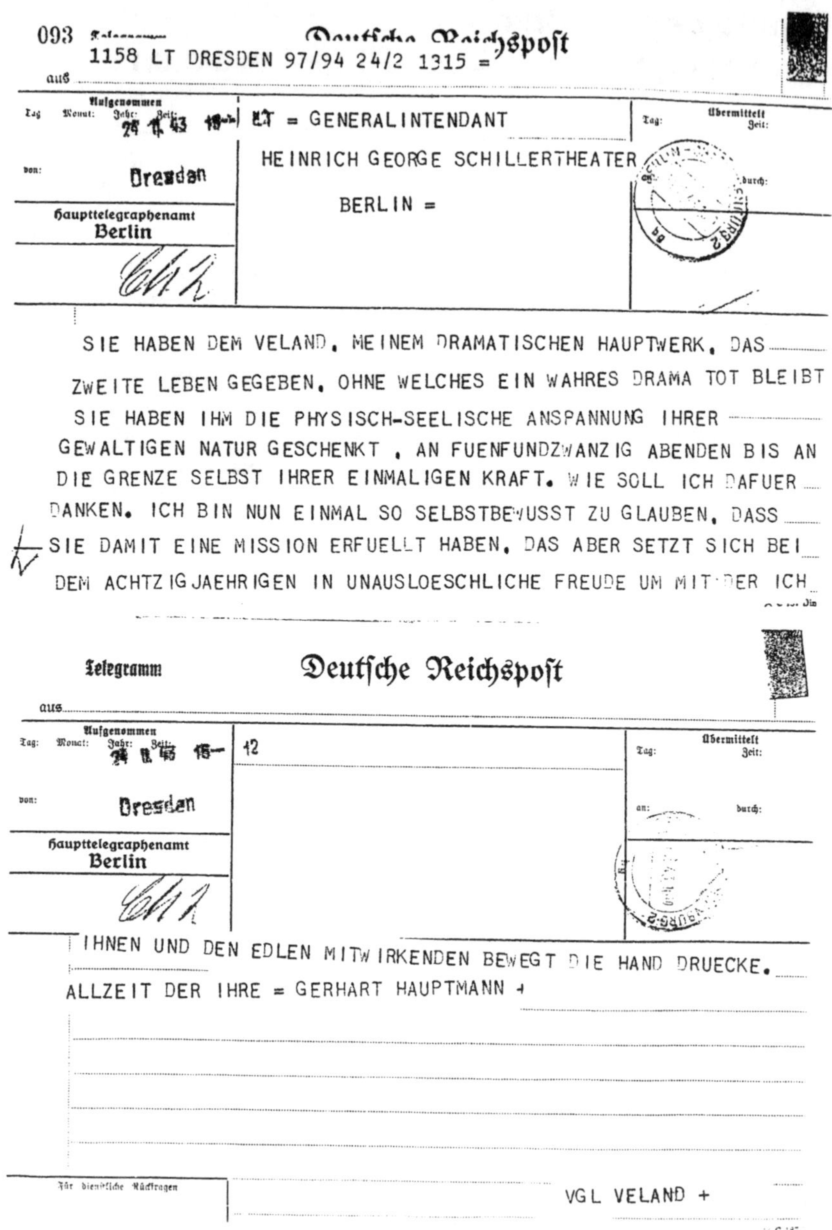

093 Telegramm Deutsche Reichspost

1158 LT DRESDEN 97/94 24/2 1315 =

aus

Aufgenommen Tag: Monat: Jahr: Zeit: 24 II. 43 18—

von: Dresden

Haupttelegraphenamt Berlin

LT = GENERALINTENDANT

HEINRICH GEORGE SCHILLERTHEATER

BERLIN =

Übermittelt Tag: Zeit:

an: durch:

SIE HABEN DEM VELAND, MEINEM DRAMATISCHEN HAUPTWERK, DAS ZWEITE LEBEN GEGEBEN, OHNE WELCHES EIN WAHRES DRAMA TOT BLEIBT SIE HABEN IHM DIE PHYSISCH-SEELISCHE ANSPANNUNG IHRER GEWALTIGEN NATUR GESCHENKT , AN FUENFUNDZWANZIG ABENDEN BIS AN DIE GRENZE SELBST IHRER EINMALIGEN KRAFT. WIE SOLL ICH DAFUER DANKEN. ICH BIN NUN EINMAL SO SELBSTBEWUSST ZU GLAUBEN, DASS SIE DAMIT EINE MISSION ERFUELLT HABEN, DAS ABER SETZT SICH BEI DEM ACHTZIGJAEHRIGEN IN UNAUSLOESCHLICHE FREUDE UM MIT DER ICH

Telegramm Deutsche Reichspost

aus

Aufgenommen Tag: Monat: Jahr: Zeit: 24 II. 43 18—

12

von: Dresden

Haupttelegraphenamt Berlin

Übermittelt Tag: Zeit:

an: durch:

IHNEN UND DEN EDLEN MITWIRKENDEN BEWEGT DIE HAND DRUECKE. ALLZEIT DER IHRE = GERHART HAUPTMANN +

Für dienstliche Rückfragen

VGL VELAND +

Telegramm Gerhart Hauptmanns vom 24. Februar 1943 an Heinrich George. Während die Sowjets den Nobelpreisträger Hauptmann schützten und bis zu seinem Tod am 6. Juni 1946 bevorzugt behandelten, inhaftierten sie 1945 den einstigen (abtrünnigen) Kommunisten und nachmaligen Giganten der deutschen Schauspielkunst und angeblichen „Nazi“ George, der am 25. September 1946 im sowjetischen „Sonderlager“ Sachsenhausen unter erbärmlichen Verhältnissen starb. Erst am 14. Mai 1998 rehabilitierte ihn die russische Regierung.

Georg-Archiv, Berlin.

ter Ehe mit der Bauerntochter Klara Pölzl, der Mutter Adolf Hitlers, verheiratet, so daß in beiden Fällen schwerlich davon die Rede sein konnte, daß ihre Kinder „am Rande des Bürgertums" aufgewachsen seien. Beide, Hitler und Hauptmann, hatten die Realschule besucht, der eine (Hitler) in Linz und Steyr, der andere in Breslau. Beide waren begabte, jedoch faule Schüler mit gelegentlich schlechten Noten gewesen. Hauptmann, der Nobelpreisträger von 1912, war einmal sogar sitzengeblieben, Hitler, der „Führer und Reichskanzler" von 1933–1945, war der Wiederholung der 3. Klasse im Herbst 1904 nur durch eine Wiederholungsprüfung in Französisch und dem Wechsel auf die Staatsoberrealschule Steyr entgangen.[4]

Beide hatten als Jugendliche Krankheiten zu überstehen gehabt, gehungert jedoch hatte weder der Hotelierssohn Hauptmann noch der mit reichlichen finanziellen Mitteln versorgte Hitler.

Wieso Leppmann den autodidaktischen Bildungsgang Hitlers und Hauptmanns als „schwer"[5] definierte, muß sein Geheimnis bleiben. Zutreffend ist dagegen, daß beide als bildende Künstler nicht erreichten, was ihnen hinsichtlich eines akademischen Studiums vorgeschwebt hatte: Hauptmann als Bildhauer, Hitler als Maler und Architekt. Leppmanns Feststellung indes, daß bei Hauptmann ein „starkes Bedürfnis nach Identifizierung mit anderen"[6] vorhanden gewesen sei, mag zutreffen. Von Hitler konnte das nicht gesagt werden, auch wenn er in Reden aus propagandistischen Erwägungen gern effektvoll das Gegenteil betonte. Er hielt sich seit jeher für einmalig und war sich ausnahmslos stets als angeblich von der „Vorsehung" auserwählter Exponent der Weltgeschichte selbst genug. Selbst noch am 25. April 1945, als sein „Großdeutschland" – bis auf kleinere Territorien – nur noch ein von den Truppen der Alliierten beherrschtes Trümmerfeld war, Stalin, Truman und Attlee übereinstimmend seine umgehende bedingungslose Kapitulation erwarteten und er selbst bereits entschlossen war, in Berlin zu sterben, war er noch überzeugt, der einzige Mann auf Erden zu sein, der die Weltgeschichte noch zu einer Kursänderung veranlassen könnte, was nach Lage der Dinge absolut unmöglich sein mußte. „Wenn es wirklich stimmt", sagte er 5 Tage vor seinem Selbstmord, „daß in San Francisco unter den Alliierten Differenzen entstehen … dann kann eine Wende nur eintreten, wenn ich dem bolschewistischen Koloß an einer Stelle einen Schlag versetze. Dann kommen die anderen vielleicht doch zu der Überzeugung, daß es nur einer sein kann, der dem bolschewistischen Koloß Einhalt zu gebieten in der Lage ist, und das bin ich … der einzige Mann hierfür bin nun einmal ich."[7]

4 Maser, Hitler. S. 69.
5 Hitler, Mein Kampf, 469.–473. Aufl., München 1939, S. 18 ff.
6 Leppmann, S. 365.
7 Zit. nach Groehler, Olaf, Das Ende der Reichskanzlei, Hrsg. Zentralinstitut für Geschichte der Akademie der Wissenschaften der DDR, Ost-Berlin 1976, S. 21.

Thomas Mann: Hitler, „ein Bruder, ein etwas unangenehmer Bruder“

Für den Moralisten Thomas Mann war Hitler, dem er 1939 „Rachsucht des untauglichen“ attestierte, ein zu „keiner Arbeit fähiger … Viertelkünstler“, ein „Bruder, ein etwas unangenehmer Bruder“, der einem „auf die Nerven“ ging, „eine reichlich peinliche Verwandtschaft … <deren> (man sich unmöglich) … einer gewissen angewiderten Bewunderung“ entziehen könnte; denn „in dem Phänomen <Hitler sei letztlich, ob man will oder nicht> eine Erscheinungsform des Künstlertums“ wiederzuerkennen.[1] Noch während seiner Zeit in Amerika meinte der Dichter, daß Hitler das romantische Weltbild, das für ihn tiefere Wahrheiten als das rationalistische Weltbild enthielt, keineswegs endgültig widerlegt, sondern lediglich verunstaltet habe.

Lambert Bolterauer[2] übersah 1989 geflissentlich, daß der zu der Zeit bereits 50 Jahre alte Essay des Nobelpreisträgers, der 1915 eine wohlwollende Studie über Friedrich den Großen unter dem Titel „Friedrich und die große Koalition“ veröffentlicht hatte und sich ein Jahrzehnt vor der Formulierung des Essays über die Exponenten der Münchener Räterevolution, an deren Spitze primär jüdische Intellektuelle agierten, nicht viel anders als Hitler geäußert hatte. Der Essay enthielt nicht nur Widersprüche, sondern auch gravierende Verfälschungen[3], die den unzureichenden Forschungsstand und die Quellenlage von 1939 widerspiegelten. Während sich beispielsweise der realitätsfremde polnisch-jüdische Literat Kurt Eisner als eine neue Art „Ministerpräsident“ auf seine Weise bemühte, die bayerische Politik wie ein bajuwarisches Theaterstück zu gestalten[4], hetzte Thomas Mann gegen ihn und nannte ihn „einen schmierigen Literaturschieber, Geldmacher und Geschäftsmann im Geist, von der großstädtischen Scheißeleganz des Judenbengels“.[5] Bolterauer irrte darüber hinaus, als er behauptete: Um Hitler „wirklich verstehen und bis in die Hintergründe seines Seelenlebens durchleuchten zu können, muß man ihn persönlich erlebt haben.“[6] Anders der in

1 Mann, Thomas, Bruder Hitler, in: Pariser Emigranten-Zeitschrift Das neue Tagebuch, Paris 1939, in Ges. Werke, Bd. 12, Frankfurt/M. 1960, S. 845.

2 Bolterauer, Lambert, War Adolf Hitler eine originäre Fanatikerpersönlichkeit?, in: Die Macht der Begeisterung. Fanatismus und Enthusiasmus in tiefenpsychologischer Sicht, Tübingen 1989. Nachdruck in The Hebrew University of Jerusalem, Sigmund Freud Center for Study and Research in Psychoanalysis Departement of Psychology, Mount Scopus, 91908 Jerusalem, S. 12.

3 So behauptete Mann beispielsweise, daß Hitler „Dauerasylant“ gewesen sei (was nicht zutraf) und „auch rein technisch und physisch nicht kann, was Männer können, kein Pferd reiten (statt ein Pferd reiten), kein Automobil oder Flugzeug lenken“. Vgl. zit. des Essay-Auszugs bei Bolterauer, S. 13. Hitler hatte einen PKW-Führerschein, und er hatte im Gegensatz zu Manns Darstellung, daß Hitler „zu keiner Arbeit“ (ebenda) fähig gewesen sei, auch einen Beruf erlernt, den Beruf des Politikers, den er schließlich so beherrschte, daß der Dichter ihm gar das Prädikat „Meister“ zugestand, vor dem „Mauern lautlos … niedersinken“ (ebenda).

4 Vgl. Maser, S. 14, 16, 17–22, 24–28 30, 40, 41 f., 131, 151, 186, 188, 204, 337, 366, 465.

5 Zit. nach Der Stern Nr. 4/2002, S. 74.

6 Bolterauer, S. 12.

Berlin geborene jüdische Literaturkritiker Marcel Reich-Ranicki, der Hitler sowenig „persönlich erlebt“ hatte wie Thomas Mann. Er, der Thomas Manns Charakterisierung des „Judenbengels“ Eisner allerdings nicht unmittelbar heranzog, schrieb Hitler einen historischen Stellenwert zu, der gewiß als singulär bezeichnet werden kann. In einem Interview der FAZ vom 12. Juli 2002 erklärte er: „Deutschland und Thomas Mann haben sich nie versöhnt. Aber sollte ich mit zwei Namen andeuten, was ich als Deutschtum im zwanzigsten Jahrhundert verstehe, dann antwortete ich, ohne zu zögern: Deutschland – das sind in meinen Augen Adolf Hitler und Thomas Mann. Sie symbolisieren die beiden Möglichkeiten des Deutschtums“.

Thomas Mann, der in „Bruder Hitler“ fragte, „ob die abergläubigen Vorstellungen, die sonst den Begriff ‚Genie‘ umgeben, noch stark genug sind, daß sie uns hindern sollten, unsern Freund <Adolf Hitler> ein Genie zu nennen“[7], entsetzte vor allem Hitlers Auftreten und rüder Propagandastil. Zwar entdeckte er, der zu den wenigen Intellektuellen gehörte, die sich nach dem großen Wahlerfolg Hitlers im September 1930 geistig mit dem Nationalsozialismus öffentlich auseinandersetzten, mit Bestürzung und Verwunderung, daß seine eigene Vorstellung von einem wirklichen Künstlertum mit der Existenz und Auffassung Hitlers grundsätzlich und eng verwandt waren, doch Hitler und der von ihm repräsentierte Nationalsozialismus schockierten ihn. „Gespeist … von … geistigen und pseudogeistigen Zuströmen“, sagte er am 17. Oktober 1930 in seiner in Berlin gehaltenen „Deutschen Ansprache“, „vermischt sich die Bewegung, die man aktuell unter dem Namen des Nationalsozialismus zusammenfaßt und die eine so gewaltige Werbekraft bewiesen hat, vermischt sich … diese Bewegung mit der Riesenwelle exzentrischer Barbarei und primitiv-massendemokratischer Jahrmarktsroheit, die über die Welt geht, als ein Produkt wilder, verwirrender und zugleich nervös stimulierender, berauschender Eindrücke, die auf die Menschheit einstürmen.“[8]

---

[7] Mann, Thomas, Gesammelte Werke in zwölf Bänden, Frankfurt/M. 1960; dort Bd. XII (Bruder Hitler).

[8] Zit. nach Fabry, Philipp W., Mutmaßungen über Hitler, Düsseldorf 1969, S. 39.

Hitler: „Von Familiengeschichte habe ich gar keine Ahnung“

Am 21. August 1942 behauptete Hitler keineswegs zutreffend: „Von Familiengeschichte habe ich gar keine Ahnung. Auf dem Gebiet bin ich der Allerbeschränkteste. Ich habe auch früher nicht gewußt, daß ich Verwandte habe. Erst seit ich Reichskanzler bin, habe ich das erfahren. Ich bin ein vollkommen unfamiliäres Wesen, ein unsippisch veranlagtes Wesen.“[1] Daß er mit dieser Äußerung seinem Gast Rudolf Gercke, dem Chef der Transportabteilung des Generalstabes des Heeres (von 1939–1945 Chef des Wehrmachtstransportwesens) auf Umwegen seine grundsätzliche Mißachtung der Vetternwirtschaft deutlich machen wollte, war offensichtlich. 1905, nach dem Abbruch seines Schulbesuches, heilte er in Spital bei der Familie seiner Mutter seine Lungenerkrankung aus und war vom 30. September bis 17. Oktober 1917 dort auf Fronturlaub und vom 23. bis 30. August 1918 auf Diensturlaub.[2] Als er 1927 „Haus Wachenfeld“ auf dem Obersalzberg gepachtet hatte, ließ er Angela Raubal, seine Halbschwester und Mutter „Geli“ Raubals, als Wirtschafterin zu sich kommen. 1938, als die seit 1910 verwitwete Halbschwester seit zwei Jahren mit dem Dresdener Architekten Martin Hammitzsch wieder verheiratet war, verfügte er in seinem Testament vom 2. Mai, daß die Partei, der er im Falle seines Todes sein gesamtes Vermögen vermachte, Angela „auf Lebenszeit monatlich 1.000 Mark“ zu überweisen habe. Und jährlich 12.000 Mark sollten zeitlebens auch seine Vollschwester Paula und Eva Braun bekommen.[3]

Alan Bullock[4] zitierte Rudolf Oldens[5] Darstellungen von 1936 als Beleg für seine These, daß der junge Hitler ein darbender Faulenzer und Tagedieb gewesen sei, wie ihn sein früher Weggenosse Reinhold Hanisch geschildert habe. „Hanisch schilderte Hitler als faul und launisch“, schrieb Bullock und fuhr fort: „Geregelte Arbeit liebte er nicht. Wenn er ein paar Kronen verdient hatte, weigerte er sich tagelang, an seinen Zeichnungen zu arbeiten. Er ging dann in ein Café, um Sahnekuchen zu essen und Zeitungen zu lesen. Sonst übliche Laster hatte er nicht. Er rauchte nicht, noch trank er.“

Tatsächlich hatte Hanisch jedoch schriftlich überliefert, daß Hitler ihm Ende 1909 in Wien erzählt habe, daß er die Akademie besucht hätte, was ihn, Hanisch

[1] Heim, S. 357.
[2] Maser, Hitler. S. 137 f.
[3] Maser, Werner, Hitlers Briefe und Notizen. S. 160 f. Hitlers Halbschwester Angela kehrte 1945 nach einem vorübergehenden Aufenthalt in Berchtesgaden wieder nach Dresden zurück, nachdem der US-Geheimdienst sie vernommen hatte. Sie starb am 30. Oktober 1993 in Hannover. Ihr Mann nahm sich offenbar bereits 1945 das Leben.
[4] Bullock, S. 15.
[5] Olden, Rudolf, Hitler the Pawn, London 1936, S. 45.

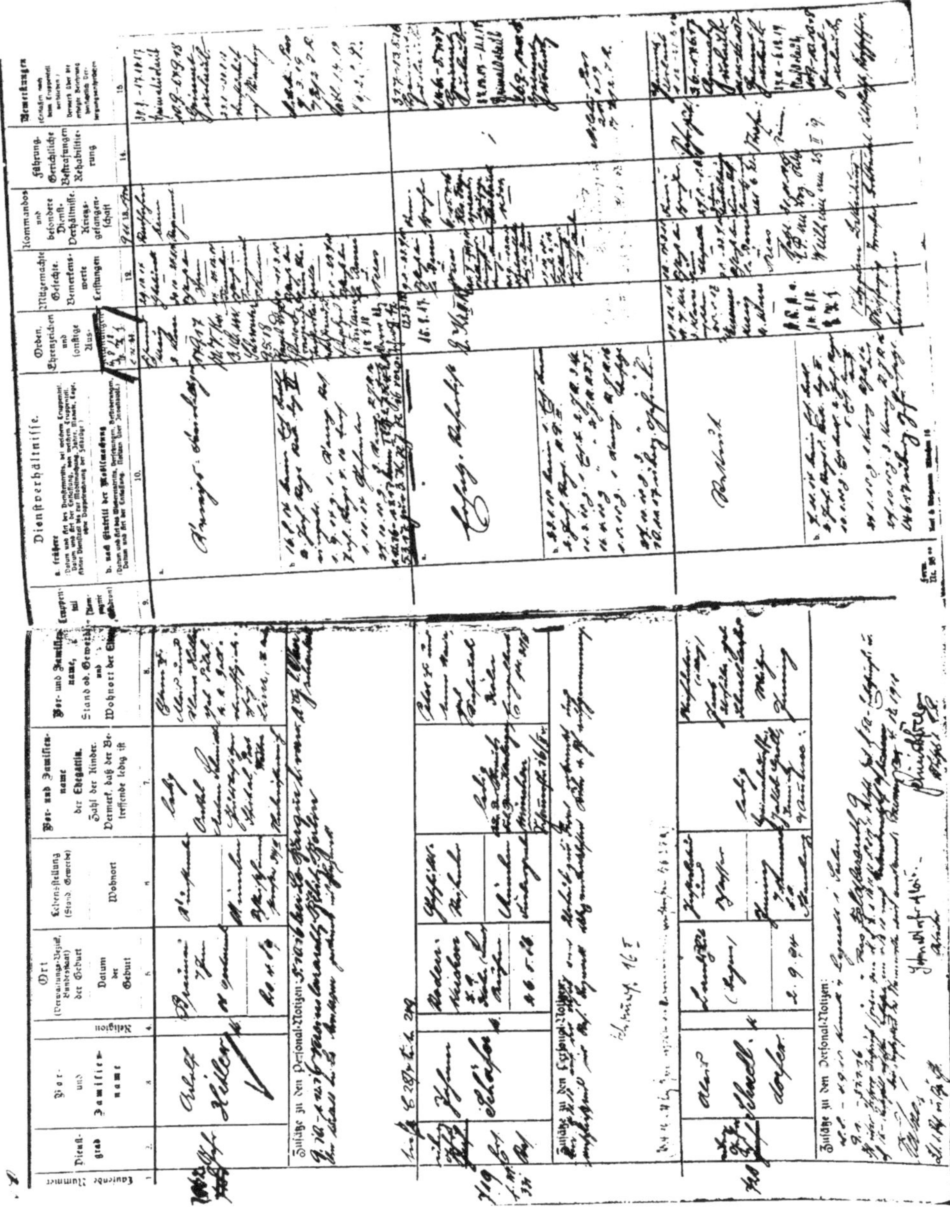

Auszug aus Adolf Hitlers Militärpapieren, (Vgl. Kriegsstammrolle der 7. Komp. I. Ers. Batl. 2. Bayr. Inf. Regts., Bd. XXII, Bundesarchiv Koblenz NS 26/12; ferner Maser, Hitler, S. 138) in denen er als Heimatanschrift die Adresse seines Onkels Anton Schmidt angegeben hatte.

DER SEKRETÄR DES FÜHRERS
REICHSLEITER MARTIN BORMANN

FÜHRERHAUPTQUARTIER , 17.2.44.
ANSCHRIFT FÜR POSTSENDUNGEN
MÜNCHEN 33, FÜHRERBAU

Bo./Wag.

Hauptarchiv d. NSDAP.		
Eing.	2[illegible] FEB. 1944	Reg.
beant.		189/44
betr.		

Aktenvermerk für Professor Dr. Brügmann.

Beiliegend erhalten Sie eine Karte, die der Führer dieser Tage durch Obergruppenführer Dr. Kaltenbrunner, dem Chef des Sicherheitshauptamtes, erhielt; die Karte soll bei Ihren Unterlagen aufgehoben werden.

Zur Erklärung :

Der Führer wohnte seinerzeit in Wien mit einem Maler Hanisch zusammen und dieser Hanisch verlegte sich, als der Führer nach München gezogen war, auf die Fälschung von Hitler-Bildern. Nach der Übernahme Österreichs hat sich Hanisch erhängt.

Die beiliegende Karte hat der Führer nie erhalten; sie stammt aus dem Besitz des Hanisch. Der Führer betonte, er habe sich niemals mit der Colorierung von Bildern abgegeben.

1 Anlage.

Die Angabe Martin Bormanns, daß Hanisch Hitler-Bilder fälschte, stritt dieser ab und behauptete, daß er mit den in Wien im Umlauf als Hitler-Bilder verkauften Fälschungen nichts zu tun gehabt habe. Er beschuldigte andere Maler, ohne jedoch Namen zu nennen, was er bei Käufern und Verkäufern nicht tat. Das zuständige Wiener Bezirksgericht verurteilte ihn als Fälscher. *Handschriftliches Schreiben von Hanisch (Mai 1933), Bundesarchiv Koblenz, NS 26/64.*

bewogen habe Hitler zu veranlassen, Postkarten zu malen, die er, Hanisch, dann verkaufen wolle – und es dann auch gewinnbringend tat. „Er malte", schrieb Hanisch, „Ansichten von Wien, die ich bei Bilderhändlern und Tapezierern verkaufte. Ich konnte mitunter eine ganz gute Bestellung erreichen, so daß wir schlecht und recht leben konnten."[6] Nach Hitlers Umsiedlung nach München im Mai 1913 fälschte der Radierer Hanisch Hitler-Bilder und verkaufte sie auch als Bilder von Hitlers Hand, was heißt, daß der junge Hitler in Wien bei bestimmten Bilderkäufern bereits einen verkaufsträchtigen Namen gehabt haben dürfte. Nach dem Anschluß Österreichs erhängte sich Hanisch.[7]

Einflußreiche Personen, die den jungen Hitler nicht vom Hörensagen, sondern auch persönlich kannten, schilderten ihn gänzlich anders. So schrieb beispielsweise eine Dame namens „Leni" im Herbst 1908 aus Urfahr (Linz) an ihre mit dem renommierten Maler und Bühnenbildner der Kunstgewerbeschule (heute: Akademie für angewandte Kunst) Prof. Alfred Roller bekannte Mutter: „Meine liebe Mutti … Heute habe ich an Dich eine Bitte, die Du mir verzeihen magst, wenn Du Dich vielleicht darüber ärgerst! Es handelt sich um ein Empfehlungsschreiben an Direktor Alfred Roller, um das ich Dich herzlich bitte! Der Sohn einer Partei von mir wird Maler, studiert in Wien seit Herbst, er wollte in die k.u.k. Akademie der Bildenden Künste, fand aber dort keine Aufnahme mehr und ging dann in eine Privatanstalt … Er ist ein ernster, strebsamer junger Mensch, 19 Jahre alt, reifer, gesetzter über sein Alter, nett und solid, aus hochanständiger Familie. Die Mutter ist vor Weihnachten gestorben …

Die Familie heißt Hitler, der Sohn, für den ich bitte, heißt Adolf Hitler …

Du wärst für Deine Mühe belohnt gewesen, wenn Du das glückliche Gesicht des jungen Menschen gesehen hättest, als ich ihn herüberrufen ließ und ihm sagte, daß Du ihn an Direktor Roller empfohlen hast, daß er sich bei ihm vorstellen darf!

Ich gab ihm Deine Karte und ließ ihn Direktor Rollers Brief lesen! Da hättest Du den Jungen sehen sollen. Langsam, Wort für Wort, als ob er den Brief auswendig lernen wollte, wie mit Andacht, ein glückliches Lächeln im Gesicht, so las er den Brief, still für sich. Mit innigem Dank legte er ihn dann wieder vor mich hin. Er fragte mich, ob er Dir schreiben dürfe, um seinen Dank auszusprechen; ich sagte ihm: ja!"[8]

---

6 Bundesarchiv Koblenz, NS 26/64. Vgl. auch den entsprechenden handschriftlichen Auszug aus dem Hanisch-Bericht. Er ist vollständig faksimiliert in Maser, Frühgeschichte, zwischen S. 176 und 177.

7 Vgl. das Dok. S. 84.

8 Kopie des Briefes (vgl. das Dok. S. 86) im Besitz des Verfassers. Am 10. Mai 1942 sagte Hitler im Rahmen eines Monologs über die Wiener Akademie und seine Prüfung, daß er von sich aus nicht gewagt habe, „an einen großen Mann heranzutreten". Picker, Henry, Hitlers Tischgespräche im Führerhauptquartier 1941–1942, S. 323.

Auszug aus dem Brief der Dame Leni an ihre Mutter.

Hoffentlich bekommen Sie den Brief?
Heute habe ich an Dich eine Bitte, die
Du mir verzeihen magst, wenn Du
Dich vielleicht darüber ärgerst!
Es handelt sich um ein Empfehlungsschreiben an Direktor Alfred Roller,
um das ich Dich herzlich bitte!
Der Sohn einer Hausfrau von mir
wird Maler, studirt in Wien seit
Herbst, er wollte in d. Akademie
der bildenden Künste, fand aber dort
keine Aufnahme mehr und ging dann
in eine Privatanstalt (Strehblow
glaube ich). Er ist ein ernster, strebsamer
junger Mensch, 19 Jahre alt, reifer
gesetzter über sein Alter, nett und
solid, aus hochanständiger Familie.
Die Mutter ist vor Weihnachten gestorben,
litt an Brustkrebs, war erst 46 Jahre
alt, Witwe eines Ober-Offizials beim
hiesigen Hauptzollamt; ich hatte d. ihre

Die Familie heißt Hitler, der
Sohn für den ich bitte, heißt
Adolf Hitler.

Ian Kershaws unzureichende sozialbiographische Darstellung über Hitlers Stellenwert in der Bevölkerung und Albrecht Tyrells naiv verharmloster Hitler

Der englische Historiker Ian Kershaw, der vier Jahrzehnte nach Thomas Manns Hitler-Analyse in seiner soziobiographisch angelegten Darstellung[1] nicht Hitler selbst analysierte, sondern seinen Stellenwert in der Bevölkerung beschrieb und sich dabei vornehmlich der katalogisierten Berichte der bayerischen Polizei und Justiz, des Sicherheitsdienstes der NSDAP und der Inneren Verwaltung des Landes bezüglich der Stimmungslage der verschiedenen Bevölkerungsschichten bediente, konnte zur Darstellung Hitlers keine neuen Forschungsergebnisse vorlegen. Für ihn bildete der Hitler-Mythos den entscheidenden Integrationsrahmen des NS-Regimes, der von dem weithin spürbaren und systematisch zunehmenden Verlust der traditionellen kirchlichen Offenbarungsreligion die von Hitler repräsentierten nationalen Heilserwartungen wirkungsvoll gefördert habe, wobei das Hitler-Bild nicht nur von der Bevölkerung selbst geschaffen, sondern von der Propaganda systematisch in ihr Bewußtsein hineinprojiziert und flächendeckend instrumentalisiert worden sei. Sein zweifellos zutreffendes Fazit: Nicht die Weltanschauung der NSDAP, sondern die systematische Entfaltung des Hitler-Mythos installierte und stabilisierte das NS-Regime.[2]

Infolge der von Kershaw getroffenen Quellenauswahl enthält seine Darstellung mehrfache bayerische Spezifika, die schwerlich zulassen, seine Analyse der bayerischen Stimmungsberichte als tragfähiges Fundament zur zuverlässigen Rekonstruktion der Meinung aller Deutschen während des Dritten Reiches zu bewerten.

Der 1941 geborene Historiker und Politologe Albrecht Tyrell behauptete 1978 unter Mißachtung der Quellenlage und des Forschungsstandes[3], daß Hitler während seiner Frühzeit als Politiker nicht einmal gewußt habe, „was ein Reichskanzler ist".[4] „Der hatte doch überhaupt keine Ahnung davon", sagte er und ergänzte: „Er konnte in seinen Versammlungen die Massen zur Raserei treiben.

[1] Kershaw, Ian, Der Hitlermythos. Volksmeinung und Propaganda im Dritten Reich, Stuttgart 1980.

[2] Auf den von Kershaw periodisierten Wandel des Hitler-Bildes braucht an dieser Stelle ebensowenig eingegangen zu werden wie auf die nach seiner Ansicht jeweiligen Ursachen.

[3] Tyrell berief sich (vgl. Hitler heute. S. 65) auf die zu der Zeit noch nicht erschienene Publikation „Hitler. Sämtliche Aufzeichnungen 1905–1924" von Eberhard Jäckel. Vgl. Seite 120 ff. in diesem Buch. Zu Tyrell, der sich bei seiner Darstellung lediglich auf Quellen von 1920/21 stützte, vgl. Tyrell, Albrecht, Vom „Trommler" zum „Führer", Der Wandel von Hitlers Selbstverständnis zwischen 1919 und 1924 und die Entwicklung der NSDAP; München 1975 und „Führer befiehl" ... Selbstzeugnisse aus der Kampfzeit der NSDAP, Düsseldorf 1969.

[4] Tyrells Hitler-Darstellung während der Aschaffenburger Gespräche vom 1. und 2. Juli 1978; vgl. Hitler heute. S. 65.

Sonst nichts."[5] „Unter Reichskanzler sein", so Tyrells Interpretation, „verstand er nichts anderes als ‚Propaganda machen'."[6] Hitler, der sein Buch „Mein Kampf" nach der „Machtergreifung" als Fessel empfand, hat 1936 im Rahmen eines Interviews zwar erklärt, daß er das Buch nicht geschrieben hätte, wenn er gewußt hätte, daß er einmal Reichskanzler werden würde[7], doch daß ihm in seiner Frühzeit nicht bekannt gewesen wäre, was ein Reichskanzler sei, ist absurd. Schon im November 1923, als er mit seinem Putsch in München die Regierung stürzen zu können meinte, ernannte er nicht etwa den geradezu weltbekannten General Erich Ludendorff, sondern sich selbst zum Reichskanzler.[8] Daß er sich davor niemals öffentlich als künftigen Kanzler des Reiches ins Gespräch brachte, hing nicht zuletzt mit der Tatsache zusammen, daß die NSDAP bei ihrem Verbot nach dem kläglich gescheiterten abenteuerlichen Putsch nur 55.787 eingeschriebene Mitglieder zählte[9], so daß er sich durch solche Äußerungen nur lächerlich gemacht hätte. Diejenigen, die mit ihm „zu tun" hatten, wie beispielsweise der Generalleutnant Otto Hermann von Lossow, den Hitler bei seinem November-Putsch von 1923 als Reichswehrminister vorgesehen hatte[10], wußten aus eigener Erfahrung, was Hitler ansteuerte. Unmißverständlich erklärte Lossow als Zeuge vor dem Münchener Volksgericht am 10. März 1924 während des Hitler-Ludendorff-Prozesses, in dem es um den Hitler-Putsch ging, daß Hitlers Trachten seit Oktober 1923 auf eine „Reichsdiktatur Hitler-Ludendorff" gerichtet war, die den deutschen Norden von Bayern aus „erobern" und „Deutschland sanieren"[11] sollte. Den „Trommler" Hitler, der nur das Feld für den bearbeiten wollte, der kommen sollte, hat es nur bis zum Herbst 1923 gegeben.

Tyrell trat in die – in diesem Punkt – längst verwehten Spuren der Literaten Carl von Ossietzky[12] und Kurt Tucholsky, die – allerdings – vor Hitlers Machtübernahme überzeugt waren, daß Hitler nicht mehr als nur der an einem Gängelband zu führende „Trommler" sei, der die Massen für die Drahtzieher in den Kulissen einzufangen hätte. Exemplarisch hatte Tucholsky das 1930 in seinem fingierten Gespräch „Der Hellseher" ausgedrückt, in dem er monologisierte, daß Mussolini seinen „kleinen König" und die deutschen Konservativen ihren „breiten Hindenburg" hätten, der bleiben würde. „Herr Hitler", so hatte Tucholsky geschlossen, „hat seine Pflicht getan und kann gehn."[13] Wie die Blicke des sozialistisch

---

[5] Ebenda.

[6] Ebenda, S. 51.

[7] Maser, Werner, Adolf Hitler. Mein Kampf. Fahrplan eines Welteroberers. Geschichte – Auszüge – Kommentare, München 1966 (1. Aufl. Eßlingen, 1963), u.a. S. 17.

[8] Maser, Frühgeschichte, S. 446 ff.

[9] Ebenda.

[10] Ebenda, S. 449.

[11] Der Hitler-Prozeß vor dem Volksgericht in München, München 1924, 1. Teil, S. 263 f.

[12] Vgl. u.a. Weltbühne vom 16. September 1930, 24. März, 24. November und 3. Dezember 1931 und 7. Februar 1933.

[13] Tucholsky, Kurt, Gesammelte Werke, Bd. III, Hamburg 1961, S. 398.

und klassenkämpferisch orientierten Ossietzky und Kurt Tucholsky von ihren Voreingenommenheiten für eine zuverlässige Analyse des Phänomens Hitler getrübt waren, so ist es auch bei Tyrell geschehen, obwohl die Geschichte ein gänzlich anderes Urteil gefällt hat.

Nationalsozialistische Deutsche Arbeiterpartei

Der Stellvertreter des Führers

Der persönliche Referent des Stabsleiters

München, den 2. Sept. 1940
Braunes Haus

Dr. Ha/Fu.

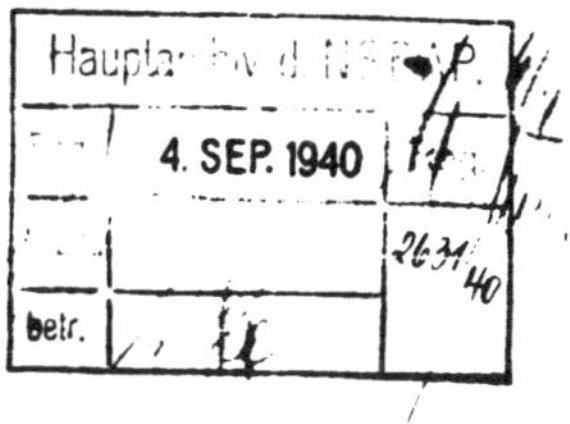

An den
Leiter des Hauptarchivs der NSDAP.,
Pg. Dr. U e t r e c h t

M ü n c h e n 33
Barerstrasse 15

Betrifft: Handschrift des Führers "Mein Kampf";
Ihr Zch.: Dr.UE/Wd. 2533/40

Sehr geehrter Parteigenosse Dr. Uetrecht!

Auf Ihr Schreiben vom 22. August 1940 hat mich Herr Reichsleiter Bormann beauftragt, Ihnen zu dem letzten Absatz mitzuteilen, dass weder die Überlassung der Urschrift oder auch nur einiger Seiten aus dem Manuskript des "Mein Kampf" für die Ausstellung möglich ist. Auch Fotokopien können zu diesem Zweck nicht zur Verfügung gestellt werden.

Heil Hitler!
Ihr sehr ergebener

Hanssen

Auf Hitlers Anweisung gestütztes Verbot des Bormann-Sekretärs Hanssen, das ursprüngliche „Mein Kampf"-Manuskript oder Teile des Manuskripts auf Ausstellungen zu zeigen. *Quelle: Ehem. Hauptarchiv der NSDAP, 25/40 Bundesarchiv Koblenz.*

Der „frühe Hitler" Kurt Tucholskys, Carl von Ossietzkys, Herbert Blanks, Weigand von Miltenbergs, Ernst Niekischs, Siegmund Neumanns und Theodor Heuss'

Kurt Tucholsky, der Hitler vor dessen Machtübernahme stereotyp als geistlosen Hohlkopf, „hergelaufenen Mongolenwenzel", „Anstreicher", „Mann mit dem bierigen Organ" und puren Demagogen ohne ernsthafte politische Fähigkeiten und Zukunft bezeichnete, ihn – in Gedichten, Aphorismen und Prosastücken – mit Charlie Chaplin verglich und sich bemühte, ihn lächerlich zu machen und dem allgemeinen Spott auszusetzen, mußte nach Hitlers Machtübernahme deprimiert zugeben, sich geirrt zu haben. So schrieb er beispielsweise am 11. April 1933, als Hitler seit 71 Tagen Reichskanzler war, an den 1890 in Aachen geborenen und 1940 – als Internierter – in Frankreich verstorbenen Dichter Walter Hasenclever: „Daß unsere Welt in Deutschland zu existieren aufgehört hat, brauche ich Ihnen wohl nicht zu sagen. Und daher werde ich erst einmal das Maul halten. Gegen einen Ozean pfeift man nicht an."[1]

Zwei Jahre später schrieb Konrad Heiden im „Vorwort" seiner Hitler-Biographie, die er nach fünfzehnjähriger „Beobachtung" Hitlers in Zürich veröffentlichte: „Der ‚Held' dieses Buches ist weder ein Übermensch, noch ein Popanz, sondern ein sehr interessanter Zeitgenosse und, zahlenmäßig betrachtet, der größte Menschenerschütterer der Weltgeschichte … Wenn man einen Abgrund zuschütten will, muß man seine Tiefe kennen. Es gibt in der Geschichte den Begriff der wertlosen Größe. Sie drückt oft tiefe Spuren in die Menschheit, aber es sind keine Furchen, aus denen Saat aufgeht."[2] Er war überzeugt, Hitler nicht „überschätzt" zu haben, was ihm nicht selten vorgeworfen worden ist, und er warnte seine „Tadler von ehemals", ihre einstigen Vorwürfe nicht zu „überschätzen", denn es schiene „an dem eigentümlichen Magnetismus" der Persönlichkeit Hitlers zu liegen „daß sie Urteile nach oben oder unten" verrückte.[3]

„Das deutsche Bürgertum hat für seine Entrechtung und Erniederung, für den Faschismus Hitlers optiert", schrieb der von 1933 bis 1936 in den Konzentrationslagern Sonnenburg und Papenburg-Esterwegen inhaftierte und im Mai 1938 infolge einer Tuberkulose und Gehirnhautentzündung verstorbene Schriftsteller Carl von Ossietzky am 16. September 1930 in der „Weltbühne"[4] und folgerte bissig: „Dieses Bürgertum hat sich politisch niemals durch Gaben und Haltung aus-

[1] Tucholsky, Bd. III, S. 399.
[2] Heiden, Konrad, Adolf Hitler, Zürich 1936, S. 6. Zit. aus dem „Vorwort" von 1935.
[3] Ebenda.
[4] Weltbühne. Wochenblatt für Politik, Kunst, Wirtschaft. 16. September 1930.

gezeichnet, aber wenn es seine Würde vor einem Bismarck vergaß, so war das doch Bismarck. Heute hängt es sich verzweifelt an einen halbverrückten Schlawiner, der Deutschland vor der ganzen Welt blamiert. Saudumm, wie dieser Wahlkampf geführt wurde, ist sein Ergebnis.“ Und am 3. Februar 1931 geißelte er Hitler in seiner Wochenschrift als „eine feige, verweichlichte Pyjamaexistenz“, als „schnell feist“ gewordenen „Kleinbürgerrebell, der sich’s wohl sein läßt und nur sehr langsam begreift, was ihm das Schicksal samt seinen Lorbeeren in beizenden Essig legt.“ In merkwürdiger Verkennung der Situation und allgemeinen politischen Lage hat er vor den Reichstagswahlen vom 14. September 1930 behauptet, daß der Nationalsozialismus zwar eine geräuschvolle Gegenwart, jedoch keine Zukunft hätte – und auch nach den Wahlen und Hitlers Triumph noch orakelt, daß Hitler, der „Brutus“, das „Haupt der Verschwörergemeinde“, den Trend der Geschichte verschliefe und im Gegensatz zu Goebbels durch Abwesenheit glänzte.[5] Ossietzkys Orientierung am sozialistischen Klassenkampf hatte seinen Blick getrübt, soweit es die Beurteilung und Einordnung Hitlers betraf.

Die zwiespältigen Vorstellungen und Prophezeiungen Herbert Blanks, des einstigen linken „nationalen“ Publizisten von rechts, hörten sich 1931 nicht viel anders an. Blank, der extreme Gegner politischer Parteien, der Hitler 1931 als „Wilhelm III.“[6] kritisierte, ohne verbergen zu können, daß es in ihm nagte, nicht die Erfolge vorweisen zu können, die sein Konkurrent Hitler, der „erste Redner Deutschlands“[7], zu registrieren vermochte. Als „Weigand von Miltenberg“ getarnt, hatte er über Hitler geschrieben: „Einst zog ein Trommler aus, die Meldung der Armee, die Botschaft von zwei Millionen Toten zu verkünden, just als die Nation diese Meldung eines 20. Jahrhunderts in ihr Herz aufnahm, warf der Trommler die Schlägel weg und desertierte. Zurück ins neunzehnte. Prophet, der vor dem Tor seines Reiches zusammenbrach. Tragik eines Unzulänglichen, der das Stichwort verfaßt.“[8]

Hitler, der „Trommler“, der Redner, der „über sich als Redner <in „Mein Kampf“> das Beste gesagt“ habe, wobei Blank-Miltenberg „Mein Kampf“ fälschlich lediglich als „Memoiren“ einstufte[9], hatte von ihm die Noten „blödsinnig bis herrlich-überwältigend“[10] erhalten. Herrliches und Überwältigendes in der Gestik des „Trommlers“, dem er vorwarf, die NSDAP zu einer „Partei … wie jede andere“ gemacht zu haben, mit der „man … kuhhandeln“[11] könne, fand er dagegen nicht. Er verglich Hitler mit Mussolini und ließ ihn dabei mehr als nur schlecht abschneiden. Die ausladende, „eine Welt abzirkelnde Geste des Duce fehlt ihm

[5] Ebenda, 3. Februar 1931.
[6] Miltenberg, Weigand v., Adolf Hitler – Wilhelm III., Berlin 1931, Neu-Ausg. (Hrsg. Karl Dietrich Bracher), Stuttgart 1965, S. 91.
[7] Ebenda, S. 11.
[8] Ebenda, S. 92.
[9] Ebenda.
[10] Ebenda.
[11] Ebenda.

ganz", schrieb er und kreidete Hitler an: „Jede Bewegung zeigt den kleinen Mann – mit dem großen Herzen … Seine Anhänger und Photographen pflegen seine einzelnen Posen liebevoll zu knipsen. Es wird jedesmal ein ästhetisches Malheur. Wenn Mussolini die Zähne fletscht oder die Lippen aufwirft, so wirkt das immer irgendwie antik. Bei Hitler sind dieselben Gebärden Krampf eines aufgeregten Steuerzahlers."[12]

Wie zur gleichen Zeit Kurt Tucholsky prophezeit hatte, daß Hitlers große Zeit vorbei sei, so war auch Miltenberg 1931 fälschlich überzeugt, daß der „Trommler" nur das „Vorfeld klar gemacht", „sich für die zweite Revolutionierung" geopfert und den Boden für die „Nachkommenden" bereitet habe, die „die Pflugschar einsenken"[13] und schließlich ernten würden.

Miltenberg, der die Weimarer Republik – im Gegensatz zu Mann und Neumann – ebenso wie Ossietzky, Tucholsky und Niekisch[14] – für nicht erhaltenswert hielt und die von ihm als „Fremdkörper" bezeichneten politischen Parteien energisch ablehnte, hatte nach den Reichstagswahlen vom 14. September 1930 geschrieben: „Das Wort Nazis schuf sofort eine Gedankenverbindung mit Irrenhaus. Das ist nun alles vorbei. Die Republik von Weimar hat uns über die Finanzämter, Korruptionsskandale, utopische Demokratie und verkrachte Roggenstützungsaktion 6.400.000 Hitler beschert. Jawohl, die Republik!"[15]

Hitler war für ihn seitdem einerseits suspekt, weil er vor dem Bürgertum kapituliert hätte und andererseits aber auch ein – zumindest bis September 1930 – vom „Durst nach Gerechtigkeit" getriebener großer Volksredner und Propagandist, den „der Hauch alter Kultur … aus dem alten Österreich umschleierte", dem es – trotz seiner umfassenden Belesenheit – jedoch an tatsächlicher Bildung fehlte. In der Zukunft, so die Überzeugung des Kaiser-Biographen, würde die „Idee" weitergehen, wie es bei Kaiser Wilhelm II. der Fall gewesen sei. Der österreichische „Charme" war nach Blanks Ansicht eine der wichtigsten Quellen für die Erfolge Hitlers, dem er ferner attestierte, ein „mittelmäßiger Künstler" gewesen zu sein, theatralische Aufmärsche zu lieben, mit einer Hundepeitsche herumzuwedeln und seit Herbst 1930 keine Gefahr mehr darzustellen, da er zu einer Mario-

---

12 Ebenda, S. 16.

13 Ebenda.

14 Ossietzky, Tucholsky und Niekisch waren Gegner der Weimarer Republik, doch nur Niekisch hat nach 1945 dafür buchstäblich büßen müssen. So warf ihm beispielsweise Kurt Sontheimer (Antidemokratisches Denken in der Weimarer Republik, in: Der Weg in die Diktatur 1918–1933, München 1963, S. 54 f.) vor: „Gegen Hitler gewesen zu sein, bedeutet … noch lange nicht, für das Bestehen der Weimarer Republik gekämpft zu haben". Die von Niekisch eingelegte Verfassungsbeschwerde gegen das Urteil des Bundesgerichtshofes vom 29. November 1961, das eine Entschädigungsleistung für die Zuchthaushaft Niekischs von 1937–1945 abgelehnt hatte, blieb erfolglos. Am 24. März 1964 entschied das Bundesministerium des Innern: „Die Bundesregierung hält … die Verfassungsbeschwerde für unbegründet". Vgl. Drexel, Joseph E., Der Fall Niekisch. Eine Dokumentation, Köln 1964, S. 201. Der einstige Nationalbolschewist Niekisch, der an der Ost-Berliner Humboldt-Universität als Ordinarius lehrte, jedoch bis an sein Lebensende in West-Berlin wohnte, saß wieder zwischen den Stühlen.

15 Ebenda, S. 7.

Illustration A. Paul Webers in Niekischs im Berliner Widerstandsverlag erschienenen Streitschrift „Hitler – ein deutsches Verhängnis“. Nicht nur Hitler las Niekisch-Publikationen. Goebbels tat es auch. So notierte er am 18. Januar 1930 in sein Tagebuch: „Gestern Aufsatz von Niekisch gelesen. Den Mann müßten wir uns eigentlich kaufen. Ich werde mich einmal dahinter klemmen“. *(Goebbels, Tagebücher, Bd. II, S. 447.)*

nette Alfred Rosenbergs geworden sei. Die Wähler, die Blanks Publikationen lasen, wurden durch sie nicht abgeschreckt, Hitler zu wählen. Eher war das Gegenteil der Fall.

Der 1933 emigrierte Politologe Sigmund Neumann, der sich gegen das Emporkommen extremer, republikfeindlicher, „absolutistischer Integrationsparteien“ wandte und in Hitlers „Nationalsozialismus“ sowohl ein Symptom der Krise der Menschheit als auch eine sich gegen diese Krise richtende Protestbewegung sah, war – wie Thomas Mann – davon überzeugt, daß eine vulgarisierte, vergröberte und total verzerrte Lebensphilosophie den Rationalismus abgelöst habe. Daß er in Hitler selbst keineswegs den zu bekämpfenden „Verderber Deutschlands“ erblickte, wie es bei Ernst Niekisch stets der Fall war, resultierte ganz offensichtlich aus seiner von Zweifeln bestimmten Vorstellung über die Zukunft der Partei Hitlers, der er zubilligen zu können meinte, daß sich in ihr wahrscheinlich die an traditionellen Kriterien orientierten restaurativen Kräfte letztlich gegen die von vagen Vorstellungen geleiteten Revolutionäre durchsetzen würden. Hitler war für ihn jedoch bereits der Führer, von dem die Zukunft der „Bewegung“ abhinge, weil die NSDAP nach seiner Auffassung über kein tatsächliches Programm verfügte. „Die zentrale Bedeutung Hitlers“, so schrieb er, „gilt <vor allem> im innerlichen Sinne. Schon die Sozialanalyse der Anhängerschaft zeigt, wie sehr sie gerade das Verlangen nach absoluter Führung in die Reihen der NSDAP trieb …

stets war es die Hoffnung auf Hitler und das Vertrauen zu diesem Manne. Woher es auch immer erwuchs, ob aus seiner Rede, seinem Auftreten oder der Sehnsucht nach Autorität überhaupt: Hitler bedeutet die Kraft dieser Bewegung, und also steht und fällt sie mit Hitler."[16]

Keiner von ihnen hat – zwangsläufig ohne Kenntnis der späteren Ereignisse – vermocht, Hitler vor 1933 und der Folgezeit authentisch darzustellen. Hitler dagegen konnte aus seiner Sicht sein Diktum exemplarisch bestätigt finden, daß „alle gewaltigen, weltumfassenden Ereignisse nicht durch das geschriebene, sondern durch das gesprochene Wort herbeigeführt worden"[17] seien.

Die Kampfschrift „Hitlers Weg" von Theodor Heuss, der zu der Zeit Reichstagsabgeordneter der Deutschen Staatspartei und Dozent an der Deutschen Hochschule für Politik war, erlebte nach ihrer Erstausgabe im Dezember 1931 in kurzer Zeit zwar acht deutsche Auflagen und Übersetzungen in den Niederlanden, in Schweden und in Italien, ohne allerdings Kontroversen auszulösen. Im Gegensatz zu Blank, der Hitlers Abstieg voraussagte, war Heuss überzeugt, daß niemand wisse, wohin „Hitlers Weg" führen werde. Über Hitler, den er unter Vermeidung der zu der Zeit üblichen politischen Marktschreier-Sprache wissenschaftlich nüchtern und zum Teil sogar eher wohlwollend charakterisierte, meinte er nicht ganz zutreffend: „Hitlers Beitrag zu den gedanklichen Elementen seiner Bewegung ist … gering – was er ihr lieh, war das Temperament, die vollkommene agitatorische Hingabe und der Propagandastil. Hitler <besitzt> ein außerordentliches Gefühl für das agitatorisch Gemäße."[18] Sein Hitler war weder ein zerstörerischer Dämon noch ein „Un-Mensch" und Verbrecher, der nicht gewählt werden dürfte. Heuss war nicht einmal überzeugt, daß Hitler als Diktator regieren würde, wenn er an die Macht käme. „Der sich als Verächter der Masse gab", schrieb er, „kann ohne die Masse nicht sein. Er braucht sie, um zu sich selbst zu kommen, er lebt sein erhöhtes Lebensgefühl in den Instinkten, freundlichen und feindlichen, die er körperlich aus der Masse auf sich einwirken spürt … Er glaubt, es sei seine Aufgabe, das demokratische Wesen zu vernichten, er steigert sich in Anklagen gegen die Sündhaftigkeit einer Politik, die mit Mehrheitswillen Geschichte zu bestimmen versucht – heute ist aus taktischer Überlegung dieser Ton gemildert – aber er ist selbst aus seiner Natur heraus an die Voraussetzungen des demokratischen politischen Betriebes gebunden …"[19]

Während die meisten Autoren, die sich vor 1933 mit Hitler befaßten, dessen angebliche Rolle als Sprachrohr großkapitalistischer Hintermänner, seinen Antisemitismus, seine Führungsmethoden, propagandistischen Fähigkeiten und innen-

---

[16] Neumann, Sigmund, Die Parteien der Weimarer Republik, Neu-Ausg. Hrsg. Karl Dietrich Bracher, Stuttgart 1965, S. 83.

[17] Hitler, Mein Kampf, S. 525.

[18] Heuss, Theodor, Hitlers Weg, Stuttgart – Berlin – Leipzig, 1931, Neu-Ausg., Hrsg. Eberhard Jäckel, Tübingen 1968, S. 50.

[19] Ebenda, S. 61 f.

politischen Zielsetzungen für die maßgeblichsten Aspekte seiner „Weltanschauung“ hielten, hob der spätere Bundespräsident Theodor Heuss die außenpolitischen Vorstellungen und Ideen des Führers der NSDAP als den „aufschlußreichsten“ Aspekt in dessen politischem Konzept hervor.[20] Doch seine Analysen folgten Vorbehalten, die aus der Auffassung resultierten, daß Hitler sich an seinem „außenpolitischen Programm“ und seinen „leidenschaftlichen Plänen“ zur Beseitigung der vorhandenen „Machtbestände“ gelegentlich selbst leidenschaftlich berauschte[21] und Statistiken über die Entwicklung der „Bevölkerungsbewegung“ seit der Zeit vor dem Ersten Weltkrieg ignorieren und die Wirklichkeit verkennen würde. Hitlers Vorstellung, daß 150 Millionen Deutsche eines Tages unter seiner Führung in einem von ihm geschaffenen Groß-Deutschland leben sollten, hielt er 1932 für einen absurden, irrealen Wunschtraum ohne Verwirklichungsmöglichkeit.[22] Sein Resümee, daß Hitler von der Natur mit „einem glücklichen Temperament“ ausgestattet worden sei, so daß er gar nicht spüre, „daß er selber immerzu in die Sünde des bloßen Ressentiments“ fiele und das „rationalistische Machtkalkül und die Hemmungslosigkeit des Gefühls … unvermittelt nebeneinander“ stünden, weshalb ihm „eine ursprüngliche, frisch erhaltene Naivität“ zuerkannt werden könnte[23], erwies sich als eine – für Heuss durchaus typische – akademische These, die so wenig aufging wie seine durch nichts belegte Behauptung, daß Hitler „slawisches Blut“ in sich hätte und deshalb Slawen haßte und verachtete.[24]

Keiner von ihnen, weder Tucholsky, Ossietzky und Niekisch noch Heuss, haben Hitlers „Lebensraum“-Thesen und außenpolitische Zielvorstellungen ernst genommen, obwohl er ihnen in „Mein Kampf“ einen breiten Raum gewidmet hatte. Es sei „politischer Unsinn“, nur die deutschen Grenzen von 1914 wieder herstellen zu wollen[25], hieß es da. „Wir Nationalsozialisten“, hatte er als unumstößliches Rezept gefordert, müssen „unverrückbar an unserem außenpolitischen Ziel festhalten, nämlich dem deutschen Volk den ihm gebührenden Grund und Boden auf dieser Erde zu sichern.“[26] Und schließlich unmißverständlich proklamiert: „Wenn wir aber heute in Europa von neuem Grund und Boden reden, können wir in erster Linie nur an Rußland und die ihm untertanen Randstaaten denken.“[27] Tucholsky, der sowenig wie Ossietzky glaubte, daß Hitler den Vertrag von Versailles hinfällig machen könnte, so daß Diskussionen über nationalsozialistische Außenpolitik für ihn nicht aktuell waren, nahm selbst Hitlers Drohungen

[20] Konrad Heiden behandelte Hitlers außenpolitische Vorstellungen und Zielsetzungen in seiner „Geschichte des Nationalsozialismus“ (Berlin 1932) zwar auch, doch geschah dies nur bruchstückhaft, weil er überzeugt war, daß Hitlers politische Karriere bereits vor dem Ende stünde.

[21] Heuss, S. 96.

[22] Vgl. ebenda, S. 98 f.

[23] Vgl. ebenda, S. 101 f.

[24] Vgl. Fabry, S. 73.

[25] Hitler, Mein Kampf, S. 736.

[26] Ebenda, S. 739.

[27] Ebenda, S. 742.

nicht sonderlich ernst, die seine politischen Gegner für den Fall seiner Machtübernahme zu erwarten hätten. „Hitlerleute!“, so beschwichtigte er diejenigen, die Hitler bekämpft haben, „Halb so schlimm. Furchtbar viel Geschrei. Brutalitäten. Freude am organisierten Radau, Freude an der Uniform, den Lastwagen und dem Großaufmarsch … halb so schlimm … Es wird da große Enttäuschungen geben.“[28] Ossietzky meinte: „Im Münchener Parteipalais betätigt sich der Generalissimus <Hitler> als Innendekorateur, ein Gott, der hoch im Braun und Blauen über Ovationen und Mißbilligungen thront.“[29] Niekisch, der an Hitler den Österreicher, den Katholiken, den Antipreußen und Ignoranten des von ihm so verehrten preußischen Staatssystems haßte, war überzeugt, daß „der faschistische Nationalsozialismus keine Auflehnung gegen Versailles, sondern <nur> der Schatten“ sei, „den die romanische Übermacht um den Protest“[30] werfe. Man sieht „deutlich“, schrieb er, „wie dem Nationalsozialismus die innenpolitische Regierungsgewalt wichtiger ist als Deutschlands außenpolitische Befreiung.“[31] Und Heuss war überzeugt, daß die Lebensraum-Theorien Hitlers, bei dem das „rationalistische Machtkalkül und die Hemmungslosigkeit des Gefühls … unvermittelt nebeneinander“ stünden, wegen des stabilen englisch-französischen Bündnissystems naive Illusionen bleiben würden.[32]

Vom Hauptarchiv der NSDAP, dessen oberster Chef Rudolf Heß war, wurden als Hitler-Gegner zwischen 1932 und 1937 vor allem Konrad Heiden, Ernst Niekisch, Thomas Mann und Ludwig Feuchtger sorgfältig beobachtet und „katalogisiert“. Heidens Hitler-Biographie und einige Schriften von Ernst Niekisch hat Hitler gelesen und sogar versucht, Heiden für sich und die NSDAP zu gewinnen. Goebbels gestand nur Niekisch einen besonderen Stellenwert zu, den er 1930 erfolglos für die NSDAP hatte „kaufen“ wollen. Tucholsky, Neumann, Heuss und Olden erwähnte er nicht einmal in seinem Tagebuch.[34]

Zwei Jahre nach dem Ende des NS-Regimes, als Hitler weltweit noch als „Teppichbeißer“, gescheiterter „Anstreicher“, einstiger Wiener lumpenproletarischer Asylbewohner, „Millionenbetrüger“ und von „Großindustriellen“ und „Junkern“ an die Macht gebrachter Vollstrecker ihrer Geschäftsinteressen dargestellt wurde, hatte der ostzonale Autor Wolfram von Hanstein, sowjetischen Vorgaben folgend, Hitler als letztlich gescheiterten Finalisten einer von Martin Luther ausgehenden

[28] Tucholsky, S. 398 ff.
[29] Weltbühne vom 24. März 1931.
[30] Vgl. Niekisch, S. 33 f.
[31] Ebenda.
[32] Vgl. Heuss, S. 101 f.
[33] Die Gestapo konfrontierte Niekisch nach dessen Verhaftung mit einigen seiner Schriften und Manuskripte, in denen sich – mit Farbstiften vorgenommene – Bemerkungen von Hitlers Hand befanden. Persönliche Mitteilung von Niekisch (1952).
[34] Ossietzky erwähnte er (Bd. 3, S. 1012 f.) nur im Zusammenhang mit dem ihm für 1935 verliehenen Friedensnobelpreis. Daß Konrad Heiden nicht im Tagebuch auftaucht, ist immerhin überraschend.

deutschen Gewaltpolitik charakterisiert.[35] Anders als Rudolf Augstein[36], reihte Hanstein Hitler nicht nur in die Gruppe der deutschen „Gewaltmenschen" Wallenstein, Friedrich den Großen, Bismarck und Ludendorff ein, sondern stellte ihn als letzten Vollstrecker einer deutschen Gewaltpolitik dar.

Augstein brachte sein Resümee über Hitler 37 Jahre nach Hanstein auf die Formel: „… dieser Sohn des Glücks", dessen „staunenswerte außenpolitische Erfolge" darauf beruhten, daß er „allen seinen Mitspielern überlegen" war, „nicht dumm" war und „sein eigenes Lied nach seinen eigenen Noten, das Lied von Tod und Untergang" spielte, eine „eigene Kategorie" hatte – und nicht pokerte wie „die Gewaltmenschen Wallenstein, Friedrich, Bismarck, Ludendorff. Wer sich wundert, wie Hitler all seine staunenswerten außenpolitischen Erfolge hat erringen können, muß sich vor Augen halten, daß jener Spieler, dessen Psyche auf den letztendlichen eigenen Bankrott programmiert ist, all seinen Mitspielern überlegen sein muß, wenn er nicht dumm ist. Und Hitler, wenn auch wahnhaft krank, war nicht dumm. Umgekehrt läßt sich nicht argumentieren."[37]

Nach Augsteins Hitler-Analyse ist die häufig kolportierte und im Umfeld der „virtuellen" Geschichtsbetrachtung anzusiedelnde These, daß Hitler möglicherweise als zweiter Bismarck in die Geschichte eingegangen wäre, wenn er 1939 mit seinen erpressten Eroberungen aufgehört und sich – im Gegensatz zu seinen Feststellungen in „Mein Kampf" – mit den deutschen Grenzen von 1914 begnügt hätte, schon infolge der Mentalität und Charakterstruktur Hitlers indiskutabel. Die konjunktivistische Suche nach Ungeschehenem, die sich auf methodische Irrwege begibt und der Geschichtswissenschaft ihren legitimen Anspruch mit spekulativen Thesen streitig zu machen bemüht, ist unwissenschaftlich, ist Haschen nach Wind.

Die Exponenten der – keineswegs als zeitgenössische „Erfindung" anzusehenden – virtuellen Geschichtsbetrachung[38], die in Anspruch nehmen, Geschichte und deren Gipfelfiguren authentisch darstellen und darüber hinaus auch sagen zu können, was in der jeweiligen Zukunft geschehen wäre, „wenn" dieses oder jenes Ereignis zuvor eingetreten – oder nicht eingetreten – wäre, berufen sich auf andere Vorgaben als Augstein und Historiker der traditionellen „alten Schule". Der 1937 in Marburg geborene Berliner Professor für alte Geschichte Alexander Demandt – um an dieser Stelle nur einen Exponenten der virtuellen Geschichtsbetrachtung zu erwähnen – setzte sich entsprechend über Karl Hampes Diktum,

---

[35] „Nur um Politik war es ihm <Luther> zu tun. Er ist es gewesen, der den deutschen Imperialismus als erster verkündete: er war es, der den deutschen Chauvinismus predigte. Er war der eigentliche Zerstörer europäischer Freiheit". Hanstein, Wolfram v., Von Luther bis Hitler, sowjetzonaler Voco-Verlag mit „Lizenznummer 169 der sowjetischen Militärverwaltung in Deutschland", 1947, S. 22.

[36] Augstein, Rudolf, in: Reden über das eigene Land: Deutschland, Kulturreferat der Landeshauptstadt, München 1984 (mit Beiträgen von Rudolf Augstein, Otto Schily, Willy Brandt, Werner Herzog und Franz Josef Strauß), München 1984, S. 20 und S. 21.

[37] Ebenda.

[38] Vgl. dazu auch S. 117 ff.

daß die Geschichte kein „Wenn“ kenne[39], beispielsweise 1984 in seinem Essay „Ungeschehene Geschichte“ hinweg und behauptete in seinem Ausflug in die Zeitgeschichte, daß es zu einem Bürgerkrieg mit schlimmen Folgen für Hunderttausende Ostflüchtlinge und einer neuen Dolchstoßlegende gekommen wäre, wenn Hitler am 20. Juli 1944 den Tod gefunden hätte.[40]

Nicht nur Stammtisch-Debatten leben von der virtuellen Geschichtsbetrachtung.

---

[39] Hampe, Karl (1869–1963), Geschichte Konradins von Hohenstaufen, (1894), 3. Aufl., Leipzig 1942, S. 327.

[40] Vgl. Demandt, Alexander, Ungeschehene Geschichte, Göttingen 2000. Titel gleichlautend mit dem Essay von 1984.

Erich Fromms psychoanalytische Geschichtsinterpretation

Drastische Geschichtsfälschung produzierte der 1900 in Frankfurt geborene amerikanische Psychoanalytiker und Sozialphilosoph Erich Fromm in seinem weit verbreiteten Werk „Anatomie der menschlichen Destruktivität“[1], in dem er sich relativ ausführlich mit Hitler auseinandersetzte, ohne sich einer ausreichenden Quellenbasis zu bedienen. „Von der umfangreichen Literatur über Hitler und seine Zeit von 1914 bis 1946“, erklärte er, „habe ich hauptsächlich A. Speer (1970) und W. Maser benutzt.“[2] Aus diesen Quellen wählte er jeweils aus, was sich zur „Beweisführung“ seiner Thesen und Hypothesen – nicht selten gewaltsam manipulierend und instrumentalisierend – verwenden ließ. Bei Hitler, dessen Karriere nach seiner Auffassung nur durch die „sozialpolitische Situation“[3] ermöglicht worden sei, setzte er voraus, daß man es „nicht mit dem Verhalten, sondern mit dem Charakter zu tun“[4] habe, den er – je nach Bedarf – unter Weglassung wesentlicher Aspekte und zwingender Kriterien logisch entschlüsseln zu können vorgab. Den Laien mag dabei imponieren, daß er Gegensätze stets anscheinend problemlos „unter einen Hut“ zu bringen verstanden hat, was den Historiker dagegen befremden muß. Fromm montierte Gegensätze zu Bildern, die keine Fragen aufkommen oder offen lassen sollten. Bei seiner Vergangenheitsbetrachtung verzichtete er zwar auf „bündige“ Theorien, die unter Historikern eine wesentliche Rolle zu spielen pflegen, doch instrumentalisierte er bestimmte Einzelheiten zu einem verbindlichen System, das der Historiker nicht akzeptieren kann. So stellte er beispielsweise fest, daß der junge Hitler einerseits ziellos in den Tag hineingelebt[5] und seine im Januar 1907 operierte krebskranke Mutter allein gelassen habe, als es darauf angekommen sei, sie zu pflegen[6], und widersprach sich andererseits selbst, indem er das Gegenteil hervorhob, ohne die Widersprüche zu erklären. Einerseits war der 18-jährige Hitler für ihn ein schmarotzender Taugenichts, den weder seine Umwelt noch seine Zukunft interessierten und andererseits ein Heranwachsender, der seinen Weg ging, ohne Rücksicht auf andere und Vorgaben zu nehmen, die sich außerhalb seiner Entscheidungen befanden. Im September 1907, rund acht Monate nach der Operation seiner Mutter, so monierte Fromm, sei er nach Wien zur Aufnahmeprüfung an die Akademie gegangen, weil er unbedingt und rücksichtslos zielstrebig Künstler werden wollte.[7] Die – von ihm herausgestellte – Tatsache, daß ausgerechnet die Mutter

[1] Stuttgart 1974.
[2] Fromm, Anatomie der menschlichen Destruktivität, S. 360.
[3] Ebenda, S. 393.
[4] Ebenda, S. 351.
[5] Ebenda, S. 354 ff.
[6] Ebenda, S. 343.
[7] Vgl. ebenda, u.a. S. 352.

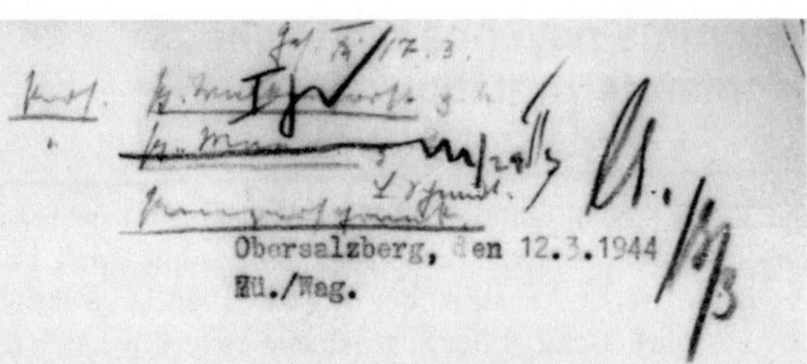

Obersalzberg, den 12.3.1944
Hü./Wag.

Während des heutigen Mittagessens legte Professor Hoffmann dem Führer ein Aquarell vor, das der Führer im Jahre 1910 gemalt hat. Professor Hoffmann hat das Bild in diesen Tagen in Wien erworben.

<u>Der Führer :</u> "Hoffmann, hoffentlich haben Sie das Bild nicht gekauft?"

<u>Professor Hoffmann:</u> "Ich habe es geschenkt bekommen, d.h., man hat mir gesagt, für den Preis sei es geradezu geschenkt."

<u>Der Führer :</u> " Mehr als RM 150.-- oder 200.-- sollten diese Sachen auch heute nicht kosten. Es ist Wahnsinn, wenn man dafür mehr Geld hergibt. Ich wollte ja kein Maler werden, ich habe diese Sachen nur gemalt, damit ich meinen Lebensunterhalt bestreiten und studieren konnte. Für so ein Bild habe ich damals nicht mehr als etwa RM 12.-- bekommen. Gemalt habe ich immer nur so viel, damit ich gerade das Notwendigste zum Leben hatte. Mehr als etwa RM 80.-- habe ich im Monat nicht gebraucht. Für das Mittag - und Abendessen mussten RM 1.-- ausreichen. Studiert habe ich damals die ganzen Nächte durch. Meine architektonischen Skizzen, die ich damals angefertigt habe, das war mein kostbarster Besitz, mein Gehirneigentum, das ich nie hergegeben hätte, so wie ich die Bilder

- 2 -

- 2 -

losgab. Man darf ja nicht vergessen, dass alle meine Gedanken von heute,meine architektonischen Planungen auf das zurückgehen, was ich mir damals in diesen Jahren in nächtelanger Arbeit angeeignet habe. Wenn ich heute in der Lage bin, aus dem Handgelenk z.B. denGrundriss eines Theatergebäudes aufs Papier zu werfen, so mache ich das ja auch nicht im Trancezustand. Das ist alles ausschliesslich das Ergebnis meines damaligen Studiums. Leider Gottes sind mir die allermeisten meiner damaligen Skizzen abhanden gekommen."

Hitler selbst, der stets betonte, daß er ja nicht Maler, sondern Architekt habe werden wollen, sagte 1944, daß er für die in seiner Frühzeit gemalten Bilder nicht „mehr als zwölf Mark" bekommen habe. *Bundesarchiv Koblenz, NS 26/36.*

es gewesen ist, die ihrem Sohn 1907 die Möglichkeit gegeben hat, nach Wien zu gehen[8], indem sie seinen dortigen Unterhalt und sein Studium der Malerei finanzierte, erscheint bei Fromm nicht als Gegensatz.

Den am Beginn der fünfziger Jahre vom Grazer Leopold-Stocker Verlag zum Druck vorbereiteten, jedoch bereits unmittelbar nach dem „Anschluß" Österreichs nach Vereinbarungen Kubizeks mit dem Hauptarchiv der NSDAP begonnenen Darstellungen[9] des einstigen Hitler-Freundes August Kubizek[10], der diffe-

[8] Ebenda.

[9] 1938 hatten das Hauptarchiv der NSDAP und Kubizek vereinbart, daß Kubizek „seine Erinnerungen an den Führer" niederschreiben würde, wobei Einzelheiten sowohl schriftlich als auch mündlich festgelegt worden waren. Der Mitarbeiter Dammann des Hauptarchivs notierte am 8. Dezember 1938 schriftlich (Maschinenschrift Bundesarchiv Koblenz, NS 26/17a): „Wenn Kubizek seine Erinnerungen an den Führer so aufschreiben kann, wie er sie erzählt, dann ... wird wohl dieser Bericht eines der bedeutendsten Stücke des Zentralarchivs ... Man kann ruhig sagen, daß die ganze Jugendträumerei des Führers schon der visionäre Aufbau Großdeutschlands war ... Schon damals war alle uns unbegreifliche Größe des Führers in seiner Jugend."

Daß Kubizeks Erinnerungen als Vorlage für die von ORF und ZDF gedrehte und am 30. November 1973 vom ZDF gesendete Fernsehdokumentation „Ein junger Mann aus dem Innviertel" gedient habe, wie gelegentlich behauptet wird, trifft nur teilweise zu. Georg Stefan Troller, der Regisseur des Films, bei dessen Produktion ich im Auftrag des ZDF als wissenschaftlicher Berater tätig war, fügte nachträglich Kriterien, Fakten und Aspekte ein, die weder auf Kubizek zurückgingen noch historisch authentisch waren.

[10] August Kubizek hatte Hitler (vermutlich) nach Juni 1905 kennengelernt, nachdem Hitlers Mutter von Leonding nach Linz umgesiedelt war. Klara Hitler hatte das Leondinger Hitler-Haus am 21. Juni 1905 gegen die

Hitler-Aquarell von 1919

Laon, die Hauptstadt des französischen Departements Aisne. In der Umgebung kämpfte Hitlers Regiment mit großen Verlusten seit Ende Oktober 1917. Kurz zuvor war Hitler mit dem Militärverdienstkreuz III. Klasse ausgezeichnet worden.

renziert über diese Geschehnisse berichtete, glaubte Fromm nicht[11], obwohl Kubizek mir 1954 versicherte, er habe weder einstige Vorgaben und Wünsche der SS noch des Hauptarchivs der NSDAP in seine Nachkriegspublikationen einfließen lassen. Er hat 1953 über seinen einstigen Freund geschrieben, daß er beispielsweise bereits als Fünfzehnjähriger „unbeirrbar" konsequent gewesen sei, wenn es um seine Zukunft als Maler und Architekt gegangen sei und berichtete, daß er als Achtzehnjähriger seine kranke und von ihm geliebte Mutter mit innigster Liebe umsorgt und gepflegt[12] habe. Fromm konstruiert dagegen: „Kubizek beschreibt Hitlers Haltung seiner Mutter gegenüber tief gerührt, wobei er zu sagen versucht, wie sehr er sie liebte. Aber diese Zeugenaussage ist nicht glaubwürdig. Hitler dürfte auch bei dieser Gelegenheit wie üblich versucht haben, das Beste aus der Situation zu machen, um einen guten Eindruck zu hinterlassen."[13] „Maser entwirft", so schrieb er weiter, „ein Bild von Hitlers fürsorglicher Liebe zu seiner Mutter", indem er „sich auf ein Memorandum" stützt, „das der jüdische Arzt Dr. E. Bloch <als Familienarzt der Hitlers>, der Hitlers Mutter behandelt hatte … im Jahre 1938 für die Nazibehörden schrieb".[14] Da dieses Verhalten des jungen Hitler nicht in Fromms Konzept paßte, durften weder der Bericht des Jugendfreundes Kubizek noch die Darstellung des alten Hausarztes Dr. Bloch wahr sein. Fromms Bemerkung, daß Blochs „Memorandum" kaum als objektiv zu betrachten sei, da er es „für die Nazibehörden" geschrieben habe, verzeichnet und verfälscht den Sachverhalt eklatant, was nicht nur aus der schriftlichen Erklärung Trude Krens, der leiblichen Tochter Eduard Blochs, herauszulesen ist.[15] Die Adoleszenz-Vermutung[16] des Heidelberger Psychiaters Helm Stierlin, der auch der englische Historiker William Carr 1978 folgte[17], obwohl 1978 längst alle maßgeblichen Details aus der Zeit vorlagen, die Stierlin ignorierte, was also eine Hypothese, die von den Tatsachen widerlegt wird. Hitler folgte weder den Wünschen seines Vaters noch denen seiner Mutter. Er ging störrig und zielstrebig den Weg, den er für richtig hielt. Die Annahme Carrs, der an der Universität Sheffield „Europäische Geschichte" lehrte, daß über Hitler aus der Zeit „zwischen Herbst 1908 und November 1909" praktisch „nichts" bekannt sei[18], zeugte entweder von mangelnder Quellenkenntnis oder von der Absicht, sein Hitler-Bild stimmig zu machen. Seine völlig falsche Feststellung, daß Hitler in der Zeit „vermutlich

Wohnung des Käufers (Linz, Humboldt-Straße 31) getauscht. Kubizek erklärte (S. 21), daß Hitler 16 und er (S. 23) 17 Jahre alt gewesen seien, als sie sich erstmals begegneten, was heißen könnte, daß sie sich erstmals „um Allerheiligen" 1905 getroffen haben. Das definitive Datum ist nicht zu ermitteln.

11 Fromm, S. 343.

12 Ebenda, S. 167 ff.

13 Ebenda, S. 343.

14 Ebenda.

15 Vgl. das Schreiben Blochs von 1938 S. 104 f. und die Erklärung der Bloch-Tochter Trude Kren vom 13. Februar 1978. Zu Bloch vgl. auch Maser, S. 10, 58, 69 und 81.

16 Periode des späteren Abschnitts der Jugendentwicklung (17–20 Jahre), in der der Jugendliche sich als „Delegierter" eines Elternteiles empfindet und sich bemüht, dessen psychische Bedürfnisse zu befriedigen.

17 Carr, William, Adolf Hitler. Persönlichkeit und politisches Handeln, Berlin, Köln, Mainz 1978, S. 200 ff.

18 Ebenda, S. 202.

Übertragung des Brieftextes von Dr. Eduard Bloch von November 1938[19].

Sehr geehrter Herr Bleibtreu!

Ihre unbegrenzte Verehrung für Seine Excellenz den Führer, die offene und menschlich so tief mitempfindende Art, die Sie, sehr geehrter Herr Bleibtreu als Beauftragter der Wiener Dienststelle des Centralarchivs der NSDAP in Angelegenheit der mir seinerzeit vom Führer gewidmeten Zeilen an den Tag gelegt haben, veranlaßt mich, Ihnen sehr geehrter Herr, die an mich gestellte Frage, warum ich immer so versonnen und sorgenerfüllt dreinschaue, ebenso ehrlich und rückhaltlos zu beantworten!

Die Redensart vom geschwätzigen Greis <… nicht entzifferbar> trifft bei mir wohl kaum zu, schwere Schicksalsschläge, bange Sorgen haben mich schweigsam und verschlossen gemacht. Doch bisweilen erreicht das, was mich so ganz erfüllt eine <nicht entzifferbar> Intensität, daß ich es als wohltuende Entspannung empfinden

[19] Das Datum (6. oder 16. November?) ist nicht eindeutig entzifferbar, zumal Bloch am Schluß seines Briefes ein Datum angibt, das als 7. November 1938 gelesen werden kann. Brief: Bundesarchiv Koblenz, NS 26/65.

muß, wenn ich zu einem vertrauenswürdigen Menschen offen über mein Leid sprechen darf.

Mich erfüllt bange Sorge um die Zukunft, nicht um meine – denn was ist an einem alten Mann gelegen, dessen Lebensweg nur mehr von kurzer Zeit – sehend, nachdenklich, selten lustig. Seine Antworten waren folgerichtig; kurz Nichts ließ zu dieser Zeit die überragende Größe des kommenden Führers ahnen. Adolf Hitler hatte ein besonderes Zeichentalent. In Dankbarkeit sandte er mir von seiner ersten Reise nach Wien Ferngrüße, sowie eine sehr schön gemalte Karte mit herzlichen Neujahrsgrüßen und Dankesworten. Diese Zeilen habe ich durch Jahrzehnte lang aufbewahrt gehabt; dieselben waren bis zum 28. März 1938 in meinem Besitze. Unzählige Dankbarkeitskarten habe ich von ergebenen Patienten im Laufe der Jahre erhalten, ohne daß ich dieselben längere Zeit aufbewahrt hätte. Warum ich gerade diese zwei Karten so sorgsam bewahrt habe? War es wie Vorausahnen der kommenden Größe? Nein! Ich habe dieselben als Andenken an einen braven, musterhaften Sohn bewahrt, der in so inniger Liebe und Fürsorge an seiner teuren Mutter gehangen, wie man sie nur in ganz ausnahmsweisen Fällen in diesem Erdenwalten findet. Ein so innig liebender Sohn kann nur ein Mensch mit grundgütigem Empfinden sein!

Menschenschicksal und Menschenlos zieht wie die Erinnerung an der Seele eines alten Arztes vorüber!

Obermedizinalrat Dr. Eduard Bloch

den größten Teil des mütterlichen Erbes" verbraucht habe[20], beweist sowohl dies als auch seine falschen Vorstellungen über Hitlers diesbezügliche – propagandistisch gefärbten – Angaben in „Mein Kampf".

Blochs „Memorandum" von 1938, das Fromm sehr wahrscheinlich niemals gesehen hat, war keineswegs so formuliert, daß es zur Zeit des NS-Regimes vollständig hätte veröffentlicht werden können. Bloch sprach von „schweren Schicksalsschlägen und bangen Sorgen" um „die Zukunft", was Fromms Fantasien allein bereits als pure und voreingenommene Hirngespinste erscheinen läßt. Die Darstellung des alten Arztes, daß er sowohl eine ihm von Hitler (im Mai oder Juni) 1906 geschriebene Karte als auch ein von ihm gezeichnetes Bild bis März 1938 aufbewahrt habe, spricht ebenfalls für sich – und eindeutig gegen Fromm.

Da Hitler zur negativen Symbolfigur wurde, mochte vor allem Fromm ganz offensichtlich keine Analyse eines exzeptionellen Individuums zur Aufschlüsselung historischer Zusammenhänge liefern, weil dies die Gefahr in sich geborgen hätte, Rückschlüsse auf die Persönlichkeitsstruktur und Verantwortung derjenigen zuzulassen, die es zu exkulpieren galt. Mit seiner Methode schuf Fromm sich die Möglichkeit, bestimmte Details und Zusammenhänge entweder ignorieren oder wunschgerecht ummünzen zu können. Seine Vergleiche Hitlers mit anderen Exponenten der Geschichte wie beispielsweise Stalin, Mussolini, Churchill und Roosevelt hinkten, weil sie von unterschiedlichen Vorgaben ausgingen, was in einigen Fällen möglicherweise mit seiner unzureichenden Kenntnis der Geschichte zusammenhing. So interpretierte er beispielsweise Hitlers „Verbrannte Erde"-Befehl von September 1944 für den Fall der Besetzung deutschen Territoriums als den „extremen Ausdruck seiner Manie für die Zerstörung von Gebäuden und Städten."[21]

Stalin dagegen, der sich 1941 nach dem tiefen Einbruch der deutschen Streitkräfte in das Territorium der UdSSR in einer ähnlichen Situation befand und am 3. Juli 1941 über den Rundfunk einen Aufruf und am 17. November 1941 den Geheimbefehl Nr. 0428 formulierte[22], deren Inhalte sich von Hitlers „Verbrann-

[20] Ebenda, S. 203.

[21] Fromm, S. 361.

[22] Vgl. Stalin, Großer Vaterländischer Krieg, S. 12 und Nationalarchiv Washington, Serie 429, Rolle 461, Generalstab des Heeres, Abt. Fremde Heere Ost, II H 3/70 Fr. 6439568. Vgl. auch Dok. S. 107. Stalins Befehle hatten unter anderem zur Folge, daß nicht nur die vordringenden deutschen Streitkräfte gravierende Verpflegungsprobleme mit Erkrankungsfolgen bewältigen mußten. Es traf ebenso auch die bis Dezember 1941 in deutsche Gefangenschaft geratenen rund drei Millionen Soldaten der Roten Armee, von denen viele, geschwächt und krank, in den Lagern starben. Daß während des deutsch-sowjetischen Krieges rund 3,3 Millionen sowjetische Kriegsgefangene von deutscher Seite durch einen „Vernichtungskrieg" planmäßig zu Tode gebracht worden seien, wie beispielsweise Christian Streit 1978 in seinem Buch „Keine Kameraden. Die Wehrmacht und die sowjetischen Kriegsgefangenen 1941–1945" richtungsweisend behauptete, ist eine Legende, was inzwischen auch von russischer Seite bestätigt wird, die von insgesamt 1.784.000 Soldaten der Roten Armee ausgeht, die aus deutscher Gefangenschaft nicht zurückgekehrt – oder aber vermißt worden – seien (Vgl. Post, Walter, Die verleumdete Armee, S. 163 und S. 301). Vgl. auch Vierteljahrshefte für Zeitgeschichte, H. 1/2001.

Stalins Geheimbefehl vom 17. November 1941:

„1. Alle Siedlungspunkte, an denen sich deutsche Truppen befinden, sind auf 40 bis zu 60 Kilometer ab der Hauptkampflinie in die Tiefe zu zerstören und in Brand zu setzen und 20 bis 30 Kilometer nach rechts und links von den Wegen. Zur Vernichtung der Siedlungspunkte im angegebenen Radius ist die Luftwaffe heranzuziehen, sind Artillerie- und Granatwerferfeuer großflächig zu nutzen, ebenso die Kommandos der Aufklärung, Skiläufer und Partisanen-Divisionsgruppen, die mit Brennstoff-Flaschen ausgerüstet sind. Die Jagdkommandos sollen, überwiegend aus Beutebeständen in Uniformen des deutschen Heeres und der Waffen-SS eingekleidet, die Vernichtungsaktionen ausführen. Das schürt den Haß auf die faschistischen Besatzer und erleichtert die Anwerbung von Partisanen im Hinterland der Faschisten. Es ist darauf zu achten, daß Überlebende zurückbleiben, die über die ‚deutschen Greueltaten' berichten können.
2. Zu diesem Zweck sind in jedem Regiment Jagdkommandos zu bilden in Stärken von 20 bis 30 Mann, mit der Aufgabe, Sprengung und Inbrandsetzung der Siedlungspunkte durchzuführen. Es müssen mutige Kämpfer für diese kühnen Aktionen der Vernichtung von Siedlungspunkten ausgewählt werden. Besonders jene, die hinter den deutschen Linien in gegnerischen Uniformen Siedlungspunkte vernichteten, sind zu Ordensverleihungen vorzuschlagen. In der Bevölkerung ist zu verbreiten, daß die Deutschen die Dörfer und Ortschaften in Brand setzen, um die Partisanen zu bestrafen."
Quelle: Nationalarchiv Washington, Serie 429, Rolle 461, Generalstab des Heeres, Abteilung Fremde Heere Ost, II H 3/70 Fr. 6439568.

Hitlers Befehl:

Zerstörungsmaßnahmen im Reichsgebiet vom 19. März 1945:
„Der Kampf um die Existenz unseres Volkes zwingt auch innerhalb des Reichsgebietes zur Ausnutzung aller Mittel, die die Kampfkraft unseres Feindes schwächen und sein weiteres Vordringen behindern. Alle Möglichkeiten, der Schlagkraft des Feindes unmittelbar oder mittelbar den nachhaltigsten Schaden zuzufügen, müssen ausgenutzt werden. Es ist ein Irrtum zu glauben, nicht zerstörte oder nur kurzfristig gelähmte Verkehrs-, Nachrichten-, Industrie- und Versorgungsanlagen bei der Rückgewinnung verlorener Gebiete für eigene Zwecke wieder in Betrieb nehmen zu können. Der Feind wird bei seinem Rückzug uns nur eine verbrannte Erde zurücklassen und jede Rücksichtnahme auf die Bevölkerung fallen lassen. Ich befehle daher:

1) Alle militärischen Verkehrs-, Nachrichten-, Industrie- und Versorgungsanlagen sowie Sachwerte innerhalb des Reichsgebietes, die sich der Feind für Fortsetzung seines Kampfes irgendwie sofort oder in absehbarer Zeit nutzbar machen kann, sind zu zerstören.
2) Verantwortlich für die Durchführung dieser Zerstörungen sind: Die militärischen Kommandobehörden für alle militärischen Objekte einschließlich der Verkehrs- und Nachrichtenanlagen, die Gauleiter und Reichsverteidigungskommissare für alle Industrie- und Versorgungsanlagen sowie sonstige Sachwerte. Den Gauleitern und Reichsverteidigungskommissaren ist bei der Durchführung ihrer Aufgabe durch die Truppe die notwendige Hilfe zu leisten.
3) Dieser Befehl ist schnellstens allen Truppenführern bekanntzugeben, entgegenstehende Weisungen sind ungültig."

Quelle: Hitlers Weisungen für die Kriegführung. Dokumente des Oberkommandos der Wehrmacht, Hrsg. Walther Hubatsch, München 1965, S. 348 f.

te-Erde“-Befehl vom 19. März 1945 kaum unterschieden, attestierte er lediglich „Anzeichen einer psychischen Krise.“[23]

Nicht gerade wenige Ergebnisse seiner Ausflüge in die Geschichte und deren Vorgaben sowie deren Darstellung erwiesen sich als absonderlich, wobei allerdings davon ausgegangen werden kann, daß nicht vorsätzliche Fälschungsabsichten dahinter standen. Nicht nur den Historiker befremden muß ferner, daß Fromm vielfach der „Was wäre wenn-Methode“ der virtuellen Geschichtsbetrachtung huldigte, selbst konstruierte Widersprüche nicht bemerkte oder auflöste und unzulässige Spekulationsbilanzen und pure hypothetische Vermutungen und haltlose Behauptungen als erwiesene Tatsachen darstellte – und schlüssig ausgewiesene historische Tatsachen ins Gegenteil verkehrte.

Geschichte ist nicht durch Mutmaßungen über Kindheitserlebnisse und geheime Obsessionen vornehmlich toter historischer Gestalten zu erklären, wie es Psychoanalytiker im Gefolge Sigmund Freuds seit einiger Zeit vor allem in den USA zu praktizieren versucht haben. Wie Freud, dem die Neurosen der ihn umgebenden Wiener Bourgeoisie zur Erprobung seiner Theorien während seines – in hohem Alter unternommenen – Ausflugs in die Anthropologie und Geschichte nicht ausreichten, weshalb er sich anmaßte, die Geschichte des Judentums auf dem Wege über eine Analyse der Kindheitserlebnisse Moses’ erklären zu können, obwohl keinerlei Fakten über Moses’ Kindheit belegt sind, so meinen auch die modischen „Psycho-Historiker“, die Darstellung der Geschichte des NS-Regimes revolutionieren zu können. Da ihnen, anders als im Falle Freud und dessen Quellen über Moses, viele authentische Fakten über Hitlers Kindheit zur Verfügung stehen, sind sie in der Lage, bei historischen Laien den Eindruck zu erwecken, daß ihre pseudowissenschaftlichen Methoden und Wahnvorstellungen geschichtliche Authentizität vermitteln.[24]

Blaise Pascal, der Mathematiker, Philosoph und Jesuitenkritiker, spekulierte im 17. Jahrhundert über das Ergebnis der bis dahin verlaufenden Geschichte und meinte, daß die Welt anders ausgesehen hätte, wenn Kleopatras Nase kürzer gewesen wäre, und Himmlers Masseur Felix Kersten war überzeugt, aus Stalins Bauch den Weltfrieden herausmassieren zu können. Psychoanalyse kann instrumentale therapeutische Bedeutung haben, nicht aber Instrument der methodischen Forschung sein, und auch die Psychologie ist nicht in der Lage, die historischen Forschungsmethoden zu ersetzen. Die Geschichte ist kein Zauberland für phantasierende Kliniker.

Wirklichkeitsnäher als die Spekulationen klang dagegen eine Darstellung der „Frankfurter Zeitung“, die sich am 27. Januar 1923 mit Hitler und der NSDAP

---

[23] Fromm, S. 182.

[24] Freuds Menschenbild und seine Auffassungen von Wissenschaft gehörten weithin dem 19. Jahrhundert an. Seine Vorstellungen werden überfordert, sobald sich die Kritik auf die Denkmodelle seiner Frühzeit bezieht.

befaßte, nachdem die Franzosen ins Ruhrgebiet einmarschiert und eine nationale Entrüstung – und den Ausnahmezustand – ausgelöst hatten. Ein offenbar mit psychologisch begründeten Diagnosen einigermaßen vertrauter Mitarbeiter der Zeitung schrieb, daß bekannt geworden sei, daß „Hitler während der Revolutionszeit kriegsbeschädigt im Lazarett gelegen und von einer Art Blindheit befallen gewesen sei, aus der ihn eine innere Ekstase befreit habe, die ihm die Aufgabe stellte, der Befreier seines Volkes zu werden. Es handelt sich danach um einen beachtenswerten Fall der Kriegsneurotik. Zweifellos ist es diesen Leuten gegeben, in ihrer Monomanie stark zu wirken, da die Wahnidee jede Kompliziertheit beseitigt, und schon das imponiert sehr unserer selbst so willensschwachen Zeit. Diesen Menschen fehlt es allerdings nicht an Aktivität, vielmehr an Sinn und Wert der Ziele, auf die sich ihr Wille richtet – und deshalb sind sie in ihrer Besessenheit für die Volksgesamtheit so gefährlich. Aus diesem Holze ist der Führer des Nationalsozialismus geschnitzt."

Das verquere Hitler-Bild des Germanisten Peter Stern

In Fromms Nähe sind die auf bestimmte Ergebnisse fixierten Forschungsvorgaben und Aspekte des 1920 in Prag geborenen jüdischen Germanisten Joseph Peter Stern über den Zenit der Karriere Adolf Hitlers anzusiedeln. Der 1938 nach England emigrierte, in der Royal Air Force ausgebildete und im deutsch-britischen Luftkrieg des Zweiten Weltkrieges eingesetzte spätere Germanistik-Dozent in Cambridge und ab 1972 als Leiter der Deutschen Abteilung an der Londoner Universität fungierende Autor des Buches „Hitler. Der Führer und das Volk"[1], erklärte 1978 im unmittelbaren Vorfeld des Erscheinens seines Buches gewissermaßen als Bilanz seiner Forschung: „Hitler erreichte den Höhepunkt seines Lebens nicht in den Jahren, als er das Amt des Reichskanzlers erlangte, auch nicht in den ersten beiden Kriegsjahren, (der Zeit seiner größten militärischen Erfolge)[2], sondern in den ersten Jahren seines Ostfeldzuges[3]. Nun erst konnte er in vollem Umfang seinem Vernichtungsdrang fröhnen, ohne noch dessen letzte Folgen tragen zu müssen. Dieser Drang war stets nahe dem Mittelpunkt seines Weltbilds gewesen, doch während jener letzten Jahre im Schatten der aufziehenden Katastrophe, da die Mittel zur Befriedigung seiner Leidenschaft unermeßlich angewachsen waren, wurden allmählich andere Motive, Überlegungen und Absichten von ihr verdrängt."[4] Stern, der während der Röhm-Affäre von 1934 eine „Verschwörung auf parteipolitischer Ebene" gegeben sah, folgerte, daß angesichts des „Massentodes anderer und der Drohung des eigenen Todes" jeder „Rückzug" aus dem „Vernichtungsdrang" abgeschnitten gewesen wäre und auf dem Wege „die einzige Gemeinschaft" entstanden sei, die Hitler „nicht verachtete".[5] Nach Sterns Interpretation der Geschichte und der Instrumentalisierung NS-spezifischer Hinterlassenschaften „fallen die Entscheidungen über das Schicksal der europäischen Juden gleichzeitig mit den letzten Vorbereitungen für den Rußlandkrieg zusammen ... Der Ostfeldzug beginnt", so behauptete der Germanist, „mit einem völlig unprovozierten Angriff auf Rußland am 22. Juni[6],

---

1 Stern, Joseph Peter, Hitler. Der Führer und das Volk. München 1978.

2 Ein unbefangener Historiker kann diese Behauptung nicht als tatsachengerechte Feststellung akzeptieren. Richtig ist mit Sicherheit dagegen Karl Dietrich Brachers Definition: „Mit der Niederwerfung Frankreichs stand Hitler im Zenit seiner Macht". Bracher, Karl Dietrich, Zusammenbruch des Versailler Systems und zweier Weltkriege, in Propyläen Weltgeschichte, Bd. 9, S. 435.

3 Hitler heute, S. 171. Karl Dietrich Bracher hob hinsichtlich des deutsch-sowjetischen Krieges und des „Höhepunktes" der Hitler-Karriere historisch korrekt hervor: „... solange nicht die Vernichtung der ausweichenden russischen Militärmacht gelang", solange war – trotz der Landgewinne – an einen entscheidenden Sieg über die Sowjetunion nicht zu denken. Bracher, Karl Dietrich, Zusammenbruch des Versailler Systems und zweier Weltkriege, in Propyläen Weltgeschichte, Bd. 9, S. 439.

4 Hitler heute, S. 171.

5 Ebenda.

6 Vgl. S. 216 ff. Zur „Endlösung der Judenfrage" vgl. S. 300 ff. Maser, Werner, Hermann Göring, Hitlers janusköpfiger Paladin, Berlin 2000, S. 407 ff., fortan zit. als Maser, Göring. Nicht unerwähnt kann in die-

und am 31. Juli erhält Heydrich den Auftrag, ‚Vorausmaßnahmen zur Durchführung der angestrebten Endlösung der Judenfrage vorzulegen‘.[7] … Um den beispiellosen Charakter des Krieges im Osten zu fassen, muß dieser Krieg als untrennbar von Hitlers antijüdischer Politik verstanden werden; um die volle Entfaltung seiner antijüdischen Maßnahmen zu fassen, müssen sie als Teil einer grundsätzlich militärischen Aktion (gegen ein Heer von Wehrlosen) verstanden werden; zu diesem Zeitpunkt und auf diese Weise erfährt die Ideologie ihre volle Verwirklichung. Dieses Endziel ist von seinem Leben nicht zu trennen, sondern bildet mit ihm eine erschreckende Kontinuität."

Wie Sebastian Haffner, so interpretierte auch Stern Hitlers biologischen Antisemitismus klischeehaft als „monomanischen Vernichtungswahn"[8], in den Hitler selbst auch sein eigenes Leben einbezogen habe. Hitler, dem Stern nicht zuzubilligen bereit war, zumindest während der dreißiger Jahre ein überaus erfolgreicher „Normalpolitiker" gewesen zu sein, der teilweise innen- und außenpolitische Ziele verfocht, die mit Zielen beispielsweise Friedrich Eberts und Gustav Stresemanns identisch waren[9], nahm sich das Leben, als er mit seiner Politik restlos am Ende war. „Um der Schande des Absetzens oder der Kapitulation zu entgehen", hatte er seiner Sekretärin Traudl Junge am 29. April 1945 als „letzten Willen" diktiert, wähle er „den Tod", was sich mit der von ihm häufig gegenüber den hohen Militärs bei Niederlagen ausgesprochenen Feststellung deckte, daß ein Kapitän auch mit seinem Schiff unterzugehen, also seinem Leben selbst ein Ende zu setzen habe. Mit einem „Vernichtungswahn" hatte das nur entfernt etwas zu tun.

Stern, der einstige Angehörige der britischen „Royal Air Force", verschwieg in seiner Hitler-Analyse die bemerkenswerte Tatsache, daß 1940 nicht Hitler, sondern die britische Regierung beschloß, die geltenden Bestimmungen des Völkerrechts zu ignorieren und die Zivilbevölkerung des Feindeslandes zu bombardieren, womit sie die Vernichtung ungeheuren Ausmaßes legitimierte. Sie war es, die am 11. Mai 1940 entschied, ihrem Bomber Commando die Bombardierung des deutschen Hinterlandes freizugeben und damit die strategische Luftoffensive gegen Deutschland zu beginnen, was die Bevölkerung von Dortmund, Essen, Hamm, Aachen und Hannover am 16. und 17. Mai 1940 durch nächtliche Luftangriffe der Royal Air Force erstmals zu erdulden gezwungen war.[10]

sem Zusammenhang bleiben, daß Hitler bereits am 30. Januar 1939 erklärte: „Wenn es dem internationalen Finanzjudentum in und außerhalb Europas gelingen sollte, die Völker noch einmal in einen Weltkrieg zu stürzen, dann wird das Ergebnis nicht die Bolschewisierung der Erde und damit der Sieg des Judentums sein, sondern die Vernichtung der jüdischen Rasse in Europa." Verhandlungen des Reichstages, Stenographische Berichte, XI. Wahlperiode 1938, Bd. 460, S. 2 ff.

7 Hitler heute, S. 171 ff.

8 Haffner in: Hitler heute, S. 181.

9 So beispielsweise die Forderung, Deutschland die durch den – nicht nur von Ebert vehement abgelehnten – Versailler Vertrag abgenommenen Kolonien wieder zurückzugeben, Österreich mit dem Reich zu vereinigen und die Arbeitslosigkeit aus der Welt zu schaffen, was lediglich Hitler zu bewerkstelligen vermochte.

10 Zwei Jahre später, am 1. Juni 1942, jubilierte der „Daily Herald" (London) über die Zerstörung Kölns durch

Auch die Tatsache, daß Hitler erst am 24. Mai 1940, zwei Wochen nach der Entscheidung des britischen Kabinetts, in seiner „Weisung Nr. 13“ entsprechende Gegenmaßnahmen befahl, relativiert diese Feststellung nicht. Seine propagandistisch artikulierte „Weisung“ sprach für sich. „... sobald ausreichende Kräfte zur Verfügung stehen“, so hieß es da, wird „die Kampfführung gegen das englische Mutterland in vollem Umfang freigegeben. Sie ist mit einem vernichtenden Vergeltungsangriff für die englischen Angriffe gegen das Ruhrgebiet einzuleiten.“[11] Auch deutsche Nachtangriffe auf Ziele in England gab er erst am 4. September 1940 frei, 58 Tage nachdem alliierte Bomberverbände in einem Nachtangriff erstmals Berlin bombadiert hatten. Daß die von 1919–1939 von Polen gegen den Freistaat Danzig zur Festung ausgebaute „Westerplatte“, die den Danziger Hafen nach Norden abriegelte, von der deutschen Luftwaffe während des Polenfeldzuges nicht bombadiert wurde, war auf Görings Befehl geschehen, was Hitler allerdings „wütend“ werden ließ, wie Goebbels am 2. September 1939 in seinem Tagebuch registrierte. „Leider haben wir die Westerplatte noch nicht. Das ist psychologisch nicht gut“, notierte er und ergänzte: „Rede Führer. Er ist wütend, daß die Westerplatte nicht bombardiert wird. Er ordnet das <folgt unleserliches Wort. Offenbar: gerade> an. Hier darf es keine falschen Rücksichten auf Eigentum geben.“[12]

„Rücksicht auf Eigentum“ und völkerrechtliche Vorgaben und Normen hatte Hitler schon im April 1937 nicht genommen, als er während des spanischen Bürgerkrieges die baskische Stadt Guernica durch deutsche Kriegsflugzeuge in Schutt und Asche legen ließ. Seit dem 24. September 1939 mußten die eingeschlossenen Einwohner von Warschau und Anfang 1940 die Bevölkerung von

---

systematische britische Bombenangriffe: „Himmel belebt wie Picadilly Circus ... Nur noch der Dom steht dort, wo einstmals Kölns Stadtzentrum war“. Der britische Premierminister hatte bereits eine Woche zuvor an den Air Marshall Harris die Botschaft geschickt: „Ich beglückwünsche Sie und das gesamte Bomberkommando zu der bemerkenswerten organisatorischen Leistung, die es ermöglicht hat, mehr als 1.000 Bomber nach Köln zu schicken ... Es kündigt ... an, was Deutschland von jetzt ab, Stadt für Stadt, heimgezahlt werden wird“ (Daily Herald vom 1. Juni 1942).

11 Hitlers Weisungen für die Kriegführung, Hrsg. Hubatsch, Walther, TB, München 1965, S. 63. Die ersten Bomben auf die City von London warfen deutsche Flieger, die militärische Ziele hatten bombardieren sollen, sich jedoch verfranzt hatten, in der Nacht vom 24. zum 25. August 1940. Zu den alliierten Bombenangriffen auf deutsche Städte und die Zivilbevölkerung vgl. u.a. Friedrich, Jörg, Der Brand. Deutschland im Bombenkrieg 1940–1945, Berlin 2002. Daß Hitler sich „schließlich widerstrebend Ende Juli 1940 zu einigen Angriffen auf die wichtigsten außerhalb von britischen Städten gelegene Flugzeugwerke“ entschlossen habe, wie Eberhard Spetzler (ehemaliger Hauptmann der Wehrmacht, seit 1957 als Jurist Referendar beim Internationalen Komitee vom Roten Kreuz in Genf, Autor von „Luftkrieg und Menschlichkeit“, Göttingen 1955) behauptete, ist absolut unzutreffend. Vgl. dazu die tatsachenfremde Darstellung in: Warum Deutschlands Städte ab 1942 in Schutt und Asche sanken, in Das Ritterkreuz (Redaktion: Berlin) Nr. 2, Juni/Juli 2003, S. 11 f.

12 Die Tagebuch-Eintragung vom 2. September 1939 fehlt in den von Ralf Georg Reuth herausgegebenen (5) Tagebüchern. Der Schweizer Finanzier François Genoud, der sich vor deutschen Gerichten das Recht erstritten hatte, über die kommerzielle Verwertung der vom Bundesarchiv und dem Institut für Zeitgeschichte ausgewerteten Dokumente verfügen zu können, hatte die Eintragungen zurückbehalten und sie mir kurz vor seinem Selbstmord ausgehändigt. Eine Kopie tauchte 1992 bei der „Zentralabteilung Information“ der „Thyssen Handelsunion AG“ in Düsseldorf auf. Zur Geschichte der Goebbels-Tagebücher vgl. Joseph Goebbels. Tagebücher 1924–1945, Hrsg. Ralf Georg Reuth, 5 Bde., TB-Ausg. München und Zürich 1992, Bd. I, S. 3 ff.

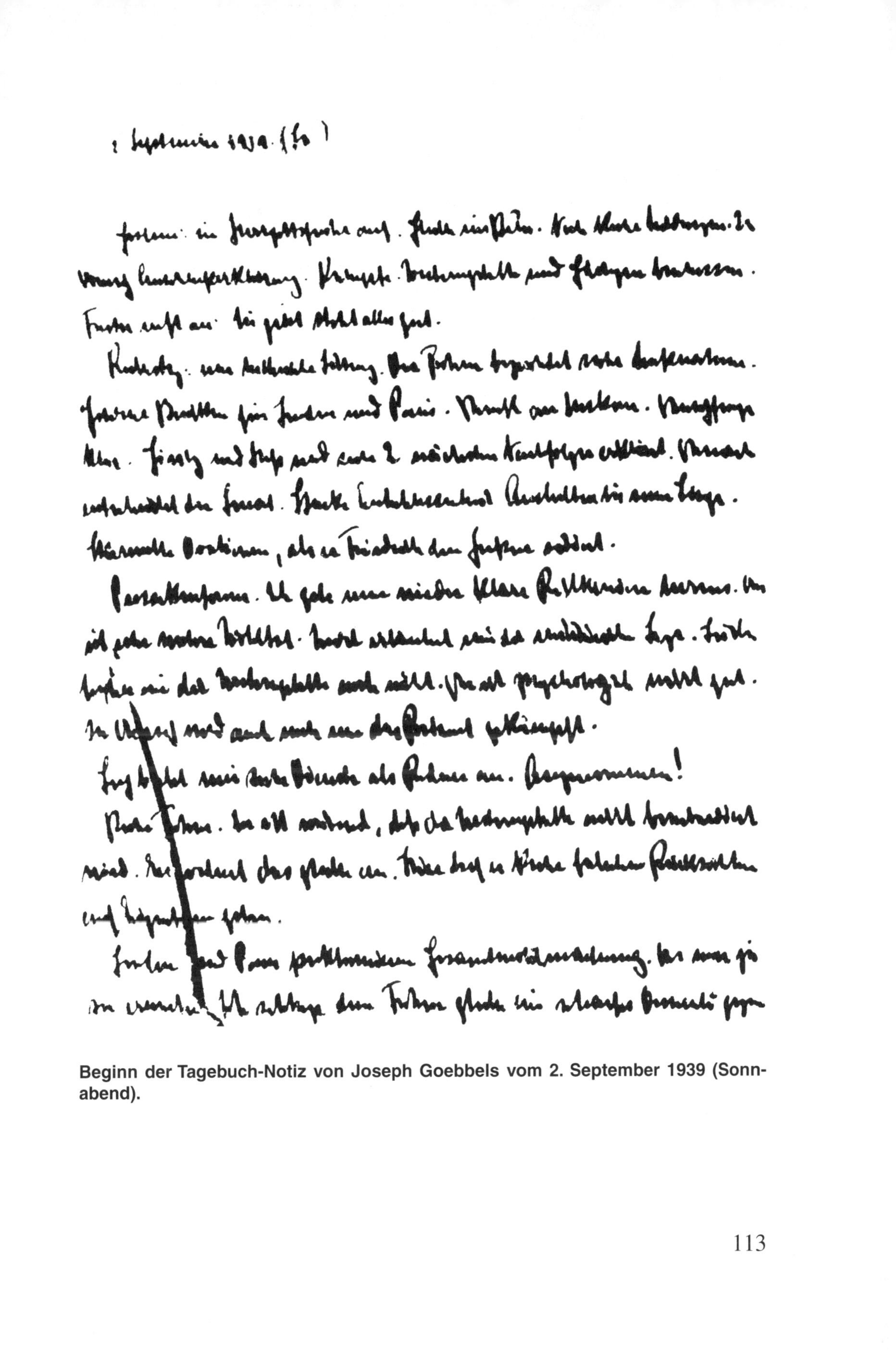

Beginn der Tagebuch-Notiz von Joseph Goebbels vom 2. September 1939 (Sonnabend).

Rotterdam entsprechende Erfahrungen machen. Hitlers Entscheidung vom 24. Mai basierte ganz offensichtlich auf dem Kalkül, von da an anderen strategischen Überlegungen folgen zu müssen. Immanuel Kants viel zitiertes Edikt, daß sich Entscheidungen niemals aus Tatsachen herleiten ließen, obgleich sie sich auf Tatsachen bezögen, erweist sich nicht nur hier als geschichtsfremd.

Initiator der „Massaker von 1934" im Rahmen der Röhm-Affäre war nicht Hitler, sondern Ernst Röhm, der – wie zahlreiche seiner Getreuen – dafür mit dem Leben bezahlen mußte.[13] Seit dem 10. März 1933 hatte Hitler (im Gegensatz zu dem von Stern plakatierten „Vernichtungsdrang" Hitlers) dem „Ende der Revolution" das Wort geredet und die SA und SS aufgefordert, die Revolution nicht als „permanenten Zustand", sondern als einen Strom zu sehen, der „in das sichere Bett der Evolution" hinübergeleitet werden müsse, wie er den Reichsstatthaltern am 6. Juli 1933, dem Tag nach der Selbstauflösung des Zentrums, eindringlich erklärte.[14] Seine Mahnung, künftig nicht mehr herumzusuchen, wo es „noch etwas zu revolutionieren" gebe[15], war nicht nur an die Reichsstatthalter gerichtet.[16] Ernst Röhm und seine Bürgerkriegstruppe SA, in der die Hoffnung auf eine soziale Revolution seit 1930 schwelte, hatten Hitler verstanden. Sie sahen sich ausgenutzt und aus dem ersten Glied verdrängt. Daß die Parteiorganisation, die dreizehn Jahre zuvor geschaffen worden war, um Angriffe zu führen, Widerstände gewaltsam zu brechen und Gefahren abzuwehren, nun gezügelt und mit anderen Aufgaben vertraut gemacht werden sollte, wollte Röhm nicht akzeptieren. Hitlers Aufforderung an die SA, von nun an die „deutschen Menschen für diesen Staat" zu erziehen, was eine „Riesenarbeit" für die „kommenden Jahrzehnte des deutschen Volkes" sein werde[17], zumal die NSDAP die einzige noch verbliebene politische Partei sei, nachdem „wir alles andere beseitigten"[18], meinte Röhm, auf eine besondere Weise interpretieren zu dürfen.

Um seine stürmisch nach Futterkrippen und Machtpositionen drängenden Anhänger neu zu motivieren und sich selbst auch eine Position zu schaffen, die seinen Ambitionen entsprach, griff er, zu selbstbewußt und zu sehr auf Hitlers zaudernde Entscheidungsgewohnheiten bauend, nach einem neuen Machthebel. Hitlers bemerkenswerte Äußerung, daß die Beseitigung aller anderen politischen Parteien und Organisationen der NSDAP eine „ungeheure Verantwortung" aufgebürdet habe, hatte den obersten SA-Führer auf die kühne Idee gebracht, die SA als Kontrollinstanz gleichrangig und souverän neben die Regierung zu stellen. „Der nationalsozialistische Staat", so erklärte er am 15. Januar 1934 in einem

---

[13] Hitler stellte nach einer Meldung des Deutschen Nachrichten-Büros (DNB) vom 18. Juli 1934 öffentlich fest, daß von ihm 15 namentlich genannte „alte Kameraden" und 59 weitere Personen füsiliert worden seien. Hermann Göring hatte 1.124 Schutzhaft-Erlasse herausgegeben.

[14] Vgl. Völkischer Beobachter vom 8. Juli 1933.

[15] Ebenda, 11. Juli 1933.

[16] Vgl. NSZ vom 23. Juni 1933.

[17] Völkischer Beobachter vom 11. Juli 1933.

[18] Ebenda.

sechsseitigen Rundschreiben mit diversen konkreten Anweisungen im Verfügungsstil (das der bayerische Ministerpräsident, das Innenministerium, das Justizministerium, der Kommandeur der Politischen Polizei, die Leiter der politischen Organisationen, die bayerischen Gauleiter und Heinrich Himmler zugeleitet bekamen), „hat durch Beseitigung der Parteien auch jede ‚öffentliche' Opposition beseitigt. So wünschenswert dies nach dem Führerprinzip ist, so darf doch die Möglichkeit für Anregungen und notwendige Verbesserungen nicht ausgeschaltet werden. Diese Aufgabe haben als Wächter und Garanten der durch die nat. <ional-> soz. <ialistische> Revolution erkämpften Volksgemeinschaft SA-Führer zu erfüllen, die den staatlichen Verwaltungsbehörden zugeteilt werden."[19]

Röhm, einer der ganz wenigen Gefährten Hitlers, die ihn duzen durften, war angesichts seiner vorausgegangenen Leistungen für Hitler und die NSDAP nicht bereit, Hitlers Warnungen ernst zu nehmen. Die SA wurde am 28. Juni 1934 mobilisiert. Ende Juni verließen tausende SA-Männer weisungsgemäß ihre Arbeitsplätze, um zum „Einsatz" zur Verfügung zu stehen. Um hier nur zwei Beispiele anzuführen: In Chemnitz marschierten SA-Formationen in militärischer Manier, mit Feldküchen im Gefolge, zum Adelsberg zu einem „Manöver". Vier Lastwagen mit Gewehren, Pistolen und Maschinengewehren mußte die Schutzpolizei allein im SA-Bezirk Hanau aus dem Verkehr ziehen.[20] Der wie Röhm homosexuelle Berliner SA-Chef, SA-Gruppenführer, Karl Ernst, einer der maßgeblichsten „Unterführer" Ernst Röhms, hatte sich am 29. Juni mit seiner ihm eben angetrauten Ehefrau in Bremen auf ein Schiff begeben, um zu den Flitterwochen nach Teneriffa zu reisen, wozu es jedoch nicht kam; denn auf Veranlassung Görings, der ihm am 13. Oktober 1945 in einem Kreuzverhör in Nürnberg nachsagte, 1933 für die „wilden KZ-Lager" verantwortlich gewesen zu sein[21], wurde vom Schiff geholt und festgenommen. 40.000 Mark und einen schriftlichen Auftrag Röhms, nach seinen Flitterwochen in Paris als Botschafter einer von Röhm kontrollierten Regierung fungieren zu sollen, befanden sich in seinem Reisegepäck.[22] Die immer wieder kolportierten Behauptungen, daß lediglich von einem „angeblichen Röhm-Putsch" die Rede sein könnte, verfälschen die Ge-

19 US-Document-Center Berlin. Aufschlußreich sind in diesem Zusammenhang die differenzierten Aufzeichnungen von Oberst (i.G. a.D.) Hans Roschmann, der als Leutnant des III. Geb. Jäger-Batl.-Inf. Regt. 19 (Kempten) dienstlich in den Röhm-Putsch einbezogen worden war und auf einer Liste der SA stand, welche die Namen der zu „liquidierenden" Personen enthielt: „Nahezu alle Offiziere des Batl.", der „Oberbürgermeister und Polizei-Chef von Kempten", der „Batl.-Kommandeur" und der Landrat von Kempten. Hans Roschmann, der die Putsch-Vorbereitungen und Maßnahmen Röhms und der SA bis ins kleinste Detail hinein nachwies, übergab dem Autor seine Aufzeichnungen am 17. September 1989.

20 Vgl. „Deutschland-Berichte der sozialdemokratischen Partei", erschienen von Dezember 1934–1936 unter dem Titel „Deutschland-Berichte der Sopade", von Januar 1937 bis April 1940 unter dem Titel „Deutschland-Berichte der Sozialdemokratischen Partei Deutschlands (Sopade)". Fortan zit. als Sopade. Sopade erschien bis März 1938 in Prag, ab Mai 1938 in Paris. Als TB-Ausg. publiziert (1. bis 3. Aufl. Juli 1980, Frankfurt/M.. Obiges zit. von 1934, Bd. 1934, S. 197.

21 Kempner, Das Dritte Reich im Kreuzverhör, S. 18.

22 Persönliche Mitteilung von Frau Ernst (April 1981). Ernst wurde am 30. Juni in Berlin-Lichterfelde standrechtlich erschossen. Vgl. Maser, Göring, S. 181 und S. 255 ff.

schichte. Der Ursprung der „Massaker von 1934" ging im Gegensatz zu Sterns Behauptungen, um dies noch einmal zu wiederholen, nicht auf Hitler, sondern auf Röhm zurück.

So unzutreffend wie Peter Sterns Geschichtskonstruktion war auch die 1979 formulierte These Wilhelm Ritter von Schramms, daß Röhm 1934 habe „sterben müssen", nur weil er „der mächtigste Mann nach Hitler" gewesen sei, der neben sich keinen starken „Nebenbuhler" duldete.[23] Und ebenso abwegig war auch das psychohistorische Fantasiegespinst Erich Fromms, der in der Erschießung Röhms eine „frühzeitige Manifestation einer Destruktion Hitlers"[24] sah.

Bei seiner Feststellung, daß es „die Konzentrationslager" als Vernichtungsinstrumentarien „schon vom ersten Tag des Dritten Reichs"[25] an gegeben habe, ignorierte Stern die Tatsache, daß die Konzentrationslager keine Erfindung der Nationalsozialisten, sondern der Engländer waren, die sie um die Wende vom 19. zum 20. Jahrhundert in Transvaal zur „Zügelung" der Buren installierten. Spätere europäische Regierungen, die durch oder nach Revolutionen an die Macht kamen, bedienten sich ihrer ebenfalls zur Sicherung ihrer Existenz. Und er verschwieg auch, daß der in der US-Verfassung geheiligte Grundsatz, daß niemand ohne ordentliche Gerichtsverfahren inhaftiert werden dürfe, während des Zweiten Weltkrieges außer Kraft gesetzt worden war. Rund 110.000 amerikanische Staatsbürger japanischer Abstammung wurden in den USA ohne Gerichtsentscheide in Lager gesteckt, die als „Concentration Centers" firmierten. Daß allerdings selbst der sozialdemokratische Reichspräsident Friedrich Ebert, dem „Vernichtungswahn" keineswegs angeheftet werden kann, nach seiner Wahl Konzentrationslager errichten ließ, um politische Gegner (vor allem Kommunisten und Unabhängige Sozialdemokraten) aus dem Verkehr ziehen zu können, war Stern offenbar unbekannt. Daß es in den amerikanischen Konzentrationslagern und in den nach 1919 in Deutschland errichteten Lagern allerdings anders zuging als in den beispielsweise in Rußland von Lenin und Stalin und in den in Deutschland nach 1933 eingerichteten Lagern, in denen NS-Funktionäre (1933/34) oft individuell gehandhabte brachiale Zwangsmaßnahmen praktizierten, bedarf an dieser Stelle keines weiteren Kommentars. Maßgeblich für die Widerlegung der Stern-Darstellung in diesem Zusammenhang ist indes, daß die Einrichtung von Konzentrationslagern nachweislich nicht auf Anweisungen Hitlers zurückging.[26]

Sterns Behauptung, daß Hitler die Sowjetunion im Juni 1941 „mit einem völlig unprovozierten Angriff" überfallen habe, ist die Kolportage einer Legende.

---

[23] FAZ vom 9. Januar 1979.

[24] Fromm, S. 326. Vgl. auch ebenda, S. 367. Auf eine weitere Auseinandersetzung mit der umfangreichen Literatur über Röhm kann hier verzichtet werden.

[25] Hitler heute, S. 181.

[26] Zur Information über die 1933 errichteten Lager vgl. u.a. Maser, Göring, S. 180 f.

Zufälligkeiten als historische Schlüssigkeitsbeweise der Psychohistoriker Rudolf Binion, Robert Waite und John Toland

Gänzlich absonderliche Thesen konstruierte der deutschsprachige US-Amerikaner Rudolf Binion, der sich programmatisch als Psycho-Historiker versteht und – ähnlich wie Fromm – überzeugt ist, mit Hilfe „interdisziplinärer Forschung" das Terrain der Geschichtsschreibung erweitern zu können. In seinem, mit dem suggestiven (einer Hitler-Äußerung von 1936 folgenden) Titel „... daß ihr mich gefunden habt", versehenen Buch[1], verengte er seine „Forschung" auf Hitlers Judenhaß und seine Lebensraum-Vorstellungen und konstruierte eine Mutterbindung Hitlers als entscheidenden Faktor in dessen diesbezüglicher „Entwicklung". Im Gegensatz zu Fromm war er allerdings überzeugt, daß der junge Hitler sich in seiner Fürsorge um seine kranke Mutter nicht in einen narzistischen Panzer „eingeschlossen", sondern sich in ängstlicher Sorge rührend um sie gekümmert habe. Daß Hitler Dr. Bloch, dem einstigen jüdischen Hausarzt seiner Eltern sein Leben lang besonders gewogen war, akzeptierte Binion zwar ausnahmsweise als Tatsache, doch sah er zugleich auch in Bloch, nach dessen Gasnarkose Hitlers Mutter 1907 (nach der Krebsoperation) verstorben war, auch einen von der Krankheit Klara Hitlers skrupellos profitierenden Juden. Dieses Gas-Narkose-Syndrom sei 1918 durchgebrochen, als der infolge einer vorübergehenden Erblindung durch Senfgas verwundete Hitler im Lazarett lag, was schließlich seinen perversen Judenhaß ausgelöst – und im Jahre 1941 die „Endlösung der Judenfrage" zur Folge gehabt habe. Hitler habe, so Binions fantasiereicher Schluß, die Juden als angebliche „Vergifter" Deutschlands und seiner Mutter durch die Verwendung von Gas zur Vernichtung der Juden „rückgängig zu machen versucht".[2]

Diese fantasiereiche „Psychohistorie" wurde, kaum daß sie „in die Welt gesetzt" worden war, ad absurdum geführt. Und dies ausgerechnet von Trude Kren, der leiblichen Tochter Eduard Blochs. „ ... völlig unfundierte und gänzlich unrichtige ... Annahmen über meinen 1945 in New York verstorbenen Vater, unter anderem, daß Hitler im Unterbewußtsein Dr. Bloch für den Tod seiner Mutter verantwortlich machte und daß daraus sein Judenhaß entsprang, der zum Holocaust führte", schrieb sie in einem am 13. Februar 1978 im „Spiegel" veröffentlichten Leserbrief und fuhr fort: „als Hitler und seine Schwester meinem Vater die Rechnung bezahlten, waren sie voll des Lobes über seine aufopfernde Behandlung der Mutter; niemals war von Überforderung die Rede. Kurz nach dem Tode von Hitlers Mutter sandte er meinem Vater eine Ansichtskarte von seiner ersten Wienreise,

1 Binion, Rudolf, „... daß ihr mich gefunden habt". Hitler und die Deutschen: Eine Psycho-Historie, Stuttgart 1978.

2 Binion, S. 57.

ihn herzlich grüßend, unterschrieben: Ihr ewig dankbarer Adolf Hitler. Zum neuen Jahr malte er eine Ansichtskarte, die er an meinen Vater, auch von Wien aus, sandte, wieder unterschrieben: Ihr ewig dankbarer Adolf Hitler. Hitler malte ferner für meinen Vater aus Dankbarkeit ein großes Wandbild, das aber im Verlaufe der Zeit abhanden kam. Es ist eine absolut erfundene und aus der Luft gegriffene Behauptung, Hitler hätte die Idee gehabt, mein Vater hätte seine Mutter vergiftet. Zu der damaligen Zeit wurde diese Behandlungsmethode auch in Fachkreisen als die einzig richtige betrachtet. Nach seiner Machtübernahme bewies Hitler seine Dankbarkeit … folgendermaßen: Er erließ ein Dekret, wonach Dr. Bloch und seine Familie unter den Schutz der Gestapo gestellt wurden. Es wurde meinem Vater und meiner Mutter erlaubt, lebenslänglich in Linz in ihrer schönen Wohnung in der Stadtmitte zu verbleiben, während alle anderen Juden Linz binnen acht Tagen zu verlassen hatten. Mein Mann, meine Kinder und ich bekamen die Erlaubnis, in Linz so lange zu verbleiben, bis eine Auswanderung möglich wurde. Es wurde verordnet, daß meinem Vater alle zulässigen Erleichterungen auch in devisenrechtlicher Beziehung zu gewähren seien, sollte er vorziehen auszuwandern … Als Hitler nach seinem Einmarsch in Linz an der ersten Sitzung der Regierungsbeamten teilnahm, waren seine ersten Worte, die er an den Chef der Landesregierung, Hofrat Dr. Eigl, richtete: Sagen Sie, lebt mein guter alter Dr. Bloch noch? Ja, wenn alle Juden so wären wie er … Ich kann es beschwören."

Doch trotz dieses vernichtenden Dementis aus erster Hand und gesicherter Kenntnis, unterließ Binion es nicht, seine unhaltbare These zu verteidigen[3] und weiterhin zu multiplizieren. Ernst zu nehmende Hitler-Biographen wie beispielsweise Robert G.L. Waite[4] und John Toland[5] siedelten ihre Urteile in der Nachbarschaft der Binionschen psycho-historischen Fantasien an, wobei Toland allerdings seine starke Anlehnung an Binion in seiner Hitler-Biographie verschweigt, die sich infolge der von ihm mit mehr als 250 Personen aus Hitlers Umgebung geführten Interviews als eine Art Reportage über Hitler erweist und vornehmlich dessen Privatleben behandelt, während Binion und Waite Hitlers – keineswegs singuläre – Pathologie in den Mittelpunkt ihrer Publikation stellten, was Zufälligkeiten nicht selten zwangsläufig zu unzutreffenden historischen Schlüssigkeitsbeweisen werden ließ. Waite, der den politisch-historischen Aspekt weitaus höher als Binion bewertete, sich gegen die umstrittene individuenzentrierte Betrachtungsweise des Historismus wendete und sich um eine pragmatische Darstellung seines „psychopathischen Gottes Hitler" bemühte, hinterließ infolge seines dominierenden methodischen Ansatzes dennoch kaum mehr als nur ein geschichtsfremdes Kunstgebilde. Daß er, anders als Binion, dem er in der Auffassung folgte, daß eine sorgfältige, psychohistorisch orientierte Analyse der Persönlichkeitsstruktur Hitlers für die Geschichtsschreibung unabdingbar sei, Hitlers Politik zusätzlich aus

3 Binion übergab mir noch zwei Jahre später, am 3. Mai 1980, seinen – aus dem Amerikanischen übersetzten – Text mit der Frage „Kennen Sie dies?" Es war sein alter Text.

4 Waite, Robert G.L., The Psychopathic God Adolf Hitler, New York 1977.

5 Toland, John, Adolf Hitler, Bergisch-Gladbach 1977.

Traditionen der deutschen Geistesgeschichte begründete, reichte nicht aus, die traditionelle historische Forschungsmethode zu ersetzen. Waites Vorstellung, daß Hitlers starke Bindung an die Mutter, seine Rebellion gegen den strengen Vater und angebliche sexuelle Defekte Ursachen seiner extremen Persönlichkeit gewesen seien, wurde bereits 1973 vor Binion, Toland, Waite und Stern von Erich Fromm[6] als neue Forschungsmethode für die Geschichtsschreibung über Hitler und das NS-Regime zur Diskussion gestellt.

Hitlers „Mein Kampf"-Bericht über seine erste Begegnung mit einem „Kaftan-Juden" in Wien[7] hat nahezu alle Biographen dazu veranlaßt, ihr eine Schlüsselposition in der geistigen Entwicklung Hitlers zum Antisemiten zuzuordnen. Für Bullock bildete der im Rahmen der Hitler-Schilderung erwähnte Kaftan-Jude und die „Mein Kampf"-Version über die Begegnung und Beurteilung der Prostitution als jüdisches Geschäft und Mittel zur Zerstörung der arischen Rasse[8] die entscheidenden Zäsuren. Entsprechend folgerten William Shirer[9], Hans Bernd Gisevius[10] und Max Domarus.[11] Gisevius, der einen Abschnitt seiner Hitler-Biographie sogar mit dem Titel „Der Kaftanjude"[12] überschrieben hat, schließt in Umkehrung der Hitler-Erzählung: „Genau umgekehrt müssen wir die Geschichte dieser schicksalhaften Begegnung lesen. Hitler ist schon längst auf der Suche nach einem Sündenbock. Jemand muß ja schließlich an seiner jetzigen Misere und dem nahen Unheil schuld sein, wohlgemerkt keine Institution, keine ungünstige Konstellation, keine Irrlehre, keine unzureichende Sachkunde, keine falsche Idee und keinesfalls persönliches Versagen, nein, einer, ein Mensch aus Fleisch und Blut."[13] Diese Deutung, die wesentlich von Hitlers Version in „Mein Kampf" ausgeht, daß er nach 1908 in Wien eine „Misere" durchzustehen hatte[14], trifft zweifellos ebensowenig die tatsächlichen Zusammenhänge wie die von Olden[15], Bullock[16] und Shirer[17] verbreitete Theorie, daß Hitler nicht zuletzt auch infolge eines (von ihnen vermuteten) Sexualneids[18] Antisemit geworden sei. Percy Ernst Schramms Vermutung, daß Hitlers Antisemitismus (eine Art „geistiger Kurzschluß") seinen Ursprung „in frühen Jugendeindrücken"[19] gehabt, sich in den Wiener Jahren „natürlich" verstärkt und in der „Kampfzeit" zwangsläufig noch mehr intensiviert habe, basiert ebenfalls im wesentlichen auf Hitlers Angaben in „Mein Kampf", die in vielen Fällen erheblich von den Tatsachen abweichen.

---

6 Vgl. S. 99 ff. und Fromm, S. 337 ff.
7 Hitler, Mein Kampf, S. 59.
8 Vgl. ebenda, S. 63 f.
9 Shirer, S. 41 ff.
10 Gisevius, S. 33 ff.
11 Domarus I/1, S. 26 f.
12 Gisevius, S. 33.
13 ebenda, S. 43.
14 Vgl. Hitler, Mein Kampf, S. 18 ff.
15 Vgl. Bullocks Hinweis in Bullock, S. 36.
16 ebenda.
17 Shirer, S. 43.
18 Wie andere namhafte Biographen (z.B. Shirer) ist auch Bullock (S. 36) der Meinung: „Olden mag recht haben, wenn er eine der Wurzeln des Antisemitismus in quälendem Sexualneid sieht."
19 Vgl. Schramm, zit. in: Picker, Henry, Hitlers Tischgespräche im Führerhauptquartier 1941–1942, S. 51 f.

Eberhard Jäckels Mißachtung des Forschungsstandes und der Quellenlage – und die Folgen

Hitler hat in „Mein Kampf“ geschrieben: „Eines Tages <im September 1919> erhielt ich von der mir vorgesetzten <militärischen> Dienststelle den Befehl, nachzusehen, was es für eine Bewandtnis mit einem anscheinend politischen Verein habe, der unter dem Namen ‚Deutsche Arbeiterpartei‘ in den nächsten Tagen eine Versammlung abzuhalten beabsichtige ... ich müßte hingehen und mir den Verein einmal ansehen und dann Bericht erstatten ... <Ich traf> abends ...dort etwa 20–25 Anwesende ... Der Eindruck auf mich war weder gut noch schlecht ... eine Neugründung, wie eben so viele andere auch ... zu meinem Erstaunen <erhielt ich am nächsten Tag> eine Postkarte ... des Inhalts, daß ich in die Deutsche Arbeiterpartei aufgenommen wäre ...“[1]

Obwohl überrascht und skeptisch, ging er zu dem ihm genannten Termin zu der Tagung der „Partei“-Leitung in das Münchner Gasthaus „Altes Rosenbad“ in der Herrnstraße 48, wo der „Vorstand“ der „Partei“ tagte. Sein Bericht: „[Ich ging durch] das schlecht beleuchtete Gastzimmer, in dem kein Mensch saß, suchte die Tür zum Nebenraum und hatte dann die Tagung vor mir ... Fürchterlich, fürchterlich. Das war ... eine Vereinsmeierei allerärgster Art und Weise. In diesen Klub also sollte ich eintreten?“[2]

Trotz seiner anfänglichen Vorbehalte ließ er sich dennoch in die „Partei“ (Deutsche Arbeiterpartei, DAP) aufnehmen und erhielt die Mitgliedsnummer 555.[3]

Als Folge eines von dem Dokumenten- und Bilderfälscher Konrad Kujau[4] produzierten angeblichen Hitler-Schreibens vom 19. Oktober 1919 an die Parteileitung der „Deutschen Arbeiterpartei“ (DAP), das der an der Universität Stuttgart lehrende Historiker Eberhard Jäckel als authentisches Dokument bewertet und schließlich sogar als Titelbild für sein 1980 erschienenes Buch „Hitler. Sämtliche Aufzeichnungen 1905–1924“[5] verwendete, entstand hinsichtlich der Aufnahme Hitlers in die spätere NSDAP eine Version, die von den authentischen Darstel-

[1] Hitler, Mein Kampf, S. 239 f.

[2] Vgl. Maser, Frühgeschichte, S. 167.

[3] Ebenda. Diese Tatsache ist bereits 1954 nachgewiesen in: Maser, Werner, Die Organisierung der Führerlegende. Studien zur Frühgeschichte der NSDAP bis 1924, Diss. Friedrich-Alexander-Universität Erlangen.

[4] Konrad Kujau studierte bis 1957, bis er in die Bundesrepublik überwechselte, Kunst in Dresden, wo er Briefmarken mit den Porträts von Wilhelm Pieck, Walter Ulbricht und Otto Grotewohl fälschte, die auch in der FDJ-Zeitschrift Junge Welt und im Ost-Satiremagazin Eulenspiegel veröffentlicht wurden. Bis 1961 studierte er in Stuttgart, ohne allerdings ein Examen abzulegen. Er half bei Restauratoren und Kunstmalern aus und befaßte sich besonders mit den Werken van Goghs, Gauguins, Chagalls, Dalis, Marcs und Zilles und fälschte nach seiner Entlassung aus der mehr als vierjährigen Haft (nach der Stern-Affäre, vgl. S. 127 ff.) deren Arbeiten.

[5] Jäckel, Eberhard, Hitler. Sämtliche Aufzeichnungen 1905–1924, Stuttgart 1980.

lungen gravierend abwich. Nach ihr hätte Hitler sich engagiert bemüht, Mitglied der „Partei" werden zu dürfen. Der DDR-Historiker Joachim Petzold schrieb 1982: „Hitler hat in ‚Mein Kampf' den Eindruck zu erwecken versucht, er habe nach schwerem inneren Ringen dem Wunsche der DAP-Führung entsprochen, Parteimitglied zu werden. Angeblich hätte man ihm eine Postkarte des Inhalts geschickt, daß er ohne eigenen Antrag in die Deutsche Arbeiterpartei aufgenommen wäre! In Wahrheit heißt es in seinem Bericht über die Versammlung an ‚seinen Vorgesetzten Hauptmann' Mayr: ‚Ich bitte Herrn Hauptmann, diesem Verein beitreten zu dürfen … ' Außerdem existiert ein Aufnahmegesuch vom 19. Oktober 1919, in dem Hitler schrieb: Ich bitte um Aufnahme in die Deutsche Arbeiterpartei … Da ich am 3. Oktober 1919 ihre Versammlung besuchte, bitte ich auch als zahlender Eingeschriebener aufgenommen zu werden!"[6]

Die von Jäckel und Petzold als authentisch genommene Quelle war eine Kujau-Fälschung.

Petzold, der wesentliche Fakten verschwieg – oder gar nicht kannte, behauptete ferner, daß für Hitler „das monarchische Prinzip der Staatsführung … von hohem moralischen Wert gewesen sei" und er sich gehütet habe, „das monarchistische Regierungssystem direkt anzugreifen"[7], was nicht zutrifft (Siehe auch Seiten 124, 125 in diesem Buch). In „Mein Kampf" beispielsweise, schloß Hitler die Schilderung seines Lazarettaufenthaltes in Pasewalk nach dem Beginn der November-Revolution von 1918 mit dem Passus: „Kaiser Wilhelm II. hatte als erster deutscher Kaiser den Führern des Marxismus die Hand zur Versöhnung gereicht, ohne zu ahnen, daß Schurken[8] keine Ehre besitzen. Während sie die kaiserliche Hand noch in der ihren hielten, suchte die andere schon nach dem Dolche."[9]

Doch nicht der SED-Historiker Petzold, sondern der Stuttgarter Ordinarius Jäckel war der erste namhafte und in der Historikerzunft beachtete Multiplikator der Kujau-Falsifikate.

Obwohl seit Jahrzehnten weit verbreitete wissenschaftlich unanfechtbare Darstellungen über den tatsächlichen Sachverhalt vorlagen, veröffentlichte Jäckel 1980 in „Hitler. Sämtliche Aufzeichnungen von 1905–1924" rund 80 – zum Teil frei erfundene „Geschichten", die sich zwar als phantasiereich und für den Laien als interessante Lektüre erwiesen, jedoch äußerst plumpe Fälschungen waren und nur ideologisch orientierten Historikern Vorlagen für Spekulationen und „historische Neubewertungen" lieferten.

---

6 Petzold, Joachim, Die Demagogie des Hitler-Faschismus, Ost-Berlin 1982, S. 86. Fortan zit. als Petzold.

7 Petzold, S. 183. Daß davon nicht die Rede sein kann, beweisen nicht nur Hitlers Äußerungen während seiner „Tischgespräche" im Führer-Hauptquartier". Vgl. z.B. Picker, Hitlers Tischgespräche, S. 245 f.; 380, 473 und 478. Vgl. auch Hitler, Mein Kampf, S. 256.

8 Mit den „Führern des Marxismus" und den „Schurken" meinte Hitler, was er im letzten Satz dieser „Abrechnung" hervorhob: „Mit den Juden gibt es kein Paktieren, sondern nur das harte Entweder-Oder". Hitler, Mein Kampf, S. 225.

9 Hitler, Mein Kampf, S. 255.

HITLER

Sämtliche Aufzeichnungen 1905 - 1924

Herausgegeben von Eberhard Jäckel

Übertragung der Kujau-Fälschung

„Adolf Hitler, Gefreiter/Reichswehrgruppenkommando, München, Deutsche Arbeiterpartei, München, Sterneckerbräu München, den 19. Oktober 1919. Ich bitte um Aufnahme in die Deutsche Arbeiter-Partei. Bin 30 Jahre alt, habe von 1914 bis 1918 als Frontsoldat im Felde gestanden, bin ausgezeichnet zuletzt mit dem E.K.I. Mein Beruf ist Kaufmann, möchte aber Werberedner werden, man spricht mir diese Begabung zu. Da ich am 3. Okt. ihre Versammlung besuchte, bitte ich, auch als zahlender Eingeschriebener aufgenommen zu werden. In Erwartung ihrer Nachricht Adolf Hitler“.

Jäckels Publikation, die einige namhafte Journalisten wie Joachim Fest und renommierte Historiker wie Andreas Hillgruber in Rezensionen beispielsweise in der „Frankfurter Allgemeinen Zeitung“[10] und in der „Historischen Zeitschrift“[11] gerühmt hatten, verlor im Westen zwar umgehend ihre Reputation, lieferte im Osten jedoch Vorgaben für Historiker und Schulungsvorlagen für Propagandisten. So folgte, wie bereits festgestellt, beispielsweise Joachim Petzold in seiner marxistisch-leninistisch orientierten „Untersuchung“ „Die Demagogie des Hitler-Faschismus“ Jäckel- „Entdeckungen“ und ließ sich als „fortschrittlicher“ Historiker feiern. Daß Jäckel die Publikation gefälschter „Dokumente“ umgehend nachgewiesen wurde und er selbst schließlich in den „Vierteljahrsheften für Zeitgeschichte“[12] Kollegen der Zunft davor gewarnt hatte, die als Fälschungen ausgewiesenen Texte als angebliche Hitler-Hinterlassenschaften zu verwenden, kümmerte Petzold nicht. Für ihn und seine kommunistischen Auftraggeber erwiesen sich die Fälschungen als willkommene Vorgaben für die „Umwertung der Geschichte“.

Hinzu kam, daß die kommunistisch orientierten Historiker und Publizisten politischer Pamphlete sich nach Jäckels „Hitler … Aufzeichnungen“ nicht nur auf Jäckel, sondern auch auf Fest und Hillgruber berufen konnten. Fest beispielsweise hatte in der FAZ über Jäckels Buch geschrieben: „Das Werk ist mustergültig ediert. Es beschränkt sich nicht nur auf die Texte selber, sondern nennt in den begleitenden Notizen, neben der Fundstelle, beispielsweise auch die Umstände jener frühen Redeauftritte Hitlers, den Ort, die Dauer der Veranstaltung, die Zuhörerzahlen, die Namen anderer, gleichzeitig auftretender Redner etc. Auf diese Weise kann das Werk, über die Person Hitlers hinaus, auch der soziologischen, psychologischen und publizistischen Forschung Hinweise vermitteln.“[13]

Hillgruber hatte dem Kollegen „Dank und Respekt“ gezollt und festgestellt: „Mit dieser Edition, von der sich Jäckel trotz der gegenläufigen Tendenz in der bundesdeutschen Forschung zur Geschichte des Nationalsozialimus, die zu großen Teilen (aus unterschiedlichen Motiven) von der Person Hitlers wegstrebt, nicht abbringen ließ – wofür ihm Dank und Respekt gebührt –, ist eine im Vergleich zum bisherigen Stand sehr breite Basis gelegt worden, von der einerseits weitere Editionsvorhaben (geplant ist neben der schon genannten kritischen Edition der Hitler-Bücher auch eine – angesichts des Umfangs sicher nicht mehr als Texte, wohl aber ihre Fundstellen systematisch erfassende – Ausgabe mit den Aufzeichnungen Hitlers aus den Jahren 1925–1933) ausgehen werden, die vor allem aber der Forschung über die Frühgeschichte der NSDAP und über die Rolle, die Hitler in ihr spielte, starke Impulse zu geben vermag.“[14]

---

10 FAZ vom 10. Juli 1981.
11 HZ, Bd. 234 (1982), S. 484.
12 VfZ 2/81, S. 304 f.
13 FAZ vom 10. Juli 1981.
14 HZ, Bd. 234 (1982), S. 484.

Der SED-Historiker Joachim Petzold behauptete im Sinne der marxistisch-leninistischen Geschichtsbetrachtung nach sowjetischen Vorgaben 50 Jahre nach Hindenburgs Entscheidung, Hitler zum Reichskanzler zu ernennen: „Hindenburg hatte <Ende 1932> ... sein früheres abfälliges Urteil über Hitler revidiert und dessen unbedingte Botschaft erkannt, dem Hauptanliegen der herrschenden Klasse zu entsprechen. Er sah in der faschistischen Diktatur, der Ein -und Unterordnung der konservativen Kräfte im Zeichen der gemeinsamen Regierungsbildung am 30. Januar 1933 und des Treuegelöbnisses in der Potsdamer Garnisonskirche geradezu eine Existenzsicherung."[15] Ähnlich hieß es in dem vom Deutschen Bundestag 1991 herausgegebenen Katalog „Fragen an die deutsche Geschichte. Ideen, Kräfte, Entscheidungen von 1800 bis zur Gegenwart" (S. 296): „Die Rechtsopposition, die in der NSDAP ihr Sammelbecken gefunden hat, wächst zu einer Massenbewegung und verhilft, unterstützt von Teilen der Schwerindustrie und Hochfinanz, Adolf Hitler zur Macht."[16]

Die Wirklichkeit sah anders aus. Nachdem die insgesamt 1024 Tage regierenden (vom Reichspräsidenten berufenen) Präsidialkabinette Heinrich Brüning, Franz von Papen und Kurt von Schleicher gescheitert waren, hatte sich Hindenburg entschlossen, zur parlamentarisch demokratischen Regierungsform zurückzukehren. Er konferierte mit den Führern der Parteien (außer denen der SPD und KPD), die während der Reichstagswahlen vom November 1932 die Mehrheit aller Stimmen auf sich vereinigt hatten, um sich von ihnen vorschlagen zu lassen, wen er zum Reichskanzler berufen sollte. Da Hitler mit seinen 196 Reichstagsabgeordneten zusammen mit den kommunistischen Abgeordneten über die absolute Mehrheit im Reichstag verfügte und jede parlamentarisch gewählte Regierung stürzen konnte, schlugen die Parteiführer dem Reichspräsidenten Hitler vor, den sie zudem „an die Zügel" nehmen und „zähmen" zu können hofften. So hatte Hindenburg keine andere Wahl, als den Führer der NSDAP zum Reichskanzler zu ernennen, auch wenn ihm dies innerlich widerstrebte.

Daß es auch in der DDR vorurteilslosen Historikern durchaus möglich war, ideologiefreie historische Darstellungen selbst über Hitler zu veröffentlichen, bewies 1975 beispielsweise Walter Zöllner von der Martin-Luther-Universität Halle-Wittenberg mit seiner Studie „Karl oder Widukind? Martin Lintzel und die NS-Geschichtsdeutung in der Anfangsphase der faschistischen Diktatur."

---

15 Petzold, S. 404 f.

16 Die oft genannten „Geldgeber Hitlers", Emil Kirdorf, Fritz Thyssen, Albert Vögler, Ernst Hanfstaengl, Paul Silverberg und Gustav Krupp von Bohlen und Halbach, um hier nur sie hervorzuheben, starben – bis auf Kirdorf (1938) und Hanfstaengl – nach 1945 im Ausland. Thyssen floh am 2. September 1939 in die Schweiz und von da nach Frankreich, wo er nach der Niederlage Frankreichs der Gestapo in die Hände fiel. Er wurde zunächst in die Irrenabteilung des Babelsberger Sanatoriums und danach in die Konzentrationslager Oranienburg, Buchenwald und Dachau eingewiesen. 1945 befreiten ihn amerikanische Truppen. Nach dem Spruchkammerverfahren ging er nach Buenos Aires, wo seine Tochter mit dem ungarischen Grafen Gabriel Zichy zu Zich und Vasonykeö verheiratet war, bei der er 1951 starb. Vögler nahm sich 1945 nach dem Ende des NS-Regimes in Deutschland das Leben.

Ende Januar 1933

Reichspräsident Paul von Hindenburg: Überparteilich, aber für Rückkehr zur parlamentarischen Demokratie; persönlich gegen Hitler

Gegen Hitler:

Gravierende ideologische Unterschiede;
Mißtrauen gegenüber Hitlers Verhalten und Äußerungen;
Angst vor Unkontrollierbarkeit Hitlers, seiner Partei und Politik;
Befürchtung der Mißachtung und Ausschaltung des Parlaments, der Demokratie und des Rechts;
Besorgnis um die Zukunft der eigenen Parteien, ihrer Mitglieder und Anhänger.

Für Hitler:

Führer der politischen Partei mit der weitaus stärksten Fraktion im Reichstag;
Empfehlungen der Führer der politischen Parteien, die bei den Wahlen im November 1932 zusammen mit der NSDAP 59,1 Prozent der Wählerstimmen auf sich vereinigt hatten;
besondere Lobbyisten: Oskar von Hindenburg, Staatssekretär Otto Meissner, Ex-Kanzler Franz von Papen, DNVP-Vorsitzender und Inhaber eines beherrschenden Presse-Imperiums Alfred von Hugenberg, Elard von Oldenburg-Januschau;
seit Mitte August 1932: Hitlers Appelle, die Rechte des Parlaments zu achten;
ersatzloser Verzicht Hitlers auf die im August und im November 1932 geforderten außerordentlichen Vollmachten und Bedingungen;
Möglichkeit der „Einrahmung“ und „Zähmung“ Hitlers und der NSDAP durch Einbindung in eine Koalitionsregierung mit Hitler als Kanzler;
Abwendung der von der NSDAP angedrohten staatsgefährdenden Konsequenzen im Falle der Mißachtung ihrer Ansprüche und formalen Rechte;
Abwendung der Gefahr einer Oppositionskoalition der NSDAP mit der KPD zur Unterbindung arbeitsfähiger Kabinette.

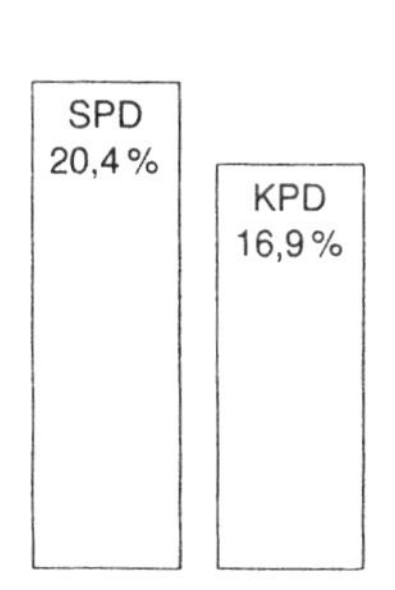

37,3 % der Wählerstimmen im November 1932

DDP 0,9 %
DVP 1,9 %
BVP 3,1 %
DNVP 8,9 %
Zentrum 11,2 %
NSDAP 33,1 %

59,1 % der Wählerstimmen [17]

[17] Maser, Werner, Hindenburg. Eine politische Biographie, Rastatt 1989, S. 324.

Die von Jäckel veröffentlichten angeblichen Hitler-Hinterlassenschaften – beispielsweise Gedichte von der „Westfront“ aus den Jahren 1915, 1916 und 1917, poetische Ergüsse aus dem Lazarett Pasewalk von 1918, Schreiben an die Leitung der DAP („Deutsche Arbeiterpartei“) von 1919, an die NSDAP von Februar 1921, an den „Ordnungsdienst der NSDAP“ von April 1921 und aus der Festungshaftanstalt Landsberg am Lech von April und August 1924, konnten schon infolge der Mentalität, Charakterstruktur und Vita nicht Hitler als Autor haben. Zudem hatte Jäckel, der offensichtlich auch darauf verzichtet hatte, einen Graphologen zu bemühen, selbst nicht erkannt, daß Hitlers Handschrift nicht mit der Handschrift übereinstimmte, die sich auf seinen „Dokumenten“ befand.[18]

Der Historiker Hillgruber erkannte Falsifikate nicht , die bereits aus chronologischen Gründen unmöglich von Hitler stammen konnten, wie es zum Beispiel bei einem von Jäckel abgedruckten Schreiben vom 16. Februar 1921 an die NSDAP der Fall ist. So hieß es, um hier nur ein Beispiel anzuführen, in dem angeblichen Hitler-Schreiben vom 16. Februar 1921 an die NSDAP: „Das eingeschriebene Parteimitglied Nr. 55 bittet hiermit um Löschung seiner Mitgliedschaft ...“[19] Tatsächlich schied Hitler auf eigenes Betreiben erst am 11. Juli 1921 vorübergehend aus der NSDAP aus, deren kollegiale Führung er mit der Forderung erpreßte, künftig alleiniger und autoritärer Führer sein zu wollen, was die Partei-Führung akzeptierte und ihn am 26. Juli 1921 wieder als Mitglied (mit der Mitgliedsnummer 3.680) aufnahm.[20]

Zudem war er bis zum 11. Juli 1921 nicht Mitglied Nr. 55, sondern 555.[21]

Die von Jäckel publizierten Fälschungen stellten indes nur die Spitze eines Eisberges dar, waren jedoch bereits – wenn auch nur relativ harmlose – Teile eines makabren Konvoluts, dessen auszugsweise Publikation kurz danach infolge der außergewöhnlich aufwendigen, „vielversprechenden“ und äußerst effektvollen Ankündigungen im „Stern“ als „Weltsensation“ kolportiert wurde.

---

[18] Die hier erwähnten Fälschungen befinden sich in Jäckels Buch auf den Seiten 69–81, 83, 84, 91, 320, 1229 und 1244. Vgl. dazu auch Picker, Günther, Der Fall Kujau. Chronik eines Fälschungsskandals, Frankfurt/M. und Berlin 1992, S. 18–22, 25–34 und 109 ff.

[19] Ebenda, S. 320.

[20] Vgl. Maser, Frühgeschichte, S. 273 ff. und Maser, Hitler, u.a. S. 297.

[21] Maser, Frühgeschichte, u.a. S. 167 Vgl. auch das Dok. S. 19.

Scheckbuchjournalismus, „Stern-Taler" und das Hitler „Tagebuch"-Debakel

Am 22. April 1983 überraschte der in Hamburg ansässige Gruner + Jahr-Verlag mit der Sensationsmeldung, daß in dem von ihm herausgegebenen Wochen-Magazin „Stern" ab 28. April 1983 „Tagebücher" Hitlers veröffentlicht werden würden. „Monate und Jahre" hindurch sollten „Historiker und Laien" von da an mit Gedanken Hitlers konfrontiert werden, die bis zu diesem Augenblick nur einem kleinen Kreis bekannt geworden seien. „Spannende Lektüre" und „erregte Diskussionen" würden weltweit die Folge sein. Die von dem „Stern"-Reporter Gerd Heidemann „entdeckten Tagebücher", so hieß es weiter, enthielten so sensationell neue Details, daß die Geschichte umgeschrieben werden müsse.[1] Der breiteren Öffentlichkeit bekannte Schriftsteller und Journalisten wie beispielsweise Klaus Harpprecht, Willy Brandts Berater und Redenschreiber bis 1974, bezeichnete die „Tagebücher" in der von ihm mitproduzierten Fensehsendung „Der Fund" als ein „Dokument von weltgeschichtlichem Rang" und bekannte: „Ich las in den Bänden zunächst mit einer kalten Faszination ... Die Notizbücher eines normalen Menschen. Das war Adolf Hitler auch, einer wie wir, mit der ganzen Banalität des Kleinbürgers."[2]

Das US-Nachrichtenmagazin „Newsweek", die Londoner „Sunday Times", „Paris Match" und die Mailänder Zeitschrift „Panorama" hatten sich rechtzeitig für sehr viel Geld die Übersetzungsrechte gesichert. Allein „Sunday Times" war bereit, 400.000 US-Dollar zu zahlen. Millionen sollten durch die kaufmännisch gut vorbereiteten Multi-Media-Vermarktung der „Hitler-Sensation" rasch in die Kassen fließen, die Welt über den „Stern" staunen. 400.000 Exemplare des augenblicklich um 50 Pfennige teuerer gewordenen Magazins wurden mehr gedruckt: 2,2 Millionen statt 1,8 Millionen.

---

1 Ich erklärte bereits am 21. und 22. April 1983 im Zweiten Deutschen Fernsehen (ZDF) in allen „heute" (Nachrichten-) Sendungen, daß es keine Hitler-Tagebücher gäbe und daß unmittelbar Gerichte eingeschaltet werden müßten. Ab 24. April 1983 folgten Interviews und Meldungen mit der gleichen Feststellung in anderen deutschen TV-Sendungen und in Welt am Sonntag (24. April), Sonntag aktuell (24. April), Bild am Sonntag (24. April), Bild (25. April), Die Zeit (18.–29. April), Münchner Merkur (3. Mai), Bunte Illustrierte (5. Mai), Bild am Sonntag (8. Mai), Münchener Abendzeitung (7., 8. Mai), Bild der Frau (9. Mai), Deutsche Wochen-Zeitung (13. Mai), Morgenavisen Jyllands-Posten (29. Mai), JP-SØNDAG (29. Mai) – und in zahlreichen österreichischen, amerikanischen, japanischen, französischen und englischen Zeitungen und Rundfunk- und Fernsehsendungen. Einige Tage zuvor war Gerd Heidemann bei mir „als Besucher" erschienen und hatte mir einen mit der Hand beschriebenen Zettel ohne Briefkopf gezeigt, den er von Heinrich Hoffmann jun., dem Sohn des „Leibfotografen" Hitlers, erhalten zu haben vorgab. Auf dem an „Eva" (Braun) gerichteten Zettel stand in nachgemachter Hitler-Schrift, daß er (also Hitler) kurzfristig nach Berlin müsse und Eva Braun zum Trost einen beigefügten Ring über Heinrich Hoffmann zukommen lasse. Unterschrift: „Dein Adolf". Heidemanns (ganz nebenbei) vorgetragene Bitte, ihm für den Stern zu bestätigen, daß es sich um ein authentisches Dokument von Hitlers Hand handeln würde, lehnte ich ab, da es sich zweifelsfrei um eine Fälschung handelte. Am 15. Oktober 1986, rund 3 ½ Jahre danach, erklärte mir der Kunstmaler und Fälscher Konrad Kujau, daß er der Verfasser des Textes gewesen sei.

2 FAZ vom 30. Juli 2003.

Ausschnitt aus der Titelseite des STERN Heft 18 vom 28. April 1983

Falsch waren bereits die Initialen: FA statt AH. Welche Schriftzüge Hitler bei der Anbringung seiner Initialen verwenden ließ, zeigt die Abbildung unten.

Kritische Stimmen deutscher Historiker, die nicht nur die Echtheit dieser „Tagebücher" in Frage stellten und ihre Prüfung durch unabhängige deutsche Fachhistoriker forderten, wurden ebenso als illegitim abgetan wie ihr Zweifel an der Fähigkeit des „Stern", historische Geschehnisse gravierenden Ranges, soweit sie noch nicht aufgearbeitet seien, angemessen einordnen und kommentieren zu können. Dreist behauptet Peter Koch, einer der Chefredakteure in der Sache, der die renommierten deutschen Fachhistoriker hämisch abkanzelte, als Neider charakterisierte und teilweise sogar durch kränkend herabsetzende Behauptungen diffamierte: „Der ‚Stern' hat mit großer Sorgfalt die Tagebücher prüfen lassen – ein Aufwand, der in der Historikerzunft nicht immer üblich ist. Schriftsachverständige und Zeitgeschichtler der Spitzenklasse machten sich über die Dokumente her. Ihr Urteil ist so einstimmig wie eindeutig."

Die vom „Stern" zur Prüfung der „Dokumente" und Schrift herangezogenen angeblichen „Sachverständigen der Spitzenklasse" aus England und USA, Hugh Redwald Trevor-Roper und Gerhard L. Weinberg, konnten nicht ernsthaft als Hitler-Experten gelten, da sie weder mit den zu der Zeit noch nicht veröffentlichten Quellen noch mit den publizierten neuesten Forschungsergebnissen vertraut waren. Sie kannten, wie sich zeigte, nicht einmal Hitlers Handschrift und Diktion ausreichend. Und sie wußten auch viel zu wenig über Hitlers Gewohnheiten, waren mit den Folgen seiner diversen Krankheiten nicht vertraut und hatten Hitler immer so vor Augen, wie er vielfach fälschlich dargestellt worden war. Der nicht einmal gebrochen Deutsch sprechende Trevor-Roper beispielsweise, der 1945 als britischer Geheimdienst-Offizier Hitlers letzte Tage „dienstlich" zu rekonstruieren versuchte und in dieser Funktion besonders eingeweihte deutsche Kriegsgefangene aus Hitlers unmittelbarer Umgebung vernahm (wie Nicolaus von Below, Hermann Görings Vertreter bei Hitler), war Täuschungen und Märchen aufgesessen, welche die Gefangenen bei Vernehmungen erzählten.[3] Da dies seit Jahr und Tag bekannt war und deutschen Fachhistorikern die Prüfung der „Dokumente" unmöglich gemacht wurde, mußte vermutet werden, daß der „Stern" sich aus bestimmten Gründen nicht leisten konnte, die Karten auf den Tisch zu legen.

Auch ohne detaillierte Kenntnisse über die historischen Tatsachen hätten die gezielt vorsichtig ausgewählten Gutachter zumindest beispielsweise erkennen müssen, daß die ihnen vorgelegten Schriftstücke, die ausnahmslos von dem Dokumenten- und Bilderfälscher Konrad Kujau produziert worden waren, nicht mit den authentischen handschriftlichen Aufzeichnungen Hitlers übereinstimmten. Die Aneinanderfügung der Grundstriche, Haarstrich-Arkaden, Girlanden, Winkel, Fäden, Bögen und Doppelbögen wichen in Kujaus Falsifikaten gravierend von Hitlers Handschrift ab.

---

3 Vgl. den Bericht Nicolaus von Belows über seine Vernehmung durch Trevor-Roper, S. 158 ff.

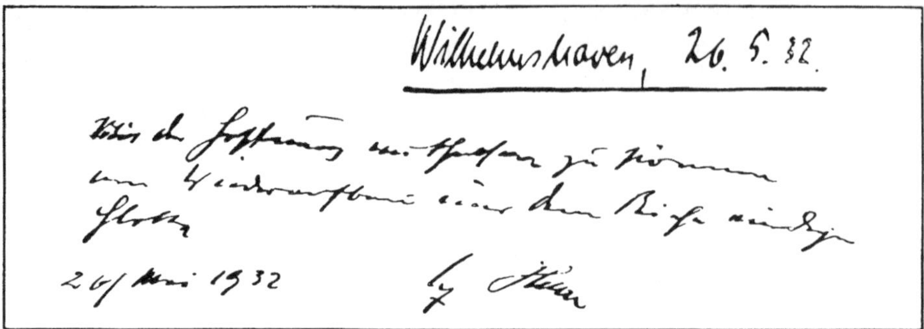

Konrad Kujau, der als Vorlage für seine Fälschungen die in „Hitlers Briefe und Notizen“ faksimilierten authentischen Hitler-Schriftstücke benutzte, begann seine Tagebuch-Fälschungen unter Anlehnung an diese Hitler-Notiz vom 20. Mai 1932 – aus Maser, Hitlers Briefe und Notizen, S. 116.

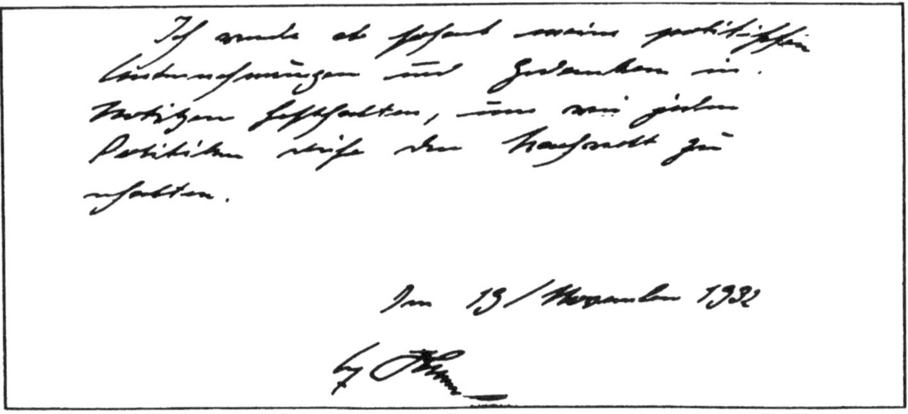

Kujau-Fälschung im „Stern“ vom 28. April 1983, S. 61. In mein Gästebuch schrieb er am 15. Oktober 1986, 3 Jahre nach dem „Stern“-Debakel: „Hätte es Masers Buch ‚Hitlers Briefe und Notizen‘ nicht gegeben, hätte es die ‚Hitler-Tagebücher‘ nicht gegeben.“

Angebliche Hitler-Notiz von 1938 im „Stern“

Der Wortlaut: „Die Kundgebungen gegen Juden im Reich nehmen überhand habe auch schon mit Göring, Dr. Goebbels und Lutze gesprochen. Es geht nicht daß unserer Wirtschaft durch einige Hitzköpfe Millionen und aber Millionenwerte vernichtet werden allein schon an Glas.“

Verbürgte Hitler-Notiz von 1938

Der Wortlaut: „Meine Bücher und Briefschaften sind von Pg. Julius Schaub zu sichten und soweit sie persönlich privater Art sind entweder zu vernichten oder meiner Schwester Paula zu übergeben. Pg. Julius Schaub hat darüber allein zu entscheiden.“[4]

[4] Maser in Welt am Sonntag vom 1. Mai 1983.

Ausgerechnet an dem Tag, an dem das schließlich eingeschaltete Bundesarchiv nach gründlichen Untersuchungen öffentlich das Verdikt „Fälschung“ verkündete, offenbarte die „Stern“-Redaktion, die gerade die angeblichen Hitler-Notizen über den „Fall Heß“ publiziert und kommentiert hatte, noch einmal, was ihr vorschwebte. Nach einem Seitenhieb auf „die Mehrheit der Zeitgeschichtler“ hieß es beispielsweise: „Aber der Führer hat 1941 eigenhändig dafür gesorgt“, daß Heß 42 Jahre später dank der „Stern-Entdeckung“ Gerechtigkeit widerfahren könne. Doch es kam noch schlimmer: „Nachdem Winston Churchill am 8. August 1939 in einer Rundfunkrede Hitler als Kriegstreiber verdächtigt hatte … notierte der Beschuldigte“, womit tatsächlich Hitler gemeint war, den die „Stern“-Schreiber in der Ausgabe vom 28. April schon richtungsweisend mit folgender Behauptung in Schutz genommen hatten: „… nach dem Einmarsch in Polen im September 1939 … vermerkt Hitler in seinem Tagebuch, daß er Himmler – nach ‚Vergeltungsaktionen‘ der SS – strikte Weisungen gegeben habe, ‚keine Repressalien gegenüber der Bevölkerung‘ durchzuführen.“ Und als Werbung für die „Stern“-Serie wurde eine angebliche handschriftliche Hitler-Notiz vom 10. November 1938 zitiert, in der es im Zusammenhang mit der „Reichskristallnacht“ u.a. hieß: „Die Kundgebungen gegen Juden nehmen überhand … nun wird von einigen unschönen Übergriffen einiger Uniformträger (gegen Juden) gemeldet, an einigen Orten auch von erschlagenen Juden und jüdischen Selbstmorden. Sind diese Leute verrückt geworden? Was soll das Ausland dazu sagen?“ Dieser „hinterhältige Kleintierzüchter mit seinem Drang zur Macht, dieser undurchsichtige Buchhaltertyp wird mich auch kennenlernen“, lautete ein handschriftlich fixiertes Urteil vom 11. November 1939 über Himmler, über dessen „Schnüffeleien“ er sich bereits 1935 geärgert hätte, wie es in einer „Tagebuch“-Eintragung vom 30. April 1935 hieß. Engste Mitarbeiter und Partei-Führer wurden wegen ihrer Affären gerügt, mit schlechten Noten versehen und mit Strafandrohungen konfrontiert, Eva Braun jedoch mit liebevoller und verständnisvoller Nachsicht erwähnt. So hieß es beispielsweise am 31. Juli 1940 über sie: „Viel Leid hat Eva durchzustehen. Wie mir die Ärzte am 30. mitteilten, war es nur eine Scheinschwangerschaft. Eva aber glaubt an einen Abortus. Gerade nun, da ich wirklich keine Zeit, die diese junge Frau nun brauchte, habe, muß ich sie allein lassen. Aber ich hoffe … sie wird schnell darüber hinwegkommen.“[5] Der Stern-Hitler über Heß: „Heß schickt mir eine persönliche Schrift zum Englandproblem. Hätte nicht gedacht, daß dieser Heß so scharfsinnig denken kann. Diese Schrift ist sehr, sehr interessant“ (26. Juni 1939). Am 28. Juni 1939: „Lese nochmals die Schrift von Heß. Einfach fantastisch und doch so einfach!“ und am 12. Juli 1939: „ … Habe auch nochmals mit Heß gesprochen, sobald er alles richtig überdacht hat, wird er sich melden. Hätte ich diesem Heß nicht zugetraut, nicht diesem Heß.“ Schließlich am 22. Juli 1939: „Habe nochmals Göring bei mir. Erkundige mich vorsichtig bei ihm welche Reichweite unsere besten Flugzeuge haben. Ge-

[5] Stern Nr. 18 vom 28. April 1983.

spräche mit Heß. Erzähle ihm vom Gespräch mit Göring. Heß sagt, man müsse eine Spezialmaschine bauen, er arbeite auch schon an Plänen. Was für ein Kerl. Er möchte nicht, daß weiterhin über irgend etwas mit Göring gesprochen wird."[6]

Wie Hitler tatsächlich reagierte, notierte Goebbels am 14. Mai 1940 in sein Tagebuch. „Ich spreche … lange mit dem Führer", heißt es da, „er ist maßlos erbittert. Das <die Heß-Aktion> hätte er nie erwartet. Man kann sich auf alles vorbereiten, nur nicht auf die Wahnideen eines Narren. Ich leide mit dem Führer."[7]

Rudolf Heß selbst schrieb drei Jahrzehnte später, am 20. September 1971, im Spandauer Kriegsverbrechergefängnis an dessen Direktor, den amerikanischen Oberst Eugene Bird:

> „Vielerseits ist festgestellt worden, so auch von Churchill, daß Rudolf Heß 1941 nicht auf Veranlassung Hitlers, sondern aus eigenem Entschluß nach Großbritannien geflogen ist. Er setzte sein Leben ein in der Absicht, den Anstoß zu geben zur schnellmöglichsten Beendigung des Krieges durch einen Verständigungsfrieden. Er glaubte damit den beteiligten Völkern und darüber hinaus der ganzen Menschheit einen großen Dienst zu erweisen.
>
> Umso unverständlicher bleibt es, daß die Briten ihn nach Nürnberg verbrachten, um ihn vor Gericht stellen zu lassen.Obendrein stimmten sie am Ende des Prozesses zu, daß er nach Spandau kam. Damit wurde er praktisch den Russen ausgeliefert. Denn diesen wurde nun die Möglichkeit gegeben, ihn nach Belieben fest zu halten, indem sie das Veto-Recht gegen seine Freilassung erhielten. Auch Sir Winston hat dies verurteilt.
>
> Demgemäß kann vor allem von Großbritannien erwartet werden, daß es sich für die endliche Entlassung von Heß wieder und wieder in der Öffentlichkeit einsetzt.
>
> 20. September 1971.
> Zu Händen von Col.(-onel) Bird"[8]

Schon der Anspruch, Dokumente vorweisen zu können, die die Historiker zwängen, Teile der Geschichte umzuschreiben, deutet an, welche Konsequenzen vorausgesetzt wurden. Was die Welt bis dahin über Hitler, die NSDAP, das Dritte Reich und das NS-Regime wußte, sollte plötzlich korrigiert werden und der

---

6 Stern Nr. 19 vom 5. Mai 1983. Vierzig Jahre nach diesem Fantasieprodukt publizierte der Münchener Schneekluth-Verlag ein absonderliches Buch unter dem Titel „Der Mord an Rudolf Heß", das nicht weniger fantasiereiche Behauptungen, Fälschungen und Erfindungen aufwies. Das Ergebnis: Der Rudolf Heß, der in Nürnberg vor Gericht stand, verurteilt und schließlich in das Spandauer-Kriegsverbrechergefängnis gebracht wurde, war ein Doppelgänger. Der „wahre" Heß wurde so der Spekulant Thomas, über der Nordsee von deutschen Jägern abgeschossen.

7 Goebbels, Tagebücher, Bd. 4, S. 1574.

8 Oberst Bird stellte das Schreiben zur Veröffentlichung zur Verfügung, wofür ich ihm zu danken habe.

Brief von Rudolf Heß an Oberst Eugene Bird

Vielerseits ist festgestellt worden, so auch von Churchill, daß Rudolf Heß 1941 nicht auf Veranlassung Hitlers, sondern aus eigenem Entschluß nach Großbritannien geflogen ist. Er setzte sein Leben ein in der Absicht, den Anstoß zu geben zur schnellstmöglichsten Beendigung des Krieges durch einen Verständigungsfrieden. Er glaubte damit den beteiligten Völkern und darüber hinaus der ganzen Menschheit einen großen Dienst zu erweisen.

Umso unverständlicher bleibt es, daß die Briten ihn nach Nürnberg verbrachten, um ihn vor Gericht stellen zu lassen. Obendrein stimmten sie am Ende des Prozesses zu, daß er nach Spandau kam. Damit wurde er praktisch den Russen ausgeliefert. Denn diesen wurde nun die Möglichkeit gegeben ihn nach Belieben festzuhalten, indem sie das Veto-Recht gegen seine Freilassung erhielten. Auch Sir Winston hat dies

./.

verurteilt.

Demgemäß kann vor allem von Großbritannien erwartet werden, daß es sich für die endliche Entlassung von Heß wieder und wieder in aller Öffentlichkeit einsetzt.

20. September 1971.

Zu Händen von Col. Bird.

„wahre Hitler“ zutage treten, wobei der „Stern“ auf Urteile angeblich unanfechtbarer Sachkenner wie David Irving und Hugh Trevor-Roper aus England verwies, die sich von der Echtheit der Dokumente überzeugt hätten. Daß Trevor-Roper Hitlers Handschrift schon infolge seiner krassen Sehschwäche und seiner keineswegs graphologischen Kenntnisse nicht sachgerecht zu bewerten vermochte und Irving seine Meinung aus nicht eingestandenen Gründen von einem Tag zum anderen korrigiert hatte, erfuhr die Öffentlichkeit nicht. Zitate wie „Ich bin … überzeugt, daß die Dokumente echt sind“[9] von Trevor-Roper oder „Ich bin umgefallen. Ich werde … eine Erklärung abgeben, daß ich jetzt endgültig davon überzeugt bin, daß die Tagebücher echt sind“[10] von Irving, sollten dieses publizistische Unternehmen stützen. Daß der Hitler, den Kujau nach der nicht tatsächlich verstandenen und nicht sachgerecht eingeordneten Lektüre einiger Geschichte authentisch darstellenden Publikationen phantasiereich erfunden hatte, sich extrem von dem Hitler unterschied, der sich Ende April 1945 in Berlin das Leben nahm, erwies sich vorübergehend für viele Zeitgenossen als eine Verlockung, den „Stern“ zu lesen, zumal nach Angaben des „Stern“ an der Authentizität des Kujau-„Stern“ Hitler und dessen Hinterlassenschaften keinerlei Zweifel geltend gemacht werden könnten.

Daß Heß, mit dem Hitler zwar ein paar Tage vor dessen Flug nach England im Mai 1941 ein mehrstündiges Gespräch geführt hatte, was seit September 1939 nicht mehr geschehen war[11] vor dem Ausbruch des Polenfeldzuges an einen England-Flug, wie er ihn 1941 unternahm, gedacht haben könnte, konnte nur ein historisch ungebildeter Laie behaupten. Die „Stern“-„Historiker“ taten es. Und sie nahmen auch hin, daß Hitler am 22. Oktober 1937 – nach dem Besuch des Herzogs von Windsor – in sein „Tagebuch“ geschrieben habe: „Der Herzog ist ein glühender Nationalsozialist.[12] Daß die in den vom „Stern“ gekauften 60 Bänden, die seinen Lesern 18 Monate lang als Lektüre zugemutet werden sollten, zusammengestoppelte Fälschungen eine widersinnige Apologetik darstellten, zu deren Widerlegung angesichts der publizierten Quellenlage und des Forschungsstandes in den meisten Fällen nicht einmal der Sachverstand eines Historikers bemüht zu werden brauchte, störte die „Stern“-Herausgeber nicht.

Aufschlußreich sind Feststellungen des renommierten britischen Militärhistorikers Liddell Hart, der mir am 6. Oktober 1967 unter anderem schrieb: „Ich habe mich einige Zeit mit dieser Affäre beschäftigt, mich auf die britischen Reaktionen bei Heß' Ankunft im Jahr 1941 konzentriert und das darauf folgende Vertuschen und die frühere britische Verwickelung in die Friedensbemühungen von Heß … der Grund für die sowjetische Weigerung, Heß zu entlassen, war, daß Heß in Wirklichkeit der Kopf seines eigenen Intelligence Service (getrennt vom

[9] Vgl. Welt am Sonntag vom 24. April 1983 und Stern Nr. 18 vom 28. April 1983, S. 5.
[10] Vgl. Rheinischer Merkur vom 3. Mai 1983.
[11] Maser, Werner, Das Regime. Alltag in Deutschland 1933–1945, München 1983, S. 248.
[12] Stern Nr. 19 vom 5. Mai 1983.

SD … – oder der Abwehr) war und ein sowjetischer Agent hinter Heß' Flug nach England gestanden habe … <Walter> Schellenberg <SS-General und Abteilungsleiter im Reichssicherheitshauptamt> erwähnt in seinen Memoiren, daß er seit 1937 mit einem Mann namens Kurt Jahnke in Verbindung stand, einem Agenten aus dem 1. Weltkrieg, der für Heß arbeitete (und auch für die Japaner) – und von Schellenberg nach dem Heß-Flug nach England für seine Zwecke engagiert wurde – trotz eines Gestapo-Berichts, in dem stand, daß Jahnke ein britischer Agent war. Das mag den Amerikanern durch den britischen Geheimdienst Security Service 1940 im Geheimbericht M.I.5. mitgeteilt worden sein, in dem ihnen offenbart wurde, daß eine hochkarätige Information durch eine undefinierbare Quelle in England zu Jahnke gelangt sei."

Liddell Hart hatte nach Gesprächen mit Ilse Heß und der Privatsekretärin von Heß herausgefunden, daß der 1940 vom britischen Geheimdienst als Agent identifizierte Jahnke bei Heß unter der Regie des verfemten einstigen SA-Führers Franz Felix Pfeffer von Salomon gearbeitet hatte, der den NS-Säuberungsaktionen entkommen war und sich seitdem mit dem Einverständnis von Rudolf Heß als „Pfeffer" tarnte.

Ilse Heß hatte nach dem Schottland-Flug ihres Mannes den in dessen Privatsafe aufbewahrten und mit „Pfeffer" bezeichneten Ordner vernichtet, um Pfeffer von Salomon vor Bormanns Strafmaßnahmen zu schützen.

Harts Resümee: „Die Briten, die daran interessiert waren, Heß 1940 oder Anfang 1941 nach Portugal oder in ein anderes neutrales Land zu locken, waren durch die Ankunft von Heß im Mai 1941 … in Schottland überrascht und wurden schließlich daran gehindert, ihre Pläne zu realisieren, über die die Sowjets durch ihre Spione in Heß' Office und in den britischen Dienststellen informiert waren."[13]

Daß von „Tagebüchern" Hitlers in der Fachliteratur nirgendwo die Rede ist, war für Amateurforscher des „Stern" kein Hindernis. Im Gegenteil „ … in der gesamten Hitler-Literatur", schrieben sie in der Ausgabe vom 28. April 1983, „findet sich kein Hinweis auf die geheimen Papiere, auch nicht in den Tagebüchern von … Joseph Goebbels oder in den Erinnerungen von engsten Hitler-Gefährten wie Kammerdiener Linge und Fahrer Erich Kempka. So ist auch bei prominenten Hitler-Biographen wie Alan Bullock, Hugh Trevor-Roper, Werner Maser oder Joachim Fest von ihnen keine Rede."

Daß Hitler in der zweiten Hälfte des Krieges mehrfach betonte, schon bald nach der Machtübernahme nur noch mit Mühe mit der Hand geschrieben zu haben, weshalb seit 1935 von ihm kaum noch etwas handschriftlich zu Papier gebracht

[13] Liddell Hart in einem Schreiben vom 6. Oktober 1967 an mich. Hans-Adolf Jacobsen schrieb 1972 im „Vorwort" zu Liddell Harts „Geschichte des Zweiten Weltkrieges", Düsseldorf 1972: „Schärfer als mancher seiner Kollegen kritisierte" er nach 1945 „auch die Fehler der britisch-französischen Politik in jenen dramatischen Jahren, die den Gang der Weltpolitik so entscheidend beeinflußten."

worden sei, war offenbar sowohl den Fälschern als auch dem „Stern" unbekannt – oder wurde ignoriert. Seit Januar 1943 konnte Hitler, der weder die Orthographie noch die Interpunktion korrekt beherrschte, weshalb handschriftliche Hinterlassenschaften aus der Zeit nach der Machtübernahme Raritäten wurden, infolge der ihn seit dem Verlust von Stalingrad schwer plagenden Schüttelneurose zuweilen kaum mehr als seinen Namen auch nur einigermaßen leserlich schreiben. Selbst militärische Weisungen unterschrieb er im Laufe der Zeit nicht einmal mehr mit der Hand. Sein Versuch beispielsweise, Albert Speer im Frühjahr 1945 durch eine Widmung auf einem Foto auszuzeichnen, scheiterte kläglich. Speer mußte schließlich raten, wie der Text lauten sollte.

Der „Stern" indes, der sehr gut lesbare und flüssig geschriebene angebliche Hitler-Aufzeichnungen aus der Zeit veröffentlichte, half sich mit gefälschten Hitler-Notizen, die er als Belege dafür zitierte, daß Hitler eben doch Tagebücher geführt hätte. Henri Nannen leistete sich in einem Fernseh-Gespräch die Ausflucht, daß Hitler „in seinem Tagebuch ja selbst geschrieben" habe, daß es ihm nach dem Stauffenberg-Attentat vom 20. Juli 1944 schwer fiele, mit der Hand zu schreiben.

Wie stark die Vermessenheit des Anspruchs von den Voraussetzungen abwich, wurde bereits unmittelbar nach der Publikation der ersten angeblichen Hitler-Notizen deutlich. Stammtisch-Texte, naive Redensarten, falsch interpretierte Äußerungen verbürgter Bemerkungen über tatsächliche Zusammenhänge sowie ausgesprochen neonazistisch eingefärbte Kommentare waren das Ergebnis. Auf schlechtem Papier, das teilweise aus jüngster Produktion stammte, war in miserabel kopierter Hitler-Schrift formuliert, was von Hitlers Hand stammen sollte. Dilettantismus hatten schon die Wahl des Papiers, der Tinte, der Einbände (Kunststoff), der Siegel und der großen Anfangsbuchstaben FH (statt AH) auf den Kladdendeckeln verraten.

Stereotyp vorgetragene Behauptungen sollten Fragen nach der Herkunft der „Dokumente" ersticken. Noch am 5. Mai, als die Schar der Zweifler bereits Legion geworden war, wiederholte der inzwischen in arge Bedrängnis geratene „Stern": „Die in schwarzgenarbtes Kunstleder gebundenen Kladden" wurden „in der Feldmark von Börnersdorf ... geborgen", was phantasievoll gelogen war; denn die Falsifikate hatten mit dem im April 1945 bei Börnersdorf abgestürzten deutschen Flugzeug, in dem angeblich geheime Hitler-Dokumente transportiert worden wären, nichts zu tun.

Wie im „Stern" gefälscht wurde, berichtete 1996 Herbert Suhr, der nach 40-jähriger Tätigkeit aus dem Magazin ausschied. „Daß es bei Illustrierten – also auch beim ‚Stern' – nicht immer mit rechten Dingen zuging", schrieb er, „das wußten Insider schon lange. Da wurde gemogelt, getrickst und montiert. ... Mit der Schere und der Hilfe eines guten Retuscheurs wurden Berge versetzt und Busen vergrößert. Herbert Wehner oder Willy Brandt nach rechts, Helmut Kohl oder Franz Josef Strauß nach links gerückt. Wenn bei einem Wüstenangriff der Israelis zu wenig Panzer im Gefecht waren, dann wurde mit der Schere sofort für Verstärkung gesorgt. Doch solche Dinge waren nach unserer Meinung Schönheitskorrekturen, nach denen kein Hahn krähte … Wir empfanden diese Eingriffe in die Wirklichkeit als überhaupt nicht schlimm. Denn wir redeten uns ein, daß es alles hätte so sein können … Unsere Leser waren immer der Meinung, daß alles, was gedruckt ist, der Wahrheit entspricht."[14]

[14] Suhr, Herbert, Schreib das auf Herbert. 40 Jahre beim Stern, Hamburg 1996, S. 108 ff.

Das absonderliche Hitlerporträt des österreichischen Astrologen Johannes von Müllern-Schönhausen

Ein österreichischer Autor Johannes von Müllern-Schönhausen veröffentlichte 1959 im Wiener „Verlag zur Förderung wissenschaftlicher Forschung“ ein Buch unter dem Titel „Die Lösung des Rätsel's Adolf Hitler“[1], das mit seiner Vermischung von erwiesenen Tatsachen mit fantasiereichen Erfindungen und als authentisch ausgegebenen Fälschungen den Kujau-„Stern“-Fälschungen nicht nachstand, jedoch in einer Hinsicht absonderliche „Originalität“ in Anspruch nehmen kann. Der Verfasser, ein Anhänger des Astrologie- und Alraunenglaubens, publizierte bündelweise gefälschte Hitler-Briefe und Notizen, angebliche Gedichte von Hitler, obskure Fotos von menschenähnlichen Wurzeln der Alraunpflanze (Mandragora), die Glück bringen und das Schicksal bestimmter Personen bestimmen soll. Er behauptete als Bilanz seiner „Forschungen“, daß die Alraunen-Deutungen des am 24. März 1933 vermutlich auf Befehl des SA-Gruppenführers von Berlin-Brandenburg und Preußischen Staatsrates Karl Ernst in Berlin in der „General-Pape-Straße“ ermordeten und am 7. April 1933 im Staakower Forst zwischen Neuhof und Baruth als halb skelettierte Leiche aufgefundenen „Hellsehers“ und Hypnotiseurs „Erik Jan Hanussen“, des (nach Müllern-Schönhausen) „Leib- und Magenastrologen Hitlers“[2], in Erfüllung gegangen seien.[3]

Er warf den „modernen Geschichtsschreibern“ vor, sich „seit 1945 mit dem Versuch einer Analyse des Komplexes Nationalsozialismus, Adolf Hitler, Drittes Reich“ zu befassen und „immer wieder die Grundfrage gestellt“ zu haben: „Wie konnte es dazu kommen? und was wäre geschehen, hätte Adolf Hitler nicht gelebt?“[4] Alle „diese Versuche“, so behauptete er, mußten „ins Leere stoßen“, weil die von ihm kritisierten „modernen Geschichtsschreiber“ beispielsweise bei der Frage nach dem Nationalsozialismus „in oft gewollter Spitzfindigkeit an den wichtigsten Voraussetzungen“ vorüber gegangen und sich bei der Behandlung Adolf Hitlers „in müßigen Kombinationen verloren“[5] hätten. Alle Hitler-Biographen hätten die für Müllern-Schönhausen entscheidende Tatsache nicht erkannt, daß Hitler ebenso wie Mussolini, Stalin, Roosevelt und de Gaulle „es sich mit den jenseitigen Mächten nicht haben verderben“ wollen, weshalb sie „den Mächten der Sternenstunden“[6] vertrauten, „in denen es Gott, oder der Vorsehung, der

1 Müllern-Schönhausen, Johannes von, Die Lösung des Rätsel's Adolf Hitler. Der Versuch einer Deutung der geheimnisvollsten Erscheinung der Weltgeschichte, Wien 1959, fortan zit. als Müllern-Schönhausen.
2 Müllern-Schönhausen, S. 137.
3 Vgl. ebenda, S. 156, 167, 171.
4 Ebenda, S. 24.
5 Ebenda, S. 25.
6 Ebenda, S. 128.

unsichtbaren, jenseitigen Kraft“ gefiele, Ereignisse zu schaffen, die von der „unmittelbaren Umgebung“ der Machthaber nicht beachtet werden würden. Nur unter angemessener Berücksichtigung der „von den <Hitler-> Biographen vollständig übergangenen“ Auswirkungen „der übersinnlichen Einflüsse“[7], wäre es möglich, „das Gesamträtsel Adolf Hitler einer Lösung näherzubringen“.[8]

Mit einer Behauptung, daß Hitler sich bei der Einleitung militärischer Maßnahmen während des Zweiten Weltkrieges durch Ratschläge „astrologischer Berater“, die es nachweislich nicht gegeben hat, übersinnlicher Offenbarungen bedient und seine Entscheidungen von ihnen abhängig gemacht habe[9], nahm Müllern-Schönhausen in Anspruch, ein wesentliches Detail zur Lösung des „Rätsels“ beigetragen zu haben. Seine entsprechend absonderliche Darstellung, daß Hitler 1932, nachdem die NSDAP innerhalb von 13 Wochen (vom 31. Juli bis zum 6. November) bei Reichstagswahlen 34 Mandate und die Reichstagsmehrheit eingebüßt hatte, den Astrologen Hanussen „wieder einmal“ habe kommen lassen, um von ihm Ratschläge für seine künftige Politik zu erbitten[10], ist ein weiterer Mosaikstein seines irrlichternd obskuren Hitler-Bildes. Während dieser Zusammenkunft sei Hitler von Hanussen, dem am 2. Juni 1889 in Ottakring bei Wien geborenen jüdischen Landsmann Hitlers, der eigentlich Hermann Steinschneider hieß und sich als „Hellseher“ und Herausgeber der zu der Zeit in einer Auflage zwischen 120.000 und 140.000 Exemplaren erscheinenden „Hanussen-Zeitung“ Erik Jan Hanussen nannte, geraten worden, „in einer Vollmondnacht aus dem Schindanger seiner Vaterstadt“ Braunau möglichst „eigenhändig“ ein „Alräunchen ... aus dem Boden <zu> ziehen“.[11] Da dies nach Müllern-Schönhausen für den nicht mehr österreichischen Staatsbürger Hitler „beim besten Willen“ nicht möglich gewesen sei, habe er Hanussen gebeten, sich selbst nach Braunau zu begeben und dies an seiner Stelle zu tun, was schließlich auch geschehen sei. In Braunau habe der Astrologe das von ihm „dem Führer“ am 1. Januar 1933 zusammen mit seinen „Neujahrswünschen“ und der Prophezeiung des 30. Januar-Ereignisses überreichte „Alräunchen“ aus dem Boden gezogen, das dabei einen „durchdringenden Schrei ausgestoßen haben soll.“[12] Ähnliche Beziehungen zum „All“ hatte Hermann Rauschning Hitler schon 19 Jahre zuvor in seinen frei erfundenen „Gesprächen mit Hitler“ angedichtet „Hitler ist nicht im üblichen Sinne abergläubisch“, hatte er fabuliert und behauptet, daß „der Mensch“ für Hitler „mit dem All in einer magischen Verbindung“[13] stünde.

---

[7] Ebenda, S. 135.
[8] Ebenda.
[9] Ebenda, S. 128.
[10] Ebenda, S. 136.
[11] Ebenda.
[12] Ebenda, S. 137.
[13] Rauschning, Hermann, Gespräche mit Hitler, Zürich 1940, zit. nach der Ausg. Wien 1973, S. 238.

Hitlers „Alräunchen“ nach Dr. Johannes von Müllern-Schönhausen.

Hanussens angebliche schriftliche Prophezeiung vom 1. Januar 1933, soweit sie Hitler betroffen habe:

„Wem das Alräunchen kommt zu eigen,
Der wird die Ruhmesleiter steigen!
Das Schwerste immer leicht vollbringen,
Sich eine Welt zu Füssen zwingen,
Mit Geistern in den Lüften schweifen
Und ohne Müh' nach Sternen greifen –
An's Firmament den Namen schreiben,
Und überall erfolgreich bleiben,
Solange er auf dieser Welt
Dem ‚Bund der drei' die Treue hält!
Doch wehe, wird der Bund gebrochen,
Das böse Wort einmal gesprochen!
Dann sinkt der Geist der riesengrosse
Zum Orkus ab in's Bodenlose.
Das Werk vergeht in Rauch und Flammen,
Sobald der Zyklus 12 beisammen.
Der grosse Zauber flicht als Binder,
Den Eigentümer an den Finder
Und wenn auch Beide untergeh'n,
Bleibt das Alräunchen doch besteh'n!

Hanussen 1. Januar 1933"[14]

Müllern-Schönhausens Quintessenz: Da Hitler den „Bund der drei" gebrochen habe, seien er und sein Regime der „Prophezeiung" gemäß nach 12 Jahren in Rauch und Trümmern untergegangen, während das am 15. Mai 1940 aus Hitlers Tresor „verschwundene"[15] „Alräunchen" und die Kapsel mit den Hanussen-Prophezeiungen das Unheil überstanden hätten.

Weitere Beispiele aus der Müllern-Schönhausen-„Forschung" erübrigen sich.[16]

Bemerkenswert ist indes, daß der 1960 geborene Publizist Alexander Bahar und der 11 Jahre ältere Physiker Wilfried Kugel in ihrer 2001 erschienenen, an Wi-

[14] Müllern-Schönhausen, S. 155. Mit „dem Bund der drei" habe Hanussen nach Müllern-Schönhausen (S. 156) offenbar Hitler, Hanussen und „das Alräunchen" gemeint.

[15] Ebenda, S. 171.

[16] Als nicht weniger erfindungsreich erwies sich Herbert Röttgen (Victor Trimondi), der in seinem 640 Seiten umfassenden Buch „Hitler Buddha Krishna" (Wien 2002) Hitler zum Buddhisten und Jünger der „Wiedergeburt"-Visionen mutieren ließ. Hitler hat den Religionsstiftern Konfuzius, Buddha und Mohammed (zum Beispiel am 5. Juni 1942 im „Führerhauptquartier Wolfsschanze") lediglich attestiert, „in anderen Teilen der Erde" religiös denkenden Menschen „eine breite geistige Basis … geboten" zu haben, während „deutsche Menschen auf theologische Darlegungen hereingefallen" seien, „die jeder ehrlichen Tiefe" entbehrten. Vgl. Picker, Henry, Tischgespräche, Stuttgart 1963, S. 388.

dersprüchen, absonderlichen Feststellungen und absurden Konstruktionen[17] äußerst reichen Publikation über den Reichstagsbrand[17] behaupten, daß „Hanussen letztlich sein Wissen um die Reichstagsbrandstiftung zum Verhängnis“[18] geworden sei. Hanussen, der „möglicherweise mit Hitler“[19] bekannt war, so spekulierten sie unter Berufung auf „mehrere teilweise anonyme Briefe“[20] im Gegensatz zu Müllern-Schönhausens apodiktischen Behauptungen, habe Marinus van der Lubbe, den Brandstifter des Reichstages, in Trance versetzt und ihm suggeriert[21], alleiniger Brandstifter gewesen zu sein, was für die historische Forschung seit 1959 als zweifelsfrei erwiesen[22] gilt. Sie, Bahar und Kugel, meinten jedoch beweisen zu können, daß dies nicht der Fall gewesen sei, sondern daß die SA Hitlers die Brandstiftung vorgenommen hätte, um Hitler und der NSDAP die Möglichkeit zu bieten, brachial gegen die Kommunisten vorgehen und mit Notstandsgesetzen, der auf Hitlers Betreiben vom Reichspräsidenten am 28. Februar 1933 erlassenen „Verordnung zum Schutz von Volk und Staat“[23], die die politischen Grundrechte der Weimarer Reichsverfassung praktisch aufhoben, regieren zu können.[24]

Angesichts der Tatsache, daß Bahar und Kugel ihrem hohen Anspruch, nach der Auswertung bislang angeblich nicht ausgewerteter Dokumente[25] alle bisherigen Forschungen über den Reichstagsbrand korrigiert und endlich eine präzise Rekonstruktion des Tatvorganges vorgelegt zu haben, in keiner Weise nachgekommen sind, kann auf eine differenzierte Auseinandersetzung mit ihren Behauptungen verzichtet werden.[26]

---

[17] Bahar, Alexander und Kugel, Wilfried, Der Reichstagsbrand. Wie Geschichte gemacht wird, Berlin 2001.

[18] Ebenda, S. 650.

[19] Ebenda, S. 640.

[20] Ebenda, S. 502.

[21] Ebenda.

[22] Vgl. u.a. Tobias, Fritz, Stehen Sie auf, van der Lubbe. Der Reichstagsbrand 1933 – Geschichte einer Legende. Nach einem Manuskript von Fritz Tobias, in: Der Spiegel, 43/1959 – 1-2/1960. – Tobias, Fritz/ Fraenkel, Heinrich, Noch einmal: Reichstagsbrand. Tobias gegen Fraenkel und Fraenkel gegen Tobias, in: Der Monat 14 (1961/62), H. 166, S. 84 – 95. – Tobias, Fritz, Der Reichstagsbrand. Rastatt 1962.

[23] Vgl. Maser, Göring, S. 171 und S. 181.

[24] RGBl., Jg. 1933, Teil I, Nr. 17, S. 83.

[25] Nach Angaben des Verlages (2003).

[26] Vgl. dazu u.a. Mommsen, Hans, Nichts Neues in der Reichstagsbrandkontroverse. Anmerkungen zu einer Donquichotterie, in: Zeitschrift für Geschichtswissenschaft, 49. Jg., H. 4/2001, S. 352 ff.

Luis Trenker und sein frei erfundenes „Tagebuch“ der Eva Braun

1948, dreieinhalb Jahrzehnte vor den Kujau-„Stern“-Fälschungen hatte eine andere Fälschung, die den Titel „Tagebuch der Eva Braun“ trug, nahezu ebenfalls so spektakulär von sich Reden gemacht, obwohl sie im Vergleich zur Kujau-„Stern“-Fälschung allerdings bestenfalls als „grober Unfug“ bezeichnet werden konnte und das Manuskript den Verleger des Nürnberger Olympia-Verlages, in dem das Wochenblatt „Wochenend“ erschien, auch nur 3.500 Mark[1] gekostet hatte. In diesem Falsifikat war es nicht um angebliche Notizen und heimliche Bekenntnisse Adolf Hitlers, sondern um ein angebliches Tagebuch seiner Geliebten Eva Braun gegangen. Der aller Welt bekannte Schauspieler, Filmregisseur und Schriftsteller Luis Trenker trat, geschickt arrangiert, mit dem Anspruch und der Behauptung auf, von Eva Braun, die er seit Jahren persönlich recht gut kannte[2], in Kitzbühel einen 96 Schreibmaschinenseiten umfassenden Text erhalten zu haben, den er nach ihrem Tod veröffentlichen zu müssen meinte. Zuvor war ein Agent namens Geo Kelber in Vertretung des französischen Blattes „France Soir“ an den Verleger des Nürnberger Olympia-Verlages herangetreten, hatte ihm das „Tagebuch“ angeboten und behauptet, daß Eva Braun Trenker ermächtigt habe, über die „geheimen Aufzeichnungen in ihrem Tagebuch“[3] nach ihrem Tode frei verfügen zu können. Joseph E. Drexel, der ursprüngliche Mitinhaber des Olympia-Verlages, vermutete später, daß der von Unwahrheiten strotzende „Tagebuch“-Text von Trenker, Gaston Ulman und Charly Ladurner „zusammengebastelt“[4] worden war und Trenker, dessen Film „Der Rebell“ Hitler vier mal gesehen und immer wieder gelobt hatte, letztlich nur als bekanntester Prominenter der Zeit, vorübergehender Skilehrer und tatsächlicher guter Bekannter Eva Brauns als eine Art „Nachlaßverwalter“ vorgeschoben worden sei.

Daß der Text nicht mit der Hand geschrieben war – wie Eva Brauns authentisches Tagebuch[5] von 1936, sondern mit der Schreibmaschine, irritierte den Verleger nicht. Und selbst die fehlende handschriftliche Unterschrift bewog ihn nicht zur Skepsis. Doch anders als der „Stern“, sah sich der Verleger des Wochenblattes „Wochenend“ nicht als Missionar, der die Geschichte „neu zu schreiben“ empfahl, sondern als Zeitschriften-Herausgeber, der vermeintliche Neuigkeiten verbreiten zu müssen meinte. 1953 bezeichnete er, der bestimmte Behauptungen im Manuskript persönlich abgeschwächt hatte, die Angelegenheit als „puren Un-

[1] Schriftliche Mitteilung des Verlegers Dr. Joseph E. Drexel vom 24. Januar 1967.
[2] Persönliche Mitteilung Trenkers.
[3] Schriftliche Mitteilung von Dr. Joseph E. Drexel vom 24. Januar 1967.
[4] Ebenda.
[5] Abgedruckt und faksimiliert in Maser, Hitler, S. 331 ff.

fug", auf den er „hereingefallen"[6] sei. Und auch Luis Trenker versicherte Jahre später, „eigentlich nur einen Jux mitgemacht" zu haben.[7]

Trotz der von Dr. Wolf abgeschwächten Stellen und seiner entsprechenden Kommentare ging Eva Brauns Schwester Ilse Fucke-Michels vor Gericht und erwirkte beim Landgericht München I am 10. September 1948 eine Einstweilige Verfügung, die dem Verlag nach Erscheinen der 3. Folge untersagte, weiterhin die Behauptung aufzustellen, daß es sich um ein authentisches „Tagebuch" Eva Brauns handele.[8] Das Gericht ließ zwar die Fortsetzung des Manuskriptabdruckes zu, verfügte jedoch, daß bei jeder Folge der § 1 der gerichtlichen Entscheidung in Fettdruck voranzustellen sei.[9] Ihr Text: „Die Antragsgegnerin hat sich auf Grund der von den Antragsstellern vorgelegten eidesstattlichen Versicherungen davon überzeugt, daß Eva Braun weder die unmittelbare noch die mittelbare Urheberin des Tagebuchs ist, mit dessen Veröffentlichung die Antragsgegnerin in Nr. 1 des ‚Wochenend' am 3. September 1948 begonnen hat und daß demzufolge das Tagebuch eine völlig freie Darstellung hinsichtlich der Beziehungen zwischen Eva Braun und Adolf Hitler durch die Feder eines noch unbekannten Autors im Tagebuch-Ich-Stil enthält."

Die authentischen Tagebuchaufzeichnungen Eva Brauns (nur für Februar bis Mai 1935) waren banal und ohne Bedeutung für die historische Forschung[10], was Trenker und seine Mitautoren zu der Zeit noch nicht wußten. Da Trenker Eva Braun jedoch recht gut kannte, war er überzeugt, daß die Texte so formuliert worden seien, wie sie es selbst – nach seiner Meinung – wohl getan hätte.[11] Doch was das Pamphlet offenbarte, paßte nicht zu Eva Braun. Die Autoren hatten sich bei der Niederschrift an historische Vorlagen angelehnt, einige Passagen inhaltlich und zum Teil sogar wörtlich aus Vorlagen entnommen, Passagen aus einem 1913 erschienenen Buch der Gräfin Larisch-Wallersee plagiiert und fantasiereich Szenen konstruiert, die den platten Torheiten der Kujau-Fälschung nicht nachstanden und ebenso wie dessen Erfindungen über Hitler mit Eva Braun nichts zu tun hatten. Ein Beispiel für viele: „Für die Gäste hatte Dr. Ley, der Führer der Arbeiterfront, einen erlesenen Spaß vorbereitet. Ein Stier wurde mehrere Tage lang, ehe die Gäste eintrafen, der glühenden Sommerhitze ausgesetzt, ohne auch nur einen einzigen Tropfen Wasser zu erhalten. Dann, am Samstag Nachmittag, wurde das Tier auf einen abgezäunten schattigen Platz geführt und nun wurden ihm unbegrenzte Mengen von Wasser zugeführt. Der Stier, dessen Intelligenz anscheinend seiner Kraft nicht entsprach, begann wie ein Fisch zu trinken und bald stellte sich

---

6 So äußerte sich Verleger Wolf im Gespräch mit mir im Haus der Nürnberger Nachrichten in Anwesenheit des Verlegers Dr. Joseph Drexel.

7 Luis Trenker – vor Zeugen – im Gespräch mit dem Autor in Frankfurt, Speyer und Bozen.

8 Schriftliche Mitteilung von Dr. Joseph E. Drexel vom 24. Januar 1967.

9 Ebenda.

10 Vgl. Maser, Hitler, S. 331 ff.

11 Persönliche Mitteilung Trenkers.

Authentische Tagebuch-Eintragung Eva Brauns vom 4. März 1935:

3 Stunden habe ich vor dem
Carlton[12] gewartet und
mußte zusehen, wie er der
Ondra[13] Blumen kaufte
und sie zum Abendessen eingeladen hat.
(Verrückte Einbildung geschr. -ieben am 26. März)
Er braucht mich nur
zu bestimmten Zwecken[14] es ist
nicht anders möglich, (Blödsinn)

Wenn er sagt er hat
mich lieb, so meint er nur
in diesem Augenblick.
Genau so wie seine
Versprechungen, die er
nie hält.
Warum quält er
mich so und macht (auf der nächsten Seite:
… kein Ende.)

Maser mit Luis Trenker

[12] Berliner Hotel.

[13] Gemeint ist Max Schmelings Ehefrau.

[14] Vgl. auch S. 181 f. Zweifel an der Echtheit der Eintragungen, deren Schriftbild augenfällig von Evas alltäglicher Handschrift abweicht, wies Evas Schwester Ilse in persönlichen Gesprächen entschieden zurück.

die von Ley geplante Wirkung ein: Die Gedärme des Tieres platzten und vor einer amüsierten Zuschauerschaft ging es in Stücke. Besonders Hitler[15] und Himmler fanden den Einfall ‚originell‘.“[16]

Hätten Trenker und Komplizen gewußt, daß der konsequente Vegetarier und Hundeliebhaber Hitler die Jagd auf Tiere ablehnte – und wie er über die Jäger dachte, wäre er sicherlich nicht auf die Idee verfallen, eine derartige Szene in das „Tagebuch“ hineinzudichten. Nachdem beispielsweise Joachim von Ribbentrop, Heinrich Himmler, dessen Adjutant Karl Wolff, Graf Ciano und einige weitere Militärs und Diplomaten Ende Oktober 1941 an einer Hasen- und Fasanenjagd im Sudetenland teilgenommen hatten – und Hitlers Militärs ins Führer-Hauptquartier zurückgekehrt waren, bemerkte er ironisch auf die Äußerung Wolffs, daß „man <während einer Jagd> aus der Arbeit und den Sorgen … ganz herausgelöst“ werde: „Muß man zu dem Zweck Hasen und Fasanen umbringen? Die Mordlust bringt die Männer zusammen! Wie gut, daß wir die Hasensprache nicht verstehen! Die würden vielleicht in Ausdrücken von Euch reden wie: Laufen konnte er so nicht, das dicke Schwein! So ein alter Hase mit reifer Lebenserfahrung! Die größte Freude unter den Hasen wird sein, wenn sie merken, daß ein Treiber angeschossen ist!“[17]

Trenker wußte von Eva Braun zwar, daß Hitler Evas Scotchterrier „Stasi“ (!) und „Negus“ gelegentlich witzelnd als „Handfeger“ bezeichnete und ihrem Kater „Peter“ nicht gerade sonderlich zugetan war, weil er auf Befehle anders als seine Schäferhündin „Blondi“ reagierte[18], doch Hitlers besonderes Verhältnis zu Tieren und selbst auch zu gepflückten Blumen, die es in seinem Zimmer nicht geben durfte, weil er „keine Leichen“ im Zimmer haben wollte[19], kannten die „Tagebuch“-Erfinder nicht. Dem Urheber der „Endlösung der Judenfrage[20]“ haben sie derartige Vorstellungen nicht zugetraut. Ihr fingiertes Eva-Braun-„Tagebuch“ bewies es.

Trenker hatte sich am 19. November 1946 vor dem Coup unter anderem auch an den mit ihm bekannten Kameramann Wolfgang Gorter gewandt und ihm mitgeteilt, daß eine italienische Zeitung „eine Artikelserie über einzelne Persönlichkeiten des Dritten Reiches“ veröffentlichen werde, zu denen auch Eva Braun gehöre. Er, Trenker, sei daher an Informationen über Eva Brauns Leben, über ihre Kindheit, Schulzeit, Familie und dem Umfeld und Ambiente interessiert und

[15] Vgl. dazu das Gespräch Hitlers mit Goebbels, vom 29. Dezember 1937, Tagebücher, Bd. 3, S. 136.

[16] Zit. nach Riefenstahl, Leni, Memoiren, München und Hamburg 1997, S. 461; fortan zit. als Riefenstahl. Leni Riefenstahl, die in Trenkers Pamphlet mehrfach vorkam, trat in dem Gerichtsverfahren neben der Familie Braun als Nebenklägerin auf.

[17] Heim, Monologe, S. 112.

[18] Persönliche Mitteilung von Luis Trenker.

[19] Hitlers Sekretärin Traudl Junge in der Bild-Zeitung vom 6. Februar 2002.

[20] Vgl. Maser, Göring, S. 408 ff.

wünsche, daß Gorter ihm – gegen ein zugesichertes Honorar – die entsprechenden Einzelheiten beschaffen könne, ohne seinem Informanten allerdings zu offenbaren, wozu er diese Details benötige.[21]

Nach der Einstweiligen Verfügung vom 10. September 1948 zahlte der Verleger Dr. Wolf freiwillig 10.000 Mark an einen internationalen Flüchtlings-Kinder-Fond.[22] Trenker, der angeklagte Kopf der Fälscherclique, nahm das Urteil widerspruchslos hin und verließ Deutschland, wo er erst 1953 (aus Italien) wieder auftauchte.

8 Jahre zuvor hatte der Journalist Whyte Williams im Magazin LOOK (USA) eine dreiteilige Artikelserie geschrieben, in der er behauptete, „aus bester Quelle“ zu wissen, daß Hitler und Eva Braun verheiratet seien und ihr gemeinsames Leben „typisch für das in jedem durchschnittlichen Haushalt“ anzutreffende Ambiente wäre. „Im Gegensatz zu anderen Nazi-Größen, die sich an luxuriösen Speisendelektieren“, meinte Williams, „besteht Hitler darauf, sich auf die allgemeinen Vorschriften für das Volk zu beschränken.“[23] Und, so „dichtete“ er weiter, Eva Hitler melke täglich eine Hitler gehörende Kuh, deren Milch ihr Mann wegen der ihm verordneten Diät zu trinken pflege.[24] Williams Quintessenz: „Hitler <ist> das deutsche Volk … Er ist ihr lebendes Symbol der Führung.“[25]

Fantasiereich erfunden hatte der Journalist, daß Hitler zu der Zeit bereits mit Eva Braun verheiratet war – und unzutreffend war auch, daß Hitler eine Kuh besaß und Milch trank. Schon nach seiner vorzeitigen Entlassung aus der Landsberger Festungshaftanstalt nach seinem November-Putsch von 1923 hatte er zeitweilig vegetarisch gelebt, tierische Eiweiße als Nahrung abgelehnt und seit Herbst 1931 aufgehört, selbst Milch zu trinken und Käse zu essen. Von tierischen Produkten aß er seitdem lediglich Eier.

Wie Williams, erschien auch der zu der Zeit 25-jährigen und als Schauspielerin bereits hoch gelobten Marianne Hoppe, der späteren Ehefrau von Gustaf Gründgens, Hitlers Lebensstil. Betroffen habe sie, wie sie im Juni 2000 in einem Interview erzählte, 1933 während eines Besuches bei Hitler über die Einrichtung seines Schlafzimmers reagiert. „Und endlich“, sagte sie, „zeigte <Hitler> mir seine Wohnung <im Eckhaus gegenüber dem Hotel „Kaiserhof“>. Plötzlich stehe ich also in seinem Schlafzimmer, ein Eisenbett, eine Glühbirne und ein Stuhl … ist aber ungemütlich <sage ich> und gehe schnell wieder raus.“[26]

---

[21] Riefenstahl, S. 455 f.
[22] Schriftliche Mitteilung von Dr. Joseph E. Drexel vom 24. Januar 1967.
[23] LOOK vom 10. September 1940.
[24] Ebenda.
[25] Ebenda.
[26] Welt am Sonntag vom 21./22. Juni 2000.

„Milliardär“ Hitler: Ein Märchen nachgeborener „Quacksalber-Historiker“

Nachgeborene, die in Anspruch nahmen, Historiker zu sein und genau zu wissen, worüber sie redeten, kolportierten knapp 60 Jahre nach Hitlers Tod, daß Hitler „Milliardär“ gewesen sei.[1] Tatsächlich befanden sich auf dem Konto des „Milliardärs“ Hitler bei dem ihm seit November 1921 gehörenden „Franz-Eher-Verlag“ lediglich rund 9,5 Millionen Mark.[2] An Honoraren für „Mein Kampf“, die Max Amann als Leiter des Verlages verwaltete, hatte er bis dahin rund 7.872.000 Mark erhalten. Die Honorare für seine Beiträge in dem ihm ebenfalls gehörenden „Völkischen Beobachter“ fielen keineswegs so ins Gewicht, wie es den Anschein hatte. Die Einnahmen aus dem von Heinrich Hoffmann initiierten Briefmarkensonderfonds für Postwertzeichen mit Hitlers Porträt (1941: 6, 8, 12 und 20 Pfennige), die mehrfach um 50 Millionen RM betrugen, ließ er nachweislich für die Kunstsammlung des geplanten Linzer Museums verwenden.[3]

Vom „Milliardär Hitler“ hätte noch nicht einmal geredet werden können, wenn die Spenden und Gelder der NSDAP und auch des Staates, auf die er zum Teil mit Recht – neben seinem offiziellen Salär – zurückgreifen konnte, sein persönliches Vermögen gewesen wären, wovon jedoch nicht die Rede sein konnte. So hatten beispielsweise die staatliche Dotationen von je 250.000 Mark an die nach dem Frankreich-Feldzug zu Generalfeldmarschällen ernannten Militärs nicht entfernt etwas mit „Hitlers Geld“ zu tun, was in einer ARD-„Dokumentation“ vom 28. August 2002 jedoch auch als „Beweis“ für die teilweise total tatsachenfremde Behauptung angeführt wurde, daß Hitler „Milliardär“ gewesen sei.

Entsprechend verhielt es sich hinsichtlich der – nicht selten hohen – Dotationen beispielsweise an Künstler und Unternehmer. Hohe Funktionsträger des NS-Regimes folgten Hitlers Beispiel. So überwies Hermann Göring als Preußischer Ministerpräsident beispielsweise allein an einige von ihm ausgewählte Filmschauspieler und Regisseure im Jahre 1937 insgesamt 1.493.750 Mark aus staatlichen Mitteln[4]

---

1 So beispielsweise ein Redakteur der Zeitung Die Welt vom 27. August 2002; „Adolf Hitler, Milliardär“, mit dieser Überschrift wies er auf eine „bemerkenswerte ARD-Dokumentation“ hin, die am 28. August 2002 „mit der Propagandalüge vom bescheidenen Staatsmann“ aufräumen würde. Nicht nur extrem falsche Behauptungen, Übertreibungen und Ungenauigkeiten bezeugten, daß er über Quellenkenntnisse nicht verfügte und wie ein Blinder über Farben redete. Hitlers Jahresgehalt als Kanzler bezifferte er beispielsweise mit 29.200 plus 18.000 RM. Tatsächlich waren es 60.000 RM. Die Anzahl der insgesamt verkauften Exemplare von „Mein Kampf“ gab er mit „über sechs Millionen“ an. 9.840.000 Exemplare waren es in Wirklichkeit. Auf weitere Beispiele kann hier verzichtet werden. Der Journalist hatte sich auf die ihm zuvor gezeigte ARD-Sendung berufen, in der zahlreiche Mängel und falsche Angaben einen wesentlichen Teil des Bildes bestimmten.

2 Persönliche Mitteilung des Verlagsleiters Max Amann.

3 Hoffmann erhielt keine Zahlungen für die von ihm gelieferten Vorlagen für die Briefmarken mit Hitlers Kopf.

4 Vgl. Maser, Werner, Hermann Göring, Hitlers janusköpfiger Paladin, Berlin 2000, S. 261.

September 1940: Gruppenfoto in Hitlers Arbeitszimmer in der Reichskanzlei nach der Beförderung von 9 Generälen zu Feldmarschällen: Reichsmarschall Hermann Göring in weißer Uniform neben Hitler. Ganz links Wilhelm Keitel, der Chef des OKW. Jeder von ihnen erhielt eine staatliche Dotation von 250.000 Mark. Mit „Hitlers Geld" hatten diese so wenig zu tun wie die gelegentlichen Zuwendungen an Minister und andere Funktionsträger des Regimes.

Wie die ARD-Fernseh-„Dokumentation" vom 28. August 2002 zu bewerten ist, mag auch die Tatsache bezeugen, daß in ihr mehrfach von Hitlers „Nachlaß" geredet und dabei ein mit der Hand beschrifteter handelsüblicher Pappkarton gezeigt wurde, der Hitlers Nachlaß enthalten sollte. Geöffnet wurde er nicht.

In seinen Testamenten vom 2. Mai 1938 und 29. April 1945 hat Hitler durchaus eindeutig dokumentiert, was es mit seinem Vermögen auf sich hatte. So hieß es beispielsweise in seinem Testament vom 2. Mai 1938: „Mein gesamtes Vermögen vermache ich der Partei. Die mit dem Parteiverlag abgeschlossenen Verträge werden dadurch nicht berührt. ... Über die noch vorhandenen oder künftigen Einnahmen aus meinen Werken verfügt die Partei", was er allerdings durch die Verfügung relativierte, daß seiner Schwester Paula, seiner Halbschwester Angelika und Eva Braun zeitlebens monatlich jeweils 1.000 Mark aus dem Vermögen zu zahlen seien.

Anders sah sein Testament vom 29. April 1945 dagegen aus. Darin fehlen die Forderungen an die NSDAP, den von ihm 1938 genannten Verwandten und eini-

Uebertrag:			RM 57 206.92
Apr.	30.	Maler Mertl	290.--
"	31.	Gehalt E.Br.	450.--
Mai	5.	De Bouche für Hochzeit Müller	400.--
"	9.	Maler Mertl, f.Wasserburgerstr.	100.--
"	"	Lallinger Teilz. " Terrasse	1 000.--
"	14.	Seltsam "	170.--
"	15.	Seethaler,Installt. "	212.13
"	20.	Frohnsbeck,Kunstschlosser	409.15
"	11.	Weinmann,Baugesch. 2.Teilz.	1 200.--
"	19.	Jahns,Ofensetzer	158.--
"	20.	Lallinger, 2.Teilz.	1 000.--
"	31.	Gehalt E.Br.	450.--
Juni	13.	Gobelinversichg.I.Halbjahr 1936	321.--
"		Elektrische Werke Wasserburgerstr.	57.85
"	19.	Gemeinde Umlagen a/Haussteuer	74.40
"	25.	Einrichtung des Telefons	119.61
"	15.	Unsere Rechnung 6118	548.--
"	30.	" " 6133	200.80
"		Gehalt E.Br.	450.--
Juli		Stadthauptkasse f.Wasserburgerstr.	93.--
"	31.	Unsere Rechnung 5327	474.50
"	"	" " 5328	132.--
"	"	Gehalt E.Br.	450.--
Aug.	31.	Unsere Rechnung 7790	167.60
"	"	" " 7791	36.--
"	"	Gehalt E.Br.	450.--
Sep.	20.	Weinmann. Baugeschäft	9.95
"	23.	Lallinger.Restzahlg.	681.66
"	"	Fink. Elektr.Install.	184.75
"		Gehalt E.Br.	450.--
Okt.	31.	Bauer & Co. Zentralheizg.	773.62
"		Maler Mertl	30.--
"		Tapez.Vielberth	19.--
"		Gehalt E.Br.	450.--
Nov.	30.	Install,Fink	37.20
"		Gehalt E.Br.	450.--
Dez.	31.	Gehalt E.Br.	450.--
"		Tippmann für Gemälde	300.--
"		Seltsam Rest f.Wasserburgerstr.	63.15
"		von unserem Ladengeschäft durch Herrn Obergruppenführer Brückner bezogen	6 500.26
			RM 77 120.55
1937			
Jan.	26.	Weinmann,Baugeschäft, Teilzahlg.	800.--
"	"	Wohlfahrtsabgabe Wasserburgerstr.	19.80
"	31.	Gehalt E.Br.	450.--
Feb.	17.	Grundst.Lasten Wasserburgerstr.	37.90
"	12.	O.Seitz Gemälde	1 200.--
"		Petersen, Gemälde	1 000.--
"	28.	Gehalt E.Br.	450.--
März	31.	Gehalt E.Br.	450.--
Apr.	20.	Weinmann, Baugeschäft	138.77
"		Arch. Degano	717.30
		zu übertragen:	RM 5 263.77

Blatt 2 der „Abrechnung" für Hitlers Haus (einschließlich der Gehaltszahlungen für Eva Braun) in der Münchener Wasserburgerstraße 12 (heute Delpstraße) für die Zeit von August 1935 bis 28. April 1937. Gesamtbetrag: 92.736,82 Mark. Das Haus hatte Max Amann als Hitlers „Strohmann" käuflich mit Verlagshonoraren Hitlers erworben, der es Eva Braun überließ. Dieses Haus, das dem bayerischen Staat nach dessen Angaben nach dem Ende des NS-Regimes als Liegenschaft zufiel, benutzte er aus (Miet-) Kostengründen als Dienstgebäude. *Dok..-Kopie: Ilse Braun (verh.: Ilse Fucke-Michels), Schwester Eva Brauns (1965).*

gen namentlich erwähnten engsten Mitarbeitern bestimmte Beträge auszuhändigen. Darin verfügte er: „Was ich besitze gehört[5] – soweit es überhaupt von Wert ist – der Partei. Sollte diese nicht mehr existieren, dem Staat, sollte auch der Staat vernichtet werden, ist eine weitere Entscheidung von mir nicht mehr notwendig. Ich habe in den von mir im Laufe der Jahre angehäuften Sammlungen niemals für private Zwecke[6], sondern stets nur für den Ausbau einer Galerie in meiner Heimatstadt Linz a.d. Donau gesammelt."[7]

Dennoch entschieden das Amtsgericht München am 19. Februar 1960 und das Amtsgericht Berchtesgaden am 25. Oktober 1960, daß sowohl die NSDAP als auch das Dritte Reich seit rund fünfzehn Jahren nicht mehr existierten, daß seiner Schwester Paula – und nach deren Tod den Kindern seiner in seinem Testament von 1938 ebenfalls als Erbin genannten Halbschwester Angelika ⅔ seines Besitzes als Erbe zustünden.[8] Da Hitlers materieller Besitz 1945 von den Siegermächten konfisziert worden war, was jedoch nicht für seine Urheberrechte an „Mein Kampf" und seinen anderen Publikationen zutraf, da das Urheberrecht ein Recht eigener Art ist und nur Kraft eigenen Erbes übertragen werden kann, standen den Kindern Angelikas nach dem Tode Paula Hitlers je 2/6 aus den Honoraren zu, was sie allerdings nicht wahrnahmen[9].

---

5 Sein persönlicher Besitz, das Haus „Berghof" auf dem Obersalzberg, das er letztmals 1944 aufsuchte, wurde am 30. April 1952 auf Anweisung der bayerischen Landesregierung (SPD-Ministerpräsident Wilhelm Hoegner) gesprengt und geschleift. Hitler hatte das Anwesen nach dreijährigen Aufenthalten in Pensionen und Hotels 1927 vom Buxtehuder Fabrikanten und Parteigenossen Otto Winter für monatlich 100 Mark gepachtet und am 26. Juni 1933 gekauft, von 1928 bis 1935 von seiner Halbschwester Angela und danach von „Anny" Winter bewirtschaften und 1933 nach seinen Vorgaben um- und ausbauen lassen. Der „Berghof" entstand zwischen März und Juni 1936. Die Angaben in der „Bilddokumentation Obersalzberg" des Berchtesgadener Plenk-Verlages von 1976 entsprechen nicht den Tatsachen. Dort wird beispielsweise behauptet, Hitlers Schwester „Anna", die es gar nicht gab, habe die zunächst als „Haus Wachenfeld" firmierende Immobilie 1924 erworben und 1927 ihrem Bruder Adolf verkauft. Richtig ist, daß Angela, verwitwete Raubal und Mutter der Hitler-Nichte „Geli" nach ihrer Tätigkeit von 1913 bis 1926 als Vorsteherin eines Wiener Mädchenheims, dort als Wirtschafterin agierte, bis sie 1935 von Hitler entlassen wurde. 1936 heiratete sie den Dresdner Architektur-Prof. Dr. Ing. Martin Hammitzsch, der sich am 12. Mai 1945 erschoß.

6 Daß Hermann Göring seine Kunstsammlung zunächst als Privatsammlung angesehen hatte, empörte ihn, weshalb er deren weiteren Ausbau nur genehmigte, wenn sie nach dem Kriege als öffentliches Museum zur Verfügung gestellt werden würde. Vgl. dazu u.a. Haase, Günther, Die Kunstsammlung des Reichsmarschalls Hermann Göring, Berlin 2000, S. 13f.

7 Vgl. Maser, Hitlers Briefe und Notizen, S.167 und S.215. Einen Teil der alten Meister, so sagte er am 12. April 1942, habe er überwiegend bei der Beschlagnahme jüdischen Vermögens im Reichsgebiet beziehungsweise durch Käufe aus jüdischem Besitz erhalten. Vgl. Picker, Henry, Tischgespräche, Stuttgart 1963, S.277. Hitlers gesamte Kunstsammlung konnte nach der damaligen Währung vorsichtig mit rund 100 Millionen Pfund Sterling geschätzt werden. Für den Ankauf der Kunstwerke für das Museum Linz stand beispielsweise ein „Dankspendenkonto" zur Verfügung, das im Juli 1939 über 44 Millionen Reichsmark verfügte. Im März 1942 waren es zusätzlich 15 Millionen Reichsmark und im August 1944 insgesamt 122.700.000 Reichsmark. Zusätzlich kaufte Hitler von Kunsthändlern und Kunstvermittlern für 164 Millionen Reichsmark Kunstwerke, wobei nicht definitiv feststellbar ist, woher das Geld für diese Ankäufe stammte. Vgl. dazu auch Petropoulos, Jonathan, Kunstraub und Sammelwahn. Kunst und Politik im Dritten Reich, Berlin 1999, S.239 und Simon, Matila, The Battle of the Louvre. The Struggle to save French Art in World War II., New York 1971, S.77. Zur Finanzierung der Kunstsammlung Hitlers vgl. u.a. Haase, Günther, Die Kunstsammlung Adolf Hitler. Eine Dokumentation, Berlin 2002, S.114ff.

8 Vgl. S.34f.

9 Nach Mitteilung des Berchtesgadener Standesamtes vom 19. Januar 2000 hatten Paula und Angelika im April in Hitlers Auftrag je 100.000 Mark erhalten.

Hitler-Testament vom 2. Mai 1938

Mein Testament.

Für den Fall meines Todes verfüge ich:

1.) Mein Leichnam kommt nach München und dort in der Feldherrnhalle aufgebahrt und im rechten Tempel der ewigen Wache beigesetzt. (Also der Tempel neben dem Führerbau) Mein Sarg hat dem der übrigen zu gleichen.

2.) Mein gesamtes Vermögen vermache ich der Partei. Die mit dem Parteiverlag abgeschlossenen Verträge werden dadurch nicht berührt. Über die noch vorhandenen oder künftigen Einnahmen aus meinen Werken verfügt die Partei

3.) Die Partei muss dafür folgende Beträge jährlich zur Auszahlung bringen:

Quelle: Institut für Zeitgeschichte, Aktenhefter Nr. F 19/7.

Seite 2

a.) An Fräulein Eva Braun – München
auf Lebenszeit monatlich 1000 Mark
(eintausend Mark) also jährlich 12 000 Mark

b.) An mein Schwester Angela – Dresden
auf Lebenszeit monatlich 1000 Mark
(eintausend Mark) also jährlich 12.000.- Mark
Sie hat davon ihre Tochter Friedl zu unterstützen.
c.) An mein Schwester Paula – Wien
auf Lebenszeit monatlich 1000 Mark
eintausend Mark) also jährlich 12.000.- Mark.

d.) An meinen Stiefbruder Alois Hitler
einen einmaligen Betrag von 60.000 Mark
sechzigtausend Mark).

e.) An mein Haushälterin Frau Winter
München auf Lebenszeit monatlich
150 Mark (einhundertfünfzig Mark)

f.) An mein alten Julius Schaub
den einmaligen Betrag von 10.000 Mark

Beglaubigte Abschrift.

Berlin W 8
Voßstraße 4
Fernruf Ortsverkehr 12 00 54
Fernverkehr 12 66 21

Kanzlei des Führers
der NSDAP.

Letzter Wille!

Aktenzeichen Da ich in den Jahren des Kampfes glaubte, es nicht verantworten zu können, eine Ehe zu gründen, habe ich mich nunmehr vor Beendigung dieser irdischen Laufbahn entschlossen, jenes Mädchen zur Frau zu nehmen, das nach langen Jahren treuer Freundschaft aus freiem Willen in die schon fast belagerte Stadt hereinkam, um ihr Schicksal mit dem meinen zu teilen. Sie geht auf ihren Wunsch als meine Gattin mit mir in den Tod. Er wird uns das ersetzen, was meine Arbeit im Dienste meines Volkes uns beiden raubte.

Was ich besitze, gehört – soweit es überhaupt von Wert ist – der Partei. Sollte diese nicht mehr existieren, dem Staat, sollte auch der Staat vernichtet werden, ist eine weitere Entscheidung von mir nicht mehr notwendig.

Ich habe in den von mir im Laufe der Jahre angekauften Sammlungen niemals für private Zwecke, sondern stets nur für den Ausbau einer Galerie in meiner Heimatstadt Linz a.d.Donau gesammelt. Dass dieses Vermächtnis vollzogen wird, wäre mein herzlichster Wunsch.

Zum Testamentsvollstrecker ernenne ich meinen treuesten Parteigenossen Martin Bormann. Er ist berechtigt, alle Entscheidungen endgültig und rechtsgültig zu treffen.

Es ist ihm gestattet, alles das, was persönlichen Erinnerungswert besitzt oder zur Erhaltung eines kleinen bürgerlichen Lebens notwendig ist, meinen Geschwistern abzutrennen, ebenso vor allem der Mutter meiner Frau und meinen ihm genau bekannten treuen Mitarbeitern und Mitarbeiterinnen, an der Spitze meinen alten Sekretären, Sekretärinnen, Frau Winter, usw., die mich jahrelang durch ihre Arbeit unterstützten.

Ich selbst und meine Gattin wählen, um der Schande des Absetzens oder der Kapitulation zu entgehen, den Tod.

Es ist unser Wille, sofort an der Stelle verbrannt zu werden, an der ich den größten Teil meiner täglichen Arbeit im Laufe eines zwölfjährigen Dienstes an meinem Volke geleistet habe.

Gegeben zu Berlin, den 29. April 1945 4.00 Uhr

gez. Adolf Hitler

Als Zeugen: gez. Martin Bormann gez. Dr. Goebbels
Als Zeuge: gez. Nikolaus von Below

Kanzlei des Führers der NSDAP

Beglaubigt:
Berlin, den 29. April 1945
(Heinrichsdorff)
Regierungs-Oberinspektor

Quelle: „Schrift- und Bild-Kopie, Literaturbeschaffung", Heinrich Heim, München.

Die Namen der finanzstarken Gönner, Sponsoren und sonstigen Geldgeber, die ihn zeitweilig massiv unterstützt hatten, erschienen weder in seinem privaten noch in seinem politischen Testament. Geheimrat Kirdorf war bereits im Juli 1933 gestorben, Henry Deterding 1938. Hanfstaengl lebte seit 1937 in den USA, Fritz Thyssen, der seit 1949 in Buenos Aires lebte, starb 1951. Albert Vögler hatte sich 1945 das Leben genommen und Gustav Krupp von Bohlen und Halbach, den die Amerikaner in der Nähe von Salzburg interniert hatten, starb 1950 im eigenen Haus in Österreich.

Hitlers persönliches Vermögen basierte primär auf Konsequenzen des Urheberrechts und belief sich am Ende seines Lebens auf rund 9,5 Millionen Mark. Alle anderen Mittel, über die er als Parteiführer und Staatsoberhaupt verfügte, waren Ergebnisse geliehener politischer Macht. Keiner der Diktatoren des 20. Jahrhunderts, weder Hitler noch Lenin, Stalin oder Mao Tse-tung, war Milliardär geworden. Keiner von ihnen war auf sein eigenes Geld angewiesen.

Lenin partizipierte an den 40.480.997,25 Mark, die das Deutsche Reich bis Ende Januar 1918 als „Mittel für russische Propaganda“ an die Bolschewisten überwies.[10] Stalin konnte – ganz nebenbei – auf die 75 Millionen Goldmark zurückgreifen, die der deutsche Außenminister Gustav Stresemann der Sowjetunion 1923 als Kredit einräumte.[11] Mao Tse-tung, seit 1949 Vorsitzender der chinesischen Zentralen Volksregierung und bis zu seinem Tod im Jahre 1976 Staatsoberhaupt und Vorsitzender des Politbüros und des ZK, erhielt 1950 von Stalin einen Kredit von umgerechnet 1,35 Milliarden Mark[12] und stellte hinsichtlich seines Lebenswandels nahezu alles in den Schatten, was die chinesischen Kaiser sich geleistet hatten, obwohl sein Monatsgehalt umgerechnet lediglich 620 Mark betragen hatte.

Milliardär dagegen war – in der zweiten Hälfte des 19. Jahrhunderts – einer geworden, dem Hitler in „Mein Kampf“ vorhielt, zum schweren Schaden des Reiches die „Herrschaft des Geldes“[13] verkannt zu haben. Reichskanzler Otto von Bismarck: Bis 1871 verfügte er als Preußischer Ministerpräsident zwar „nur“ über ein Salär von 15.000 Talern im Jahr, doch die Zuwendungen, die außerhalb dieses Betrages lagen, überstiegen diese Einnahmen um ein Vielfaches. So hatte er nach dem Sieg über Österreich 20 Millionen Taler erhalten, das etwas mehr als 172.400fache des durchschnittlichen Jahres-Pro-Kopfeinkommens von 196 Talern im Jahre 1871 in Preußen. Dem derzeitigen durchschnittlichen Jahres-Pro-Kopf-Einkommen in Deutschland zufolge hätte die Summe dem Gegenwert von rund 2,5 Milliarden Euro entsprochen. Nach dem Sieg über Dänemark, als Abgeordnete des Abgeordnetenhauses nach Artikel 85 der Verfassung lediglich Tagesdiä-

---

[10] Vgl. Maser, Welt am Sonntag vom 15. November 1975, S. 5.
Vgl. Görlitz, Walter, Geldgeber der Macht, S. 65 ff.

[11] Vgl. ebenda, Görlitz, S. 165 ff.

[12] Vgl. ebenda, Görlitz, S. 101 ff.

[13] Hitler, Mein Kampf, S. 256.

ten von 15 Mark erhielten und die Erstattung ihrer Reisekosten zum Parlament in Anspruch nehmen konnten, während den Mitgliedern des Herrenhauses nur freie Eisenbahnfahrten zugestanden wurden, hatte der Preußische König ihm 400.000 Taler zukommen lassen. Seine Einnahmen stiegen bis 1871 (auch auf dem Wege über die für ihn vom Bankier Samuel Bleichröder gekauften Aktien mit jährlichen Renditen von 18 Prozent) beträchtlich. Mit Bleichröders Hilfe erwarb er das Gut Varzin mit 9.200 Morgen Land, einer Ziegelei und einem Kalkwerk. Als Geschenk des Kaisers kam am 21. März 1871, zwei Monate nach der Kaiser-Proklamation in Versailles, der Sachsenwald hinzu (das größte zusammenhängende Waldgebiet Preußens). 1870 hatten die Steuerbehörden Bismarck zunächst in die Steuerklasse 18 eingestuft, was heißt, daß sein Einkommen auf 32.000 bis 40.000 Taler taxiert worden war, wogegen er geharnischten Einspruch erhoben hatte. Die Finanzbehörden setzten seine jährlichen Einnahmen danach auf 24.500 Taler fest. Als er 1890 zurücktrat, besaß er 64.000 Morgen Land mit einem Verkehrswert von damals 6 Millionen Mark. Seine Wertpapiere im Bankhaus Bleichröder wiesen am 31. Dezember 1890 ein Guthaben von 1,216 Millionen Mark aus. 300.000 Mark hatte er seiner Frau Johanna überschrieben, 300.000 Mark seinem Sohn Herbert. Insgesamt betrug sein Vermögen 1890 etwa 8 Millionen Mark, nach heutigem Wert eine knappe Milliarde Euro, fast doppelt soviel wie der Deutsche Bundestag den deutschen Steuerzahler jährlich kostet: ca. 570 Millionen Euro.[14]

Am 8. Juli 1850, kurz vor Beginn seiner Tätigkeit als preußischer Gesandter am Bundestag in Frankfurt, hatte er an Ludwig von Gerlach geschrieben: „Ich habe das Glück oder Unglück bei vielen Leuten für wohlhabend zu gelten, während ich mich, unter uns gesagt, in einer sehr beengten, ich könnte wohl sagen dürftigen Vermögenslage befinde. Das Inventar der Erbschaft meines geliebten Vaters war an nichts reicher als an Gläubigern … und ich bei Eintritt jedes Quartals mich glücklich schätze, wenn ich die Zinsen richtig abführen kann."[15]

---

[14] Maser, in: Union, das Magazin der CDU Deutschlands, Ausg. 7/August 1991, S. 56. Bekäme ein deutscher Bundeskanzler Bezüge in der Höhe, die Bismarck 1871 registrieren konnte, erhielte er jährlich etwa 1.500.000 Euro, monatlich rund 125.000 Euro. Die Bundespräsidenten der Bundesrepublik erhalten bis an ihre Lebensende jährlich 212.240 Euro. Da 2003 neben dem gegenwärtigen Bundespräsidenten auch die ehemaligen Präsidenten Walter Scheel, Richard von Weizsäcker und Roman Herzog bezahlt werden müssen, kostet dies den Steuerzahler 848.960 Euro im Jahr.

[15] Hitler, bis zur Machtübernahme beim Finanzamt München-Ost als „Schriftsteller" registriert, agierte ähnlich wie Bismarck. Obwohl er seit November 1921 Inhaber aller Gesellschaftsanteile am „Völkischen Beobachter" und am Franz-Eher-Verlag war, über zahlreiche Gönner und Spender und darüber hinaus über bemerkenswerte Honorare verfügte, erklärte er beispielsweise gegenüber dem Finanzamt am 19. Mai 1925 (nach seiner Steuerakte beim Finanzministerium München): „Ich habe … kein Einkommen. Ich habe meine Lebenskosten durch einen Bankkredit abgedeckt". Und auch der Mercedes, den er sich 1925 für 20.000 Mark gekauft hatte, sei „mit einem Bankkredit" (ebenda) bezahlt worden. Daß er bereits für die ersten beiden Auflagen seines 1925/26 erstmals erschienenen Buches „Mein Kampf" ein Honorar von rund 216.000 Mark erhalten hatte, gab er nicht an. Nach seinen Steuererklärungen betrugen seine Einnahmen 1925 = 19.843 Mark, 1926 = 15.903 Mark, 1927 = 11.494 Mark, 1928 = 11.818 Mark, 1929 = 15.448 Mark, 1930 = 48.472 Mark, 1931 = 55.132 Mark, 1932 = 64.639 Mark und 1933 = 1.232.335 Mark. Vgl. auch S. 37 und Joachimsthaler, Anton, Hitlers Liste, München 2003, S. 287.

Zu früh geschrieben: Hugh Redwald Trevor-Ropers „Hitlers letzte Tage“

Luis Trenker und Komplizen hatten eigenhändig „Dokumente“ produziert und als authentische Quellen von Eva Brauns Hand ausgegeben. Anders der britische Historiker David Irving, dem die Geschichtsschreibung – im Gegensatz zu Kujau und Trenker – nicht nur einige bemerkenswerte Quellen, nennenswerte Hinweise und Anstöße verdankt, sondern auch Geschichte verfälschende und fälschende Interpretationen und Schlußfolgerungen. Er muß sich nachsagen lassen, gelegentlich sowohl „Quellen“ zu zitieren, die es gar nicht gibt als auch wichtige „Quellen“ und Fakten zu ignorieren. Nicolaus von Below, Hitlers militärischer Adjutant von 1937–1945, überlieferte 1980 beispielsweise: David Irving[1] „hat mich <1975> in Erstaunen versetzt. Ich soll ihm ‚unveröffentlichte zeitgenössische Manuskripte und Briefe zur Verfügung gestellt‘ haben und hätte mich der Mühe unterzogen – neben anderen – ‚viele Seiten‘ seines ‚sich daraus ergebenden Textes durchzuarbeiten‘. Ich erinnere mich zwar an einige Besuche von I., bei denen ich seine Fragen beantwortete. Aber seine weitergehenden Behauptungen muß ich als nicht der Wahrheit entsprechend entschieden zurückweisen.“[2]

Below, ein in jeder Hinsicht unangreifbarer und absolut zuverlässiger Zeuge, berichtete in seinen Erinnerungen, daß er „einen Teil“ seiner Aufzeichnungen bei Kriegsende selbst“ verbrannt habe. „ … für die Verbrennung der auf dem Obersalzberg befindlichen Aufzeichnungen“, ergänzte er, „hat <Konteradmiral Karl-Jesko> Puttkamer Sorge getragen“.[3] Ihm sei, so hob er hervor, „unerklärlich“, wie Irving behaupten könne, daß sich seine Tagebücher „wahrscheinlich in Moskau“ befänden.[4]

Daß das viel gelesene Buch „Hitlers letzte Tage“[5] des Oxford-Historikers Hugh Redwald Trevor-Roper, der von Below auf rund 30 Seiten als Quelle zitiert, gravierende Tatsachenentstellungen enthält, bezeugte Below 1980: „Die <britischen> Vernehmer ließen mich stundenlang stehen und griffen das schon in Iserlohn eingehend erörterte Thema – Hitlers vermeintliche geheime Anordnun-

---

1 Irving, David, Göring, München und Hamburg 1987.

2 Below, Nicolaus, von, Als Hitlers Adjutant 1937–1945, Mainz, S. 11. Im Juli 2001 verlor Irving in London die Berufung in einem von ihm angestrengten Verleumdungsverfahren. Drei Lordrichter lehnten ab, das Verfahren neu aufzurollen, an dessen Ende Irving im Jahre 2000 als „aktiver Holocaust-Leugner, Antisemit und Rassist“ bezeichnet worden war. Er hatte darüber hinaus die Kosten der Verteidigung von umgerechnet sechs Millionen DM zu tragen. Vgl. Mannheimer Morgen vom 21. Juli 2001.

3 Ebenda. S. 10. „Andere schriftliche Unterlagen“, so versicherte er, seien von seiner Frau „beseitigt worden, als sich die britischen Truppen dem Gut ihrer Eltern näherten.“ Allerdings ist Irving (vgl. oben) zu bescheinigen, daß er gelegentlich Dokumente entdeckte, die als verschollen oder als vernichtet galten.

4 Ebenda, S. 10 f.

5 Trevor-Roper, Hugh Redwald, The Last Days of Hitler, London und New York 1947, deutsche Ausgabe: Hitlers letzte Tage, Frankfurt/M. und Berlin 1965.

gen – erneut auf, nur mit dem Unterschied, daß sie mir nun nicht glaubten. Als ich bei der Wahrheit blieb und im guten Glauben und besten Wissens die Existenz solcher Befehle bestritt, verschärfte sich die Tonart, und die Behandlung wurde noch miserabler. Man setzte mich auf noch schmalere Kost, entfernte das spärliche Mobiliar aus meiner Zelle und warf mir nachts eine Decke hinein, in die ich mich zum Schlafen auf dem Boden einrollte. Allerdings dauerte die ‚Nachtruhe' nur vier Stunden. Morgens um 4 Uhr holte der Posten die Decke heraus. Dies dauerte etwa eine Woche, in der ich auch nicht vernommen wurde. Dann führte man mich wieder vor, und ich wiederholte meine Aussage. Einer der Vernehmer, die auf verschiedene Weise aus mir herauszulocken versuchten, was sie hören wollten, war übrigens der britische Historiker Hugh Trevor-Roper.

Mein hartnäckiges ‚Leugnen' hatte zur Folge, daß die Beugehaft fortgesetzt wurde. Dies wurde mir schließlich zu dumm, und ich entschloß mich, einfach, um meine Lage zu verbessern, den Engländern einen Bären aufzubinden. Als ich meine Bereitschaft erklärte, nun ‚wahrheitsgemäß' auszusagen, führte man mich sogar dem Kommandeur des Vernehmungszentrums vor, der mit zwei anderen Offizieren in lächerlich offizieller Form in voller Uniform mit Koppel und Mütze Platz genommen hatte, um die Wichtigkeit seiner Aufgabe – und meiner erwarteten Aussage – zu beweisen. Ich erzählte ihnen, ohne jedoch allzu dick aufzutragen, eine Mischung von Dichtung und Wahrheit. Die letzten Tage im Bunker beschrieb ich dabei so, wie ich sie erlebt hatte. Als ersten Erfolg konnte ich verbuchen, daß meine Zelle wieder eingerichtet wurde. Man brachte Papier und Schreibzeug, und ich legte meine Aussage in zehn Punkten schriftlich nieder. Von da an ließ man mich in Ruhe; ich blieb aber zunächst noch in Einzelhaft. Es hat mir später nicht geringes Vergnügen bereitet, in Trevor-Ropers Buch ‚The Last Days of Hitler' (1947) den Quatsch über Hitlers Auftrag an mich zu lesen, Keitel eine geheime Botschaft zu überbringen."[6]

Nach wie vor aber wird auch von Historikern multipliziert, was „Harenbergs Personenlexikon 20. Jahrhundert. Daten und Leistungen" über Trevor-Roper, der 1979 wegen seiner Verdienste für die Geschichtswissenschaft zum „Sir" ernannt wurde, richtungweisend wie folgt zusammenfaßte: „Großes Aufsehen erregte Trevor-Ropers Buch ‚Hitlers letzte Tage' …, in dem er die von ihm im Auftrag des Intelligence Service geleiteten Nachforschungen über Hitlers Tod zusammenfaßte. Sein Werk war Ausgangsmaterial für alle weiterführenden Untersuchungen."[7]

---

6 Below, Als Hitlers Adjutant, S. 424 f. in Die Zeit vom 2. März 1980.

7 Dortmund 1991, S. 1282. Ähnlich problematisch verhält es sich beispielsweise mit den „Tagebüchern" von Joseph Goebbels, Hrsg. Fröhlich, Elke, München – New York – London – Paris 1987 und Hrsg. Reuth, Ralf Georg, TB-Ausg. von 1992 (München und Zürich). Vgl. dazu Maser, Werner, Hermann Göring, Hitlers janusköpfiger Paladin, Berlin 2000, S. 308 und Roegele, Otto B. in Rheinischer Merkur vom 1. Januar 1988, Fröhlich Elke, ebenda vom 4. März 1988 und Janßen, Karl-Heinz, in Die Zeit vom 2. März 1980.

Spekulations-„Objekt“: Hitlers Nichte Geli Raubal

Zu den Geschichtsfälschungen um Hitler gehören nicht zuletzt auch die viel publizierten und durch vielerlei Spekulationen „ausgeschmückten“ Behauptungen über seinen Anteil am Selbstmord seiner Nichte Geli (Angela) Raubal, die sich in Abwesenheit Hitlers am 19. September 1931 in Hitlers Wohnung am Münchener Prinzregentenplatz mit Hitlers Pistole durch einen Lungenschuß (am Herzen vorbei) das Leben nahm. Noch 1970 verbreitete Ernst Hanfstaengl, (vgl. S. 177 f. in diesem Buch), der sich (als Harvard-Absolvent) von 1923 bis 1933 ständig in der unmittelbaren Umgebung Hitlers befunden hatte, eine Zeitlang sein Auslandspressechef und Intimus gewesen war und Deutschland 1937 „fluchtartig“ nach Amerika verlassen hatte, wo er während des Krieges als „Berater“ seines Freundes Franklin D. Roosevelt fungierte, eine Version, die schon infolge der 1931 durch ärztliche, polizeiliche und zweifelsfreie andere Zeugenberichte bewiesenen Tatsachen als Märchenerzählung hätte charakterisiert werden müssen. In seinen – von zahlreichen Märchen, Legenden, Erfindungen und Fälschungen durchsetzten – Erinnerungen schrieb er 1970: „ … im Frühjahr 1937 <hörte ich> von der geschiedenen Frau von Hitlers Halbbruder Alois, Mrs. Brigid Hitler[1], die

Adolf Hitlers englische Schwägerin Bridget Elizabeth Dowling Hitler, die über Hitler Märchen in die Welt setzte.

[1] Ihr richtiger Name: Bridget Elizabeth Dowling Hitler.

mich in meinem damaligen Emigrantenquartier in London aufsuchte, folgende angeblich familieninterne Version für Gelis Selbstmord: Die von vielen Seiten bestätigte erregte Auseinandersetzung zwischen Hitler und seiner Nichte am Vormittag des 18. September sei durch die Mitteilung Gelis ausgelöst worden, daß sie nach Wien fahren wolle, um dort ihr Gesangsstudium fortzusetzen. Dieser Absicht habe sich Hitler jedoch derart entschieden und inquisitorisch widersetzt, daß Geli schließlich alle Scheu und Vorsicht vergessen und ihm gestanden habe, schwanger zu sein, und zwar von einem jüdischen Maler und Zeichenlehrer aus Linz, den sie zu heiraten gedenke. Das Weitere könne man sich denken: Hochgradige Empörung Hitlers über diese ihm und der Partei angetane ‚Rassenschande', eine vernichtende Strafpredigt, möglicherweise auch Tätlichkeiten. Fazit: Um sich dieser Doppelfolter zu entziehen, sei Geli nur noch der Freitod als Fluchtweg übriggeblieben … Hier ist nicht zu übersehen, daß für eine werdende Mutter, die in allem zuerst und zuletzt an das Wohl und Wehe ihres Kindes denkt, ein Selbstmord so gut wie überhaupt nicht in Frage kommt. Daß Geli wohl nicht zu dem ihr von Hitler suggerierten Selbstmord bereit war, beweist das eingeschlagene Nasenbein, das sich an ihrer Leiche fand."[2]

Fantasiereichen Spekulationen, Vermutungen, Behauptungen und Fälschungen waren seit dem Erscheinen der ersten Presseberichte vom 21. September 1931 Tür und Tor geöffnet. Die Presse konnte Halbwahrheiten als authentische Fakten „verkaufen". Nicht eine Erzählung der Bridget Hitler aus der Zeit nach 1937, sondern ein Bericht der sozialdemokratischen „Münchner Post", die sich schon in den ersten zwanziger Jahren auf Hitler und die NSDAP „eingeschossen" hatte und Hitler sehr oft schlecht aussehen ließ, dürfte die Quelle Hanfstaengls gewesen sein, der als Hitlers Pressechef selbstverständlich alle einschlägigen Presseberichte kannte. Am 23. September 1931 hieß es in der Zeitung: „Selbstmord von Hitlers Nichte … Am Freitag, dem 18. September gab es wiederum einen heftigen Streit zwischen Herrn Hitler und seiner Nichte. Was war der Grund? Die lebhafte 23jährige Musikstudentin Geli wollte nach Wien fahren. Sie wollte sich verloben. Hitler war strengstens dagegen. Die beiden hatten ständige Auseinandersetzungen darüber. Nach einer heftigen Szene verließ Hitler seine Wohnung … Am Samstag wurde berichtet, daß Fräulein Geli erschossen in der Wohnung aufgefunden wurde. Sie hatte Hitlers Pistole in der Hand … Die Nase der Toten war gebrochen … und die Leiche wies andere schwere Verletzungen auf … Herren aus dem Braunen Haus Parteizentrale der NSDAP, Palais Barlow konferierten nach Auffindung der Leiche, was über das Motiv der Tat publiziert werden sollte. Sie kamen überein, daß Gelis Tod als Resultat ihrer frustrierten künstlerischen Hoffnungen hingestellt werden sollte."

2 Hanfstaengl, Ernst, Zwischen Weißem und Braunem Haus. Memoiren eines politischen Außenseiters, München 1970, S. 242.

Nach dem Bericht des Polizeiarztes Dr. Müller[3], der eine Obduktion für überflüssig hielt, hatte es sich eindeutig um Selbstmord gehandelt.[4] Die geschickten Formulierungen Hanfstaengls, der seit 1937 zu den erbitterten Gegnern Hitlers gehörte, dem er Schandtaten jedweder Art andichtete, sollten indes zumindest die Vermutung nähren, daß Hitler Geli Raubal am Tage vor ihrem Freitod geschlagen und ihr dabei das Nasenbein gebrochen habe. Ein Bruch des Nasenbeines wurde jedoch weder vom Gerichtsmediziner Dr. Müller noch von den anderen Personen bestätigt, die mit der Leiche zu tun hatten – wie beispielsweise die Kriminalkommissare Sauer und Forster, die beiden städtischen Leichenwäscherinnen Maria Fischbauer und Rosina Zweckl[5], die Hauswirtschafterin Anna Winter, deren Mann Georg Winter und Xaver Schwarz, der Schatzmeister der NSDAP. Alle Zeugen wiesen darauf hin, daß die Nase der Toten keinerlei Verletzungen aufgewiesen habe.

Daß Geli Raubal, die lange mit Hitlers Chauffeur Emil Maurice (gegen Hitlers entschiedenen Willen) liiert gewesen war, der wegen dieser Affäre von Hitler entlassen wurde, von einem jüdischen Liebhaber schwanger gewesen sein soll, wie Hanfstaengl angab, ist nicht erwiesen. Ihr Bruder Leo Raubal, mit dem sie ständig vertraulich kommunizierte, bestritt energisch, daß sie jemals schwanger gewesen sei.[6]

Trotz allem brodelte die Gerüchteküche vor allem innerhalb der politischen Hitler-Gegner, die ihm unterstellten, seine Nichte geschwängert und sie eventuell auch selbst ermordet zu haben. William Patrick Hitler, der Sohn von Adolf Hitlers Halbbruder Alois Hitler, schrieb am 5. August 1939 (nachdem er in Deutschland lange erfolglos versucht hatte, von seinem Onkel fürs Nichtstun und Schmarotzen[7] bezahlt zu werden) in der französischen Zeitung „Paris Soir" über den

---

3 Selbstmörderbuch der Polizeidirektion München – Pol. Dir. 7856, Nr. 193. Staatsarchiv München.

4 Auskunft Prof. Dr. W. Eisenmengers vom Institut für Rechtsmedizin der Universität München an die Geli-Raubal-Biographin Anna Maria Sigmund, in: Die Frauen der Nazis, Bd. I, Wien 1998, S. 131 ff.

5 Aussagen von Fischbauer und Zweckl im Abschlußbericht der Münchener Polizei. Vgl. auch Sigmund, Die Frauen der Nazis, Bd. I, S. 231, Quellenhinweis Nr. 65.

6 Erklärung Leo Raubals gegenüber dem Autor (1970).

7 Der 1911 geborene William Patrick Hitler hatte in England als Buchhalter in einer Maschinenfabrik gearbeitet, bevor er 1929 seinen Onkel Adolf Hitler während eines Deutschlandbesuches bei seinem Vater Alois Hitler kennengelernt hatte, den er kurz vor Weihnachten 1930 erneut traf und sich von ihm vorhalten lassen mußte, in England Interviews gegeben zu haben, die Adolf Hitler nicht behagten. Als Hitler Reichskanzler war, ließ er seinen Neffen wiederum nach Deutschland kommen, gab seinem Halbbruder Alois 1.500 Mark und riet ihm, sich mit seinem Sohn ein paar schöne Tage zu machen, was auch geschah, wie W.P. Hitler am 5. August 1939 im „Paris Soir" berichtete. Jetzt hoffte W.P. Hitler, sich ein Faulenzerleben auf Kosten seines Onkels leisten zu können, der ihm jedoch energisch nahelegte, „gefälligst zu arbeiten", was der Neffe zunächst bei einer Bank und danach bei der Firma Opel zu tun versuchte. Sein Umgang und sein Verhalten („Ich bin der Neffe des Führers" usw.) mißfielen Hitler, der ihn im Januar 1939 – ohne Abschiedsbesuch – zunächst nach Frankreich gehen ließ. Verbittert schrieb William Patrik dann am 5. August 1939 im „Paris Soir": „Warum läßt der große Mann Deutschlands <Adolf Hitler>, der einen unschätzbaren Reichtum zu seiner Verfügung hat, seine Familie in der größten Armut verkommen … obwohl es genügt hätte, ein Handzeichen zu geben, um die Taschen seiner nächsten Verwandten zu füllen, machte er nicht die geringste Geste."

Tod Gelis, der am 4. Juni 1908 in Wien geborenen Tochter seiner Stieftante Angela Raubal:[8] „Ich sah sie das erste Mal im Laufe des Sommers 1930 bei meinem Aufenthalt in Berlin. Sie sprach zu mir über eine Zeit, (im Leben) der reizenden kleinen Tochter Angelika, die eine tiefe Zuneigung zu ihrem Onkel hatte, und der sie liebevoll ‚Geli' nannte. Ich sah sie ein Jahr später wieder. Dieses Mal war sie in Trauerkleidung. Geli war gestorben. Hatte sich Geli mit einem Revolver erschossen? Oder konnte sie vielleicht gar nicht schießen? Tante Angela war ziemlich aufgewühlt, als sie über die Dinge sprach und über den Prozeß. Eines war sicher: Geli war tot aufgefunden worden mit einem Herzschuß, und das in der Wohnung Adolf Hitlers in München, in der Prinzregentenstraße. Geli erwartete ein Kind. A. Hitler war fast wahnsinnig geworden. Er kochte vor Wut und knallte mit einer Peitsche um sich wie eine rasende Furie. Er hinderte Tante Angela daran, ihre tote Tochter zu sehen. Die Waffe? Es war einer der Revolver von A.H. Tante Angela war zu aufgeregt, um ihre Gedanken zu sammeln. Aber ihr Sohn Leo weigerte sich von dem Tag an, seinen Onkel zu sehen. Er verließ wenig später das Haus und verließ infolge dessen sein Vaterland. War der angebliche Selbstmord vielleicht gar kein Selbstmord?[9] Aber die Dinge wurden begreiflicherweise unterdrückt. Und die wichtigsten Parteimitglieder waren nicht die letzten, die das auf sich nahmen."

Beide, Hanfstaengl und William Patrick Hitler, suchten sich durch die stereotype Wiederholung der „Münchner Post"-Berichte an Hitler zu rächen, ohne sie allerdings als Quelle zu nennen. William Patrick Hitler variierte die Details. Er redete fälschlich von einem „Herzschuß" und von einer sicheren Schwangerschaft („erwartete ein Kind") sowie von einem unüberbrückbaren Zwist zwischen Hitler und Leo Raubal („weigerte sich von dem Tag an, seinen Onkel zu sehen"), der dem Autor indes mehrfach berichtete, daß ihr Verhältnis bis 1943, bis zu seiner Gefangennahme in Stalingrad, äußerst harmonisch gewesen sei.

Daß Erich Fromm[10] sich bei seiner Analyse der Beziehungen Hitlers zu Frauen mehrfach auf Hanfstaengl berief und ihn kritiklos in die Nähe eines Kronzeugen rückte, spricht so wenig für seine Argumente[11] wie ein Großteil seiner psychoanalytischen Hitler-Interpretationen.[12]

---

[8] Angela Raubal (die Mutter Geli Raubals) stammte aus der 2. Ehe des Vaters Adolf Hitlers mit Franziska Matzelsberger.

[9] Auch Konrad Heiden war 1936 plötzlich der Meinung, daß Geli Raubal sich wohl nicht selbst das Leben genommen habe. Vgl. S. 7 seiner Hitler-Biographie von 1936.

[10] Vgl. S.

[11] Fromm, Erich, Anatomie der menschlichen Destruktivität, Stuttgart 1974, u.a. S. 371.

[12] Vgl. S. 99 ff.

Der Neffe Adolf Hitlers, William Patrick Hitler, nach der Vereidigung bei seinem Eintritt in die US-Marine am 3. Juni 1944.

Die „Neue Zürcher Zeitung“ hatte bereits am 10. Februar 1944 nach dem Eintritt des Hitler-Neffen in die US-Marine gemeldet: „Vereinigte Staaten: Ein Neffe Hitlers in der Kriegsmarine. Amtlich wird nunmehr bestätigt, daß ein 33-jähriger Neffe Adolf Hitlers, William Patrick Hitler, zum Dienst in der amerikanischen Kriegsmarine zugelassen worden ist …“

Makabre Sektenvision: Hitler-Klon

Alles, was es an Fälschungen, Lügen und Spekulationen über Hitler seit dessen ersten öffentlichen Auftritten nach dem Ersten Weltkrieg gegeben hat, wurde am Beginn des 21. Jahrhunderts jedoch von der makabren Idee der kanadischen UFO-Sekte „Raelianer", Hitler zu klonen, in den Schatten gestellt. Sektenchef „Rael", ein 1946 als Claude Vorhilon im französischen Vichy geborener einstiger Rennfahrer und Schlagersänger, ließ die von dieser Nachricht geschockte Welt wissen, daß die Tochter der maßgeblichen Sektenchemikerin Brigitte Boisselier aus Versailles bereit sei, den Hitler-Klon zur Welt zu bringen. Daß sich weitere 50 Leihmütter dafür entschieden hätten, den neuen Hitler gegebenenfalls zu gebären, wie Rael-Vorhilon Anfang August 2001 in der Fernseh-Sendung „Kultur-Zeit" des deutschen Senders „3sat" im Rahmen eines Interviews erklärte, sollte bezeugen, wie weit die Vorbereitungen für das Experiment, das beispielsweise Michael Fürst, der Vorsitzende der jüdischen Gemeinden Niedersachsens, als Idee eines wahnsinnigen Mannes bezeichnete, bereits gediehen seien.

Nach russischen Verlautbarungen soll in Moskau Hitler-Erbmaterial (DNA) vorhanden sein (Reste der Schädeldecke und des Kiefers). Dies widerspricht allerdings Stalins einstigen Angaben. Die Getreuen Hitlers (vor allem Heinz Linge und Otto Günsche), die seine Leiche nach dem Selbstmord fanden, aus dem Bunker hinaustrugen, verbrannten und die nicht restlos verkohlten Überreste mit Holzstampfern zerkleinerten, hielten dies ebenso für absolut ausgeschlossen, erachteten diese Verlautbarungen jedoch als eventuelle künftige sowjetische „Propagandamasche" für möglich.

Was die Sekte erwartet, deren geplantes Experiment auch von der angesehenen US-National Academy of Science mißbilligt wird, liegt im Dunkel. Selbst wenn der Moskauer Schädel nachweisbar Hitlers Schädel wäre und das Klon-Experiment[2] gelänge, was wäre damit gewonnen? Für Untaten Adolf Hitlers könnte der Hitler-Klon weder verantwortlich gemacht noch bestraft werden; denn strafrechtlich ist jeder nur für seine eigenen Taten verantwortlich. Hinsichtlich der Entwicklung der im Klon identisch angelegten, genetisch geprägten Psyche ist eine verbindliche Antwort auf die Frage, wie der Hitler-Klon, wenn er denn zur Welt käme, mit seinen Anlagen umgehen würde, dagegen nicht so einfach zu beantworten. Und auch sein äußeres Erscheinungsbild müßte keineswegs mit Adolf Hitlers Aussehen identisch sein. Augen, Nase, Mund und Haut müßten – anders

---

1 Der Vorgang der Verbrennung und der Zerstörung der Hitler-Leiche wird ausführlich dargestellt in Maser, Hitler, S. 530 ff. Vgl. auch Trevor-Roper, S. 193. Der sowjetische Geheimdienst stützt(e) sich vor allem auf die Aussagen des 60 Meter vom Verbrennungs- und „Beerdigungsvorgang" entfernt gewesenen SS-Wachtpostens Harry Mengershausen von der SS-Kampfgruppe Mohnke. Vgl. Maser, Hitler, S. 530 und hier S. 456.

2 Ein Ende Dezember 2002 nach Angaben der Sekte geborenes erste Klon-Baby namens „Eve" (Adam und Eva oder Adolf Hitler und Eva?) erwies sich schließlich als PR-Aktion der Sekte.

als die im Klon vorgegebenen Neigungen und Abneigungen – durchaus nicht mit dem Ende April 1945 durch Selbstmord aus dem Leben geschiedenen Original identisch sein.

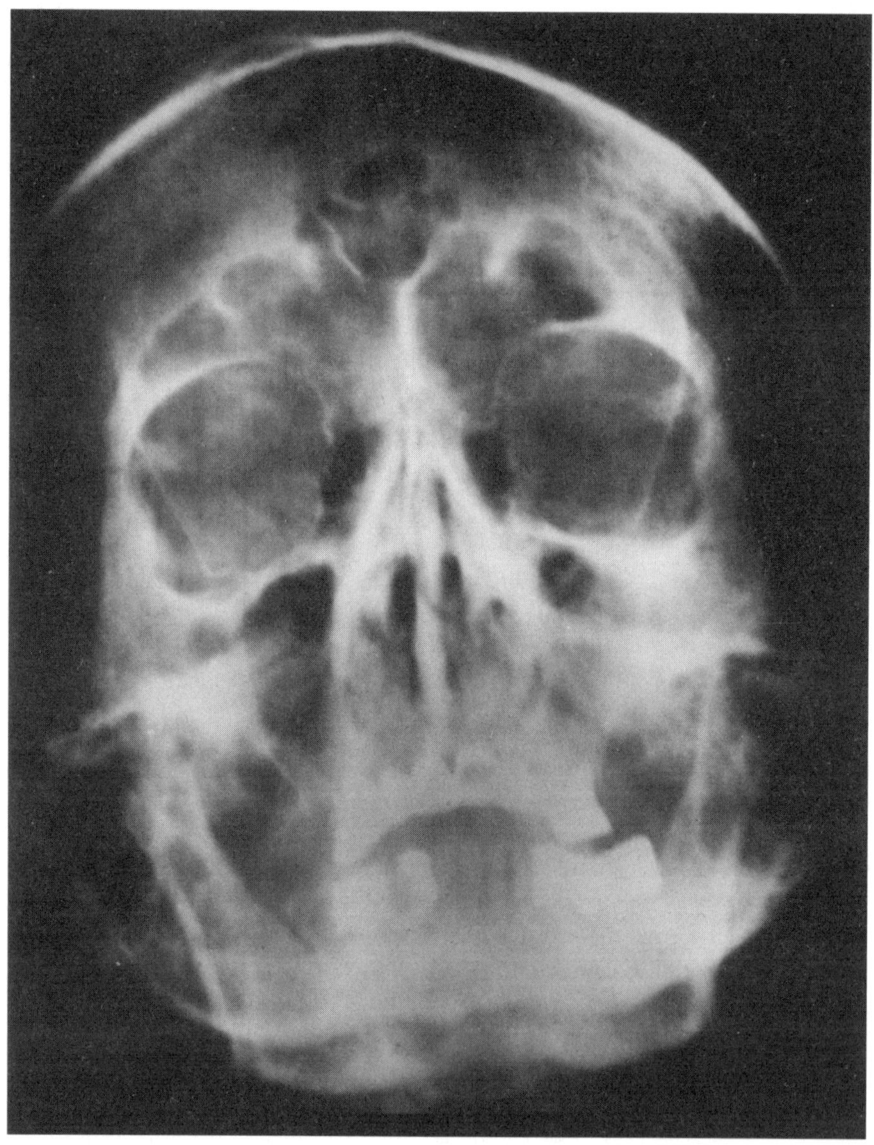

Röntgenaufnahme von Hitlers Kopf nach dem Stauffenberg-Attentat vom 20. Juli 1944. Die Aufnahme befand sich in der Morell-Akte. Vgl. S. 427 ff.

Absurdes Fantasieprodukt: Lothar Machtans „schwuler“ Hitler

Veröffentlichen Laien Bücher über Geschichte oder deren Exponenten, erwartet der sachkundige Leser nicht, womöglich mit neuen Erkenntnissen konfrontiert zu werden. Da Jesus und Hitler nach einem „Diktum“ eines renommierten amerikanischen Verlegers jedoch „niemals sterben dürfen“, weil mit ihrer Geschichte besonders gute Geschäfte zu machen seien, fühlen sich nicht nur Fachhistoriker angesprochen, die ohnehin seit Jahr und Tag über Hitler und die NS-Zeit forschen, jeweils bislang noch nicht präzisierte wichtige Details und Zusammenhänge zu entdecken und zu definieren. Da sie die inzwischen Legion gewordenen nachgewiesenen Einzelheiten kennen, wird ihr Engagement zwangsläufig vom Forschungsstand, der Quellenlage und den vorliegenden seriösen Fachpublikationen bestimmt, die den Laien unbekannt sind, was häufig zur Folge hat, daß sie mit Pamphleten über Hitler und das NS-Regime an die Öffentlichkeit treten, die nicht das bedruckte Papier Wert sind. Doch dieser Vorwurf kann nicht nur diese Amateurhistoriker und ihre Verleger treffen. Auch bestimmte Fachhistoriker reihen sich gelegentlich mit absurden Fantasieprodukten in den Kanon jener Erzähler ein, wie es 2001 der nach dem Zweiten Weltkrieg geborene 52-jährige Bremer Privatdozent Lothar Machtan mit seinem vom Berliner Alexander Fest Verlag mit dreisten Werbesprüchen angekündigten Buch „Das Doppelleben eines Diktators“ tat, womit er Adolf Hitler meinte, den er auf 464 Seiten als Homoerotiker darstellte.[1] Da war von „neuen Dokumenten“ und von „bislang unbeachtetem Material“ die Rede, die „uns“ zwängen, „das Leben des deutschen Diktators neu zu sehen.[2] Daß nichts davon den Tatsachen entsprach, war für den Fachhistoriker auf den ersten Blick zu erkennen.

Machtan konstruierte ein Bild, das sich aus Schnipseln, Nebensätzen, Erzählungen, Spekulationen, Mutmaßungen, Unterstellungen, Konstruktionen, Behauptungen und kolportierten Darstellungen aus dritter und vierter Hand zusammensetzte.

Einer der wichtigsten „Zeugen“ Machtans war ein Mann namens Hans Mend, der während des Ersten Weltkrieges in Flandern im bayerischen Infanterie-Regiment List – wie Hitler als Melder – gedient hatte. Mend, ein 1888 in der Nähe von Rothenburg ob der Tauber geborener Bauernsohn, der zeitlebens weder fehlerfrei schreiben noch lesen konnte und von 1918 bis 1942 Gerichte, Gefängnis, Zuchthaus und Konzentrationslager nicht nur von außen kannte, mutierte dank Machtans Geschichtsdarstellung zum Chronisten für die deutsche Geschichte.

1 Machtan, Lothar, Das Doppelleben eines Diktators, Berlin 2001, fortan zit. als Machtan.
2 Unmittelbar vor der Veröffentlichung (zur Buchmesse 2001) publizierte Werbesprüche des Verlages.

Gefängnis- und Zuchthausstrafen für Diebstähle, Betrug, Sittlichkeitsverbrechen und Urkundenfälschung hatten dem zeitweise als Roßtäuscher, Pferdehändler und Bilderverkäufer vagabundierenden, unruhevollen[3] Gauner im Laufe der Zeit von 1919–1942 seine „Karriere“ gesichert. Schon 1919 war er in München zu einer Gefängnisstrafe und zur Ausweisung aus der bayerischen Hauptstadt verurteilt worden, was ihn jedoch nicht dazu bewog, seine Ganoven-Laufbahn[4] zu beenden. Im Sommer 1921 stand er in Nürnberg, wohin er nach der Ausweisung aus München gegangen war, wegen Diebstahls vor Gericht und wurde vom Landgericht Ansbach – im August 1921 wegen eines Eigentumsdeliktes – in die Haftanstalt Liebenau eingewiesen, wo er bis Mai 1923 einsaß. Nach Aufenthalten als Jockey in Amsterdam und Brüssel fand er sich wieder in München ein, wo er 1930 erneut wegen Urkundenfälschung verurteilt wurde.[5]

Doch auch nach 1933 änderten sich seine Lebensverhältnisse – nach einer kurzen Zwischenphase – nicht. Nach dem Ende einer KZ-Haft am 24. Dezember 1938 – und der Zeit zwischen weiteren Aufenthalten in Haftanstalten – avancierte er letztlich zum „Chronisten“ für Widerstandskämpfer, die nach negativen Fakten in Hitlers Vergangenheit fahndeten. Er lieferte sie ihnen in der Weise, wie sie gewünscht wurden.[6]

Obwohl Machtan diese Fakten bekannt waren, zitierte er Mend auf insgesamt 40 Seiten[7] als zuverlässige Quelle und Kronzeugen.

Mend, den sein einstiger Kriegskamerad Hitler bereits vor dessen Münchener Putsch vom November 1923 mit einigen Hundert Mark unterstützte, hatte zunächst 1931 in Diessen vor München eine – von Ghostwritern verfaßte – Propagandaschrift „Adolf Hitler im Felde. Von Hans Mend, dem Schimmelreiter des List-Regiments“ erscheinen lassen, in dem Hitler als Frontsoldat gelobt, als besonders tapfer und kameradschaftlich geschildert wurde, was Mend dank der anfänglichen Unterstützung durch NSDAP-Stellen die Möglichkeit geboten hätte, ein normales bürgerliches Leben zu führen. Doch er blieb bis zu seinem Tod im Februar 1941 in der Strafanstalt Zwickau, wo er wegen verschiedener Sittlichkeitsverbrechen[8] an Frauen einsaß, ein seit Ende 1936 als zu „Triebhandlungen

---

3 So wechselte er in München allein von 1930 bis 1933 achtmal seine Wohnung.

4 Aktenbestände im Staatsarchiv München, Staatsanwaltschaften, Nr. 9959 und 34513 sowie Kriegsstammrollen 13184/6046 und 3040/737 im Hauptstaatsarchiv München, Ab. IV.

5 Max Amann, der während des Ersten Weltkrieges als Hauptfeldwebel sowohl Mends als auch Hitlers Vorgesetzter war und beide sehr gut kannte, erklärte in einem Schreiben vom 26. März 1935, daß Hitler Mend „für einen ausgemachten Halunken“ hielt. Bundesarchiv Koblenz, NS 10/173.

6 Persönliche Auskunft von Prof. Dr. Friedrich Alfred Schmid Noerr vom 1. April 1967. Schmid Noerr war aktives Mitglied der Widerstandsbewegung und arbeitete 1937/38 im Auftrage Becks einen Entwurf für eine Deutsche Reichsverfassung aus. Nach eigenen Angaben (1. April 1967) hat er über Mittelsmänner wie z.B. den Journalisten Walter Kleffel, einen Freund Mends, einiges über Mends Leben und Treiben erfahren. Die Angaben Mends, an den Schmid Noerr sich 1939 nach Mends Entlassung aus dem KZ wandte, nahm er nicht als authentische Tatsachenschilderungen hin (Pers. Auskunft vom 1. April 1967).

7 Vgl. Machtan, S. 81–121.

8 Am 27. Oktober 1936 war er wegen „Kinderschändung“ (die er zeitlebens abstritt) bereits zu zweieinhalb Jahren Zuchthaus und drei Jahren Ehrverlust verurteilt worden.

neigender Psychopath“[9] abgestempelter „Ausgestoßener“, der nach anfänglichen guten Zeiten nach 1933 – nicht ohne eigenes Verschulden – schließlich als Schutzhäftling, Gefängnisinsasse, KZ-Häftling und Zuchthäusler unter anderem in Straubing, in München, Brual-Rhede, Esterwegen und Zwickau vegetieren mußte.

Zwar hatte der nicht bodenständige, doch bauernschlaue Bauerssohn bereits in den frühen 20-er Jahren nach dem Ende des Krieges, in denen sein einstiger Kriegskamerad Adolf Hitler seine vorerst in Bayern viel diskutierte Politikerkarriere begann, rasch erkannt, daß er im Sog der Ereignisse dadurch würde profitieren können, daß er als Zeuge für dessen unantastbare Vergangenheit auftrete. Er verkaufte Fotos aus dem Felde, auf denen Hitler, er und andere Frontsoldaten harmonische Einheit exemplifizierten. Und er kolportierte Heldentaten Hitlers und vertrieb einige der von Hitler gemalten Bilder. Doch seiner Bauernschläue fehlte die intellektuelle Grenzziehung innerhalb der Kolportage, was sie nicht selten ins Gegenteil umschlagen ließ – und ihm gravierende Probleme bereitete.

Mend stritt zwar ab, aus der Tatsache, daß er während des Ersten Weltkriegs Hitlers Kriegskamerad gewesen war, Geld habe „herausschlagen“[10] wollen, doch sein Verhalten bezeugte durchweg das Gegenteil. Anfänglich geschah dies durch Anbiederungen an Hitler und die NSDAP, danach – als Folge eigener Fehlgriffe, falscher Lageeinschätzungen und von Delikten und Vergehen, die (in einigen Fällen nicht nur) das NS-Regime als strafwürdig ansah – durch das Gegenteil. Sein Ende in der Zwickauer Strafanstalt und die vorausgegangenen negativen Geschehnisse jedoch als Beweise dafür zu sehen, daß er womöglich öffentlich über eine Homosexualität Hitlers hätte berichten können, wie es bei Machtan durchweg mit absonderlichen Methoden[11] geschieht, ist absolut abwegig.

Wo immer es sich für Machtans Faktenkonstruktion und Manipulation als nützlich erwies, unterschlug er tatsächliche Fakten, die zumindest jeder Fachhistoriker kennen muß. So orakelte er auf Seite 22 beispielsweise: „Überhaupt ist auffällig, daß <Rudolf> Diels <der Begründer der Gestapo und Manager der ersten Konzentrationslager> in den Memoiren[12] mit keinem Wort auf die Frage eingeht, wie er denn als überzeugter Republikaner so schnell zu einem vertraulichen Umgang mit Göring und, mehr noch, Hitler kommen konnte.“ Ein Hinweis darauf, daß Hermann Göring Diels’ Schwager (später Ex-Schwager) war[13], hätte diese Frage überflüssig erscheinen lassen, doch Machtan spekulierte auf homosexuel-

[9] Zit. nach dem kriminalbiologischen Gutachten von Dr. Riedl vom 14. Januar 1941. Staatsarchiv München, Staatsanwaltschaften, Nr. 9959.

[10] Mend in einem Schreiben vom 15. März 1935 an Martin Bormann. Bundesarchiv Koblenz, NS 10/173.

[11] Machtan spekuliert in bestimmten Fällen derartig augenfällig, daß selbst seine authentischen Berichte zu Fragwürdigkeiten werden. Was er jeweils eingangs beispielsweise als „möglich“ oder „wahrscheinlich“ darstellt, erscheint einige Seiten danach durchweg meist als ausgewiesene Tatsache.

[12] Diels, Rudolf, Lucifer ante portas … es spricht der erste Chef der Gestapo …, Stuttgart 1950.

[13] Vgl. Maser, Werner, Hermann Göring, Hitlers januskopfiger Paladin, Berlin 2000, S. 69 f., 181, 275.

le Hintergründe, die es auch da nicht gab. In nicht wenigen Fällen zeigte sich, daß der Autor weder über die Quellenlage noch über den Forschungsstand hinreichend informiert ist. So wertet er beispielsweise Hermann Rauschnings „Gespräche mit Hitler“[14] aus, die bereits in den 70-er Jahren als aus Hitler-Reden, überlieferten Äußerungen und „Mein Kampf“-Zitaten zusammengestellte angebliche Hitler-Feststellungen in (niemals stattgefundenen) gemeinsamen Gesprächen entlarvt wurden. Ebenso nahm er ahnungslos – oder absichtlich – die fantasievollen Erzählungen Walter C. Langers als zuverlässige Quellen, der dem amerikanischen Geheimdienst 1943 Informationen für ihre psychologische Kriegführung gegen Deutschland geliefert und sich dabei gelegentlich auch auf Rauschnings Plagiate gestützt hatte.[15]

Das von Machtan mit „Kamerad Hitler“ überschriebene Kapitel über Mend ließ Machtan wie folgt beginnen: „Im September 1948 erreichte den deutschen Diplomaten Werner Otto von Hentig ein eingeschriebener Brief aus London. Er enthielt ein ‚Hitler-Dokument‘, das erst vier Jahrzehnte später zusammen mit anderen Unterlagen aus Hentigs Nachlaß an das Institut für Zeitgeschichte in München gelangen sollte. Das Anschreiben, mit dem ein gewisser Helge Knudsen das Dokument damals an Hentig versandt haben wird, ist nicht erhalten, und auch sonst findet sich kein Hinweis auf die Quelle. Liegt das womöglich an der Brisanz dieses Schriftstücks? Denn brisant ist es tatsächlich, weil hier ein ehemaliger Kriegskamerad Adolf Hitlers namens Hans Mend so offen über den Diktator herzieht, daß es dem Leser noch heute die Sprache verschlägt.“ Und weiter: „Womöglich war Hentig einer jener ‚deutschen Diplomaten‘, die dem Historiker Werner Maser versicherten, daß das ‚Mend-Protokoll‘[16] , eine wesentliche Rolle‘ für den deutschen Widerstand gegen Hitler gespielt habe, aber ‚namentlich nicht genannt zu werden wünsch(t)en‘ … Wir wissen jetzt, daß der historisch-politische Stellenwert des ‚Mend-Protokolls‘ nicht eben gering zu veranschlagen ist. Personen von Rang und Namen haben seinen Inhalt für glaubwürdig gehalten und es eben deshalb in Umlauf gesetzt; wahrscheinlich war es sogar eines jener Dossiers, das die Oppositionsgruppe innerhalb der Abwehr ihrem ‚konspirativen Aktendepot‘ zuführte, um Hitler im Falle einer Festsetzung den Prozeß machen zu können.“[17]

Daß Mend in eben diesem – 1939 von einem Mitglied der Widerstandsbewegung niedergeschriebenen – „Mend-Protokoll“[18] einige seiner früheren negativen Äußerungen über Hitler wieder in Frage stellte, ist seit Jahr und Tag bekannt.[19]

---

[14] Rauschning, Hermann, Gespräche mit Hitler, unveränderter Neudruck, Zürich 1940.

[15] Langer, Walter C., Das Adolf Hitler-Psychogramm. Eine Analyse seiner Person und sein Verhalten, verfaßt 1943 für die psychologische Kriegführung der USA, Wien, München, Zürich 1973.

[16] Mend-Protokoll, Hauptstaatsarchiv München, Abt. IV, HS 3231.

[17] Machtan, S. 81 f.

[18] Vgl. S. 204 ff.

[19] Vgl. zum Beispiel: Toland, John, Adolf Hitler, Bergisch Gladbach 1977, S. 1141, Anm. 41.

In Mends Propagandaschrift „Mit Adolf Hitler im Felde“ von 1931 hatte es noch geheißen: „In Schwabmünchen sah ich Adolf Hitler <1914> zum erstenmal. Ich kannte ihn nicht, er ist mir jedoch beim Vorübergehen durch seinen energischen Blick und sein besonderes Wesen aufgefallen. Ich hielt ihn für einen Akademiker, deren so viele dem Regiment ‚List‘ angehörten.“[20]

Nach den Zwangsaufenthalten in traditionellen Haftanstalten und im KZ, aus dem er auf Grund eines „Gnadenerweises“ am 24. Dezember 1938 entlassen wurde[21], sah Mend, der einstige Rekrutenausbilder Hitlers, seinen ehemaligen Kriegskameraden anders. So behauptete er beispielsweise im „Mend-Protokoll“: „Inzwischen hatten wir Hitler näher kennengelernt. Wir bemerkten, daß er niemals eine Frau anschaute. Er stand bei uns gleich anfangs im Verdachte der Homosexualität, denn er war sowieso als abnormal bekannt. Er war äußerst exzentrisch und zeigte in dieser Richtung weibische Züge. Er hatte nie ein festes Ziel und keinerlei feste Überzeugungen. – Es war 1915, wir lagen damals in der Brauerei Le Fèbre bei Fournes. Wir hatten Heulager. Hitler lag mit ‚Schmidl‘, seiner männlichen Hure, nachts zusammen. Wir hörten ein Rascheln im Heu. Darauf knipste einer seine elektrische Taschenlampe an und brummte: ‚Da schaut einmal die zwei schwulen Brüder.‘ Ich selbst interessierte mich für diese Sache nicht weiter.“[22]

Allein schon dieses Beispiel exemplifiziert, wessen Geistes Kinder hinter den diffamierenden Erzählungen standen, die sich allerdings ebensogut wie die auch auf Mends Erfindung zurückgehende Behauptung von 1939 über den angeblichen „Teppichbeißer“ Hitler für eine Anti-Hitler-Propaganda verwenden ließen.

---

20 Maser, Hitler, S. 129.

21 Bundesarchiv Koblenz, NS/26/64. Vgl. auch Maser, Hitler, S. 142 f.

22 Hauptstaatsarchiv München, Abt. IV, HS 3231.

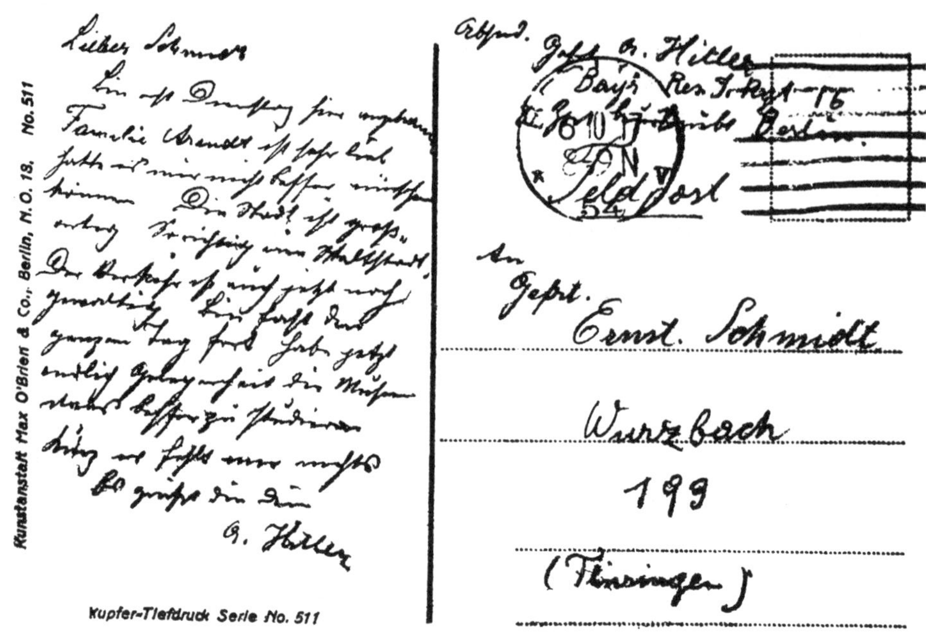

Feldpostkarte Adolf Hitlers vom 6. Oktober 1917 an seinen Kriegskameraden Ernst Schmidt, die keinerlei Mutmaßung über eine homosexuelle Beziehung der beiden Männer zuläßt. *(Bundesarchiv Koblenz, NS 26/17A)*

Lieber Schmidt

Bin erst Dienstag hier angekommen
Familie Arendt ist sehr lieb,
hätte es mir nicht besser wünschen
können. Die Stadt ist groß-
artig. So richtig eine Weltstadt.
Der Verkehr ist auch jetzt noch
gewaltig. Bin fast den
ganzen Tag fort. Habe jetzt
endlich Gelegenheit die Museen
etwas besser zu studieren.
Kurz: es fehlt mir nichts.
Es grüßt Dich Dein
A. Hitler

Ein Auszug aus dem „Mend-Protokoll"

„Hitler konnte es bei keiner Gelegenheit unterlassen, bei den Kameraden politische Hetzreden zu halten. Er bezeichnete sich stets als einen Vertreter des ‚klassenbewußten Proletariats'.[23] Wenn er sich sicher glaubte, sprach er von seinen Vorgesetzten als von dem ‚arroganten Offizierspack', nannte sie ‚Raubritter', ‚Wegelagerer von Adel' oder ‚ausbeuterische bürgerliche Klique'. Äußerungen wie die folgende: ‚Diese Schweine liegen auf Rosshaarmatratzen, und wir können Rossfleischsuppe fressen', gehörten zu seinen oft wiederholten Tiraden ... Ende 1918 traf ich Adolf Hitler wieder. Ich begegnete ihm am Marienplatz in München, wo er mit seinem Freund, dem ‚Schmidl', zusammenstand. Er begrüßte mich mit den Worten: ‚Na, Schimmelreiter, wo kommst denn du her? Gott sei Dank, daß die Königskronen vom Baum gefallen sind. Jetzt haben wir Proleten auch was zu sagen.' Hitler lebte damals im Obdachlosenasyl in der Lothstraße 29 in München[24]. Bald darauf flüchtete sich Hitler, nachdem er mehrere Tage bei mir in meiner Wohnung kampiert hatte, wegen Nahrungsmangels in die Kaserne nach Traunstein. Es gelang ihm, mit Hilfe seines E.K. I und seiner geläufigen Suada sich hier, wie in Zukunft öfters, seinen Weg zu bahnen. Auf die Tatsache, daß er im Lauf des Jahres 1915, als das List-Regiment furchtbar dezimiert war, zusammen mit allen damals Überlebenden ohne Ausnahme zum Gefreiten befördert worden war, legte er weniger Gewicht. Denn es war doch auffallend, daß ein Mann, der den Weltkrieg von Oktober 1914 an bis zu seinem Ende mitgemacht hatte, ohne weitere Beförderung geblieben war.[25] Im Januar 1919 habe ich Hitler bei der Zeitungsfrau am Marienplatz wieder getroffen. Ich mußte mich seiner schämen, so herabgekommen stand der ‚rote Hitler' vor mir. ... Dann, eines Abends, saß ich mit einem Mädel im Kaffee am Rathaus. Da kam der ‚Adi' mit seinem Freund Ernst Schmid[t] ... herein. Hitler sprach mich an: ‚Servus Schimmelreiter, weißt du keine Wohnung für uns beide?' Damals bot ich ihm aus Barmherzigkeit ein Nachtquartier bei mir an. Mein Mädel sagte dann zu mir: ‚Wenn du mit solchen Leuten Verkehr hast, dann gehe ich nicht mehr mit Dir.'

Ich hörte dann davon, daß Hitler als Redner öffentlich auftrat. Das erste Mal habe ich ihm heimlich, um ihm nicht zu begegnen, in Geiselgasteig zugehorcht. Das war Anfang 1920. Dann habe ich ihn auch im Zirkus Krone und in verschiedenen Bierkellern reden hören. Da sagte ich zu mir: aha, jetzt redet der Hitler ja schon ganz anders. Adi hat die Farbe gewechselt, der rote Bursche![26]

Eines Tages im Januar 1920 kam dann Hitler zu mir in meine Wohnung in der Schleißheimer Straße und klagte, er könne nicht nach Hause. Auf die Frage nach dem Grund gab er keine Antwort. Mir war es auch gleichgültig. Ich sagte zu ihm: ‚Also

23 Tatsache dagegen ist, daß Hitler sich niemals als Proletarier gefühlt – oder gar – bezeichnet hat. Diese Propagandaversion des „Protokolls" ist durch keine einzige Primärquelle zu belegen.

24 Hitler, der bis März 1920 Soldat war, hat niemals im Münchener Obdachlosenasyl in der Lothstraße 29 gewohnt. Seit dem 21. November 1918 hielt er sich in der Kaserne des I. Ersatz-Batls. des 2. Bayer. Inf.-Rgts. auf. Vgl. Kriegsstammrolle der 7. Komp. I. Ers. Batl. 2. Bayer. Inf. Rgts, Bd. XXII, Bundesarchiv Koblenz NS 26/12, Bl. 249. Lfd. Nr. e 7111. Weitere Quellen, Maser, Hitler, S. 138.

25 Hitler, der als „Ausländer" (Österreicher) in der deutschen Armee seinen Frontdienst versah und erst im Februar 1932 deutscher Staatsbürger wurde, konnte während des Weltkrieges hinsichtlich Beförderungen nicht mit gleichen Maßstäben gemessen werden wie seine deutschen Kameraden, obwohl er mehrfach wegen Tapferkeit ausgezeichnet wurde. Vgl. Maser, Hitler, S. 136 ff.

26 Mit dieser Darstellung sollte offensichtlich demonstriert werden, daß Hitler doppelzüngig redete, nicht zuverlässig sei und „zwei Gesichter" hätte.

schläfst du eben bei mir.' ... Er blieb ein paar Tage bei mir. ... Aber Hitler konnte sich in München nicht halten. Er fuhr zu Jakob Weiss nach Abens in der Holledau ..., der ihn dann in sein Elternhaus führte und ihn abfütterte. – Dieses haltlose Umherirren führte Adolf Hitler endlich auch zu General Epp...

Mein Eindruck von Adolf Hitler in dieser ersten Münchner Zeit nach dem Krieg bestätigte durchaus meine Erfahrungen, die ich im Feld unzählige Male mit ihm gemacht habe. Hitler erschien mir wie ein tausendblättriges Buch. Hitler hat stets zwei Gesichter gehabt.[27] Er war die Scheinheiligkeit in Person. Das eine Gesicht zeigte den eifrigen Wichtigtuer vor den jeweiligen Vorgesetzten und, wenn es sein mußte, auch vor den Kameraden. Es war ganz gewöhnlich, daß, wenn Hitler hinten in Ruhestellung oder beim Stab davon hörte, daß vorne irgendein Erfolg errungen war, erregt unter die Leute stürzte, mit den Armen fuchtelte und schrie: ‚Wir haben gesiegt! Wir habens den Franzosen (oder Engländern) wieder einmal gegeben!' Aber er war auch immer der bei den Vorgesetzten sich einschmeichelnde Denunziant, sobald ein Vorteil für ihn dabei heraussprang. Die Kameraden hüteten sich deshalb vor ihm. [...] Hitlers anderes Gesicht war das eines heimlichen finsteren Verbrechers. Seine ganze Haltung war die eines rücksichtslosen Menschen, der versteht, sich in eine Gloriole zu hüllen. Er war, seit ich ihn kenne, kein guter, aber ein großer Schauspieler. Keinem Wort, das er sprach, war zu trauen. Er log mit jedem Wort, handelte stets anders, als er sprach. ...

Als Hitler im Winter 1918 nach München zurückkam, bemühte er sich ununterbrochen um eine führende Stellung bei den Kommunisten. Er konnte aber bei der Münchner Leitung der Kommunistischen Partei nicht unterkommen, obwohl er sich ultraradikal gab. Da er aber sofort eine Bonzenstellung in der Partei verlangte, wobei er nichts hätte zu arbeiten brauchen – denn das war immer sein Ziel –, so stieß er bei den Kommunisten trotz seiner Todfeindschaft gegen alle Besitzenden auf Mißtrauen. Er wurde hingehalten, vielleicht hielt er sich von einem gewissen Zeitpunkt ab auch für kommunistisch bespitzelt. Jedenfalls ging er dann zur Rache zu dem Freikorps Epp, wo er auf Grund seines E.K. I bei Epp Vertrauen fand. Epp beauftragte ihn zunächst mit der Stimmungsmache bei den Soldaten und bezahlte ihn dafür. Bald konnte er sich als ‚Instruktionsoffizier' bezeichnen.[28] In dieser Eigenschaft besuchte er nachts allerlei Lokale und stieß bei dieser Gelegenheit auf Anton Drexler. ... Alsbald drang Hitler in die Drexler-Partei ein und bekam die Parteinummer 1512.[29] Aber sogleich machte er sich an die Zerschlagung dieser Partei, indem er den Sekretär Drexlers, einen gewissen Harrer, der völligen Unfähigkeit bezichtigte und zur Seite drängte. Drexler, dem jede Streiterei verhaßt war, wich aus Schwäche vor Hitler zurück. Hitler ließ da sogleich seine später so oft erfolgreich angewandte Einbrechertaktik spielen, indem er den Fuß zwischen eine geöffnete Tür klemmte und nicht eher nachgab, bis er hinter dieser Tür stand. So gelang es ihm, die Drexler-Partei zu sprengen; und mit sieben Mann hat er dann den eigenen Laden aufgemacht."[30]

---

[27] Zweifelsfrei sollte mit den Darstellungen, die von propagandakundigen Protokollanten zu Papier gebracht wurden, davor gewarnt werden, Hitlers Reden für bare Münze zu nehmen – und ihm überhaupt zu trauen.

[28] Daß Hitler in der Eigenschaft als „Bildungsoffizier" (nicht als „Instruktionsoffizier") „nachts allerlei Lokale" aufsuchte, ist frei erfunden und bezeugt, daß weder Mende noch seine Protokollanten mit den tatsächlichen Details vertraut waren. Hitler redete jeweils lediglich vor versammelten Soldaten aller Dienstgrade.

[29] Auch die Behauptung deckt sich nicht mit den Tatsachen. Hitler erhielt als Mitglied der DAP (später NSDAP) die Mitglieds-Nr. 555. Vgl. das Dok. S. 19.

[30] Hauptstaatsarchiv München, Abt. IV, HS 3231.

Machtans Feststellung, daß „Mends Hitler-Porträt … an … Direktheit nichts zu wünschen“[31] übrigließe, ist zuzustimmen, soweit es die Sprache betrifft. Hinsichtlich des Wahrheitsgehaltes indes handelte es sich um zielgerichtet kalkulierte Propagandavorgaben, die auf Halbwahrheiten, Wünschbarkeiten, Lügen und Behauptungen basierten, was Machtan nicht erkannt zu haben scheint.

In diesem Zusammenhang wird der Einfluß der „Protokollanten“ besonders deutlich, die „Mein Kampf“ (S. 22 f.) als Quelle verwendeten und Hitlers Darstellung von 1925 instrumentalisierten. Tatsache ist, um an dieser Stelle auf die „Mend“-Behauptung über Hitlers angeblichen Versuch einzugehen, sich den Kommunisten anzuschließen, daß Hitler sich vom 7. März 1919 bis zu dem Tage in der Max II-Kaserne in München-Oberwiesenfeld aufhielt, an dem die Truppen und Freikorps von Epp und Noske in München einzogen und die kommunistische Räteregierung entmachteten. Angesichts des kommunistischen Terrorsystems der kommunistischen Räte (bis Mai 1919) konnte er relativ unbeschadet nur bleiben, wenn er sich wenigstens nach außenhin als „Roter“ zeigte. Nach zuverlässigen Zeugenberichten tat er dies, indem er eine rote Armbinde trug.[32] Daß er kein Kommunist werden wollte oder war, bewies seine unmittelbare Verwendung als „Bildungsoffizier“, der den aus dem Feld zurückgekehrten Soldaten im Auftrage des Reichswehrgruppenkommandos 4 der bayerischen Reichswehr und der Berliner Reichswehrverwaltung „Grundlagen zu staatsbürgerlichem Denken“ vermitteln sollte.[33]

Welchen Wert das „Mend-Protokoll“ als Quelle hat, bezeugt nicht zuletzt auch die Tatsache, daß Mend den „Protokollanten“ des Widerstandes gelegentlich verschiedene Versionen zur Auswahl vortrug. So berichtete Schmid-Noerr beispielsweise am 1. April 1967, was Mend ihm als Tatsachenschilderung auch vorgetragen hatte. „Gleich am Anfang des Meldeganges“, habe er berichtet, „fiel ein Kamerad aus wegen Streifschuß. Mit dem zweiten zusammen machte er eine Granatlochbresche aus, in der sich was regte. Darauf losgehend fiel der zweite Mann. Hitler, die paar Schritte zu dem verlassenen Graben laufend fand dort zusammengeduckt eine Gruppe von verängstigten Franzosen; befahl <da er einigermaßen französisch sprach> sofortiges Aufstehen, Waffen fortwerfen, Schritt fassen unter schußfertig erhobenem Gewehr und schadloser Ablieferung. Hauptmann von Godin bewunderte … die Heldentaten eines Rekruten von so kurzer Frontdienstzeit und verlieh Hitler spontan das EK I.“[34]

Der letzte Satz allein schon bezeugt, daß Mend nur nacherzählte, was ihm aus dritter oder vierter Hand zugetragen worden war. Das EK I erhielt Hitler nämlich erst am 8. August 1918 nach vierjähriger Fronterfahrung, nachdem er an rund

31 Machtan, S. 87.
32 Vgl. Maser, Hitler, S. 161.
33 Vgl. ebenda, S. 162 ff.
34 Schmid-Noerr-Bericht an den Autor.

Karikatur von Adolf Hitler aus der Zeit des Ersten Weltkrieges. Hitler selbst: Dritter von links. Ernst Schmidt befindet sich nicht unter den von Hitler jeweils namentlich genannten Soldaten.

drei Dutzend Gefechten teilgenommen hatte.[35] Zudem verlieh ihm nicht Hauptmann von Godin das EK I, sondern der jüdische Regimentsadjutant Hugo Gutmann, der Hitler zur Auszeichnung vorgeschlagen hatte.[36]

Wieso dieser Mend-Bericht nicht in den Mend-Protokollen erscheint, bedarf keiner weiteren Erklärung.

Daß Mends Darstellungen über Hitler zur Zeit des Ersten Weltkrieges oft wenig oder nichts mit den Tatsachen zu tun hatten, beweist auch folgendes Beispiel. Von Hitler, mit dem er nach Berichten von Ernst Schmidt[37] während des Krieges immer gut „ausgekommen" war, hatte er (offenbar 1917/18) ein von diesem in Flandern gemaltes Ölgemälde bekommen, das Hitlers Abscheu vor dem Krieg demonstrierte und nach einer Anweisung des Reichsstatthalters von Hessen vom 16. Februar 1942 zu den Bildern gehörte, die „als national wertvolles Kunstgut" galten und „ohne Genehmigung des … Reichsministers des Innern" nicht ins

[35] Vgl. Maser, Hitler, u.a. S. 144.

[36] Ebenda.

[37] Persönliche Mitteilung von Ernst Schmidt vom 16. August 1964. Schmidt (NSDAP-Mitglied Nr. 885) war wie Hans Mend und Hitler, Melder beim Regiment.

Ausland verkauft werden durften.[38] Das im Juli 1917 – im Hause der Familie Goethals, Am Markt 18 – in Ardooie entstandene Gemälde, das außerordentlich eindrucksvoll die zerstörerische Wirkung des Krieges zeigt, ist in mehrfacher Hinsicht ein einmaliges Exponat aus Hitlers Hand. Unter der dicken Ölschicht hat Hitler ein Hakenkreuz gemalt, das nur auf Röntgenaufnahmen sichtbar ist. Daß sich das Hakenkreuz unter der auf dem Gemälde dargestellten, offenbar verwundeten und am Boden knienden Person (Mann oder Frau?) befindet, dürfte nicht nur „Psychohistoriker" besonders interessieren. Der Psychologe Manfred Koch-Hillebrecht, dem dieses Gemälde nicht bekannt war, gelangte zu der Vorstellung, daß „Hitler ein Sohn des Krieges" war[39], des Krieges, der sein aggressives Weltbild geformt, seinen Charakter verändert und ihn zum gewalttätigen Politiker gemacht habe, der vor nichts zurückschreckte. Das Bild mit dem „unterlegten" Hakenkreuz, das Hitler seit seiner Zeit als Sängerknabe des Chorherrenstifts und Ministrant des Lambacher Abtes Hagen kannte, der es in seinem Priesterring trug und auch in die Kanzel seiner Kirche hatte schnitzen lassen[40], läßt sich nur gewaltsam in die These zwängen. Nach eigenen Angaben „schwärmte" Hitler „mehr und mehr für alles, was irgendwie mit Krieg oder doch Soldatentum zusammenhing"[41], seit er als Kind eine zweibändige illustrierte Volksausgabe über den deutsch-französischen Krieg gelesen hatte. Sein Bild von 1917 stellt gängige Theorien, Thesen und Hypothesen in Frage. Eine unbestreitbare bündige Deutung läßt es nicht zu.

Als einen der „ernstzunehmenden Zeitzeugen, die sich eindeutig über Hitlers Sexualleben geäußert haben", führte Machtan Ernst Hanfstaengl an, der jedoch genau das Gegenteil von dem bezeugte, was Machtan auf 464 Seiten zu belegen versucht. Hanfstaengl, der zwei Jahre vor Hitler geboren wurde, hatte am Münchener Königlichen Wilhelmgymnasium die Mittlere Reife abgelegt. Dennoch studierte er von 1905–1909 als „special student" an der amerikanischen Harvard-Universität (nach eigenen, jedoch nicht belegten Angaben) Psychologie, deutsche und englische Literatur, Kunst und Musik, bevor er für kurze Zeit wieder nach Deutschland kam und 1910 nach Wien, Grenoble, London, Paris und Rom zum weiteren „Studium" ging. Schließlich tauchte er wieder in New York auf, wo

---

38 Schriftliche Anweisung des Reichsstatthalters in Hessen vom 16. Februar 1942, Landesregierung, Abt. VII, VII/V 33414. Dok. im Besitz des Autors. 2001 verklagte der Texaner Billy Price, der 1985 im Selbstverlag ein Buch mit dem Titel „Adolf Hitler. Der unbekannte Künstler" herausgegeben hatte, die US-Regierung auf 99 Millionen US-Dollar Schadensersatz, weil sie sich weigerte, ein von Hitler gemaltes Aquarell („Alter Hof", 40 x 53 Zentimeter) an die einstige Besitzerin Henriette Hoffmann (Tochter des Hitler-Fotografen Heinrich Hoffmann und ehemalige Ehefrau Baldur von Schirachs) herauszugeben, die es von ihrem 1957 verstorbenen Vater geerbt und die Rechte Billy Price 1982 übertragen hatte. Das Bundesgericht in Texas hatte bereits 1989 angeordnet, sowohl das Aquarell als auch die zahlreichen offiziellen und privaten Fotos, die Hoffmann von Hitler gemacht hatte, herauszugeben, was nicht geschah. Ein Washingtoner Gericht erwirkte dagegen in zweiter Instanz eine Revision des Urteils und sprach dem Staat die Besitzrechte zu, was 2001 zur Berufungsverhandlung führte.

39 Koch-Hillebrecht, Manfred, Hitler. Ein Sohn des Krieges. Fronterlebnis und Weltbild, München 2003.

40 Vgl. Maser, Hitler, S. 58.

41 Hitler, Mein Kampf, S. 4.

Hitler-Gemälde „Granateinschlag". Dieses künstlerisch außerordentlich gelungene und farblich eindrucksvoll gestaltete Bild läßt mehr als nur vermuten, daß Hitler zu der Zeit vom Krieg „genug" hatte. Die Antwort auf die sich aufdrängende Frage allerdings, was er mit dem Hakenkreuz unter dem am Boden knienden Mann ausdrücken wollte, muß offen bleiben.

Ausschnitt aus dem Gemälde. Das Hakenkreuz befindet sich auf der Leinwand im eingezeichneten Kreis.

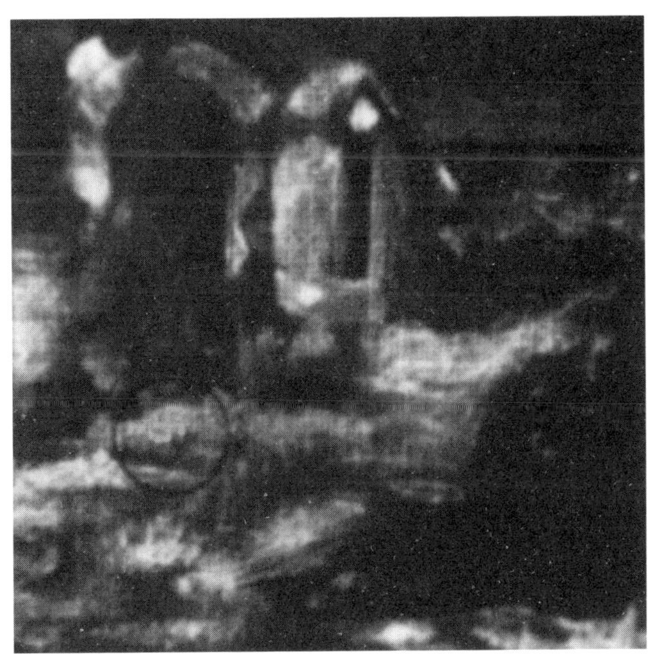

Das Hakenkreuz auf der Röntgenaufnahme.

er namhafte Künstler und Kunstenthusiasten um sich versammelte, Kunstwerke verkaufte, ein ausschweifendes Leben führte und in der Rauschmittelszene von sich Reden machte. 1921 wieder nach München zurückgekehrt, schloß er sich 1922 Hitler und der NSDAP an und bemühte sich – häufig sehr erfolgreich – mit Hilfe seiner persönlichen Beziehungen, Hitler wichtige Bekanntschaften zu vermitteln und finanzielle Mittel zu beschaffen. Dies, seine Kunstkenntnisse und seine Beziehungen zur Geschichte machten ihn für Hitler zum interessanten Gesprächspartner und gelegentlichen Reisebegleiter, den er schließlich zum Pressechef avancieren ließ. Machtan konstruierte daraus kurzerhand: „... die Beziehung zwischen Hitler und Hanfstaengl ... <war> vor allem homophiler Natur."[42] „Allein mit gemeinsamen politischen Interessen kann diese bemerkenswerte rasche Annäherung kaum erklärt werden."[43] Daß Hanfstaengl in seinen 1970 bei Piper erschienenen Lebenserinnerungen „Zwischen Weißem und Braunem Haus" indes ausgerechnet über Hitlers sexuelle Beziehungen selbst zu Frauen jüdischer Herkunft berichtete, ignorierte Machtan geflissentlich. Hier nur ein Beispiel aus Hanfstaengls Erinnerungen: „Goebbels versuchte es <Hitler Frauen zuzuführen, die ihn laut Hanfstaengl „menschlicher" machen sollten> zunächst mit Gretl Slezak, der Tochter des bekannten Opernstars, eine muntere Blondine, die selbst eine ganz gute Stimme besaß", berichtete Hanfstaengl und folgerte: „Sie war zwar damals schon etwa 27 oder 28 Jahre alt, dafür aber so köstlich naiv in ihren Fragen, daß wir alle unseren Spaß an ihr hatten. Von Hitler wollte sie sich die Ziele der NSDAP erklären lassen und wissen, ob er wirklich so hart mit den Juden umspringen werde, wie man sich immer erzähle (Übrigens war die Frage gar nicht so abwegig, da Gretl Slezak eine Jüdin zur Großmutter hatte.). Hitler, der anfangs noch auf die Wißbegier eingegangen war, wehrte weitere Fragen schließlich mit der Bemerkung ab, Fräulein Slezak solle sich nicht mehr um Politik kümmern und genau wie er halt den Abend genießen. So dauerte es nicht allzu lange, bis Hitler und Gretl die Runde verließen und sich in das verdunkelte Nebenzimmer zurückzogen, während Goebbels mir durch Gesten begreifbar machte, daß ich mal wieder für stimmungsvolle Musik zu sorgen hätte.[44] Ich kam mir zwar vor wie ein Stimmungspianist in einem Nachtlokal, weigerte mich aber im Interesse der guten Sache nicht, das meine zum Liebesglück meines ‚Führers' beizutragen. Als die beiden wieder ins Zimmer kamen und wir uns – weil wir glaubten, der Zeitpunkt des Aufbruchs sei gekommen – erhoben, sagte Hitler zu mir, Brückner, Schaub und Dietrich: ‚Sie können schon in den Kaiserhof fahren. Ich muß Fräulein Slezak noch nach Hause begleiten und komme später nach."[45]

---

[42] Machtan, S. 155.

[43] Ebenda, S. 152.

[44] Während eines Telefongespräches erzählte Hanfstaengl mir, daß seine „stimmungsvolle Musik" das „laute Stöhnen Gretl Slezaks übertönen sollte", während Goebbels jeweils vor der Tür zum Nebenzimmer gestanden und verhindert habe, daß womöglich jemand in das Zimmer ginge.

[45] Hanfstaengl, S. 285.

Wie der „Zeuge“ Hanfstaengl – neben einer Reihe anderer Männer aus Hitlers unmittelbarer Umgebung – zum Homosexuellen gemacht wurde, so geschah dies auch mit August Kubizek, einem der wichtigsten Zeugen aus der Frühzeit Hitlers. Kubizek, der am Wiener Konservatorium Musik studiert und 1912 in Marburg an der Drau zweiter Kapellmeister am Stadt-Theater geworden war, nachdem er Jahre zuvor, von September 1904 (nicht seit 1905 wie Machtan Seite 37 behauptet) bis zum Frühsommer 1908, mit dem jungen Maler Hitler freundschaftlich verbunden gewesen war, mit ihm in Wien vier Monate gemeinsam in einem Zimmer als „Wohngemeinschaft“ logiert hatte – und mit ihm nach 1933 wieder kommunizierte, wurde von Machtan in die Gruppe der „glatten Lügner“ eingereiht und zum Homosexuellen stilisiert[46], obwohl es dafür nicht die geringsten Anzeichen gibt.[47]

Daß in Machtans Buch weder Hitlers Leibarzt Theo Morell, der Arzt Hans-Dietrich Röhrs, und die ärztlichen Protokolle des US-Geheimdienstes von 1945 über Hitlers Sexualität noch Eva und Ilse Braun auftauchen, die definitive Antworten auf die fantasiereichen Behauptungen, Unterstellungen und Manipulationen zu geben vermögen, bezeugt besonders drastisch die fehlende Bereitschaft des Autors, die Sachverhalte so darzustellen, wie sie wirklich gewesen sind.

Eva Braun, die kurz nach Hitlers Affäre mit Gretl Slezak Hitlers Geliebte wurde, beklagte sich in ihrem Tagebuch, in dieser Hinsicht von Hitler, der zunehmend durch politische Probleme in Anspruch genommen wurde und sehr häufigen Begegnungen mit auffallend schönen Schauspielerinnen nicht ausweichen konnte (und es auch nicht wollte), gelegentlich vernachlässigt zu werden. So notierte sie beispielsweise am 16. März 1935: „Eigentlich ist es ja selbstverständlich, daß er für mich jetzt kein großes Interesse hat nachdem sich jetzt politisch so viel tut“[48], und am 29. April 1935 schrieb sie: „Liebe scheint nunmehr aus seinem Programm gestrichen.“[49] Am 4. März 1935 hatte sie ihrem Tagebuch anvertraut: „Er braucht mich nur zu bestimmten Zwecken <für den Geschlechtsverkehr> es ist nicht anders möglich … Wenn er sagt er hat mich lieb, so meint er es nur in diesem Augenblick.“[50]

Obwohl Hitlers Leibarzt Theo Morell 1945 gegenüber den US-ärztlichen Vernehmern des US-Geheimdienstes erklärte, daß Hitlers Libido <im Laufe der Zeit> „offensichtlich durch die Zunahme von Pflichten und Verantwortung sublimiert“ worden sei, war er der Auffassung, daß er mit Eva Braun geschlechtlich

[46] Vgl. dazu Machtan, S. 32 f., 37 f., 40 ff., 65, 68 ff., 71, 77 f., 119 und 307.

[47] Vgl. Kubizek, „Adolf Hitler. Mein Jugendfreund“. Ich korrespondierte 1953 auch über diese Frage mit Kubizek, der sie glaubwürdig als absolut abwegig erscheinen ließ. Hitler sei mit ihm, so erklärte er, einmal sogar in ein Bordell gegangen.

[48] Maser, Hitler, S. 357.

[49] Ebenda, S. 361.

[50] Ebenda, S. 355. Vgl. auch das Dok. S. 146.

verkehrte[51], was Hitlers Kammerdiener Heinz Linge[52] anderen „Quellen" entnahm: Er und eine derzeit in Harburg lebende Krankenschwester, die zu Hitlers persönlichem Personal gehörte, stellten wiederholt fest, daß die Bettlaken, die sie in den Morgenstunden in die Wäscherei zu bringen hatten, Spermaspuren aufwiesen. 1943, als das Kriegsglück Hitler bereits verlassen hatte, beklagte Eva Braun sich bei Morell von Hitler sexuell vernachlässigt zu werden, was den Leibarzt nach eigenen Angaben gegenüber dem US-Geheimdienst bewog, Hitler einmal 2.2 cc des Hamma-Produkts Orchikrin intramuskulär zu verabreichen, eine Kombination aller männlichen Hormone, die durch Potenz mobilisierende Extrakte der „testis", Samenbläschen und Prostata-Drüsen junger Stiere, verstärkt worden waren.[53] Zudem injizierte er ihm zu der Zeit kurzfristig alle 2 Tage jeweils 2 Ampullen Prostacrinum, ein Extrakt von Samenbläschen und Prostata-Drüsen.[54] Der Facharzt Dr. Hans-Dietrich Röhrs von der NS-Reichsgesundheitsführung behauptete 1966, daß er als einziger Mediziner offiziell darüber informiert gewesen sei, daß Eva Braun danach vorübergehend von Hitler schwanger war[55], was Ilse Braun, Eva Brauns Schwester, am 18. März 1969 jedoch als unsicher bezeichnete, allerdings nur soweit es eine eventuell von Eva Braun veranlaßte Abtreibung betraf.[56]

---

[51] Bei der Vernehmung Morells und anderer Hitler-Ärzte durch den amerikanischen Geheimdienst nach dem Ende des Zweiten Weltkrieges (vgl. S. 424 ff.) erklärte Morell, „daß Hitler, obwohl er starker Sexualaktivität nicht zuneigte, mit Eva Braun Geschlechtsverkehr hatte, obgleich sie in getrennten Betten schliefen." CIA-Vernehmungsprotokoll im Besitz des Autors.

[52] Persönliche Auskunft von Heinz Linge (10. August 1976).

[53] Morell-Protokoll des US-Geheimdienstes von 1945, S. 449 (26).

[54] Ebenda.

[55] Schriftliche Mitteilung von Dr. Röhrs vom 15. März 1966 an den Autor.

[56] Persönliche Auskunft von Ilse Braun.

Molotow: Initiator des Hitler-Stalin-Paktes mit „Geheimem Zusatzprotokoll“ von 1939

Am 3. Juli 1941, 11 Tage nach dem Beginn des deutsch-sowjetischen Krieges und 2 Tage nach der Übernahme des Vorsitzes im (am 30. Juni 1941 gebildeten) Verteidigungskomitee, erklärte Stalin, der zweifellos raffinierteste, brachialste, verschlagenste und anpassungsfähigste, aber letztlich auch weitsichtigste Staatsmann seiner Zeit, in einem Rundfunk-Aufruf tatsachenwidrig, daß die Erfolge der deutschen Streitkräfte auf dem Territorium der UdSSR nur möglich geworden seien, weil die Rote Armee am 22. Juni 1941 noch nicht „mobilisiert“ gewesen wäre. „Von nicht geringer Bedeutung“, so folgerte er, „war dabei auch der Umstand, daß das faschistische Deutschland unerwartet und wortbrüchig den im Jahre 1939 zwischen ihm und der Sowjetunion geschlossenen Nichtangriffspakt zerrissen hat, ohne Rücksicht darauf, daß es von der ganzen Welt als Angreifer erklärt werden würde. „Es ist verständlich, daß unser friedliebendes Land, das die Initiative zur Verletzung des Pakts nicht ergreifen wollte[1], den Weg des Wortbruchs nicht beschreiten konnte.“

Man könnte fragen: Wie konnte es geschehen, daß sich die Sowjetregierung auf den Abschluß eines Nichtangriffspakts mit solchen wortbrüchigen Leuten und Ungeheuern wie Hitler und Ribbentrop eingelassen hat? Ist hier von der Sowjetregierung nicht ein Fehler begangen worden? Natürlich nicht! Ein Nichtangriffspakt ist ein Friedenspakt zwischen zwei Staaten. Eben einen solchen Pakt hat Deutschland uns im Jahre 1939 angeboten. Konnte die Sowjetregierung ein solches Angebot ablehnen? Ich denke, kein einziger friedliebender Staat kann ein Friedensabkommen mit einem benachbarten Reich ablehnen, selbst wenn an der Spitze dieses Reiches solche Ungeheuer und Kannibalen stehen wie Hitler und

[1] Die Formulierung Stalins, „Es ist verständlich, daß unser … Land … die Initiative zur Verletzung des Pakts nicht ergreifen wollte“, ließ deutlich werden, was er zu verleugnen suchte: Die Tatsache nämlich, daß die Rote Armee auf den Krieg gegen Deutschland vorbereitet war, ohne ihn – auch wegen der Weltmeinung – zu dem Zeitpunkt schon auslösen zu wollen. Auch die Tatsache, daß er 1939 die Möglichkeit ignorierte, eine Koalition mit Großbritannien und Frankreich einzugehen, um Hitler zu hindern, einen Krieg zu beginnen, zeigt unmißverständlich, daß er den Krieg wollte. Vgl. dazu Daschitschew, Wjatscheslaw, Planungen und Fehlschläge Stalins am Vorabend des Zweiten Weltkrieges. Der XVIII. Parteitag der KPdSU (B) und der sowjetisch-deutsche Nichtangriffspakt, in: Deutschland zwischen Krieg und Frieden. Beiträge zur Politik und Kultur im 20. Jahrhundert, Bonn 1990, S. 66 ff. Wer Stalin unterstellt, die politische Lage in Europa lediglich falsch eingeschätzt zu haben, wie es verschiedentlich bei Daschitschew (1990: Prof. Dr., Abteilungsleiter im Moskauer Institut der Akademie der Wissenschaften für das sozialistische Wirtschaftssystem) geschieht, verfälscht die Geschichte gravierend. Chruschtschow schrieb in seinen Memoiren (Ogonek, Nr. 30, Juli 1981, S. 10) im Sinne Stalins: „Durch diesen Vertrag <den Hitler-Stalin-Pakt> … fügte es sich so, daß Hitler den Krieg anfing. Das war für uns vorteilhaft sowohl vom militärischen als auch vom moralischen Standpunkt aus. Mit dieser Handlungsweise forderte er … den Kriegseintritt Frankreichs und Großbritanniens heraus.“ Daschitschews Analyse der Politik Stalins, dem er gelegentliche Fehleinschätzungen zubilligt, endet mit der zweifelsfrei zutreffenden Feststellung: „… wird offensichtlich, wie genau Stalin wußte und verstand, daß er durch den Pakt vom 23. August 1939 Hitler ermöglichte, einen Krieg unter den günstigsten Voraussetzungen zu entfesseln.“

Ribbentrop. Dies aber natürlich unter der einen unerläßlichen Bedingung: daß das Friedensabkommen weder direkt noch indirekt die territoriale Integrität, die Unabhängigkeit und die Ehre des friedliebenden Staates berührt. Bekanntlich war der Nichtangriffspakt zwischen Deutschland und der Sowjetunion gerade ein solcher Pakt. Was haben wir durch den Abschluß des Nichtangriffspakts mit Deutschland gewonnen? Wir haben unserem Lande für anderthalb Jahre den

Seit 6. Mai 1941 in jeder Hinsicht uneingeschränkter Herr über die Sowjetunion: Stalin mit seinem Außenminister Molotow.

Frieden gesichert sowie die Möglichkeit, unsere Kräfte zur Abwehr vorzubereiten, falls das faschistische Deutschland es riskieren sollte, unser Land trotz des Pakts zu überfallen. Das ist ein unbestreitbarer Gewinn für uns und ein Verlust für das faschistische Deutschland."[2]

Stalins – in der für ihn, den Priesterschüler bis 1899, typischen Priesterschülermanier vorgetragenen – Propagandaversion wirkte lange nach – und initiierte die absonderlichsten Geschichtsfälschungen, soweit es um Darstellungen über den Beginn des Zweiten Weltkrieges ging. So fabulierte beispielsweise der kommunistische (Ost-) deutsche Autor Wolfram von Hanstein, der den Hitler-Stalin-Pakt gänzlich unterschlug: Nach dem Beginn des Polenfeldzuges „war <man> in der Wilhelmstraße erstaunt, daß seitens des Auslandes keine Kriegserklärungen eintrafen … Aus propagandistischen Gründen für die Jetztzeit und für die Nachwelt wäre das äußerst sympathisch gewesen … . Die Staatsmänner des Auslandes waren indessen viel zu weitblickend, als daß sie der Wilhelmstraße einen solchen Gefallen erwiesen hätten. So töricht, wie Hitler die ausländischen Politiker ansah, waren sie eben doch nicht."[3] Tatsache dagegen ist: Am 3. September 1939 erklärten Großbritannien, Frankreich, Australien, Burma, Indien, Jordanien und Neuseeland Deutschland den Krieg. Am 6. September folgten die Südafrikanische Union und am 10. September Kanada. Hinsichtlich des deutsch-sowjetischen Paktes hieß es 1958 beispielsweise in der Nr. 5 des sowjetischen Parteiorgans „Kommunist":

„Der Nichtangriffspakt mit Deutschland war darauf berechnet, Zeit zu gewinnen und unsere Verteidigungsmacht zu stärken … mehr als 20 Monate zu gewinnen, in deren Verlauf die strategische Lage unseres Landes bedeutend verbessert wurde und die Streitkräfte … ernstlich verstärkt wurden." Generaloberst Alfred Jodl, der Chef des Wehrmachtsführungsstabes, hat dies angesichts der Tatsachen anders dargestellt. Während des Nürnberger Prozesses erklärte er: „Es war zweifellos ein reiner Präventivkrieg. Das, was wir nachträglich feststellten, war … die Gewißheit einer ungeheuren militärischen Vorbereitung gegenüber unseren Grenzen … Rußland war in vollem Maße kriegsbereit."[4]

Hitler, der vor dem Beginn des deutsch-sowjetischen Krieges nicht entfernt über die Stärke und Mobilität der Roten Armee hinreichend informiert war, meinte bereits am 4. Juli 1941, daß Stalin den Krieg „praktisch … schon verloren" habe.[5]

Die von Stalin am 3. Juli vorgegebenen Kriterien für die Definition des Hitler-Stalin-Paktes blieben Jahrzehnte hindurch nicht nur für russische Historiker, Publizisten und Propagandisten verbindlich, obwohl Stalin log, als er behauptete,

---

2 Stalin, Großer Vaterländischer Krieg, S. 7 f.
3 Hanstein, Wolfram von, Von Luther bis Hitler, Ein wichtiger Abschnitt deutscher Geschichte, ohne Orts- und Jahresangabe, S. 119.
4 IMT, Bd. XV, S. 432.
5 Kriegstagebuch des Oberkommandos der Wehrmacht (KTB OKW), Frankfurt/M. 1964, Bd. 1, S. 1020.

daß Deutschland der Sowjetunion den Pakt angeboten habe. Nachweisbar ist, daß das konkrete Pakt-Angebot von Stalin ausging, der Molotow bereits am 18. August 1939, während die sowjetischen Militärs noch in seinem Auftrag mit den britischen und französischen Militärmissionen über ein Bündnis verhandelten[6], angewiesen hatte, Deutschland einen – von Hitler spätestens seit dem 16. August 1939[7] ebenfalls gewünschten – Pakt anzutragen.[8] Friedrich Werner Graf von der Schulenburg, der deutsche Botschafter in Moskau, berichtete am 16. August 1939, einen Tag nach einem Gespräch mit Molotow: „In diesem Zusammenhang interessierte ihn <Molotow> die Frage, wie <die> Deutsche Regierung zu der Idee des Abschlusses eines Nichtangriffspaktes mit der Sowjetunion eingestellt sei“[9], was zur Folge hatte, daß Ribbentrop den Botschafter am 18. August drängte, „nochmals eine sofortige Unterhaltung mit ... Molotow herbeizuführen“ und ihn zu bewegen, einem umgehenden Ribbentrop-Besuch „mit der Generalvollmacht des Führers“ zuzustimmen.[10] Am 20. August 1939, als Stalin entschied, die sowjetischen Verhandlungen mit den westlichen Militärmissionen zu beenden, legte Molotow dem deutschen Botschafter von der Schulenburg einen sowjetischen Vertragsentwurf für einen Nichtangriffspakt vor, der bereits auch ein „Geheimes Zusatzprotokoll“ vorsah[11], das die sowjetische Gerichtsbehörde im März und April 1946 während des Nürnberger Prozesses wahrheitswidrig als „Fälschung“ bezeichnete.[12] „Der gegenwärtige Pakt ist nur bei gleichzeitiger Unterzeichnung eines besonderen Protokolls über die Punkte gültig“, hieß es darin, „an denen die vertragschließenden Teile auf dem Gebiet der auswärtigen Politik interessiert sind ... Das Protokoll bildet einen integrierenden Bestandteil des Paktes“.[13] Daß das „Geheime Zusatzprotokoll“ mit Stalins ausdrücklicher Billigung vorgesehen worden war, bezeugte Stalins Biograph Dimitri Wolkogonow.[14]

---

6 Vgl. S. 183, Anm. 1.

7 Akten zur Deutschen Auswärtigen Politik, D VII, Nr. 75 (C.-E. 38).

8 Ebenda, Nr. 105 (C.-E. 39). Vgl. Maser, Werner, Der Wortbruch. Hitler, Stalin und der Zweite Weltkrieg, München, S. 71.

9 Ebenda, Nr. 79 (C.-E. 36).

10 Ebenda, Nr. 113 (C.-E. 40).

11 Ebenda. Nr. 132 (C.-E. 42).

12 IMT, Bd. X, S. 210 ff. Den allgemeinen Vertragstext hingegen hatte die Prawda am 24. August 1939 publiziert und das russische Dokument auch abgebildet. Nachdem in Rußland lebende Historiker das „Geheime Zusatzprotokoll“ als historisches Dokument akzeptieren mußten, behaupteten sie nahezu ausnahmslos fälschlich, daß es auf Ribbentrops Initiative zustande gekommen sei. Auch Alexander Werth, der in Petersburg geborene britische Historiker, der während des deutsch-sowjetischen Krieges als englischer Journalist in der UdSSR tätig war (Werth, Rußland im Krieg 1941–1945, München 1965, S. 51), tat es. Der britische Historiker und Hitler-Stalin-Biograph Alan Bullock bemerkte dagegen richtig, daß sowohl der Vertrag als auch das „Geheime Zusatzprotokoll“ auf drängenden sowjetischen Vorgaben fußten. Vgl. Bullock, Hitler, Eine Studie über Tyrannei, S. 508.

13 Akten zur Deutschen Auswärtigen Politik, D VII, Nr. 133 (C.-E. 42).

14 Wolkogonow, Dimitri, Stalin. Triumph und Tragödie. Ein politisches Porträt, 2. Aufl. Düsseldorf 1990, S. 447.

Telegramm Schulenburgs vom 16. August 1939

Citissime !

Telegramm (geh.Ch.V.)
Moskau, den 16. August 1939 2.48 Uhr
Ankunft: " 16. " " 4.25 "

Ganz Geheim!

Nr. 175 vom 15.8.

Auf Telegramm vom 14. Nr. 175 +)

i W ..... g

Geheim !

Randvermerk:
Telegramm Moskau 175 ist heute früh auf Weisung von Herrn VLR Kordt nach Fuschl an H.R.A.M.durchgegeben Hübscher 16.8. 6.40 Uhr.

Molotow nahm Inhalt mir aufgetragener Mitteilung mit größtem Interesse entgegen, bezeichnete sie als außerordentlich wichtig und erklärte, daß er seiner Regierung hierüber gleich berichten und mir in Kürze Antwort geben werde. Schon jetzt könne er erklären, daß Sowjetregierung deutsche Absichten nach Verbesserung Beziehungen zu Sowjetunion lebhaft begrüße und angesichts meiner heutigen Mitteilung nunmehr an Aufrichtigkeit dieser Absichten glaube.

Zur Frage der Herreise des Herrn Reichsaußenministers möchte er provisorisch als seine eigene Ansicht zum Ausdruck bringen, daß eine solche Reise einer entsprechenden Vorbereitung bedürfe. damit Meinungsaustausch zu einem Ergebnis führe.

In diesem Zusammenhang interessiere ihn die Frage, wie Deutsche Regierung zu der Idee des Abschlusses eines Nichtangriffspaktes mit der Sowjetunion eingestellt sei, ferner ob Deutsche Regierung bereit sei, auf Japan zwecks Besserung sowjetisch-japanischer Beziehungen und Beseitigung der Grenzkonflikte einzuwirken und ob etwaige gemeinsame Garantierung Baltenstaaten in den Bereich deutscher Erwägungen gehören.

Bezüglich angestrebter Verbreitung Wirtschaftsverkehrs anerkannte Molotow, daß Verhandlungen in Berlin erfolgreich fortschritten und einem günstigen Ende zusteuerten.

Molotow wiederholte, daß, wenn meine heutige Mitteilung Idee Nichtangriffspaktes oder etwas ähnliches einschließt, über diese Frage konkret gesprochen werden müsse, damit im Falle einer Herreise des Herrn Reichsaußenministers es nicht bei einem Meinungsaustausch verbleibt, sondern konkrete Entscheidungen getroffen werden.

Molotow anerkannte zwar, daß Eile geboten, um nicht vor vollendete Tatsachen gestellt zu werden, betonte jedoch, daß entsprechend Vorbereitung von ihm erwähnter Fragen unerläßlich sei.

Eingehende Aufzeichnung über Verlauf Unterredung folgt Donnerstag mit Sonderkurier Flugzeug.

Schulenburg

23920

Quelle: Politisches Archiv AA Nr. 34/29920.

Nichtangriffsvertrag zwischen Deutschland und der Union der Sozialistischen Sowjetrepubliken

Die Deutsche Reichsregierung und die Regierung der Union der Sozialistischen Sowjetrepubliken geleitet von dem Wunsche die Sache des Friedens zwischen Deutschland und der UdSSR zu festigen und ausgehend von den grundlegenden Bestimmungen des Neutralitätsvertrages, der im April 1926 zwischen Deutschland und der UdSSR geschlossen wurde, sind zu nachstehender Vereinbarung gelangt:

Artikel I.

Die beiden Vertragschließenden Teile verpflichten sich, sich jeden Gewaltakts, jeder aggressiven Handlung und jedes Angriffs gegeneinander, und zwar sowohl einzeln als auch gemeinsam mit anderen Mächten, zu enthalten.

Artikel II.

Falls einer der Vertragschließenden Teile Gegenstand kriegerischer Handlungen seitens einer dritten Macht werden sollte, wird der andere Vertragschließende Teil in keiner Form diese dritte Macht unterstützen.

Artikel III.

Die Regierungen der beiden Vertragschließenden Teile werden künftig fortlaufend zwecks Konsultation in Fühlung miteinander bleiben, um sich gegenseitig über Fragen informieren, die ihre gemeinsamen Interessen berühren.

Artikel IV.

Keiner der beiden Vertragschließenden Teile wird sich an irgend einer Mächtegruppierung beteiligen, die sich mittelbar oder unmittelbar gegen den anderen Teil richtet.

Artikel V.

Falls Streitigkeiten oder Konflikte zwischen den Vertragschließenden Teilen über Fragen dieser oder jener Art entstehen sollten, werden beide Teile diese Streitigkeiten oder Konflikte ausschließlich auf dem Wege freundschaftlichen Meinungsaustausches oder nötigenfalls durch Einsetzung von Schlichtungskommissionen bereinigen.

Artikel VI.

Der gegenwärtige Vertrag wird auf die Dauer von 10 Jahren abgeschlossen mit der Maßgabe, daß, soweit nicht einer der Vertragschließenden Teile ihn ein Jahr vor Ablauf dieser Frist kündigt, die Dauer der Wirksamkeit dieses Vertrages automatisch für weitere fünf Jahre als verlängert gilt.

Artikel VII.

Der gegenwärtige Vertrag soll innerhalb möglichst kurzer Frist ratifiziert werden. Die Ratifikationsurkunden sollen in Berlin ausgetauscht werden. Der Vertrag tritt sofort mit seiner Unterzeichnung in Kraft.

Ausgefertigt in doppelter Urschrift, in deutscher und russischer Sprache.

Moskau am 23. August 1939.

Geheimes Zusatzprotokoll.

Aus Anlass der Unterzeichnung des Nichtangriffsvertrages zwischen dem Deutschen Reich und der Union der Sozialistischen Sowjetrepubliken haben die unterzeichneten Bevollmächtigten der beiden Teile in streng vertraulicher Aussprache die Frage der Abgrenzung der beiderseitigen Interessensphären in Osteuropa erörtert. Diese Aussprache hat zu folgendem Ergebnis geführt:

1. Für den Fall einer territorial-politischen Umgestaltung in den zu den baltischen Staaten (Finnland, Estland, Lettland, Litauen) gehörenden Gebieten bildet die nördliche Grenze Litauens zugleich die Grenze der Interessensphären Deutschlands und der UdSSR. Hierbei wird das Interesse Litauens am Wilnaer Gebiet beiderseits anerkannt.

2. Für den Fall einer territorial-politischen Umgestaltung der zum polnischen Staate gehörenden Gebiete werden die Interessensphären Deutschlands und der UdSSR ungefähr durch die Linie der Flüsse Narew, Weichsel und San abgegrenzt.

Die Frage, ob die beiderseitigen Interessen die Erhaltung eines unabhängigen polnischen Staates erwünscht erscheinen lassen und wie dieser Staat abzugrenzen wäre, kann endgültig erst im Laufe der weiteren politischen Entwicklung geklärt werden.

In jedem Falle werden beide Regierungen diese Frage im Wege einer freundschaftlichen Verständigung lösen.

3) Hinsichtlich des Südostens Europas wird von sowjetischer Seite das Interesse an Bessarabien betont. Von deutscher Seite wird das völlige politische Desinteressement an diesen Gebieten erklärt.

4) Dieses Protokoll wird von beiden Seiten streng geheim behandelt werden.

Moskau, den 23. August 1939.

Für die Deutsche Reichsregierung:
v Ribbentrop

In Vollmacht der Regierung der UdSSR:
W. Molotow

Das von Ribbentrop und Molotow unterzeichnete „Geheime Zusatzprotokoll“ vom 23. August 1939 zum deutsch-sowjetischen Vertrag.

Hitler und Stalin vereinbarten die Besetzung und Aufteilung Polens, bevor sie knapp zwei Jahre später erbitterte Kriegsgegner wurden. Da Göring von 1933 bis 1937 ständig

Geheimes Zusatzprotokoll

Die unterzeichneten Bevollmächtigten stellen das Einverständnis der Deutschen Reichsregierung und der Regierung der UdSSR über folgendes fest :

Das am 23. August 1939 unterzeichnete gehime Zusatzprotokoll wird in seiner Ziffer 1 dahin abgeändert, dass das Gebiet des litauischen Staates in die Interessensphäre der UdSSR fällt, weil andererseits die Woywodschaft Lublin und Teile der Woywodschaft Warschau in die Interessensphäre Deutschlands fallen (vergl. die Karte zu dem heute unterzeichneten Grenz- und Freundschaftsvertrage). Sobald die Regierung der UdSSR auf litauischem Gebiet zur Wahrnehmung ihrer Interessen besondere Massnahmen trifft, wird zum Zwecke einer natürlichen und einfachen Grenzziehung die gegenwärtige deutsch-litauische Grenze dahin rektifiziert, dass das litauische Gebiet, das südwestlich der in der anliegenden Karte eingezeichneten Linie liegt, an Deutschland fällt.

Ferner wird festgestellt, dass die in Geltung befindlichen wirtschaftlichen Abmachungen zwischen Deutschland und Litauen durch die vorstehend erwähnten Massnahmen der Sowjetunion nicht beeinträchtig werden sollen.

Moskau, den 28. September 1939.

Für die Deutsche Reichsregierung: v. Ribbentrop

In Vollmacht der Regierung der UdSSR.: W. Molotow

bemüht war, ein deutsch-polnisches Arrangement zu realisieren, wofür Hitler nach anfänglicher Zustimmung letztlich nicht zu gewinnen war, zog Göring sich aus dem außenpolitischen Bereich zurück. Doch noch in den letztern Stunden vor dem deutschen Angriff auf Polen bemühte er sich noch einmal, den Krieg zu verhindern, wobei er allerdings den Vorgaben Hitlers zu folgen hatte, was seine Bemühungen zum Scheitern verurteilte.

Der am 28. September 1939 von Ribbentrop und Molotow – nach dem unerwartet schnellen deutschen Sieg über Polen – unterzeichnete Grenz- und Freundschaftsvertrag, der bereits Änderungen bezüglich der im Pakt-Vertrag vom 23. August 1939 formulierten Einflußsphären Deutschlands und der UdSSR in Litauen, Lublin und Teile der Wojewodschaft Warschau enthält.

Die Existenz des – auf Molotows Anregungen zustande gekommenen – Geheimen Zusatzprotokolls, das Stalin 1939 völkerrechtswidrig unter anderem die Möglichkeit eingeräumt hatte, polnisches Territorium umgehend und bald danach auch Estland, Lettland, Litauen, Bessarabien und die Nordbukowina zu okkupieren, hat die Sowjetunion bis Dezember 1990, bis zur Publikation des Beschlusses der Volksdeputierten der UdSSR „Über die politische und rechtliche Bewertung des sowjetisch-deutschen Nichtangriffsvertrages von 1939" [15], rigoros abgestritten. Nach einem Bericht der „Iswestija" vom 25. Dezember 1989 sprachen sich noch zu der Zeit 252 von 1948 stimmberechtigten Deputierten gegen eine Verurteilung des Protokolls vom 23. August 1939 aus. 264 enthielten sich der Stimme. Stalins Biograph Wolkogonow zweifelte durchsichtigerweise noch 1990: „Die Originale dieses Protokolls, so scheint es, hat niemand gesehen ... Ribbentrop hat sie wohl mit nach Moskau gebracht, doch möglicherweise wurden sie nicht unterschrieben. Aber sollte es kein Geheimes Zusatzprotokoll gegeben haben, so hat es mit Sicherheit neben dem Vertrag ergänzende Übereinkünfte (eventuell auch mündlicher Art) gegeben, um die Interessensphären beider Staaten abzustecken."[16]

Michail Gorbatschow zog sich mir gegenüber noch am 8. April 1994 mit der absonderlichen Feststellung aus der Affäre, daß die in Deutschland und in der Sowjetunion synchron verlaufenen Kriegsvorbereitungen „außerhalb des Bereiches seiner wissenschaftlichen Interessen"[17] lägen.[18]

[15] Materialien des II. Kongresses der Volksdeputierten der UdSSR, Dezember 1989. Über die politische und rechtliche Bewertung des deutsch-sowjetischen Nichtangriffsvertrages von 1939, Moskau 1990, S. 5–27 und 29–31. Karl Dietrich Bracher sprach in seinem Beitrag „Zusammenbruch des Versailler Systems und Zweiter Weltkrieg" in: Propyläen Weltgeschichte. Eine Universalgeschichte, Bd. 9, Berlin und Frankfurt 1986, S. 430, (noch) von Hitlers „Coup von Moskau", während es angesichts der Geschichte des Pakt-Abschlusses umgekehrt heißen muß: Stalins Coup von Berlin.

[16] Wolkogonow, S. 477.

[17] Telefax vom 8. April 1994 – mit der Unterschrift von Prof. Galkin. Gerhard Mahler, dem deutschen Staatssekretär a.D., der nach der Einschaltung des Verteidigungsattachés und des Marineattachés der deutschen Botschaft in Moskau die Bitte äußerte, die im „Wortbruch" genannten Militärarchive der ehemaligen Sowjetunion benutzen zu dürfen, wurde der Zutritt durch ein Schreiben von Oberst Semin, der als Stellvertretender Vorsitzender des historischen Archivs und des kriegsgeschichtlichen Zentrums des Generalstabs der bewaffneten Streitkräfte der russischen Föderation fungierte, ohne Angabe der Gründe konsequent verweigert. Vgl. Internet, ... VHO, PB 60, B.2600 Berchem 2-Codoh, Po Box 439016, San Diego, CA 92134.

[18] Im Juli 1988 hatte er in Warschau erklärt: „Wenn die sowjetische Führung erklären würde, die Abschriften <der Pakt-Dokumente> entsprächen dem Original, so wäre dies unsererseits unseriös und würde einen sehr ernsten Präzedenzfall schaffen." Vgl. Der Spiegel Nr. 3/1991.

Stalins Geschenk für Hitler

Vierzehn Monate nach dem Abschluß des Paktes, dessen vereinbarte Vorgaben sowohl für Hitler als auch Stalin zum Zankapfel zu werden begannen, schickte Stalin – einer von Hitler zugestimmten Bitte[1] Ribbentrops folgend – seinen Regierungschef und Außenminister Wjatscheslaw Molotow nach Berlin, um mit Hitler zu verhandeln und ihm energisch und unmißverständlich zu vermitteln, daß sein Pakt-Partner Stalin am längeren Hebel sitze und letztlich auch entscheiden werde, was zu geschehen habe. Stalin hatte von Hitler, wie der 1920 in der Sowjetunion geborene Historiker, Völkerrechtler und Germanist Michael Voslensky – unter Ausklammerung einer Analyse des Paktes und weiterer wesentlicher Tatsachen – 1995 schrieb[2], „großartige Geschenke bekommen ...: Das Baltikum, die Westukraine, das westliche Weißrußland und Bessarabien".[3] Doch Stalin reichten diese „Geschenke" nicht. Er verlangte nun, vierzehn Monate nach dem Pakt-Abschluß unter anderem, wie Molotow gegenüber von Ribbentrop am 13. November erklärte, verbindliche Absprachen mit Deutschland, zugunsten der UdSSR über die Meerengenfrage, die Türkei, Bulgarien, Rumänien, Ungarn und Polen und Zugeständnisse im Zusammenhang mit dem Kattegat, der Meerenge zwischen der Halbinsel Jütland und den dänischen Inseln, dem Sund zwischen der Ostsee und dem Kleinen und dem Großen Belt zwischen Fünen und Seeland. Er erwartete Zugeständnisse für eigenhändige sowjetische Maßnahmen und freie Hand in sowjetischen Einflußsphären, was Hitler von Molotow unmißverständlich erfahren sollte.

Schon der außergewöhnliche personelle Aufwand, den Stalin für Molotows Mission – 6 Monate nach Hitlers triumphalem Westfeldzug-Erfolg – angeordnet hatte, mußte in Berlin aufhorchen lassen und zur äußersten Konzentration und differenzierten Vorbereitung Anlaß geben. Mit Molotow, der auf dem Weißrussischen Bahnhof in Moskau demonstrativ von fünf Marschällen der Sowjetunion, dem Großteil des Kabinetts, von Berija, Mikojan und Timoschenko verabschiedet wurde, reisten 65 Personen nach Berlin: Der Volkskommissar (Minister) für das Hüttenwesen, fünf Stellvertretende Volkskommissare, der Chef der „Geheimen Polizei", General Wassilewski, zwei Vertreter des Volkskommissariats für Flugzeugindustrie, der deutsche Botschafter von der Schulenburg, der in Rußland geborene Botschaftsrat Gustav Hilger, sechzehn Mitarbeiter des sowjetischen Sicherheitsdienstes, zwölf Bahnbeamte, ein Arzt, ein Koch, ein Friseur und eine Kellnerin. Ihr Reisegepäck glich im Umfang dem Gepäck von Passa-

---

1 Akten zur Deutschen Auswärtigen Politik, D XI, Nr. 176.

2 Voslensky, der während des Nürnberger Prozesses als Dolmetscher der sowjetischen Anklagebehörde fungierte, hatte auch nach seiner Übersiedelung nach Deutschland (1972) noch Zugang zu sowjetischen Geheimquellen, die er in seinen Publikationen auswertete.

3 Voslensky, Michael S., Das Geheimnis wird offenbar. Moskauer Archive erzählen 1917–1991, München 1995, S. 369.

Wjatscheslaw Molotow und Joachim von Ribbentrop in Berlin, November 1940.

gieren eines kleineren Seeschiffes. Für Molotow selbst war dies die erste Auslandsreise seines Lebens.

In Berlin forderte er als Vertreter Stalins Hitler gezielt heraus, der eingangs der Gespräche vom 12. bis zum 14. November die Verletzung einiger Pakt-Vorgaben durch die UdSSR monierte und zugleich die bis zum Zeitpunkt des Treffens in Berlin von deutscher Seite geübte Pakttreue hervorhob. Molotow sah dies anders. Er behauptete einfach, daß die deutsch-sowjetischen Abkommen von 1939 lediglich „auf eine bestimmte Etappe bezogen"[4] seien und in territorialer Hinsicht neuerliche Festlegungen vorgenommen werden müßten.[5]

Über Molotows Auftreten in Berlin notierte Paul Schmidt, der Chefdolmetscher des Auswärtigen Amtes, der bei den Hitler-Molotow-Verhandlungen zugegen sein durfte: „Seit den Besprechungen mit Chamberlain über die Sudetenkrise hatte ich keinen so scharfen Auseinandersetzungen beigewohnt wie … in Berlin

[4] Akten zur Deutschen Auswärtigen Politik, D XI, Nr. 325, 328 und 329. Zu Molotows Forderungen und Verhalten, der Hitler am 13. November erklärte, „daß das deutsch-russische Abkommen nicht ohne Einfluß auf die großen deutschen Siege gewesen sei und daß sich seine Vorstellungen und Erwartungen mit den ‚genauen Weisungen' Stalins deckten", vgl. auch Tschujew, Feliks, Sto sorok besed s Molotowim, Moskau 1991, S. 14 ff.

[5] Vgl. Akten zur Deutschen Auswärtigen Politik, D XI, Nr. 325, 326, 328 und 329.

während der Gespräche zwischen Hitler und Molotow. Meiner Überzeugung nach sind in diesen Tagen die Entscheidungen gefallen, die Hitler zu einem Angriff auf die Sowjetunion veranlaßt haben."[6] Hermann Görings vielzitierte Bemerkung, Molotows Auftreten „hat uns alle vom Stuhl gerissen", blieb exemplarisch für den Eindruck, den der fünfzigjährige Russe in Berlin nicht nur bei Hitler hinterließ.

Ihn hatte Stalin nach Berlin geschickt, um Hitler unmißverständlich zur Kenntnis zu bringen, daß er, Stalin, trotz der im Pakt festgelegten Punkte künftig maßgeblich entscheiden werde. Seine persönliche Botschaft an Hitler: ein Geschenk eigener Art, ein Gemälde aus der Eremitage, von dem bislang kein Historiker jemals auch nur andeutungsweise etwas erfahren hat. Es transportierte die Botschaft Stalins an Hitler, daß die Geschicke ihrer Politik seit dem Abschluß des Paktes nicht von ihm (Hitler), sondern von ihm (Stalin) maßgeblich bestimmt würden. Als Molotow das Gemälde im November 1940 nach Berlin mitbrachte, hatte Hitler entsprechende Erfahrungen bereits hinter sich.

Das 52,8 cm x 66,2 cm große und mit 9 Stempeln der Eremitage (5 auf der Leinwand und 4 auf dem Keilrahmen) versehene Gemälde, das Werk eines russischen Malers aus dem 19. Jahrhundert, zeigt in der für die Zeit in Rußland oft gebräuchlichen eklektizistischen Mal- und Stilart[7], wie Tobias seinen – nach dem Untergang des Nordreiches Israel in Assyrien lebenden und leidenden – erblindeten Vater, den frommen Israeli Tobit[8], durch Bestreichen der Augen mit Fischgalle von seiner Erblindung heilt. „Vorlage" für das Sujet, das Maler bereits im 17. Jahrhundert zu Darstellungen inspiriert hatte, war das in griechischer Sprache wahrscheinlich im 2. Jahrhundert v. Chr. in Palästina verfaßte apokryphe Buch „Tobit" (Kap. 4–12) des Alten Testaments.

Stalins eindeutige „Botschaft": In Tobit, dem gebrochenen Mann ohne Charisma, ohne martialischen Habitus und ohne historischen Glanz, sollte Hitler, der durch den Paktabschluß von seiner Erblindung geheilt worden sei, sich selbst sehen. Ihm sollte suggeriert werden, daß er Stalin fortan so ausgeliefert sein werde, wie der legendäre Tobit es seinem Sohn Tobias gewesen ist, der seinen Vater nicht nur von der Blindheit befreite, sondern ihm durch sein Handeln ständig auch die Hände ersetzen mußte, die dieser im Asyl eingebüßt hatte. Daß der russische Künstler Tobit mit auffallend schönen und großen Händen dargestellt hatte, was dem apokryphen biblischen Text widersprach, dürfte den einstigen Priester-

[6] Zit. nach Schmidt, Paul, Statist auf diplomatischer Bühne 1923–1945, Frankfurt und Bonn 1964, S. 524.

[7] Nach Ansicht der Kunsthistoriker der Eremitage könnte sich der namentlich nicht bekannte Künstler an einer Vorlage aus dem 17. Jahrhundert orientiert haben. Mit Bleistift notierten sie in der oberen rechten Ecke der Leinwand: „Tadeo della Vuohra 1605–1678". Die von dem Künstler des 19. Jahrhunderts praktizierte Nivellierung zarter tonaler Nuancen und die Verzeichnung und Dämpfung solcher Partien war darauf angelegt, das Gemälde älter erscheinen zu lassen.

[8] Der Erzähler ließ Tobit zwar im Asyl in Assyrien leben, hatte jedoch das Exil Israels zu einer sehr viel späteren Zeit im Auge: Die Zeit nach dem Untergang des davidischen Reiches und nach dem Verlust seiner politischen Selbständigkeit.

Stalins Geschenk für Hitler: Tobias heilt seinen erblindeten Vater Tobit

Foto: *Staatliche Akademie der Bildenden Künste Stuttgart. Insititut für Technologie der Malerei.*

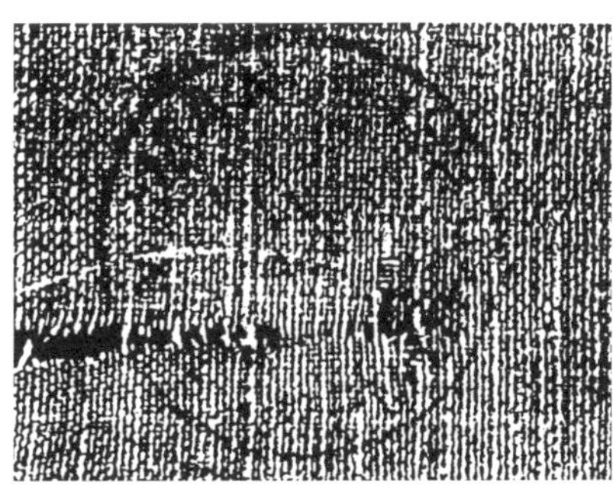

Einer der 5 Eremitage-Stempel auf der Leinwand-Rückseite des Gemäldes.

Auszug aus dem Buch „Tobit“:

„Hanna ... die Mutter des Tobias, weinte und sagte zu <dem erblindeten> Tobit: ‚Warum hast du unseren Sohn weggeschickt? War er nicht die Stütze unseres Alters, als er noch bei uns ein- und ausging?‘“, schrieb der anonyme Autor des Tobit-Buches, das religiöse und sittliche Unterweisungen vermitteln und zeigen sollte, daß Gott dem gläubigen Israeli in der heidnisch geprägten Diaspora seine Hilfe gewährte. Tobit, der im Exil auch noch beide Hände eingebüßt hatte, verwies auf einen „guten Engel“, der den Sohn begleiten und ein „gutes Ende“ gewährleisten würde. „Die beiden kamen auf ihrer Reise“, so fuhr der Erzähler fort, „abends an den Tigris, wo sie übernachteten. Als der junge Tobias im Fluß baden wollte, schoß ein Fisch aus dem Wasser hoch und wollte ihn verschlingen. Der Engel rief Tobias zu: ‚Pack ihn‘. Da packte der junge Mann zu und warf den Fisch ans Ufer. Und der Engel sagte zu Tobias: ‚Schneide den Fisch auf, nimm Herz, Leber und Galle heraus und bewahre sie auf!‘ Der junge Tobias tat, was ihm der Engel sagte. Dann brieten sie den Fisch und aßen ihn. Als sie weiterreisten und in die Gegend von Ekbatana kamen, fragte der junge Tobias den Engel: ‚Asarja, lieber Bruder, wozu sollen die Leber, das Herz und die Galle des Fisches gut sein?‘ Rafael antwortete: ‚Wenn ein Mann oder eine Frau von einem Dämon oder einem bösen Geist gequält wird, soll man das Herz und die Leber des Fisches in Gegenwart dieses Menschen verbrennen, dann wird er von der Plage befreit. Und wenn jemand weiße Flecken in den Augen hat, soll man die Augen mit der Galle bestreichen, so wird er geheilt‘“ (6, 1–9).

schüler Stalin wenig beeindruckt haben, da er davon ausgehen konnte, daß der einstige Ministrant Hitler die Legende eben so gut wie er kennen würde. Zudem symbolisierten die geöffneten und gewiß nicht zufällig betont in den Vordergrund des Bildes gerückten Hände die totale Hilflosigkeit Tobits.

Daß Hitler sich auf dem Höhepunkt seiner Macht nicht als Tobit sehen, fühlen und empfinden konnte, lag auf der Hand. Wie er auf das Geschenk Stalins spontan reagiert hat, ist nicht zu ermitteln. Da er die Malerei des 19. Jahrhunderts besonders bevorzugte und ihr auch in seinem Linzer Museum eine herausragende Rolle zugeordnet hatte, hätte dieses Gemälde aus der Eremitage, dessen Kunstschätze er als „einmalig“ bewertete[9], sein Wohlgefallen finden können, zumal die dargestellten Personen Tobit, Raffael und Tobias nicht womöglich slawische oder asiatische Rassemerkmale von Menschen östlichster UdSSR-Regionen aufweisen, sondern in der Darstellung in die Nähe der Malweise Leonardo da Vincis anzusiedeln sind, wobei Gewanddrapierungen und Landschaftsausblick an Stilelemente der Renaissance erinnern. Das Kalkül Stalins, der Hitlers künstlerischen Geschmack kannte, hätte aufgehen können, doch das Motiv, die ihm von Stalin mit diesem Bild zugedachte Botschaft, bewirkte anderes.

[9] Vgl. z.B. Picker, Henry, Hitlers Tischgespräche im Führerhauptquartier 1941–1942, S. 207.

Offensichtlich wurde das Gemälde nach Hitlers Protest von Anfang September 1940 wegen paktwidriger Maßnahmen Stalins aus der Eremitage entfernt und nach Moskau gebracht.[10] Am 3. September hatte Hitler Schulenburg, den deutschen Botschafter in Moskau, angewiesen, umgehend Molotow aufzusuchen und ihm vorzuhalten, daß die Sowjetunion „in verschiedenen Fällen ihres politischen Vorgehens in der letzten Zeit die Tatsache der Nachbarschaft … zu Deutschland" ignoriert und Handlungen vorgenommen habe, die Deutschland nicht einfach hinnehmen könne.[11] Moskau hatte einen derartigen Vorstoß Hitlers nicht erwartet, was Molotows augenblickliches Verhalten bezeugte. Er hatte sich außerstande gesehen, unmittelbar darauf zu antworten, und Schulenburg erklärt, daß die Regierung der UdSSR schriftlich dazu Stellung nehmen würde. 18 Tage später, nach Besprechungen mit Stalin, ließ er Schulenburg zu sich kommen und eröffnete ihm, daß Deutschland gegebenenfalls den Artikel 3 des Nichtangriffspaktes[12] annullieren solle, was Schulenburg zurückwies. Die Auseinandersetzung um Vertragstreue und der radikale Anspruch der UdSSR, eigenmächtig bestimmen zu wollen, was zu geschehen habe, hatte bereits Wochen vor Molotows Mission in Berlin begonnen und Stalin zu der perfiden „Geschenk"-Idee inspiriert.

Martin Bormann, der – mit seinen Sekretären, dem Ministerialrat Hanssen und seit 1942 von Hummel – in dem von Hitler am 26. Juni 1939 befohlenen und streng geheim zu haltenden[13] Aufbau des Linzer Kunstmuseums und des für Königsberg in Ostpreußen[14] vorgesehenen Museums für Kunst aus dem Osten eine maßgebliche Rolle spielte[15], hatte das Stalin-Geschenk umgehend verschwinden lassen, ohne daß die weitere Umgebung Hitlers auch nur irgend etwas davon erfuhr. Vor Kriegsschluß übergab er es einem in den fünfziger Jahren verstorbenen Offizier der deutschen Kriegsmarine.[16] Er verkaufte es 1955 kurz vor seinem Tod an einen schwäbischen Kaufmann, der es, eventuelle „Erb- oder Besitzansprüche von dritter Seite" oder eine Beschlagnahmung befürchtend[17], stillschweigend in seiner Wohnung verbarg, ehe sein Erbe es von der Stuttgarter „Staatlichen Akademie der Bildenden Künste" restaurieren ließ und schließlich der Landesbank zur Aufbewahrung in einem klimatisierten Tresor übergab.

10 Festgestellt konnte von der Eremitage nicht werden, auf wessen Befehl oder Weisung das Gemälde aus der Eremitage nach Moskau gebracht wurde.

11 Dies waren unter anderem: Die eigenmächtige und vertragswidrige militärische Besetzung und Umwandlung Lettlands, Estlands und Litauens, die nach den Pakt-Vereinbarungen „Interessenssphäre der UdSSR" waren, im Juni 1940 in Sowjetrepubliken sowie die Besetzung Bessarabiens und der Nordbukowina. Vgl. S. 257 und Akten zur Deutschen Auswärtigen Politik, D XI, Nr. 176.

12 Vgl. Akten zur Deutschen Auswärtigen Politik, D XI, Nr. 38. Zum Artikel 3 des Paktes vgl. S. 254 f.

13 Bormann gab Hitlers Anweisungen häufig als „Führerbefehle" weiter. Sein Sekretär von Hummel gehörte zu den ausgewählten Kunst-Fachleuten, die die für Linz vorgesehenen Gemälde begutachteten.

14 Vgl. Roxan, David und Wanstall, Ken, Der Kunstraub. Ein Kapitel aus den Tagen des 3. Reiches, München 1966, S. 16.

15 Vgl. Roxan und Wanstall, S. 16, Consolidated Interrogation Report Nr. 1 Linz: Hitlers Museum and Library vom 15. Dezember 1945 und Haase. Die Kunstsammlung Adolf Hitler, S. 33 ff.

16 Welche Auflagen er dem U-Boot-Offizier bei der Übergabe erteilte, ist nicht ermittelbar.

17 Der Marineoffizier habe ihn, so berichtete er, während der Verkaufsabsprachen ausdrücklich und in typischer Offiziersmanier auf die Anklage des sowjetischen Generalleutnants Roman Andrejewitsch Rudenko

Untersuchungen der im September 2003 differenziert informierten Eremitage führten zu dem Ergebnis, daß der Museumsleitung hinsichtlich der Vita des sowohl in der UdSSR als auch in Deutschland „streng geheim“ gehaltenen Stalin-Geschenkes nach seiner „diskreten“ Übergabe durch Molotow im November 1940 in Berlin, in Sankt Petersburg keine Unterlagen vorliegen.

---

vor dem Nürnberger „Internationalen Militärtribunal“ hingewiesen, in der es hieß, daß es nach Artikel 56 der Haager Landkriegsordnung von 1907 strafbar sei, „geschichtliche Denkmäler der Kunst“ zu beschlagnahmen, sie sich zu eigen zu machen oder sie mutwillig zu beschädigen, auch wenn sie „dem Staate gehörten“. Dies habe ihn irritiert, verunsichert und zur „äußersten Vorsicht“ gemahnt, soweit es darum ginge, die Öffentlichkeit über den Vorgang zu informieren. Daß die UdSSR das Abkommen nicht akzeptiert hatte (vgl. Anm. 91, S. 257), wußte der Käufer nicht. Seinen Wünschen entsprechend, verzichte ich darauf, die jeweiligen Namen zu nennen.

Sebastian Haffner: Spaß am freien Gedankenspiel mit historischen Fakten

Zehn Monate nach dem Abschluß des Hitler-Stalin-Paktes waren Polen, die Niederlande, Dänemark, Belgien, Luxemburg und Frankreich niedergeworfen, und auch die norwegischen Streitkräfte hatten kapituliert. Hitler hoffte, nachdem England sein „Ausgleichs"-Angebot vom 19. Juli 1940 kompromißlos zurückgewiesen hatte, ein Friedens-Arrangement mit Frankreich treffen und es bei dem von ihm beabsichtigten Angriff auf England (Führer-Weisung Nr. 16 vom 16. Juli 1940: „Seelöwe") zumindest als Materiallieferanten in seine Strategie als neuen Bündnispartner einbeziehen zu können, was mißlang. Da Hitlers Versprechen, das besiegte Frankreich besonders generös zu behandeln und für ein Bündnis zu gewinnen, nicht der Zeitgeist-Schablone entsprach, bogen Chronisten wie beispielsweise Sebastian Haffner[1] die Geschichte so zurecht, daß sie in die als zeitgemäß authentisch geltende Geschichtsdarstellung paßte. Haffner schlachtete die zur Zeit der noch unerforschten dürftigen Quellenlage und der in Ansätzen beginnenden systematischen Hitler-Forschung Anfang der fünfziger Jahre in London (deutsche Ausgabe 1954) erschienene und gelegentlich zwangsläufig auf Spekulationen, auf Fiktionen statt auf Fakten beruhende Darstellung John W. Wheeler-Bennetts[2] aus, übernahm dessen spekulative Behauptungen und ergänzte sie wortreich durch angebliche eigene Ideen und Erkenntnisse. In seinen 1978 erschienenen „Anmerkungen zu Hitler" verschwieg Haffner, den Ellic Howe, das berühmte „Lügengenie" des vom britischen Geheimdienst während des Zweiten Weltkrieges betriebenen antideutschen Rundfunks vor 1945, „nicht so recht einzuordnen vermochte"[3], Wheeler Bennett als die Quelle, aus der er schöpfte – und durch eigene Spekulationen effektvoll garnierte.

Haffner, dem studierten Juristen ging es nicht primär darum, nachzuvollziehen, „wie es eigentlich gewesen" ist, um Leopold von Rankes Diktum von 1824 zu bemühen[4], sondern er fühlte sich weitaus eher der Methode Shakespeares verbunden, der die Welt als Bühne sah, auf der die verschiedensten Charaktere ihre Spiele trieben. Er scheute das Quellenstudium, „... die unendlichen Mühen der Quellenarbeit, die Langwierigkeit des Vorhabens sowie den dauernden Zwang, den das Material jenem freien Gedankenspiel" antue, das „er so liebe"[5], hat er ge-

[1] Haffner, Sebastian, Anmerkungen zu Hitler, München 1978, S. 138 f.

[2] Wheeler-Bennett, John W., Die Nemesis der Macht. Die deutsche Armee in der Politik 1918–1945, Düsseldorf 1954.

[3] Persönliche Mitteilung Ellic Howes vom 18. Juni 1967. Der britische Geheimdienst insgesamt hat während des Zweiten Weltkrieges nicht gewußt, wie er Haffner einordnen sollte. Nach den Angaben des britischen Geheimdienstes MI 5 von Ende 2002 schwankte das Haffner-Bild zwischen „Liberaler und Antinazi", „Beinahe-Kommunist" und „Opportunist", der sich als Nazi-Gegner ausgab.

[4] Ranke, Leopold von, Geschichte der romanischen und germanischen Völker von 1494 bis 1514 (1824), 3. Aufl., Leipzig 1885, S. VII.

[5] Der Spiegel vom 10. August 2003.

genüber Joachim Fest offen bekannt. Er verzichtete sogar auf die – für einen Historiker unerläßliche – Berücksichtigung der zu der Zeit bereits veröffentlichten und sachkundig kommentierten Quellen.[6]

„Frankreich", so behauptete Haffner, „zeigte sich mehr als friedensbereit, einige seiner jetzt regierenden Politiker waren sogar bündnisbereit. Was sie ausdrücklich anboten, tauften sie ‚Zusammenarbeit'-‚Collaboration' ... Wenn Hitler nur gewollt hätte, hätte er im Sommer 1940 einen Frieden mit Frankreich jederzeit haben können, und wenn dieser Frieden einigermaßen generös ausgefallen wäre, hätte er ohne Zweifel alle die kleineren westeuropäischen Länder, die Hitler mit Krieg überzogen hatte, ebenfalls friedenshungrig gemacht. Ein Friedensschluß mit Frankreich und danach ein möglichst gemeinsam mit Frankreich einberufener europäischer Friedenskongreß, aus dem eine Art europäischer Staatenbund, mindestens eine Verteidigungs- und Wirtschaftsgemeinschaft hätte hervorgehen können: das alles lag im Sommer 1940 für einen deutschen Staatsmann in Hitlers Position in Reichweite. Es wäre ... auch das aussichtsreichste Mittel gewesen, England psychologisch zu entwaffnen und den Krieg mit England zum Absterben zu bringen ... Das Bemerkenswerte ist, daß diese Möglichkeiten in Hitlers Gedankengängen und Planungsentwürfen in den zwölf Monaten von Juni 1940 bis Juni 1941 ... nicht die geringste Rolle gespielt haben. Er zog sie nicht einmal in Erwägung, um sie dann zu verwerfen, sondern der Gedanke einer solchen Politik kam ihm überhaupt nicht."[7]

So verblüffend und überzeugend sich dies auch anhört, so unzutreffend ist es; denn Hitler gab sich nachweislich die größte Mühe, die Franzosen für seine Politik zu gewinnen. So empfing er, um hier nur einige der wesentlichen Stationen seiner diesbezüglichen Bemühungen zu erwähnen, am 22. Oktober 1940 den französischen Vizepräsidenten Pierre Laval, am 24. Oktober 1940 den Marschall und Chef des „Etat Français" Henri Philippe Pétain und am 25. Dezember 1940 François Darlan, den Nachfolger Lavals. Wie die Protokolle über die Unterredungen bezeugen, ging es Hitler dabei stets um einen Frieden zwischen dem Reich und Frankreich. Laval erklärte er beispielsweise, daß „Deutschlands Zielsetzung auf dem Gebiet der materiellen Entschädigung ... durch militärische und rein materielle Faktoren bedingt"[8] sei und daß Frankreich als das[9] „zuerst besiegte Land" zunächst für die Kosten haftbar gemacht werden müßte. Deutschland suche, wie er betonte, „nicht einen Frieden aus Übermut oder Rachsucht, sondern handele unter dem harten Zwang der Notwendigkeit".[10] Solange der Krieg nicht beendet wäre, sei „eine positive Gestaltung des deutsch-französischen Verhältnisses auf die eine oder andere Weise ... nicht endgültig"[11] möglich,

---

[6] Hillgruber, Andreas, Staatsmänner und Diplomaten bei Hitler. Vertrauliche Aufzeichnungen über Unterredungen mit Vertretern des Auslands, Bd. I, Frankfurt 1967.

[7] Haffner, Anmerkungen zu Hitler, S. 138 f.

[8] Hillgruber, S. 260.

[9] Ebenda.

[10] Ebenda.

[11] Ebenda.

sagte er und wies noch einmal auf „die Kosten“ hin, die schließlich beglichen werden müßten. Niemand könne unter den gegebenen Umständen von ihm erwarten, setzte er Laval auseinander, daß er weiterkämpfe und „anderswo einen billigen Kompromiß“ schließe, „nur um Frankreich zu schonen“.[12] Er werde energisch weiterkämpfen und England in die Knie zwingen, wobei Frankreich allerdings so etwas wie eine partnerschaftliche Rolle[13] spielen solle. Der „beste Friede zwischen Deutschland und Frankreich“, so versuchte er Laval einzureden, sei „zwangsläufig“ nur „auf Kosten Englands“ möglich. Daß Frankreich in dem Rahmen „bestimmte Interessen des Reiches in Europa und Afrika berücksichtigen“ müßte, sei selbstverständlich. Dauerte der Krieg jedoch länger und „würde Deutschland einen Kompromiß in anderer Richtung finden“, womit ein von Hitler immer noch erhoffter „Ausgleich“ mit England gemeint war, müßte „sich das Reich zwangsläufig auch auf anderem Wege schadlos halten.“ Hitler riet Laval, sich bei der „allgemeinen Mobilisierung gegen England“ für eine „positive Haltung“[14] zu entschließen und so das künftige deutsch-französische Verhältnis maßgeblich mitzubestimmen.

Daß namhafte Franzosen wie beispielsweise François Poncet, Bertrand de Jouvenel und Alphonse de Chateaubriand, die Hitler vor dem Zweiten Weltkrieg persönlich kennengelernt hatten und ihm – wie eine Reihe anderer Prominenter auch zur Zeit der (am 3. Mai 1936 an die Macht gekommenen) Regierung Léon Blum – wohlgesinnt waren[15], nützte Hitler nach dem deutschen Sieg über Frankreich nichts mehr. Als peinliche Makulatur galt nun, was beispielsweise de Chateaubriand 1938 über Hitler und das Dritte Reich geschrieben hatte. Sein Bericht, der unter dem Titel „La Gerbe des Forces“ erschienen war und Hitler in einer Weise darstellte, die selbst von den zahlreichen Goebbels-Äußerungen über Hitler nicht übertroffen werden konnte, hatten die Ereignisse zu einer Chimäre werden lassen. „Um das heutige Deutschland, das zum großen Teil Hitlers Werk ist, richtig zu beurteilen“, so hatte er zwei Jahre vor Hitlers Westfeldzug geschrieben, „muß man zuerst Hitler begreifen und deuten. Ich glaube, daß sein Gesicht viel Wesenszüge enthüllt: durch die besondere Höhe der Schläfen einen hohen Idealismus; durch den Bau der harten, forschenden Nase eine bemerkenswerte Schärfe der Intuition; durch den Abstand der Nasenflügel von den Ohren eine Löwenkraft, und gerade dies entspricht ohne Zweifel den Worten von Dr. Goebbels: Er besitzt eine unbezähmbare Lebenskraft, Nerven aus Stahl, ist jeder Situation gewachsen und läßt sich durch keine Krise unterkriegen.“[16] Und Auguste Detouef,

---

12 Ebenda, S. 263.
13 Ebenda.
14 Hitlers Forderung vom 15. Juli 1940 an die französische Regierung, als Gegenleistung für die nach den Ereignissen von Mers-el-Kebir und Dakar von ihm Frankreich zugestandene Erlaubnis, die Kampfbereitschaft der französischen Flotte und eines Teiles der Luftwaffe behalten zu dürfen, hatte Pétain auch nicht akzeptiert.
15 Die Regierung Blum stand im Spanischen Bürgerkrieg auf seiten der Republikaner, während Hitler sich für Franco engagierte.
16 Zit. nach Fabry, Philipp W., Mutmaßungen über Hitler, Düsseldorf 1969, S. 197.

der bekannte nüchterne Realist und einflußreiche französische Industrielle, hatte 1938 Hitler zwar nicht unmittelbar gelobt, im April-Heft der „Nouveaux Cahiers“ jedoch über Deutschland – ganz im Sinne Hitlers – festgestellt: „Eine Nation, die den Namen Großmacht verdient, lebt durch kollektive Opfer. Deutschland zeigt heute außer der Energie, der Einfachheit und jenen großartigen und betörenden politischen Tendenzen, die es an den Tag legt, das Beispiel eines gemeinschaftlichen Opfers, eines Opfers, das trotz ihrer Unzufriedenheit selbst von denjenigen gern getragen wird, die Deutschland schlecht behandelt.“[17] Doch 1940 waren das – sowohl für Hitler als auch für die Franzosen nur noch Fußnoten der Geschichte.[18]

Weder Laval noch Pétain waren bereit, Hitler sichtlich entgegenzukommen. Diplomatisch erklärte Pétain am 24. Oktober 1940 in Montoire-sur-le-Loire, wo Hitler ihn in seinem Führerzug empfing, daß es ihm nicht möglich sei, „bereits jetzt die genauen Grenzen der französischen Zusammenarbeit mit Deutschland festzulegen“.[19] Er könne sich, so betonte er hinhaltend, „lediglich für den Grundsatz einer solchen Zusammenarbeit aussprechen“.[20] Ohne Beratung mit seiner Regierung sei er nicht in der Lage, konkrete Bindungen einzugehen. Laval, der bei dem Gespräch zugegen war und dem Marschall assistierte, wies darauf hin, daß „man bei weiterem Vorgehen den Zustand der öffentlichen Meinung in Frankreich berücksichtigen[21] müsse und daß nur „mit Maß und Vorsicht“[22] vorgegangen werden könne. Die englischen Angriffe auf Dakar und Oran und die Versenkung eines Teiles der französischen Flotte in den Häfen von Mers-el-Kebir und Dakar, von Hitler als britische Aktionen gegen Frankreich interpretiert, standen im Hintergrund und ließen die Franzosen zusätzlich zurückhaltend sein.

Dennoch war Hitler nicht von seinen Zielvorstellungen abgewichen[23], was Haffner bereits 1962 hätte nachlesen können. So hatte Hitler in seiner Weisung Nr. 18

---

[17] Ebenda.

[18] Der ehemalige deutsche Kaiser Wilhelm II., der 1934 in seinem Exil in Doorn noch gehofft hatte, daß Hitler und sein Regime bald abgewirtschaftet hätten und von der maßgeblichen politischen Bühne verschwinden würden, was ihm, dem ehemaligen Monarchen nach der Kapitulation der Bolschewisten, die Hitler nach dessen Bankrotterklärung zwangsläufig folgen würden, die Chance einräumen müßte, wieder seinen Thron besteigen zu können, hatte seine Meinung inzwischen auch revidiert. Nach dem deutschen Sieg über seinen „Erbfeind“ Frankreich ließ er Hitler, den er am 7. Februar 1934 noch als einen „Gefreiten eines bayerischen Landwehrregiments“ und als „Anstreicher“ bezeichnet hatte, der sich „einfach auf seinen Thron gesetzt“ habe, am 17. Juni 1940 ein Glückwunschtelegramm senden, das Hitler offenbarte, welch „tiefgreifenden Eindruck <die> Waffenstreckung Frankreichs“ auf ihn machte. Vgl. Ilsemann, Sigurd von, Der Kaiser in Holland. Aufzeichnungen aus den Jahren 1924–1941: Monarchie und Nationalsozialismus, München 1968, S. 230, 342 (7. Februar 1934), 345. Da Wilhelm II. am 4. Juni 1941 starb, blieben ihm weitere Meinungsänderungen über Hitler erspart.

[19] Hillgruber, Staatsmänner und Diplomaten bei Hitler, S. 277.

[20] Ebenda.

[21] Ebenda.

[22] Ebenda.

[23] Hans-Adolf Jacobsens Darstellung über den „Fall Gelb, der Kampf um den deutschen Operationsplan zur Westoffensive“ (Wiesbaden 1957) erwies sich nach Karl-Heinz Frieser („Blitzkrieg-Legende. Der Westfeldzug 1940“, München 1995) als Makulatur.

vom 12. November 1940 erklärt: „Das Ziel meiner Politik gegenüber Frankreich ist, mit diesem Land in einer für die zukünftige Kriegführung gegen England möglichst wirkungsvollen Weise zusammenzuarbeiten. Frankreich wird dabei vorläufig die Rolle einer ‚nicht kriegführenden Macht' zufallen, die in ihrem Hoheitsgebiet, besonders in den afrikanischen Kolonien, Maßnahmen der deutschen Kriegführung zu dulden und, soweit erforderlich, auch durch Einsatz eigener Verteidigungsmittel zu unterstützen hat. Vordringliche Aufgabe der Franzosen ist die defensive und offensive Sicherung ihrer afrikanischen Besitzungen (West- und Äquatorial-Afrika) gegen England und die de-Gaulle-Bewegung. Aus dieser Aufgabe kann sich die Teilnahme Frankreichs am Krieg gegen England in vollem Maße entwickeln. Die an meine Zusammenkunft mit Marschall Pétain anknüpfenden Besprechungen mit Frankreich werden – abgesehen von der laufenden Arbeit der Waffenstillstandskommission – vorerst ausschließlich durch das Auswärtige Amt in Verbindung mit dem Oberkommando der Wehrmacht geführt."[24]

Zu den Fälschungen im Zusammenhang mit dem Westfeldzug gehört nicht zuletzt auch eine seit Juni 1940 im feindlichen Ausland als „Original"-Ausschnitt aus der deutschen „Wochenschau" gezeigte und nach 1945 häufig in deutschen Filmen ahnungslos kopierte Filmszene, die einen am 22. Juni 1940 in Compiègne vor Siegesfreude tanzenden Hitler zeigte. Diese Szene hat es in Wirklichkeit niemals gegeben. Sie war das Ergebnis kanadischer Trickfilmer, die die Szene unter der Regie John Griersons, des Managers der „Wartime Information for the Dominion of Canada" produzierten, um Hitler in aller Welt der Lächerlichkeit preisgeben zu können. Griersons hatte, wie er später in einem „Esquire"-Interview freimütig erzählte, einen Filmstreifen der deutschen „Wochenschau" zur Herstellung der Trickszene verwendet. Die Filmer hatten eine authentische deutsche Film-Szene, in der Hitler mit dem rechten Bein (mit relativ hoch angewinkeltem Knie) einen „heftigen" Schritt machte, mehrfach kopiert, geschnitten und so zusammengeklebt, daß Hitler – in der Trickfilmszene – letztlich „tatsächlich" Tanzschritte vollführte. „Der einzige Trick war", so sagte Giersons, „den Filmstreifen der Wochenschau an genau der Stelle anzuhalten, wo er das Bein am höchsten hat, den Streifen zurücklaufen zu lassen und wieder von vorne anzufangen, so daß Hitler wie eine tanzende Marionette aussieht."[25] Doch die Legende lebt bei vielen Publizisten weiter, so auch bei dem Staatsrechtler Christian Graf Krockow. Noch 2001 stellte er in seinem Buch „Hitler und seine Deutschen"[26] die durch den Filmtrick zustande gekommen Szene als authentischen Vorgang dar.

---

[24] Hubatsch, Walther, Hitlers Weisungen für die Kriegführung 1939–1945, München 1965 (dtv), S. 77. Erstveröffentlichung: Frankfurt 1962.

[25] Zit. nach Alfred de Zayas in der Zeitschrift Das III. Reich, H. 32, vor S. 223. Die Trickfilmtechnik wird seit Jahren vor allem im Fernsehen vornehmlich bei Fußballspielen verwendet, was geradezu beispielhaft bei Übertragungen der Fußball-Weltmeisterschaft 1974 geschah.

[26] Krockow, Christian, Graf von, Hitler und seine Deutschen, München 2001.

Hermann Rauschnings erfundene „Gespräche mit Hitler“

In dieser Zeit, als alle Welt auf Hitler blickte, erschien in Frankreich – mit aktiver Unterstützung der französischen Regierung – ein Buch unter dem Titel „m'a dit' (… hat mir gesagt) des einstigen – 1887 in Thorn geborenen – nationalsozialistischen Danziger Senatspräsidenten Hermann Rauschning. Es machte rasch Furore und kam in hohen Auflagen unmittelbar auch in der Schweiz als „Gespräche mit Hitler“ und in England als „Hitler speaks“ (Hitler spricht) heraus[1] – und wurde nach 1945 auch in Deutschland von namhaften Historikern eilfertig als Werk mit hohem Quellenwert herausgestellt. Entstanden war es nach Gesprächen, die Rauschning 1939 mit Emery Reves, einem aus Deutschland ausgewiesenen Journalisten und nunmehrigen Inhaber eines Pariser Pressebüros, geführt hatte. Ihm hatte Rauschning erzählt, daß er über 100 Gespräche mit Hitler geführt habe, was Reves bewog, ihn zu drängen, seine Aufzeichnungen zu publizieren. Reves war offensichtlich davon ausgegangen, daß er dem zwar publicitysüchtigen, äußerst ehrgeizigen, jedoch vielseitig gebildeten einstigen nationalsozialistischen Senatspräsidenten Danzigs von 1933, SS-Standartenführer und stellvertretenden Gauleiter vertrauen könnte, der im Oktober 1934 auf Hitlers Anweisung aus seinem Amt entfernt worden[2] war und danach über Polen, die Schweiz, Frankreich und England in die USA emigrierte.[3]

Um die „Bilanz“ vorwegzunehmen: Rauschning hat nicht ein einziges Mal Gelegenheit gehabt, mit Hitler alleine zu sprechen. Ein paar Male nur war er zusammen mit anderen Personen bei Besprechungen mit Hitler zugegen gewesen, ohne sich allerdings mit ihm unterhalten zu können. Diese Vorgaben zwangen den auf hohe Honorare schielenden Hochstapler, die Anzahl der Zusammenkünfte erheblich zu multiplizieren und Orte und Daten zu erfinden, was ihm bei all seiner Fantasie und ruchlosen Betrügerei nicht angemessen gelang. Er flüchtete sich in nebulose Verallgemeinerungen wie beispielsweise „im Frühsommer 1933“ oder „Anfang Juli“ und breitete aus, was er vor allem in Hitlers – bereits vielfach übersetztem – Buch „Mein Kampf“ gelesen und Hitlers öffentlichen Reden entnommen hatte.

Er hatte Hitler plagiiert, einige Details erfunden und hinzugelogen und suggeriert, lediglich als Protokolle zu bezeichnende authentische Gesprächs-Aufzeichnungen wiedergegeben zu haben, was einige namhafte Historiker grotesker Wei-

1 Rauschning, Hermann, Gespräche mit Hitler, Zürich, Wien, New York 1940.

2 Vgl. die Notiz des Außenministers Freiherr von Neurath vom 13. Oktober 1934 in Akten zur Deutschen Auswärtigen Politik, Serie D, Bd. III, 1, Nr. 244, S. 463.

3 Theodor Schieders Feststellung, daß Rauschning sich „mit tiefem Erschrecken“ von ihm abgewandt habe, ist eine Legende. (Vgl. Schieder, Theodor, Rauschnings Gespräche mit Hitler als Geschichtsquelle, Opladen 1972, S. 62.)

se nicht erkannten. So bescheinigte Golo Mann dem Pamphlet und seinem Autor eine „Meisterleistung publizistischer Brillanz".[4] Und auch Theodor Schieder lobte Rauschning als Geschichtsquelle ersten Ranges. Nach einer Analyse des Fälschungsobjekts publizierte er 1972 das Ergebnis seiner Untersuchungen unter dem Titel „Hermann Rauschnings ‚Gespräche mit Hitler' als Geschichtsquelle"[5] und druckte darin sogar das von Rauschning erfundene Kapitel „Hitler privat" ab, das die schweizerische Zensur zur seinerzeitigen Publikation nicht freigegeben hatte.

Dem SED-Historiker Joachim Petzold, der sich bemühte, die ohnehin negative Geschichte Hitlers und der NSDAP stets tunlichst noch negativer zu stilisieren und zu instrumentalisieren, lieferten die Rauschning-Fälschungen willkommene „Quellen".[6] Entsprechend verhielt es sich bei Erich Fromm[7], Michael Freund[8] und bei Trevor-Roper[9], um an dieser Stelle nur einige Namen anzuführen.

Nicht nur die renommierten Historiker Golo Mann und Theodor Schieder rezipierten Rauschnings Erzählungen als authentische Tatsachenschilderungen, sondern auch Klaus Hildebrand, der unter anderem noch 1979 hervorhob: Seit „Theodor Schieders 1972 publizierter Untersuchung über Hermann Rauschnings Gespräche mit Hitler als Geschichtsquelle <ist> nicht mehr zu übersehen … daß Rauschning in Hitlers Gedankenbildung und Politik durchaus schon kontinuierliche Elemente diagnostiziert hat."[10]

Der Hitler-Biograph Joachim Fest folgte Schieders Vorgabe von 1972. 1973 bewertete er Rauschnings Erzählungen in seiner viel gelesenen Hitler-Biographie als authentische historische Quelle aus erster Hand.[11] Charakteristisch seine Feststellung: „Die von Hermann Rauschning überlieferten Gespräche aus den frühen dreißiger Jahren haben trotz aller Stilisierung etwas von diesem süchtigen Tonfall eines Mannes <Hitler> bewahrt, der, gleichsam fasziniert von seinen eigenen Tiraden, den phantastischen Möglichkeiten der Wortmacherei nachzulauschen scheint."[12]

Daß sich in der ganzen „Wortmacherei" Rauschnings, kein einziger Hinweis auf konkrete Pläne Hitlers für die Gegenwart und Zukunft fanden, soweit sie nicht bereits in „Mein Kampf" publiziert worden waren, bot auch Schieder keinen An

4 Mann, Golo, Vorwort zu Rauschnings Publikation „Die Revolution des Nihilismus", Zürich 1938, Neuauflage 1964, S. 6.
5 Schieder, Theodor, Hermann Rauschnings ‚Gespräche mit Hitler' als Geschichtsquelle, S. 80 ff.
6 Vgl. Petzold, Die Demagogie des Hitler-Faschismus, S. 174, 175, 284, 297, 307, 348, 350, 351.
7 Fromm, Erich, Anatomie der menschlichen Destruktivität, Stuttgart 1974, S. 370.
8 Freund, Michael, Deutsche Geschichte, S. 1219 f.
9 Trevor-Roper, Hitlers letzte Tage, S. 42 f., 73, 77, 79, 83, 95 und 101.
10 Hildebrand, Klaus, Grundriß der Geschichte. Das Dritte Reich, München und Wien 1979, S. 129.
11 Fest, Joachim, Hitler. Eine Biographie, Frankfurt, Berlin, Wien 1973, S. 294, 477, 575, 590, 603, 666, 715 und 918.
12 Ebenda, S. 715.

laß, das Rauschning-Machwerk als das zu bezeichnen, was es war: Eine plumpe Fälschung! Seine Bemerkung, daß Rauschning sich „mit tiefem Erschrecken"[13] von Hitler und der NSDAP abgewandt habe, ließ bereits erkennen, daß er keineswegs ausreichend über die Quellenlage und den Forschungsstand informiert war. Nachweisbar ist, daß Freiherr von Neurath am 13. Oktober 1934 bei Rauschning in Danzig erschienen war und ihn im Auftrag Hitlers zum sofortigen Rücktritt aufgefordert hatte, nachdem Hitler nicht bereit gewesen war, der schriftlichen Bitte Rauschnings vom 8. Oktober 1934 zu entsprechen und ihn in seinen Ämtern zu belassen.[14]

---

[13] Ich war allerdings zur Zeit der Niederschrift meines Buches „Die Frühgeschichte des NSDAP" (1965) auch noch überzeugt, daß es sich bei Rauschnings Erzählungen um authentische Berichte handelte. In meiner Hitler-Biographie „Adolf Hitler. Legende – Mythos – Wirklichkeit, München 1971, heißt es S. 192 indes bereits: „Rauschnings Angaben basieren auf einer stilisierenden Auswertung vorhandener Sekundärquellen und sind für die historische Forschung absolut wertlos." Einige russische Gelehrte sehen in Rauschnings Fantasieprodukt auch nach dem Zusammenbruch der Sowjetunion noch eine authentische Quelle.

[14] Aufzeichnungen Freiherr von Neurath in Akten zur Deutschen Auswärtigen Politik, Serie D, III, 1, Nr. 243, S. 452. Zur Biographie vgl. Hensel, Jürgen und Nordblom, Pia (Hrsg.), Hermann Rauschning – Materialien und Beiträge zu einer politischen Biographie, Osnabrück 2003.

Stalins „Beistand der Brudervölker" in Polen und sein Befehl zum Massenmord in Katyn. Hitlers Schweigen über Kriegsverbrechen auf Kreta

Der britische Historiker Alan Bullock meinte 50 Jahre nach Katyn, daß Stalin im Gegensatz zu Hitler und dem NS-Regime, dessen meiste Opfer Nicht-Deutsche waren, was letztlich Auschwitz symbolisierte, nur „seinem Volk Leiden und Tod in einem Ausmaß" bereitet habe, für das „es in der Geschichte keine Parallele" gäbe, doch er klammerte unter Mißachtung historischer Gegebenheiten aus, daß Polen nicht tatsächlich zu seinem Territorium und Imperium gehörte. Doch bezeichnend für Bullock ist nicht zuletzt, daß auch er wie die Fachhistoriker Peter Gosztony, Liddell Hart und die deutschen hochrangigen Militärs Erich von Manstein, Walter Warlimont und andere es unterlassen haben, den am 17. September 1939 begonnenen Angriffskrieg gegen Polen überhaupt zu diskutieren.[1] Daß sowjetische Autoren wie der Stalin-Biograph Wolkogonow sich angesichts der sorgfältig überwachten politischen Instrumentalisierung der Geschichte zur Zeit des Bestehens der Sowjetunion davor drückten, dieser Frage nachzugehen, ist verständlich. Daß sich Historiker und Militärs außerhalb des Sowjet-Imperiums ebenso verhalten haben, ist es nicht.

Nicht einmal die sowjetischen Tagesmeldungen nach ihrem Einmarsch in Polen und die späteren Rechtfertigungsversuche, die nichts weiter als pure Geschichtsfälschungen waren, sind von ihnen korrigiert worden. So blieb beispielsweise die Geschichtsfälschung des sowjetischen hochrangigen und populären Militärs Alexander Michailowitsch Wassilewski von 1973, daß die Sowjetunion sich im September 1939 gezwungen sah, „den Brudervölkern Beistand zu leisten"[2], ebenso als authentischer historischer Sachverhalt unangetastet wie die Geschichtsklitterung des sowjetischen Historikers Deborin, der behauptete, daß sich die Sowjetunion gezwungen gesehen habe, „den Überfall des faschistischen Deutschlands auf die UdSSR abzuwenden."[3] Daß Stalin am 30. November 1939 in der „Prawda" erklärt hatte, „Nicht <der Pakt-Partner> Deutschland <hat> Frankreich und England angegriffen ... sondern Frankreich und England haben Deutschland angegriffen und damit die Verantwortung für den gegenwärtigen Krieg auf sich genommen", paßte nicht mehr ins Bild.

1 Bullock, Alan, Hitler. Eine Studie über Tyrannei, Düsseldorf 1967 (536 f.) tat die Problematik mit der Feststellung ab: „Die Sowjetregierung war von der Schnelligkeit des deutschen Einmarsches in Polen überrascht ... Sie mußte nun schleunigst ihre eigenen Pläne ändern und Vorbereitungen zur Besetzung des ihr im August-Abkommen zugesprochenen Gebietes treffen". Vgl. Maser, Werner, Der Wortbruch. Hitler, Stalin und der Zweite Weltkrieg, München, S. 97. Zu den Argumenten Gosztonys und Harts vgl. ebenda.

2 Wassilewski, Alexander Michailowitsch, Sache des ganzen Lebens, Ost-Berlin 1977, S. 85.

3 Deborin, G. A., Der Zweite Weltkrieg, Ost-Berlin 1960, S. 65 f.

17 Monate nach dem Einmarsch der Roten Armee zum Raubkrieg in Polen standen nicht nur die deutsche Propaganda und ihre Medien plötzlich vor einer Situation, die sie nicht erwartet hatten. Auf der griechischen Insel Kreta, die deutsche Fallschirmjäger, Luftlandetruppen und Matrosen im Mai 1941 in einem kühnen Feldzug genommen hatten, wurden verwundete und gefangene deutsche Soldaten extrem völkerrechtswidrig behandelt. Dort, wo auf englischer Seite rund 4.000 Fallschirmjäger, Gebirgsjäger und Matrosen ums Leben kamen, gab es Ereignisse, die jedermann erschrecken und bestürzen mußten. Anders als erwartet, hatten deutsche Kriegsgefangene und Verwundete auf Kreta erleben müssen, wie sich kretische Nationalisten ohne Kombattantenstatus und auch britische Soldaten, denen der Ruf des legendären englischen Fairplay vorausging, in bestialischer Weise gegenüber ihren Feinden verhielten und zahlreiche gröbste Kriegsverbrechen und andere Völkerrechtsverbrechen begingen.[4] Obwohl es der Fälschungen nicht bedurft hätte, um in der Öffentlichkeit Emotionen anzufachen, verzichtete die deutsche Seite darauf, wobei hinter dieser Entscheidung ganz offensichtlich Hitler stand. „Zur Frage Kreta", notierte Goebbels am 23. Mai 1941 in sein Tagebuch, „schweigen wir immer noch auf der ganzen Linie. Wir wollen unter keinen Umständen aus der Sache einen Prestigefall machen. Das ist im Augenblick zwar für Nachkriegspolitik unangenehm, im Ganzen aber richtig und zweckmäßig."[5] Die Berliner US-amerikanische Botschaft meldete dagegen am 10. Juni 1941 nach Washington, daß deutscherseits verlautbart worden sei, britische Soldaten wegen begangener Kriegsbrechen auf Kreta zu bestrafen, was das US-State Department zu der Feststellung bewog, „gewisse Strafmaßnahmen, wenigstens auf Kreta", als „notwendig"[6] erscheinen zu lassen. Obwohl bei den am 26. Mai 1941 begonnenen Vernehmungen von rund 150 Zeugen bewiesen worden war, daß britische Soldaten Kriegsverbrechen – wie beispielsweise grausame Verstümmelungen, Folterungen und die Anwendung verbotener Kriegslisten – an deutschen Fallschirmjägern und Gebirgsjägern begangen hatten[7], galt deutscherseits, was Goebbels am 24. Mai 1941 festgestellt hatte: „schweigen". Die Folge war, daß die US-amerikanische Botschaft in Berlin Washington wissen ließ, daß „Prozesse gegen britische Kriegsverbrechen in Kreta … unwahrscheinlich seien".[8]

[4] Nicht nur kretische Widerständler, sondern auch britische Soldaten ermordeten deutsche Kriegsgefangene, stachen Lebenden und Toten die Augen aus, schnitten ihnen die Geschlechtsteile ab und folterten und verstümmelten sie auf andere Weise, wobei sie auch auf Verwundete keine Rücksicht nahmen. Schwer Verwundete, die bei Rückzügen zurückgelassen worden waren, wurden ermordet – und teilweise noch als Tote verstümmelt. Vgl. die dokumentarischen Belege bei de Zayas, Wehrmacht-Untersuchungsstelle, S. 266 ff.

[5] Goebbels, Tagebücher, Bd. 4, S. 1582.

[6] Zit. nach de Zayas, Wehrmacht-Untersuchungsstelle, S. 189.

[7] Wie einige Vernehmungen ergaben, waren die meisten Verstümmelungen, Ermordungen und Folterungen allerdings von griechischen Zivilisten vorgenommen worden. Vgl. de Zayas, Wehrmacht-Untersuchungsstelle, u.a. S. 266 ff.

[8] Ebenda.

Während des Nürnberger Prozesses von 1945/46 gegen die Hauptkriegsverbrecher beschuldigte die sowjetische Anklagebehörde die deutschen Angeklagten, im September 1941 im Wald von Katyn bei Smolensk in Polen rund 11.000 polnische Offiziere ermordet zu haben.[9] Der sowjetische Ankläger Oberst Pokrowski erklärte beispielsweise am 14. Februar 1946 nach der Vorlage gefälschter sowjetischer Dokumente[10], die von einer sowjetischen Sonderkommission im Januar 1944 zur Fälschung der Geschichte und Rechtfertigung der sowjetischen Kriegsverbrechen in Polen zusammengestellt worden waren: „Wir ersehen aus der Anklageschrift, daß eine der wichtigsten verbrecherischen Handlungen, für die die Hauptkriegsverbrecher verantwortlich sind, die Massenhinrichtung polnischer Kriegsgefangener war, die im Wald von Katyn bei Smolensk von den deutschen faschistischen Eindringlingen vorgenommen wurde.“[11]

Die Geschichtsfälschung hatte nur einen vorübergehenden Erfolg. Zwar waren sowohl die britische als auch die amerikanische Regierung 1943 überzeugt gewesen, daß das vom deutschen Rundfunk am 13. April 1943[12] nach der Entdeckung der Massengräber gemeldete sowjetische Verbrechen an Kriegsgefangenen eine deutsche Propaganda-Lüge wäre, was BBC am 15. April 1943 mit dem Kommentar bezeugte: „Die deutschen Lügen weisen auf das Schicksal hin, das die Offiziere traf, die die Deutschen 1941 für Bauarbeiten in der Nachbarschaft verwandt hatten.“[13] Auch der umgehende deutsche Versuch, von zwölf ausländischen Gerichtsmedizinern, polnischen Mitgliedern des Roten Kreuzes und britischen und US-amerikanischen Kriegsgefangenen mehr als 100 der ausgegrabenen Leichen begutachten zu lassen[14], den Zeitpunkt ihrer Ermordung festzustellen und durch die noch im Sommer 1943 im Weißbuch „Amtliches Material zum Massenmord von Katyn“ veröffentlichten Untersuchungsergebnisse der Weltöffentlichkeit den tatsächlichen Sachverhalt schildern zu können[15], stieß zu der Zeit im Ausland auf breite Skepsis. Die Publikation wurde vorwiegend als „Goebbelsche Propaganda“ abgetan, wovon angesichts der vorausgegangenen Geschehnisse jedoch nicht die Rede sein konnte. Zweifelsfrei wurde sowohl von ausländischen Fachleuten[16] als auch von russischen Kriegsgefangenen[17] nachgewiesen, daß 4.421 polnische Offiziere nach dem Einmarsch der Roten Armee seit

[9] IMT, Bd. 1, S. 58.
[10] IMT, Bd. 7, S. 469.
[11] Zit. nach de Zayas, S. 39, Anm. 2.
[12] Der sowjetische Rundfunk wies die deutschen Meldungen am 15. April 1943 vehement als deutsche Lüge und Propaganda zurück. Vgl. auch Prawda vom 16. April 1943: „Goebbels-Lügen-Bande“.
[13] Vgl. dazu Bundesarchiv Militärarchiv, RW 2/v. 146, S. 124; Abschrift in RW 2/v. 168, S. 146.
[14] Neun wurden obduziert. Bis Juni 1943 wurden 4.143 Leichen geborgen.
[15] Vgl. die Unterlagen über den sowjetischen Massenmord in Katyn im Bundesarchiv Militärarchiv M 20/242.
[16] Die Leichen der von der Roten Armee ermordeten polnischen Offiziere wurden unter anderem von dem ungarischen Prof. Orsós, dem italienischen Prof. Palmiri, dem Prager Prof. Hájek, dem kroatischen Prof. Miloslawich, den Kopenhagener Professoren Burlet und Saxén sowie dem Genfer Prof. Naville an Ort und Stelle seziert und als zweifelsfreie Opfer des sowjetischen Militärs ausgewiesen.
[17] Vgl. u.a. de Zayas, Wehrmacht-Untersuchungsstelle, S. 355 ff.

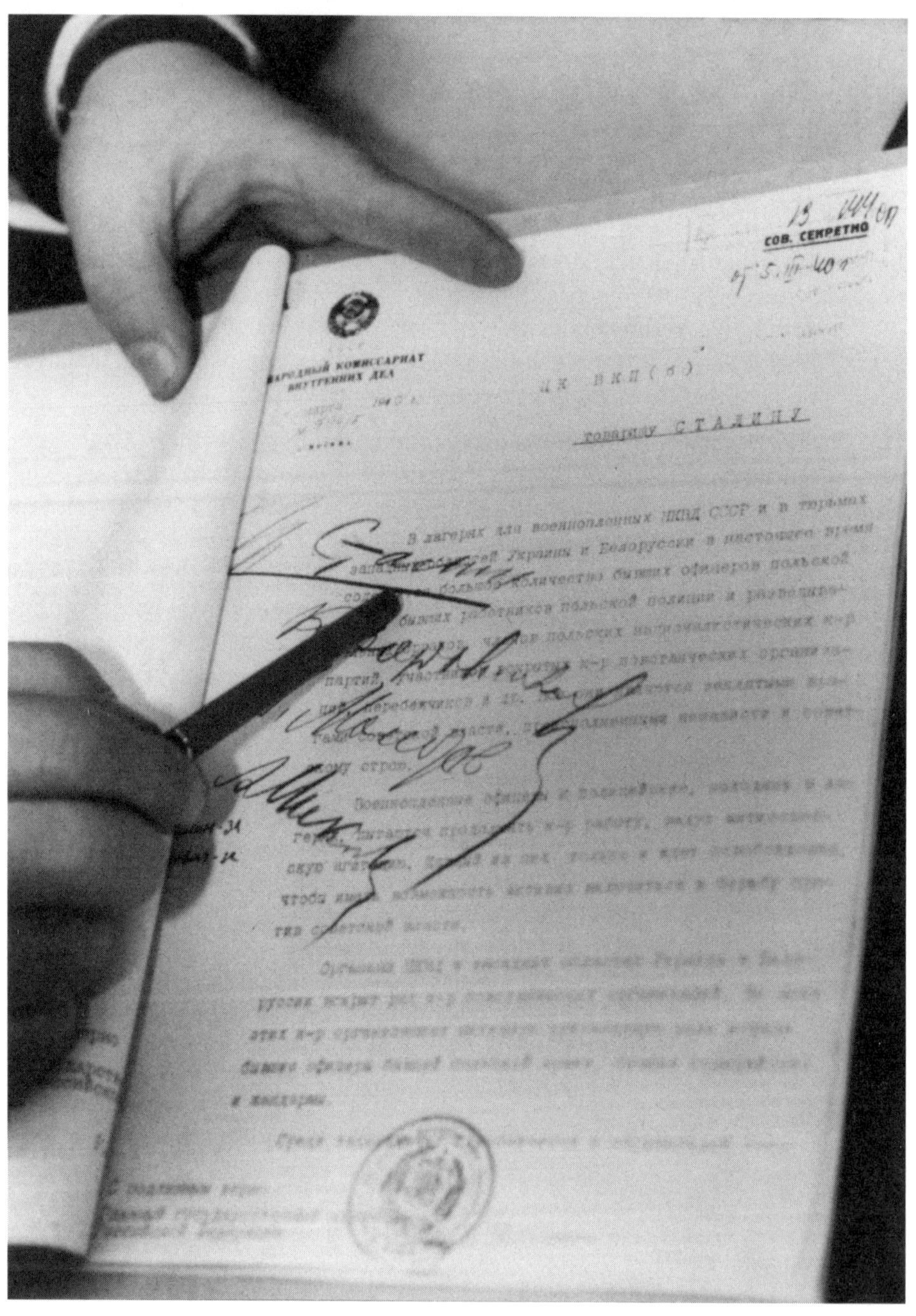

5. März 1940: Der von Stalin unterzeichnete Befehl zur Ermordung des polnischen Offizierskorps in Katyn. Das erst im Herbst 1992 entdeckte Dokument wurde dem polnischen Präsidenten Lech Walesa im Oktober 1992 vom russischen Präsidenten Boris Jelzin überlassen. *Foto: Keystone.*

der zweiten September-Hälfte 1939 gefangen genommen und 1940 von sowjetischen Einheiten ermordet worden waren.

Die sowjetische Anklagebehörde, die in Nürnberg darauf bestanden hatte, das von der Roten Armee verübte Massaker als deutsches Kriegsverbrechen in die Anklage aufzunehmen – und die Anzahl der ermordeten Offiziere letztlich auch noch auf das Zehnfache zu erhöhen – sah sich infolge des dokumentarisch fundierten Einspruchs der deutschen Verteidigung und der inzwischen auch den westlichen Alliierten vertrauten diesbezüglichen Ereignisse schließlich jedoch relativ rasch gezwungen, den Anklagepunkt fallen zu lassen. I.T. Nikitschenko, das sowjetische Ordentliche Mitglied des Tribunals, hatte große Mühe, das Gesicht zu wahren und die reibungslose Zusammenarbeit mit den Vertretern der Westmächte aufrecht zu erhalten. Rund zwanzig Jahre später erinnerte sich der britische Hauptankläger Lord Shawcross: „Während des Prozesses hatten wir enge und freundschaftliche Beziehungen zu unseren russischen Kollegen, und das, obwohl wir schärfsten Einspruch dagegen erhoben, daß die Russen das Massaker von Katyn in die Anklageschrift aufnehmen wollten.“[18]

Die sowjetische Anklage hatte dies versucht, obwohl bei Lawrentij Berija, dem Leiter der Stalinschen Geheimpolizei, bei Stalin, Chruschtschow, Woroschilow, Molotow, Mikojan, Kalinin und Kaganowitsch KGB-Dokumente lagen, die zweifelsfrei belegten und nachwiesen, daß von den Sowjets in Katyn auf Berijas Vorschlag „21.857 Menschen erschossen“[19] worden waren, was Stalin und das Politbüro zuvor genehmigt hatten. Einen Beleg sowohl für die Schuld der Sowjets als auch für deren Geschichtsfälschungspraktik stellt ein Dokument dar, das Chruschtschow am 3. März 1959 von Alexander Schelepin, dem Chef des KGB, als „Streng geheim“ deklariertes Schreiben erhielt, in dem es hieß: „Im Komitee für Staatssicherheit beim Ministerrat der UdSSR werden seit 1940 Akten und andere Unterlagen über jene in Kriegsgefangenschaft geratenen und internierten Offiziere, Gendarmen, Polizisten, Kollaborateure, Gutsbesitzer usw. aus dem damaligen bürgerlichen Polen aufbewahrt, welche in jenem Jahr erschossen wurden. Auf Beschluß einer speziellen Troika des NKWD der UdSSR wurden insgesamt 21.857 Menschen erschossen.

Die ganze Operation zur Liquidierung der erwähnten Personen wurde auf Beschluß des ZK der KPdSU vom 5. März 1940 durchgeführt ... Seit dieser Operation, das heißt seit 1940, wurden niemandem irgendwelche Auskünfte erteilt, und alle 21.857 Akten werden in einem versiegelten Raum aufbewahrt.[20]

---

18 Gründler, Gerhard E. und Manikowsky, Armin von, Das Gericht der Sieger. Oldenburg und Hamburg 1967, S. 19f.

19 Vgl. Iswestija vom 19. November 1992.

20 Der von der Sowjetunion zu ihrer Entlastung von einer offiziellen Untersuchungskommission formulierte Bericht, der nur rund 1/15 des deutschen und 1/20 des polnischen Berichts umfaßte, überging nicht nur die von den anderen Kommissionen festgehaltenen Feststellungen beispielsweise über die Herkunft der an den Händen der Exekutierten befindlichen Stricke, die erkennbaren Bajonettstiche und die zur Vertuschung der

Für die sowjetischen Organe haben alle diese Akten weder einen operativen noch historischen Wert. Sie können für unsere polnischen Freunde kaum von wirklichem Interesse sein. Im Gegenteil, irgendein unvorhergesehener Zufall kann zur Enttarnung der durchgeführten Operation mit allen unerwünschten Folgen für unseren Staat führen, zumal in bezug auf die im Wald von Katyn Erschossenen jene offizielle Version existiert, die durch die auf Initiative der sowjetischen Machtorgane im Jahre 1944 erfolgten Untersuchungen einer Kommission bestätigt wurde. Diese trug die Bezeichnung ‚Sonderkommission zur Feststellung und Untersuchung der von den deutschen faschistischen Aggressoren durchgeführten Erschießung von gefangengenommenen polnischen Offizieren im Wald von Katyn' … Die Schlußfolgerungen der Kommission haften fest im Gedächtnis der internationalen Öffentlichkeit.

Ausgehend von diesen Darlegungen scheint es angebracht, alle Unterlagen über die Personen zu vernichten, die bei der obengenannten Operation erschossen wurden. Für eventuelle Anfragen zum Verhalten des ZK der KPdSU oder der Sowjetregierung können die Protokolle der Sitzungen der Troika des NKWD der UdSSR, die die erwähnten Personen zum Tod durch Erschießen verurteilte, sowie die Fakten über die Durchführung der Beschlüsse der Troika, erhalten bleiben. Diese Dokumente haben einen geringen Umfang und können in einer Sondermappe aufbewahrt werden … Der Vorsitzende des Komitees für Staatssicherheit beim Ministerrat der UdSSR, A. Schelepin. 3. März 1959."[21]

Daß die Ermordung der polnischen Offiziere in Katyn auf das Konto der sowjetischen Kriegsverbrechen käme, gestand die russische Nachrichtenagentur TASS erst am 13. April 1990 öffentlich ein.

Wieso die sowjetische Anklagebehörde in Nürnberg behauptete, daß in Katyn 11.000 Polen ermordet worden seien, kann nicht definitiv beantwortet werden. Anders verhält es sich indes hinsichtlich des Schweigens der englischen Regierung über die bereits 1940 bekannten Tatsachen. Sie mußte befürchten, durch eine tatsachengerechte Darstellung des Katyn-Massakers das Bündnis der Westalliierten mit der UdSSR zu untergraben.

Nachdem die Rote Armee 1939 und 1940 in Polen gravierende Völkerrechtsverletzungen begangen und tausende polnische kriegsgefangene Offiziere bestialisch ermordet und sang- und klanglos hatte beseitigen lassen, ohne daß die Weltöffentlichkeit darüber unterrichtet wurde – und dieses Verhalten fugenlos nach dem 22. Juni 1941 auch gegenüber den Deutschen in der Sowjetunion als selbstverständlich fortsetzte, könnte der Schritt Stalins, sich plötzlich doch den

Massaker auf den „Gräbern" angepflanzten Bäume, sondern behauptete wahrheitswidrig, daß die Deutschen das Verbrechen begangen hätten. Vgl. Zawodny, J. K., Zum Beispiel Katyn. Klärung eines Kriegsverbrechens, München 1971 (deutsche Ausg.), S. 55.

[21] Ebenda. Vgl. dazu auch Voslensky, Das Geheime wird offenbar. Moskauer Archive erzählen 1917–1991, München 1995, S. 30.

Bestimmungen des Haager Abkommens von 1907 zu unterwerfen, eine Konsequenz auf die Gefangennahme seines Sohnes gewesen sein, doch nicht viel spricht dafür.[22]

Das völkerrechtswidrige Verhalten der Roten Armee womöglich ausschließlich auf Stalins neuerliche Forderung vom 7. November 1941 zurückzuführen, jeden „deutschen Eindringling“ brutal zu vernichten[23], läßt sich nicht einmal gewaltsam als Beweis dafür anführen. Die Rote Armee mißachtete die Bestimmungen des Völkerrechts im Zweiten Weltkrieg rücksichtslos seit dem 17. September 1939, seit sie, wie mit Deutschland vertraglich vereinbart, in Polen einrückte[24] und plünderte, Polen folterte, ermordete und viele aus ihrem Land vertrieb.

Bis zum Ende des Zweiten Weltkrieges – und teilweise auch noch lange danach – wurden deutsche Erklärungen, Dokumentationen und durch nicht voreingenommene deutsche und ausländische Zeugen belegte Darstellungen über entsprechende Völkerrechtsverletzungen der Roten Armee von den Westalliierten als „Fälschungen“ und „Propagandalügen“ des NS-Regimes angesehen – und auch so behandelt. Schopenhauers Ausspruch, daß die Geschichte mit der Unwahrheit so infiziert sei wie eine „Hure mit der Syphilis“, galt angesichts der offenkundigen Geschichtsfälschungen allerdings sowohl hüben als auch drüben gerade zu der Zeit als authentische Analyse der Geschichtsforschung und -darstellung. Emotionen, Vermutungen, Voreingenommenheit und aktuelle zweckdienliche Meinungen rangierten vor nachweisbaren Tatsachen, die allerdings nicht nur da von der Interpretation der Historiker abhängig waren, die zwangsläufig diverse „historische Wahrheiten“ kennen mußten. Mehr als je zuvor erschien die Geschichte – schlimmer noch als im Mittelalter – als „ancilla rerum politicarum“, als „Magd der Politik“. So meinte sich beispielsweise ein US-amerikanischer Übersetzer nicht vorstellen zu können, daß die Rote Armee im Herbst 1944, als an der endgültigen Niederlage Deutschlands – zumindest für kritische und unbefangene Zeitgenossen – kein Zweifel mehr aufkommen konnte, im ostpreußischen Dorf Nemmersdorf südlich von Gumbinnen Verbrechen an Greisen, Frauen und Kindern begangen hatte, die an Bestialität nicht zu überbieten waren. Nachdem die Rote Armee das Dorf am 20. Oktober 1944 vorübergehend in Besitz genommen hatte, vergewaltigten die sowjetischen Soldaten Kinder, junge Mädchen und Frauen jeden Alters, schnitten ihnen die Brüste ab und nagelten sie mit ausgebreiteten Armen nackt an Scheunentore. Der Jahrzehnte später in die Bundesrepbulik Deutschland übergesiedelte russische Schriftsteller Lew Kopelew, der als Offizier der Roten Armee selbst an Vergewaltigungen beteiligt ge-

[22] Stalins Tochter Swetlana, mit der Stalin 1941 über die Gefangennahme Jakobs geredet hatte, erklärte 1967 auf Befragen, daß auch sie sich angesichts der undurchsichtigen Äußerungen ihres Vaters nicht verläßlich dazu äußern könne.

[23] Vgl. Stalin, Vaterländischer Krieg, S. 39 ff.

[24] Vgl. die Punkte 1 und 2 im „Geheimen Zusatzprotokoll“ vom 23. August 1939 zum Hitler-Stalin-Pakt vom 23. August 1939.

wesen war, schrieb 1976: „… wir alle – Generäle und Offiziere verhalten uns nach Ehrenburgs Rezept ‚Tötet, tötet … nehmt die deutschen Frauen, eure Beute'. Welche Rache lehren wir: deutsche Weiber aufs Kreuz legen … und stell dir vor, was wird später aus unseren Soldaten, die zu Dutzenden über eine Frau herfielen? Die Schulmädchen vergewaltigten, alte Frauen ermordeten? … Das sind Hunderttausende von Verbrechern, künftigen Verbrechern, grausame und dreiste mit den Ansprüchen von Helden."[25]

Der eben erwähnte amerikanische Übersetzer, der die von der deutschen Wehrmacht zusammengetragenen Zeugenberichte über die unvorstellbaren Verbrechen der sowjetischen Soldateska zu übersetzen hatte, hielt sie für Produkte der NS-Propaganda. Er fügte seiner Übersetzung eines Berichts von Generaloberst Alfred Jodl für die Lagebesprechung vom 25. Oktober 1944 kurzerhand das Wort „Fälschung" („faked") hinzu.[26] „Russische Greueltaten bei der Besetzung ostpreußischen Gebiets <gemeint war zu der Zeit speziell das Dorf Nemmersdorf>, so hatte Jodl zum Vortrag für Hitler notiert, „müssen durch WPr verbreitet werden. Dazu Aufnahmen, Zeugenvernehmung, Tatsachenberichte usw."[27] Obwohl die von den US-Amerikanern erbeuteten Unterlagen des Wehrmachtführungsstabes und der Rechtsabteilung des deutschen Auswärtigen Amtes zweifelsfrei belegten, was in Nemmersdorf geschehen war, hielten sich die Westalliierten vorerst an die sowjetischen Fälschungen, die „beweisen" sollten, daß die Gestapo die Menschen in Nemmersdorf ermordet hätte, weil sie angeblich nicht bereit gewesen seien, sich evakuieren zu lassen. Bert Brecht, der 1939 in seinem Lehrstück „Das Verhör des Lukullus" gedichtet hatte, „immer doch / schreibt der Sieger die Geschichte des Besiegten. / Dem Erschlagenen entstellt / der Schläger die Züge. / Aus der Welt geht der Schwächere / und zurück bleibt / die Lüge", sah seine – auf ausgewertete Traditionen basierende – „Lehre" rasch und demonstrativ bestätigt.

Als Milovan Djilas Stalin während eines Gespräches auf die Vergewaltigungen deutscher Kinder und Frauen durch die Rotarmisten ansprach, erklärte der sowjetische Diktator: „Sie haben sich die Rote Armee ideal vorgestellt. Und sie ist nicht ideal und kann es auch nicht sein, selbst wenn sie nicht einen gewissen Prozentsatz von Verbrechern enthielte – wir haben die Tore unserer Strafanstalten aufgemacht und alle in die Armee gesteckt … Die Rote Armee ist nicht ideal. Wichtig ist, daß sie die Deutschen bekämpft – und sie kämpft gut, alles andere spielt keine Rolle."[28]

---

[25] Kopelew, Lew, Aufbewahren für alle Zeit, Hamburg 1976, S. 114.

[26] Vgl. de Zayas, Wehrmacht-Untersuchungsstelle, S. 41.

[27] IMT-Dok. PS-1787. Mikrofilm des vollständigen (im Friedenspalast in Den Haag allerdings nicht vorhandenen) Dokuments im Institut für Völkerrecht der Universität Göttingen.

[28] Djilas, Milovan, Gespräche mit Stalin, Frankfurt/M. 1962, S. 142.

Verunglimpfung der Deutschen Wehrmacht in der vom „Komitee der Antifaschistischen Widerstandskämpfer in der Deutschen Demokratischen Republik" herausgegebenen Publikation „SS im Einsatz" mit der Bildunterschrift: „Frauen und junge Mädchen waren die begehrtesten Opfer der Elite des Dritten Reiches. ‚Durchsuchung' eines polnischen Mädchens auf offener Straße". Daß es sich hierbei nicht um deutsche Soldaten handelt, bezeugt die Uniform der Soldaten: Koppel, Ärmelaufschläge, Stiefel und das Gewehr.

Maser mit Ernst-Wilhelm Keitel, dem Sohn des Generalfeldmarschalls. Ihm sägten die Sowjets nach seiner Gefangennahme beide Beine ab.

Präventivkrieg oder geplanter gnadenloser Raubkrieg?

Lew Besymenski, der russische Historiker, Germanist, einstige Offizier der Roten Armee und sowjetische Dolmetscher während des Nürnberger Prozesses, schrieb 1981 in seinem ideologisch orientierten Buch über Moskau zur Zeit des Zweiten Weltkrieges – und den Beginn des deutsch-sowjetischen Krieges, ohne den Hitler-Stalin-Pakt und das „Geheime Zusatzprotokoll" von 1939 auch nur zu erwähnen: „Heute kann man auf dem ‚Sandkasten' der Militärgeschichte nicht allein den zeitlichen Abstand, sondern auch die Frontlinie überwinden. Die Betrachtung jeder Schlacht, auch der vor Moskau, gewinnt dadurch eine neue Dimension, eine neue Tiefe. Die Größe unseres damaligen Sieges bedarf keines Beweises, aber in jedem zusätzlichen Zeugnis eröffnen sich uns weitere Aspekte des welthistorischen Sieges, den das sowjetische Volk, seine Kommunistische Partei und sein Staat errungen haben ... Wir sollten die Pläne, die im hitlerischen Hauptquartier gegen Moskau ausgebrütet wurden, sorgfältig untersuchen, denn ihr Scheitern bezeugt die Unbesiegbarkeit der sowjetischen Ordnung."[1]

Wie Besymenski die Geschichte aus der vorgegebenen orthodoxen sowjetischen Perspektive stilisierend manipulierte und dokumentarisch nur belegte, was in das marxistisch-leninistisch geprägte Geschichtsbild paßte, so haben es russische Historiker und Militärs auch nach dem Zusammenbruch des Sowjetimperiums noch getan. Ihre Darstellungen unterscheiden sich nur in Nebensächlichkeiten von dem Pamphlet, das der (Ost-)Berliner Akademie-Verlag 1959 unter dem anspruchsvollen Titel „Der Zweite Weltkrieg 1939–1945. Wirklichkeit und Fälschung" veröffentlichte.[2]

Aufschlußreich erscheinen die auch 50 Jahre nach dem Ende des Zweiten Weltkrieges immer noch stalinistisch orientierten Stellungnahmen namhafter russischer Militärhistoriker und Militärs wie Juri Solnyschkow (General und Professor) und Iwan Kusmin (Oberst und Dozent) der Moskauer Militärakademie über den deutsch-sowjetischen Krieg von 1941–1945. Solnyschkow und Kusmin, die Professor Dr. Anatolij Frenkin, der renommierte Moskauer Historiker und Mitglied der Russischen Akademie der Wissenschaften, 1995 als „konservative" Verfechter der immer noch stalinistisch orientierten Vorgaben aus der Breschnew-Ära (1977–1982) für die Darstellung des „Großen Vaterländischen Krieges" charakterisierte, eröffneten 1994 über die russische Nachrichtenagentur „Nowosti" einen wissenschaftlichen Dialog als Antwort auf das eben erschienene Buch

[1] Besymenski, Lew, Zähmung des Taifuns, Ost-Berlin 1981 (Übersetzung der 1978 in Moskau erschienenen Ausgabe), S. 7.

[2] Dabei handelte es sich um eine deutsch-sowjetische Kollektiv-Arbeit der SED- und Sowjethistoriker Leo Stern, P.A. Shilin, D.J. Melnikow, Fritz Knittel, Walter Bartel, Rudolf Bamler, Otto Korfes, A. Jeromenko, B.S. Telpuchowski und Stefan Doernberg.

„Der Wortbruch. Hitler, Stalin und der Zweite Weltkrieg".[3] Die 1995 publizierte Konfrontation der Argumente[4], überdies ein singuläres Ereignis, soweit es die Darstellung des deutsch-sowjetischen Krieges betrifft[5], bewies überzeugend, daß der Stalinismus auch in dem Zusammenhang nicht nur im Untergrund weiterlebt.

Daß allerdings nicht alle russischen Historiker, Völkerrechtler und Militärs die Geschichte in der Weise verfälschen wie Solnyschkow und Kusmin, belegt die hier der Debatte vorangestellt Feststellung Anatolij Frenkins: „Wer ... für die russische Geschichtswissenschaft wirklich glaubwürdig ist, das ist Professor Werner Maser ... Er ist repräsentativ gerade als deutscher Historiker und auch einer der bedeutendsten. Er ist Vertreter der Kriegsgeneration. Als Person ist er in Rußland längst bekannt als hoch anständiger und ehrlicher Mann, der die russische Geschichte und Kultur kennt und unser Volk respektiert. Er verkündet als sein Ziel die zur tatsächlichen Freundschaft führende fugenlose Aussöhnung mit Rußland. Diese Voraussetzungen eines politischen Vertrauens in die Ehrlichkeit des Gesprächspartners sind für die Russen von prinzipieller Bedeutung ... Für die konstruktive Diskussion zum Thema des Zweiten Weltkrieges <ist> das Buch von Professor Maser am besten geeignet. Der Verfasser versteht uns authentisch, er behandelt die Lage in der Sowjetunion sachkundig. W. Maser beurteilt den Charakter Stalins und seine Mentalität gründlicher als viele andere westliche Historiker, die ihre Bücher darüber veröffentlicht haben ... Professor Maser bemüht sich ehrlich darum, sich in unsere damalige Lage zu versetzen. Das können nur wenige große Forscher. <Für Maser> geht es um ein wissenschaftliches Problem, um eine neue Sicht der Dinge, um eine neue Version. <Es> ist das Ergebnis der Forschungen eines seriösen und soliden Forschers; deshalb wären Geduld, Achtung und Aufmerksamkeit gegenüber seiner Meinung das erste Gebot ... Der Verfasser weist zurecht darauf hin, daß beide, Hitler und Stalin auch fremde Territorien eroberten. Aber die Naziverbrechen und Hitlers Schuldkonto bekommen keinen Stalin-Bonus, werden nicht durch die Schuld des anderen vermindert."[6]

---

3 Maser, Werner, Der Wortbruch. Hitler, Stalin und der Zweite Weltkrieg, München 1994, fortan zit. als Maser, Der Wortbruch. Die im November 1994 an Dr. Miljutenko, den Leiter der „Russischen Informationsagentur Nowosti. Büro in Deutschland", gerichtete Bitte der russischen Militärhistoriker und Militärs um eine öffentliche Diskussion wurde am 21. Februar 1995 an mich weitergeleitet.

4 Hinweise auf das Buch „Der Wortbruch" – mit jeweiligen Seitenangaben – werden um der besseren Lesbarkeit willen in den laufenden Text eingefügt, was in wenigen Fällen auch bei der Nennung russischer Quellen geschieht.

5 Bemerkenswert erscheint in diesem Zusammenhang, daß der (in Deutschland widersprüchlich diskutierte) „Präventivkrieg" 1995 während der russischen Historikerdiskussionen kaum eine Rolle spielte. Primär ging es ukrainischen und russischen Historikern um die Frage nach dem Preis des Sieges über Deutschland, wobei Stimmen laut wurden, die den sowjetischen Sieg im „Großen Vaterländischen Krieg" nicht unbedingt als Sieg sehen wollten. Die sehr hohe Anzahl der gefallenen, verwundeten und vermißten Rotarmisten sowie der zu Tode gekommenen Zivilisten und die horrenden materiellen Verluste und Schäden wurden als nicht proportionsgerechter Preis für den Sieg reklamiert. Vgl. dazu auch: Plante Stalin einen Angriffskrieg gegen Hitler? Hrsg. von Bordjugow, G. und Neweshin, W., AIRO-XX, Moskau 1995.

6 Frenkin, Anatolij, Mitglied der Russischen Akademie der Wissenschaften Moskau. Präventivschlag oder unbegründeter Überfall Hitlers auf die UdSSR. Deutsche Militärzeitschrift, Brühl, Oktober/Dezember 1995, S. 65 f.

Die Konfrontation der Argumente

Solnyschkow und Kusmin: „Die Perspektiven Europas hängen in vieler Hinsicht von den Beziehungen zwischen Rußland und Deutschland ab. Der deutsche Autor Prof. Dr. Werner Maser veröffentlichte … ein Buch[7], das davon handelt, wie der Zweite Weltkrieg vorbereitet wurde. Er schreibt, daß unser aller Wunsch sein muß: ‚Die zur tatsächlichen Freundschaft führende Aussöhnung mit Rußland'. Das sei natürlich nur unter der Bedingung möglich, daß historische Ereignisse in vollem Maße und allseitig aufgehellt werden.

Wie aber antwortet Werner Maser selbst auf die brennenden Fragen, die die Menschen im Westen bewegen? Er sucht zu beweisen, daß sich Stalin und Hitler synchron auf einen Überfall vorbereitet hätten. Folglich seien sie in gleichem Maße für die Entfesselung des Zweiten Weltkrieges verantwortlich. Es liegt auf der Hand, daß der Verfasser das Ziel verfolgt, gerade das nachzuweisen, nicht aber die historischen Tatsachen und Dokumente objektiv zu analysieren. In einigen Fällen legt Maser zu diesem Zweck das historische Material willkürlich aus, in anderen zieht er kategorische Schlußfolgerungen, die sich nicht aus der vorangegangenen Darlegung ergeben."

Maser: Beispiele nennen sie nicht. Behauptungen dieses Niveaus waren nicht neu.[8] So hatte zehn Jahre zuvor beispielsweise ein Gerichtsverfahren auf die Problematik von Geschichtsfälschungen und Verfälschungen durch ein Urteil aufmerksam gemacht, das auch den russischen Militärhistorikern nicht unbekannt geblieben sein kann. Das Landgericht Freiburg im Breisgau attestierte am 19. Juni 1984 Wilhelm Deist, dem Leiter des deutschen Militärgeschichtlichen Forschungsamtes, in einem Urteil (Geschäftsnummer 5083/84), sich eines „Dienstvergehens" schuldig gemacht zu haben, indem er versucht habe, Joachim Hoffmann, einen renommierten wissenschaftlichen Mitarbeiter des Amtes, dienstlich zu nötigen, die Ergebnisse seiner Forschungen so darzubieten, daß sie die manipulierten sowjetischen Geschichtsdarstellungen bestätigten.

Ein halbes Jahrhundert hindurch galt als gesicherte historische Tatsache, daß Hitler die „friedliebende" Sowjetunion im Juni 1941 trotz des im August 1939 geschlossenen deutsch-sowjetischen Nichtangriffspaktes heimtückisch militärisch überfallen habe. Die Quellenauswahl und deren Interpretation durch Historiker der Sowjetunion und der DDR, um hier zunächst nur sie als Wortführer dieser

---

7 Maser, Der Wortbruch.

8 Nicht wenige der als „historische Dokumente" bezeichneten amtlichen Schriftstücke müssen den beispielsweise zwischen 1000 und 1500 n. Chr. entstandenen – vor allem religiös definierten – Fälschungen als „gleichrangig" zugeordnet werden. So wenig beispielsweise die in der Phase der Geschichte entstandenen Apokryphen des Neuen Testaments, Salomons Psalmen, die schriftliche Korrespondenz Jesu mit König Abgar von Edessa, die Testamente der zwölf Apostel, der Briefwechsel zwischen Paulus und Seneca etwas mit der historischen Wahrheit zu tun haben, so wenig stimmten viele der amtlichen Darstellungen der Kombattanten mit der „Wirklichkeit" überein.

Version innerhalb des von der Sowjetunion beherrschten Warschauer Paktes zu nennen, galten unbeanstandet auch für nahezu alle Zunftkollegen westlicher Staaten. Historiker, die gegenteilige Forschungsergebnisse vorwiesen, verfielen geradezu ausnahmslos der Ächtung und mußten sich gefallen lassen, als „faschistische Revisionisten" verleumdet zu werden. Ernst Topitsch[9] und Joachim Hoffmann[10], um nur zwei deutsche Exponenten des Genres anzuführen, wurden zu Zielscheiben für herabsetzend aggressive Angriffe und Diffamierungen, wobei Geschichtsfälschungen und politisch instrumentalisierte Dokumentenmanipulationen die Urteilsgrundlagen bildeten. Nicht anders erging es dem nach England emigrierten Sowjet-Obersten Viktor Suworow.[11]

Lügen waren zwar zu allen Zeiten besonders in Kriegen an der Tagesordnung, doch die Lügen und Geschichtsfälschungen während der beiden großen Kriege des 20. Jahrhunderts unterschieden sich erheblich voneinander.

Publizierte Vorgaben J.W. Stalins[12] und die streng an ihnen orientierten Veröffentlichungen unter anderem von P.A. Shilin[13]. D.J. Melnikow[14], P.S. Telpuchowski[15], M. Andrejenka, G.A. Deborin[16] und ihre konsequente Übernahme durch Exponenten der nachfolgenden Historiker-Generationen galten über Jahrzehnte hindurch als Richtlinien beispielsweise für die Darstellung des deutsch-sowjetischen Nichtangriffspaktes von 1939 auch für Historiker wie beispielsweise Werner Basler[17] und Leo Stern. Doch auch westliche Kollegen nahmen sie nicht nur unwidersprochen hin, sondern bekräftigten sie durch eigene, vorgeblich authentische Geschichtsdarstellungen im Sinne der marxistisch-leninistischen Urteilsgrundlagen. Und dies geschah auch hinsichtlich des gesamten deutsch-sowjetischen Krieges von 1941–1945, was beispielsweise die Publikationen Hans-Adolf

---

9 Topitsch, Ernst, Stalins Krieg – Die sowjetische Langzeitstrategie gegen den Westen als rationale Machtpolitik 2. Aufl., München 1986 und Herford 1993.

10 Hoffmann, Joachim, Die Sowjetunion bis zum Vorabend des deutschen Angriffs, in. Der Angriff auf die Sowjetunion. Stuttgart 1987, S. 38–97 (= Das Deutsche Reich und der Zweite Weltkrieg. Hrsg. vom Militärgeschichtlichen Forschungsamt, Bd. 4). Ders.: Die Kriegführung aus der Sicht der Sowjetunion, in: Der Angriff auf die Sowjetunion, Stuttgart 1987, S. 713–809 (= Das Deutsche Reich und der Zweite Weltkrieg. Hrsg. vom Militärgeschichtlichen Forschungsamt, Bd 4). Ders.: Die Angriffsvorbereitungen der Sowjetunion 1941, in: Zwei Wege nach Moskau. Vom Hitler-Stalin-Pakt bis zum „Unternehmen Barbarossa". Im Auftrag des Militärgeschichtlichen Forschungsamtes hrsg. von Bernd Wegner, München und Zürich 1991, S. 367–388.

11 Suworow, Viktor, Der Eisbrecher. Hitler in Stalins Kalkül, Suttgart 1989.

12 Stalin, Josef, Über den Großen Vaterländischen Krieg der Sowjetunion, Moskau 1946. Ders.: Werke, 13 Bde., Ost-Berlin 1951–1953.

13 Mitglied der Moskauer Red.-Kommission für Erforschung der Geschichte des Großen Vaterländischen Krieges.

14 Kandidat der Geschichtswissenschaft. Abt.-Leiter bei der Zeitschrift „Meschdunarodnaja Shisn", Moskau.

15 Stellvertretender Leiter der Moskauer Abt. „Geschichte des Großen Vaterländischen Krieges" am Institut für Marxismus-Leninismus beim ZK der KPdSU.

16 Deborin, G.A., Der Zweite Weltkrieg, Ost-Berlin 1960.

17 Basler, Werner, Zur Vorgeschichte des deutsch-sowjetischen Nichtangriffspaktes 1939, Zeitschrift für Geschichtswissenschaft, II, 1. Beiheft. Stern, Leo, Die westdeutsche Geschichtsschreibung im Dienst der psychologischen Kriegführung, Einheit, XIV.

Jacobsens[18], Werner Jochmanns und Hans Dollingers bezeugen.[19] Weder staatlich finanzierte Ämter wie beispielsweise das Freiburger Militärgeschichtliche Forschungsamt noch namhafte Medien unternehmen es, die Geschichte „sine ira et studio“ zu erforschen, nachzuvollziehen und darzustellen. Das Schwert des Damokles schwebt (nicht nur in Deutschland) über Historikern, die umstrittene Phasen der Geschichte so darstellen, wie sie „wirklich gewesen sind“ – und die häufig selbst amtlich kodifizierten ideologischen Vorgaben als Geschichtsfälschung identifizieren. So wurde Joachim Hoffmann, renommierter Fachhistoriker und wissenschaftlicher Direktor des staatlichen Freiburger Militärgeschichtlichen Forschungsamtes 1984 von Wilhelm Deist, dem Leitenden Direktor des Amtes, als Angeklagter vor das Landgericht Freiburg zitiert. Hoffmann hatte Deist vorgeworfen, seine nicht den ideologisch orientierten Vorgaben entsprechenden Forschungsergebnissen nur mit gravierenden geschichtsverfälschenden Veränderungen in das vorbereitete Gemeinschaftswerk „Das Deutsche Reich und der Zweite Weltkrieg: Der Angriff auf die Sowjetunion“ aufnehmen zu wollen. In der Urteilsbegründung des Landgerichts vom 19. Juni 1984[20], das die Klage Deists abwies, heißt es unter anderem: „Im Kern wirft der Beklagte <Hofmann> dem Kläger <Deist> vor, er verfälsche die Geschichte und unterdrücke historische Wahrheiten aus ideologischen Gründen, während der Kläger dem Beklagten Kritikunverträglichkeit und ein fixiertes Geschichtsbild vorhält.“[21] Im Punkt 1.5. der Urteilsbegründung heißt es: Deist habe von Hoffmann (nach Hoffmanns Angaben) „die vollständige und ersatzlose Streichung seines ohnehin knapp gehaltenen Kapitels über die ‚Methoden des Vernichtungskrieges‘ auf sowjetischer Seite“[22] verlangt. Seine Begründung: Es werde „schließlich ein ‚deutschlandzentrisches‘ Werk“ geschrieben, „in dem hierfür kein Platz sei … ferner habe er (Deist) seine amtliche Eigenschaft dazu ausgenutzt, um an den Beklagten das Ansinnen zu richten, seine Zustimmung zu einer groben Verfälschung der Geschichte im Sinne einer Unterdrückung der Untaten des stalinistischen Terrorsystems zu geben.[23]

Auszüge (Seite 1, 4, 5 und 10) aus dem Urteil des Freiburger Landgerichts vom 19. Juni 1984 auf den folgenden Seiten.

---

[18] Hans-Adolf Jacobsen wurde verschiedentlich unterstellt, nicht in der Lage zu sein, die ideologische „Hirnwäsche“ hinter sich zu lassen, der er sich als junger Offizier während seiner sowjetischen Kriegsgefangenschaft in dem am 13. Juli 1943 in der Sowjetunion ins Leben gerufenen stalinistisch orientierten „Nationalkommitee Freies Deutschland“ unterzogen habe.

[19] Jacobsen, Hans Adolf, 1939–1945. Der Zweite Weltkrieg in Chronik und Dokumenten. Darmstadt 1959. Ders., Dokumente zur Vorgeschichte des Westfeldzuges 1939–1940. Göttingen 1956. Jacobsen, Hans-Adolf und Hans Dollinger (Hrsg.), Der Zweite Weltkrieg in Bildern und Dokumenten, 3 Bde., München 1963. Jacobsen, Hans-Adolf und Werner Jochmann (Hrsg.), Ausgewählte Dokumente zur Geschichte des Nationalsozialismus 1933–1945, Bielefeld 1961 ff.

[20] Geschäftsnummer des Urteils: 5083/84.

[21] Urteil des Landgerichts, S. 6, Pkt. 1.5.

[22] Ebenda.

[23] Ebenda.

Auszug aus dem Urteil des Freiburger Landgerichts vom 19. Juni 1984

Seite 1

Landgericht Freiburg

Im Namen des Volkes

Urteil

In Sachen

Dr. Wilhelm Deist,
Siegelbacherstr. 3,
7800 Freiburg i.Br.

– Kläger –

Prozeßbevollm.: RA. Dr. Drischel u. Koll., 7800 Freiburg

gegen

Dr. Joachim Hoffmann,
Kapellen 12,
7801 Ebringen

– Beklagter –

Prozeßbevollm.: RA. Beeretz u. Koll., 7800 Freiburg

wegen Unterlassung und Widerruf

hat die 5. Zivilkammer des Landgerichts Freiburg i. Br. auf die mündliche Verhandlung vom 22. Mai 1984 unter Mitwirkung von Vorsitzendem Richter am Landgericht Oswald als Vorsitzendem, Richter am Landgericht Foßler sowie Richter am Landgericht Bauer als beisitzenden Richtern

für Recht erkannt:

1. Die Klage wird abgewiesen.
2. Der Kläger trägt die Kosten des Verfahrens.
3. Das Urteil ist vorläufig vollstreckbar.
   Dem Kläger wird nachgelassen, die Zwangsvollstreckung aus dem Urteil durch Sicherheitsleistung.

Seite 4

Am 7.11.1983 richtete der Kläger sodann ein Schreiben an den Amtschef (AS. 41), dessen Inhalt Gegenstand des vorliegenden Prozesses ist. Dazwischen haben Besprechungen stattgefunden, deren Inhalt teilweise streitig ist. Der Kläger beanstandet aus dem Schreiben vom 7.11.1983 vor allem folgende Passagen:

„Obwohl der verantwortliche Leiter der sowjetischen Politik, Volkskommissar Molotov, in seiner Rede vor dem Obersten Sowjet am 31. Oktober 1939 die Republik Polen offiziell eine „Mißgeburt des Versailler Vertrages" nannte, von der nach einem „einzigen Schlage", „erst seitens der deutschen, denn seitens der Roten Armee" nichts mehr übrigblieb, sollte ich veranlaßt werden, meine Darstellung der Komplizenschaft der Sowjetunion bei dem Angriff auf Polen und bei der Liquidierung dieses Staates zu streichen oder zu verschleiern. Ebenso sollte verschwiegen werden, daß Stalin in seiner Erklärung vom 29. November 1939 England und Frankreich offiziell als die Schuldigen an der Ausweitung und Fortdauer des Krieges bezeichnet hatte (S. 78–86, S. 88 ff)."

„Im Einklang mit der Grundthese, die Sowjetunion sei „ein friedlicher Staat", „kein aggressiver Staat" gewesen, wurde auch versucht, auf seine Darstellung des sowjetischen Offensivaufmarsches Einfluß zu nehmen. So wurde mir nahegelegt, meine Ausführungen so zu verdrehen, daß der sowjetische Aufmarsch ab 1940 nur als eine Reaktion auf einen angeblichen deutschen Aufmarsch zu verstehen sei …".

„Und schließlich sollte ich sogar veranlaßt werden, ein Zitat des sowjetischen Verteidigungsministers und Marschall der Sowjetunion Grevko zu streichen, daß allein die Fronttruppen, keinesfalls aber die Regierung und die höheren Führungsstellen der Armee von dem deutschen Angriff überrascht worden seien. Entsprechend der These von einem deutschen Überfall, einem deutschen Überraschungsangriff, sollte dennoch selbst ein gewichtiges und authentisches Zeugnis von höchster sowjetischer Stelle unterdrückt werden, weil es diese These widerlegte (S. 713)."

„Im Einklang mit der blasierten Geringschätzung von Operationsdarstellungen wußte auch Herr Dr. Deist in den ausgedehnten operativen Teilen seines Beitrages nicht allzuviel vorzubringen …".

„Als ich mir erlaubte, beiläufig anzuführen, daß ja auch die Rote Armee die Methode der Belagerung und Beschießung fester Plätze – so in Königsberg und Breslau – rücksichtslos angewandt und der zeitweilige Verteidiger von Leningrad, Marschall der Sowjetunion Zukov, sich geradezu damit gebrüstet hatte, 1.300.000 Artilleriegranaten auf das verteidigte Berlin abgefeuert zu haben, sollte ich veranlaßt werden, diesen Passus zu streichen mit der fadenscheinigen Behauptung, es handele sich nicht um „zeitgleiche Belege" (S. 740 ff)."

Seite 5

„Nachdem Herr Dr. Deist schon verschiedentlich beanstandet hatte, daß nun auch ich zur Wahrung eines ausgewogenen Geschichtsbildes auf die ganz analogen Untaten auf sowjetischer Seite zu sprechen kam, verlangte er am 21. Juli 1981 von mir die vollständige und ersatzlose Streichung meines ohnehin knapp genug gehaltenen Kapitels über die „Methoden des Vernichtungskrieges" auf sowjetischer Seite mit der Begründung, wir schreiben schließlich ein „deutschlandzentrisches" Werk in dem hierfür kein Platz sei. „Deutschlandzentrisch" heißt mit anderen Worten also Breittreten der Untaten auf deutscher Seite, restloses Verschweigen der Untaten auf sowjetischer Seite. Der verantwortliche Projektgruppenleiter nutzte seine amtliche Eigenschaft also dazu aus, um an einen Autor das Ansinnen zu richten, seine Zustimmung zu einer groben Verfälschung der Geschichte im Sinne einer Unterdrückung der Untaten des stalinistischen Terrorsystems zu geben".

Seite 10

3. Somit ist zusammenfassend festzustellen:
   Da der Beklagte ■■■ in Wahrnehmung berechtigter Interessen gehandelt und ferner Vorgänge zur Kenntnis des Dienstvorgesetzten gebracht hat, die als Dienstvergehen gewertet werden können, ist er selbst dann nicht zum Widerruf und zur Unterlassung verpflichtet, wenn er die Grenzen der freien Meinungsäußerung überschritten hätte.

4. Die Kostenentscheidung beruht auf § 91 ZPO, die Entscheidung über die vorläufige Vollstreckbarkeit auf §§ 708 Ziff. 11, 711 ZPO

Oswald Bauer Foßler

Ausgefertigter

Justizangestellte
als Urkundenbeamtin der Geschäftsstelle

Daß die DDR-Militärs Oberst Leuschner, Oberstleutnant Oelschlägel, Oberstleutnant Wüstner und Fregattenkapitän Kuhfeld bereits 1968 im Auftrag der Ulbricht-Regierung im DDR-"Deutschen Militärverlag" für die Soldaten der „Nationalen Volksarmee" relativ offen zugegeben hatten, daß die Sowjetunion spätestens seit 1937 massiv gerüstet und ihre Truppenführer und Offiziere auf erwartete Aufgaben vorbereitet hatte, besaß im Militärgeschichtlichen Forschungsamt Freiburg, zu dessen „Gästen" regelmäßig SED-Historiker gehörten[24], keinen angemessenen Stellenwert. „Da … immer offensichtlicher wurde, daß sich die imperialistischen Staaten verstärkt auf einen Überfall auf die UdSSR vorbereiteten", so hieß es im „Taschenbuch Militärpolitik und Wehrpflicht"[25], „galt es, die Rote Armee und Flotte so auszubauen, daß sie nach ihrer zahlenmäßigen Stärke, Ausrüstung und Gefechtsbereitschaft das Sowjetland an mehreren Fronten auch gegen eine imperialistische Koalition verteidigen konnte. 1937 verstärkte deshalb die Sowjetregierung ihre Streitkräfte auf 1.433.000 Mann. Gleichzeitig wurde die Ausrüstung der Truppen verbessert. Bei den Luftstreitkräften wurden schwere Kampfverbände aufgestellt, und die Luftwaffenbrigaden wurden in den Jahren 1939/40 in Jagd-, Schlacht- und leichte Kampffliegerdivisionen umgebildet …"[26]

„Im Jahre 1939", so ergänzten die Autoren, „wurden in 16 Militärakademien, 6 speziellen Militärfakultäten, 63 Lehranstalten der Landstreitkräfte, 32 Flug- und flugtechnischen Schulen und 14 Schulen der Kriegsmarine Kommandeure der Roten Armee und Flotte ausgebildet."[27]

Daß diese – nicht geheim gehaltene – Darstellung vier Jahre vor Erich Honeckers Erlaubnis erschienen war, bestimmte in der DDR bislang verbotene Bücher zu veröffentlichen[28], blieb im Militärgeschichtlichen Forschungsamt offiziell unbeachtet. Die offenbar auf Betreiben Oberst Roths vorgenommene Übernahme einiger SED-Historiker nach der Wiedervereinigung und Übersiedelung des Forschungsamtes nach Potsdam fand denn auch nach alldem keinen nennenswerten Widerhall in den Medien.

Solnyschkow und Kusmin: „Um die aggressiven Pläne der sowjetischen Führung gegenüber Deutschland unter Beweis stellen zu können, werden <von Maser> zwei Dokumente aus russischen Archiven angeführt: zum einen der Befehl des Volkskommissars für Verteidigung der UdSSR Nr. 113 vom 11. Dezember 1938 ‚Über die Gefechtsausbildung und politische Schulung der Truppen für das Lehrjahr 1939' und zum anderen der Entwurf des schriftlichen Berichtes von

24 Persönliche Mitteilung von Joachim Hoffmann (1994).
25 Ost-Berlin 1968.
26 Taschenbuch Militärpolitik und Wehrpflicht, S. 410.
27 Ebenda, S. 411.
28 Nachdem Günter Zehm am 22. Juni 1972, auf den Tag genau 31 Jahre nach dem Beginn des deutsch-sowjetischen Krieges, in der Zeitung „Die Welt" Stefan Heyms „König David-Bericht" besonders gelobt hatte, regte Honecker an, das Buch auch in der DDR erscheinen zu lassen, was im selben Jahr auch geschah.

Timoschenko und Schukow an Stalin vom Mai 1941, in dem der Plan zur Entfaltung der Streitkräfte der Sowjetunion im Falle eines Krieges mit Deutschland und seinen Verbündeten dargelegt wird.“

Maser: Daß der Befehl Nr. 113 vom 11. Dezember 1938, die neue Militärdoktrin der Roten Armee, nach der die sowjetischen Truppen ab 1939 nicht mehr wie bis dahin behauptet eine Defensivarmee, sondern eine Angriffsarmee ohne Beispiel (Textauszug: „… wird die Rote Arbeiter- und Bauernarmee die angriffslustigste von allen Armeen sein, die irgendwann einen Angriff geführt haben“) zu sein hätten, ohne Beziehungen zum deutsch-sowjetischen Verhältnis gestanden habe, ist eine durchsichtige Propagandaversion. Bereits Ende September 1938 hatte die sowjetische militärische Führung militärische Maßnahmen eingeleitet, die gegen Deutschland gerichtet waren. Im Militärsonderbezirk Kiew wurden eine „spezielle Heeresgruppierung“ geschaffen, mehr als 70 Divisionen in Kampfbereitschaft gesetzt und „eine Teilmobilisierung eingeleitet.“[29]

ЙЙ КОМИССАР
СОЮЗА ССР
Май 1941 г.

Вх. № 3120
31-3 8 г.

Особо-важно.
Только лично.
Экземпляр единств.

Входящий № 4315
„29" 3 1948 г.
Главное Оперативное Управление
Генштаба Вооруж. Сил СССР

Председателю Совета
Народных Комиссаров СССР
тов. Сталину

Kopf des von Timoschenko und Schukow im Mai 1941 an Stalin persönlich gerichteten „streng geheimen“ und nur in einem Exemplar ausgefertigten 15-seitigen „Erwägungen zum strategischen Aufmarschplan der sowjetischen Truppen für den Fall des Krieges mit Deutschland und seinen Verbündeten“. Das Datum „29.3.1948“ im viereckigen Stempel bezeichnet das neue Registrierdatum in der operativen Hauptverwaltung des Generalstabes.

29 Vgl. Wolkogonow, Dimitri, Stalin. Triumph und Tragödie, 1989, S. 465.

Auszug aus dem russischen Originaltext der „Erwägungen."

и атаковать германскую армию в тот момент, когда она будет находиться в стадии развертывания и не успеет еще организовать фронт и взаимодействие родов войск.

II. ~~Ближайшей~~ Первой стратегической целью действий войск Красной Армии поставить – разгром главных сил немецкой армии, развертываемых южнее Бр[ест], Демблин и выход к 30 дню операции на фронт Остроленка, р. Нарев, Ловичь, Лодзь, Крейцбург, Оппельн, Оломоуц.

Последующей стратегической целью иметь: наступлением из района Катовице в северном или северо-западном направлении разгромить крупные силы центра и северного крыла германского фронта и овладеть территорией бывшей Польши и Восточной Пруссии. Ближайшая задача [illegible] р. Висла [illegible]

для чего:

а) главный удар силами Юго-Западного фронта нанести в направлении Краков, Катовице, отрезая Германию от ее южных союзников;

б) вспомогательный удар левым крылом Западного фронта нанести в направлении Седлец, Демблин, с целью сковывания Варшавской группировки и содействия Юго-Западному фронту в разгроме Люблинской группировки противника;

в) вести активную оборону против Финляндии, Восточной Пруссии, Венгрии и Румынии и быть [illegible]

Vollständig übersetzter Text des Originals – mit russischem Dokumentenkopf

...Й КОМИССАР
...СОЮЗА ССР
Май 1941 г.

Особо-важно.
Только лично.
Экземпляр единств.

Входящий № 4315
29. 3. 1948 г.

Обороны СССР
Союза
т. С. Тимошенко
Шапошников Б.М.
т. Г. Жукову

Председателю Совета
Народных Комиссаров СССР
тов. Сталину

Der Volkskommissar
für die Verteidigung
der UdSSR
Mai 1941

Streng geheim
Besonders wichtig
Nur persönlich
Einziges Exemplar

(Eingangsstempel Nr. 3120)
31. März 1948.
Operative Verwaltung
des Generalstabes
der Streitkräfte

(Eingangsstempel Nr. 4351)
29. März 1948
Operative Hauptverwaltung
des Generalstabes der
Streitkräfte der
UdSSR

An den Vorsitzenden des Rates der Volkskommissare der UdSSR, den Genossen Stalin

Ich trage Ihnen zur Begutachtung die Erwägungen für den strategischen Aufmarschplan der Streitkräfte der Sowjetunion für den Fall eines Krieges mit Deutschland und seinen Verbündeten vor.

I. Zur Zeit hat Deutschland ungefähr 230 InfDiv, 22 PzDiv, 20 motDiv, 10 FlgDiv und 4 KavDiv – im gesamten ca. 286 Div – mobil gemacht. Davon sind mit Stand 15. Mai 1941 94 InfDiv, 13 PzDiv, 12 motDiv und 1 KavDiv – im gesamten 120 Div – an den Grenzen zur Sowjetunion aufgestellt.

Es ist anzunehmen, daß Deutschland angesichts der derzeitigen politischen Lage im Falle eines Überfalles auf die UdSSR gegen uns 137 InfDiv, 19 PzDiv, 15 motDiv, 4 KavDiv und 5 LLDiv – im gesamten 180 Divisionen – aufstellen kann. Die übrigen 104 Div werden sich im Landesinneren, an der West-Grenze, in Norwegen, in Afrika, in Griechenland und in Italien befinden.

Aller Wahrscheinlichkeit nach werden die Hauptkräfte des deutschen Heeres in einer Stärke von 76 InfDiv, 11 PzDiv, 8 motDiv und 5 FlgDiv – im gesamten 100 Divisionen – südlich von Demblin aufmarschieren, um in Richtung Kovel, Rovno und Kiev einen Stoß zu führen.

Mit diesem Stoß werden gleichzeitig aus Ostpreußen ein Stoß nach Norden, nach Wilnius und Riga sowie konzentrisch geführte Angriffe aus dem Raum

Suwalki und Brest in den Raum Volkovysk und Baranowiči geführt werden.

Im Süden ist zu erwarten, daß die rumänische Armee, die durch deutsche Divisionen unterstützt wird, mit dem deutschen Heer in der allgemeinen Richtung Schmerinka zum Angriff übergehen wird (zum Großteil durchgestrichen – Korrekturen).

a) (nicht leserlich),
b) in Richtung Munkatsch, Lwow,
c) Sanok, Lwow.

Auch ein Nebenschlag der Deutschen aus dem Raume des Flusses San in Richtung Lwow ist nicht ausgeschlossen (durchgestrichen).

Die wahrscheinlichen Verbündeten Deutschlands können gegen die UdSSR folgende Verbände aufstellen: Finnland 20 InfDiv, Ungarn 15 InfDiv und Rumänien 25 InfDiv.

Im gesamten kann Deutschland mit seinen Verbündeten gegen die Sowjetunion 240 Divisionen aufmarschieren lassen. Wenn man in Betracht zieht, daß Deutschland sein Heer mit eingerichtetem Rückwärtigen Dienst mobil gemacht hält, so kann es uns beim Aufmarsch *zuvorkommen* und einen Überraschungsschlag führen.

Um dies zu verhindern und die deutsche Armee zu zerschlagen (letzteres durchgestrichen), erachte ich es für notwendig, dem deutschen Kommando unter keinen Umständen die Initiative zu überlassen, dem Gegner beim Aufmarsch *zuvorzukommen* und das deutsche Heer dann anzugreifen, wenn es sich im Aufmarschstadium befindet, noch keine Front aufbauen und das Gefecht der verbundenen Waffen noch nicht organisieren kann.

II. Als erstes strategisches Ziel haben die Truppen der Roten Armee die Hauptkräfte des deutschen Heeres, die südlich Demblin aufmarschiert sind, zu vernichten und bis zum 30. Tag der Operation die allgemeine Frontlinie Ostrolenka, Fluß Narev, Lodz, Kreuzburg, Oppeln und Olmütz zu erreichen (die in Klammer eingefügte Passage ist mangelhaft kopiert und auf Grund der zusätzlichen Streichungen nur in unzusammenhängenden Bruchstücken übersetzbar), um:

a) den Hauptschlag mit den Kräften der Südwestfront in Richtung Krakau, Kattowitz zu führen und somit Deutschland von seinen südlichen Verbündeten abzuschneiden;
b) den Nebenschlag mit dem linken Flügel der Westfront in Richtung Siedlce, Demblin zu führen, um die Kräftegruppierung um Warschau zu binden und die Südwestfront bei der Vernichtung der feindlichen Kräftegruppierung zu unterstützen;
c) gegen Finnland, Ostpreußen, Ungarn und Rumänien eine beweglich geführte Verteidigung zu führen, um bei günstiger Lage zur Führung eines Schlages gegen Rumänien bereit zu sein.

III. Ausgehend von der Absicht des strategischen Aufmarschplanes ist für die Streitkräfte der UdSSR folgende Kräftegruppierung vorgesehen:

1. Die Landstreitkräfte der Roten Armee in der Stärke von 198 SchtzDiv, 61 PzDiv, 31 motDiv, 13KavDiv – gesamt 303 Divisionen – und 74 ArtRgter als Reserve des Oberkommandos verteilen sich wie folgt:
   a) Die Hauptkräfte in der Stärke von 163 SchtzDiv, 58 PzDiv, 30 motDiv und 7 KavDiv – gesamt 258 Divisionen – und 53 ArtRgter als Reserve des Oberkommandos im Westen. Davon sind im Bestand der N-, NW-, W- und SW-Front 136 SchtzDiv, 44 PzDiv, 23 motDiv, 7 KavDiv – gesamt 210 Divisionen – und 53 ArtRgter als Reserve des Oberkommandos. Als Reserve des Oberkommandos gehören zur SW- und W-Front 27 SchtzDiv, 14 PzDiv, 7 motDiv – gesamt 48 Divisionen.

b) Die übrigen Kräfte in der Stärke von 35 SchtzDiv, 3 PzDiv, 1 motDiv, 6 KavDiv – gesamt 45 Divisionen – und 21 ArtRgter als Reserve des Oberkommandos werden für die Verteidigung der Süd- und der Nordgrenze der UdSSR eingesetzt; davon im
   - Fernen Osten und im Militärbezirk Transbaikal 22 SchtzDiv, 3 PzDiv, 1 motDiv, 1 KavDiv – gesamt 27 Divisionen – ... (nicht leserlich),
   - in Zentralasien: 2 Gebirgsjäger-Div und 3 KavDiv – gesamt 5 Divisionen,
   - in Transkaukasien 8 Schtz und 2 KavDiv – gesamt 10 Divisionen – und 2 ArtRgter als Reserve des Oberkommandos,
   - zur Verteidigung der Schwarzmeerküste, des nördlichen Kaukasus und der Krim 2 SchtzDiv,
   - an der Küste des Weißen Meeres 1 SchtzDiv.

   Eine detaillierte Kräftegruppierung zeigt die Beilagekarte.

2. Die Luftstreitkräfte der Roten Armee in der Stärke der zur Zeit verfügbaren und einsatzfähigen 97 JgdFlgGeschw, 75 NahBombGeschw, 11 JagdBombGeschw, 29 FernBombGeschw und 6 schwBombGeschw – gesamt 218 FlgGeschw – verteilen sich wie folgt:
   a) Die Hauptkräfte in der Stärke von 66 JgdFlgGeschw, 64 NahBomb Geschw, 5 JgdBombGeschw, 25 FernBombGeschw und 5 schw BombGeschw – gesamt 165 FlgGeschw – im Westen. Davon sind
      - im Bestande der Nord-, Nordwest-, Süd- und Südwestfront 63 JgdFlgGeschw, 64 NahBombGeschw, 5 JgdBombGeschw, 11 FernBombGeschw und 1 schwBombGeschw – gesamt 144 FlgGeschw,
      - im Bestande der Reserve des Oberkommandos der Südwest- und der Westfront [3 JgdFlgGeschw], 14 FernBombGeschw und 4 schwBombGeschw – gesamt 21 FlgGeschw.

   b) Die übrigen Kräfte in der Stärke von ... 11 NahBombGeschw, 6 JgdBombGeschw und 1 schwBombGeschw – gesamt 53 FlgGeschw – sind zur Verteidigung der Grenzen im Fernen Osten, im Süden und Norden und auf den Luftverteidigungs-Stützpunkten in Moskau zu belassen, darunter:
      - im Fernen Osten und im Militärbezirk Transbaikal 14 JgdFlgGeschw, 9 NahBombGeschw, 5 JgdBombGeschw, 4 FernBombGeschw und 1 schwBombGeschw – gesamt 33 FlgGeschw,
      - im Militärbezirk Zentralasien 1 JgdFlgGeschw und 1 JgdBombGeschw – gesamt 2 FlgGeschw,
      - im Militärbezirk Transkaukasien 9 JgdFlgGeschw, 2 NahBombGeschw – gesamt 11 FlgGeschw,
      - im Militärbezirk ... 1 JgdFlgGeschw.

      Zur Verteidigung von Moskau 6 JgdFlgGeschw.

      Eine detaillierte Kräftegruppierung zeigt die Beilagekarte.

Außer der mit heutigem Tag verfügbaren Luftstreitkräfte gibt es noch sich in Aufstellung befindende und nicht einsatzfähige 52 JgdFlgGeschw, 30 NahBombGeschw, 4 JgdBombGeschw, 7 FernBombGeschw und 22 FernJgdFlgGeschw – gesamt 115 FlgGeschw, mit deren voller Einsatzbereitschaft man bis 1. Januar 1942 rechnen kann.

Je nach Einsatzbereitschaft sollen diese FlgGeschw wie folgt verteilt werden:

Für den Westen sind 41 JgdFlgGeschw, 30 NahBombGeschw, 4 Jgd-

BombGeschw, 5 FernBombGeschw, 14 FernJgdFlgGeschw – gesamt 94 FlgGeschw – vorzusehen; davon

- zu den Fronten 41 JgdFlgGeschw, 33 NahBombGeschw, 6 ... 7 FernJgdFlgGeschw – gesamt 87 FlgGeschw,
- zur Reserve des Oberkommandos – 4 JgdFlgGeschw, 3 FernJgdFlgGeschw – gesamt 7 FlgGeschw – und
- zur Verteidigung Moskaus sind 5 JgdFlgGeschw zu belassen.

Ungefähre Zeitangaben hinsichtlich der Einsatzbereitschaft dieser FlgGeschw sind den ... auf den Karten zu entnehmen.

IV. Zusammensetzung und Aufträge für die im Westen aufgebauten Fronten (Karte 1 : 1.000.000).

Nordfront (MB-Leningrad) – 3 Armeen in der Stärke von 15 SchtzDiv, 4 PzDiv und 2 motDiv – gesamt 21 Divisionen –, 18 FlgGeschw und die Nordflotte mit dem Hauptauftrag – Verteidigung von Leningrad, des Hafens von Murmansk, der Eisenbahnlinie von Kirow und die gemeinsame Sicherstellung mit der Baltischen Flotte der vollen Seeherrschaft über den Finnischen Meerbusen. Mit demselben Ziel soll vom besonderen Militärbezirk Baltikum der Nordfront die Verteidigung der Nord- und Nordwestküste der Estnischen Sozialistischen Sowjetischen Unionsrepublik übergeben werden. Frontgrenze rechts – Ostaschkow, Ostrow, Wyru, Wiljandi, Bucht von Haapsalu, Inseln Ösel und Dagö ausgeschlossen. Stab der Front – Pargolowo.

Nordwestfront (besonderer MB Baltikum) – 3 Armeen in der Stärke von 17 SchtzDiv, 4 PzDiv, 2 motDiv – gesamt 23 Divisionen – und 13 FlgGeschw mit dem Auftrag

- in beharrlicher Verteidigung den Raum Riga und Wilnius nachhaltig zu sichern,
- das Eindringen des Feindes aus Ostpreußen zu verhindern,
- die Westküste – die Inseln Ösel und Dagö zu verteidigen und ein Anlanden von Seelandungstruppen zu verhindern.

Frontgrenze links – Polozk, Oschmjany, Druskeniki, Marggrabowa, Lötzen. Stab der Front – Ponewjež.

Westfront (besonderer MB West) – 4 Armeen in der Stärke von 31 SchtzDiv, 8 PzDiv, 4 motDiv und 2 KavDiv – gesamt 45 Divisionen – und 21 FlgGeschw.

Aufträge:

- In beharrlicher Verteidigung des Frontbereiches Druskeniki, Ostrolenka den Raum Lifskoje und Bjelostokskoje nachhaltig zu sichern.
- Mit dem Übergang der Armeen der Südwestfront zum Angriff in einem Stoß des linken Flügels der Front in der allgemeinen Linie Siedlce, Radom im Zusammenwirken mit der Südwestfront die feindliche Kräftegruppierung im Raume Lublin – Radom zu vernichten, zur Weichsel vorzurücken ... (durchgestrichen und teilweise unleserlich) und Radom in Besitz zu nehmen.

Frontgrenze links: Fluß Pripjet, Pinsk, Wlodawa, Demblin, Radom.
Stab der Front: Baranowiči.

Südwestfront – 8 Armeen in der Stärke von 74 SchtzDiv, 28 PzDiv, 15 motDiv und 5 KavDiv – gesamt 122 Divisionen – und 91 FlgGeschw mit folgenden Aufträgen:

a) In einem konzentrisch geführten Stoß durch die Armeen des rechten Flügels der Front ist die feindliche Hauptkräftegruppierung ostwärts der Weichsel im Raume Lublin einzukesseln und zu vernichten.
b) Gleichzeitig sind durch einen Schlag von der Front Sejawa, Peremyschl, Ljutowiska feindliche Kräfte in Richtung Krakau zu zerschlagen, der Raum Kattowitz in Besitz zu nehmen, in der Absicht, aus diesem Raume den Angriff nach Norden bzw. nach

Nordwesten fortzusetzen, um starke Kräfte des feindlichen Nordflügels zu vernichten und das ehemalige Polen und Ostpreußen in Besitz zu nehmen.

c) Die Staatsgrenze zu Ungarn und Rumänien ist nachhaltig zu verteidigen, und die Bereitschaft zur Führung von konzentrischen Schlägen gegen Rumänien aus dem Raume Tschernowitz und Kischinjow ist sicherzustellen, um in weiterer Folge den Nordflügel der rumänischen Armee zu vernichten und die allgemeine Linie Fluß Moldawa-Jassy zu erreichen.

Um die Umsetzung der oben dargelegten Absicht sicherzustellen, müssen rechtzeitig nachstehende Maßnahmen gesetzt werden, ohne die die Führung eines Überraschungsangriffes gegen den Feind sowohl von der Luft aus als auch auf dem Festland unmöglich ist.

1. Unter dem Anschein von Übungen für Soldaten der Reserve ist eine geheime Mobilmachung der Truppe durchzuführen.
2. Unter dem Anschein, in Ausbildungslager auszurücken, sind in der Nähe der Westgrenze geheim Truppen zusammenzuziehen, und vorrangig sind alle Armeen für die Reserve des Oberkommandos zusammenzuziehen.
3. Aus den entlegenen Militärbezirken sind die Luftstreitkräfte geheim auf Feldflugplätzen zu konzentrieren, und mit dem Einrichten der Rückwärtigon Dienste der Luftstreitkräfte ist sogleich zu beginnen.
4. Unter dem Anschein von Ausbildungsvorhaben und Übungen für die Rückwärtigen Dienste sind die Rückwärtigen Dienste und die Basis für die San-Versorgung allmählich einzurichten.

V. Die Gruppierung der Reserven des Oberkommandos. In der Reserve des Oberkommandos gibt es 5 Armeen. Sie sind wie folgt zusammenzuziehen:

- 2 Armeen in der Stärke von 9 SchtzDiv, 4 PzDiv und 2 motDiv, – gesamt 12 Divisionen – im Raume Wjasma, Syčewka. Jelna, Brjansk, Suchiniči,
- 1 Armee in der Stärke von 4 SchtzDiv, 2 PzDiv, 2 motDiv – gesamt 8 Divisionen – im Raum Wilejka, Nowogrudok, Minsk,
- 1 Armee in der Stärke von 8 SchtzDiv, 2 PzDiv und 2 motDiv – gesamt 12 Divisionen – im Raume Bjelaja Zerkow, Swenigorodskij, Tscherkassy.

VI. Die Sicherung des Zusammenziehens und des Aufmarsches: um sich vor einem möglichen feindlichen Überraschungsstoß zu sichern, ist das Zusammenziehen der Kräfte und der Aufmarsch der eigenen zu decken und ihr Übergang zum Angriff vorzubereiten. Hierzu ist es notwendig:

1. Unter dem Einsatz aller verfügbaren Truppen der Grenzmilitärbezirke sowie fast der gesamten für den Aufmarsch an der Westgrenze vorgesehenen Luftstreitkräfte ist eine nachhaltige Verteidigung und Sicherung der Staatsgrenze einzurichten.
2. Einen Detailplan für die Heimatluftverteidung auszuarbeiten und die Mittel der Fliegerabwehr in volle Bereitschaft zu versetzen.

Zu diesen Fragen sind von mir schon zahlreiche Anordnungen ergangen, und die Ausarbeitung von Plänen für die Verteidigung der Staatsgrenze und der Fliegerabwehr wird bis 1. Juni 1941 vollends abgeschlossen sein. Zusammensetzung und Gruppierung der Deckungstruppen laut Beilagekarte.

VII. Aufträge an die Flotte sind entsprechend meiner von Ihnen zuvor genehmigten Berichte ergangen.

VIII. Der Aufmarsch der Truppen und ihr Einsatz werden durch die nachstehend angeführten Vorräte sichergestellt:

An Munition –
Kleinkalibergranaten – für 3 Wochen
Mittelkalibergranaten – für 1 Monat
Schwerkalibergranaten – für 1 Monat
Minen – für 1 halben Monat
An FlA-Munition –
37 mm – für 5 Tage
76 mm – für 1 ½ Monate
85 mm – für 11 Tage
An Fliegermunition –
Sprengbomben – für 1 Monat
Pzbrechende Munition – für 10 Tage
betonbrechende Munition – für 10 Tage
Splitterbomben – für 1 Monat
Brandbomben – für ½ Monat
An Treib- und Schmierstoffen:
Benzin B-78 – für 10 Tage
Benzin B-74 – für 1 Monat
Benzin B-70 – für 1 ½ Monate
Diesel – für 1 Monat

Die Kraftstoffvorräte, die für die westlichen MB vorgesehen sind, sind in beträchtlicher Menge (wegen fehlender Fassungskapazitäten auf ihrem Territorium) in den inneren MB gestaffelt.

IX. Ich ersuche:

1. Den vorgelegten Plan für den strategischen Aufmarsch der Streitkräfte der UdSSR und den beabsichtigten Einsatzplan für den Fall eines Krieges mit Deutschland zu bestätigen.
2. Die konsequente Durchführung der geheimen Mobilmachung und die geheime Zusammenziehung, vorrangig aller Armeen der Reserve des Oberkommandos und der Luftstreitkräfte rechtzeitig zu genehmigen.
3. Die Industrie verbindlich zu verpflichten, den Produktionsausstoßplan für Panzer und Flugzeuge als auch den Plan für die Herstellung und Zufuhr von Munition und Kraftstoff innerhalb der vorgegebenen Zeit genauestens zu erfüllen.

Beilagen:

1. Aufmarschskizze auf einer Karte von 1 : 1.000.000 in 1 Exemplar.
2. Aufmarschskizze für die Sicherung auf 3 Karten.
3. Übersicht über das Kräfteverhältnis in 1 Ausgabe.
4. 3 Karten für die Stationierung der Luftstreitkräfte im Westen.

Der Volkskommissar für die Verteidigung der UdSSR
Marschall der Sowjetunion
S. Timoschenko

Der Chef des Generalstabes
der Roten Armee
G. Schukow

Russische Historiker (u.a. Doroschenko, Pawlowa und Buscheijewa) in Kooperation mit der Novosibirsker Universität und der Bürgerrechtsbewegung Momorial bestätigten die Vorbereitungen Stalins auf einen Offensivkrieg gegen Deutschland. Meltjuchow hatte bereits 1994 in den Heften 3, 4 und 5 des Journals „Otetschestwennaja Historija“ (Vaterländische Geschichte) in seinem Beitrag „Streit um das Jahr 1941. Erfahrungen kritischen Überdenkens einer Diskussion“ über sowjetische Offensivvorbereitungen („napadenija na Germanija“) berichtet und im April 1995 (6 Monate nach dem Erscheinen des Buches „Der Wortbruch“) festgestellt, daß der sowjetische Angriffsplan gegen Deutschland („plan woinij s Germanijej“ am 14. Oktober 1940 beschlossen und in Dokumenten von März und Mai 1941 präzisiert worden sei. Vgl. dazu auch Magenheimer, Heinz, Kriegswenden in Europa 1939–1945. Führungsentschlüsse, Hintergründe, Alternativen. München 1995.

„Rotarmisten und Jugendkommandeure, die ihren Wehrdienst" leisteten, so berichtete Wolkogonow weiter, durften auf Anweisung des Generalstabchefs Schaposchnikow „bis zu einem bestimmten Befehl nicht aus den Reihen der Roten Armee entlassen" werden. Daß dies aus den Konsequenzen des Münchener Abkommens vom 29. September 1938 zwischen Deutschland, Großbritannien, Frankreich und Italien und der Tatsache resultierte, daß die UdSSR (ebenso wie Frankreich) der Tschechoslowakei gegenüber vertraglich zum Beistand verpflichtet war, läßt keineswegs die Behauptung zu, daß die neue sowjetische Militärdoktrin nichts mit Deutschland zu tun gehabt habe. Die nachgewiesenen Geschehnisse bezeugen das Gegenteil! Daß auch der im Mai 1941 Stalin vorgelegte „schriftliche Bericht von Timoschenko und Schukow", wie Solnyschkow und Kusmin die 1992 in der Institution „Zentralarchiv und militärische Gedenkstätte des Generalstabes der Streitkräfte Rußlands" entdeckten „Erwägungen zum strategischen Aufmarschplan für den Fall eines Krieges mit Deutschland" bezeichneten, die „aggressiven Pläne der sowjetischen Führung" nicht belegen würde, läßt sich angesichts des Sachverhalts nicht glaubwürdig nachvollziehen. Schon 1992 mißlang der Versuch des russischen Generalstabes, die Kompetenz des Dokuments zu entkräften und als „kriminelle" Veröffentlichung in Verruf zu bringen, nachdem einige russische Sachkenner wie beispielsweise Wolkogonow, Karpow und Danilow bereits zuvor relativ detailliert festgestellt hatten, daß es 1941 sowjetische Vorbereitungen auf einen Angriffskrieg gegen Deutschland gegeben habe.[30] Die am 18. August 1990 im „Roten Stern" von Generaloberst H.N. Kleimenow, dem stellvertretenden Chef des Generalstabes veröffentlichte durchsichtige Erklärung, daß es sich bei dem Dokument „offensichtlich" um eines der „unausgereiften Projekte" handeln würde, wie sie „in jedem beliebigen Einsatzorgan" in „beträchtlichen" Mengen als mögliche Details für noch nicht vorhandene „Weisungen" „oder andere Dokumente" existierten, verfehlte den beabsichtigten Zweck. Und auch die kategorische Behauptung des einstigen Generalstabschefs M.A. Garejew, daß es „im sowjetischen Generalstab keinerlei Pläne" für einen „Präventivschlag" gegen Deutschland „gegeben" habe[31], konnte unvoreingenommene Historiker nicht daran hindern, ihre bisherigen Ansichten mit den plötzlich zugänglich gewordenen Dokumenten zu konfrontieren. Die Feststellung Solnyschkows und Kusmins, die Dokumente zu kennen, ihnen jedoch die Bedeutung nicht zumessen zu können, die sie tatsächlich haben, erfüllt zweifelsfrei den Sachverhalt der Fälschungsabsicht.

---

30 Wolkogonow, D., Triumph und Tragödie. Das politische Porträt J.W. Stalins, Buch Nr. 2, C.J.M. 1989 (S. 136), Karpow, W., Schukow, Kommunist der Streitkräfte, 1990, Nr. 5, Danilow, W.D., Hat Stalin einen Überfall auf Deutschland vorbereitet?, Komsomolskaja Prawda vom 4. Januar 1992.

31 Garejew, M.A., 1941. Der Beginn des Krieges, Heldenmut. 1991, Nr. 5, S. 169. Vgl. dazu u.a. auch Danilow, Walerij, Hat der Generalstab der Roten Armee einen Präventivkrieg gegen Deutschland vorbereitet?, Österreichische Militär-Zeitschrift, H. 1/1993, Magenheimer, Heinz, Die Sowjetunion und der Ausbruch des Zweiten Weltkrieges, ebenda, H. 5/1989, Strauss Wolfgang, Präventivkrieg oder Angriffskrieg?, Staatsbriefe 5/1995, Ueberschär, Gerd R./Wolfram Wette (Hrsg.), „Unternehmen Barbarossa". Der Deutsche Überfall auf die Sowjetunion, Paderborn 1984, Schustereit, Hartmut, Vabanque. Hitlers Angriff auf die Sowjetunion 1941 als Versuch, mit dem Sieg im Osten den Westen zu bezwingen, Herford-Bonn 1988.

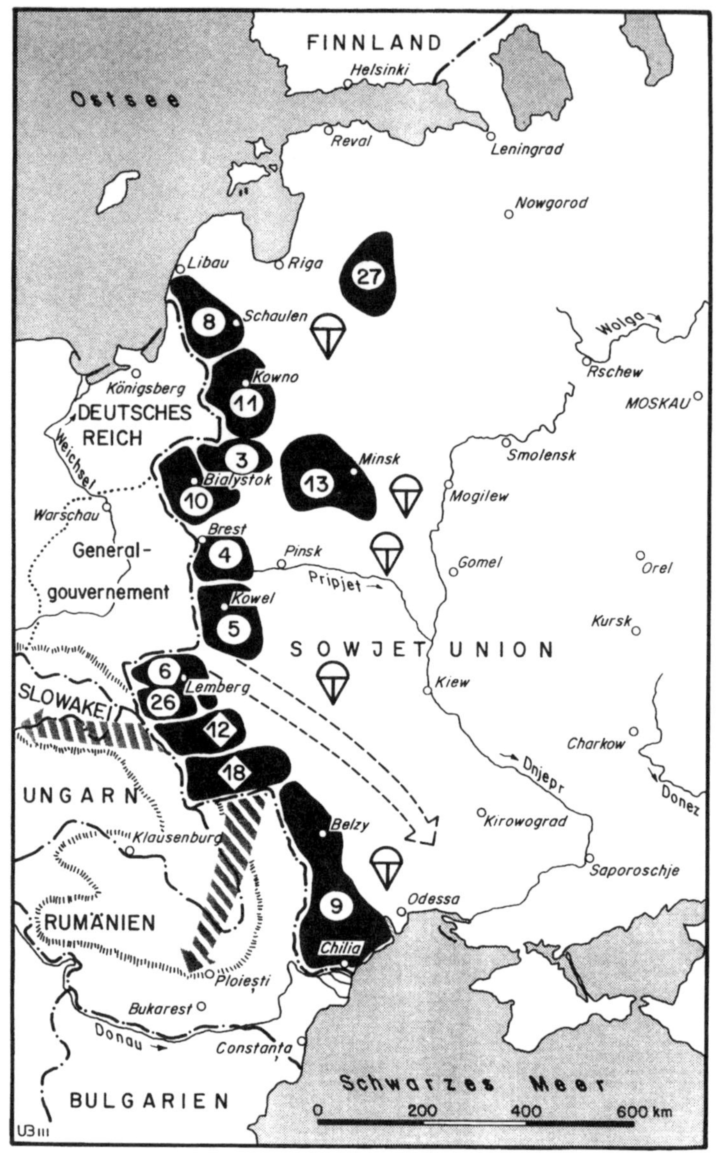

Im Juni 1941 standen an der deutsch-sowjetischen Grenze folgende sowjetische Streitkräfte zum Angriff auf Deutschland bereit: 8. Armee (Befehlshaber: General Sobennikow); 11. Armee (General Morosow); 3. Armee (General Kusnezow); 10. Armee (General Golubew); 4. Armee (General Korobkow); 5. Armee (General Potapow); 6. Armee General Musytschenko); 26. Armee (General Kostenko); 12. Armee (Gebirgsjäger/General Ponedelin); 9. Armee (ab 24. Juni 1941 General Tscherewitschenko). Dahinter standen die 27. Armee (General Bersarin) und die 13. vor sieben weiteren aufschließenden Armeen. Die Oberbefehlshaber: General Popow (Nordfront); General Kusnezow (Nordwestfront); Armeegeneral Pawlow (Westfront); General Kirponos (Südwestfront); Armeegeneral Tjulenjew (Südfront). Maser, Der Wortbruch, S. 356 f.

Das von Stalin, der bis zum 20. August 1939 diplomatisch „zweigleisig" fuhr, am 19. August 1939, vier Tage vor dem Abschluß des Hitler-Stalin-Paktes genehmigte, von den Volkskommissaren für Verteidigung und Äußeres ausgearbeitete Dokument „Verhandlungen mit England und Frankreich" paßte nicht in Solnyschkows und Kusmins Geschichts-Konzept. Mit ihrer Erwähnung wäre die Konsequenz verbunden gewesen, Stalins Plan, die angestrebte Militärkoalition Sowjetunion-England-Frankreich völkerrechtswidrig durch Polen „marschieren" zu lassen[32], akzeptabel zu rechtfertigen. So hielten sie es zwangsläufig für angebracht, die Verhandlungen gar nicht erst zu erwähnen. In dem Dokument nämlich wurden fünf sowjetische Variationen militärischer Maßnahmen für den „Aufmarsch der Kräfte" durch Polen gegen den „Hauptaggressor" behandelt, als der Deutschland seit März 1939 galt, seit Hitler die „Resttschechei erledigt" hatte und auch die Westmächte fürchteten, daß er sich an keine internationalen Vereinbarungen halten würde.

Valentin Falin[33] dagegen, der 1936 in Leningrad geborene habilitierte Historiker und sowjetische Botschafter von 1971–1978 in Bonn, der bis 1991 die internationale Abteilung des ZK der KPdSU (B) leitete, füllte diese Lücke auf eine Weise, die der Geschichte noch mehr Gewalt antat. Er konstruierte zur gleichen Zeit im Sinne der stalinistischen Geschichtsbetrachtung die abwegige These, daß die Westmächte nicht wegen des von Stalin geforderten Völkerrechtsbruches einem Kriegspakt gegen Deutschland ablehnend gegenübergestanden hätten, sondern weil Großbritannien 1939 gehofft habe, daß sich die sowjetischen Streitkräfte durch einen Krieg gegen Deutschland abnutzen und England damit die Möglichkeit gegeben werden würde, sein Imperium zu erweitern. Dem Vorwurf Rudolf Augsteins an Falin, ein „skandalöses" Buch verfaßt zu haben[34], was zumindest für die ersten 60 Seiten zuträfe, ist nichts hinzuzufügen.

Falin ignorierte historische Dokumente souverän und folgte ohne Respekt vor der Geschichte Stalins ursprünglichen Vorgaben. Solnyschkow und Kusmin hingegen wichen in einem Fall von der Methode ab – und bestätigten, daß Stalin und seine obersten Militärs einen als „Präventivkrieg" definierten Offensivkrieg gegen Deutschland im Auge hatten

Solnyschkow und Kusmin: Die von Maser erwähnten Dokumente sind den russischen Historikern gut bekannt. Außerdem teilte der Schriftsteller W. Karpow in

[32] Vgl. Sitzungsprotokoll der Militärkommission der UdSSR/Großbritannien und Frankreich vom 14. August 1939, das sowjetische Protokoll vom 14. August 1939 und das britische Protokoll vom selben Tage, ebenso Maser, Der Wortbruch, S. 25 ff. und S. 383 ff. Vgl. auch Schukow, Erinnerungen, S. 177 ff. und Internationales Leben, Moskau 1959, H. 2, S. 154 ff. und Documents on British Foreign Policy, Serie 3, Bd. VII, Anhang II.

[33] Falin, Valentin, Zweite Front. Die Interessenkonflikte in der Anti-Hitler-Koalition, München 1995. Vgl. dazu auch Maser, Neue Gewichtungen. Anti-Hitler-Koalition aus russischer Sicht, in: Deutsche Militärzeitschrift Nr. 3/95 vom 1. April 1995, S. 68 ff.

[34] Vgl. Der Spiegel vom 23. Mai 1995.

der ‚Literaturnaja Gaseta' mit, daß er beim Ordnen des Archivs von Marschall G. Schukow dessen schriftlichen Bericht entdeckt habe, in dem von Zweckmäßigkeit die Rede war, einen Präventivschlag gegen die angriffsbereiten faschistischen Truppen zu führen. Auf dem Bericht stehen drei mit einem blauen Bleistift geschriebene Buchstaben ‚J. St.'. Offensichtlich hatte Stalin den Bericht gelesen, aber keinen positiven Entschluß gefaßt."[35]

Maser: Wladimir Karpow, den Solnyschkow und Kusmin als „Schriftsteller" bezeichnen, ist Sowjetoberst a.D. Sein Bericht über die Entdeckung des von General Wassilewski verfaßten und von Timoschenko und Schukow unterzeichneten strategischen Aufmarschplanes vom Mai 1941 für einen Krieg gegen Deutschland und seine Verbündeten erschien nicht, wie die russischen Militärhistoriker behaupten, in der „Literaturnaja Gaseta", sondern in der Zeitschrift „Kommunist wojoruschennyich sil" 5/1990. Während Karpow 1990 sowohl die russischen als auch die entsprechenden deutschen Mutmaßungen ad absurdum führte, daß Stalin den Operativplan wahrscheinlich (oder möglicherweise) gar nicht gekannt habe, behauptete Valentin Falin, der einstige Leiter der Internationalen Abteilung beim ZK der KPdSU, noch im Mai 1993[36], daß es sich bei dem Dokument um eine Fälschung handele. Daß Stalin nach der Lektüre offensichtlich „keinen positiven Entschluß gefaßt" habe, wie die russischen Autoren mutmaßen, stellt nichts weiter als den Versuch dar, Desinformationen zu multiplizieren und die Geschichte weiterhin zu instrumentalisieren. Wer über die Maßnahmen der Roten Armee seit Anfang 1941 informiert ist, kann nicht einmal entfernt davon ausgehen, daß sie ohne Stalins ausdrückliche Billigung und Anweisung vollzogen worden seien. Stalins Paraphe „J. St." im Dokument muß angesichts der nachweisbaren Geschehnisse als Bewilligung der „Bitten" des sowjetischen militärischen Führers von Mai 1941 gesehen werden, die Rote Armee zum Präventivkrieg gegen Deutschland und seine Verbündeten aufmarschieren zu lassen. Die veröffentlichten Erinnerungen Wassilewskis (1977), Schukows (1969) und Molotows (Tschujew, Feliks: Sto sorok besed s Molotowim, Moskau 1991), um hier nur sie zu nennen, konnten seit jeher nicht die geringsten Zweifel daran aufkommen lassen.

Als die deutschen Streitkräfte bereits vor Minsk standen, ließ Stalin, der die deutsche Sprache ein wenig beherrschte, sich den folgenden Passus – nach Angaben seines Biographen Wolkogonow – aus „Mein Kampf" übersetzen, der in der UdSSR bereits seit 1935 in russischer Sprache unter dem Titel „Moja Borbja" existierte – und 1992 als „Adolf Hitler. Mein Kampf" erneut in russischer Spra-

---

[35] Prof. Dr. Anatolij Frenkin, Mitglied der Russischen Akademie der Wissenschaften, erklärte in der Deutschen Militärzeitschrift (Nr. 3/95 vom 1. April 1995, S. 66) unter anderem: „Die Echtheit des Dokuments … scheint unbestritten", doch zu klären sei, ob es sich dabei lediglich um „Erwägungen, Überlegungen oder vielmehr schon um ein Programm" gehandelt habe, wovon angesichts der nachweisbaren Fakten ausgegangen werden muß.

[36] Vgl. Maser, Deutsche Militärzeitschrift 3/95, S. 68 ff. Rezension der Falin-Publikation „Zweite Front. Die Interessenkonflikte in der Anti-Hitler-Koalition, München 1995."

che (mit aufwendigem Goldaufdruck) erschien. Unsicher ist, ob Stalin den Text schon vor dem Pakt-Abschluß gekannt hat.

Но если бы даже предположить, что совершилось чудо и что такая война не окончилась полным уничтожением Германии, – в последнем счете обескровленный немецкий народ все равно был бы окружен по-прежнему громадными военными державами, а стало быть, наше нынешнее положение ни в чем существенном не изменилось бы.

Обыкновенно на это возражают, что союз с Россией вовсе не должен еще означать немедленной войны или что к такой войне мы можем предварительно как следует подготовиться. Нет, это не так! *Союз, который не ставит себе целью войну, бессмыслен и бесполезен.* Союзы создаются только в целях борьбы. Если даже в момент заключения союза война является еще вопросом отдаленного будущего, все равно, стороны непременно будут иметь в виду прежде всего перспективу военных осложнений. Глупо было бы думать, что какая бы то ни было держава, заключая союз, будет думать иначе. Одно из двух: либо германско-русская коалиция осталась бы только на бумаге, а тем самым потеряла бы для нас всякую ценность и значение; либо такой союз перестал бы быть только бумажкой и был бы реализован, и тогда весь остальной мир неизбежно увидел бы в этом предостережение для себя. Совершенно наивно думать, будто Англия и Франция в таком случае стали бы спокойно ждать, скажем, десяток лет, пока немецко-русский союз сделает все необходимые технические приготовления для войны. Нет, в этом случае гроза разразилась бы над Германией с невероятной быстротой.

Уже один факт заключения союза между Германией и Россией означал бы неизбежность будущей войны, исход которой заранее предрешен. Такая война могла бы означать только конец Германии.

Text-Übersetzung: „Man wende nun nicht ein, bei einem Bund mit Rußland müsse nicht gleich an einen Krieg gedacht werden, oder wenn, könne man sich auf einen solchen gründlich vorbereiten. Nein. Ein Bündnis, dessen Ziel nicht die Absicht zu einem Krieg umfaßt, ist sinn- und wertlos. Bündnisse schließt man nur zum Kampf. Und mag die Auseinandersetzung im Augenblick des Abschlusses eines Bündnisvertrages in noch so weiter Ferne liegen, die Aussicht auf eine kriegerische Verwicklung ist nichtsdestoweniger die innere Veranlassung zu ihm. Und man glaube ja nicht, daß etwa irgendeine Macht den Sinn solch eines Bundes anders auffassen würde. Entweder eine deutsch-russische Koalition bliebe auf dem Papier allein stehen, dann wäre sie für uns zweck- und sinnlos, oder sie würde aus den Buchstaben des Vertrages in die sichtbare Wirklichkeit umgesetzt – und die andere Welt wäre gewarnt. Wie naiv, zu denken, daß England und Frankreich in einem solchen Falle ein Jahrzehnt warten würden, bis der russisch-deutsche Bund seine technischen Vorbereitungen zum Kampf beendet haben würde. Nein, das Unwetter bräche blitzschnell über Deutschland herein. So liegt schon in der Tatsache des Abschlusses eines Bündnisses mit Rußland die Anweisung für den nächsten Krieg. Sein Ausgang wäre das Ende Deutschlands."

Solnyschkow und Kusmin: „Es ist auch bekannt, daß sich Hitler zum Fortsetzer der Politik Friedrichs des Großen erklärt hat. In seinem Buch ‚Mein Kampf' rief er dazu auf, zur Politik der teutonischen Ritter zurückzukehren. Das ganze Gerede über den Kampf von Hitler gegen die Bolschewiki wird daher von ernsthaften Historikern als ein taktisches Manöver aufgefaßt. Das Streben der Germanen, ihre Territorien durch die Eroberung von Landstrichen im Osten zu erweitern, kam bereits in den Zeiten des Heiligen Römischen Reiches und auch in verschiedenen späteren Etappen der Geschichte auf. Warum das alles mit Schweigen umgangen wird, ist unverständlich. Wenn Rußland und Deutschland in Freundschaft leben wollen, muß man über alles offen sprechen, wie es zwischen Historikern üblich ist."

Maser: Allein schon das von Hitlers Adjutanten Schmundt als authentische „Wiedergabe" identifizierte „Hoßbach-Protokoll" über Hitlers Feststellungen vom 23. Mai 1939 vor maßgeblichen Militärs[37] über die „Lage und Ziele der Politik", das nicht nur Fachhistorikern bekannt ist und der – auf Seite 237 faksimilierte – Auszug (aus der russischen Ausgabe) von Hitlers „Mein Kampf" demaskieren die Argumente Solnyschkows und Kusmins als Propagandaversion, die durch historische Tatsachen nicht gestützt werden kann. Bereits Hitlers unmißverständlicher „Mein Kampf"-Text von 1925 (Textauszug: „Man wende … nicht ein, bei einem Bund mit Rußland müsse nicht gleich an einen Krieg gedacht werden …"), den Stalin sich nach den Angaben seines Biographen Wolkogonow angeblich erst nach dem Beginn des deutsch-sowjetischen Krieges übersetzen ließ, muß zu der Frage zwingen, was die russischen Militärhistoriker dazu bewogen haben mag, derart wahrheitswidrige Behauptungen aufzustellen. Daß sie diesen Vorwurf weiter unten wieder zurücknahmen, bestätigt die Unsicherheit hinsichtlich ihrer Urteile und ihrer Möglichkeiten, sich den vorgegebenen Richtlinien zu entziehen.

Solnyschkow und Kusmin: „Betrachtet man die im Buch angeführten Dokumente der höchsten Stäbe der Wehrmacht und die Tagebuchaufzeichnungen von General Halder, dem Chef des Generalstabes des Heeres, so folgt daraus, daß das Oberkommando des hitlerfaschistischen Deutschland die militärischen Vorbereitungen der Roten Armee gelassen hinnahm und darin keine Merkmale der Vorbereitung einer Aggression feststellte."

Maser: Die Behauptung, daß das deutsche Oberkommando (auf sowjetischer Seite), „keine Merkmale der Vorbereitung einer Aggression feststellte", richtet sich selbst. Nicht erst am 20. Mai 1941 hieß es in der „Feindbeurteilung" des Generalstabes: „Die Rote Armee steht mit der Masse der Verbände des europäischen Teils der UdSSR … entlang der Westgrenze von Odessa bis Murmansk. Schwerpunkt des Aufmarsches (im Original unterstrichen) sind im Raum Czernowitz-Lemberg, um Bialystok und in den baltischen Ländern, stärkere operative (bewegliche) Re-

---

[37] Göring, Raeder, Brauchitsch, Keitel, Milch, Halder, Bodenschatz, Schniewindt, Jeschonnek, Warlimont, Schmundt, Engel, Albrecht und Below. Dok: Nationalarchiv Washington, EAP 105/16.

serven im Raum Scheptowin-Presskurow-Schitomir, südwestlich Minsk und um Pakow zu erkennen ... Die derzeitige Aufstellung der Masse der Kräfte läßt folgende Möglichkeiten ihres Einsatzes zu: 1) Präventivoffensive. Sie ist mit Grund des militärischen Aufmarsches möglich, und zwar mit einem starken Stoß ... nach Rumänien, Ungarn, Ostgalizien, mit einer weiteren starken Angriffsgruppe aus Weißrußland Richtung Warschau oder nach Ostpreußen." Am 7. April 1941 hatte Halder in sein „Kriegstagebuch" notiert: „Die russische Gliederung gibt zu Gedanken Anlaß" – und dann typisch für seine Vorstellungsweise: „Wenn man sich von dem Schlagwort freimacht, der Russe will Frieden und wird nicht von sich aus angreifen, dann muß man zugeben, daß die russische Gliederung sehr wohl einen raschen Übergang zum Angriff ermöglicht, der uns außerordentlich unbequem werden könnte".[38] Mit zunehmender Nähe des Kriegsbeginnes nahmen nicht nur seine „Bedenken" zu, sondern auch seine konkreten Feststellungen über den sowjetischen Aufmarsch. 1939 berichtet er über die Lage (bereits) von Mitte 1940 (Hitler als Feldherr, S. 32) unter anderem: „Inzwischen war eine Front im Osten entstanden, an der den kaum für den Zollschutz ausreichenden schwachen deutschen Kräften ein vielfach überlegenes und ständig wachsendes Aufgebot an vollverwendungsfähigen russischen Truppen gegenüberstand."[39]

Solnyschkow und Kusmin: „Darum ist es eine wenig produktive Beschäftigung, den Stabsgenerälen und deutschen Geheimdiensten Vorwürfe zu machen. Umso mehr, als sie letzten Endes recht behielten: Nichts konnte Hitler daran hindern, am 22. Juni 1941 die Sowjetunion zu überfallen. Bekanntlich wurde die Arbeit der höchsten Stäbe der Wehrmacht und der Abwehrdienste von Canaris und Heydrich/Schellenberg auf recht hohem professionellen Niveau geführt. Die Tatsache, daß sie mit keinen konkreten Angaben über die Aggression gegen Deutschland, zu der sich die Sowjetunion angeblich rüstete, operierten, spricht Bände."

Maser: Da die Vorwürfe gegen den deutschen Generalstab und gegen die deutschen Geheimdienste auf nachgewiesenen Fakten beruhen, die sowohl die deutschen als auch die sowjetischen Kriegsvorbereitungen betreffen, mußten sie – detailliert belegt – erhoben werden. Die diesbezügliche Kritik der russischen Militärhistoriker kann nur von der Absicht diktiert worden sein, die sowjetischen Kriegsvorbereitungen nicht dargestellt sehen zu wollen. Mit der Feststellung, daß die deutschen „Stabsgeneräle" und der deutsche Geheimdienst „letzten Endes recht behielten", führen Solnyschkow und Kusmin ihre Urteile selbst ad absurdum; denn beide weisen nachweislich auf sowjetische Kriegsvorbereitungen vor dem 22. Juni 1941 hin, was die Ereignisse nach dem Ausbruch des deutsch-sowjetischen Krieges lückenlos bewiesen haben.[40]

[38] Vgl. Halder, Kriegstagebuch, Bd. 2, S. 353. Maser, Der Wortbruch, S. 279 f.

[39] Vgl. die Kommentare zu Nr. 9, 19 und 20 – und im Bundesarchiv-Militärarchiv Freiburg, um hier nur einige Beispiele anzuführen, unter anderem die Dok. RH 19/III/722: 15. März 1941, 20. März 1941: RH 19 III/722 und RH – 18/951, 15. Mai 1941: RH 21 – 3/435.

[40] Vgl. Maser, Der Wortbruch, S. 369 ff.

Allein bereits ein am 29. Mai 1941, 24 Tage vor dem deutschen Einmarsch in die Sowjetunion, an Offiziere und untere Kommandeure der Roten Armee von der Moskauer „Kriegsfakultät“ zusammengestellter 14 mal 10,4 cm großer, in Leinen gebundener und 108 Seiten umfassender „Kurzer russisch-deutscher Kriegs-Sprachführer für Verhöre deutscher Soldaten und Zivilisten nach einem sowjetischen Angriff auf das Reich“, der allerdings sowohl in der deutschen als auch in der sowjetischen Geschichtsforschung nicht erwähnt wird, spricht für sich.

Краткий русско-немецкий военный разговорник.

Русский текст составлен начальником Военного факультета западных иностранных языков, генерал-майором т. Биязи. Разговорник имеет целью помочь бойцу и младшему командиру Красной Армии усвоить немецкие слова и выражения.

Под наблюдением редактора *А. В. Любарского*

Подписано к печати 29.5.41. Г584.
Объем $3^3/_8$ п. л., 2 авт. л., в п. л. 57344 тип. зн. Зак. 289

1-я тип. Управления Военного изд-ва НКО им. С. К. Тимошенко
Москва, ул. Скворцова-Степанова, д. 8

Ein untrügliches Dokument, das Stalins Vorbereitungen für einen Krieg gegen seinen Bündnispartner Hitler belegt. Wie das Herausgabedatum 29.5.41 beweist, wurde dieser „Kriegs-Sprachführer“ rund 2 Wochen nach den von Schukow und Wassilewski für Stalin erarbeiteten Offensivplänen für einen Krieg gegen Deutschland an Offiziere und Kommandeure der Roten Armee ausgegeben. Das hier verwendete Exemplar fand sich im Juli 1941 in einem Panzer der Roten Armee vor Kiew in der Ukraine.

Original: Maser-Archiv.

Пройдет ли грузовая машина?	Комт Хйр айн ластвагн дурхь?	Kommt hier ein Lastwagen durch?
Пройдет ли повозка?	Комт Хйр айн фӯрвэрк дурхь?	Kommt hier ein Fuhrwerk durch?
Есть ли съезды с дороги?	Гипт эс ам вэ̄к аусвайхэштэльн?	Gibt es am Weg Ausweichestellen?
Река	**Флус**	**Fluß**
Как называется эта река?	Ви хайст дйзр флус?	Wie heißt dieser Fluß?
Мост	Брӳкэ	Brücke
Переправа	Ӳбрфāрт	Überfahrt
Паром	Фэ̄рэ	Fähre
Лодка	Кāн	Kahn

4 Зак. 289 | 49

ЗАХВАТ ЖЕЛЕЗНОДОРОЖНОЙ СТАНЦИИ РАЗЪЕЗДОМ ИЛИ РАЗВЕДЫВАТЕЛЬНОЙ ПАРТИЕЙ

Как называется эта станция?	Ви Хайст дйзэ штацйōн?	Wie heißt diese Station?
Где телеграф?	Во йст дэр тэлэграф?	Wo ist der Telegraph?
Проведите!	Фӳрн ви михь Хйн!	Führen Sie mich hin!
Все телеграммы передавайте ему!	Алэ̄ тэлэгрāмэ зинт йм цу ӳбргэ̄бн!	Alle Telegramme sind ihm zu übergeben!
Прекратите передачу, иначе — застрелю!	Нихьт вайтргэ̄бн, зонст шӥс ихь зи нйдр!	Nicht weitergeben, sonst schieße ich Sie nieder!
Где телефон?	Во йст дэр фэрншпрэхр?	Wo ist der Fernsprecher?

60

Где выходные стрелки?	Во зинт ди аусфартсвайхьн?	Wo sind die Ausfahrtsweichen?
Где горючее?	Во йст брэнштоф?	Wo ist Brennstoff?
Где склады?	Во зинт шупн?	Wo sind Schuppen?
Где начальник станции?	Во йст дэр штацийōнс-фōрштээр?	Wo ist der Stationsvorsteher?
Проведите к нему!	Фӳрн зи михь цу йм!	Führen Sie mich zu ihm!
Позовите его ко мне!	Руфн зи йн!	Rufen Sie ihn!
Куда ведет путь? вправо, влево?	ВоХин фӳрт дэр шйнэнвэк? нах рэхьтс, нах линкс?	Wohin führt der Schinenweg? nach rechts, nach links?

61

Die Seiten 49, 60 und 61 aus dem „... russisch-deutschen Kriegs-Sprachführer."

Auf Informationen von SD-Mitarbeitern und Berichten des in Paris lebenden – und sowohl für Heydrich als auch für den sowjetischen NKWD tätigen – Generals Nikolaj W. Skobin gestützt, trug Heydrich Hitler bereits am 24. Dezember 1936 vor, daß sowjetische Militärs (er nannte vor allem den am 12. Juni 1937 wegen „Zusammenarbeit" mit einer „sowjetfeindlichen Macht" erschossenen Sowjetmarschall Michael Nikolajewitsch Tuchatschewski) zusammen mit britischen und französischen Militärs auf einen gemeinsamen „Präventivkrieg" gegen Deutschland drängten[41], wie es im August 1939 nachweislich tatsächlich der Fall war. Am 14. August 1939 beispielsweise bot die Sowjetunion[42] Frankreich und England an, für einen Krieg gegen Deutschland 120 Infanteriedivisionen zu je 19.000 Mann, 16 Kavalleriedivisionen, 5.000 schwere Geschütze (einschließlich Kanonen und Haubitzen), 9.000 bis 10.000 Panzer, 5.000 bis 5.500 Kampfflugzeuge (ohne Hilfsflugzeuge), Truppenteile der Befestigungsbereiche, der Flugabwehr, des Küstenschutzes, der Reserveverbände, der Ersatzdepots und der Rückwärtigen Dienste zur Verfügung zu stellen, wobei sie versicherte, daß sich der Aufmarsch der Armee „innerhalb von 8 bis 20 Tagen" vollziehen könne.[43] Zudem sollte sich auch Polen an dem Krieg beteiligen und die Streitkräfte Frankreichs, Englands und auch die sowjetischen Truppen ungehindert durch die Territorien Galizien und den Korridor von Wilna – bei gleichzeitiger Zurverfügungstellung „rollenden Materials" – ungehindert passieren lassen.[44]

Daß Stalin und seine obersten Militärs und Funktionsträger bezüglich der eigenen Rüstungssituation und der konkreten Kriegsvorbereitungen nicht die Wahrheit sagten, beweist eine Gegenüberstellung der jeweiligen Tatsachen.

Daß Stalin nicht nur maßlos übertrieb, sondern wider besseren Wissens auch propagandistisch effektvoll und zielgerichtet log, als er „Hitler-Deutschland" als gefährlichen „Aggressor" plakatierte, der in der Lage wäre, die Sowjetunion mit Aussicht auf Erfolg zu überfallen und ihre Existenz ernsthaft zu gefährden, bewies bereits der Polenfeldzug auf nicht zu kaschierende Weise. Hitler war 1939 zwar militärisch und wirtschaftlich zu einem kurzen Krieg gegen Polen in der Lage, zu mehr jedoch nicht. Nach einer Forderung Hitlers von 1936 sollten die Wehrmacht und die Wirtschaft zwar 1940 auf einen Kriegsfall vorbereitet und

[41] Stalin hatte seine versiertesten Militärs und Funktionsträger mit der Verhandlung beauftragt: Marschall Woroschilow (als Leiter der Kommission), Kusnetzow, Loktionow, Smorodionow und Schaposchnikow. Vgl. das sowjetische Protokoll vom 14. August 1939 und das britische Protokoll vom selben Tage. Beide Protokolle zitiert bei Maser, Der Wortbruch, S. 383 ff.

[42] Vgl. dazu unter anderem: Brisand, André, Canaris, Frankfurt 1976, S. 104, Conquest, Robert, Am Anfang starb Genosse Kirow, Düsseldorf 1970, S. 266 f. und Deschner, Günther, Reinhard Heydrich. Statthalter der totalen Macht, 1977, S. 148 f.

[43] Vgl. Maser, Der Wortbruch, S. 24 ff. und 383 ff., Internationales Leben, Moskau 1959, H. 2, S. 154 ff., Documents on British Foreign Policy, Serie 3, Bd. VII, Anhang II und Schukow, Georgi K., Erinnerungen und Gedanken, Stuttgart 1969, S. 177 ff. Wolkogonow, Dimitri, Stalin. Triumph und Tragödie. Ein politisches Porträt. Düsseldorf (2. Aufl.) 1990, S. 469.

[44] SSSR v Borbe za mir nakanune vtoroi mirovoj voiny (IX/1938 – VIII/39), dokumenty: materialy, Moskau 1971, S. 246, Dok. 162. Fortan zit. SSSR. Vgl. SSSR, S. 543 ff., Dok. 411, 413, 415, 417, 425 429, 437, 440, 446.

voll einsatzfähig sein[45], doch das Rüstungsprogramm war – gemessen an der deutschen Industriekapazität – nur schwerfällig angelaufen. Bis September 1939 gab es in keinem deutschen Wirtschaftszweig eine Produktion, die Kriegsvorbereitungen auch nur ahnen ließ.[46] Noch im dritten Kriegsjahr gab es weder einen zentral gelenkten Rüstungsplan noch eine zentral gelenkte Rüstungsproduktion. Jeder Wehrmachtsteil, das Heer, die Luftwaffe und die Marine, rüstete für sich nach Programmen, die Hitler gebilligt hatte. Den fast 6.000 Mitarbeitern und einer „kriegsstarken Kompanie Generale", die beispielsweise allein das Heereswaffenamt beschäftigte, war darüber hinaus auch die unumgängliche industrielle Munitions- und Waffenproduktion fremd. Ständiger Streit um Rohstoffe und Arbeitskräfte war nur eine der paralysierenden Folgen des Zuständigkeits- und Kompetenzgerangels. Gemeinsame Absprachen gab es nicht.

Da es in Deutschland bis zu der Zeit noch keinen Kriegsplan gab, fehlte zwangsläufig auch ein differenzierter Rüstungsplan.

Der Vierjahresplan mit Hermann Göring als oberster Instanz hatte zwar für die Sicherung der für die Rüstung wichtigen Rohstoffe zu sorgen, wobei Sonder- und Generalbevollmächtigte für Chemie und Kraftfahrwesen Engpässe innerhalb spezieller Bereiche zu unterbinden hatten, doch sie bewirkten nicht, was Hitler erwartete. Zwar verfügte Göring über alle nötigen Vollmachten, doch er nutzte sie nicht angemessen. Infolge seiner vielen Ämter war er eindeutig überfordert. Allein seine Position als Oberbefehlshaber der Luftwaffe nahm ihn so in Anspruch, daß er schwerlich in der Lage war, sich „nebenbei" auch noch ausreichend mit den Rüstungsproblemen und deren Umfeld zu befassen.

Exemplarisch für Kompetenzstreit und -wirrwarr ist nicht zuletzt ein Monolog Hitlers vom 16. August 1942. „Die Marine", sagte er, „könnte heute garantiert vier Schiffe mehr haben, schwere, alles war da, Stahl, Arbeiter … Niemals hat die Marine Forderungen gestellt, sondern alle Forderungen habe ich gestellt, und von der Marine sind sie beschnitten worden. Nie hat das Heer an mich eine Forderung gestellt, sondern die Forderungen wurden von uns gestellt, und das Heer hat in der Ausführung gezögert. Es ging soweit: Ich mußte dem Heer eine Sache wegnehmen, damit sie überhaupt gemacht wurde … Bei den Panzern war es genau das gleiche.

Man sagte sie <die Panzer> haben nur einen Wert, wenn sie klein und schnell sind, alles andere ist ein Unsinn. Ich habe die ganze Zeit für den schweren Panzer gekämpft. Der Drahtfunk! Ich habe befohlen, daß es gemacht wird. Das Propagandaministerium hat es versäbelt, weil der Postminister sagte, die Sache sei technisch noch nicht fertig! Am Geld hat es … nicht gefehlt … Nach der Einführung der Wehrpflicht 1935 habe ich verlangt, es wird sofort befestigt! Es ist

45 Heim, Monologe, S. 344
46 Ebenda, S. 344 f.

nichts gemacht worden außer Lächerlichkeiten. Dann hat das Heer endlich einen Plan vorgelegt bis zum Jahr 1952. Nicht weil das Heer nicht die Mittel gehabt hätte, sondern weil der Generalstab es so wollte! Ich habe das mit Gewalt immer wieder umschmeißen müssen."[47]

Da sich im Polenfeldzug rasch zeigte, daß die vorhandenen „Mittel" nicht ausgereicht hatten und sogar die Bomben- und Munitionserzeugung vorratsmäßig nicht den Anforderungen gerecht werden konnte, entstand im Herbst 1939 das „Reichsministerium für Bewaffnung und Munition", das am 17. März 1940 dem Ingenieur und Generalmajor der Luftwaffe Fritz Todt übertragen wurde, den Hitler am 5. Juli 1933 zum „Generalinspektor des deutschen Straßenwesens" ernannt und mit dem Bau der Reichsautobahn beauftragt hatte.

Am 1. September 1939 hatte Hitler zwar laut behauptet, 90 Milliarden Mark für die Rüstung ausgegeben zu haben[48], womit er offenbar dem Ausland Respekt einflößen wollte, doch die Tatsachen sahen anders aus. Bis 1939 waren rund 40 Milliarden Mark in die Rüstung investiert worden. 1933/1934 waren 1,9 Milliarden Mark aufgewendet worden, 1934/35 – 1,9 Milliarden, 1935/1936 – 4,0 Milliarden, 1936/1937 – 5,8 Milliarden, 1937/1938 – 8,2 Milliarden und 1938/1939 – 18,4 Milliarden.[49]

Noch im Mai 1940, während der Anteil der Rüstungsindustrie an der gesamten Industrieproduktion immer noch weniger als 15 Prozent betrug[50], wurden monatlich beispielsweise 40 bis 50 Panzer (im Gegensatz zu mehr als 2.000 monatlich im Jahre 1944) hergestellt.

Die deutsche Flugzeugproduktion (einschließlich der Zivilflugzeuge, Schulungsflugzeuge und Transporter) erreichte 1939 nicht einmal den Ausstoß von monatlich 1.000 Maschinen, während 1944 nach langem Bombenkrieg mit starken Zerstörungen im gleichen Zeitraum allein mehr als 4.000 Jäger produziert wurden. Am 1. September 1939 verfügte die deutsche Luftwaffe[51] über insgesamt 1.180 Kampfflugzeuge, 771 Jagdflugzeuge, 336 Sturzkampfflugzeuge, 408 Zerstörer, 40 Schlachtflugzeuge, 552 Transportflugzeuge, 379 Aufklärer und 240 Maschinen waren einsatzbereit.[52] Zwar wurden bis Ende 1939 weitere 2.518 Flugzeuge gebaut, doch am 1. September standen sie noch nicht zur Verfügung.

Zwar hatte Deutschland im Vorkriegsjahr mehr Stahl, Roheisen und Kohle als die UdSSR produziert, doch der Vergleich der Kapazitäten hinsichtlich des Vorhandenseins des für die Rüstung ebenso wichtigen Erdöls und der Eisenerze offen-

---

47 Ebenda, S. 345.
48 Akten zur Deutschen Auswärtigen Politik, D X, Nr. 206.
49 Vgl. Maser, Der Wortbruch, S. 132.
50 1941 waren es 19%, 1942 – 26%, 1943 – 38% und 1944 – 50%. Vgl. Kehrl, Hans, Kriegswirtschaft und Rüstungsindustrie (in: Bilanz des Zweiten Weltkrieges), S. 272. Vgl. ferner Maser, Der Wortbruch, S. 132.
51 Warlimont, S. 128.
52 Vgl. Maser, Der Wortbruch, S. 133.

barte die Positionen exemplarisch. Deutschland produzierte 1938 25.202.000t Stahl[53], die Sowjetunion 18.000.000t. Das Verhältnis beim Roheisen[54] betrug 19.918.000t zu 14.600.000t, bei der Kohle[55] 171.789.000 zu 132.000.000t. Während die UdSSR 26.530.000t Eisenerze zur Verfügung hatte, mußte sich die deutsche Industrie mit 4.240.000t begnügen.[56] Beim Öl verschoben sich die Positionen noch krasser: Bei einem errechneten Bedarf von etwa 8.000.000t für die Mobilisierung im Jahre 1939 mußten 4.000.000t aus dem Ausland beschafft werden. Nahezu 100 Prozent des für Panzerstähle unersetzlichen Chroms, 25 Prozent Zink, 50 Prozent Blei, 65 Prozent Mineralöl, 70 Prozent Kupfer, 80 Prozent Kautschuk, 90 Prozent Zinn, 95 Prozent Nickel und 99 Prozent Bauxit mußten durch Auslandseinfuhren gedeckt werden. Die vorhandenen Rohstoffe reichten bestenfalls für 12 Wochen Krieg. Dabei befanden sich am 1. September nur 42 Prozent der für den Transport der Rohstoffe aus dem Ausland nötigen deutschen Handelsschiffe in deutschen Häfen.[57] Daß sich die strategische und kriegswirtschaftliche Lage für das Reich 1940 wesentlich zu seinen Gunsten ändern würde, konnte Hitler seit dem Kreditabkommen vom 19. August 1939 zwischen Deutschland und der Sowjetunion, das Deutschland in den ersten 12 Monaten Rohstoffe im Wert von rund 100 Millionen Mark garantieren sollte, nur hoffen. Zwar hatte er am 22. August 1939, einen Tag vor der Unterschrift des deutsch-sowjetischen Nichtangriffspaktes, in einer Rede erklärt, daß Deutschland „keine Angst vor Blockade zu haben“ brauche; denn „der Osten“ werde „Vieh, Kohle, Blei und Zink“ liefern, doch Zahlen hatte er weder genannt noch angedeutet.[58] Von den Rohstoffen für rund 500 Millionen Mark dagegen, die Rußland nach dem Abschluß des deutsch-sowjetischen Wirtschaftsabkommens vom 11. Februar 1940 an das Reich zu liefern haben würde, konnte zu der Zeit noch keine Rede sein.

Hitler hatte zwar zum Aufbau einer starken deutschen Wirtschaft gedrängt und unter anderem die Produktion synthetischer Treibstoffe, künstlichen Gummis (Buna)[59], bestimmter Kunststoffe und Zellwolle einleiten lassen, doch 1939 waren die Möglichkeiten noch nicht einmal entfernt ausgeschöpft. Er plante Rohstofflieferungen aus Skandinavien ein und verließ sich seit Ende August auf Rohstofflieferungen aus der Sowjetunion.

Hitler wußte, daß die Zeit im Zusammenhang mit der eigenen Rüstung nicht für ihn, sondern gegen ihn arbeitete. Ob er seine Machtposition zu der Zeit überschätzte und die der Gegner unterschätzte, ist schwer zu beweisen. Der Generalstab, der sowohl aus der Kenntnis der Geschichte der NSDAP als auch bereits aus

[53] Ebenda.
[54] Einschließlich der Industrien Österreichs und der Tschechoslowakei.
[55] Außer Saar.
[56] Einschließlich Österreichs.
[57] Vgl. Woodward, D., British Foreign Policy in the Second World War, London 1962, Bd. I, S. 453 ff., fortan zit. Woodward.
[58] Vgl. Bavendamm, S. 161.
[59] Vgl. ebenda. S. 162.

militärischer Erfahrung Hitlers Glauben an sein Glück und seine Bereitschaft zum Risiko kannte, war skeptisch. Die 3,2 Millionen Soldaten, die er für den Kriegsfall forderte, hat er bis 1939 nicht bekommen können.[60] Nur vier Jahrgänge, die 1914, 1915, 1916 und 1917 geborenen Männer, waren ausgebildet worden.

Ein Problem für sich bildete die Kriegsmarine. Im Gegensatz zum Heer und zur Luftwaffe, die in der Rüstungsproduktion bevorzugt behandelt wurden, war sie 1939 allein der französischen Flotte stärkemäßig so hoffnungslos unterlegen, daß sie es auf keine Auseinandersetzung hätte ankommen lassen können. Infolge der kontinentalen Zielsetzungen Hitlers war bis dahin nicht einmal die Kapazität des englisch-deutschen Flottenvertrages[61] von 1935 ausgeschöpft worden. Zwar sollte die Marine nach der Kündigung des Flottenabkommens durch Hitler im April 1939 nach dem sogenannten „Z Plan" 10 Schlachtschiffe, 4 Flugzeugträger, 20 schwere und 48 leichte Kreuzer, 22 Spähkreuzer, 66 Zerstörer, 90 Torpedoboote und 249 U-Boote bekommen; doch diese Stärke war erst für das Jahr 1948 vorgesehen. 1939 war das alles pure Zukunftsträumerei.

Zwar hatten – mit Kriegsbeginn am 1. September 1939 – fortan monatlich 29 U-Boote die Werften verlassen sollen[62], was Admiral Karl Dönitz, der Befehlshaber der U-Boot-Flotte, hinsichtlich der Erwartungen immer noch als viel zu wenig betrachtete [63], doch noch in der zweiten Hälfte des Jahres 1940 waren es nur 6 im Monat. Deutschland verfügte sowohl am 1. September 1939 als auch am 1. September 1940 insgesamt über lediglich 57 U-Boote.[64] Die Anzahl der für den Einsatz im Atlantik geeigneten Boote sank bis Februar 1941 sogar von 26 auf 22. Im Oktober 1940 befanden sich im Nordatlantik mehr italienische als deutsche U-Boote.

---

60 Vgl. ebenda.

61 Nach dem deutsch-britischen Flottenabkommen vom 18. Juni 1935, das Hitler am 28. April 1939 kündigte, durfte die deutsche Flotte gegenüber der gesamten Flottenstärke der Mitglieder des Britischen Commonwealth ein Verhältnis von 35 zu 100 aufweisen. Hinsichtlich der U-Boot-Stärke hieß es im Vertrag: „Die Regierung des Deutschen Reiches verpflichtet sich … mit ihrer Unterseeboot-Tonnage über 45 [Prozent] der Gesamt-Unterseeboot-Tonnage der Mitglieder des British-Commonwealth nicht hinauszugehen."

62 Der Plan, monatlich 29 U-Boote zu produzieren, wurde ursprünglich bis 31. Dezember 1940 terminiert, im März 1940 (auf 25 Boote) modifiziert und am 17. August 1940 auf unbefristete Zeit verlängert. Vgl. Kriegstagebuch des Oberkommandos der Wehrmacht, Hrsg. Percy E. Schramm, Bd. I., 1. August 1940 bis 31. Dezember 1941, erläutert und zusammengestellt von Hans-Adolf Jacobsen, München 1982, S. 38. Fortan zit.: KTB OKW.

63 Vgl. Dönitz, Karl, Zehn Jahre und zwanzig Tage, Frankfurt am Main 1964, u.a. S. 47 ff. Der U-Boot-Rüstung wurden (bis Frühjahr 1943) aus der Gesamtrüstungszuteilung lediglich knapp 5 Prozent der Stahlproduktion zur Verfügung gestellt. Dönitz hatte Hitler bereits am 28. September 1939 während seines ersten Vortrages dringend empfohlen, alle Anstrengungen auf den U-Boot-Krieg zu konzentrieren, um im Nordatlantik gegen England die Entscheidung erzwingen zu können. 1964 schrieb er: „Das Leben Großbritanniens, die Ernährung des britischen Volkes und die Aufrechterhaltung seiner Industrie hängen im Frieden wie im Kriege von der Beherrschung der britischen Einfuhrwege im Atlantik ab … Die Beherrschung des Atlantik war … die Voraussetzung dafür, daß Großbritannien die Waffenwerkstätten der ganzen übrigen, auch der neutralen, Welt zur Verfügung standen … Truppen, Waffen aller Art, Munition, Treibstoff usw. konnten nur auf diesem Wege gegen Deutschland zur Wirkung gebracht werden." (Marine-Rundschau 1964, S. 63 ff.)

64 Bavendamm, S. 162.

Hitler und der Generalstab wußten, wie lange es möglich gewesen wäre, auch nur mit dem Aufwand weiterzukämpfen, den dieser „Blitzkrieg[65] gefordert hatte. Sie konnten sich ausrechnen, daß der Krieg trotz der noch für rund drei Monate ausreichenden Rohstoffvorräte bereits in ca. 14 Tagen beendet gewesen wäre[66], wenn die Franzosen und Briten im Westen angegriffen hätten. Sowohl der Munitionsvorrat, der bereits während des Polenfeldzuges nahezu aufgebraucht wurde, als auch die absolut unzureichende Truppenstärke am Westwall waren reale Fakten, die eine Fortsetzung des offensiven Kampfes zu einem Abenteuer machen mußten.[67]

Allerdings hatte Hitler den Oberbefehlshabern der Wehrmacht bereits am 22. August 1939 erklärt: „Unsere Stärke ist unsere Schnelligkeit und unsere Brutalität … Generaloberst von Brauchitsch hat mir zugesagt, den Krieg gegen Polen in wenigen Wochen zum Abschluß zu bringen. Hätte er mir gemeldet, ich brauche zwei Jahre oder auch nur ein Jahr dazu, so hätte ich den Marschbefehl gegen Polen nicht gegeben. Denn wir können keinen langen Krieg führen.“[68]

Das wirtschaftliche und militärische Kräfteverhältnis Sowjetunion – Deutschland bot Stalin zu der Zeit keinen tatsächlichen Anlaß, Besorgnis oder gar Furcht zu suggerieren und alle Welt glauben zu machen, daß Hitler in der Lage sei, die Sowjetunion ernsthaft zu gefährden. Die Auswertung der Ereignisse und Dokumente läßt die Vermutung zu, daß es Stalin darum gegangen ist, „Hitler-Deutschland“ rechtzeitig und systematisch mit dem Stigma des naturgegebenen „Aggressors“ zu versehen, um späteren eigenen Operationen aggressiven Charakters psychologisch den Boden zu bereiten. Die richtungweisenden Bemühungen der sowjetischen Funktionsträger während der Verhandlungen mit den westlichen Militärmissionen bis 19. August 1939 waren mehr als ein Indiz dafür.

Die eigene Basis strafte Stalin Lügen. Die sowjetische Luftwaffe erhielt beispielsweise vom 1. Januar 1939 bis zum 22. Juni 1941 17.745 Kampfflugzeuge[69] und die Artillerie 99.578 Geschütze, Kanonen und Granatwerfer[70] – gegen 7.184 Geschütze der deutschen Artillerie im Juni 1941 – von der Rüstungsindustrie, die 1941 43,4 Prozent des gesamten sowjetischen Staatshaushaltes bean-

65 Die gewöhnlich als „Erfindung“ Hitlers kolportierte Formel „Blitzkrieg“ stammte weder von ihm noch von einem anderen Deutschen. Hitler, dem sie nicht behagte, sagte in der Nacht vom 3. zum 4. Januar 1942 in seinem Hauptquartier „Wolfsschanze“: „Blitzkrieg, das Wort ist eine italienische Phraseologie.“ Heim, S. 173.

66 Churchill. Der Kampf ums Überleben 1940–1945. Aus dem Tagebuch seines Leibarztes Lord Moran. München 1967, S. 19.

67 In Unterredungen und Gesprächen bluffte Hitler oft, indem er Kriterien nannte, die mit den Tatsachen nichts – oder nur dem Scheine nach – zu tun hatten. So behauptete er beispielsweise gegenüber Sven Hedin am 16. Oktober 1939 (Hillgruber, Staatsmänner, S. 52), daß sein „erster Kriegsplan … über fünf Jahre ginge. Doch könne er auch acht oder zehn Jahre kämpfen.“

68 Schroeder, Christine, Er war mein Chef. Aus dem Nachlaß der Sekretärin von Adolf Hitler. Hrsg. Anton Joachimsthaler, München 1985, S. 113.

69 Am 22. Juni 1941 standen den deutschen Streitkräften 23.245 sowjetische Kriegsflugzeuge und 24.000 Panzer gegenüber.

70 Werth, S. 94.

- 1 - (Rußland) 195

überholt

1) Fr.: Wie sah die militärische Führung die Lage im Osten während des Frankreich-Krieges?

A.: Wir hielten es für genügend, im Osten an der Demarkationslinie gegen Rußland, einschl. Besatzung in Polen, nur 5 Divisionen zu belassen, davon haben wir sogar noch 2 nach Frankreich herübergezogen im Juni 1940.

Das war ganz außerordentlich wenig!

2) Fr.: Welche Nachrichten hatte die Führung damals über das russische Verhalten an der Grenze?

A.: Es fanden dauernd Grenzverletzungen russischer Seite statt besonders im Süden am San (nördl. der Karpathen), von wo laufend Schießereien an der Demarkationslinie gemeldet wurden.

Außerdem fanden häufig Ueberfliegungen der Demarkationslinie statt, trotz mehrfacher Vorstellung in Moskau.

3) Fr.: Waren ~~wurden schon während des Westfeldzuges mehrere Divisionen wieder nach dem Osten entsandt?~~ auch Verstärkungen der russischen Truppen gemeldet?

A.: Es wurde fortlaufend Verstärkungen der russischen Kräfte im grenznahen Raume gemeldet, besonders im Norden (Baltikum) und im Süden (Bessarabien und Bukowina) (rumänische Grenze). Es traten immer weitere russische Divisionen dort auf.

Die russischen Besatzungstruppen im Baltikum und Bukowin waren unverhältnismäßig stark; wir hatten dafür keine Erklärung.

Ein Beispiel für die Beurteilung von Dokumenten durch Mitarbeiter des Militärgeschichtlichen Forschungsamtes. In den handschriftlichen Vernehmungsaufzeichnungen des einstigen Chefs der Oberkommandos der Wehrmacht (OKW) Generalfeldmarschall Wilhelm Keitel während des Nürnberger Prozesses wurden dessen Aussagen über die sowjetischen militärischen Bewegungen an der deutschen Ostgrenze vor dem 22. Juni 1941 kurzerhand als „überholt" bewertet und ausgestrichen. Entsprechend argumentierte Rolf-Dieter Müller, ein Mitarbeiter des Forschungsamtes, im „Spiegel" vom 8. August 1994 in seiner „Rezension" des Maser-Buches „Der Wortbruch. Hitler, Stalin und der Zweite Weltkrieg". Eine Aufforderung des Südwestfunks Baden-Baden (durch Klaus Figge), sich einer „Diskussion mit Maser" zu stellen, lehnte er mit der Behauptung ab, dazu nicht in der Lage zu sein, da er sich auf die Umsiedelung des Forschungsamtes nach Potsdam vorbereiten – und zudem sein Haus restaurieren – müsse.

– 4 – (Rußland)

180

Frage: Wo ist die Denkschrift geblieben? Wer hat sie gesehen?

Antwort: Der Führer hat sie behalten! (Generale Jodl u. Warlimont habe ich sie nach dem Besuch in Füschel m. W. gezeigt, ich weiß es aber nicht sicher!)

Frage: Wann fand der Besuch Molotows in Berlin statt? was war das Ergebnis?

Antwort: Der Besuch war Anfang November 1940. Der Führer sagte uns, daß das Ergebnis unbefriedigend sei; er habe die Zustimmung zu den Plänen der Russen im Schwarzen-Meer, u. der Ostsee auf Kosten der Betroffenen nicht geben können. Er (der Führer) halte die Lage für verschärft u. warte noch die weiteren Gespräche des Botschafters in Moskau ab. Er rechne damit, daß die Russen eines Tages plötzlich handeln würden, besonders gegen Rumänien, nachdem sie schon 1940 über die Vereinbarungen erheblich hinausgegangen seien. Seine größte Sorge sei der Verlust des rumänischen Oelgebietes für unsere Kriegführung.

Frage: Wann gab der Führer erste Anweisungen zur Vorbereitung eines Krieges gegen Rußland?

Antwort: Nach dem Besuch Molotows, Mitte November 40, mit der Anweisung, daß er sich noch Alles vorbehalte u. von den weiteren politischen Besprechungen abhängig mache.

Frage: Würden im Herbst weitere Truppen nach dem Osten verlegt?

Antwort: Ja! wir verstärkten uns, weil die Russen ~~[illegible]~~ im Herbst 40 schon nach unseren Nachrichten mehr als 100 Divisionen im Westen versammelt hatten! Das mußte doch einen Zweck haben!!

Frage: Warum wurde in der Weisung ~~[illegible]~~ für Barbarossa ausdrücklich gesagt, daß Hitler 8 Wochen vor einer evtl. Auslösung des Operations-Planes den Anlauf u. die Durchführung des tatsächlichen Aufmarsches befehlen werde?

Keitel-Nachlaß. Handakte S. 183 Dr. Neltes, des Keitel-Verteidigers im IMT. Vgl. dazu Maser, Werner (Hrsg.), Wilhelm Keitel. Mein Leben. Pflichterfüllung bis zum Untergang, Berlin 1998, S. 302. *Dok.: Keitel-Protokoll, Bundesarchiv Militärarchiv Freiburg.*

spruchte[71], zwischen 1928 und 1941 von 9 Millionen „Werktätigen" auf 23 Millionen angewachsen war und bereits 1941 über einen Frauenanteil von 39 Prozent verfügte. Hatten 1928 rund 100.000 Ingenieure und Techniker in den Diensten der Rüstungsindustrie gestanden, waren es 1940 mehr als eine Million.[72] Wolkogonow berichtet zwar, daß es von Januar bis April 1941 71 Katastrophen und 151 Unfälle gegeben habe, wobei 141 Menschen getötet und 138 Flugzeuge zerstört worden seien[73], doch für das zahlenmäßige Verhältnis war das bedeutungslos. Am 22. Juni 1941 jedenfalls verfügte die sowjetische Luftwaffe gegenüber der Wehrmacht über die zwölffache Anzahl an Flugzeugen und über die rund siebenfache Menge an Panzern, was Hitler vorher weder wußte noch hätte wahrhaben wollen. „Hätte mir einer" drei oder vier Tage vor dem Beginn des Rußlandkrieges erklärt, die Russen „haben 10.000 Panzer", sagte er in der Nacht vom 5. zum 6. Januar 1942, „ich hätte geantwortet: Sind Sie wahnsinnig?"[74]

Hatte die Friedensstärke der Roten Armee 1933 885.000 Mann betragen, waren es 1937 – 1.433.000, 1939 – 2.100.000, im Januar 1941 – 4.200.000 und im Juni 1941 rund 5.000.000 Mann.

Was immer Stalin in diesem Zusammenhang auch verbreitet und glauben machen wollte: Er wußte, wie stark die deutsche Wehrmacht war. Als Schukow ihm beispielsweise am 14. Mai 1941 meldete, daß allein im „Baltischen, im Westlichen, im Kiewer und im Odessaer Wehrkreis" 149 Divisionen der Roten Armee stünden, bemerkte er lediglich lapidar: „Die Deutschen haben nach unseren Informationen nicht so viele Truppen", was den Tatsachen sehr nahe kam.[75]

Da die nicht zur Verteidigung, sondern zum Angriff aufmarschierten Truppen der Roten Armee ungewöhnlich rasch an Boden verloren, befürchteten die in Gefangenschaft geratenen sowjetischen Offiziere, der Falschaussagen überführt und umgehend rücksichtslos bestraft zu werden. „Wenn man 20 Jahre lang ununterbrochen hörte, daß alle höheren Offiziere in der Gefangenschaft erschossen werden, glaubt man es schließlich selber", erklärte der Divisionskommandeur Kowalew am 27. August 1941[76], wovon zumindest anfänglich nahezu alle Rotarmisten überzeugt waren. Ungenau oder vorsätzlich irreführend waren die Gefangenenaussage erst, nachdem die sowjetischen Truppen ihre Stellungen hielten oder zum Angriff übergingen.

---

71 Wassilewski, Sache des ganzen Lebens, S. 81.

72 Vgl. Woodward, S. 489 f.

73 Wolkogonow, Stalin. Triumph und Tragödie, S. 504 f.

74 Vgl. Woodward, S. 493/494.

75 Am 22. Juni 1941 trat die Wehrmacht mit 152 Divisionen zum Angriff auf die Sowjetunion an: 3.500.000 Mann. Die Rote Armee verlor allein während des ersten Kriegsjahres 4.500.000 Mann (Tote, Verwundete und Gefangene), ohne daß sich dieses gravierend auswirkte. Im Zusammenhang mit dem deutsch-sowjetischen Krieg von 1941–1945 vgl. auch Suworow, Viktor, Der Eisbrecher. Hitler in Stalins Kalkül, Stuttgart 1989 und ders., Der Tag M, Stuttgart 1995.

76 Vgl. Maser, Der Wortbruch, S. 342 und Bundesarchiv-Militärarchiv Freiburg, RH 21-1/472.

Daß die Tagebuchaufzeichnungen des NKWD-Majors Murat vom Stab der 21. Armee[77] über die gegen Deutschland gemünzten aggressiven Stalin-Äußerungen vom 13. Januar und 8. Februar 1941 für den Historiker als Primärquelle von außerordentlicher Bedeutung sind, weil sie nicht in Gefangenschaft und nicht womöglich unter dem Einfluß deutscher Vernehmungsoffiziere, sondern unmittelbar nach Stalins Feststellung niedergeschrieben wurden, daß es zum Krieg gegen Deutschland kommen werde und die Offiziere den Krieg nicht als Verteidigungskrieg, sondern als Angriffskrieg zu erwarten hätten, haben die russischen Historiker ganz offensichtlich nicht ins Kalkül gezogen. Murat wurde am 24. September 1941 „als Leiche … gefunden".

Solnyschkow und Kusmin: „Tendenziös legt Maser auch den … erwähnten Befehl Nr. 113 aus. Dieser Befehl ist nicht deshalb vom Angriffsvokabular durchdrungen, weil sich die Rote Armee 1939 auf eine Aggression gegen Deutschland vorbereitete, was überhaupt absurd ist, sondern deshalb, weil nach den sowjetischen Anschauungen jener Zeit der Aufruf zu Verteidigungsverhandlungen als Defätismus betrachtet wurde. Im Befehl ist wirklich absolut eindeutig von der Abwehr des Feindes die Rede, der ‚sich erdreistet, unser Land zu überfallen'. Nebenbei gesagt, ist die Orientierung auf Angriffshandlungen auch für andere Armeen charakteristisch. Es genügt, sich dem Beispiel der französischen Felddienstvorschrift jener Zeit zuzuwenden."

Maser: Da jede Armee sowohl auf Verteidigungssituationen als auch auf eigene Offensivmaßnahmen vorbereitet sein muß, erweist sich der Hinweis auf die seinerzeitige französische Felddienstordnung als Platitüde; es sei denn, die russischen Militärhistoriker haben die Absicht, die Änderung der eigenen Felddienstordnung und Stalins Intentionen vom August 1939, zusammen mit Frankreich und Großbritannien einen „Präventivkrieg" gegen Deutschland vom Zaun zu brechen, auch auf westliche Einflüsse zurückzuführen.

Solnyschkow und Kusmin: Maser muß sich den Anschein geben, als ob sie ihm nicht bekannt seien, weil ihm andere Beweise fehlen. Auf der Suche nach solchen Beweisen zeigt er sich äußerst erfinderisch. Er versucht dabei, sogar in der Haltung der sowjetischen Seite bei den Verhandlungen zwischen den Militärvertretungen Englands, Frankreichs und der UdSSR im August 1939 in Moskau Erscheinungen der Aggressivität zu finden. Winston Churchill, Premierminister Großbritanniens, schrieb aber damals über diese Verhandlungen: ‚Die Forderung von Marschall Woroschilow, daß die russischen Armeen, wenn sie zu den Verbündeten Polens gehört hätten, Vilnius und Lwow besetzen sollten, war eine durchaus zweckmäßige militärische Forderung'."

[77] Vgl. Maser, Der Wortbruch, S. 298 und Bundesarchiv-Militärarchiv Freiburg, RH 24-2435.

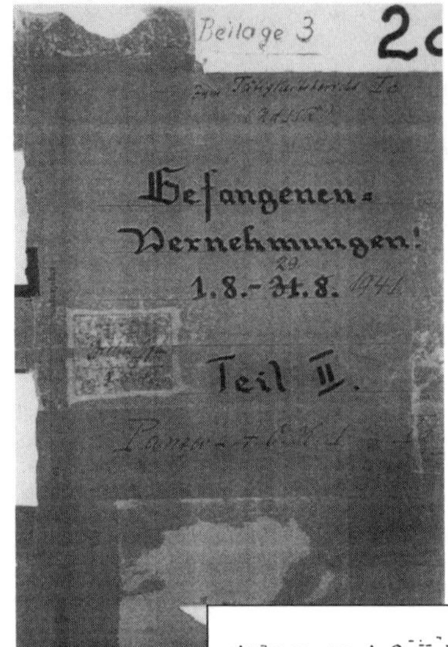

Das Dokument belegt die Angst auch der höheren Offiziere, nach ihrer Gefangennahme von deutschen Streitkräften erschossen zu werden.
Dok. Bundesarchiv Militärarchiv Freiburg.

Anlage zu A.O.K.17, Ic/AO vom 27.8.41

V e r n e h m u n g

des Oberstleutnant A.S. K o w a l e w

Laufbahn :

Der Oberstlt. entstammt der Familie eines Grossgrundbesitzers. Beide Brüder wurden im Bürgerkrieg als zaristische Offiziere erschossen. Nach Enteignung des väterlichen Grundbesitzes verliess er seine Familie, um sich zu retten, und wandte sich unter dem jetzigen angenommenen Namen der Militärlaufbahn zu.
Bis 1936 Kommandeur einer Fallschirm- Brigade, die er 1935/36 in Kirowograd aufstellte.
Bis 1938 Regiments- Kommandeur in Odessa; August 1938 Chef der militärischen Ausbildung im Stab der Heeresgruppe Odessa.
Vom Mai 1939 bis Mai 1941 zweijährige Ausbildung auf der Kriegsakademie in Moskau. Vom Mai 1941 bis 11. Juli Führerreserve der G.Z.; 11. Juli 1941 Chef des Stabes der 223. Div. (zu der Zeit neu aufgestellt). Der Div. Kdr. wurde nach den für die Div. unglücklichen Kämpfen bei Nowomirgorod mit seinem Kommissar vor ein Kriegsgericht gerufen und wahrscheinlich erschossen.
Der Oberstlt. wurde dann am 8.8. Div. Kdr.

Der Oberstlt. wurde in Zivil gefangengenommen. Nach anfänglich anderen Angaben gab er zu, aus Angst vor Erschiessung Zivil angelegt zu haben, um irgendwo in der Masse unterzutauchen.
" Wenn man 2o Jahre lang ununterbrochen hört, dass alle höheren Offz. in der Kriegsgefangenschaft erschossen werden, glaubt man es schliesslich selber. "

Maser: Die Äußerung Churchills, der Hitler noch am 7. November 1938, zwei Tage vor der berüchtigten „Reichskristallnacht“, in der Londoner „Times“ als „Großen Mann“ und Staatsmann mit Vorbildcharakter auch für Großbritannien bezeichnet hatte, widerlegt die Bemühungen der russischen Militärhistoriker, den Militär-Verhandlungen von August 1939 den dokumentarisch zweifelsfrei nachweisbaren aggressiven Charakter abzusprechen. Ihre Geschichtsfälschung bezeugen vor allem die unbestritten authentischen Verhandlungsprotokolle von 1939: Das sowjetische Protokoll vom 14. August 1939 über die Verhandlungen der sowjetischen, britischen und französischen Militärmission in Moskau[78], die Erklärung der sowjetischen Militärmission während der Sitzung der Militärmissionen der UdSSR, Englands und Frankreichs am 14. August 1939[79] und das britische Protokoll vom 14. August 1939 über die Verhandlungen der sowjetischen, britischen und französischen Militärmissionen. Der britische Premierminister Neville Chamberlain hatte bereits am 20. März 1938 in sein Tagebuch geschrieben: „Die Russen ziehen insgeheim und verschlagen die Fäden hinter der Szene, um uns in einen Krieg mit Deutschland zu verwickeln“.[80]

Solnyschkow und Kusmin: „Freilich decken die in Masers Buch enthaltenen Materialien die Absicht Hitlers auf, die Sowjetunion zu überfallen, und zeigen einige Seiten der Vorbereitung auf die Aggression. Die These über die synchrone oder gar präventive Vorbereitung der UdSSR auf einen Überfall auf Deutschland findet dennoch keine überzeugende Bestätigung … Wessen kann man Stalin konkret bezichtigen? Er hat der Warnung des Grafen von der Schulenburg, dem damaligen deutschen Botschafter in der UdSSR, daß Hitler in der nächsten Zeit die UdSSR überfallen könnte, keine Beachtung geschenkt. Als man Stalin in einer Sitzung des Politbüros sagte, daß Hitler nach den Worten von Schulenburgs den Beschluß gefaßt hätte, am 22. Juni einen Krieg gegen die UdSSR zu beginnen, erklärte er: ‚Wollen wir es als Tatsache betrachten, daß die Desinformation bereits auf Botschafterebene erfolgt‘.“

Maser: Stalin infolge seiner Äußerung über Schulenburg zu attestieren, unbedingte Pakt-Treue bekundet zu haben, erweist sich angesichts der Dokumentenlage als Geschichtsfälschung. Stalin, dem die KGB-Agenten aus eigener Erfahrung insgeheim bestätigten, sein „eigener Nachrichtenanalytiker“ zu sein, war zu der Zeit lediglich davon überzeugt, daß sein Pakt-Partner Hitler in dem Moment noch so wenig wie er zu einer Großoffensive in der Lage wäre, so daß er sich leisten zu können meinte, die dutzendweise (insgesamt 84 mal) an ihn herangetra-

---

78 Quelle: Documents on British Foreign Policy, Serie 3, Bd. VII, Anhang II. Abgedruckt in Maser, Der Wortbruch, S. 389 f.

79 Ebenda, S. 390 ff.

80 Freund, Michael, Deutsche Geschichte, München 1979, S. 1246. Am 22. Februar 1939 erklärte Chamberlain in Blackborn: „Die Zahlen unserer Aufrüstung sind in der Tat überwältigend. Vielleicht sind sie so gewaltig, daß das Volk sie gar nicht mehr zu fassen vermag“. Deutsches Weißbuch Nr. 2: Dokumente zur Vorgeschichte des Krieges, Berlin 1940, S. 242, Dok. Nr. 218.

genen Meldungen über einen bevorstehenden deutschen Angriff gegenüber seinen Untergebenen als Geschwätz abtun und die Informanten, die ihn warnten, unflätig beschimpfen zu können.

Als ihm beispielsweise am 16. Juni 1941 ein NKWD-Bericht über eine Information von Harro Schulze-Boysen zugegangen war, der die deutsche Offensive ankündigte, tat er die Meldung mit der Randbemerkung ab: „Schicken Sie Ihren Informanten von der deutschen Luftwaffe zu seiner Hurenmutter zurück. Das ist kein Informant, sondern ein Desinformant."[81] Und Richard Sorge, der aus Tokio sogar den 22. Juni als deutschen Angriffstermin meldete, bezeichnete er als „Arschloch, das in Japan ein paar kleine Fabriken und Puffs betreibt und es sich gutgehen läßt."[82]

Was den 1945 geborenen und an der Universität Tel Aviv russische Geschichte lehrenden israelischen Historiker Gabriel Gorodetzky bewegt haben mag[83], Stalin zu unterstellen, Vertragstreue im Stil des 19. Jahrhunderts bekundet und noch am 21. Juni 1941 auf ein weitergehendes Arrangement mit Hitler gehofft zu haben, ist angesichts der Dokumentenlage und des Forschungsstandes unerfindlich. Seine Darstellung hingegen, daß England, vor allem Churchill, daran gelegen war, Deutschland in einen Krieg mit der Sowjetunion verwickelt zu sehen, ist es indes nicht. Stalin, der nicht nur nach der Auffassung Gorodetzkys Großbritannien weitaus mehr fürchtete als Deutschland, hoffte 1939 nachweislich, daß es zu einer kriegerischen Auseinandersetzung des Reiches mit den Westmächten England und Frankreich kommen und – zum Nutzen Moskaus – zur Schwächung beider Seiten führen würde, wozu die UdSSR durch den Pakt mit Deutschland entschieden beitragen müßte. Unverblümt erklärte er am 19. August während einer Sitzung des ZK der KPdSU: Wenn die UdSSR den Pakt mit Deutschland abschlösse, würde Hitler Polen überfallen, was wiederum England und Frankreich zwangsläufig zum Eintritt in den Krieg zwänge. Wir „könnten", so Stalin, „auf unseren vorteilhaften Kriegseintritt"[84] warten. Daß er die Hinweise auf einen deutschen Angriff auf die UdSSR als Teile der britischen Strategie auffaßte, paßt sowohl zu seinen Grundvorstellungen als auch zu seinem Verhalten.

Hitler sinnierte am 26. Februar 1945, acht Wochen vor seinem Selbstmord, gegenüber Martin Bormann: „Das Verhalten der Sowjets im Sommer 1940 ... ließ nicht den geringsten Zweifel über ihre wahren Ziele aufkommen. Und wenn solche noch bestanden hätten, der Besuch Molotows hätte sie völlig zerstreut ... Stalin ... konnte jeden Tag den Krieg starten. Während des ganzen Winters und ganz besonders in den ersten Frühjahrstagen 1941 hat der Gedanke mir den Schlaf ge-

---

81 Andrew, Christopher und Mitrochin, Wassili, Das Schwarzbuch des KGB. Moskaus Kampf gegen den Westen, deutsche Übersetzung aus dem Englischen. The Mitrochin Archive: The KGB in Europe and the West, Berlin 1999, S. 138.

82 Ebenda, S. 139.

83 Gorodetzky, Gabriel, Die große Täuschung. Hitler, Stalin und das Unternehmen „Barbarossa", Berlin 2001. Die englische Originalausgabe erschien 1999.

84 Zit. der Rede in Maser, Der Wortbruch, TB-Ausg., S. 35.

raubt, die Sowjets könnten mir zuvorkommen ... Es gab also für mich keinen anderen Ausweg, als den Bolschewismus mit Waffengewalt auszurotten, und ich faßte diesen Entschluß am Jahrestag der Unterzeichnung des Moskauer Paktes."[85]

Weder Stalin noch Hitler, die sich jeweils auf eine Offensive gegen den Pakt-Partner vorbereiteten, haben – wie bereits dargestellt – den Pakt jemals so verstanden, wie die von ihren Außenministern am 23. August 1939 unterzeichneten Dokumente es vorgaben.

Solnyschkow und Kusmin: „Etwa einen Monat vor Kriegsbeginn, als die Entfaltung der faschistischen deutschen Truppen an unseren Grenzen bereits offen durchgeführt wurde, hatte unser Oberkommando immer noch die Möglichkeit, wenigstens die Entfaltung der Truppen der ersten Staffel abzuschließen. Schukow stellte jedoch fest: „Uns wurde kategorisch verboten, ohne persönliche Genehmigung von J.W. Stalin die Truppen – entsprechend dem Plan der Deckung – in die Vorderlinien vorrücken zu lassen. Stalin wandte sich bekanntlich dagegen, die Truppen der Grenzwehrkreise in volle Gefechtsbereitschaft zu versetzen."

Maser: Am 5. Mai 1941 hatte Stalin erklärt: „Jetzt, da wir unsere Armee reichlich mit Technik für den modernen Kampf ausgestattet haben, muß man von der Verteidigung zum Angriff übergehen.[86]" Der Hinweis Solnyschkows und Kusmins auf Schukows Äußerung besagt angesichts des nachweisbaren Sachverhalts lediglich, daß Schukow im Hinblick auf die vorbereiteten eigenen militärischen Maßnahmen gegen Deutschland noch aggressiver als Stalin orientiert war. Um sich gegen die gelegentlich vorgetragenen Vorwürfe gegen Stalin und den sowjetischen Generalstab zu wehren, vor dem 22. Juni 1941 „geschlafen" zu haben, gab er 1969 in seinen „Erinnerungen" offen zu, was die russischen Militärs und Historiker nun ignorieren. So berichtete er beispielsweise ausführlich über die von der Roten Armee seit Februar 1941 betriebenen eindeutig aggressiv orientierten Kriegsvorbereitungen gegen Deutschland. Nach dem Befehl 008 130 bereits vom 26. März 1941 war die volle Mobilmachung der Roten Armee im Militärbezirk Odessa für den 15. Juni 1941 festgelegt (Bundesarchiv-Militärarchiv Freiburg, RW, 4 v. 329). Daß ein entsprechender Befehl auch für den „Baltischen Besonderen Militärbezirk" vorlag, ist ebenfalls dokumentarisch zweifelsfrei nachweisbar, so daß sich alle diesbezüglichen Vorwürfe, Mutmaßungen und Spekulationen als akademisch unredlich erweisen, zumal sie allein bereits durch sowjetische und russische Primärquellen eindeutig widerlegt werden.

---

[85] Bormann-Niederschrift der Hitler-Äußerung vom 26. Februar 1945. Kopie des Bormann-Protokolls im Besitz des Autors (übergeben von François Genoud). Vgl. dazu auch Trevor-Roper, Hitlers politisches Testament. Die Bormann Diktate vom Februar und April 1945, Hamburg 1981, S. 114f.

[86] Die verschiedentlich als Fälschung bezeichneten Berichte über Stalins Rede vom 5. Mai 1941 wurden 1997 und 2000 durch Darstellungen zuverlässiger Zeugen bestätigt. 1997 von Melnikov und Nevezhin in „Was the USSR planing to attack Germany in 1941?" in der Zeitschrift „Russian Studies in History. A Journal of Translations"; 2000 durch Aufzeichnungen Dimitroffs von 1939–1941, in Dimitroff, Georgi, Memoiren, Berlin 2000.

Solnyschkow und Kusmin: Masers Analyse „enthält … unzulässige Entstellungen bei der Beschreibung der Ereignisse und offenkundig voreingenommene Einschätzungen der Handlungen und Absichten der sowjetischen Führung. Auch gegen seine These, daß der Krieg Hitlers gegen Rußland lediglich ein durch strategische Erwägungen diktierter ‚Präventivkrieg' gewesen sei, ließe sich manches einwenden.[87] Dieser vom hitlerfaschistischen Deutschland entfesselte Krieg war ein Eroberungskrieg mit dem Ziel, sich die UdSSR zu unterwerfen. Die Völker der Sowjetunion führten hingegen einen Befreiungskrieg. Daran können weder persönliche Eigenschaften von Hitler und Stalin noch die mögliche Ähnlichkeit ihrer Geheimpläne und -bestrebungen etwas ändern. Es sei noch hinzugefügt, daß den russischen Menschen, ebenso auch den anderen Völkern der UdSSR, Expansionspläne gegenüber Deutschland völlig fremd gewesen sind; desgleichen auch die Idee der Erweiterung des ‚Lebensraumes'. Das gilt auch heute noch. Was die Annäherung zwischen den Völkern der beiden Staaten betrifft, so ist die Überwindung der negativen Aspekte der Vergangenheit in den russisch-deutschen Beziehungen und die endgültige Befreiung des Bewußtseins der Menschen vom gegenseitigen Feindbild eine der Voraussetzungen dafür. Eine große Verantwortung tragen in diesem Sinne die Geschichtswissenschaft und die Historiker."

Maser: Die Behauptung deutet die inzwischen spürbare Tendenz einiger russischer Historiker, Militärs und Politiker an, hinsichtlich der Darstellung des deutsch-sowjetischen Krieges wieder zu Stalins ideologisch instrumentalisierten Richtungsweisungen für die Interpretation der Geschichte zurückzukehren. Michail Gorbatschow, der noch als russischer Präsident wider besseren Wissens geleugnet hatte, das geheime Zusatzprotokoll zum Hitler-Stalin-Pakt vom 23. August 1939 zu kennen, entzog sich am 8. April 1994 mit einer (in seinem Auftrag von Prof. A. Galkin unterschriebenen) Telefax-Erklärung (Nr. 01 413) der Stellungnahme mit der durchsichtigen Feststellung, daß die in Deutschland und in der Sowjetunion synchron verlaufenen Kriegsvorbereitungen „außerhalb des Bereiches seiner wissenschaftlichen Interessen" lägen. Als Gerhard Mahler, deutsche Staatssekretär a.D. 1994 nach den Moskauer Gesprächen Naumanns, des Generalinspekteurs der Bundeswehr, die Bitte äußerte, in den im „Wortbruch" genannten russischen Archiven Einblick in Dokumente nehmen zu dürfen, wurde er von Oberst Semin, dem Stellvertretenden Vorsitzenden des historischen Archivs und des kriegsgeschichtlichen Zentrums des Generalstabs der bewaffneten Streitkräfte der russischen Föderation „ohne Begründung (Mitteilung vom 14. September 1994) abgewiesen. In Moskau wurde die Arbeit zu einer neuen 10-bändigen Enzyklopädie, die 1995 zum 50. Jahrestag des Sieges erscheinen und „alle Lügengebilde über den Großen Vaterländischen Krieg" (Iswestija) aus der Welt schaffen sollte, ohne Begründung eingestellt. Prof. Alexander Kolesnik verließ das Moskauer Militärhistorische Institut, weil dort „alle wie gelähmt

[87] Nicht nur der Historiker wüßte gern, was das wäre – oder sein könnte.

an den Schreibtischen“ säßen und die Interpretation der Geschichte wieder ausschließlich „auf Weisung von oben“ zu geschehen habe.[88] Bezeichnend erscheint in diesem Zusammenhang nicht zuletzt auch, daß von russischen Kollegen selbst die zum Teil bereits vor rund drei Jahrzehnten veröffentlichten Feststellungen und Berichte der Sowjetmarschälle Wassilewski und Schukow ebenso ignoriert werden wie beispielsweise die 1991 von Tschujew in Moskau veröffentlichten Eingeständnisse Molotows.

Von September 1939 bis Mitte 1940 annektierte die Sowjetunion Ostpolen mit 182.000 qkm, Lettland mit 66.040 qkm, Bessarabien und die Nordbukowina mit 60.365 qkm und nach ihrem Angriffskrieg gegen Finnland 46.800 qkm finnischen Territoriums und verschob ihre Grenzen um mehrere Hundert Kilometer nach Westen. Daß am 25. September 1939 nicht Hitler sondern Stalin die restlose Annektierung Polens forderte[89], führt allein bereits die Behauptung der russischen Militärhistoriker ad absurdum.

Stalin, der sich, wie der Roosevelt-Freund und Berater Harry Hopkins überlieferte, niemals wiederholte und bis lange in den Krieg hinein nicht dazu bereit war, einmal getroffene Entscheidungen zurückzunehmen, erklärte am 23. Februar 1942 in einem „Befehl Nr. 55“: „Die Rote Armee nimmt deutsche Soldaten und Offiziere, wenn sie sich ergeben, gefangen und ‚schont ihr Leben.“[90] Tatsächlich aber war dies nur sehr selten der Fall. Da die völkerrechtlich außerhalb der Staatengemeinschaft befindliche Sowjetunion[91] sich weigerte, Auskunft über die in sowjetische Gefangenschaft geratenen deutschen Soldaten zu erteilen und auch der eingeschränkt agierenden Schutzmacht Schweden[92] und dem internationalen Roten Kreuz nicht gestattete, Kontrollen oder Besichtigungen vorzunehmen, erhielt die deutsche militärische Führung konkrete und ausführliche Berichte über die Behandlung deutscher Wehrmachtsangehöriger erst im März 1942.[93] Die Mißachtung und Verletzung der während des Zweiten Weltkrieges geltenden völkerrechtlichen Vereinbarungen der Haager Landkriegsordnung vom 18. Oktober 1907 und der Genfer Kriegsgefangenenkonvention vom 27. Juli 1929, die das Los der im Felde verwundeten und kranken Angehörigen der Heere für die Kombattanten (jus in bello) festlegte, war vorprogrammiert, soweit

---

88 Vgl. Der Spiegel vom 26. 9. 1994, S. 187.

89 Vgl. Akten zur Deutschen Auswärtigen Politik, D VI, Nr. 628, Maser, Der Wortbruch, u.a. S. 103 und Akten zur Deutschen Auswärtigen Politik, D VIII, Nr. 104.

90 Stalin, Vaterländischer Krieg, S. 51.

91 Die von fast allen Staaten akzeptierten völkerrechtlichen Vereinbarungen (Haager Konvention von 1907 und Genfer Konvention von 1929) wurden von der Sowjetunion nicht als verbindlich angesehen, zumal sie den Konventionen ohnehin nicht beigetreten war. Schon die im September 1939 – als Konsequenz des Hitler-Stalin-Paktes vom August 1939 – von der Roten Armee in Polen gefangengenommenen polnischen Soldaten und Offiziere, von denen rund 12.500 ermordet wurden, waren ohne völkerrechtlichen Schutz gewesen.

92 Gegenüber den Vereinigten Staaten und England übte die Schweiz eine funktionierende Schutzmachttätigkeit aus, was zu Beginn des Krieges auch durch Bulgarien gegenüber der Sowjetunion geschah.

93 Vgl. Seidler, Verbrechen an der Wehrmacht. Kriegsgreuel der Roten Armee 1941/1942, Selent 1997, S. 249 ff.

es den deutsch-sowjetischen Krieg betraf. Zwar hatte die sowjetische Regierung am 19. Juli 1941, zwei Tage nachdem Stalins Sohn Jakob in der Nähe von Witebsk in deutsche Kriegsgefangenschaft geraten war, über die schwedische Gesandtschaft in Berlin eine Verbalnote an die deutsche Reichsregierung überreichen lassen, in der sie angab, die Bestimmungen des Haager Abkommens von 1907 über die Kriegsgefangenen anzuerkennen, wenn die deutsche Reichsregierung dies ihrerseits ebenfalls tun würde, doch dabei war es auch geblieben, nachdem das deutsche Auswärtige Amt mit einer Note darauf reagierte, die inhaltlich einen Protest darstellte. „Die Reichsregierung", hieß es da, „kann nur ihrem äußersten Erstaunen darüber Ausdruck geben, daß sich die Sowjetregierung trotz des bisherigen Verhaltens ihrer Truppen gegenüber den in ihre Hand gefallenen deutschen Soldaten noch für berechtigt hält, von der Anwendung völkerrechtlicher Regeln bei der Behandlung von Kriegsgefangenen zu sprechen und dabei die Frage der Gegenseitigkeit aufzuwerfen … <nachdem> die Sowjettruppen deutsche Gefangene in einer geradezu unbeschreiblichen und bestialischen Weise gemartert und ermordet haben."[94]

Daß sowjetische Versicherungen, sich an das geltende Völkerrecht zu halten, auch am Ende des Zweiten Weltkrieges, als am Sieg der Alliierten keinerlei Zweifel mehr herrschen konnte, wertlos waren, hatten die Westmächte nicht erst nach der Kapitulation Königsbergs zur Kenntnis genommen, als die Stadt der Roten Armee zur Brandschatzung und Plünderung freigegeben wurde, obwohl offizielle schriftliche Versprechungen ganz anderer Art vorlagen. Am 10. April 1945, als die Rote Armee seit drei Tagen in Königsberg brandschatzte und plünderte[95], hatte der von Hitler am 10. April in contumaciam zum Tode verurteilte Verteidiger der ostpreußischen Hauptstadt, General der Infanterie Otto Lasch, vom Kommandeur der sowjetischen Streitkräfte die Zusicherung erhalten, daß die Rote Armee sich an die vorgegebenen Regeln des geltenden Kriegsvölkerrechts halten werde, zumindest soweit es die in der Stadt befindlichen und sich nach der Kapitulation vom 9. April den sowjetischen Streitkräften ergebenden deutschen Offiziere betraf. Schier unvorstellbaren Erlebnisberichten ist zu entnehmen, was dagegen nach der Kapitulation der deutschen Verteidiger geschah. Der deutsche Arzt Hans Deichmann, der die Kapitulation Königsbergs erlebte und in der Stadt blieb, notierte beispielsweise am 20. April 1945 in sein Tagebuch: „Im verlassenen <Elisabeth-> Krankenhaus … fand <man> den Treppenaufgang und die Vorhalle des Krankenhauses bedeckt mit den Leichen massakrierter Offiziere und Mannschaften mit den scheußlichsten Verstümmelungen. Mit Hilfe ihrer Verwundungen hatte man sie außerdem in wahnsinniger Weise gepeinigt. An den Fensterkreuzen, Türklinken und Bettpfosten fand man eine Reihe Erhängter."[96]

[94] Bundesarchiv Militärarchiv, RW 2/ v. 29, S. 5, RW 5/ v. 506, S. 14.

[95] Vgl. u.a. Deichmann, Hans, Ich sah Königsberg sterben, Schnellbach 2000, S. 16 ff.

[96] Ebenda, S. 25.

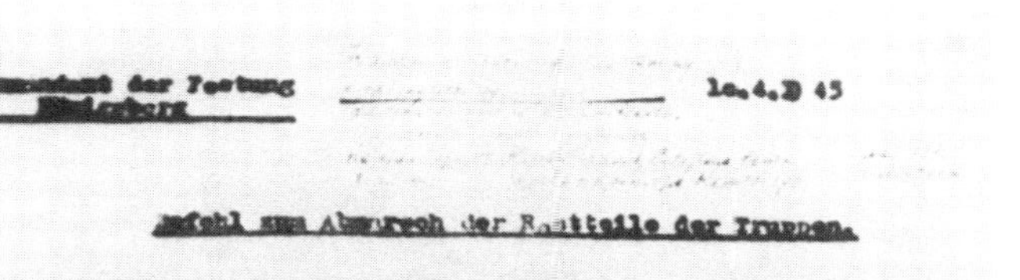

Kommandant der Festung Königsberg — 10.4.45

Befehl zum Abmarsch der Restteile der Truppen.

1.) Die Offiziere behalten ihre Seitenwaffe (aber nur blanke Waffe

2.) Jeder Offizier kann eine persönliche Ordonnanz mitnehmen.

3.) Die Offiziere führen ihr Gepäck mit sich (soweit es persönlich oder durch die Ordonnanz getragen werden kann).

4.) Die Truppen sammeln in Kompanien oder Zügen unter einem verantwortlichen Offizier oder Unteroffizier.

5.) Sie führen ihre Waffen mit Munition mit sich bis sie sich mit russischen Truppen treffen. Dort legen sie dann ihre Waffen und Munition ab.

6.) Am Anfang jedes Zuges ist bis zum Erreichen der russischen Linie eine weisse Fahne zu tragen.

7.) Marschweg: Aus der Stadt über die Eisenbahnbrücke und die seitlich davon geschlagene Kriegsbrücke zum Nassen-Garten.

8.) Auf deutsche Truppen in Reih und Glied wird von der russischen Truppe nicht geschossen.

9.) Das Aufräumen noch haltender Stützpunkte ist Sache der Russischen Armee.

10.) Obige Massnahmen sind sofort durchzuführen.

Der Kommandant: — Für den Kommandanten Der Chef des Generalstabes

General der Infanterie — I.A.

Kommandant der
Festung Königsberg

10. April 45

Befehl zum Abmarsch der Restteile der Truppen.

1) Die Offiziere behalten ihre Seitenwaffe (aber nur blanke Waffe).
2) Jeder Offizier kann eine persönliche Ordonnanz mitnehmen.
3) Die Offiziere führen ihr Gepäck mit sich (soweit es persönlich oder durch die Ordonnanz getragen werden kann).
4) Die Truppen sammeln in Kompanien oder Zügen unter einem verantwortlichen Offizier oder Unteroffizier.
5) Sie führen ihre Waffen mit Munition mit sich bis sie sich mit russischen Truppen treffen. Dort legen sie dann ihre Waffen und Munition ab.
6) Am Anfang jedes Zuges ist bis zum Erreichen der russischen Linie eine weiße Fahne zu tragen.
7) **Marschweg:** Aus der Stadt über die Eisenbahnbrücke und die seitlich daran geschlagene Kriegsbrücke zum Nassen-Garten.
8) Auf deutsche Truppen in Reih und Glied wird von der russischen Truppe nicht geschossen.
9) Das Aufräumen noch haltender Stützpunkte ist Sache der Russischen Armee.
10) Obige Maßnahmen sind sofort durchzuführen.

Der Kommandant:

Lasch
General der Infanterie

Für den Kommandanten
Der Chef des Generalstabes
Nicht entzifferbar … I.A.
(Unterschrift)

(Darunter in
russischer Schrift:
„General Lasch“

(Die handschriftlichen Bemerkungen zum Befehl sind nicht entzifferbar)

Von sowjetischer Seite wurde keine dieser mit Marschall Alexander Michailowitsch Wassilewski am 9. April 1945 getroffenen Vereinbarungen eingehalten. Am 10. April, am Tage der schriftlichen Fixierung dieser Zusicherungen, wurde Königsberg für die Zeit bis zum 12. April 1945 offiziell zu Brandschatzung und Plünderung freigegeben.

Während Rotarmisten in Ostpreußen die Haß-Tiraden Ilja Ehrenburgs auf bestialische Weise umsetzten, der von ihnen – auf Stalins Vorgaben gestützt[97] – gefordert hatte, Deutsche gnadenlos zu vergewaltigen und zu töten, Städte zu brandschatzen und zu plündern, präsentierte sich der hinterhältige, anpassungsfähige und effektvoll grobschlächtig schauspielernde Georgier, der am 10. März 1939 letztmals einen mehrstündigen Bericht vorgelesen hatte, plötzlich im Schafspelz mit der Stichwort Parole „Die Hitlers kommen und gehen, aber das deutsche Volk bleibt bestehen“, um den Westalliierten vorgaukeln zu können, Kriegsverbrechen zu verurteilen. Rund zwei Wochen vor dem Zusammentreffen der Roten Armee mit amerikanischen Streitkräften bei Torgau, ließ er in der „Prawda“ vom 14. April Ehrenburg mit der Formel rügen: „Ehrenburg macht sich das zu einfach.“ Und sein Kalkül ging bei den kommunistischen Funktionsträgern in der SBZ und später in der DDR blütenrein auf, die den gegen seine innere Überzeugung aus Propagandaerwägungen – nicht nur bis 1955 – kalt und schamlos nüchtern formulierten Zweck-Aphorismus als tatsächliche Widerspiegelung seiner „Liebe zum deutschen Volk“ ständig kolportierten.

So sachlich und zuverlässig die Berichte des deutschen Oberkommandos der Wehrmacht bis Herbst 1941 über die Ereignisse an der Ostfront waren, so wenig traf dies für die Zeit zu, in der die deutschen Streitkräfte gegen die Rote Armee auf deutschem Boden kämpften.[98] Am 10. April beispielsweise, einen Tag nach der Kapitulation Königsbergs, als ihr Verteidiger General Lasch „wegen feiger Übergabe“ vom Kriegsgericht zum Tode durch den Strang und seine Familie zur Sippenhaft verurteilt worden waren, was erst am 12. April gemeldet wurde[99], verlautete der Wehrmachtsbericht immer noch, daß um die „Festung“ Königsberg gekämpft werde. Über die Brandschatzungen, Vergewaltigungen, Plünderungen und Massaker der Rotarmisten, die den „literarischen“ Aufruf Ehrenburgs[100] in die Tat umsetzten, verlor der Wehrmachtsbericht kein Wort.

---

[97] So hatte Stalin bereits am 3. Juli 1941 erklärt: „Den Krieg gegen das faschistische Deutschland darf man nicht als gewöhnlichen Krieg betrachten. Es ist nicht nur ein Krieg zwischen zwei Armeen …“ (Stalin, Großer Vaterländischer Krieg, S. 13). Am 23. Februar 1942 war er wiederum propagandistisch effektvoll den Berichten der ausländischen Presse entgegengetreten, die nach seinen Angaben „darüber geschwätzt“ hatte, daß die Rote Armee „das Ziel habe, das deutsche Volk auszurotten und den deutschen Staat zu vernichten“ (ebenda, S. 49), was er rund 3 Jahre später, als der Krieg längst beendet war, während der Potsdamer Konferenz systematisch anstrebte. Die völkerrechtswidrig eingesetzten und agierenden Partisanen rief er am 7. November 1942 auf, „die faschistischen deutschen Schurken <im Hinterland> auszurotten“ (ebenda, S. 90). Und am 6. November 1944, rund 25 Wochen vor dem Ende des Krieges, rief er die Rote Armee dazu auf, „die faschistische Bestie <womit er die deutschen Streitkräfte meinte> in ihrer eigenen Höhle zur Strecke zu bringen“ (ebenda, S. 292). Auf die weitere Anführung von Stalin-Äußerungen kann an dieser Stelle verzichtet werden.

[98] Bei diesen Kämpfen fiel am 4. Februar 1945 unter anderem auch der uneheliche Sohn Kuno des vier Jahre später zum chinesischen Ministerpräsidenten und Außenminister avancierten Tschu-En-Lai als deutscher Panzergrenadier. Tschu-En-Lai hatte 1934/35 während seines Studiums in Göttingen ein Liebesverhältnis mit einem Thüringer Stubenmädchen namens Kunigunde Staufenbiel unterhalten, das nicht ohne Folgen geblieben war. Vgl. Der Stern vom 5. September 1954.

[99] Vgl. Murawski, Erich, Der deutsche Wehrmachtsbericht 1939–1945 … Mit einer Dokumentation der Wehrmachtsberichte vom 1. Juli 1944 bis zum 9. Mai 1945, Boppard 1962, S. 563.

[100] Vgl. S. 213.

Nach dem Ende des Krieges stellte sich heraus, daß während des Vormarsches der Roten Armee auf Berlin rund 1,9 Millionen Mädchen und Frauen von Rotarmisten vergewaltigt worden waren. Davon 1,4 Millionen allein in den deutschen Ostprovinzen. Daß die sowjetische Militärverwaltung diese Verbrechen nicht unterband, bezeugten rund 500.000 Vergewaltigungen, die in der sowjetisch besetzten Zone nach Mitte Mai 1945 registriert worden sind.[101]

[101] Der Spiegel, 23/1992. Vgl. auch Sander, Helke, Johr Barbara (Hrsg.), Befreier und Befreite. Krieg. Vergewaltigung. Kinder, München 1992. Doch auch die Soldateska der Westalliierten taten es ihren Ost-"Kameraden" – wenn auch in ungleich geringerem Umfang – gleich. So wurden nach Polizeiakten 1945 allein in Stuttgart und Umgebung weibliche Personen zwischen 14 und 74 Jahren Opfer dieses Gewaltdelikts durch französische Truppen. Das Heidelberger Hauptquartier der US-Armee gab an, daß im März und April 1945 insgesamt 487 US-Soldaten wegen Vergewaltigungen vor Gericht gestellt worden seien. Der Spiegel 23/1992.

Initiator des gnadenlosen Krieges in der Sowjetunion und extrem manipulierte Berichte seit 1939 über Verluste und die Lage an den Fronten

Stalin, seit dem 8. August 1941 Oberster Befehlshaber der sowjetischen Streitkräfte, hatte diesen Krieg, den Hitler nach beiderseitigen heimlichen Vorbereitungen zu einer eigenen Offensive kurz vor ihm auslöste, bereits am 3. Juli 1941, rund vier Wochen nach Hitlers (von den Fronteinheiten der Wehrmacht allerdings weitgehend sabotierten und von Hitler selbst schließlich im Mai 1942 im Operationsgebiet wieder außer Kraft gesetzten) Kommissar-Befehl[1], zu einem Krieg besonderer Art proklamiert. „Den Krieg gegen das faschistische Deutschland", so hatte er erklärt, „darf man nicht als gewöhnlichen Krieg betrachten".[2] Die Offiziere, Kommissare, Politruks und Soldaten der Roten Armee und die seit Ende Juni 1941 völkerrechtswidrig agierenden Partisanen hielten sich daran. Sie mißachteten und verletzten seit 1939 in Polen und seit Juni 1941, seit dem Beginn des deutsch-sowjetischen Krieges, nicht nur die Bestimmungen der im Nürnberger Prozeß als gültige Rechtsgrundlage besonders strapazierten Haager Landkriegsordnung von 1907, sondern auch alle Genfer Vereinbarungen von 1929 und die Richtlinien des Internationalen Komitees vom Roten Kreuz, dem die Sowjetunion zuweilen dennoch offizielle Beschwerden über angebliche deutsche Kriegsverbrechen[3] zuleitete. Sie mißhandelten, folterten und verstümmelten in Gefangenschaft geratene Wehrmachtsangehörige, ermordeten Verwundete und Kranke, schändeten Gräber Gefallener, beraubten Gefallene und Gefangene, ließen Gefangene erfrieren, hungern und dürsten, zwangen sie zu Handlungen wie Minenlegen und Tarnung ausgelegter Minen und ignorierten Sanitätseinrichtungen des Roten Kreuzes.[4] Stalin allerdings behauptete, als selbst die Westalliierten hellhörig geworden waren, in seinem „Befehl Nr. 55" vom 23. Februar 1942, der auch den deutschen Truppen durch sowjetische Flugblatt-Aktionen über der deutschen Front bekannt gegeben wurde, daß die entsprechenden Berichte über sowjetische Völkerrechtsverletzungen und Kriegsverbrechen „eine dumme Lüge und eine törichte Verleumdung" darstellten.[5]

---

[1] Kommissar-Befehl vom 6. Juni 1941 („Richtlinien über die Behandlung politischer Kommissare") und von Ende August 1941 (Erweiterung der Bestimmungen auch auf die Politruks der Kompanieebene). Angesichts der für die Sowjetstreitkräfte prekären Lage (am 24. September 1942 standen die deutschen Streitkräfte in der Stadtmitte von Stalingrad) ließ Stalin am 9. Oktober 1942 die von den Sowjettruppen und Offizieren verhaßte Institution der Kriegskommissare abschaffen.

[2] Stalin, Vaterländischer Krieg, S. 13.

[3] Vgl. de Zayas, Wehrmacht-Untersuchungsstelle, S. 170 f.

[4] Vgl. die dokumentarisch belegten Detailberichte und Darstellungen bei Seidler, Verbrechen ..., S. 71 ff. und die ebenso dokumentarisch zweifelsfrei registrierten Völkerrechtsverletzungen bei Alfred M. de Zayas, Die Wehrmacht-Untersuchungsstelle ..., S. 133 ff. Die „Wehrmacht-Untersuchungsstelle für Verletzungen des Völkerrechts" wurde am 4. September 1941 – rund 10 Wochen nach dem Beginn des deutsch-sowjetischen Krieges – beim Oberkommando der Wehrmacht eingerichtet und im Heeres-Verordnungsblatt mit dem Aktenzeichen 2 f. 10 – WRCD registriert.

[5] Stalin, Vaterländischer Krieg, S. 50 f.

Daß deutscherseits ebenso entsprechende Fälschungen durch das Oberkommando der Wehrmacht und das Reichspropagandaministerium verbreitet worden seien, trifft zumindest bis Herbst 1941, bis zum nahenden Ende der deutschen Siegesserien, nicht zu. Da galt auch für Goebbels zumindest zur Zeit der deutschen Kriegserfolge die Devise, daß die Glaubwürdigkeit durch falsche Angaben unter keinen Umständen beschädigt werden dürfe, was allerdings nicht für seine Eintragungen in seinen Tagebüchern galt. Da verwechselte er sehr oft Wunschvorstellungen mit Tatsachen. So schrieb er beispielsweise am 4. Juni 1940 in sein Tagebuch, daß die Engländer nach ihrer Niederlage in Frankreich während ihrer „Flucht" aus Dünkirchen „allein auf der Transportflotte 100.000 Mann Verluste haben"[6] würden, was nicht entfernt zutraf. Es gelang ihnen, anders als Goebbels wähnte, 848 Schiffe einzusetzen und rund 85 Prozent ihres Expeditionsheeres sowie 123.000 Franzosen, insgesamt 338.226 Mann, über den Kanal nach England zu retten. Seiner Devise, „in Presse und Rundfunk keine Meldungen zu bringen, die in diametralem Gegensatz zum großen Geschehen des Krieges stehen"[7], galt für seine Tagebücher nur sehr selten. Da hieß es beispielsweise, um nur hier einige der von Wunschvorstellungen geprägten Eintragungen herauszugreifen, die sich entweder gar nicht oder nur halbwegs mit den Tatsachen deckten, am 31. Januar 1940: „Unsere Flieger haben tollkühne Angriffe auf englischen Geleitzug gemacht, 9 feindliche Schiffe vernichtet. Eine Heldentat."[8] 3. März : „Wir sind den Engländern weit überlegen".[9] 20. März: „Ein Schlachtschiff fast völlig vernichtet. Ich lasse daraus die große Nachmittagsaufmachung machen".[10] 25. April: „Unsere Flieger haben reiche Beute".[11] 16. Juli: „Unsere Luftwaffe zerstört planmäßig englische Industrie- und Rüstungszentren".[12] 6. September: „3 englische Zerstörer versenkt. Abschußziffern: 57:17".[13] 19. September: „220 to abgeworfen. Im Ganzen jetzt auf London 3 Millionen Kg. Das haut schon hin."[14]

Noch im September 1941 zitierten Kris und Speier eine New Yorker Zeitung, daß die aus verschiedenen Quellen resultierenden deutschen Kriegsberichte 100-prozentig „wahr" seien, während die Angaben aus Stockholm lediglich über einen Wahrheitsgehalt von 75 Prozent und die des französischen Generalstabes nur zu 20 Prozent der Wahrheit entsprächen. Den Reuter-Meldungen wurde gar attestiert, „0 %" wahr zu sein.[15]

---

6 Goebbels, Tagebücher, Bd. 4, S. 1429.
7 Ebenda, S. 1429.
8 Ebenda, S. 1375.
9 Ebenda, S. 1383.
10 Ebenda, S. 1393.
11 Ebenda, S. 1409.
12 Ebenda, S. 1454.
13 Ebenda, S. 1470.
14 Ebenda, S. 1576.
15 Vgl. Erich Murawski, Der deutsche Wehrmachtbericht 1939–1945 … Mit einer Dokumentation der Wehrmachtberichte vom 1. Juli 1944 bis zum 9. Mai 1945, Boppard 1962, S. 121.

Erste westliche Fälschungen über die Ereignisse während der ersten beiden Kriegswochen an der Westfront

Deutscher Wehrmachtbericht	Westliche Pressemeldungen
4. September 1939: Im Westen keine Kampfhandlungen	4. September 1939: Radio Wayne (USA): Deutsche Linien an 12 Stellen durchbrochen. Französische Truppen bis zu 3 km auf deutsches Gebiet vorgedrungen.
5. September 1939: …	5. September 1939: Exchange Telegraph: Französische Truppen durchbrachen die deutsche Siegfriedlinie an der luxemburgischen Grenze. Sie besetzten die bislang von den deutschen Truppen gehaltenen Stellungen.
7. September 1939: …	7. September 1939: Excelsior (Paris): Französische Truppen haben in Deutschland Fuß gefaßt.
8. September 1939: …	8. September 1939: Havas: Teile des deutschen Westwalls von französischen und britischen Einheiten „in die Luft gesprengt“.
9. September 1939: Zwei französische Flugzeuge über deutschem Gebiet abgeschossen.	9. September 1939: Havas: Französische Truppen können von den Deutschen nicht aufgehalten werden. Die französischen Erfolge haben die deutsche militärische Führung gezwungen, Truppen aus Polen an die Westfront zu verlegen, was den polnischen Truppen nützt. Französische Panzer bedrohen Saarbrücken und Neunkirchen.
10. September 1939: Erstmals haben französische Spähtrupps (unter hohen Verlusten – zahlreiche Tote und Gefangene) die deutsche Grenze überschritten.	10. September 1939: …
11. September 1939: Der geräumte Flugplatz Saarbrücken von französischer Artillerie beschossen. 3 französische Flugzeuge über deutschem Reichsgebiet abgeschossen.	11. September 1939: Londoner Rundfunk: Mindestens 350 Quadratmeilen deutsches Territorium in französischer Hand.

12. September 1939: Vorpostengefechte zwischen Saargemünd und Hornbach.	12. September 1939: Französischer Rundfunk: Deutsche Gegenoffensive in der Nähe Luxemburg zurückgeschlagen. Erfolgreicher Vormarsch der französischen Truppen im Saargebiet. Petit Parisien: Der französische Vormarsch auf Saarbrücken geht zügig weiter.
13. September 1939: Der von 2 französischen Kompanien besetzte „Birnberg“, ca. 6 km südostwärts von Saarbrücken, wurde von deutschen Truppen genommen. Sonst nur geringe Vorpostengefechte.	13. September 1939: Havas: Die französische Operation in Richtung Saarbrücken bedroht „endlich die bedeutende Industriestadt.“
14. September 1939: Zwischen Saarbrücken und Hornbach gingen stärkere französische Kräfte auf dem weit vor dem Westwall nach Frankreich vorspringenden deutschen Gebietsteil stärker als zuvor vor. In den Minenfeldern und im deutschen Abwehrfeuer blieben sie liegen.	14. September 1939: Radio Paris: Französische Truppen haben Saarbrücken abgeschnitten und beherrschen die Verbindung zum deutschen Hinterland. Petit Parisien: Saarbücken steht vor dem Fall. Reuter: „Die Franzosen umzingeln Saarbrücken von Osten und vom Westen“.
15. September 1939: Feindliche Artillerietätigkeit ostwärts von Saarbrücken. Der Feind, der südlich von Pirmasens angegriffen hatte, wurde durch deutsches Artilleriefeuer über die Grenze zurückgeworfen.	15. September 1939: …
16. September 1939: Feindliche Artillerietätigkeit bei Saarbrücken. Örtliche feindliche Vorstöße wurden unter erheblichen Verlusten für den Feind abgewiesen.	16. September 1939: Daily Mirror: Saarbrücken von französischer Artillerie zum „Trümmerhaufen verwandelt“. Daily Express: Saarbrücken von französischen Einheiten „umklammert“. Paris erwartet den Fall der Stadt vor Ende der Woche. Kurzwellensender London: Mit dem Fall von Saarbrücken kann jeden Augenblick gerechnet werden. New Yorker Sender: Hunderte von Tausenden französischer und deutscher Truppen „kämpfen eine fürchterliche Schlacht.“
17. September 1939: Erhebliche Verluste beim Feind. Ein feindlicher Fesselballon wurde abgeschossen.	17. September 1939: Straßburger Sender: Französische Truppen stehen zwischen Saar und südlich von Saarbrücken 20 Km weit auf deut-

	schem Territorium. Sender London (G.S.E.): Vernichtende Niederlage der Deutschen an der Saarfront. Die Franzosen ziehen sich „wie ein Schraubstock" zusammen.
18. September 1939: Keine nennenswerten Kampfhandlungen. Ein französisches Flugzeug bei Saarbrücken abgeschossen.	18. September 1939: Kurzwellensender London: Die französischen Truppen sind auf einem Frontabschnitt von 19 Km „fast 26 Km tief vorgestoßen" Associated Press: Die Deutschen ziehen sich zurück und zerstören Eisenbahnen „offenbar in Befürchtung eines Angriffs auf Trier".
19. September 1939: Im Raum von Saarbrücken an einzelnen Stellen schwache Artillerie- und Spähtrupptätigkeit. Keine Kampfhandlungen in der Luft.	19. September 1939: Kurzwellensender London: 24-stündiges schweres Artilleriegefecht, in dem die französische Artillerie besser schießt und die Oberhand gewinnt. Der Frontabschnitt hat sich auf 160 Km ausgedehnt. Weißenburg „beinahe" von französischen Einheiten „umzingelt". Französische Truppen haben „viele hundert Quadratkilometer deutschen Bodens besetzt".
20. September 1939: Nur örtliche Spähtrupp-Unternehmen.	20. September 1939: ...

Doch die empfindlichen deutschen Niederlagen an den Fronten zwangen auch die deutsche offizielle Berichterstattung zur Zufluchtnahme in verschwommene, nicht sachgerechte und nicht wahrheitsmäßige Darstellungen. Stilisierungen, Tatsachenverschleierungen und -verdrehungen traten besonders nach den Mißerfolgen an der Ostfront zu Tage. Stalin dagegen log während der ganzen Zeit des Krieges, was ihm für die Phase seiner gravierenden Niederlagen eventuell noch hätte nachgesehen werden können, für die Periode der deutschen militärischen Mißerfolge jedoch nicht zugebilligt werden konnte. Allein der Katalog seiner Zahlen- und Faktenmanipulationen im Zusammenhang mit eigenen und deutschen Verlusten glich in seiner Bilanz dem „Prädikat", das Kris und Speier 1941 der Agentur Reuter zugestanden hatten: „0 Prozent wahr".

Hier nur einige seiner bewußten Fälschungen als Vorgabe für ihre Multiplikation bei Freund und Feind, wo sie zum großen Teil über den Zusammenbruch des Sowjetimperialismus hinaus authentische Geschichtsquellen geblieben sind. So gab er am 3. Juli 1941 an, daß die deutsche Wehrmacht die Sowjetunion am 22. Juni 1941 mit 170 Divisionen angegriffen habe und „die besten deutschen Divisionen ... und die besten Einheiten" der „Luftwaffe schon zerschmettert" worden seien.[16] Tatsächlich waren am 22. Juni lediglich 118 Divisionen mit 3.050.000 Mann (75 % des Feldheeres von 153 Divisionen) zum Angriff angetreten.[17]

Am 6. November 1941, als die deutsch-sowjetische Front 17 km vor Moskau verlief und der Geschützdonner die Moskauer ängstigte, behauptete er, nachdem er 9 Tage zuvor ein Dutzend Generale hatte erschießen lassen[18], daß die Rote Armee bis dahin 350.000 Tote, 378.000 Vermißte und 1.020.000 Verwundete eingebüßt habe. „In der gleichen Zeit", so gab er fälschlich an, „hat der Feind an Toten, Verwundeten und Gefangenen mehr als viereinhalb Millionen eingebüßt".[19] Nachweislich waren es bis zum 2. Dezember 1941 162.314 Tote, 571.767 Verwundete und 33.334 Vermißte, bis zum 31. Dezember 1941 weitere 830.903 Mann (25 % der Durchschnittsstärke). Gefallen waren 7.120 Offiziere, 166.602 Unteroffiziere und Mannschaften, vermißt 619 Offiziere und 35.254 Mann, verwundet 1.901 Offiziere und 602.292 Mann.[20] Stalin hatte dagegen bereits am 23. Februar 1943 behauptet, daß die Rote Armee bis dahin „an die 9 Millionen faschistischer deutscher Soldaten und Offiziere außer Gefecht gesetzt"[21] habe, wobei 4 Millionen von ihnen „auf dem Schlachtfeld gefallen"[22] seien. Insgesamt fielen jedoch bis zum 31. Januar 1945 auf deutscher Seite nachweislich (an allen Fronten des Zweiten Weltkrieges) 1.809.361 Offiziere und Soldaten (einschließlich Waffen-SS): 1.622.561 vom Heer, 48.204 von der Kriegsmarine, 138.338 von der Luftwaffe. Rund 3.600.000 deutsche Soldaten gerieten während des deutsch-sowjetischen Krieges in sowjetische Kriegsgefangenschaft. 1.094.250 starben eines natürlichen Todes in sowjetischen Lagern. Durch Krankheit, Unfall, Selbstmord und Todesurteil starben 191.338.[23]

Die eigenen militärischen Mißerfolge rechtfertigte er in dem Zusammenhang mit der unzutreffenden falschen Behauptung: „Eine andere Ursache für die zeitweiligen Mißerfolge unserer Armee besteht darin, daß wir an Panzern und teilweise an Flugzeugen Mangel leiden."[24]

Tatsächlich hatte die sowjetische Kriegsindustrie der Roten Armee, wie bereits festgestellt, vom 1. Januar 1939 bis zum 22. Juni 1941 17.745 Flugzeuge geliefert. 23.245 Maschinen standen der Roten Luftflotte im Juni 1941 zur Verfügung.

---

16 Stalin, Vaterländischer Krieg, S. 5.

17 Vgl. Hillgruber/Hümmelchen, Chronik, S. 78.

18 Erschossen wurden u.a. die drei letzten Luftwaffenchefs der Roten Armee von 1937–1941 mit ihrem Stabschef, der letzte Chef der Luftabwehr vor dem Kriege, Generaloberst Grigorij Stern, der wie der ebenfalls hingerichtete Jakow Smuschkewitsch (Luftwaffenchef von 1939 und 1941) Jude war. Vgl. Michael Morozow, Der Georgier. Stalins Weg und Herrschaft, München 1980, S. 223.

19 Stalin, Vaterländischer Krieg, S. 19.

20 Hillgruber/Hümmelchen, S. 113.

21 Stalin, Vaterländischer Krieg, S. 101.

22 Ebenda.

23 Vgl. Ploetz, Auszug aus der Geschichte, Würzburg 1968, S. 1419.

24 Stalin, Vaterländischer Krieg, S. 26.

Hinzu kamen 25 Panzerkorps mit 24.000 Panzern (darunter 1.861 T 34), 148.600 Geschütze und Granatwerfer. Die deutschen Streitkräfte verfügten zu der Zeit lediglich über 2.510 Kriegsflugzeuge[25], 3.648 Panzer (darunter 1.700 völlig veraltete Typen) und Sturmgeschütze und 7.146 Geschütze. Zum Krieg gegen die Sowjetunion war die Luftwaffe mit 1.945 Flugzeugen (510 Bomber, 290 Stukas, 440 Jäger, 40 Zerstörer und 120 Fernaufklärer) angetreten.[26] Stalins Behauptung vom 6. November 1943, daß die deutschen Luftstreitkräfte allein 1943 „nicht weniger als 14.000 Flugzeuge", mehr „als 25.000 Panzer und nicht weniger als 40.000 Geschütze" eingebüßt hatten[27], gehörte zu seinen gezielten Tatsachen-Fälschungen.

Verfügbares Militärpotenzial zu Beginn des Krieges. Das Gros der Sowjetunion (2,9 Mio. Soldaten, – 15.000 Panzer, 35.000 Geschütze und 9.000 Flugzeuge) war im Westen massiert.

卐	Waffengattung	★☭
3.648	Panzer (und Sturmgeschütze)	24.000
0	davon moderne schwere Panzer	1.861
2.510	Kampfflugzeuge	23.245
7.146	Geschütze und Granatwerfer	148.600
3.600.000	Soldaten	5.000.000

Quelle: Focus 10/2001, nach Angaben des Militärgeschichtlichen Forschungsamtes zusammengestellt.

[25] Vgl. dazu auch Hillgruber/Hümmelchen, Chronik, S. 78 f. und die Angaben vor allem von General Schukow in Maser, Der Wortbruch, S. 268 f.
[26] Vgl. Hillgruber/Hümmelchen, Chronik, S. 79.
[27] Stalin, Vaterländischer Krieg, S. 126.

Stalins Sohn Jakob und die NS-Propaganda

Im Hochsommer 1941, als die deutsche Siegesserie auf dem Boden der UdSSR begann und Stalins ältester Sohn Jakob Josefowitsch in deutsche Gefangenschaft geraten war, erschien dies nicht einmal Goebbels so wichtig, daß er es in sein Tagebuch eingetragen hätte. Die von ihm dirigierten Medien ließ er erst 11 Tage nach der Gefangennahme Jakobs darüber berichten, wobei er Tendenzen und Details vorgab, die sich nicht mit den Tatsachen deckten.

Stalins 33-jähriger Sohn Jakob Dschugaschwili, der am 17. Juli 1941 bei Ljosno als Artillerie-Oberleutnant von Soldaten des deutschen Schützen-Regiments 5 der 12. Panzer-Division gefangen genommen worden war, hatte sich am 18. Juli 1941 sei seiner ersten Vernehmung bei der deutschen Panzer-Gruppe 3 rückhaltlos hinter die Entscheidungen seines Vaters und die Forderungen der KPdSU gestellt und nicht nur erklärt, daß er nicht womöglich versucht habe, sich von seiner Einheit abzusetzen, sondern als Bauer verkleidet, wieder zu seiner Truppe zu gelangen. Selbstbewußt und furchtlos hatte er versichert, daß die Stimmung in der Roten Armee bis zum 7. Juli 1941 „gut und zuverlässig gewesen“ sei, infolge des „starken Eingreifens der deutschen Luftwaffe“ und der „erkennbar starken Rückschläge“ der sowjetischen Truppen schließlich jedoch nachgelassen habe. Unerschrocken hatte er aber auch erklärt, daß es sich bei den schweren Rückschlägen der Roten Armee lediglich um „scheinbare“ Niederlagen handeln und die Situation sich zugunsten der Sowjetunion ändern werde, sobald es der Roten Armee gelinge, die vorgestoßenen deutschen Panzerkräfte von der nachrückenden Infanterie abzuschneiden. Auch rein politisch orientierte Fragen über das sowjetische System, die bereits durch die Form der Fragestellungen ganz offensichtlich negative und abwertende Antworten initiieren sollten, parierte er selbstbewußt. So reagierte er beispielsweise auf den Einwand, daß die Kollektivierung eine sowjetische Zwangsmaßnahme sei, die vom sowjetischen Volk abgelehnt werden würde, mit einem differenzierten Hinweis auf die Probleme, die der preußische Soldaten-König Friedrich Wilhelm I. und dessen Sohn Friedrich der Große im Zusammenhang mit ihren Anweisungen zur Anpflanzung von Kartoffeln bei den Bauern hatten, denen Friedrich der Große gar mit Todesstrafen bei Nichtbefolgung habe drohen müssen.

Das Ergebnis des Verhörs, das der deutschen Propaganda keineswegs nützlich sein konnte, erfuhr durch den „Völkischen Beobachter“ vom 29. Juli 1941 eine totale Umwertung. Da wurden Aussagen des Stalin-Sohnes nicht nur ins Gegenteil verkehrt und durch propagandistisch effektvolle Behauptungen bereichert – und dennoch als „genauer Wortlaut der Vernehmung“ deklariert, wovon Josef Stalin zunächst ebenfalls überzeugt war. Seine erste Reaktion auf die deutsche Fälschung: Er ließ seine Schwiegertochter, die Ehefrau seines Sohnes, kurzerhand verhaften. Zwar wurde sie nach einem Jahr wieder aus der Haft entlassen,

Jakob Stalin als verkleideter Bauer nach seiner Gefangennahme.

doch nach dem Fall von Stalingrad, als ihm längst zugetragen worden war, daß der „Völkische Beobachter" 1941 gelogen hatte, lehnte er Hitlers „Angebot" ab, seinen in Stalingrad in Gefangenschaft geratenen Neffen Leo Raubal gegen seinen Sohn auszutauschen.[1]

Die im „Völkischen Beobachter" hervorgehobene Bemerkung des Stalin-Sohnes, daß er dem Versprechen Englands, der Sowjetunion zu helfen, kaum Vertrauen zu schenken bereit sei, spricht dafür, daß er über die Möglichkeiten Großbritanniens besser informiert war als der Großteil der Offiziere und der Bevölkerung. Schon am 17. Dezember 1940 hatte Churchill den amerikanischen Präsidenten Roosevelt während einer Pressekonferenz geradezu händeringend um die Unterstützung durch die USA gebeten, was Jakob offenbar nicht unbekannt war.

Hitler, der die Vernehmungsprotokolle gelesen und sich darüber hinaus auch über weitere Einzelheiten hatte informieren lassen, interessierte der Stalin-Sohn im Grunde zunächst so wenig wie Goebbels. Weder empfing er ihn zu einem Ge-

[1] Persönliche Mitteilung von Stalins Tochter Swetlana (1967). Nachdem der deutsche Rundfunk gemeldet hatte, daß Stalin erklärt hätte, keinen Sohn in deutscher Gefangenschaft zu haben, nahm Jakob Stalin sich am 14. April 1943 im KZ Sachsenhausen durch einen Sprung in den elektrisch geladenen Zaun das Leben.

Auszug aus dem Bericht über die erste Vernehmung des Stalin Sohnes Jakob

Generalkommando XXXIX. A.K. K. Gef. St., den 18.7.41
Abt. Ic

Panzer-Gruppe 3
Eing. 20. JULI 1941
Bearb. Nr.: Ic

An

Panzer - Gruppe 3
I c

Vernehmung des vom Schtz. Rgt. 5 der 12.Pz.-Div. am 17.7.41 gefangengenommenen Oberleutnant Jakob Josefowitsch Dschugaschwili (Sohn Stalins) .

Der Gefangene gab auf Befragen den obengenannten Namen an und erklärte, der älteste Sohn Stalins aus erster Ehe zu sein. Zur Beweisführung aufgefordert, erklärt er, er habe zwar seine Papiere verbrannt, um sich als Bauer verkleidet nach Osten durchzuschlagen, sei aber zum Beweise seiner Identität bereit, jede der Beweisführung dienliche Frage zu beantworten. Ausserdem würden bereits gefangengenommene Offiziere der 14. Panzer-Div. seine Angaben bestätigen können.

[illegible] Stellung und sonstige Tätigkeit befragt, [illegible] der Vernommene, dass er zunächst als Turbineningenieur tätig gewesen und dann als aktiver Offizier in die Rote Armee eingetreten sei. Er sei Batterie-Führer im Art.-Rgt.14 der 14. Panz.-Div.. Zur Division gehörten ausserdem, das 14. mot. Schtz. und das 27. und 28. Panzer-Rgt.. Die Division gehörte zum VII. mot/mech. Korps, dem ausserdem die 13. Panzer-Division und die 1. proletarische mot. Division angehörten. Das Korps sei im Raum Witebsk - Ljesno - Senno eingesetzt gewesen und als zerschlagen anzusehen. Die Panzer-Divisionen hatten 90% ihrer Panzer verloren. Der Rest sei der 20. Armee unmittelbar unterstellt worden.

Die Stimmung in der Truppe sei bis zum 7.7.41 gut und zuverlässig gewesen. Die von da an offenbar erfolgten Rückschläge, insbesondere das starke Eingreifen der deutschen Luftwaffe, habe zu einer zunehmenden Verschlechterung der Stimmung geführt.

Den Hinweis, dass die politischen Kommissare in der Truppe nach unseren Feststellungen wenig beliebt seien, beantwortet er damit,

- 2 -

Quelle: Bundesarchiv-Militärarchiv Freiburg, RH 21-3/437.

Übertragung des Vernehmungsberichtes:

Vernehmung des vom Schtz.Rgt. 5 der 12. Pz.-Div. am 17. Juli 1941 gefangengenommenen Oberleutnants Jakob Josefowitsch Dschugaschwili (Sohn Stalins).

Der Gefangene gab auf Befragen den oben genannten Namen an und erklärte, der älteste Sohn Stalins aus erster Ehe zu sein. Zur Beweisführung aufgefordert, erklärte er, er habe zwar seine Papiere verbrannt, um sich als Bauer verkleidet nach Osten durchzuschlagen, sei aber zum Beweise seiner Identität bereit, jede der Beweisführung dienliche Frage zu beantworten. Außerdem würden bereits gefangene Offiziere der 14. Panzer-Div. seine Angaben bestätigen können. (Verwischter Text) ... militärische Stellung und sonstige Tätigkeit befragt, erklärte der Vernommene, daß er zunächst als Turbineningenieur tätig gewesen und dann als aktiver Offizier in die Rote Armee eingetreten sei. Er sei Batterie-Führer im Art.-Rgt. 14 der 14. Panz.-Div. Zur Division gehörten außerdem das 14. mot. Schtz. und das 27. und 29. Panzer Rgt. Die Division gehörte zum VII. mot./mach. Korps, dem außerdem die 13. Panzer-Division und die 1. proletarische mot.-Division angehörten. Das Korps sei im Raum Witebsk-Ljesno-Senno eingesetzt gewesen und als zerschlagen anzusehen. Die Panzer-Divisionen hätten 30 % ihrer Panzer verloren. Der Rest sei der 20. Armee unmittelbar unterstellt worden.

Die Stimmung in der Truppe sei bis zum 7. Juli 1941 gut und zuverlässig gewesen. Die von da an offenbar erfolgten Rückschläge, insbesondere das starke Eingreifen der deutschen Luftwaffe, habe zu einer zunehmenden Verschlechterung der Stimmung geführt.

Der Hinweis, daß die politischen Kommissare in der Truppe nach unseren Feststellungen wenig beliebt seien, beantwortete er damit, ...

spräch noch ordnete er für ihn, der im KZ Sachsenhausen mit anderen sowjetischen Kriegsgefangenen vegetieren mußte, eine bevorzugte Behandlung an. Am 18. April 1942, ein Jahr vor dem Selbstmord Jakobs, memorierte er lediglich im Führerhauptquartier „Wolfsschanze", die Legitimation seines Präventivüberfalles auf die Sowjetunion betonend, daß sich bei Jakobs Gefangennahme ein Brief eines seiner Freunde befunden hätte, der ihm kurz vor dem deutschen Angriff auf die Sowjetunion geschrieben habe, daß er hoffe, vor dem „Spaziergang nach Berlin" noch einmal „seine Anuschka sehen" zu können.[2] Sein Versuch nach dem Fall von Stalingrad, seinen Neffen Leo Raubal, der dort als Pionier-Leutnant in sowjetische Gefangenschaft geraten war, gegen Jakob auszutauschen, scheiterte – wie zuvor bereits erwähnt – an Stalins rigoroser Ablehnung, was kurz danach schließlich auch den Selbstmord Jakobs in Sachsenhausen zur Folge hatte.[3]

---

2 Picker, Henry, Tischgespräche, Stuttgart 1963, S. 354.

3 Daß Hitler versucht habe, Jakob gegen Paulus auszutauschen, wie immer wieder behauptet wird, trifft nicht zu.

Stalins Sohn schildert Zustände im Sowjetheer

Ein aufschlußreiches Bild durch die Vernehmung des Gefangenen Jakob Stalin

Berlin, 28. Juli.

Der älteste Sohn des Sowjetdiktators Stalin, Jakob Dschugaschwili, der sich, wie bereits berichtet, bei Ljosno angesichts der Aussichtslosigkeit weiteren Widerstandes und entgegen den ausdrücklichen Befehlen seines Vaters ergeben hatte, machte bei seiner Vernehmung aufschlußreiche Aussagen über die mangelhafte bolschewistische Organisation in der sowjetischen Heeresführung. Der genaue Wortlaut dieser Vernehmung ist bereits im Original — also mit den einzelnen Äußerungen des Sohnes Stalins in russischer Sprache — im deutschen Rundfunk gesendet worden, so daß etwaige Versuche von sowjetischer Seite, die Aussagen selbst in Zweifel zu ziehen, von vornherein zum Scheitern verurteilt sind.

Die so außerordentlich interessanten Einzelheiten, die Stalins Sohn bei seiner Vernehmung angab, beweisen eindeutig, mit welcher Planlosigkeit ganze Divisionen von der Sowjetführung in das Feuer geschickt wurden, auch wenn keinerlei Chance für die Fortführung des Kampfes bestand. Sinnlose — oder, wie Jakob Dschugaschwili sich ausdrückte — "idiotische Befehle der Kommandeure sowie die Furcht vor den angeblichen Greueltaten deutscher Soldaten, die ihnen von den Politischen Kommissaren in hetzerischer Weise immer wieder eingedrillt wurde, ließ die Truppen auch bei der aussichtslosesten Umzingelung noch in selbstmörderischer Weise Widerstand leisten.

Den einzelnen Aussagen merkte man deutlich die tiefe Depression an, unter der Jakob Dschugaschwili stand. Seine Worte waren langsam und nachdenkend gesprochen, oftmals wiederholte er sich, um seine Erklärungen zu bekräftigen.

Die Vernehmung beginnt mit den üblichen rein personellen Fragen, wobei Jakob Dschugaschwili sofort erklärt, daß er der älteste Sohn des Vorsitzenden des Rates der Volkskommissare Stalin sei. Nach näheren Angaben über seinen Dienstgrad, sein Regiment und seine Division gefragt, entwirft er ein geradezu charakteristisches Bild seines Truppenteiles bis zu dem Augenblick, wo er den Entschluß faßte, sich mit seinen Leuten zu ergeben. Nach seinen Aussagen waren die Reste Male ein Gefecht mitgemacht habe, antwortete er, daß er den Namen des Ortes, 25—30 km von Witebsk entfernt, vergessen habe. „Ich hatte keine Karte — wir hatten überhaupt keine Karten! Alles war bei uns so liederlich — unordentlich aufgebaut, unsere Marschweise, die Organisation."

Als er dann gefragt wurde, wie der Nachschub funktioniert habe, antwortete er: „Ich werde Ihnen offen sagen, die ganze Division war ein Nachschub."

„Und was ist der Grund des Versagens der Armee?" — „Dank der deutschen Sturzkampfflieger", so erklärte Stalins Sohn, „und dank der unklugen Befehle unseres Kommandos, der dummen Befehle, idiotischen kann man schon sagen, waren die Divisionen direkt ins Feuer geschickt worden."

Sehr interessant war dann, daß Stalins Sohn seinerzeit noch keine Mitteilung über die neubestätigten Machtbefugnisse der Politischen Kommissare hatte. Er selbst war noch der Meinung, daß die Politischen Kommissare die Gehilfen der Kommandeure seien. Entweder war die Verbindung zu den unteren Sowjetstäben außerordentlich schlecht oder man hatte bewußt die Offiziere nicht von den entscheidenden Veränderungen in Kenntnis gesetzt. Er sprach sich aber eindeutig gegen diese Politischen Kommissare aus, denn die Führung der Truppe könne nur ein Kommandeur innehaben. Nicht der Kommissar, sondern der Kommandeur müsse „die erste Person sein".

seiner Division bereits am 7. Juli zerschlagen und bei der Stadt Ljassowo umzingelt. Aber erst am 16. Juli, also neun Tage später, hat Jakob Dschugaschwili den völlig aussichtslosen Widerstand aufgegeben und sich ergeben.

Über die Auswirkungen der Umzingelung machte Stalins Sohn folgende Angaben: „Leider erzielte die von den Deutschen erreichte Umzingelung eine solche Panik, daß alles auseinanderlief. Ich war in dieser Zeit beim Divisionskommandeur im Stabe. Ich lief und suchte meine Leute, denn ich war von meinen Artilleristen getrennt. Ich weiß nicht, wo sie geblieben sind, keinen von ihnen habe ich getroffen. Vorgestern nacht — am 16. Juli — 1,5 km von Ljassowo, waren wir umzingelt. Es entstand eine Panik, die Artilleristen haben, solange es anging, geschossen. Wohin sie dann verschwanden, weiß ich nicht, ich war von ihnen weggegangen und wartete im Wagen des Divisionskommandeurs, er selbst war nicht da. In diesem Augenblick begann die Beschießung. Die deutschen Truppen beschossen den Rest unserer 14. Panzerdivision. Ich beschloß, zum Kommandeur zu eilen, um an der Verteidigung teilzunehmen.

Bei meinem Wagen versammelten sich versprengte Soldaten, Leute vom Train. Sie faßten den Beschluß und baten mich: ‚Genosse Kommandeur, führe uns in den Kampf.' Ich wollte sie zum Angriff führen, doch haben sie es sicher mit der Angst bekommen. Als ich umkehrte, stand niemand mehr bei mir.

Zu meinen Leuten konnte ich nicht mehr zurück, da die deutschen Minenwerfer starkes Feuer eröffneten. Ich wartete einige Zeit und blieb ganz allein, weil jene Kräfte, die mit mir zum Angriff vorgehen sollten, um einige deutsche MG.-Nester zu unterdrücken — dieses war notwendig, um durchzubrechen — nicht mehr da waren. Es fing schon an hell zu werden. Ich wartete auf meine Artilleristen, aber keiner war zu sehen. Ich ging weiter und traf auf kleine Gruppen. Aus der motorisierten Division, aus dem Train allerhand Gesindel. Aber es blieb mir nichts anderes übrig, als mit ihnen zu gehen. Da sah ich, daß ich umzingelt war, daß man nirgends mehr hingehen konnte — ich kam und sagte dann: „Ich ergebe mich." Das ist alles!"

Auf die weitere Frage, wo er zum ersten ...

Über die Englandhilfe äußerte er sich sehr skeptisch. Er habe im Rundfunk von dem Bündnis gehört. Ob England Hilfe leisten werde, wisse er nicht: „Bisher hat England noch niemandem eine Hilfe geleistet."

Jakob Dschugaschwili mußte dann zugeben, daß alle Behauptungen von schlechter Behandlung der Gefangenen erlogen seien. Er selbst sei gut behandelt worden und könne nicht klagen, und er habe auch die feste Überzeugung, daß die Gefangenen alle genau so behandelt worden seien wie er.

Zum Abschluß seiner Vernehmung wurde er noch nach seiner Familie gefragt. Er hat eine Frau und eine dreijährige Tochter. Ob sein Vater bei der Flucht der Regierung seine Frau mitnehmen würde, beantwortete er unbestimmt: „Vielleicht ja — vielleicht nein." Es wurde ihm noch angeboten, einige Zeilen an seine Frau zu schreiben. Er dankte für das Entgegenkommen, erklärte aber: „Vorläufig ist das nicht notwendig."

Völkischer Beobachter – 29. Juli 1941 –

„Красная звезда" 15.06.94

Яков Джугашвили на допросе показал...

Немецкий историк анализирует стенограмму допроса сына Сталина

Нацистская газета "Фёлькишер беобахтер" 29 июля 1941 года опубликовала на первой полосе подробное изложение допроса попавшего в плен старшего лейтенанта Якова Джугашвили.

Рупор геббельсовской пропаганды сообщал, что в своих показаниях старший сын Сталина засвидетельствовал, с какой бесплановостью советское руководство посылало свои войска в огонь войны. Ему приписывались слова об идиотских приказах командиров, о панических настроениях в армии, об ужасах, которые наводят на красноармейцев немецкие летчики, о том, что на деле войсками управляли не командиры, а комиссары. Затем появились многочисленные листовки, распространяемые службами фашистской Германии, призывавшие красноармейцев переходить на сторону германских войск.

Но долгое время считавшиеся единственным документом показания Якова Джугашвили, как и его поведение в плену, оказались ловко сфабрикованной ложью.

Видный немецкий историк и биограф Гельмута Коля профессор Вернер Мазер разыскал в секретных германских архивах подлинник стенограммы допроса сына Сталина. Этот документ — один из многих новых других — войдет в его книгу "Нарушение ный заявил, что является старшим сыном Сталина от первого брака. Когда его попросили дать какие-либо подтверждения этому, он ответил, что свои документы сжег, чтобы, переодевшись в одежду крестьянина, пробиваться на восток, однако готов ответить на все деловые вопросы, чтобы подтвердить свою идентичность. Кроме того, его показания могут подтвердить попавшие в плен офицеры 14-й танковой дивизии.

На вопрос о своем военном чине и другой прежней деятельности пленный сообщил, что вначале он работал инженером по турбинам, затем стал действующим офицером Красной Армии. Был командиром батареи 14-го батальона 14-й танковой дивизии.

Настроения в частях до 7 июля 1941 года были хорошими и надежными. Частые ответные удары и сильные налеты немецкой авиации несколько ухудшили состояние войск.

На наше утверждение, что политкомиссаров не любили, он ответил, что значительная часть комиссаров свою работу строила не на основе убеждений и идеализма, а по наезженной схеме, отрабатывая зарплату. Но он знал комиссаров, исповедовавших идеалистически коммунистическую идею, которые были любимы в войсках и прискорбном хозяйстве вообще не любят, Д. хитро пояснил, что многим людям в настоящем не понять многих значительных явлений, так как это требует личных жертв. Следующие поколения, свободные от предрассудков, потом признают их как великие свершения. Достаточно вспомнить дела Фридриха Великого или Петра Первого.

На вопрос, что он думает о дальнейшем продолжении войны после значительных поражений русского руководства, Джугашвили отметил: является ли это действительно поражением, можно будет утверждать только тогда, когда станет ясно, удастся ли русскому руководству осуществить свой план — отрезать наступающие танковые соединения от следующей за ними широким фронтом пехоты.

Вот такой сохранившийся для истории документ. В нем сын Сталина честь и трагедию сына вождя народов, с чьим именем на устах умирали рядом с ним в боях красноармейцы. Яков Джугашвили ни в чем не мог подвести ни отца, ни свою Родину.

Анна СЕНЧЕНКО, Бонн.

„Krasnaja Swesda" (Roter Stern) vom 15. Juni 1994: Jakob Stalin nach seiner Gefangennahme neben zwei russisch sprechenden und gespannt – oder beeindruckt zuhörenden deutschen Offizieren, denen er offensichtlich etwas erklärt. 4. Absatz in der linken Spalte: Der „deutsche Historiker … Professor Werner Maser fand in geheimen deutschen Archiven das Vernehmungsprotokoll und analysierte es …"

Nach 1945 interessierte in Deutschland Jakob Stalins Schicksal seit 1941 niemanden, auch nach Stalins Tod und seinem Sturz nicht. In der Sowjetunion blieb er der einstige Vaterlandsverräter, der sich „entgegen dem ausdrücklichen Befehl seines Vaters ergeben" habe, in deutsche Kriegsgefangenschaft gegangen sei und seinen Vater und die Rote Armee verraten und diffamiert hätte. Er blieb das Produkt der NS-Propaganda. Erst 1994, nach dem Erscheinen meines Buches „Der Wortbruch" änderte sich dies spontan. Die Moskauer Zeitung „Krasnaja Swesda" (Roter Stern) veröffentlichte am 15. Juni 1994 einen – in Rußland Aufsehen erregenden – Artikel unter der Überschrift: „Deutscher Historiker analysiert das Stenogramm der Vernehmung des Stalin-Sohnes" Jakob und veröffentlicht bislang unbekannte Dokumente und „viel Neues" über den deutsch-sowjetischen Krieg. Offiziere nicht nur der einstigen Roten Armee dankten für die Ehrenrettung eines ihrer Kameraden, dem sie, von der Propaganda verführt, ahnungslos die Ehre abgeschnitten hätten. Ehrenrettung nach Geschichtsfälschung – 51 Jahre nach Jakobs Selbstmord im KZ Sachsenhausen.

Stalingrad

Auf singuläre Weise versuchten die Sowjets in Nürnberg einige ihrer Geschichtsfälschungen als „objektive" Geschichtsdarstellungen erscheinen zu lassen. So hatten sie in der Sowjetunion den seit Ende Januar 1943 in ihrer Gefangenschaft befindlichen deutschen Generalfeldmarschall Friedrich Paulus, der seit Anfang Januar 1942 als Oberbefehlshaber der 6. Armee Stalingrad verbissen verteidigt und Ende Januar 1943, am Tage seiner Ernennung zum Generalfeldmarschall, aufgegeben hatte[1], zum eigenen Kronzeugen präpariert. Von Hermann Göring als „dreckiges Schwein" und „Verräter" bezeichnet[2], mußte er, der am 29. November 1940 in Hitlers Auftrag das erste Planspiel des Oberkommandos des Heeres für einen Ostfeldzug geleitet hatte[3], in Nürnberg als „Zeuge" der sowjetischen Anklagebehörde aussagen. Arrogant auftretend, bezeichnete er seine einstigen Mitwisser und Kameraden, von denen er von den Sowjets konsequent ferngehalten wurde, als „Angeklagte" und bemühte sich, vor allem Feldmarschall Wilhelm Keitel und Generaloberst Alfred Jodl im Sinne der sowjetischen Anklage zu belasten.[4]

Welche Methoden, Tricks und Maßnahmen die Sowjets davor angewandt hatten, bezeugt die solide dokumentierte Publikation des einstigen sowjetischen Offiziers und späteren Historikers Leonid Reschin[5], dem sowenig wie Chruschtschow und anderen in diese Angelegenheit eingebundenen sowjetischen militärischen Funktionsträgern entgangen war, daß für Paulus' Entscheidungen in Stalingrad – im Gegensatz zu nahezu allen bisherigen Darstellungen – weniger Hitlers Verbote eines Ausbruchs oder einer eventuellen Kapitulation unter anderem vom 23. und 26. November und vom 18. Dezember 1942 sowie vom 20. und 23. Januar 1943 maßgeblich waren als seine strategische Einsicht, durch den anhaltenden Widerstand andere sowjetische Truppenverbände binden zu können. Günther von Below stellte in seinen nicht veröffentlichten Erinnerungen fest: „Der Hauptgrund, weshalb Paulus sowohl wie auch ich nicht für eine Kapitulation waren, war die Erkenntnis, daß wir bis Ende Januar noch starke russische Kräfte banden,

---

1 Die „Prawda" berichtete am 4. Februar 1943: „Paulus wurde mit großer Kunst gefangengenommen. Kundschafter hatten genau festgestellt, daß Paulus' Befehlsstand sich im Zentrum von Stalingrad befand ... Die Operation begann in der Nacht zum 31. Januar mitten während der Schlacht. Nachts brachen zum Befehlsstand von Paulus Panzer und MP-Schützen durch. Im Morgengrauen wurde das Haus umstellt, die ganze Wache vernichtet. Generaloberst Paulus hatte gerade Hitlers Rundfunkbotschaft erhalten, in der der Führer ihm zur Beförderung in den Feldmarschallsrang ... gratulierte. Der neugebackene Feldmarschall ahnte ... nicht, daß das Haus umstellt war und daß die ganze Wache sich in unseren Händen befand. Als diese traurige Tatsache festgestellt wurde, schickte er seinen Adjutanten, um die Kapitulationsverhandlungen zu führen."

2 Maser, Göring, S. 422 f.

3 Maser, Der Wortbruch, S. 251.

4 Vgl. Maser, Nürnberg, S. 125, 191 und 236.

5 Deutsche Ausgabe: Reschin, Leonid, Feldmarschall im Kreuzverhör. Friedrich Paulus in sowjetischer Gefangenschaft 1943–1945, Berlin 1996. Fortan zit. als Reschin, Feldmarschall im Kreuzverhör.

Zwei Zeugen ersten Ranges: Hitlers militärischer Adjutant von 1937–1945 Oberst Nicolaus von Below (re.) und sein Bruder Oberst Günther von Below, der an der Seite des Stalingrad-Verteidigers Friedrich Paulus (kurz vor der Kapitulation Stalingrads von Hitler zum Generalfeldmarschall befördert) diente und seine geheimsten Gedanken kannte. Günther von Below wurde am 31. Januar 1943 zusammen mit Generalfeldmarschall Paulus, Generalleutnant Schmidt und dem Armee-Adjutanten Oberst Adam gefangen genommen. Nicolaus von Below ist überdies die Überlieferung der Tatsache zu verdanken, daß Hitler bereits am 26. September 1941 von Himmler erfahren habe, daß die deutschen Angriffstermine für den Westfeldzug schon 1938 und 1939 ständig verraten worden seien. Namentlich genannt habe Himmler Canaris, Goerdeler, Oster, Dohnanyi und Beck. Diese Berichte hätten bei Hitler zu einem vorübergehenden gesundheitlichen Zusammenbruch geführt.

daß also die deutsche Südfront möglicherweise zusammenbrechen würde, wenn die vorzeitig frei werdenden Russen sich auf die noch nicht zusammenhängende, neue Front hinter uns stürzen würden … Es war also nicht so sehr der ‚Befehl', als die militärische Notwendigkeit, die uns unseren Standpunkt diktierte."[6]

Ein namentlich nicht genannter Abwehroffizier der Don-Front hatte Chruschtschow sein Tagebuch zur Weitergabe an Stalin geschickt, in dem es hieß: „31. Januar 1943. Ich erhielt den Befehl, mich in der Unterkunft gefangener deutscher Generäle einzuquartieren. Ich sollte mir nicht anmerken lassen, daß ich deutsch

---

[6] Nachlaß-Aufzeichnungen von Günther von Below, Original im Archiv Maser.

verstehe".[7] Der von einem Stabsoffizier von der Kommandantur begleitete Abwehroffizier, der die Deutschen belauschen und ausspionieren mußte, hatte einen ganzen Katalog von Nebensächlichkeiten notiert, die der sowjetischen Führung nichts nützen konnten. Aufschlußreich ist lediglich, daß er festhielt, daß Paulus seinen Mitgefangenen nach der Rückkehr von einer Vernehmung durch einen sowjetischen Marschall erklärte: „Ich wurde aufgefordert, den restlichen Truppen den Befehl zur Kapitulation zu geben, was ich abgelehnt habe ... Ich habe mich für unsere verwundeten Soldaten eingesetzt. Man antwortete mir: Ihre Ärzte sind geflohen, und nun müssen wir uns um Ihre Verwundeten kümmern."[8] Paulus war den Notizen des Russen zufolge überzeugt, daß die Offensive der Sowjets bis über den März 1943 hinaus andauern und die Rote Armee „an den früheren Grenzen Halt machen"[9] würde. Er nannte es „eine Schande", daß er und seine Mitgefangenen sich fotografieren lassen mußten, was er als Verletzung der Würde bezeichnete.[10]

Es fiel den Sowjets schwer, Zugang zu Paulus zu finden. So bezeichneten sie es beispielsweise am 26. Juli 1944, wenige Tage nach dem Stauffenberg-Attentat auf Hitler, als „gelungene" Leistung, wenigstens Oberst Wilhelm Adam, einen Paulus-Adjutanten, zum Beitritt zum „Bund Deutscher Offiziere" bewegt zu haben, was sie als „eine gute Gelegenheit, um Zugang zu Paulus zu erlangen"[11], bewerteten.

Der Weg zum 12. Januar 1946, dem Tag, an dem Paulus von General Roman Rudenko in Nürnberg als Zeuge der sowjetischen Anklage erstmals verhört wurde, war lang. Paulus, der in der Gefangenschaft stets allergrößten Wert darauf legte, auch von den Sowjets als Generalfeldmarschall respektiert zu werden, war nicht erspart geblieben, sich „Planspielen" zu unterwerfen, in denen durchexerziert wurde, was vor dem IMT zur Sprache kommen werde – und wie er dabei jeweils zu reagieren habe.

Die Paulus-Aussagen vor dem IMT sind bekannt, so daß hier auf ihre Wiederholung verzichtet werden kann. Es genügt, die sowjetische Bewertung des Paulus-Verhaltens vor dem IMT zu zitieren. „Offensichtlich hatten die vorausgegangenen Treffen mit den Vernehmern der Anklage der sowjetischen Seite ihre Wirkung getan"[12], schrieb Reschin und ergänzte: „Satrap <Statthalter, sowjetischer Tarnname für Paulus> machte ausführliche Aussagen, die die Angeklagten und die anwesenden ausländischen Delegationen stark beeindruckten. Die Vertreter der sowjetischen staatlichen Anklage sind mit den Aussagen von ‚Satrap' zufrieden."[13]

---

7 Reschin, Feldmarschall im Kreuzverhör, S. 23.
8 Ebenda, S. 25.
9 Ebenda, S. 26.
10 Ebenda, S. 30.
11 Ebenda, S. 109.
12 Ebenda, S. 173.
13 Below, Unveröffentlichte Erinnerungen, Bd. II, Archiv Maser.

Daß Paulus im Juli 1944 zur Bestürzung vieler Offiziere dem „Bund Deutscher Offiziere" beigetreten war, ist nach Angaben Belows keineswegs eine Konsequenz sowjetischer „Gehirnwäschen" gewesen. Er habe vielmehr, so Below, die Hoffnung gehabt, durch den Schritt eine „bessere, menschliche Behandlung der deutschen Kriegsgefangenen", ihren baldigen „Heimattransport nach Beendigung des Krieges" und die „Verhinderung eines Kriegsverbrecher-Prozesses"[14] bewirken zu können.

Die vielfach publizierte Version, daß Paulus sich in der Sowjetunion „am Aufbau des Nationalkomitees ‚Freies Deutschland' beteiligt und „deutsche Truppen der Ostfront zum Überlaufen aufgefordert" habe[15], ist geeignet, den wahren Sachverhalt zu verfälschen.

Von Below überliefert in seinen unveröffentlichen Lebenserinnerungen: Paulus, den Hitler nicht lange zuvor an die Stelle von Generaloberst Alfred Jodl als Chef des Wehrmachtführungsstabes hatte setzen wollen, „hat am 31. <Januar 1943> morgens zwischen 6 und 7 Uhr mit mir lange über die Gesamtsituation gesprochen. Davon ist mir in Erinnerung geblieben, daß er etwa folgendes als Abschluß sagte: ‚Für alles, was hier geschehen ist, trage ich vor der Geschichte die Verantwortung'. Aus den Berichten des Sohnes von Generalfeldmarschall Paulus geht hervor, daß er bis zu seinem Tod von diesem Standpunkt nicht abgegangen ist".[16]

Als Paulus sich Anfang Juli 1954, mehr als elf Jahre nach der Kapitulation Stalingrads und mehr als 10 Jahre nach seiner Entlassung aus der sowjetischen Kriegsgefangenschaft, in Ost-Berlin der Presse zu einem Interview stellte, verwahrte er sich (nach einem Geflüster mit dem neben ihm als „Aufpasser" sitzenden SED-Staatssekretär Albert Norden) gegen den Vorwurf eines westlichen Journalisten, durch „bedenkenlosen Gehorsam" an der Katastrophe von Stalingrad mitschuldig gewesen zu sein. Ein „zu frühes Ausbrechen aus Stalingrad", so erklärte er, „hätte die Existenz der gesamten deutschen Truppenverbände im Kaukasus gefährdet".[17]

Die den Zweiten Weltkrieg überlebenden hohen Militärs[18], die der Oberste Kriegsherr Hitler nach der Schlacht von Stalingrad mit seiner formalen Geste, selbst für die Stalingrad-Katastrophe verantwortlich zu sein entlastete, empfanden diese „soldatische" Haltung Hitlers bis 1945 als „anständig".[19] Nach dem Ende des Krieges münzten sie Hitlers Äußerung zu einem schuldhaften Einge-

---

[14] Persönliche Mitteilung von Oberst von Below.

[15] Zentner, Christian, Hrsg., Der Zweite Weltkrieg. Ein Lexikon, München 1995, S. 425. Fortan zit. als Zentner.

[16] Nachlaß-Aufzeichnungen von Belows.

[17] Vgl. Telegraf vom 3. Juli 1954.

[18] 376 deutsche Generale waren in russische Kriegsgefangenschaft geraten. 254 von ihnen wurden verurteilt. 99 starben in der Gefangenschaft.

[19] Vgl. Der Spiegel vom 9. Februar 1976, S. 60.

ständnis[20] um und behaupteten, daß er den Sieg von Stalingrad durch dilettantische Eingriffe in ihre Kriegführung verspielt habe. Einer von ihnen, General Reinhard Gehlen, während des Krieges Chef der Feindaufklärungsabteilung „Fremde Heere Ost" (FHO) und seit 1956 (bis 1968) auf Betreiben der amerikanischen Besatzungsmacht Präsident des Bundesnachrichtendienstes (BND), der während des Krieges gegen die UdSSR im Gegensatz zu Hitler die sowjetischen Vorbereitungen für die Gegenoffensive im Raum Stalingrad nicht rechtzeitig erkannt hatte, behauptete wahrheitswidrig, daß er zehn Tage vor der Offensive der Roten Armee Hitler „genau vorausgesagt" hätte, „wo der Schlag fallen und welche unserer Armeen davon betroffen sein würden"[21], was Hitler jedoch ignoriert habe. Daß dies eine Fälschung der historischen Tatsachen war, bewiesen Mitte der siebziger Jahre die Historiker Hans-Heinrich Wilhelm, Philipp W. Fabry und vor allem Manfred Kehrig. „Einer der wenigen, der eine große russische Offensive im Donbogen mit dem Ziel der Einschließung der 6. Armee voraussahen"[22], schrieb Fabry nach der Auswertung einschlägiger Quellen, „war Adolf Hitler".[23] Und Hermann Göring, dem nicht nur von Hitler zu Unrecht vorgeworfen worden war, an der Niederlage von Stalingrad mitschuldig gewesen zu sein, erklärte sowjetischen Vernehmungsoffizieren im Juni 1945, als er längst keinen Grund mehr hatte, Hitler zu verteidigen und zu loben: „... wenn die Generäle ... an der Ostfront <Hitlers Pläne> verwirklicht hätten, hätten die Deutschen den Sieg errungen."[24]

Hitler, der besser als seine höchsten Militärs ahnte und voraussah, wie sich die Lage entwickeln würde, hatte bereits am 23. Juli 1942 in seiner „Weisung Nr. 45" erklärt, daß mit der Verstärkung der am südlichen Donufer angelangten Armee Timoschenko gerechnet werden müßte und eine „Versammlung ... einer weiteren feindlichen Kräftegruppe im Raum von Stalingrad ... im Gange"[25] sei. Er hatte sich historischer militärgeschichtlicher Hinterlassenschaften bedient. Am 16. August 1942 hatte er eine aus den Archiven der Roten Armee erbeutete Karte von 1919 studiert, auf der verzeichnet war, wie Stalin seinerzeit mit der „Roten Armee" über den Don zwischen Zarizyn (dem späteren Stalingrad) und Rostow die „Weißen Garden" des Zarengenerals Denikin vernichtend geschlagen hatte und mutmaßte seitdem, daß die Sowjets die Operation wiederholen, über den Don auf Rostow durchstoßen und die Südfront mit vier deutschen Armeen isolieren könnten. Anders als seine Militärs bangte er seitdem um die Sicherheit der Don-Flanke – und hatte Recht. Dem Generalstabschef des Heeres Mitte befahl er als Folge seiner instinktiven Ahnungen nach dem Studium der historischen Quel-

20 Bereits den Titeln ihrer Memoiren ist nicht selten zu entnehmen, wie sich ihre „Erinnerungen" ins Gegenteil verkehrt haben. Bezeichnend beispielsweise: Manstein, Erich von, Verlorene Siege, Bonn 1958.

21 Der Spiegel von 9. Februar 1976, S. 60.

22 Kehrig, Manfred, Stalingrad, Stuttgart 1976.

23 Zit. nach Der Spiegel vom 9. Februar 1976, S. 60.

24 Vernehmungsprotokoll vom 17. Juni 1945.

25 Hubatsch, S. 227.

31. Januar 1943 im Gefechtsstand der 62. Sibirischen Armee: Hochrangige deutsche Militärs während eines ersten „Gespräches“ mit dem sowjetischen General Tschuijkow. Von links nach rechts: Generalmajor Dr. Korfes, Oberst i.G. Diesel, General der Artillerie Pfeffer, General der Artillerie von Seydlitz, Oberst i.G. Crome, Hauptmann d.R. Humbert. Walter von Seydlitz-Kurzbach (1888–1976), der Hitlers Kriegsführung kritisiert hatte, stellte sich dem Bund Deutscher Offiziere als Vorsitzender zu Verfügung und wurde Vizepräsident des Nationalkomitees „Freies Deutschland“, was das Reichkriegsgericht veranlaßte, ihn in Abwesenheit zum Tode zu verurteilen. Da er sich in der Sowjetunion weigerte, sich zum Kommunismus zu bekennen und auch ablehnte, sich in der SBZ am „Aufbau des Sozialismus“ zu beteiligen verurteilten ihn auch die Sowjets zum Tode, wandelten das Urteil jedoch in eine 25-jährige Haftstrafe um. Am 7. Mai 1955 durfte er schließlich in die Bundesrepublik einreisen. 1976 starb er in Hamburg. Foto: NOWOSTI-Moskau.

le, umgehend schwere Artillerie und Pak (Panzerabwehrkanonen) hinter den ungarischen Sicherungsabschnitt der deutschen Frontlinie auffahren zu lassen – und „wünschte“, die 22. deutsche Panzer-Division hinter dem italienischen Don-Abschnitt in Stellung gebracht zu sehen. Doch Generaloberst Franz Halder führte den Befehl erst Wochen später aus, zu spät und nicht in dem von Hitler befohlenen Umfang. Die „gewünschte“ Verlegung der Panzer-Division „überhörte“ er ganz, weil er überzeugt war, die Situation besser als sein Oberster Befehlshaber einschätzen und beurteilen zu können, was ihm am 24. September 1942 die Entlassung eintrug.[26] Nach dem Krieg wurden die von Hitler „gedemütigten Mi-

[26] Vgl. Warlimont, Walter, Im Hauptquartier der Wehrmacht 1939–1945. Grundlagen-Formen-Gestalten, Frankfurt und Bonn 1964, S. 529.

litärs mit dem Generalfeldmarschall Erich von Manstein", so schrieb der „Spiegel" am 9. Februar 1976, „nicht müde, in ihren Memoiren darzulegen, wie Hitler durch dilettantische Eingriffe in die Kriegsführung den möglichen Sieg von Stalingrad verspielt habe. Hitler sei rechtzeitig – so ihre These – vor dem sowjetischen Gegenschlag am Don gewarnt worden, habe jedoch alle Mahnungen ignoriert". So lobte beispielsweise Walter Warlimont, der einstige General der Artillerie und (bis Herbst 1944) stelltretende Chef des Wehrmachtführungsstabes, sowohl Gehlen als auch Halder[27], wobei er sich einerseits auf Äußerungen General Heinz Guderians und andererseits auf Halders „Tagebuch"-Aufzeichnungen berief, die infolge der gezielten Selbstdarstellung Halders schwerlich durchweg als „objektive" Quellen bezeichnet werden können.[28]

Weder der Generalstab des Heeres noch Gehlens Abteilung „Fremde Heere Ost" haben im Hochsommer 1942 die Gefährdung Stalingrads im Gegensatz zu Hitler erkannt, der bereits vier Wochen vor Stalins Einverständnis mit dem Vorschlag der sowjetischen Marschälle Wassilewski und Schukow, Stalingrad durch eine Zangenoperation einzuschließen und die deutschen Streitkräfte zu vernichten, unentwegt mit einer derartigen Operation der Roten Armee rechnete. Gehlens Abteilung „Fremde Heere Ost" mutmaßte nach langer Unsicherheit Ende August 1942 zwar, daß es zu einer russischen Offensive am Don kommen könne, doch war mit der Vermutung wenig zu beginnen, da Gehlen darüber hinaus auch noch sieben andere Frontabschnitte zwischen Leningrad und Stalingrad als mögliche sowjetische Offensivziele nannte. Während Hitler, wie Kehrig nachwies, „unablässig"[29] auf die Gefährdung der Don-Flanke hinwies, sah Gehlen die Gefahr bei der (1939) rund 160.000 Einwohner zählenden Gebietshauptstadt Smolensk[30] aufkeimen, 1.300 Kilometer von Stalingrad und 370 Kilometer von Moskau entfernt. Die massiven sowjetischen Panzerbrigaden im Raum von Stalingrad lagen außerhalb seines Gesichtskreises, den auch der wegen seiner dilatorischen Behandlung der Hitler-Weisungen von Hitler entlassene Generaloberst und Generalstabschef Franz Halder für realistisch hielt.

Die Rote Armee, deren Truppen-, Waffen- und Gerätemassierungen, 13.500 Geschütze und Granatwerfer, rund 900 Panzer und 1.414 Flugzeuge von Gehlen und den anderen maßgeblichen Militärs um Hitler nicht rechtzeitig erkannt worden waren, brach Mitte November 1942 an der Stelle erfolgreich durch, die Hitler vorausgesagt hatte. Innerhalb von rund drei Wochen war die 6. deutsche Armee

[27] Ebenda, S. 2650.

[28] Der englische Militärhistoriker Liddell Hart, der fälschlich behauptete (Liddell Hart, Geschichte des Zweiten Weltkrieges, 2 Bde., Düsseldorf und Wien 1972, Bd. I, S. 329), daß Halder, der nach dem 20. Juli 1944 ins KZ eingeliefert wurde, von sich aus „seinen Abschied" genommen habe, folgte den Darstellungen, die Halder als weitblickenden Militär bezeichneten, dem es trotz aller Bemühungen nicht gelungen sei, „Hitler zur Vernunft zu bringen" (ebenda, S. 327).

[29] Vgl. Der Spiegel vom 9. Februar 1976, S. 62.

[30] Smolensk war bereits am 16. Juli 1941 von der 29. deutschen Infanterie-Division (mot.) erobert worden. Am 24. September 1943 fiel die Stadt wieder in sowjetische Hand.

eingeschlossen und Schukow, der Triumphator von Stalingrad, konnte wahrheitsgemäß sinnieren, daß Gehlen ihm erleichtert habe, den Sieg zu erringen.[31]

Die Haltung maßgeblicher Militärs des Generalstabes des Heeres nach Stalingrad schilderte aus eigener Erfahrung, das Damoklesschwert über sich und den nahen gewaltsamen Tod am Galgen vor Augen, am 1. und 2. August 1944, zwölf Tage nach dem gescheiterten Stauffenberg-Attentat vom 20. Juli 1944, Oberstleutnant Günther Smend[32] in einer schriftlichen Darlegung vor der Gestapo.

Auszug: „Ich gehörte seit Dezember 1942 dem Generalstab des Heeres an. Nach 1/2jähriger Zugehörigkeit zur Operationsabteilung wurde ich am 15. Juli 1943 zum Adjutanten des Chefs des Generalstabes des Heeres, Generaloberst Zeitzler <9. Juni 1895 – 24. September 1963> ernannt. Mit dem bin ich durch Gleichart der Auffassungen nunmehr eng befreundet, d.h. ich kenne ihn genau und ich fühle mich zu seiner Ehrenrettung verpflichtet, die psychologisch gleiche Entwicklung der Dinge bis zum 20. Juli 1944 so zu schildern, wie sie mir sich darstellt. Von der Truppe kommend … war ich … unglücklich darüber, in den engen Rahmen eines großen Stabes eintreten zu müssen. Noch unglücklicher aber mußte man darüber werden, daß man mit einem Schlage seine Gesamtansicht über den Krieg ändern mußte … Auf Grund der Einblicke in die Gesamtlage wurden in mir … Zweifel am Endsieg wach, *zumal damals* gerade die Schlacht von Stalingrad für uns verloren war.

Der an sich in jedem Soldaten lebende Wunsch, Positives zu sehen und auch zu hören, wurde nicht erfüllt. Bedrückt von den Tagesereignissen an der Front einerseits und dem damals erstmalig fühlbar werdenden Zwiespalt zwischen den Vorschlägen des Generalstabes und der Entschlußfassung des Führers andererseits konnte eine bewußte positive Grundhaltung nicht Platz greifen. Dies veranlaßte erstmalig zu einer starken Kritik am Führer, die praktisch vom ganzen Offizierskorps der Operationsabteilung geübt wurde und nie von einem Vorgesetzten gehindert wurde. So kam man ganz von selbst … in seiner Einstellung zum Führer und seinen militärischen Maßnahmen ins Gleiten, umso mehr, als ja die Vorgesetzten in das gleiche Horn stießen. Chef der Operationsabteilung, General Heusinger, war ein von uns allen ob seiner Klugheit, seines militärischen Weitblicks und seiner Herzensgüte hochverehrter Mann. Sein Fehler war, daß er niemals auch nur den Versuch gemacht hat, durchzugreifen gegen aufkommenden Pessimismus oder Kritik am Führer, sondern ja selbst auch kritisierte … An diesem Mangel an Erziehung in nationalsozialistischem Sinne und dem völligen Fehlen jeder Einflußnahme auf die innere Haltung sovieler junger, kluger Offiziere mit heißem Herzen für den Krieg und Sieg mußten allmählich Gedanken erwachen wie: ‚Kann der Führer den Krieg richtig führen oder nicht.‘

---

31 Vgl. Der Spiegel vom 9. Februar 1976, S. 65.

32 Smend wurde am 14. August 1944 aus der Wehrmacht ausgestoßen und am 30. August 1944 zum Tode durch den Strang verurteilt.

Ein Eingriff hätte genügt, um solche Gedanken für immer zu verjagen, er kam nie, im Gegenteil, wir richteten unsere Kritik am Führer und seinen Maßnahmen an den Vorgesetzten aus. So dachte man eben in der Operationsabteilung und … in den meisten Abteilungen des Generalstabes auch.

… Immer wieder sah er <Zeitzler> seine Energie oder Stoßkraft anscheinend nutzlos vertan und sagte oft: ‚Man spricht oft zum Führer wie gegen eine Wand' … Auch zu diesem Zeitpunkt <Ende Juni 1944> wäre noch Gelegenheit gewesen, alles, was den unglückseligen 20. Juli herbeiführte, zu verhindern. Ein *positives* Wort, eine vernünftige Ansprache hätte genügt, die steuerlos dahintreibenden Generalstabsoffiziere einzufangen und auf den richtigen Weg zu setzen, nach dem sich alle sehnten. Dieses Wort wurde nie gesprochen, dagegen immer mehr die Meinung verhärtet, ‚daß alles ein Wahnsinn sei'. Jeder dachte so und jeder machte auch aus dieser Meinung kein Hehl. Trotzdem gab es immer wieder bis zuletzt nur eine Meinung bei der Diskussion über eine Ausschaltung oder gar Beseitigung des Führers: ‚Ohne den Führer geht es nach wie vor nicht; dann ist alles zu Ende' … So sehr wir jungen Generalstabsoffiziere aber auf der einen Seite die Mängel, Nachteile und Fehler sahen und sehen mußten, so sehr wir auch bereit waren, den Führer dafür verantwortlich zu machen, so sehr lehnten wir doch immer die Durchführung zur Beseitigung des Führers ab, weil uns damit der innere und äußere Zusammenbruch vollends unvermeidbar erschien.

Allen aber war klar, daß diese Gedankengänge um die Beseitigung des Führers vorhanden waren, unser Fehler, der in unserem militärischen Gehorsamkeitsprinzip mitbegründet liegt, war es, diese heranreifende Eiterbeule nicht ausgebrannt zu haben – wir waren eben auch nicht mehr immun.

Daß der Generalstab in seinen Spitzen – Wagner, Stieff und Fellgiebel[33] – diesen Weg mitgegangen ist und uns Junge zwangsläufig mithineinzog, ist eine erschütternde Tatsache. Sie hätte bei richtiger Erziehung und durch den Wechsel der überalterten Abteilungchefs mit Leichtigkeit verhindert werden können.

Der Oberst Graf Stauffenberg und seine Ideenwelt sind mir unbekannt. Ich kenne weder seine Pläne noch seine Gedanken, die ihn zu dem Attentat veranlaßt haben. Er stand mir wie allen jüngeren Offizieren persönlich und dienstlich fern …

Ich habe bis zur letzten Sekunde es für unmöglich gehalten, daß ein solcher Plan, den Führer zu beseitigen, durchgeführt werden könnte, weil ich dies immer abgelehnt habe.

33 Generalquartiermeister General Wagner, der am 23. Juli 1944 Selbstmord begangen hatte, wurde am 4. August 1944 aus der Wehrmacht ausgestoßen. Generalmajor Stieff, Chef der Organisationsabteilung des Generalstabes des Heeres, wurde am 4. August 1944 aus der Wehrmacht ausgestoßen und am 8. August 1944 zum Tode durch den Strang verurteilt. General Fellgiebel, u.a. Bevollmächtigter für technische Nachrichtenmittel im Oberkommando der Wehrmacht wurde am 4. August 1944 aus der Wehrmacht ausgestoßen und am 10. August 1944 zum Tode durch den Strang verurteilt.

Daß ich es unterlassen habe, diese Dinge nicht noch präziser dem General Heusinger zu melden, der damals den Generalobersten <Zeitzler> vertrat, ist mein Fehler, den ich zu büßen habe … Mangel an Positivismus, Fehler jeder Beeinflussung, Verlieren des Glaubens bei den Spitzen und die scheinbare Hoffnungslosigkeit, den Zwiespalt zwischen Führer und Generalstab in der militärischen Führung zu beseitigen, sind die Gründe gewesen, die den Generalstab in diese verbrecherische Gedankenwelt hineingelockt haben …“[34]

Diese Darstellung des 32-jährigen Oberstleutnants offenbart Kriterien, die seit eh und je nicht proportionsgerecht ausgewertet worden sind. Die Abteilungsleiter im Oberkommando der Wehrmacht empfanden das Fehlen eines „Oberbefehlshabers des Heeres unter dem Führer“ seit dessen Übernahme des Oberbefehls über das Oberkommando des Heeres (Walther Brauchitsch im Dezember 1941) als „entscheidenden Mangel“, wobei sie auf die anders strukturierten Befehlsgewalten in den Wehrmachtsteilen Marine (Karl Dönitz seit 30. Januar 1943 Oberbefehlshaber der Marine) und in der Luftwaffe mit Reichsmarschall Hermann Göring verwiesen. Sie kritisierten Hitler hinter vorgehaltener Hand massiv[35] und beeinflußten die jungen Generalstabsoffiziere gravierend.[36]

Die jungen Generalstäbler monierten – nach Smend – die überalterten und nach ihrer Meinung zu lange in ihren Stellungen befindlichen „Alten“, die Abteilungsleiter, die Hitler und dessen Maßnahmen unter sich und in Anwesenheit der Jungen kritisierten, nicht aber den „Jungen“ den Glauben an den Sieg vermittelt und Hitler widersprochen haben. Sie schoben die Schuld auf die „Alten“, die an Hitler scheiterten, seine „Ausschaltung“ oder seine von den Jungen – nach Smend – als „Verbrechen“ empfundene „Beseitigung“ diskutierten und die „steuerlos dahintreibenden Generalstabsoffiziere“ nicht auf den „richtigen Weg“ führten, sondern sie systematisch in den Bann ihrer Anti-Hitler-Haltung zogen. Ob Hitler die Meinung von Joseph Goebbels teilte, der am 28. März 1945 in sein Tagebuch eintrug, daß es im Juni 1934 sicher besser gewesen wäre, anstelle „einiger Hundert SA-Führer“ einige „Hundert Generäle“ zu erschießen[37], ist nicht nachweisbar. Jedenfalls ermöglichten die Quellenlage und der Forschungsstand bestimmten Generalstäblern, sich als Memoirenschreiber ohne Blessuren aus dem Dickicht geschichtsträchtiger Ereignisse herauszumanövrieren.

Hitler, dem die hohen Militärs hinter vorgehaltener Hand – nicht selten mit Recht – vorwarfen, bis in die Regimentsstäbe hinein zu befehlen, war diesem „Ruf“ in

---

[34] Beginn der Darlegung: 1. August, Abschluß und Unterschrift: 2. August 1944. Nationalarchiv Washington, EAP 105/14. Box 1287. Die fehlerhafte Interpunktion wurde nicht korrigiert.

[35] Smend in seiner Darlegung vom 1./2. August 1944: „In der morgendlichen Lagebesprechung trafen sich im Zimmer des Generals Wagner: Heusinger, Fellgiebel, Stieff und Gercke und schon hier begann die Kritik am Führer und der getroffenen Maßnahmen – oft in scharfer Form. Diese Kritik gehörte einfach dazu, sie wurde während der Lagebesprechung <jedoch> nicht geübt, da der Generaloberst <Zeitzler> in diesem Kreis nur rein sachlich“ sprach.

[36] Nationalarchiv Washington. EAP 105/14. Box 1287.

[37] Goebbels, Tagebücher, Bd. 5, 2174.

der Schlacht um Stalingrad bis Herbst 1942 treu geblieben. Er hatte zwar befohlen, jedoch den militärischen Grundsatz außer acht gelassen, die Befolgung der Befehle auch zu überwachen. Ob seine Erklärung, an der Katastrophe von Stalingrad allein die Schuld zu tragen, daraus oder aus einer Einsicht resultierte, mit seinen Verboten, sich rechtzeitig aus Stalingrad zurückzuziehen oder Paulus schließlich einen Ausbruch zu erlauben, doch entscheidende Fehler begangen zu haben, muß eine offene Frage bleiben. Paulus jedenfalls, der sich zu Hitlers Verbitterung nicht erschoß, sondern kapitulierte, als Generalfeldmarschall in russische Gefangenschaft ging, die Deutschen im August 1944 dazu aufrief, sich von Hitler loszusagen „und sich eine neue Staatsführung zu geben",[38] lastete die Schuld für die Katastrophe von Stalingrad nicht Hitler an, sondern nahm sie, wie bereits festgestellt, auf sich.

Zu den ständig kolportierten Legenden gehört im Zusammenhang mit Stalingrad auch die Behauptung, daß Göring Hitler am 23. November 1942 zugesichert habe, mit der Luftwaffe täglich 500 t. Versorgungsgüter[39] für die zuletzt noch rund 201.000 Mann umfassenden Einheiten der 6. Armee in die von der Roten Armee eingeschlossene Stadt transportieren zu können.

Infolge der äußeren Verhältnisse waren es letztlich täglich nur 90 Tonnen (Munition, Treibstoff, Verpflegung und Waffen), die eingeflogen werden konnten. Von sowjetischen Vernehmungs-Offizieren am 17. Juni 1945 in Mondorf in Anwesenheit amerikanischer Offiziere befragt, erklärte Göring dazu: „Als sich in Stalingrad eine kritische Lage für unsere Truppe entwickelt hatte, rief mich der Führer zu sich. Es war die Frage zu entscheiden, ob die Armee dort zu bleiben oder notwendig zurückzugehen habe. Der Führer fragte mich, ob man die Versorgung der Stalingrader Gruppe mit 500 t Versorgungsgüter täglich gewährleisten könne. Später setzte er diese Zahl auf 300 t herab. Ich erwiderte ihm, daß dies nur unter der Voraussetzung möglich wäre, daß das Wetter ständig sommerlich sein werde und unsere Stalingrad-Armee die Flugplätze besetzt halte. Hitler befahl, für die Versorgung von Stalingrad mit Gütern alle Transportflugzeuge, selbst die Lehrmaschinen einzusetzen. Es traf dann das ein, was ich vor allem befürchtet hatte: schrecklich schlechte Wetterverhältnisse, Vereisung, Schneefall, Schneestürme. Unsere Luftwaffe erlitt hohe Verluste."[40] Daß Hitler, der angesichts der prekären Situation und Lage befahl, schließlich auch alle Bomber als Transportmittel für Waffen und Munition einzusetzen[41], von Göring getäuscht oder falsch informiert worden sei, ist eine Behauptung, die sich nicht mit den Tatsachen deckt.

Diese knappe Darstellung über Stalingrad kann selbstverständlich nicht in Anspruch nehmen, die Geschichte der den Zweiten Weltkrieg spürbar mitentscheiden-

---

[38] Freies Deutschland im Bild. Organ des Nationalkomitees ‚Freies Deutschland', Nr. 9, 1944, Titelseite.

[39] Die 6. Armee hatte zunächst täglich 700 t gefordert.

[40] Kopie des Vernehmungsprotokolls im Archiv Maser. Vgl. auch Maser, Göring, S. 381 f.

[41] Ebenda.

den Schlacht, über die eine umfangreiche Fachliteratur existiert, „protokolliert" zu haben. Zur Beurteilung der Rolle Hitlers, dem nicht nur von Militärs vor allem die Ignorierung strategischer und taktischer Vorschläge, unrealistische Zielvorgaben, starrsinnige Unbelehrbarkeit und sein Verbot zum Rückzug oder Ausbruch aus Stalingrad als maßgebliche Fehler angelastet werden, kann dies nur ein skizzenhafter Anstoß für gravierende Korrekturen sein. Hier ging es lediglich darum, einige nachweisbare historische Fakten wenigstens stichwortartig zu notieren, die dazu zwingen, bestimmte Darstellungen und spezifische Hitler-Bewertungen zu revidieren.[42]

Offen muß die Frage bleiben, ob der Verlust von Stalingrad die entscheidende Wende des Krieges gewesen ist. Russische Historiker, Politiker und Militärs behaupten es nach wie vor. Ihre britischen Kollegen sind dagegen überzeugt, daß es die „battle of Britain" gewesen sei, die Abwehr der deutschen Luftoffensive von 1940, während die Amerikaner mit ihrem Engagement den Sieg der Alliierten gesichert zu haben meinen. „Gewiß ist Stalingrad ... ein Wendepunkt in der Geschichte des Zweiten Weltkrieges", schrieb dagegen Manstein 15 Jahre nach der Schlacht und mutmaßte: „Aber so schwerwiegend der Verlust der 6. Armee auch immer gewesen ist, der Krieg im Osten – und damit der Krieg überhaupt – brauchte deshalb doch noch nicht verloren zu sein. Immer noch blieb das Erzwingen einer Remislösung denkbar."[43]

Während Hitlers Ansehen als Feldherr und „Prophet" nach der deutschen Niederlage von Stalingrad Blessuren erlitt, erlebte die Glorifizierung Stalins in der UdSSR beispiellose Ausmaße. Die Wahrheit blieb auf der Strecke, ähnlich wie es in Deutschland bei den von der NSDAP und den Funktionsträgern des Regimes gesteuerten Darstellungen Hitlers nicht nur zuvor der Fall gewesen war.

Wie Stalin zu der Zeit selbst insgeheim über seine Verherrlichung dachte, ist nicht nachweisbar. Nachweisbar hingegen ist, daß er – im Gegensatz zu Hitler – keineswegs immer detailliert entschied, was in schwierigen Lagen zu geschehen habe, so daß viele der Erfolge, die ihm allein zugeschrieben wurden, andere Väter hatten. Als sich beispielsweise sein Intimus Mechlis, ein maßgeblicher Militär des sowjetischen Hauptquartiers und Kontrollminister an der Krimfront, am 8. Mai 1942 während einer schwierigen militärischen Lage händeringend an ihn wandte und ihn bat, ihm für die sowjetische Krimfront einen Feldherrn „vom Schlage" Paul von Hindenburgs zur Verfügung zu stellen, reagierte Stalin: „Sie fordern Koslow <Dimitrij Koslow, Generalleutnant> durch jemanden vom Schlage eines Hindenburg ablösen zu lassen, obwohl Ihnen doch klar sein muß, daß wir keine Hindenburgs in der Hinterhand haben."[44] Er flüchtete sich in seine

[42] Zu Stalingrad vgl., Maser, Hitler, S. 25, 112, 148, 223, 230, 257, 272, 308, 387, 392, 405, 413, 471 f., 485 f., 514, 517.

[43] Vgl. Manstein, S. 321 ff.

[44] Mitteilung des russischen Stalin-Biographen Wolkogonow (1995). Vgl. dazu auch Morozow, Michael, Der Georgier. Stalins Weg und Herrschaft, München 1980, S. 225 f. Bei Morozow heißt es : „... keine Hindenburgs in Reserve haben".

Machtbefugnisse und ließ Mechlis lediglich wissen, daß er die prekäre Situation mit den ihm zur Verfügung stehenden Mitteln selbst zu bereinigen habe.

Als es des „Hindenburgs in der Hinterhand“ nicht mehr bedurfte, als der unseelige Zweite Weltkrieg Geschichte zu werden begann, huldigten die sowjetischen Autoren der „kurzen Lebensbeschreibung“ dem Diktator und Tyrannen, der für Millionen Tote verantwortlich war: „In zahlreichen Sprachen wird Stalin von den Völkern der Sowjetunion in Liedern besungen. Diese Lieder sind Ausdruck der großen Liebe und grenzenlosen Ergebenheit der Völker der Sowjetunion für ihren großen Führer, Lehrer und Feldherrn“.[45]

Die deutschen militärischen Erfolge von 1941 und 1942, die Siege bei Charkow, Kiew und Wjasma und der deutsche Übergang über den Don, um hier nur einige Beispiele anzuführen, wurden von Stalins Historikern ebenso systematisch übergangen wie von den sowjetischen Propagandisten, weil der seit 1934 drakonisch vorgegebene Fälschungskanon nicht beschädigt werden durfte. Schamlos waren die Fälschungen der seit den dreißiger Jahren von Stalin besonders gegängelten[46] und dezimierten sowjetischen Historikerschaft und Militärs, die Stalin als Feldherr darstellten. Ihm wurden prophetische Gaben, gravierende Erkenntnisse und konstituierende strategische Leistungen angedichtet, die durchweg anderen Militärs zugeordnet werden mußten. So hieß es 1952 beispielsweise über Stalins Rolle bei der Schlacht von Stalingrad bei A.J. Kowalewski fälschlich: „Genosse Stalin durchschaute die Pläne des deutschen Oberkommandos und wies darauf hin, daß der Schlüssel zum Sieg über den Feind im Bezirk Stalingrad liegt.“[47] Dieser Sieg, so hatte er fortgesetzt, „wurde von der Armee der sozialistischen Staaten unter der Führung des größten Feldherrn aller Zeiten <wie Wilhelm Keitel Hitler nach der Niederwerfung Frankreichs im Juni 1940 auch genannt hatte>, J.W. Stalin, errungen.“[48] Und in „J.W. Stalin – Eine kurze Lebensbeschreibung“ von 1950 hieß es: „In den Jahren des Großen Vaterländischen Krieges erkannte das Sowjetvolk noch gründlicher die ganze Größe seines Lenkers, Lehrers, Feldherrn und Freund Josef Wissarionowitsch Stalin … seine selbstlose Hingabe für das … Gedeihen des sozialistischen Staates“.[49] Stets wurden Siege der Roten Armee Stalins Feldherrnfähigkeiten zugeschrieben, deutsche Siege oder Fehleinschätzungen, die zum Teil auf Stalins Irrtümer und Versagen zurückgingen, wie es beispielsweise beim deutschen Durchbruch von 1942 an der Südwestfront der Fall war[50], blieben ebenso unerwähnt wie Leistungen Schukows und Wassilewskis nicht nur bei Stalingrad.

[45] J.W. Stalin – eine kurze Lebensbeschreibung Ost-Berlin 1950, S. 254 f.

[46] Vgl. Nolte, Hans-Heinrich, „Drang nach Osten“. Sowjetische Geschichtsschreibung der deutschen Ostexpansion, Köln und Frankfurt a.M. 1976.

[47] Kowalewski, A.J., J.W. Stalin – Der Inspirator und Organisator der Siege des Sowjetvolkes im Großen Vaterländischen Krieg, Ost-Berlin 1952, S. 29.

[48] Ebenda, S. 32.

[49] J.W. Stalin – Eine kurze Lebensbeschreibung, Ost-Berlin 1950, S. 236.

[50] Stalin und der Generalstab der Roten Armee hatten einen deutschen Vorstoß im Mittelabschnitt auf Moskau erwartet und die sowjetischen Streitkräfte daher entsprechend postiert, was den deutschen Streitkräften an der Südwestfront entgegenkam.

Die vor dem Kriege von Stalin angeordneten und von ihm zu verantwortenden Verbrechen, die Massenverhaftungen, Einweisungen in Straflager, Mordaktionen und offiziellen Todesurteile, die zwischen August 1936 und März 1938 im Rahmen der auf seine Anweisungen inszenierten „Großen Säuberungen" der Partei von angeblichen Saboteuren, Gegnern und Feinden, wurden als notwendige Maßnahmen in den Ruhmeskanon integriert und Stalin, der dem Zentralkomitee (ZK) der KPdSU seit 1912 angehörte und 1922 (als Politbüro-Mitglied seit 1917) dessen Generalsekretär geworden war, als Retter der 1922 auf Veranlassung Lenins ins Leben gerufenen UdSSR gerühmt und gefeiert.

1937 hatte er Tuchatschewski und zwei weitere von insgesamt fünf Marschällen der Sowjetunion hinrichten lassen. Exekutiert wurden 1937 auf seine Weisung ferner: 14 von 16 Armee-Befehlshabern, alle 8 Admirale, 60 von 67 Kommandierenden Generälen, 136 von 199 Divisionskommandeuren und 221 von 397 Brigadekommandeuren, alle 11 Stellvertretende Verteidigungskommissare, 75 von 80 Mitgliedern des Obersten Kriegsrats und 35.000 Offiziere unterer Ränge, rund die Hälfte des gesamten Offizierskorps. Von den 194 führenden Bolschewiki, die von 1898 bis 1934 dem ZK der KPdSU angehört hatten, ließ Stalin zwischen 1936 und 1939 104 erschießen. 7 nahmen sich das Leben. Von den 71 Mitgliedern des Zentralkomitees des Jahres 1934 ließ er 44 hinrichten. Von den 1966 Delegierten des XVII. Parteitages (1934) wurden 1.108 verhaftet, 61 der (von 1917 bis 1934) insgesamt 115 Minister der Sowjetunion erschossen. Rund die Hälfte der 1,2 Millionen alten Parteimitglieder kamen in Haftanstalten; nur 50.000 von ihnen überlebten. Jeder zweite Verhaftete starb beim Verhör oder durch Hinrichtungen. Viele gingen in Lagern zugrunde.

Im März 1938, ein Jahr vor dem XVIII. Parteitag, meldeten Timoschenko, Smirnow und Chruschtschow, daß sich der Militärrat im Kiewer Militärbezirk bemühe, „die restlichen feindlichen Elemente endgültig auszumerzen", und der berüchtigte Militärjurist Wassili Wassilijewitsch Ulrich, der in den Moskauer Schauprozessen als Vorsitzender fungierte, bat Stalin und Molotow am 14. Juni 1939, rund zehn Wochen vor dem Abschluß des Hitler-Stalin-Paktes, „im Interesse der Geheimhaltung ... zu den Verhandlungen" gegen beschuldigte Militärs „keine Verteidiger zuzulassen". 800 Verfahren im Moskauer Militärbezirk, 700 im Nordkaukasischen Bezirk, 500 im Charkower und 400 im Sibirischen Militärbezirk, so teilte Ulrich mit, wickele er derzeit im Sinne Stalins ab.[51]

Die zielgerichtet systematischen und von Stalin persönlich akribisch überwachten Fälschungen über seine Rolle seit spätestens 1912 galten nach offiziellen Angaben als authentische Darstellungen. Die verlogenen Behauptungen über

[51] Vgl. Wolkogonow, Stalin, S. 456. Zu Tuchatschewski und den „Säuberungen" während dieser Zeit vgl. Maser, Hitler. S. 508, Wolkogonow, Stalin, u.a. S. 419, 422 ff., 424, 431, 445, 450, 458, Ulam, Adam B., Stalin. Koloß der Macht, München 1973, u.a. S. 417 f. Fortan zit.: Ulam, Stalin, Der Spiegel, Nr. 7 vom 8. Februar 1971, Moroszow, Michael, Der Georgier. Stalins Weg und Herrschaft, München 1980, S. 146 f. Fortan zit.: Moroszow, Der Georgier. Vgl. auch Maser, Der Wortbruch, S. 88 f.

seine angeblichen militärischen detaillierten Entscheidungen während des deutsch-sowjetischen Krieges und des Zweiten Weltkrieges insgesamt bildeten dabei so wenig eine Ausnahme wie die ihm uneingeschränkt zugewiesene schöpferische Bedeutung für die „Wissenschaft“, „Philosophie“ und „Kulturgeschichte“. Das „Genie Stalin“ gab es den Fälschungen zufolge vornehmlich seit 1934, seit der Ermordung seines einstigen engsten Weggefährten Sergej Michailowitsch Kirow, an dessen gewaltsamen – aber niemals tatsächlich aufgeklärten[52] Tod – er nach Ansicht einiger Historiker vermutlich selbst nicht ganz unbeteiligt war. Kirows Tod kam ihm insofern gelegen, als er ihm die – propagandistisch relativ leicht zu erklärende Möglichkeit bot, seine prinzipiell auf Terror gegründete Gewaltherrschaft kontinuierlich zu inszenieren und alle diejenigen auch physisch auszuschalten, die ihm eventuell hätten gefährlich werden können. Seitdem mußten Schuldbeweise bloßen und oft durch grausame Folterungen erzwungenen Geständnissen weichen. Seit 1936, seit er sich – raffiniert kalkuliert – gern propagandistisch effektvoll mit Kindern fotografieren und filmen – und mit Peter dem Großen vergleichen – ließ, forderte er nicht mehr nur totale Unterwerfung, sondern bestand auf Vernichtung. Probleme, die Hitler bei der Ausschaltung „alter Kämpfer“ hatte, gab es für Stalin nicht. Doch alles dies blieb unerwähnt.

[52] Entsprechend verhält es sich mit dem offiziellen Selbstmord seiner ersten Ehefrau Nadeschda, die den Angaben zufolge 1932 mit Stalins Pistole Selbstmord beging.

Amerikanisch-kanadische Geschichtsklitterung im Film nach 1945

Gemeint sind hier nicht die von 1941 bis 1945 in den USA produzierten antideutschen Filme, nicht die von den polnischen jüdischen Brüdern Jack und Harry Warner und den mit US-Regierungsgeldern in den Disney-Studios hergestellten Produkte, sondern die mehr als fünf Jahrzehnte nach dem Ende des Krieges entstandene KAN/USA-Produktion, der am 30. und 31. August 2001 vom deutschen Privatsender „Vox" ausgestrahlte Fernsehfilm „Nürnberg. Im Namen der Menschlichkeit". Der „Mannheimer Morgen" beispielsweise faßte am 1. September 2001 sein Urteil über den Film wie folgt zusammen: „Dieser Zweiteiler über den ersten internationalen Kriegsverbrecherprozeß von 1945/46 erwies sich als ein Film von Amerikanern für Amerikaner. Daher mußte man es auch hinnehmen, daß dem Unterhaltungsbedürfnis des angepeilten Publikums gewisse unübersehbare Zugeständnisse gemacht worden waren ... Abgesehen davon legte jedoch Regisseur Yves Simoneau großen Wert auf eine möglichst wirklichkeitsgetreue Nachstellung der damaligen Ereignisse, die bis hin zu eingefügten Originalfilmdokumenten aus den befreiten Konzentrationslagern ging." „Ein Film von Amerikanern für Amerikaner." Voreingenommene Urteile und Geschichte verfälschende Kriterien stilisierten den tatsächlichen historischen Sachverhalt, indem Drehbuchautoren und Regie sich sichtlich darauf beschränkten, aus dem Nachhinein grobschlächtige und oberflächliche Persönlichkeitsprofile zu plakatieren und vordergründig nur den Aspekt zu behandeln, der die westlichen Siegermächte bis 1945 nicht belasten konnte: „Verbrechen gegen die Menschlichkeit". Korea und Vietnam standen noch nicht zur Debatte. Dresden, Hiroshima und Nagasaki, vor dem IMT begangene Verbrechen durften nach den zwingenden Vorgaben für die Prozeßführung und die Urteilsbildung von der Verteidigung so wenig erwähnt werden wie beispielsweise Versailles und nachweisbare Kriegsverbrechen der Siegermächte, unter denen sich die durch Kriegsverbrechen und Verbrechen gegen die Menschlichkeit schwer belastete Sowjetunion befand.

Die im „Londoner Statut" vom 8. August 1945 von den Regierungen der USA, Großbritanniens und Nordirlands, der provisorischen Regierung Frankreichs und der Regierung der UdSSR für den „Internationalen Militärgerichtshof" vorgegebenen Richtlinien, an die sich das IMT zu halten hatte, wurden in diesem Film nicht einmal erwähnt, obwohl sie in der Geschichte singulär waren – und sind. So hieß es beispielsweise im Artikel 13 des Statuts: „Der Gerichtshof stellt die Regeln für sein Verfahren selbst auf", und der Artikel 19 kodifizierte: „Der Gerichtshof ist an Beweisregeln nicht gebunden, er soll im weiten Ausmaß ein schnelles und nicht formelles Verfahren anwenden, und jedes Beweismaterial, das ihm Beweiswert zu haben scheint, zulassen."

Die Geschichte fälschend, diskutierten die amerikanischen und britischen Juristen anfänglich buchstäblich nebenbei, woran sie sich während des bevorstehenden Verfahrens zu halten gedächten, was absolut illusorisch sein mußte. Erschütternde Originalaufnahmen von Bergen verhungerter und geschundener Leichen in Konzentrationslagern und Schilderungen von medizinischen Versuchen an Menschen (zum Beispiel im KZ Dachau) ließen zahlreiche falsche Darstellungen verblassen und erlaubten den „Filmemachern", den Aspekt „Verbrechen gegen die Menschlichkeit" dokumentarisch dargeboten zu haben. Die vor allem von deutschen Prozeß-Gegnern begrüßten abweichenden Argumente Donnedieu de Vabres, des französischen ordentlichen Mitgliedes des Tribunals, beispielsweise gegen die Anklagepunkte „Verbrechen gegen die Menschlichkeit" und „Verschwörung/Gemeinsamen Plan", die er für nicht zulässig hielt, wurden ohne Namensnennung und weitere Erklärungen lediglich angedeutet.

Bestimmte Sachverhalte grob verkürzende – und damit die Geschichte fälschende – Darstellungen zeigten deutlich, was der Film bewirken sollte. So wurde bei Hermann Göring, der die Liste der Angeklagten anführte, absichtlich verschwiegen, daß Hitler ihn am 29. April 1945 aus der Partei ausgestoßen hatte, worauf er von der SS verhaftet worden und mit dem Tod durch Erschießen bedroht worden war.[1]

Göring erschien als der maßgebliche Initiator der extrem antisemitischen Judenpolitik des NS-Regimes, was sich infolge seiner exponierten Positionen und Machtbefugnisse im Rahmen des Regimes und des IMT-Urteils filmisch relativ leicht vermitteln ließ. Daß sowohl das IMT, als auch der Film darauf verzichteten, die tatsächlichen Hintergründe unvoreingenommen zu untersuchen und zu berücksichtigen, ist ebenso leicht nachweisbar. Im Film zitierte Jackson effektvoll Görings Brief vom 31. Juli 1941 an Reinhard Heydrich, in dem es hieß: „In Ergänzung der Ihnen bereits mit Erlaß vom 24. Januar 1939 übertragenen Aufgabe, die Judenfrage in Form der Auswanderung oder Evakuierung einer den Zeitverhältnissen entsprechend möglichst günstigen Lösung zuzuführen, beauftrage ich Sie hiermit, alle erforderlichen Vorbereitungen in organisatorischer, sachlicher und materieller Hinsicht zu treffen für eine Gesamtlösung der Judenfrage[2] im deutschen Einflußgebiet in Europa. Sofern hierbei die Zuständigkeiten anderer Zentralinstanzen berührt werden, sind diese zu beteiligen. Ich beauftrage Sie weiter, mir in Bälde einen Gesamtentwurf über die organisatorischen, sachlichen und materiellen Vorausmaßnahmen zur Durchführung der angestrebten Endlösung der Judenfrage vorzulegen."[3]

---

[1] Siehe hier Seite 294 und Maser, Göring, S. 428.
[2] Vgl. dazu auch S. 300 ff.
[3] Faksimile des Briefes auf S. 296.

Zweiter Teil des politischen Testaments.

Ich stosse vor meinem Tode den früheren Reichsmarschall Hermann G ö r i n g aus der Partei aus und entziehe ihm alle Rechte, die sich aus dem Erlass vom 29. Juni 1941 sowie aus meiner Reichstagserklärung vom 1. September 1939 ergeben könnten. Ich ernenne an Stelle dessen den Großadmiral D ö n i t z zum Reichspräsidenten und Obersten Befehlshaber der Wehrmacht.

Gegeben zu Berlin, den 29. April 1945, 4.00 Uhr.

Göring, dem von Hitler telefonisch befohlen worden war, die „Endlösung" der Judenfrage vorzubereiten[4], hatte Heydrich angewiesen, ihm die „Vorlage zuzu-

[4] Nach der berüchtigten „Reichskristallnacht" im November 1938 (vgl. Maser, Göring, S. 288 ff.) war ihm von Hitler befohlen worden, zu unterbinden, daß sich derartige Geschehnisse wiederholten. Vgl. Kempner, Das Dritte Reich im Kreuzverhör, S. 191.

Hermann Göring in betont lässiger und das Gericht provozierender Haltung während der Verhandlung. Auf der Bank vor ihm in Marine-Offiziersuniform der Dönitz-Verteidiger Dr. Otto Kranzbühler. Obwohl Göring nicht nur Schwedisch, Italienisch, Englisch und Französisch sprach und auch Latein „ziemlich gut" (Abitur-Note) beherrschte, setzte er sich häufig einen Kopfhörer auf, selbst wenn Engländer oder Amerikaner plädierten oder Fragen stellten.

leiten, in der die technischen und materiellen Voraussetzungen zur praktischen Inangriffnahme der Lösungsarbeiten aufgezeigt werden" sollten. Als offizielles Vehikel für die „Endlösung der Judenfrage" in den von Deutschland inzwischen besetzten Gebieten erschien Goebbels für Hitler so wenig geeignet wie etwa Himmler oder Heydrich, die nur als besondere Exponenten der Exekutive zeichnen konnten. Er brauchte für diese gravierende Maßnahme den zweiten Mann des Staates, gegen den der geringste Widerstand zu erwarten war. Doch nicht er war der Initiator der gegen die Juden gerichteten Maßnahmen. Die maßgeblichen Funktionsträger des Regimes, die die „Endlösung der Judenfrage" praktizierten, hießen Himmler, Heydrich, Eichmann und Ribbentrop. Die involvierten „Drehscheiben" des Auswärtigen Amtes waren Unterstaatssekretär Luther und Rademacher.

Der Reichsmarschall des Großdeutschen Reiches
Beauftragter für den Vierjahresplan
Vorsitzender des Ministerrats für die Reichsverteidigung

Berlin, den 31.7.1941

An den

Chef der Sicherheitspolizei und des SD
SS-Gruppenführer Heydrich

Berlin.

In Ergänzung der Ihnen bereits mit Erlaß vom 24.I.39 übertragenen Aufgabe, die Judenfrage in Form der Auswanderung oder Evakuierung einer den Zeitverhältnissen entsprechend möglichst günstigsten Lösung zuzuführen, beauftrage ich Sie hiermit, alle erforderlichen Vorbereitungen in organisatorischer, sachlicher und materieller Hinsicht zu treffen für eine Gesamtlösung der Judenfrage im deutschen Einflußgebiet in Europa.

Soferne hierbei die Zuständigkeiten anderer Zentralinstanzen berührt werden, sind diese zu beteiligen.

Ich beauftrage Sie weiter, mir in Bälde einen Gesamtentwurf über die organisatorischen, sachlichen und materiellen Vorausmaßnahmen zur Durchführung der angestrebten Endlösung der Judenfrage vorzulegen.

Göring

Am 10. Februar 1938 hatte das SS-Organ „Das Schwarze Korps“ auf seiner Titelseite Hitler abgebildet und in roter Balkenüberschrift gefragt: „Wohin mit den Juden?“

Seine Antwort: ‚Raus‘ ist zwar die bündigste, nicht aber die erschöpfendste Antwort … <Die> sogenannte Weltöffentlichkeit … ist, wenn es um die Judenauswanderung geht, mit einer geradezu wunderbaren Taubheit gesegnet … Aber den Juden und mit ihnen ihrer ‚Weltöffentlichkeit‘ liegt ja nicht das mindeste an einer solchen Lösung <der Auswanderung> … Der ‚Pariser Tageszeitung‘ des Juden Georg Bernhard … verdanken wir die Kenntnis einer Aufstellung des der Deutschfreundlichkeit gewiß unverdächtigen Juden Kurt Zielenziger über das Ausmaß der Judenmigration aus Deutschland. Danach wären ausgewandert: nach England 4.000, Frankreich 6.000, Holland 5.000, Schweden 800, Dänemark 1.000, Norwegen 300, Österreich 1.500, Jugoslawien 450, Tschechoslowakei 1.000, Luxemburg 200, Italien 2.000, nach den übrigen europäischen Ländern 9.800, nach Nordamerika 15.000, Südamerika 21.000, Südafrika 4.000, nach Osteuropa 20.000, nach Palästina 43.000, nach der übrigen Welt 2.000. Insgesamt 135.000. Das ist noch nicht einmal ein Viertel der in Deutschland ansässigen Volljuden, die Dreiviertel-, Halb- und Vierteljuden gar nicht gerechnet. Die deutsche Auswanderungsquote nach USA ist z.B. nur zu 41 v.H. ausgenutzt! Das sind in der Hauptsache Juden von ohnehin geringer Seßhaftigkeit, sogenannte Intellektuelle, Anwälte, Ärzte, ‚Künstler‘, internationale Geld- und Handelsjuden sowie politische Agenten, deren Aus- und Umwanderung auch zu ‚normalen‘ Zeiten kein Problem, am wenigsten ein bevölkerungspolitisches Problem ist … wenn uns jemand sagt: Die Juden wollen schon hinaus, aber sie können nicht wegen der Devisengesetzgebung und anderen Schwierigkeiten, so muß man ihm erwidern: Das Gebaren der Juden in Deutschland macht nicht den Eindruck, als säßen sie auf gepackten Koffern und als warteten sie nur auf die Gelegenheit, endlich einen Zug besteigen zu können. Nein, es ist schon so: die, die hier sind, wollen nicht fort, und die, die draußen sind, wollen nicht, daß die unsrigen zu ihnen kommen. Die Judenheit will nicht, daß die Schmarotzer freiwillig oder gezwungen ihre Wirtsvölker verlassen. Deshalb rührt sie auch keinen Finger, um den Auswandernden oder Ausgewandertwerdenden eine Heimstatt zu bieten. Deshalb hat sie auch gar nichts dagegen einzuwenden, daß selbst die demokratischsten Staaten sich hermetisch gegen jüdische Zuwanderung aus Deutschland, Polen oder Rumänien verschließen.“

Und Joseph Goebbels erklärte am 19. November 1938, eine Woche nach der berüchtigten „Reichskristallnacht“ mit ihren Folgen für die Juden, in der Reichenberger Messehalle ironisch: „Die Welt wird sich … allmählich … wieder über die Judenfrage beruhigen. Ich glaube es. Ich hoffe es vor allem im Interesse der noch im Reich zurückgebliebenen Juden.“

Abschrift.

Der Beauftragte für den Vierjahresplan
Generalfeldmarschall Göring

Berlin, den 24. Januar 1939.

Die Auswanderung der Juden aus Deutschland ist mit allen Mitteln zu fördern.

Im Reichsministerium des Innern wird aus Vertretern der beteiligten Dienststellen eine Reichszentrale für die jüdische Auswanderung gebildet. Die Reichszentrale hat die Aufgabe, für das gesamte Reichsgebiet einheitlich

1) alle Maßnahmen zur Vorbereitung einer verstärkten Auswanderung der Juden zu treffen, u.a. eine zur einheitlichen Vorbereitung von Auswanderungsgesuchen geeignete jüdische Organisation ins Leben zu rufen, alle Schritte zu tun, um die Bereitstellung und zweckentsprechende Verwertung in- und ausländischer Geldmittel zu erwirken, und in Zusammenarbeit mit der Reichsstelle für das Auswanderungswesen geeignete Zielländer für die Auswanderung festzustellen;

2) die Auswanderung zu lenken, u.a. für eine bevorzugte Auswanderung der ärmeren Juden zu sorgen;

3) die Durchführung der Auswanderung im Einzelfall zu beschleunigen, indem sie durch zentrale Bearbeitung der Auswanderungsanträge die für den einzelnen Auswanderer erforderlichen staatlichen Ausweise und Bescheinigungen schnell und reibungslos beschafft und den Vollzug der [illegible]

Auszug aus dem Schreiben Görings an den Reichsminister des Innern vom 24. Januar 1939, das Anweisungen zur Bildung einer „Reichszentrale für die jüdische Auswanderung" enthält. Dem Ausschuß der unmittelbar danach, Anfang Februar 1939 gebildeten und von Reinhard Heydrich als Chef der Sicherheitspolizei geleiteten „Reichszentrale" gehörten neben den Referenten Heydrichs unter anderem an: Gesandter Eisenlohr, Ministerialdirektor Wohltat, Legationsrat Schaumburg (als Vertreter des Reichsaußenministers), Oberregierungsrat Gotthardt (als Vertreter des Reichswirtschaftsministers), Ministerialrat Schwandt (als Vertreter des Reichsfinanzministers) und Ministerialrat Löschner (als Vertreter der Abteilung I des Reichsinnenministeriums). Das Schreiben wurde am 11. Februar 1939 von Heydrich als „Abschrift" an die „nichtpreußischen Regierungspräsidenten pp." zur Kenntnisnahme weitergeleitet. Zu den auf der obersten Führungsebene angesiedelten Funktionsträgern des Regimes, die Hitlers Judenpolitik ablehnten, gehörte beispielsweise Baldur von Schirach. Er bezeichnete die „Reichskristallnacht" unmittelbar mutig als „Kulturschande" und „Angriff auf unsere eigene Würde" (IMT, Bd., 13/14, S. 599), verbot – wie Göring für alle seine Ämter – Julius Streichers übles Hetzorgan „Der Stürmer" als Lektüre für Unterrichtszwecke in HJ-Heimen und Schulungsstätten der 9 Millionen Mitglieder zählenden HJ durch „Reichsbefehl" (IMT, Bd. 13/14, S. 599), untersagte 1943 als Reichsstatthalter in Wien die von einem Kreisleiter der NSDAP geforderte Einebnung jüdischer Gräber auf dem Wiener „Zentralfriedhof" und erklärte im November 1941, nachdem ihm sein Pressereferent eine Bitte des Generalfeldmarschalls Ernst Busch vorgetragen hatte, das Vorgehen der SS-Einsatzgruppe gegen Juden in Riga verhindern zu helfen: „Jeden Juden, den wir umbringen, werden wir mit dem Leben von 10 Hitler-Jungen bezahlen" (Soldat im Volk, Nr. 5/1992).

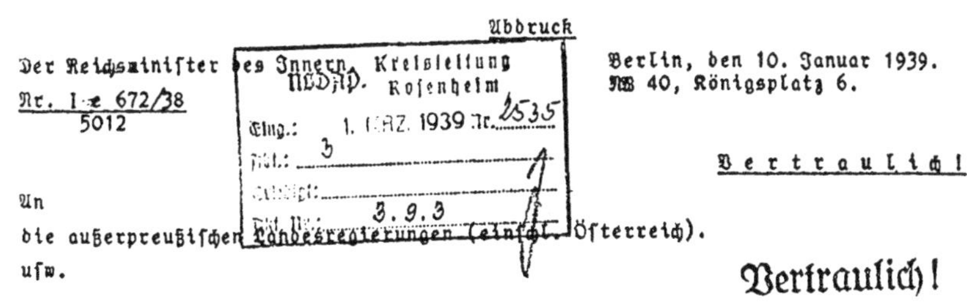

Abdruck

Der Reichsminister des Innern.
Nr. I e 672/38
5012

Berlin, den 10. Januar 1939.
NW 40, Königsplatz 6.

Vertraulich!

An
die außerpreußischen Landesregierungen (einschl. Österreich).
usw.

Vertraulich!

Betrifft: Judenfrage und Denunziantentum.

Herr Generalfeldmarschall Göring hat als Beauftragter für den Vierjahresplan bei Erörterung der von ihm angeordneten und geplanten Maßnahmen zur wirksamen legalen Ausschaltung der Juden aus der deutschen Wirtschaft und zum Einsatz des jüdischen Vermögens für die Zwecke des Vierjahresplanes u.a. zur Sprache gebracht, wie in letzter Zeit beobachtet worden sei, daß deutsche Volksgenossen um deswillen denunziert wurden, weil sie früher einmal in jüdischen Geschäften gekauft, bei Juden gewohnt oder sonst mit Juden in geschäftlicher Beziehung gestanden haben.

Bei aller Notwendigkeit einer geordneten Aufklärung des Volkes über die Dringlichkeit der allgemeinen Ausschaltung der Juden aus der deutschen Wirtschaft bedeute das Ausspionieren und Denunzieren solcher oft lange zurückliegenden Vorgänge einen nach jeder Richtung unerfreulichen Mißstand, der insbesondere geeignet sei, die zur Durchführung des Vierjahresplanes unbedingt erforderliche gleichmäßige und störungslose Anspannung aller deutschen Menschen für produktive lebenswichtige Aufgaben des deutschen Volkes zu erschweren. Der Herr Generalfeldmarschall wünscht daher, daß diesem Unwesen nach Kräften Einhalt getan wird.

Ich geben hiervon Kenntnis mit dem Ersuchen, diese Weisung zur Geltung zu bringen und die nachgeordneten Behörden, die Gemeinden und Gemeindeverbände entsprechend zu unterrichten.

Von einer Veröffentlichung dieses Runderlasses ist abzusehen.

gez. Frick.

Nr. 2176 b a 22.

Regg.v.Obb. empf. 10.II.39 Nr. 13643 aa 6

Jeweils in Abdruck

an die Herren Regierungspräsidenten
und an das Polizeipräsidium München

Vertraulich!

zur Kenntnis.

Zusatz für die Regierungspräsidenten: Die nachgeordneten Behörden und Gemeinden bezw.

Schreiben von Reichsinnenminister Frick an die „außerpreußischen Landesregierungen" vom 10. Januar 1939, betr.: „Judenfrage und Denunziantentum". Darin heißt es: „Der Herr Generalfeldmarschall wünscht […], daß diesem Unwesen nach Kräften Einhalt geboten wird."

Wannsee-Konferenz: „Endlösung der Judenfrage“

Das IMT lastete Göring als schwere Schuld an, die von ihm umformulierte Hitler-Weisung unterzeichnet und am 31. Juli 1941 an Heydrich auf dem „Dienstweg“ weitergegeben zu haben, was sowohl im IMT als auch im „Nürnberg“-Film unverhältnismäßig überzogen und voreingenommen beurteilt wurde. Görings Feststellung in seinem Schlußwort vor dem IMT, daß die Behauptung des US-Anklägers Thomas Dodd, er habe Heydrich befohlen, „die Juden zu töten“, „nicht wahr“ sei, ist nichts hinzuzufügen. Dodd sagte nicht die Wahrheit! Adolf Eichmann, der eigenwillige „Protokollant“ der Konferenz erklärte während seines Prozesses in Jerusalem allerdings in Abweichung von seinem ursprünglichen „Protokoll“: „Es wurde von Töten und Eliminieren und Vernichten gesprochen“.[1] Doch: Göring war weder dabei noch hatte er etwas derartiges befohlen. Die von Heydrich zunächst für den 9. Dezember 1941 angesetzte, wegen des japanischen Überfalles auf Pearl Harbor, der deutschen Kriegserklärung an die USA und der ersten Rückschläge an der Ostfront jedoch auf den 20. Januar 1942 verlegte „Besprechung mit anschließendem Frühstück“, wie Heydrich am 8. Januar 1942 an den Unterstaatssekretär Luther vom Auswärtigen Amt schrieb[2], bildete eine wesentliche Marke im Rahmen der Judenpolitik des NS-Regimes.

Bezeichnend für die Praktizierung der Judenpolitik des NS-Regimes war, daß Heydrich selbst seiner außergewöhnlich intelligenten und politisch bereits vor ihm nationalsozialistich orientierten Ehefrau, der studierten Pädagogin Lina von Osten, die ihn nach seiner Entlassung aus der Kriegsmarine über Baron von Eberstein, den Sohn seiner Patentante, Himmler angedient hatte, nur ausweichende Antworten auf die bohrenden Fragen gab.[3] „Als Reinhard mir von diesem Auftrag erzählte“, schrieb sie in ihren Erinnerungen[4], stellte er die Sache verhältnismäßig sachlich dar. Es handelte sich, wie er sagte, um die „Auswanderung aller europäischen Juden nach Zentralrußland! ‚Su qillar‘, fragte ich ihn, damit doch wohl nicht sagen, daß alle Juden nach Sibirien deportiert werden sollen? Seine Antwort: Ja, das ist nur durch die Strafgefangenenlager der Russen zu einem Schreckgespenst gemacht worden.“[5] Tatsächlich aber hatte er dem Reichsaußenminister Joachim von Ribbentrop bereits am 24. Juni 1940, einen Tag vor dem Beginn der Waffenruhe in Frankreich, schriftlich mitgeteilt, daß das „Gesamtproblem … durch Auswanderung <im Sinne der Anordnung Görings> nicht mehr gelöst werden könne, <so daß> eine territoriale Endlösung“ der Judenfrage „notwendig“ sei.

---

1 Vgl. Der Spiegel vom 6. Januar 1992, S. 139.
2 Dok. faksimiliert im Spiegel vom 6. Januar 1992, S. 139.
3 Persönliche Auskunft von Lina Heydrich (Juli 1975).
4 Heydrich, Lina. Leben mit einem Kriegsverbrecher, Hrsg. Werner Maser, Pfaffenhofen 1976.
5 Ebenda, S. 107.

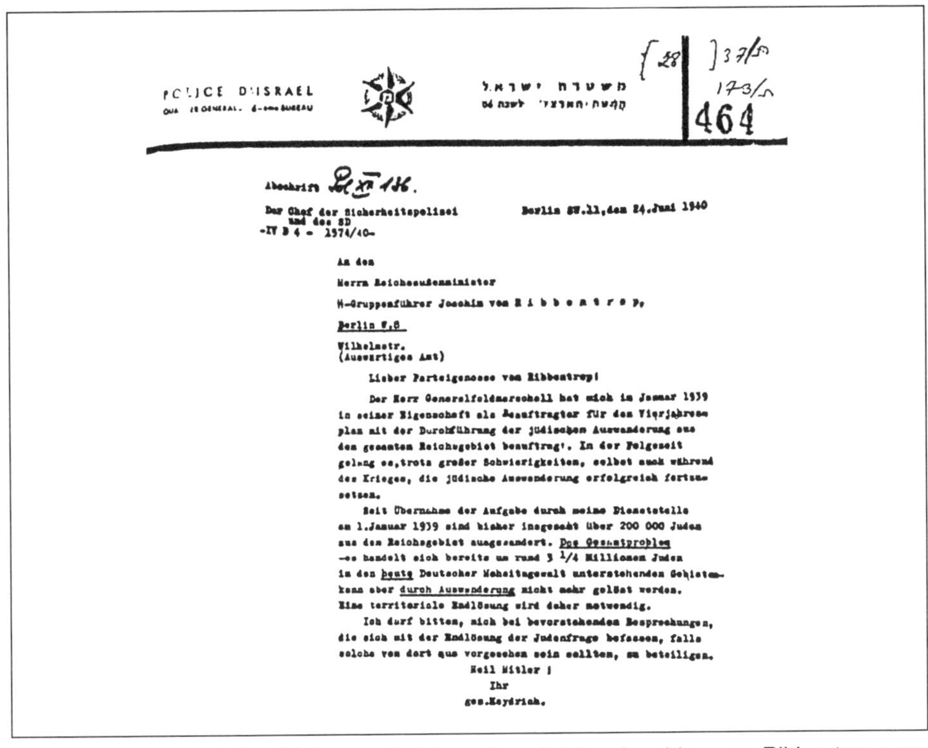

POLICE D'ISRAEL

משטרת ישראל

464

Abschrift

Der Chef der Sicherheitspolizei und des SD
-IV B 4 - 1574/40-

Berlin SW.11, den 24. Juni 1940

An den
Herrn Reichsaußenminister
SS-Gruppenführer Joachim von R i b b e n t r o p,
Berlin W.8
Wilhelmstr.
(Auswärtiges Amt)

Lieber Parteigenosse von Ribbentrop!

Der Herr Generalfeldmarschall hat mich im Januar 1939 in seiner Eigenschaft als Beauftragter für den Vierjahresplan mit der Durchführung der jüdischen Auswanderung aus dem gesamten Reichsgebiet beauftragt. In der Folgezeit gelang es, trotz großer Schwierigkeiten, selbst auch während des Krieges, die jüdische Auswanderung erfolgreich fortzusetzen.

Seit Übernahme der Aufgabe durch meine Dienststelle am 1. Januar 1939 sind bisher insgesamt über 200 000 Juden aus dem Reichsgebiet ausgewandert. Das Gesamtproblem – es handelt sich bereits um rund 3 1/4 Millionen Juden in den heute Deutscher Hoheitsgewalt unterstehenden Gebieten – kann aber durch Auswanderung nicht mehr gelöst werden. Eine territoriale Endlösung wird daher notwendig.

Ich darf bitten, mich bei bevorstehenden Besprechungen, die sich mit der Endlösung der Judenfrage befassen, falls solche von dort aus vorgesehen sein sollten, zu beteiligen.

Heil Hitler!
Ihr
gez. Heydrich.

Schreiben Reinhard Heydrichs an Reichsaußenminister Joachim von Ribbentrop vom 24. Juni 1940 zur jüdischen Auswanderung. Darin heißt es u.a.: „**Das Gesamtproblem** […] kann aber **durch Auswanderung** [die Göring unterstützte] nicht mehr gelöst werden. Eine territoriale Endlösung wird daher notwendig".

Dok.-Kopie: Rabbiner Prof. Dr. Hans-Chanoch Meyer, Haifa (29. Juni 1989).

In Nürnberg hing die Wannsee-Konferenz wie das Damoklesschwert der Sage über Göring. Daß die Konferenz, die nicht einmal zwei Stunden gedauert hatte, nichts oder nur nebenbei etwas mit der Massenvernichtung der Juden zu tun gehabt habe, wie von „Auschwitz-Leugnern" kolportiert wird, trifft nicht zu: denn bald danach, im Frühjahr 1942, begannen in Belzec[6] im Osten des Generalgouvernements die ersten Massentötungen polnischer und reichsdeutscher Juden. Die Vergasungen in Auschwitz begannen im Frühjahr 1942. Nach dem Verlust von Stalingrad Ende Januar 1943 nahmen die Tötungen zahlenmäßig erheblich zu, gingen in Auschwitz im Mai 1943 jedoch auf Himmlers Befehl wieder wesentlich zurück. Im Herbst 1944 nahmen sie dort jedoch erneut gravierend zu. Nicht Zufall war es dann wohl auch, daß sich jüdische Männer Anfang 1942 erst-

[6] Belzec wurde im Dezember 1942 geschlossen, weil wegen des zunehmenden Mangels an Arbeitskräften für Rüstungszwecke kaum noch Opfer aus dem Generalgouvernement eingeliefert wurden (in Treblinka und Sobibor gingen die Totenzahlen aus dem gleichen Anlaß zurück). Bis dahin hatten in den Vernichtungslagern Belzec, Sobibor und Auschwitz mehr als 1,2 Millionen Deportierte aus Polen ihr Leben verloren.

mals auch zum militärisch aktiven Einsatz gegen deutsche Streitkräfte zur Verfügung stellten. Im Mai 1942 beispielsweise, als in Afrika heftige Kämpfe um Bir Hacheim, einen Außenposten von Tobruk tobten und die 1. Brigade der Freien Französischen Legion Erwin Rommels Vormarsch rund eine Woche lang aufhielt, wurden die Truppen des „Wüstenfuchses" Rommel (und auf Umwegen natürlich auch Hitler) von der Tatsache überrascht, daß sich unter den französischen Truppen einige Hundert Juden befanden, die sich durch heldenhaften Mut auszeichneten. Bir Hacheim wurde damit – nach der Wannsee-Konferenz zur Geburtsstätte der modernen israelischen Armee.

Daß Himmlers Verbindungsscharnier zu Hitler, SS-Obergruppenführer Karl Wolff, der am 30. September 1964 wegen der Verantwortung für die Verschickung von 300.000 Juden nach Treblinka und der Erschießung von Partisanen und Juden hinter der Front bei Minsk zu 15 Jahren Zuchthaus verurteilt, wegen Haftunfähigkeit jedoch nach 6 Jahren freigelassen worden war, nach dem Krieg – und nicht nur 1964 vor dem Münchener Landgericht II, das gegen ihn wegen Mitverantwortung an Judenvernichtungsmaßnahmen verhandelte, erklärte, daß nur 70 Personen insgesamt über die Massenmorde informiert gewesen seien, was subjektiv orientierte – und nach Rechtfertigungen suchende – Publizisten wie David Irving als tatsachengerechte Feststellung kolportierten[7], entspricht nicht den Tatsachen. Daß bereits die Anzahl derjenigen, die in den Todeslagern als Vollzugsorgane tätig waren, die Zahl um ein Vielfaches überstieg, wurde einfach ignoriert. Wolff versicherte dem Autor 1983 indes, daß er vor dem Landgericht „Kameraden der SS" habe schützen wollen und behauptete, von Himmler gewußt zu haben, daß nur 70 Geheimnisträger als Schaltstellen der Vernichtungsmechanik im Rahmen der Judenpolitik des NS-Regimes über alle Details der Judenvernichtung informiert gewesen seien.[8] Irving hingegen hielt auch, nach dem Erscheinen seines Buches über „Hitlers Krieg" 1977 nicht nur an den angeblich nur 70 Informierten, sondern auch an Wolffs Darstellung fest, daß weder Hitler noch seine Sekretärinnen und Stenographen im Sommer 1942, nachdem er mit Himmler die Lager Auschwitz und Lublin inspiziert hatte, von der Judenvernichtung eine Ahnung gehabt hätten.

Daß dies eklatante Geschichtsfälschung war, ignorierten nicht nur Wolff und Irving[9], der jahrelang behauptete, daß nicht einmal Hitler vor Ende November 1943 etwas von der Judenvernichtung gewußt habe[10], die nach seiner (Irvings)

---

[7] Vgl. u.a. Broszat, Martin, Hitler und die Genesis der „Endlösung". Aus Anlaß der Thesen von David Irving (in: Hitlers War, London 1977), S. 777. Zit. in Vierteljahrshefte für Zeitgeschichte, 25. Jg. 1977, H. 4, Oktober, S. 767.

[8] Persönliche Auskunft von Karl Wolff (1983).

[9] Zu Irvings Thesen über die Genesis der „Endlösung" vgl. Broszat, Martin, Hitler und die Genesis der „Endlösung" in Vierteljahrshefte für Zeitgeschichte, H. 4/1977, S. 739 ff.

[10] Ein Zentrum der Holocaust-Leugner, das „Institut für Historical Review" (Costa Mesa, USA), verbreitet seit Jahren einen mit der Überschrift „66 Fragen und Antworten über den Holocaust" versehenen Handzettel, der die absurdesten Fälschungen als authentische Darstellungen enthält. So heißt es darin beispielsweise, daß es „keine Beweise" dafür gäbe, daß Hitler von der Judenvernichtung gewußt habe, daß es in Auschwitz „keine" Gaskammern gegeben habe, daß das Gas „Zyklon B" ausschließlich zum „Entlausen von Kleidung

Auffassung hinter Hitlers Rücken ausschließlich von Himmler praktiziert worden sei.[11] Doch auch vieles von dem, was vor allem ausländische Medien vornehmlich während des Krieges behaupteten, entsprach nicht den Tatsachen. So hieß es beispielsweise (unter Berufung auf französische Quellen) im „Time"-Magazin vom 15. Februar 1945 unter der Überschrift „Nazi-Forschung", daß „deutsche Professoren" in den Lagern Stutthof (Polen) und Natzweiler (Frankreich), wo „etwa 20.000 Menschen (meistens Juden) … getötet" worden seien, zum Zwecke der NS-Forschung „durch ein Fenster" die Reaktionen „von 84 jungen Frauen" während ihrer Vergasung beobachtet hätten.

Der ehemalige SS-Obergruppenführer Karl Wolff (r.), bei Kriegsbeginn Chef des persönlichen Himmler-Stabes und Verbindungsoffizier des Reichsführers SS zu Hitler, seit 23. September 1943 höchster SS- und Polizeiführer in Italien, im Gespräch mit dem Autor (Februar 1983).

und Unterkünften" verwendet worden sei und „in den KZs" insgesamt „etwa 300.000" Juden „hauptsächlich an Typhusepedemien" und „anderen Krankheiten" „umgekommen" seien, da „es kurz vor Kriegsende weder Nahrungsmittel, Medikamente oder Ärzte gab, weil fast das ganze Straßen- und Schienennetz Europas durch alliierte Bombenangriffe zerstört worden war". Darüber hinaus seien „vor Kriegsbeginn mehr als eine Million" und danach noch einmal „mehr als 2 Millionen" Juden aus Deutschland und dem von Deutschland beherrschten Territorium „geflüchtet". Während der Wannsee-Konferenz war dagegen festgestellt worden, daß nach den Unterlagen Himmlers und Heydrichs bis zum 31. Oktober 1941 rund 537.000 Juden „zur Auswanderung gebracht" worden seien.

11 Irving ging davon aus, daß eine in Himmlers Unterlagen gefundene Notiz über ein von der „Wolfsschanze" geführtes Telefongespräch vom 30. November 1941 mit Heydrich in Prag beweise, daß Hitler ahnungslos gewesen sei. Himmler hatte Heydrich telefonisch angewiesen: „Judentransport aus Berlin. Keine Liquidierung". Bundesarchiv Berlin, NS 19/1438. Diese Notiz bezeugt Irvings Irrtum, Himmler, der bis zu dem Zeitpunkt mit Hitler noch nicht über den Transport gesprochen hatte, wagte von sich aus nicht, den Befehl zur „Liquidierung" zu geben.

Hitler und Heydrich. Original-Postkarte mit handschriftlichem Text Heydrichs an seine Frau Lina. *Original: Archiv Maser.*
Heydrich (1904–1942), der im Januar 1942 die Wannsee-Konferenz geleitet hatte und am 4. Juni 1942 kurz nach dem Beginn der Massentötungen durch ein Attentat in Prag starb, war nach der Machtübernahme 1933 Leiter der politischen Abteilung des Münchener Polizeipräsidiums geworden, das er nach eigenen Vorstellungen formte. Innerhalb weniger Wochen bildete er die Bayerische Politische Polizei, die umgehend Vorbild für die politischen Polizeien aller nichtpreußischen Länder wurde, in die er am 20. April 1934 auch die Geheime Staatspolizei Preußens einbezog. 1936 wurde er Leiter der Sicherheitspolizei und des SD, 1939 Leiter des Reichssicherheitshauptamtes (RSHA) und 1941 Reichsprotektor von Böhmen und Mähren.

Nichts von Bedeutung geschah zur Zeit des NS-Regimes in Deutschland, was Hitler nicht wußte, auch wenn er die innenpolitischen Staats- und Regierungsgeschäfte während des Krieges nicht mehr selbst dirigierte. Doch nur er, der drei Monate vor Himmlers Telefonat mit Heydrich telefonisch befohlen hatte, die „Endlösung der Judenfrage“ vorzubereiten, konnte Maßnahmen wie die systematische Massenvernichtung von Juden anordnen. Daß sie auf seine ausdrückliche Anweisung geschahen, auch wenn darüber keine unmittelbaren schriftlichen Unterlagen vorhanden sind, kann angesichts der nachweisbaren historischen Sachverhalte nicht bezweifelt werden.[12] So hatte er als Staatsoberhaupt bei ex-

[12] Anders verhielt es sich beispielsweise im Zusammenhang mit der „Euthanasie“, über deren Auslösung und Vorgehensweise eine Hitler-Ermächtigung vom 1. September 1939 an seinen nach dem Ärzte-Prozeß, dem IMT-Nachfolgeverfahren „Fall I“, in Landsberg am Lech hingerichteten Begleitarzt Karl Brandt und Reichsleiter Bouhler vorliegt. Dok.: Bundesarchiv Koblenz, LXIV B 22, fol. 1–72, S. 11. Hitlers handschriftlicher und gleichlautender maschinenschriftlicher Auftrag an Bouhler und Brandt, „Reichsleiter Bouhler und Dr. med. Brandt sind unter Verantwortung beauftragt, die Befugnisse namentlich zu bestimmender Ärzte so zu erweitern, daß nach menschlichem Ermessen unheilbar Kranken bei kritischster Beurteilung ihres Krankheitszustandes der Gnadentod gewährt werden kann. Adolf Hitler“. Vgl. das Dok. S. 306.

Der Reichsführer-SS

Feld-Kommandostelle
den 29. Dezember 1942

Betr.: Meldungen an den Führer über Bandenbekämpfung.

Meldung Nr. 51

Russland-Süd, Ukraine, Bialystok.

Bandenbekämpfungserfolge vom 1.9. bis 1.12.1942

1.) Banditen:

a) festgestellte Tote nach Gefechten (x)

	August:	September:	Oktober:	November:	insgesamt:
a) festgestellte Tote nach Gefechten (x)	227	381	427	302	1337
b) Gefangene sofort exekutiert	125	282	87	243	737
c) Gefangene nach längerer eingehender Vernehmung exekutiert	2100	1400	1596	2731	7328

2.) Bandenhelfer und Bandenverdächtige:

	August:	September:	Oktober:	November:	insgesamt:
a) festgenommen	1343	3078	8337	3795	16553
b) exekutiert	1198	3020	6333	3706	14257
c) Juden exekutiert	31246	165282	95735	70948	363211

3.) Überläufer a.G. deutscher Propaganda:

August:	September:	Oktober:	November:	insgesamt:
21	14	42	63	140

(x) Da der Russe seine Gefallenen verschleppt bzw. sofort verscharrt, sind die Verlustzahlen auch nach Gefangenenaussagen erheblich höher zu bewerten.

-2-

… bis Ende November 1943 von der Judenvernichtung nichts gewußt? Die erste Seite einer „Meldung" Himmlers vom 29. Dezember 1942 „an den Führer": Vom 1. September bis 1. Dezember 1942 wurden in Rußland Süd, Ukraine und Bialystok 363.211 „Juden exekutiert". Unterschrift Himmlers (H. Himmler) auf der Seite 4 dieser Meldung.

Dok.: US-Document-Center Berlin.

pliziten mündlichen und schriftlichen Äußerungen, die von Dritten als „Führerweisung“ oder Anordnung hatten fixiert werden können, auf Rechts- und Gesetzesbindung der allgemeinen Staatsverwaltung in formeller Weise weitaus mehr zu achten als beispielsweise Göring, Goebbels oder Himmler; so daß bereits daher entsprechende schriftliche Unterlagen nicht vorhanden sein können.

Wilhelm Höttl, einer der in diesem Zusammenhang wichtigsten Zeugen, der die maßgeblich Verantwortlichen im Rahmen der NS-Judenpolitik dienstlich und privat persönlich kannte, erklärte 1979 unter anderem: „... diese gigantische Aktion hat kein Heydrich, kein Himmler, kein Kaltenbrunner gemacht, sondern nur Hitler.“[13] Kaltenbrunner, der 1946 in Nürnberg hingerichtet wurde, „hat immer gesagt“, berichtete Höttl, „reden wir nicht darüber ... das ist Führerbefehl.“[14]

Eichmann erklärte in Jerusalem, daß er zwar keinen schriftlichen Führerbefehl gesehen habe, daß es aber unmöglich gewesen wäre, ein derartiges Verbrechen ohne eine direkte Anweisung Hitlers zu inszenieren. Himmler muß, so sagte er,

Hitlers Ermächtigung zur Auslösung der Euthanasie

ADOLF HITLER

BERLIN, 1.Sept.1939.

Reichsleiter Bouhler und

Dr. med. Brandt

sind unter Verantwortung beauftragt, die Befug - nisse namentlich zu bestimmender Ärzte so zu er - weitern, dass nach menschlichem Ermessen unheilbar Kranken bei kritischster Beurteilung ihres Krank - heitszustandes der Gnadentod gewährt werden kann.

A. Hitler

Von Bouhler mir übergeben am 27.8.40
Dr. Gürtner

---

[13] Wilhelm Höttl während eines nicht veröffentlichten Interviews von 1979. Interview-Protokoll, S.41 (Schreibmaschinentext) im Besitz des Autors.

[14] Ebenda.

ausdrückliche Weisungen von Hitler bekommen haben, „sonst, wenn Hitler das nicht angeordnet hätte, wäre er <Himmler> ja doch mit Bomben und Granaten abgesaust.“ Er <Eichmann> habe lediglich von Heydrich persönlich gehört: „Der Führer hat die physische Vernichtung der Juden befohlen.“[15]

2 Ausfertigungen
1.Ausfertigung

Geheime Reichssache !

Vermerk

1.) Zu Punkt 1.) :
Der Führer hat sich damit einverstanden erklärt, daß W e y g a n d nicht nach Schloß Itter, sondern an den Millstätter See kommt.

2.) Zu Punkt 2.) :
Der Führer ist der Ansicht, daß die weiteren führenden Franzosen G a m e l i n , B l u m , D a l a d i e r und die in dem Fernschreiben vom 5.12.1942 genannten nach Deutschland zu verbringen sind. Er will jedoch diese Dinge mit Laval bei seiner nächsten Unterredung besprechen.

3.) Zu Punkt 3) :
Der Führer hat die Anweisung gegeben, daß die Juden und sonstigen Feinde in Frankreich verhaftet und abtransportiert werden. Dies soll jedoch erst erfolgen, wenn er mit Laval darüber gesprochen hat. Es handelt sich um 6 - 700 000 Juden. Die 3 - 400 000 Rotspanier werden dem Arbeitsprozeß zugeführt. De-Gaullisten, Engländer und Amerikaner sind von uns zu verhaften.

Feld-Kommandostelle
10.Dez.1942 RF/V.

2. Ausfertigung bei Pol.Adj. zum Vorgang. HH
Br. 15/12.

Hitlers Anweisung („Geheime Reichssache!“) vom Dezember 1942 an Himmler, nach Absprache zwischen ihm und dem französischen Ministerpräsidenten Pierre Laval (1883–1945), der Hitler am 18. Dezember 1942 in Ostpreußen aufsuchte, 600.000 bis 700.000 französische Juden „abzutransportieren“ und zu vernichten. Er, ohne dessen Anweisungen selbst Himmler keine Juden ermorden lassen konnte, war nicht gut informiert; denn schon 1940 lebten in Frankreich nur rund 330.000 Juden. Und auch Himmler ging von Zahlen aus, die sich nicht mit den Tatsachen deckten. So wies er beispielsweise im Februar 1943 bei der berüchtigten Razzia in Marseille an, 100.000 Juden zu verhaften. Verhaftet wurden jedoch lediglich 1.600, die auch deportiert wurden. *Nationalarchiv Washington D.C. Die Paraphe stammt von Himmler.*

[15] Auszug aus dem Tonbandprotokoll der Eichmann-Vernehmung.

Der Holocaust

Während des Nürnberger Prozeßes versicherten 14.763 ehemalige Politische Leiter der NSDAP in eidesstattlichen Erklärungen, „daß sie von den Vorgängen in den Konzentrationslagern" Dachau, Sachsenhausen, Buchenwald, Mauthausen, Flossenbürg, Ravensbrück und in den von 1940 bis 1942 errichteten Lagern Auschwitz, Neuengamme, Gusen, Netzweiler, Groß-Rosen, Lublin, Niederhagen, Stutthof und Arbeitsdorf „nicht die geringste Kenntnis hatten."[1] 102 gaben an, daß „die Zustände in den KZ … durchaus einwandfrei" gewesen seien, was 35 weitere bestätigten, die angaben, „gelegentliche Besichtigungen" vorgenommen zu haben. 773 behaupteten, die „Angehörigen von KZ-Häftlingen" nach „Bestimmungen der Partei" besonders „betreut bzw. entlassene Häftlinge in ihrem Fortkommen gefördert" zu haben, während 285 erklärten, sich besonders um die „Entlassung von Häftlingen" bemüht und „auch aktive politische Gegner" des Regimes „vor der Einschaffung ins KZ bewahrt" hätten.[2]

Jahrzehnte nach Hitlers Tod und dem Ende des NS-Regimes gelangte der Historiker Martin Broszat zu der Auffassung[3], der sich bald auch Hans Mommsen anschloß, daß die NSDAP seit Ende der dreißiger Jahre eine Eigendynamik entwickelt habe, die im Völkermord an den Juden Europas endete und schließlich einen ausdrücklichen „Führerbefehl" überflüssig gemacht hätte. Er rückte Hitlers Rolle in den Hintergrund, was die deutsche Historikerschaft nicht einhellig akzeptieren zu können meinte. Broszat, Mommsen und deren Adepten relativierten Hitlers Allmacht, seine Kenntnis aller maßgeblichen Geschehnisse zumindest in den von ihm jeweils beherrschten Territorien und sein spätestens seit 1919 offenbartes Bekenntnis, die Juden ausschalten zu wollen. Hätte er die praktizierte Judenpolitik weder gewollt noch geduldet, hätte „ein Wort" von ihm genügt, dem Völkermord ein Ende zu setzen. Niemand hätte wagen können, Maßnahmen so ungeheuren Ausmaßes ohne seinen Befehl oder ohne seine Billigung zu praktizieren. Göring, der den Anstoß zur „Endlösung" gab, indem er Heydrich beauftragte, die „Endlösung der Judenfrage" vorzubereiten, berief sich am

---

1 Claus Jacobi, der 1927 geborene einstige „Spiegel"-Redakteur und spätere Chefredakteur der „Welt am Sonntag" (1976–1988), der nach dem Krieg neben zahlreichen einstigen weitaus hoch angesiedelten NS-Funktionsträgern wie Franz von Papen, Karl Dönitz, Paul Schmidt (dem Chefdolmetscher des Auswärtigen Amtes) und Albert Speer fragte, was sie über den Holocaust gewußt haben, berichtete am 18. Oktober 2003 in der „Bild"-Zeitung, daß seine Bemühungen keinen Erfolg gehabt hätten. Speer beispielsweise habe ihm zwei seiner Bücher „mit herzlichen Wünschen!" gewidmet, Antworten auf seine Fragen jedoch nicht gegeben. Ich habe die gleichen Erfahrungen in Gesprächen mit Dönitz, Speer, Rademacher, Lina Heydrich, Paul Schmidt-Carell und anderen gemacht.

2 IMT, TB-Ausg., Bd. 18, S. 354f. Das von Richard Müller, der als Regierungsrat Referent beim Reichsschatzmeister tätig gewesen war, am 30. Juli 1945 abgegebene Affidavit enthielt insgesamt 23.060 eidesstattliche Erklärungen von politischen Leitern, die feststellten, daß sie für die von der Anklagebehörde „im Zusammenhang mit den KZs" vorgetragenen „Behauptungen" über „Verbrechen nicht verantwortlich gemacht werden könnten".

3 Vgl. Vierteljahrshefte für Zeitgeschichte, H. 4, Oktober 1977, S. 739 ff.

31. Juli 1941 auf einen telefonischen Befehl Hitlers. Und Heydrich berief sich während der von ihm geleiteten Wannsee-Konferenz, die den Beginn der „Endlösung" einläutete, hinsichtlich der Details nicht auf Göring und dessen Auftrag, sondern ausdrücklich auf Hitler. Daß „weitere Lösungsmöglichkeiten" hinsichtlich der „Evakuierung der Juden nach dem Osten", so erklärte er, nur „nach vorheriger Genehmigung durch den Führer"[4] vorgenommen werden würden.

Hitler hatte sein erstes schriftlich fixiertes politisches Dokument vom 10. September 1919 mit der Feststellung abgeschlossen: Das „letzte Ziel" des Antisemitismus „muß unverrückbar die Entfernung der Juden überhaupt sein."[5] Und in seinem letzten Dokument, dem politischen Testament vom 30. April 1945, hieß es: „Vor allem verpflichte ich die Führung der Nation und die Gefolgschaft zur peinlichen Einhaltung der Rassengesetze und zum unbarmherzigen Widerstand gegen die Weltvergifter aller Völker, das internationale Judentum."[6] Bis auf die kurze Phase von 1932, in der er sich als Präsidentschaftskandidat um das Amt des Reichspräsidenten bewarb, haben drastische Antisemitismus-Tiraden – wie 1925 in „Mein Kampf" vorgezeichnet – seiner „Weltanschauung" das entscheidende Gepräge gegeben. Bezeichnend für seine publizierten politischen Zielsetzungen in der Zeit war, was er im Juli 1932 auf der ersten „Hitler-Schallplatte" sorgfältig kalkuliert formulierte. „Der Aktivismus unserer Rasse wurde", so hatte er da gesagt, seit 1918 „nur im Innern verbraucht, nach außen aber blieben Phantasien übrig, phantastische Hoffnungen auf Kulturgewissen, Völkerrecht, Weltgewissen, Botschafterkonferenzen, Völkerbund, 2. Internationale, 3. Internationale, Proletarische Solidarität – usw., und die Welt hat uns dementsprechend behandelt. So ist Deutschland langsam verfallen, und nur ein Wahnsinniger kann hoffen, daß die Kräfte, die erst den Verfall herbeiführten, nunmehr die Wiederauferstehung bringen könnten."[7]

Ihm, dem mit Abstand besten Propagandisten seiner Zeit, war klar, daß ein Antisemit, wie er es war, nicht Reichspräsident werden konnte, so daß er in der Öffentlichkeit seine Argumentationen darauf abstellen mußte. So schob er in der kurzen Phase seiner Karriere die Schuld für die von ihm drastisch angeprangerten Mißstände in der Weimarer Republik, die er vorher und nachher – bis an sein Lebensende – ebenfalls den Juden unterstellte, den anderen politischen Parteien und ihren Exponenten zu und forderte deren „Überwindung".[8]

Der historische Verlauf der NS-"Endlösungs"-Politik der Judenfrage zeigt unbestreitbar, daß Befehle, Weisungen und Anweisungen Hitlers angesichts der Eigendynamik, anders als im Zusammenhang mit seiner Euthanasie-"Ermächti-

---

4 „Protokoll" der Wannsee-Konferenz, S. 7 f., zit. nach dem Protokoll des Eichmann-Prozesses, Beweis-Dok. Nr. 74.

5 Hauptstaatsarchiv München, Abt. II, Gruppen-Kdo. 4. Bd. 50/8. Vollst. zit. in Maser, Werner, Adolf Hitler. Legende – Mythos – Wirklichkeit, Eßlingen und München 1971 ff., S. 175 ff.

6 Vollständiger Abdruck des Testaments in Maser, Hitlers Briefe und Notizen, S. 357 ff.

7 Text der vollständigen Schallplattenrede im „Völkischen Beobachter" vom 15. Juli 1932.

8 Ebenda.

gung" ohne Widerstände realisiert werden konnten, so daß letztlich lediglich von einer Synthese aus beiden Thesen, der „Eigendynamik" des Regimes und der Rolle und Position Hitlers, die Rede sein kann.

Broszat, Mommsen und ihre Multiplikatoren ignorierten, daß die „Eigendynamik" am Beginn des Dritten Reiches Formen aufwies, die am Ende der dreißiger Jahre schon infolge bestimmter gesetzlicher Regelungen nicht mehr festgestellt werden konnten. 1933/34 entstanden beispielsweise buchstäblich über Nacht „Wilde Konzentrationslager", wurden Inhaftierungen ohne Gerichtsbeschlüsse vorgenommen, gehörten individuelle Racheakte von Funktionsträgern der NSDAP zur Alltäglichkeit, wurden Juden mit Schildern durch Straßen gejagt, ihre Geschäfte beschädigt und Hetzjagden auf sie und selbst auf diejenigen veranstaltet, die bei Juden einkauften oder mit ihnen gesellschaftlich verkehrten. Erst Görings Eingriffen war zu verdanken, daß das „Schiff" nicht aus dem Ruder lief.[9]

Daß Hitler, der am ersten Kriegstag bei seinem Anstoß zur Euthanasie – die Verantwortung verlagernd – nur ein „Ermächtigungsschreiben" an seinen Arzt Brandt und seinen Mitkämpfer Bouhler aus frühester Zeit verfaßte, selbst niemals von „Vergasung" sprach, hing damit zusammen, daß er als Staatsoberhaupt bei expliziten mündlichen und schriftlichen Äußerungen, die von Dritten als „Führerweisung" oder Anordnung hätten fixiert werden können, auf Rechts- und Gesetzesbindung der allgemeinen Staatsverwaltung in formeller Weise weitaus mehr Rücksicht nehmen mußte als beispielsweise Himmler und Heydrich, unter deren formeller Verantwortung die gesetzlich nicht gebundenen Sonderorgane der Sicherheitspolizei und des SD die Massenvernichtungen betrieben. Daher unterließ er es auch – anders als bei seiner handschriftlichen „Ermächtigung" vom 1. September 1939 (nicht Anordnung) zur Auslösung der Euthanasie – eine schriftliche Anweisung, Anordnung oder Weisung zur Judenvernichtung zu formulieren. Nach Martin Broszat, der sich auf die englische Publikation „Hitler's Table Talk" (London 1953) stützte, habe Hitler am 23. Januar 1941, drei Tage nach der Wannsee-Konferenz, im Führerhauptquartier gesagt: „Man muß radikal handeln. Wenn man einen Zahn zieht, tut man es mit einem Zug, und der Schmerz ist schnell vorbei. Die Juden müssen aus Europa heraus. Sonst gibt es keine Verständigung zwischen den Europäern."[10] Wie das authentische Gesprächsprotokoll Heinrich Heims vom 23. Januar 1941 ausweist, redete Hitler jedoch ausschließlich über seinen Hund „Foxl", der ihm bei Frommels an der Front zugelaufen war.[11]

Erst am 25. Januar äußerte er sich in Gegenwart von Himmler, Lammers und Zeitzler in dem Sinne, wobei er allerdings unmißverständlich von „kaputtgehen" und „Ausrottung" sprach. „Wenn ich einhundertfünfzigtausend Wolhyniendeutsche herausziehe", sagte er, „so ist das auch mit Härten verbunden wie die Räumung

[9] Vgl. Maser, Göring, u.a. S. 161 ff. und S. 275 ff.
[10] Vierteljahrshefte für Zeitgeschichte, H. 4, Okt. 1977, S. 757.
[11] Vgl. Heim, Monologe, S. 219 f.

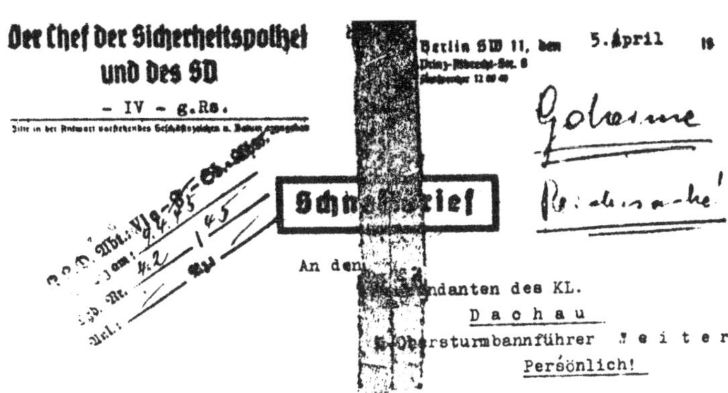

Der Chef der Sicherheitspolizei
und des SD
- IV - g.Rs.

Berlin SW 11, den 5.April 19

Schnellbrief

Geheime Reichssache!

An den
Kommandanten des KL.
Dachau
SS-Obersturmbannführer Weiter
Persönlich!

Ich bitte, auf jeden Fall besorgt zu sein, dass der Häftling Best (Deckname Wolf) keine Verbindung aufnehmen kann mit dem dort bereits befindlichen Engländer Stevens.

Auch wegen unseres besonderen Schutzhäftlings "Eller" wurde erneut an höchster Stelle Vortrag gehalten. Folgende Weisung ist ergangen:

Bei einem der nächsten Terrorangriffe auf München bezw. auf die Umgebung von Dachau ist angeblich "Eller" tötlich verunglückt.

Ich bitte, zu diesem Zweck "Eller" in absolut unauffälliger Weise nach Eintritt einer solchen Situation zu liquidieren. Ich bitte besorgt zu sein, dass darüber nur ganz wenige Personen, die ganz besonders zu verpflichten sind, Kenntnis erhalten. Die Vollzugsanzeige hierüber würde dann etwa an mich lauten:

"Am .... anlässlich des Terrorangriffs auf ..... wurde u.a. der Schutzhäftling "Eller" tötlich verletzt."

Nach Kenntnisnahme dieses Schreibens und nach Vollzug bitte ich es zu vernichten.

Angesichts des Befehlssystems und der Weisungsmethoden besonderen Ranges zur Zeit des NS-Regimes ist es absolut abwegig, davon auszugehen, daß es eine schriftliche Hitler-Weisung oder einen direkten schriftlichen Befehl zur Vernichtung der Juden gegeben hat. Daß Aktionen solchen Ausmaßes, wie sie die „Endlösung der Judenfrage" darstellte, ohne Hitlers Entscheidung oder Billigung nicht ausgelöst und betrieben werden konnten, beweisen zahlreiche Dokumente. Selbst zur Ermordung des gescheiterten Hitler-Attentäters Elser im KZ Dachau im April 1945 mußte eine Weisung von „höchster Stelle" eingeholt werden. Die Eigendynamik des Regimes hatte Grenzen.

von Südtirol. Wenn ich heute den Juden herausnehme, dann wird unser Bürgertum unglücklich: Was geschieht denn mit ihm? Aber haben sich die gleichen darum gekümmert, was aus den Deutschen werden würde, die auswandern müßten? Man muß es schnell machen, es ist nicht besser, wenn ich einen Zahn alle drei Monate um ein paar Zentimeter herausziehen lasse – wenn er heraußen ist, ist der Schmerz vorbei. Der Jude muß aus Europa heraus. Wir kriegen sonst keine europäische Verständigung … Ich sage nur, er muß weg. Wenn er dabei kaputtgeht, da kann ich nicht helfen. Ich sehe nur eines: die absolute Ausrottung, wenn sie nicht freiwillig gehen."[12] Bezeichnend für seine Formulierungen in Gegenwart von Personen, die nicht unmittelbar mit der Judenvernichtung zu tun hatten, war indes, daß er selbst im sonst vertrauten Kreis von „Abschieben nach dem Osten" oder nach dem „Osten abtransportieren" sprach. Doch auch dann pflegte er sich so zu äußern, daß die Zuhörer durchaus annehmen konnten – oder gar annehmen mußten, er habe nichts weiter als eine normale Umsiedelung im Auge. So sagte er beispielsweise am 15. Mai 1942 in seinem Führerhauptquartier, als die „Transporte" begannen: „Daß der Jude als Parasit der klimafesteste Mensch der Erde sei und sich im Gegensatz zum Deutschen in Lappland genauso wie in den Tropen einlebe, das bedenke natürlich kein einziger, der seine Krokodilstränen hinter einem nach dem Osten abtransportierten Juden herweine. Dabei handle es sich bei diesem Spießer aber in der Regel um einen Menschen, der sich auf seine Bibelfestigkeit etwas einbilde, trotzdem aber nicht wisse, daß nach den Berichten des Alten Testaments dem Juden weder ein Aufenthalt in der Wüste noch ein Marsch durchs Rote Meer etwas anhaben könne."[13]

Während des Polizeiverhörs in Jerusalem erklärte Eichmann auf die Frage, ob er bei der Wannsee-Konferenz anwesend gewesen sei: „Ja, ich mußte auch anwesend sein." Die dann folgende Frage, „Was kam da zur Sprache?", beantwortete er wie folgt: „Heydrich hat das bisher Durchgeführte in großen Zügen bekannt gegeben, hat gesagt, daß die Angelegenheit der Lösung der Judenfrage auf diese und jene Schwierigkeiten stieß – Nebeneinanderarbeiten, Kompetenzstreitigkeiten –, weswegen er eben Göring angegangen hatte, zwecks Rationalisierung diese Angelegenheit in einer Hand zu vereinigen, und Göring als Beauftragter des Vierjahresplans ihm eben hier diese Ermächtigung gegeben habe.

Ich kann mich entsinnen, daß der eine oder andere der Anwesenden das Wort ergriff, und wie das schon so geht – ich habe zum ersten Mal im Leben auf einer solchen Konferenz, an der derart hohe Funktionäre wie Staatssekretäre teilnahmen, teilgenommen – das geht eben sehr ruhig, sehr freundlich, höflich und nett zu. Es werden nicht viele Worte gemacht. Es wird ein Cognac gereicht durch die Ordonnanzen, und dann ist die Sache vorbei. ‚Wannseekonferenz' wurde sie genannt, weil sie im Gästehaus des Reichssicherheitshauptamtes am Wannsee statt-

[12] Ebenda, S. 228.
[13] Picker, Tischgespräche, S. 348.

fand."[14] Auf die Frage des israelischen Generalstaatsanwalts Gideon Hausner, ob das von ihm geführte „Protokoll" zutreffend sei, antwortete Eichmann: „Das Protokoll gibt die wesentlichen Punkte wieder, nur natürlich ist es kein wortgetreues Protokoll, sagen wir mal, daß gewisse Auswüchse, gewisser Jargon in dienstliche Worte von mir zu schreiben waren."[15]

Auf der Wannsee-Konferenz war dem Eichmann-"Protokoll" zufolge unter anderem richtungsweisend festgestellt worden:

> „Die Federführung bei der Bearbeitung der Endlösung der Judenfrage liege ohne Rücksicht auf geographische Grenzen zentral beim Reichsführer-SS und Chef der Deutschen Polizei (Chef der Sicherheitspolizei und des SD).
>
> Der Chef der Sicherheitspolizei und des SD gab sodann einen kurzen Rückblick über den bisher geführten Kampf gegen diesen Gegner. Die wesentlichsten Momente bilden
> a) die Zurückdrängung der Juden aus den einzelnen Lebensgebieten des deutschen Volkes,
> b) die Zurückdrängung der Juden aus dem Lebensraum des deutschen Volkes.
>
> Im Vollzug dieser Bestrebungen wurde als einzige vorläufige Lösungsmöglichkeit die Beschleunigung der Auswanderung der Juden aus dem Reichsgebiet verstärkt und planmäßig in Angriff genommen.
>
> Auf Anordnung des Reichsmarschalls wurde im Januar 1939 eine Reichszentrale für jüdische Auswanderung errichtet, mit deren Leitung der Chef der Sicherheitspolizei und des SD betraut wurde. Sie hatte insbesondere die Aufgabe
> a) alle Maßnahmen zur Vorbereitung einer verstärkten Auswanderung der Juden zu treffen,
> b) den Auswanderungsstrom zu lenken,
> c) die Durchführung der Auswanderung im Einzelfal zu beschleunigen.
>
> Das Aufgabenziel war, auf legale Weise den deutschen Lebensraum von Juden zu säubern.
>
> Über die Nachteile, die eine solche Auswanderungsforcierung mit sich brachte, waren sich alle Stellen im klaren. Sie mußten jedoch angesichts des Fehlens anderer Lösungsmöglichkeiten vorerst in Kauf genommen werden.
>
> Die Auswanderungsarbeiten waren in der Folgezeit nicht nur ein deutsches Problem, sondern auch ein Problem, mit dem sich die Behörden der Ziel- bzw. Einwandererländer zu befassen hatten.[16] ... Trotz dieser Schwierigkeiten wur-

[14] Auszug aus dem Tonbandprotokoll des israelischen Untersuchungsausschusses. Prozeßbeginn: 11. April 1961. Prozeßende: 11. Dezember 1961. Urteilsvollstreckung (Tod durch den Strang): 31. Mai 1962. Staatspräsident Ben Zwi hatte Eichmanns Gnadengesuch abgelehnt.

[15] Kempner, Das Dritte Reich im Kreuzverhör, S. 188.

[16] Als Probleme waren u.a. hervorgehoben worden: „Ziel- bzw. Einwandererländer", finanzielle Schwierigkeiten, die „Erhöhung der Vorzeige- und Landungsgelder seitens der verschiedenen ausländischen Regierungen", fehlende Schiffsplätze und „laufend verschärfte Einwanderungsbeschränkungen oder -sperren".

den seit der Machtübernahme bis zum Stichtag 31. Oktober 1941 insgesamt rund 537.000 Juden zur Auswanderung gebracht. Davon

vom 30. Januar 1933	aus dem Altreich	rd. 360.000.
vom 15. März 1938	aus der Ostmark	rd. 147.000.
vom 15. März 1939	aus dem Protektorat Böhmen und Mähren	rd. 30.000.

Die Finanzierung der Auswanderung erfolgte durch die Juden bzw. jüdisch-politischen Organisationen selbst.[17] Um den Verbleib der verproletarisierten Juden zu vermeiden, wurde nach dem Grundsatz verfahren, daß die vermögenden Juden die Abwanderung der vermögenslosen Juden zu finanzieren haben; hier wurde, je nach Vermögen gestaffelt, eine entsprechende Umlage bzw. Auswandererabgabe vorgeschrieben, die zur Bestreitung der finanziellen Obliegenheiten im Zuge der Abwanderung vermögensloser Juden verwandt wurde …

Anstelle der Auswanderung ist nunmehr als weitere Lösungsmöglichkeit nach entsprechender vorheriger Genehmigung durch den Führer die Evakuierung der Juden nach dem Osten getreten.

Diese Aktionen sind jedoch lediglich als Ausweichmöglichkeiten anzusprechen, doch werden hier bereits jene praktischen Erfahrungen gesammelt, die im Hinblick auf die kommende Endlösung der Judenfrage von wichtiger Bedeutung sind.

Im Zuge dieser Endlösung der europäischen Judenfrage kommen rund 11 Millionen Juden in Betracht, die sich wie folgt auf die einzelnen Länder verteilen …“[18]

Wieweit Göring sich als Beauftragter für den Vierjahresplan nach der Wannsee-Konferenz persönlich um die während der Konferenz diskutierten Einzelheiten kümmerte[19], über die er, seinem Schreiben vom 31. Juli 1941 (und der Eichmann-Aufzeichnungen über die Konferenz) zufolge informiert werden sollte, ist nicht zuverlässig zu ermitteln. Erich Neumann, der dies als Görings Staatssekretär im Vierjahresplan wissen mußte, erklärte am 18. und 23. April 1947 im Kreuzverhör in Nürnberg, erst nach seiner Gefangennahme etwas über die Judenvernichtung im Osten erfahren zu haben.“ Der Vierjahresplan als solcher“, sagte er, „hatte mit der Judensache nichts zu tun.“[20] Entsprechend oder zumindest

[17] Nach dem Eichmann-“Protokoll“ hatten ausländische Juden bis zum 30. Oktober 1941 insgesamt 9.500.000 Dollar zur Verfügung gestellt.

[18] Zit. nach dem Eichmann-“Protokoll“ (Bl. 6 des Eichmann-“Protokolls“). Bei der Abschrift des Textes wurden hier anstelle des seinerzeitigen SS-Zeichens zwei „S“ verwendet.

[19] Um nicht selbst an der Wannsee-Konferenz teilnehmen zu müssen, deren Vorgaben seinen Vorstellungen in vieler Hinsicht widersprachen, begab sich Göring während der Zeit auf eine „militärische Dienstreise“. Vgl. Maser, Göring, S. 301 und S. 409.

[20] Während der Wannsee-Konferenz hatte Neumann, dem „Protokoll“ Eichmanns zufolge erklärt, „daß die in kriegswichtigen Betrieben im Arbeitseinsatz stehenden Juden derzeit, solange noch kein Ersatz zur Verfügung steht, nicht evakuiert werden“ könnten. Dok.-Kop. im Besitz des Autors.

Werner Maser im Gespräch mit Simon Wiesenthal, der 1960 Adolf Eichmann in Argentinien aufgespürt und 1961 in Wien das Dokumentationszentrum über die nationalsozialistische Judenverfolgung gegründet hatte.

ähnlich äußerten sich auch andere einstmalige Konferenzteilnehmer. Das spätere Verfahren gegen einen – von Kempner nicht namentlich genannten – Staatssekretär, gegen den die deutsche Staatsanwaltschaft Ulm wegen seiner Teilnahme an der „Wannsee-Konferenz" ermittelte, wurde eingestellt.[21]

Daß der amerikanisch-kanadische Film von 2001, der sich hauptsächlich auf systematisch zielgerichtet ausgewählte Dokumente stützte, wie es das Gericht während des Nürnberger Prozeßes ebenfalls grundsätzlich getan hatte, Wider-

[21] Vgl. Kempner, Das Dritte Reich, S. 190. Zum Problem der Judenvernichtung – und der Eichmann-Abteilung IV B4 des Reichssicherheitshauptamtes – vgl. u.a. Lozowick, Yaacov, Hitlers Bürokraten. Eichmann, seine willigen Vollstrecker und die Banalität des Bösen, Zürich und München 2000.

sprüche, Fragwürdigkeiten und Fälschungen ignorierte, die im Zusammenhang mit der Wannsee-Konferenz nachweisbar sind, war angesichts seiner Zielsetzung eine logische Konsequenz.

Ein Beispiel für Fälschungen: Während des Nürnberger Wilhelmstraßenprozesses (Nachfolgeverfahren, Fall XI), in dem Kempner als Hauptankläger fungierte, legte er überraschend einen mit der Überschrift „Besprechungsprotokoll" versehenen Schriftsatz vor, den er als „Wannsee-Protokoll" bezeichnete und angab, daß das „Protokoll" von seinen Mitarbeitern in den Akten des Auswärtigen Amtes gefunden worden sei.[22] Dem 15-seitigen maschinenschriftlichen Text war ein mit Heydrichs Unterschrift versehener Brief an den Unterstaatssekretär Martin Luther vom Auswärtigen Amt vorangestellt, auf dessen oberen Teil Luther handschriftlich vermerkt hatte:

> „Pg. Rademacher bitte schriftlich mitzuteilen, daß ...? Sachbearbeiter mit uns teilnehmen werden. Luther" (Paraphe).

Der Heydrich-Brief existiert in zwei Exemplaren, wobei der Text jeweils mit einer anderen Schreibmaschine (einmal mit einer handelsüblichen Maschine und einmal mit einer SS-Maschine, von der auch das „Besprechungsprotokoll" stammt) geschrieben worden ist, was bereits absonderlich erscheinen muß. Bemerkenswert ist darüber hinaus, daß Luther, der ein Jahr später wegen einer an Hitler gerichteten äußerst negativen Ribbentrop-Beurteilung in das KZ Sachsenhausen eingewiesen wurde – und im Mai 1945 nach seiner Befreiung verstarb, auf beiden Briefen dieselbe Anweisung geschrieben und dies zweifelsfrei in einer Weise getan hat, die deckungsgleich sein sollte, was ihm in mindestens 15 Fällen nicht gelungen ist. Weder Kempner noch Rademacher haben dem Autor erklärt, wieso dies geschehen sei.[23] Daß es sich bei einem der beiden Dokumente um einen „Durchschlag" handeln könnte, wie gelegentlich gemutmaßt, ist ausgeschlossen, wie die unterschiedlichen SS-Buchstaben bezeugen. Und auszuschließen ist infolge der nicht deckungsgleichen „Übertragung" auch die Vermutung, daß die Luther-Beschriftung als Fotokopie übertragen worden sein könnte.

Nicht nur dieser „Fall" und der amerikanisch-kanadische Film müssen die Frage aufwerfen, welcher Stellenwert dem Nürnberger Prozeß hinsichtlich eines authentischen Nachvollzugs der Geschichte zuzuordnen ist.

Daß das IMT nicht auf Judenvernichtungen einging, die nicht von Deutschen zu verantworten waren, hing nicht nur mit dem „Londoner Statut" vom 8. Au-

---

[22] Vgl. Kempner, Das Dritte Reich, S. 192. In einem persönlichen Gespräch mit mir erklärte er jedoch, daß ihm das „Protokoll" von einer ihm unbekannten Person (in abgetragener Wehrmachts-Offiziersuniform) kommentarlos übergeben worden sei. Rechtsradikale Publikationen unterstellen, daß das „Protokoll" in der „britischen Propagandaküche des berüchtigten Sefton Delmer zusammengebastelt" worden sei. Vgl. Burghard, Fritz in der rechtsextremen Zeitschrift Recht und Wahrheit, Vlotho 1992, Nr. 1 und 2, 8. Jg. Jan./Febr. 1992, S. 17. Tatsache dagegen ist, um dies noch einmal festzustellen, daß Eichmann in seinem Prozeß in Jerusalem bestätigte, das „Protokoll" verfaßt zu haben.

[23] Maser, Göring, S. 411 ff.

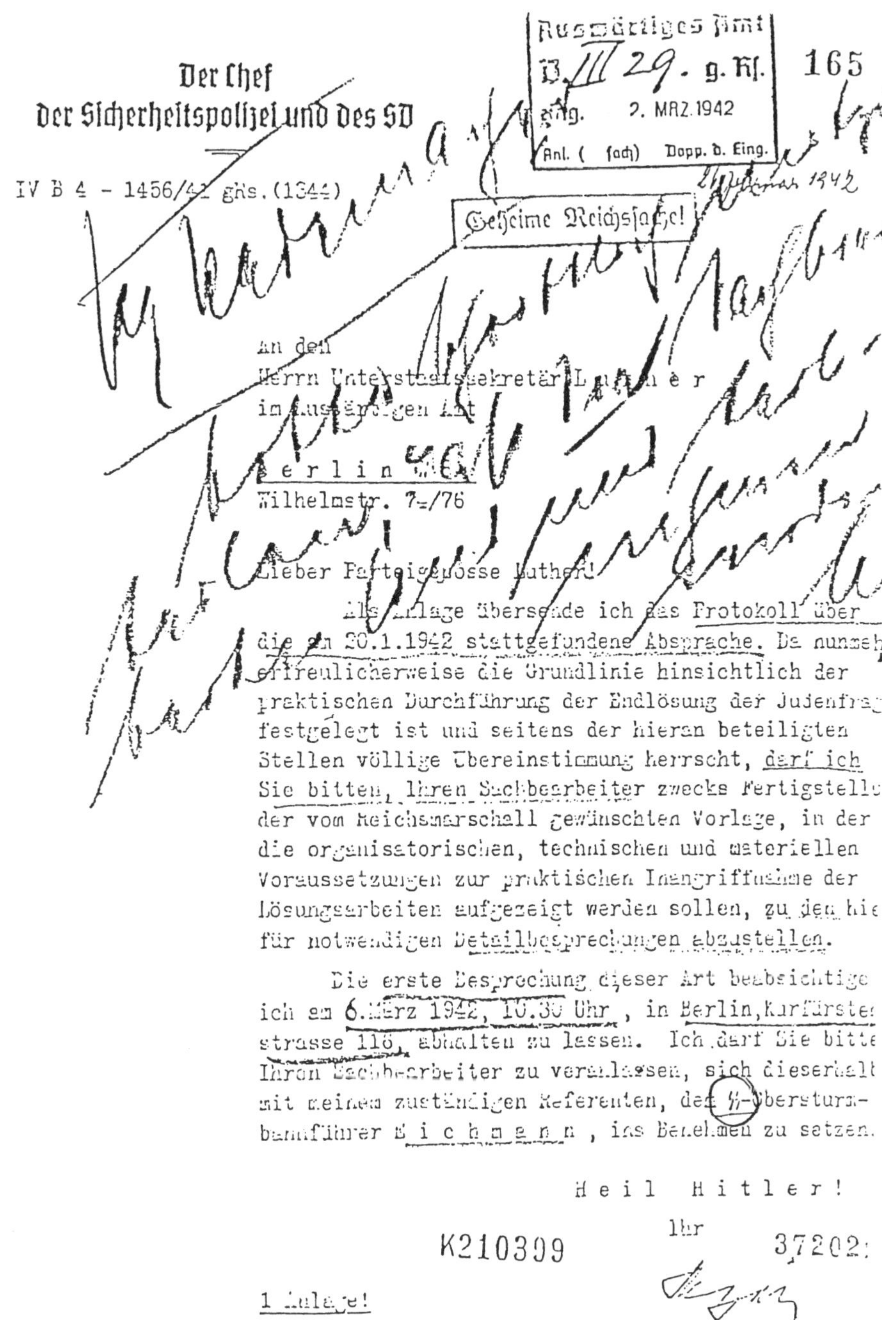

Der Chef
der Sicherheitspolizei und des SD

Auswärtiges Amt
D III 29. g. Rs.
Eing. 2. MRZ 1942
Anl. (fach) Dopp. d. Eing.

165

IV B 4 - 1456/42 gRs. (1344)

Geheime Reichssache!

An den
Herrn Unterstaatssekretär L u t h e r
im Auswärtigen Amt

B e r l i n W.8
Wilhelmstr. 74/76

Lieber Parteigenosse Luther!

Als Anlage übersende ich das Protokoll über die am 20.1.1942 stattgefundene Absprache. Da nunmehr erfreulicherweise die Grundlinie hinsichtlich der praktischen Durchführung der Endlösung der Judenfrage festgelegt ist und seitens der hieran beteiligten Stellen völlige Übereinstimmung herrscht, darf ich Sie bitten, Ihren Sachbearbeiter zwecks Fertigstellung der vom Reichsmarschall gewünschten Vorlage, in der die organisatorischen, technischen und materiellen Voraussetzungen zur praktischen Inangriffnahme der Lösungsarbeiten aufgezeigt werden sollen, zu den hierfür notwendigen Detailbesprechungen abzustellen.

Die erste Besprechung dieser Art beabsichtige ich am 6. März 1942, 10.30 Uhr, in Berlin, Kurfürstenstrasse 116, abhalten zu lassen. Ich darf Sie bitten, Ihren Sachbearbeiter zu veranlassen, sich dieserhalb mit meinem zuständigen Referenten, dem SS-Obersturmbannführer E i c h m a n n , ins Benehmen zu setzen.

H e i l H i t l e r !

Ihr

K210399 372025

1 Anlage!

Ein gefälschtes Dokument für den Nürnberger Prozeß: Beide Briefe, vorgeblich am 25. Januar 1942 von Reinhard Heydrich an den Unterstaatssekretär Martin Luther geschrieben, stimmen textlich überein. Einer von ihnen ist eine Fälschung. Offen muß die Antwort auf die Frage bleiben, welchen Zweck diese Fälschung haben sollte.

Der Chef
der Sicherheitspolizei und des SD

Auswärtiges Amt
D III 29. g. Rs.
Eing. 2. MRZ 1942
Anl. 1 (fach) Dopp. d. Eing.

IV B 4 - 1456 41 gRs. (1344)

Geheime Reichssache!

An den
Herrn Unterstaatssekretär L u t h e r
im Auswärtigen Amt

B e r l i n W 8
Wilhelmstr. 74/76

Lieber Parteigenosse Luther!

Als Anlage übersende ich das Protokoll über die am 20.1.1942 stattgefundene Absprache. Da nunmehr erfreulicherweise die Grundlinie hinsichtlich der praktischen Durchführung der Endlösung der Judenfrage festgelegt ist und seitens der hieran beteiligten Stellen völlige Übereinstimmung herrscht, darf ich Sie bitten, Ihren Sachbearbeiter zwecks Fertigstellung der vom Reichsmarschall gewünschten Vorlage, in der die organisatorischen, technischen und materiellen Voraussetzungen zur praktischen Inangriffnahme der Lösungsarbeiten aufgezeigt werden sollen, zu den hierfür notwendigen Detailbesprechungen abzustellen.

Die erste Besprechung dieser Art beabsichtige ich am 6. März 1942, 10.30 Uhr, in Berlin, Kurfürstenstrasse 116, abhalten zu lassen. Ich darf Sie bitten, Ihren Sachbearbeiter zu veranlassen, sich dieserhalb mit meinem zuständigen Referenten, dem SS-Obersturmbannführer E i c h m a n n, ins Benehmen zu setzen.

H e i l H i t l e r !

Ihr

Heydrich

1 Anlage!

Land			Zahl
A.	Altreich		131.800
	Ostmark		43.700
	Ostgebiete		420.000
	Generalgouvernement		2.284.000
	Bialystok		400.000
	Protektorat Böhmen und Mähren		74.200
	Estland - judenfrei -		
	Lettland		3.500
	Litauen		34.000
	Belgien		43.000
	Dänemark		5.600
	Frankreich / Besetztes Gebiet		165.000
	Unbesetztes Gebiet		700.000
	Griechenland		69.600
	Niederlande		160.800
	Norwegen		1.300
B.	Bulgarien		48.000
	England		330.000
	Finnland		2.300
	Irland		4.000
	Italien einschl. Sardinien		58.000
	Albanien		200
	Kroatien		40.000
	Portugal		3.000
	Rumänien einschl. Bessarabien		342.000
	Schweden		8.000
	Schweiz		18.000
	Serbien		10.000
	Slowakei		88.000
	Spanien		6.000
	Türkei (europ. Teil)		55.500
	Ungarn		742.800
	UdSSR		5.000.000
	Ukraine	2.994.684	
	Weißrußland ausschl. Bialystok	446.484	
	Zusammen: über		11.000.000

Blatt 6 des Eichmann-„Protokolls". Während des Eichmann-Prozesses in Jerusalem (Eichmann-Verhöre, Tonbandtranskription und Stenografiermaschine, Bd. Nr. 37, S. 77–16, Yad Vaschem, Jerusalem) gab Eichmann an, daß über die „Endlösungs"-Opfer (zumindest bis 1943) Buch geführt worden sei. Die Statistik sei von Himmler abgezeichnet worden. Vgl. dazu auch Gerald Fleming, Hitler und die Endlösung, Wiesbaden und München 1982, S. 150f.

gust 1945 zusammen, das die Rechtsgrundlagen für den Nürnberger Prozeß fixierte.[24] Verbrechen, die nicht von Deutschen begangen worden waren, wurden vom IMT grundsätzlich nicht geahndet, wie nicht nur der Fall Katyn bezeugte. Zudem kamen lange verheimlichte nichtdeutsche verbrecherische Exzesse gegen Juden erst sehr viel später ans Licht. So wurde beispielsweise erst 2000/2001 festgestellt, daß im polnischen Jedwabne am 10. Juli 1941, 21 Tage vor Görings Auftrag an Heydrich, die Wannsee-Konferenz vorzubereiten[25], ein Pogrom stattfand, in dem von Polen rund 1.600 Juden lebendigen Leibes in einer Scheune verbrannt wurden. Der polnische Staatspräsident Alexander Kwasniewski entschuldigte sich am 60. Jahrestag des Verbrechens öffentlich vor aller Welt.[26]

Der Architekt Dr.-Ing. Rudolf Wolters, Albert Speers engster Freund und maßgeblichster Mitarbeiter des einstigen Reichsministers „für Bewaffnung und Munition" (seit dem 18. Februar 1942 und seit dem 2. September 1943 erweitert zum Ressort Rüstung und Kriegsproduktion), der Speers Vorstellungen, private und öffentliche Äußerungen sowie seine Tätigkeiten nicht nur von 1933–1945 besser als jeder andere kannte[27], schrieb ihm am 30. November 1966, neun Jahre vor dem Erscheinen der „Spandauer Tagebücher"[28] in einem Brief: „Deine heutige persönliche Meinung über das Dritte Reich mag einen oder anderen durchaus interessieren. Sie kann das Bild der Geschichte aber auch erheblich verwischen. Deine für später angekündigten Erinnerungen müßten daher den heutigen Standpunkt wohl außer acht lassen".[29] Am 24. Mai 1971, rund zwei Jahre nachdem Albert Speer ihm im September 1969 in einem Brief mitgeteilt hatte, daß „der lang erwartete Schinken"[30] fertig sei, antwortete Wolters ihm, nachdem er das Buch-Manuskript gelesen hatte: „... die Deiner natürlichen Heiterkeit völlig widersprechenden öffentlichen Schuldbekenntnisse sind mir ebenso eine Qual wie Deine Anschuldigungen nicht nur gegen die KZ-Kommandanten, sondern auch gegen die ‚Wärter und das Nachschub- und Transportpersonal'. Im übrigen haust Du erneut Deine alten Freunde bzw. Mitverbrecher in die Pfanne, läßt Hanke ‚ein paar menschliche Instinkte', erledigst Göring, Bormann und Goebbels als völlig korrupte Verbrecher und damit freundlicherweise auch deren Angehörige (wahrscheinlich sind auch ‚diese Leute irgendwelche Abstraktionen' für Dich). Göring, Goebbels und Bormann sind tot und haben keine Pranke mehr, zurückzuschlagen ... Du kennst

24 Vgl. Maser, Nürnberg, S. 48 ff.
25 Vgl. Maser, Göring, S. 408.
26 Vgl. Mannheimer Morgen vom 10. Juli 2001 und andere Medienmeldungen vom 10. Juli 2001.
27 Auszug aus einem Brief von Wolters vom 30. November 1966 an Albert Speer. Von Wolters beglaubigte Kopie im Besitz des Autors.
28 Speer, Albert, Spandauer Tagebücher, Berlin 1975.
29 Von Wolters beglaubigte Kopie im Besitz des Autors.
30 Von Wolters beglaubigte Kopie im Besitz des Autors. Wolters hatte Speer jedoch bereits im November 1969 in einem Brief mitgeteilt, was er nach der Lektüre des Speer-"Wälzers" zu sagen hätte (Kopie in Besitz des Autors). Unmißverständlich hieß es da: „Wenn ... die alte Freundschaft und der Gedanke an Spandau mich zur Rücksicht und Mäßigung und Respekt zwingen, so muß aber für uns beide doch das Wort gelten: Ich kann nicht zugleich Dein Freund und Dein Schmeichler sein. Eine andere Einstellung können wir uns heute, nachdem wir inzwischen älter und reifer geworden sind, nicht mehr leisten."

mich gut genug, um zu wissen, daß mir das Image, das Du Dir aus Gründen der Selbsterhaltung aufgebaut hast, in jeder Hinsicht gegen den Strich geht."[31]

Albert Speer hatte vorausgeahnt, was der über alle Details genau infomierte Wolters, der vor 1933 im Auftrage Stalins Städte in der UdSSR entworfen und erbaut hatte, ihm vorhalten würde, zumal er ihm bereits im November 1969 in einem 12 Seiten langen Brief[32] die Leviten gelesen und an Kriterien erinnert hatte, die schließlich zum Bruch der Freundschaft führten: „Ich sehe Dich schon, die Stirn runzeln und kann mir vorstellen, an welchen Stellen das sein wird", hatte er ihm im September 1969 geschrieben und hinzugefügt: „Ich hoffe dabei nur, daß dieses Stirnrunzeln sich nicht auf unsere über vierzigjährige Freundschaft erstreckt ... Ich bin doch etwas ängstlich über Deine Reaktion."

Im November 1969, noch bevor die rund 25.000 Blätter umfassenden Tagebuch-Notizen im Ullstein-Verlag zur Veröffentlichung vorbereitet wurden, hatte Wolters seinem alten Freund vorgehalten: „Und Hitler? Fast auf jeder Seite spürt man ihn als die Dich beherrschende Gravitationsmasse. Er ist die Mitte, um die Du Dich zunächst kreisförmig bewegst. Dann weitet sich der Kreis zu einer Ellipse deren Mitte gegen Ende Deiner Laufbahn – in jeder Hinsicht – immer exzentrischer wird. So ist es verständlich, daß Du bei der Schilderung Deines Bauherrn und obersten Befehlshabers in eine merkwürdige widerspruchsvolle Schwarz-Weiß-Darstellung gerätst."[33]

Seit bekannt war, daß Speer die Absicht hatte, seine Tagebuch-Notizen, mit deren Niederschrift er im März 1953 in Spandau begann, zu veröffentlichen, sind ihm kritische Einwände nicht nur seitens seines Freundes Wolters zugegangen, was ihn nicht hinderte, die Geschichte darzustellen, wie sie nicht wirklich gewesen ist. Selbst ein drohender schriftlicher Hinweis seines älteren Bruders Hermann vom 25. Juli 1973 hat ihn nicht zur Offenbarung der tatsächlichen Geschehnisse zu bewegen vermocht. Der nämlich hatte ihm geschrieben: „... Ihr habt ja alle diesen dummen Judenhass widerstandslos mitgemacht. Ich erinnere mich daran, wie Du mir 1938 erzähltest, Du habest Himmler angeregt, in Oranienburg Ziegeleien für den Umbau Berlins einzurichten, und dabei ganz gemütlich sagtest: ‚Die Judde' haben ja schon in der ägyptischen Gefangenschaft Ziegel gestrichen![34] Die absolute Kaltschnäuzigkeit, mit der Du die moralischen

---

[31] Brief im Besitz des Autors,.

[32] Brief im Besitz des Autors. Hermann Göring, den Speer nach seiner Entlassung aus dem Spandauer Gefängnis besonders negativ darstellte, hatte zu Beginn des IMT Kontakte zu Robert M.W. Kempner und dem Chef des OSS und Stellvertretenden US-Ankläger US-General William Donovan in der Hoffnung geknüpft, während des Verfahrens bestimmte Aspekte des NS-Regimes in seinem Sinne behandelt zu sehen, was Jackson jedoch nicht akzeptierte (vgl. Maser, Göring, S. 442 und 361). Die Folge war, daß der hoch angesehene Donovan den Prozeß verließ und kurzerhand in die USA zurückging. Albert Speer dagegen hatte sich bemüht, Jackson zu Vereinbarungen zu bewegen, die ihm persönlich bei der Realisierung seiner blühenden Ambitionen gegebenenfalls behilflich sein könnten.

[33] Ebenda.

[34] Speer, spätestens seit 1937 von Hitler angeregt, für Nürnberg eine Kongreßhalle für 60.000 Personen und

Probleme behandeltest, wurde mir auch aus einer Geschichte deutlich, die Mommsen im Internierungslager Ludwigsburg herumerzählte: Du habest ihn als Sachverständigen nach <folgt unleserliches Wort: evtl. Chesnay?> kommen lassen und ihm bei Spaziergängen eröffnet, wie du ‚dagegen' warst. Er habe Dir gesagt: ‚Herr Speer, wenn Sie so dachten, hätten Sie als Minister zurücktreten müssen', worauf Du bezeichnenderweise antwortetest: ‚Ich war mir nicht sicher, ob der Führer den Krieg nicht diplomatisch beenden würde, und wenn ich zurückgetreten wäre, wäre ich draussen gewesen'."[35]

„Der Spiegel"[36] schrieb über einen Aspekt der Vorgeschichte: „Als es … 1973 wegen eines Hauses in Mannheim zu einem vermögensrechtlichen Streit zwischen den beiden Brüdern kam, kontaktierte Hermann Speer den renommierten Hitler-Biographen Werner Maser, der entdeckt hatte, daß manche Angaben in Speers ‚Erinnerungen' nicht mit den Fakten in Einklang zu bringen waren. Er sah sich auch bestätigt durch neue historiographische Arbeiten, so Gregor Janssens ‚Das Ministerium Speer' und die von Willi A. Boelcke herausgegebenen Protokolle der Hitler-Speer-Besprechungen, die nach dem Urteil des Historikers Wilhelm Treue Teile der Speer-Memoiren ‚in die Makulatur' verwiesen.

Hermann Speer bot nun Maser an, mit seiner Hilfe ebenfalls Memoiren herauszugeben. Titel: ‚Mein kleiner Bruder Albert.' Hermann interpretierte: ‚Etwas Wahrheit über ihn ist längst fällig.' Auch den ehemaligen Speer-Biographen Wolters, der noch immer Speer-Kassiber besitzt, hoffte Hermann Speer für sein Projekt gewinnen zu können. Doch kaum waren solche Pläne ruchbar geworden, da intervenierte der Ullstein-Verlag bei Maser. Am 5. November 1973 drohte ihm der Verlag an, er werde sich ‚gerichtlicher Hilfe bedienen, falls Sie sich tatsächlich darauf berufen wollten, Ihnen stünden an den Memoiren Albert Speers irgendwelche Rechte zu'. Tatsächlich hatte Speer inzwischen die Wolters erteilte Ermächtigung rückgängig gemacht, nach seinem Tod die Papiere veröffentlichen zu lassen."[37]

Allen Warnungen zum Trotz webte Speer – auch in dem Zusammenhang ganz Architekt – ein Geschichtsbild über seine „große Zeit" in Hitlers unmittelbarer Umgebung. Er verzeichnete Details, verfälschte Aspekte, manipulierte Beziehungsgeflechte und verfälschte die Geschichte. Zwar hatte er am 11. Oktober 1946 notiert: „… ich habe … wohl alles verdrängt, was der <Nürnberger> Prozeß unvergeßlich vor Augen geführt hat"[38] und am 21. Oktober 1946 eingesehen: „Dabei bemerkte ich, wie sich in mir eine Barriere vor aller Beschäftigung mit der Vergangenheit aufbaut. Merkwürdigerweise fand ich darin eine Erleich-

---

ein Stadion für 500.000 Menschen sowie ein Aufmarschgelände für eine Million Personen zu errrichten, hätte alleine dafür 500 Millionen Ziegelsteine für das Fundament gebraucht. Und eben die sollten in Oranienburg/Sachsenhausen auf Vorschlag Speers von Juden in einem KZ hergestellt werden.

35 Ebenda.

36 Vgl. Der Spiegel, Nr. 16/75, S. 75.

37 Ebenda, S. 60.

38 Speer, Spandauer Tagebuch, S. 21.

terung";[39] doch positive Konsequenzen blieben aus. Noch sein unmittelbar vor seinem Tod erschienenes Buch „Der Sklavenstaat. Meine Auseinandersetzungen mit der SS", in dem er nicht als Memoiren- und Tagebuchschreiber wie 1969 („Erinnerungen") und 1979 („Spandauer Tagebücher"), sondern als vermeintlich „objektiver" Quellenforscher darzustellen versuchte, was nach seiner Ansicht gewesen und geworden wäre, wenn Hitler und die SS den Zweiten Weltkrieg gewonnen hätten, bestätigte nicht nur zwischen den Zeilen, daß er auch an seinem Lebensende unfähig war, die Geschichte zu sehen, wie sie wirklich gewesen ist. So meinte er beispielsweise, daß Himmler die Häftlinge in seinen Wirtschaftsbetrieben wie im KZ Mauthausen „reine Friedensarbeit" habe leisten lassen, wo es doch darauf angekommen wäre, mit den geringsten Mitteln die größten Erfolge in der Rüstungsproduktion zu erzielen.[40] Daß er erst zu ernsthaften Auseinandersetzungen mit der SS bereit war, als er erkennen mußte, mit seinen Bemühungen gescheitert zu sein, den Krieg durch sein Engagement doch noch zu gewinnen, hat er sorgsam verschwiegen. Seine detaillierte und endgültige Entlarvung als Geschichtsfälscher – im Jahre 1982 – durch Matthias Schmidt[41] erlebte er nicht mehr. Er starb am 1. September 1981 in London. Wie ihm 1946 in Nürnberg das Schicksal gnädig gewesen war, wo ihn der amerikanische Ankläger Francis Biddle und der sowjetische Ankläger Nikitschenko zunächst auch am Galgen enden sehen wollten[42], so erwies es sich auch in diesem Zusammenhang als gnädig.

Oswald Pohl, der SS-Obergruppenführer und General der Waffen-SS und Chef des SS-Wirtschafts-Verwaltungshauptamtes (Berlin Lichterfelde-West), hatte schon am 30. April 1942 an Himmler geschrieben: „Die Verwahrung von Häftlingen aus Sicherheitsgründen, erzieherischen oder vorbeugenden Gründen allein steht nicht mehr im Vordergrund. Das Schwergewicht hat sich nach der wirtschaftlichen Seite hin verlagert. Die Mobilisierung aller Häftlingskräfte zunächst für Kriegsaufgaben (Rüstungssteigerung) und später Friedensaufgaben schiebt sich immer mehr in den Vordergrund. Aus dieser Erkenntnis ergeben sich die notwendigen Maßnahmen, welche eine allmähliche Überführung der Konzentrationslager aus ihrer früheren einseitigen politischen Form in eine den wirtschaftlichen Aufgaben entsprechende Organisation erfordern."[43]

Albert Speer und Rudolf Wolters wußten aus eigener und unmittelbarer Erfahrung, worüber sie redeten. Wolters führte vom 1. Januar 1941 bis Septem-

---

[39] Ebenda, S. 27.

[40] Berlin 1981, S. 68 und S. 70. So habe er, wie er im „Sklavenstaat" rapportierte, im März 1943 nach seinem „Besuch" im KZ Mauthausen, in dem die Häftlinge im Steinbruch arbeiten mußten, einen „fast romantisierenden Eindruck" gewonnen.

[41] Schmidt, Matthias, Albert Speer. Das Ende eines Mythos. Die Aufdeckung seiner Geschichtsverfälschung. Speers wahre Rolle im Dritten Reich, Bern und München 1982.

[42] Vgl. Smith, Der Jahrhundertprozeß, S. 244 f. Das Patt (2 Stimmen für Haftstrafe, 2 Stimmen für Todesstrafe) bei der Urteilsforderung, das nach den Statuten des IMT keine Entscheidung zuließ, hob Biddle dadurch auf, daß er schließlich bereit war, seine ursprüngliche Forderung zurückzuziehen.

[43] Zit. nach SS im Einsatz, S. 406 f.

ber 1944 eine „Chronik", in die er nach Absprache mit Speer eintrug, was er für wichtig und für die Geschichtsschreibung in späterer Zeit für überliefernswert hielt. Die Eintragungen, Daten, Fakten und Ergänzungen durch Woltersche Gesprächs- und Erlebnisinterpretationen wurden von Speer paraphiert, so daß er stets über alle Geschehnisse, die ihn selbst und sein Amt als Generalbauinspektor betrafen, differenziert informiert war.

Nach einer Odyssee über das Ausweichlager Höxter und die Schloßbibliothek des Herzogs von Ratibor und Corvey nahm Wolters ein von ihm verfaßtes Exemplar der vollständigen Original-Chronik zu sich in seinen Coesfelder Bungalow, wo er es, in Zinkkisten verpackt, in seinem Garten vergrub, um es einer möglichen Beschlagnahmung durch die Besatzungsmacht zu entziehen. Nachdem er derartige Maßnahmen nicht mehr befürchten zu müssen meinte, unterzog er es 1964 einer kritischen Lektüre und strich Passagen aus, die seinen Freund, ihn selbst und andere Mitarbeiter des Speer-Büros gegebenenfalls hätten belasten können. Nach Speers Entlassung aus der Spandauer Kriegsverbrecherhaft händigte er ihm diese „gereinigte" Fassung mit der Absicht aus, ihm Anhaltspunkte für die vorgesehenen Speer-Publikationen anheimzustellen. Da Speer – wie bereits angeführt – die Niederschriften Wolters vom 1. Januar 1941 bis September 1944 jeweils mit seinen Paraphen abgezeichnet hatte, wußte er, was Wolters ausgemerzt hatte, der ihn darüber hinaus auch ausdrücklich darauf aufmerksam gemacht hatte.[44] Hätte Speer die Geschichte darzustellen beabsichtigt, wie sie wirklich gewesen ist, hätte ihm dieses „Dokument" zumindest zum Teil suspekt erscheinen müssen, was bezeichnenderweise jedoch nicht der Fall war. Offenbar überzeugt, daß es auch Wolters daran lag, belastende Details nicht publik werden zu lassen, übergab er den „gereinigten" Text der Chronik 1969 dem Bundesarchiv Koblenz, ohne darauf hinzuweisen, daß sie gefälscht worden war. Wolters erfuhr dies erst später und er war bestürzt.[45] Sein Respekt vor der „Majestät Geschichte", so meinte er im Gespräch[46], hätten ihn von einem solchen Schritt abgehalten. Speer allerdings hatte solche Skrupel nicht. Im Gegenteil! Wie während des Nürnberger Prozesses, so behauptete er auch nach seiner Entlassung wider besseren Wissens, zwar von den Verhältnissen in den Konzentrationslagern eine „vage Ahnung", von den Maßnahmen gegen die Juden und von den drakonischen Strafen für „Verfehlungen, die eine Schädigung der Kriegswirtschaft zur Folge hatten" keine konkreten Kenntnisse gehabt zu haben.[47]

---

44 Persönliche Mitteilung Wolters (April 1975).

45 Persönliche Mitteilung Wolters (April 1975).

46 April 1975 in Coesfeld.

47 Speer hatte bereits in Nürnberg den Grundstein für seine Karriere nach seiner Entlassung gelegt. Er gefiel, war störrisch und überheblich nur gegenüber den Russen, machte trotz aller peinlichen Eitelkeit auf die westlichen Juristen und Prozeßbeobachter einen guten Eindruck und profitierte bis zuletzt davon. Jackson, der ihn als den „besten Mann in der Box" bezeichnete, ließ ihn nicht gerade selten so deutlich seine Sympathie fühlen, daß Prozeßbeobachter heimliche Absprachen vermuteten. Und so ist es tatsächlich auch gewesen, wie Jacksons persönlicher Nachlaß es beweist und Speer inzwischen selbst zugab. Heimlich korrespondierten Jackson und Speer miteinander. Am 17. November 1945 schlug Speer dem US-Ankläger schrift-

Daß die Tatsachen gänzlich anders aussahen, beweisen allein bereits die folgenden Dokumente, die weitere Erörterungen als überflüssig erscheinen lassen.

Zwei Beispiele für vorsätzliche Geschichtsfälschung: Die von Wolters „gereinigten" Seiten 85 und 108 aus der „Speer-Chronik". Diese von Wolters durchgestrichenen Passagen innerhalb des Chronik-Berichtes betrafen Juden-Deportationen und „Entmietungs-" und Umsiedlungsaktionen von Juden.

Von Wolters gestrichene Texte: „In der Zeit vom 18. Oktober bis 2. November wurden in Berlin rund 4.500 Juden evakuiert. Dadurch wurden weitere 1.000 Wohnungen für Bombengeschädigte frei und vom Generalbauinspektor <Speer> zur Verfügung gestellt. Die Wohnungen werden später wieder zur Unterbringung von Abrißmietern bereitgestellt."

„Nachdem der Generalbauinspektor die Umsiedlungsangelegenheiten abgegeben hatte, berichtete Vizepräsident Clahes abschließend über die Arbeiten der Hauptabteilung Umsiedlung für die Zeit vom 1. Februar 1939 bis zum 15. November 1942. In diesem Bericht heißt es u.a.: Aufgabe der Umsiedlungsabteilung war es, sämtliche im Gebiet der Reichshauptstadt vorhandenen Judenwohnungen zu erfassen, sie zu räumen und den Mietern zuzuweisen, die durch Maßnahmen der Neugestaltung ihre Wohnungen verloren hatten. Insgesamt wurden erfaßt 23.765 jüdische Wohnungen. Der Kreis der zu Betreuenden wurde auf Vorschlag des Generalbauinspektors durch Führerbefehl erweitert auf kriegsversehrte Soldaten, Ritterkreuzträger und mit dem EK I ausgezeichnete Mannschaften und Unteroffiziere. Von den erfaßten Judenwohnungen wurden 9.000 Wohnungen vergeben. Die Zahl der umgesiedelten Personen betrug 75.000. 2.600 Wohnungen wurden dabei völlig neu instandgesetzt. Für die Unterbringung etwaiger Bombengeschädigter wurden 3.700 teilmöbelierte Wohnungen bereitgestellt."

In den „Nachrichten des Reichsministers für Bewaffnung und Munition Speer Nr. 1/1942 vom 31. März, wurde ausdrücklich als „geheime" Information mitgeteilt, daß „der Reichsminister … in mehreren Fällen die Überführung in Konzentrationslager … anordnen" mußte.

Doch zurück zu Adolf Eichmann und seiner Rolle im Rahmen der Judenpolitik des NS-Regimes. In den mehr als 3.000 Seiten umfassenden Jerusalemer Eichmann-Protokollen behauptete er, das Verbindungsglied zwischen den politischen Willenszentren und den Henkern in den Konzentrationslagern, niemals Antisemit gewesen zu sein, daß an seinen Händen „kein Blut klebe" und daß er „mit der Tötung der Juden nichts zu tun gehabt" habe. Wilhelm Höttl, der in Wien geborene Historiker, SS-Sturmbannführer, stellvertretende Gruppenleiter im Reichssicher-

---

lich vor, ihm „verschiedene wehrtechnische Kenntnisse, die ich habe", zur Verfügung zu stellen, die „nicht dritten Stellen bekannt werden sollten … Sie können sich darauf verlassen", hob er hervor, „daß ich diese Arbeit aus Überzeugung durchgeführt habe". Vgl. Interview in der Welt am Sonntag vom 31. Oktober 1976. Während des Interviews versuchte Speer die Angelegenheit mit der Bemerkung herunterzuspielen: „Das ist von Maser aufgebauscht."

BERLIN W 8 1. Februar 1943
PARISER PLATZ 3
FERNSPRECHER 11 00 52 Ar./.

DER REICHSMINISTER
FÜR
BEWAFFNUNG UND MUNITION

TB. - II/B Gr. Außendienst

An den

Herrn Reichsführer
Pg. H i m m l e r
Hauptamt - Persönlicher Stab -

B e r l i n SW 11

Prinz - Albrechtstraße 8.

Lieber Parteigenosse Himmler!

Wie mir berichtet wird, ist im Bezirk Bialystok eine größere Umsiedlungsaktion im Gange. Etwa 40 000 Juden sollen aus dem Ghetto Bialystoks evakuiert werden. Um den in dem Urwaldgebiet von Bialowitze noch befindlichen Partisanen die letzten Stützpunkte zu nehmen, sollen die dort lebenden Weißruthenen, hauptsächlich Kleinbauern - ebenfalls 40 000 Menschen - ausgesiedelt und in die in Bialystok freigewordenen Judenwohnungen überführt werden. Da dieselben aber für die ländliche Bevölkerung nicht ausreichen, entsteht ein zusätzlicher Wohnungsbedarf, der durch eine Holzhaus-Siedlung bzw. Baracken für 20 000 Menschen gedeckt werden soll.

Bei voller Würdigung der Notwendigkeit einer solchen Maßnahme erscheint es mir bei der augenblicklich sehr angespannten Baustofflage bedenklich, hierfür noch besondere

Blatt 1 des Schreibens von Albert Speer an Heinrich Himmler vom 1. Februar 1943: „40.000 Juden sollen evakuiert […] 40.000 [ausgesiedelte] Weißruthenen […] in die […] freigewordenen Judenwohnungen" überführt werden. Judenaussiedlungen zur „Wohnungsbeschaffung" für „Volksgenossen" hatten zu der Zeit bereits Tradition. So hatte beispielsweise Heydrich in einer Besprechung am 8. Januar 1941 über die „Umsiedlung von Polen und Juden" festgestellt, daß für die Schaffung von Wohnraum für „die in das Reich zurückkehrenden Volksdeutschen" 20.000 Juden in das KZ Auschwitz eingewiesen und 60.000 Wiener Juden „ausgesiedelt" worden seien. IMT, TB-Ausg., Bd. 5, S. 488. Lammers hatte Baldur von Schirach bereits am 3. Dezember 1940 im Auftrag Hitlers schriftlich aufgefordert, die „in Wien noch wohnhaften 60.000 Juden beschleunigt […] wegen der in Wien herrschenden Wohnungsnot ins Generalgouvernement" abzuschieben.

Anweisung Speers, mit der er 1944 strafverschärfende Maßnahmen in Zusammenarbeit mit Kriegsgerichten durchsetzen wollte.

S p e e r /K. Berlin W.8, den 31.Okt.1944 18

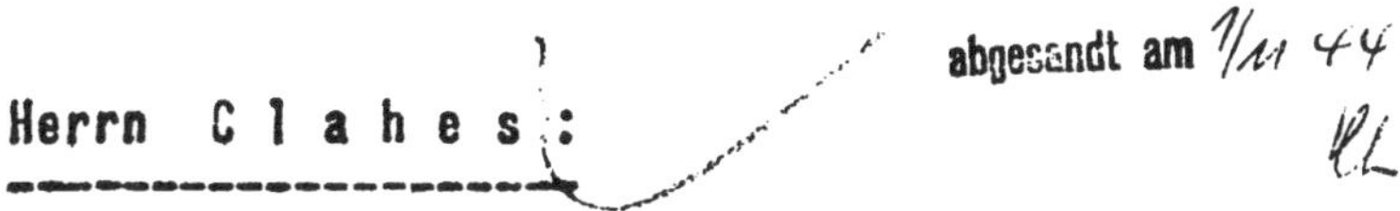

Herrn C l a h e s :

Ich bitte Sie, ein Schreiben etwa folgenden Inhalts an den Wehrmachtführungsstab aufzusetzen und mir zur Unterschrift vorzulegen:

"Ich habe ein Interesse daran, dass mir alle Verfehlungen, die innerhalb meines Aufgabenbereichs (einschl. OTund Transporteinheiten) zur Kenntnis kommen und auf das schärfste geahndet werden.

Ich bitte Sie daher, die Heeresgruppen anzuweisen, dass sie derartige Fälle mir unmittelbar über meine Hauptabteilung ....
im Zentralamt zur Kenntnis bringt, damit ich mich unmittelbar wegen der Strafverschärfenden Massnahmen mit den zuständigen Kriegsgerichten in Verbindung setzen kann.

~~1361~~

Vermerk des Ministers:
"Diese Mitteilung soll selbstverständlich keine aufschiebende Wirkung bei der Durchführung evtl. Verfahren haben".

gez. S p e e r

Fr. vorgelegt: 14.11.44

heitshauptamt und Vertrauter Eichmanns, erklärte 1979 in einem nicht veröffentlichten Interview, mit dem „Stern"-Journalisten Gerd Heidemann: „1945 hatte ich den Fehler gemacht, über mein Gespräch <vom August 1944> mit Eichmann auszusagen".[48] Gemeint hatte er damit eine Erklärung, die er dem amerikanischen Nachrichtendienst bereits vor dem Ende des Krieges zugespielt und durch eine Eidesstattliche Erklärung vom 26. November 1945 im IMT inhaltlich übereinstimmend wiederholt hatte.[49]

Kempner stellt fest, daß Eichmann „sich damals ... in schlechter seelischer Verfassung" befunden habe.[50] Höttl bestätigte 1979 zwar auch, daß Eichmann während des Gespräches mit ihm in Höttls Budapester Wohnung infolge der militärischen Lage (Florenz war in die Hände der Alliierten gefallen, ihre Invasion in Südfrankreich erfolgreich verlaufen und von den sowjetischen Truppen, die im Südosten an der rumänischen Grenze standen, waren Minsk, Wilna und Warschau zurückerobert worden) deprimiert gewesen sei, doch er hob hervor: „Während des Gespräches habe ich ihm (Eichmann) Schnaps eingeflößt ... Er hat zwei, drei Baratsch bei mir getrunken, und das habe ich dann ausgenutzt".[51] Nachdem dies geschehen sei, habe Eichmann ihm erklärt, daß Himmler ihn beauftragt habe, ihm einen Bericht über die bis dahin „umgekommenen" Juden zusammenzustellen. Sowohl in seinem Bericht an den US-Nachrichtendienst als auch in seiner Eidesstattlichen Erklärung vom 26. November 1945 sowie auch in seinem Interview von 1979 wiederholte Höttl übereinstimmend, daß Eichmann ihm berichtet habe, daß er Himmler gegenüber schriftlich und mündlich vier Millionen Vernichtungslager-Tote und in Rußland zwei Millionen von „Einsatzkommandos und auf andere Weise ermordete Juden" genannt hätte, was Himmler in einem Gespräch mit ihm mit der unwilligen Bemerkung quittiert habe: „Ist das alles – so wenig".[52] 1979 meinte Höttl: „Dabei bin ich heute davon überzeugt, daß sogar der Eichmann <von SS-Chargen> betrogen wurde, daß die ihm gegenüber mit den Zahlen noch aufgeschnitten haben, wobei es nicht darauf ankommt, ob es vier oder sechs Millionen waren."[53] So frevelhaft die Diskussion über die Anzahl der ermordeten Juden seit jeher ist, so fragwürdig waren in mancher Hinsicht auch die Aussagen Eichmanns während der Polizeiverhöre in Jerusalem. Nicht eindeutig feststellbar ist, ob er zuweilen nur so tat, als ließe sein Gedächtnis ihn im Stich – oder ob es tatsächlich der Fall war. So sagte er beispielsweise: „Im Juni, glaub' ich, war Kriegsbeginn, Juni oder Juli; sagen wir Juli war der Kriegsbeginn". Daß der Krieg, in dem er als Schreibtischtäter in unvorstellbare Verbrechen verwickelt war, am 1. September begann, war seinem Gedächtnis offenbar entfallen.

---

48 Gesprächsprotokoll von 1979, S. 36.
49 Zit. bei Kempner, Eichmann und Komplizen, S. 384.
50 Ebenda.
51 Unveröffentlichtes Gesprächsprotokoll von 1979, S. 37.
52 Höttls Erklärung vom 26. November 1945 vor dem IMT.
53 Gesprächsprotokoll von 1979, S. 55.

Aufschlußreich erscheint, wie Höttl 1979 Eichmann klassifizierte, der bereits 1935, nachdem ihm das Sachgebiet Zionistische Vereinigung im Rahmen des Hauptamtes des Sicherheitsdienstes übertragen worden war, die Vokabel „Endlösung der Judenfrage" gebraucht haben soll.[54] „Er war nicht sehr geistreich und intelligent", urteilte der ursprüngliche Studienrat für Geschichte und fuhr fort: „und meine schnelle Art hat ihm wohl imponiert. Ich habe ihm oft gesagt: ‚Du, das könntest Du so machen'. Ich bin effektiv der Erfinder der ‚Zentralstelle für jüdische Auswanderungen', ich habe sie dem Eichmann beigebracht."[55]

Höttl fälschte den historischen Sachverhalt, was eindeutige Dokumente belegen. Nicht er „erfand" die „Zentralstelle für jüdische Auswanderung", sondern Reinhard Heydrich, der sich auf seine Erfahrungen in Österreich stützte und seit Januar 1939 Hermann Görings Anweisung zur Errichtung der Auswanderungszentrale in die Tat umsetzte.[56]

Hinsichtlich der Angaben in einem viel kolportierten Schriftstück vom 18. Juni 1937 in Eichmanns Akten, daß Eichmann 1937 nach Palästina und Ägypten hatte reisen dürfen, um an Ort und Stelle zunächst die „Anfangsgründe der neuhebräischen Sprache … durch Selbststudium" zu erlernen und sich danach von einem Rabbiner einen weiteren Unterricht erteilen zu lassen,[57] erklärte Höttl: „Das ganze mit seinen hebräischen Sprachkenntnissen war … nur ein Witz. Er hat nur ein paar Worte gekonnt. Da kann ich als Wiener mit Jiddisch mehr … Er war nur ein ganz kleiner Geist."[58]

Die Bilanz, die Robert M.W. Kempner hinterließ, der sich sowohl als IMT-Ankläger in Nürnberg als auch später noch ausführlich mit Eichmann befaßte, sieht anders aus. Wir „haben", so stellte er 1961 fest, „den urkundlichen Beweis, daß Eichmann im Rahmen der Endlösung eine ungeheure Macht auszuüben hatte, die eigene Initiative und riesige Energie verlangte."[59]

Aufschlußreich erscheint, daß sich die vielfach kolportierte Behauptung von einer Übereinstimmung der Meinung der erwachsenen Deutschen über die „Behandlung" Eichmanns 1961/62 mit den Auffassungen beispielsweise der Englän-

---

54 Vgl. Ich. Adolf Eichmann, Hrsg. Aschenauer, Rudolf, Leoni 1980, S. 229.

55 Gesprächsprotokoll Höttl, S. 53.

56 Vgl. Maser, Göring, S. 298. Dokumente und Sammlungen über jüdische Organisationen und Persönlichkeiten nicht nur in und aus Deutschland befinden sich im Moskauer Zentralen Staatsarchiv (Sonderarchiv) in: Vyborgskaja ulica 3, 121059 Moskau, Archivierungsmethode: die 1. Zahl = Nr. des Bestandes, die 2. Zahl in Klammern = Zahl der Findbücher, die 3. Zahl = Anzahl der Akteneinheiten. Die Dokumente stammen aus der Zeit des NS-Regimes, umfassen 384 Originalakten jüdischer Vereinigungen und Organisationen sowie eine umfassende Dokumentation über die Lage der jüdischen Minderheit in verschiedenen Ländern. Da die Dokumente aus dem Russischen „rückübersetzt" worden sind, weichen die Namen gelegentlich von den Originalen ab. Archivierungsbeispiel: 721 (1–3) § 4371 = Zentralverein deutscher Staatsbürger jüdischen Glaubens, Berlin.

57 Zit. nach Kempner, Eichmann und Komplizen, S. 39. Die Erlaubnis zur Unterrichtung durch einen Rabbiner wurde Eichmann nicht erteilt.

58 Gesprächsprotokoll von 1979, S. 54.

59 Kempner, Eichmann und Komplizen, S. 151.

der, US-Amerikaner und Schweizer als falsch erweist. Während beispielsweise durchschnittlich 47 % der von den Gallup-Instituten in England, in den USA und in der Schweiz befragten Erwachsenen[60] der Meinung waren, daß ein israelisches Gericht die richtige Institution für das Eichmann-Verfahren sei, waren in der Bundesrepublik nur 28 % der Befragten dieser Auffassung. Hinsichtlich der Frage, ob Eichmann vor ein deutsches Gericht gehört hätte, wichen die Antworten noch wesentlicher voneinander ab. Den 25 % an deutschen Befürwortern standen lediglich durchschnittlich 4 % gegenüber. Von einer Übereinstimmung konnte nur die Rede sein, soweit es die Frage betraf, ob es denn nicht besser gewesen wäre, Eichmann vor ein internationales Gericht zu stellen: Gerichtet wurde – von Landsleuten Eichmanns – in Jerusalem.

Alle drei Richter des israelischen Gerichtes, das Eichmann in einem fairen Prozeß zum Tode verurteilte, was er in seinem Schlußwort als sein „herhalten" für „andere" ansah, waren deutsche Juden. Mosche Landau, der leitende Richter, stammte aus Danzig, Benjamin Halevi aus Weißenfels und Jitschak Raveh aus Aurich. Keiner von ihnen sprach Eichmann hebräisch an, so daß weder ihre Fragen noch Argumente übersetzt zu werden brauchten und weder Eichmann noch sein Verteidiger Servatius aus Köln auf falsche Übersetzungen zu verweisen brauchten, was den deutschen Angeklagten und ihren Verteidigern beispielsweise fünfzehn Jahre zuvor während des IMT in Nürnberg nicht selten Probleme bereitet hatte.

Umfrage des Gallup-Instituts

Frage	Antwort	England	USA	Schweiz	Bundesrepublik
„Welcher von diesen Wegen wäre Ihrer Meinung nach für die israelische Regierung gegenüber Eichmann richtig gewesen?"	Verhandlung vor israelischem Gericht wie jetzt:	44 %	44 %	53 %	28 %
	Vor deutschem Gericht:	3 %	6 %	3 %	25 %
	Vor internationalem Gericht:	32 %	31 %	36 %	32 %
	Freilassung:	4 %	1 %	2 %	4 %
	Keine Meinung:	17 %	18 %	70 %	11 %

[60] Vgl. untenstehende Gallup-Umfrage.

„Ist es Ihrer Meinung nach gut oder schlecht, daß die Welt an die Schrecken der nationalsozialistischen Konzentrationslager erinnert wird?“	England	USA	Schweiz	Bundesrepublik
Gut:	56 %	62 %	70 %	34 %
Schlecht:	29 %	18 %	19 %	45 %
keine Meinung:	15 %	20 %	11 %	21 %

Aufschlußreich ist, wie die SED-Führung den Jerusalemer Eichmann-Prozeß dargestellt sehen wollte. Als beispielsweise Fritz Bressau, der Leiter des Mitteldeutschen Verlages, sich am 5. Dezember 1960 an die Abt. Literatur und Buchwesen im Ministerium für Kultur mit dem Vorschlag wandte, den DDR-Romanautor J.C. Schwarz, der sich einige Jahre in Israel aufgehalten hatte, als Prozeßbeobachter nach Jerusalem zu schicken, um aus erster Hand sachkundig über den Eichmann-Prozeß berichten zu können, wurde er am 19. Januar 1961 von Albert Norden vom ZK der SED „zurückgepfiffen“. „Wir <sollten> um den Eichmann-Prozeß nicht mehr Wind als notwendig machen“, riet er und lehnte den Vorschlag Bressaus ab.

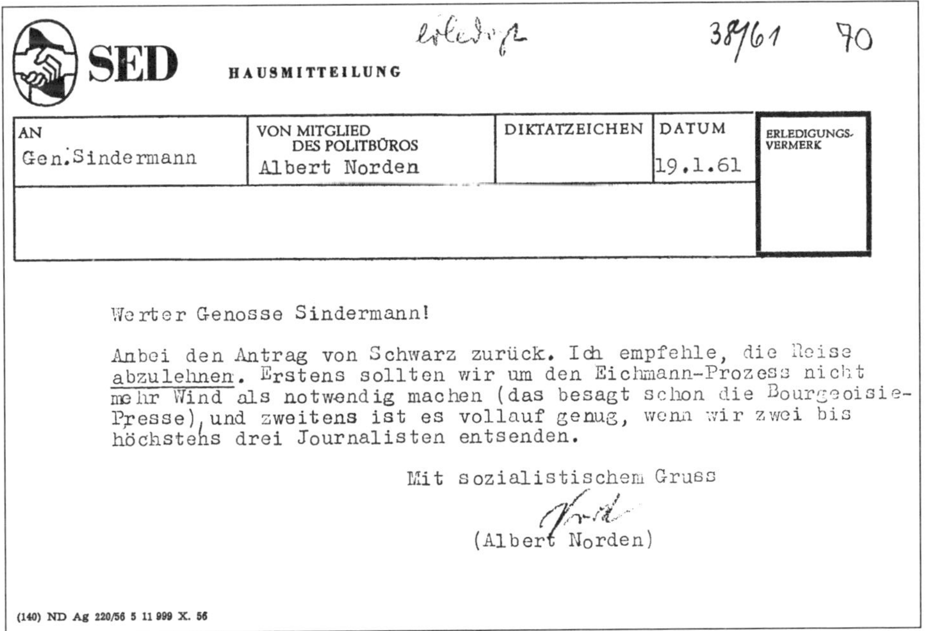

SED HAUSMITTEILUNG

AN	VON MITGLIED DES POLITBÜROS	DIKTATZEICHEN	DATUM	ERLEDIGUNGSVERMERK
Gen. Sindermann	Albert Norden		19.1.61	

Werter Genosse Sindermann!

Anbei den Antrag von Schwarz zurück. Ich empfehle, die Reise abzulehnen. Erstens sollten wir um den Eichmann-Prozess nicht mehr Wind als notwendig machen (das besagt schon die Bourgeoisie-Presse), und zweitens ist es vollauf genug, wenn wir zwei bis höchstens drei Journalisten entsenden.

Mit sozialistischem Gruss

(Albert Norden)

(140) ND Ag 220/56 5 11 999 X. 56

Bundesarchiv Berlin (SAPMO) DY 30/IV 2/9.03/21, Bl. 105.

Daß der 1906 in Solingen geborene, am 11. Dezember 1961 in Jerusalem zum Tode verurteilte und in der Nacht vom 31. Mai zum 1. Juni 1962 hingerichtete Eichmann kein „Nazi", sondern lediglich „Polizist" und gehorsamer „Diener" des NS-Regimes gewesen sei, wie beispielsweise Hannah Arendt, Joachim Fest und der in den Niederlanden lebende jüdische Literat Harry Mulisch behaupteten[61], ist angesichts seines Wirkens schwerlich nachvollziehbar.[62] In Jerusalem verteidigte er sich zwar ständig mit den Behauptungen, niemals über „Befehlsvollmachten" verfügt und immer nur Schreibtischtätigkeiten vollführt zu haben, in denen es darum gegangen sei, die Transportmittel für die Juden-„Evakuierungen" zu organisieren, doch die unwiderlegbaren Indizien sprechen eine andere Sprache.[63]

Zwar gilt, selbst in Historiker-Kreisen, allgemein die Auffassung, daß die weltweit gewöhnlich mit dem amerikanischen Begriff „Holocaust[64] anstelle des hebräischen Wortes „Schoah" (= Katastrophe) bezeichnete Vernichtung der Juden zu den am besten erforschten Aspekten der Zeitgeschichte gehöre, doch das ist nicht der Fall. Zwar ist die Quellenlage des RSHA für 1941 im Osten relativ dicht, doch mit der Einstellung der Berichte über die Ereignisse in der UdSSR durch den Chef der Sicherheitspolizei und des SD im April 1942 versiegten die Quellen zunehmend. Gut dokumentiert sind, um einige Beispiele anzuführen, die diesbezüglichen Geschehnisse von 1941 für das Baltikum, für Lemberg, Minsk und Kiew, am schlechtesten für die Ukraine, soweit sie im Frühjahr 1942 begannen. Doch ganze Territorien sind nach wie vor terra incognita, nicht nur, weil sich kaum Geldgeber finden, die entsprechende Untersuchungen zu finanzieren bereit sind, sondern auch, weil – außer zum Beispiel Adolf Eichmann und Rudolf Höß – die einstigen maßgeblichen Schuldigen es unterlassen haben, Autobiographien zu schreiben und deutsche Historiker eine Scheu an den Tag legen, sich des grauenvollen Anliegens anzunehmen und womöglich Details zu Tage zu fördern, die mit den seit Jahr und Tag multiplizierten Darstellungen nicht übereinstimmen. Und dies gilt nicht nur hinsichtlich der Frage, wie die Verbündeten

---

61 Vgl. Mannheimer Morgen vom 10. August 2002.

62 Adolf Eichmann war seit dem 1. April 1932 Mitglied der österreichischen NSDAP und der SS und seit dem 9. November 1941 SS-Obersturmbannführer (entsprach dem Rang eines Oberstleutnants der Wehrmacht). Seit dem 1. Oktober 1934 diente er im „Judenreferat" des SS-Hauptamtes, wurde im August 1938 zum Leiter der „Zentralstelle für die jüdische Auswanderung" in Berlin ernannt, seit Dezember 1939 als Referent in der Abt. IV (Referat IVD4: „Auswanderung und Räumung") des Reichssicherheitshauptamtes der SS eingesetzt und war danach im Referat IVB4 für „Judenangelegenheiten und Räumung" zuständig. Nach dem Ende des Zweiten Weltkrieges geriet er in amerikanische Kriegsgefangenschaft, aus der er 1946 entfliehen und mit kirchlicher Hilfe nach Argentinien entkommen konnte, wo der israelische Geheimdienst ihn schließlich aufspürte und nach Israel entführte.

63 Die Feststellung des Jerusalemer Gerichts im Berufungsverfahren, das bezüglich des Niveaus wesentlich unter der Ebene der ersten Instanz lag, daß Eichmann eigenmächtig und ohne Befehle „von oben" gehandelt habe, deckte sich allerdings nicht mit den Tatsachen.

64 Heinz Galinski, der einstige Vorsitzende des Zentralrats der Juden in Deutschland, monierte die Bezeichnung der Schoah als „Holocaust" als unzutreffende amerikanische Übersetzung und folgerte: „Es ist nicht alles, was aus Amerika kommt, gut zu übernehmen". Zit. nach Semit, Zeitschrift für Politik, Gesellschaft und Kultur, Jg. 1989, Nr. 12, S. 8.

Deutschlands während des Zweiten Weltkrieges im Osten mit der „Endlösung der Judenfrage“ umgegangen sind. Was in Groß-Ghettos geschah ist weithin bekannt, doch die Geschichte der kleineren und kleinen einstigen – und noch nicht einmal vollständig erfaßten – Ghettos liegt im Dunkel der „Vergangenheit, die nicht vergehen will“, wie Ernst Nolte seinen Beitrag über „die Kontroverse um die Einzigartigkeit der nationalsozialistischen Judenvernichtung“ überschrieb.[65]

Hans Frank, der Generalgouverneur von Polen, bekannte in seinem während seiner Haftzeit in Nürnberg verfaßten Buch „Im Angesicht des Galgens“, „auch ... Antisemit“ und mitschuldig an der Ermordung ungezählter Juden gewesen zu sein. Er gab an, „daß im Laufe von etwa drei Jahren einige Millionen Menschen getötet worden seien“.[66]

„Die genaue Zahl der im nat.-soz. Herrschaftsbereich umgebrachten Juden“, so heißt es im Lexikon „Der Zweite Weltkrieg“, „läßt sich nicht feststellen. Schätzungen sprachen von rd. 5 Millionen“.[67]

In der „Berner Tagwacht“ vom 24. August 1945, wenige Monate nach der Kapitulation der deutschen Streitkräfte, hieß es beispielsweise: „Hitler-Deutschland – In der Welt voran. Wie der Pariser Korrespondent der ‚New Chronicle‘ meldet, sind laut amtlichen Zahlen, auf die Untersuchungsbeamte der französischen Regierung gekommen sind, in allen deutschen Konzentrationslagern 26 Millionen Menschen ermordet worden. Die meisten davon wurden in Dachau getötet. Durchschnittlich wurden dort täglich 12.000 bis 15.000 umgebracht.[68] Wie der Korrespondent hinzufügt, hatten die Hinrichtungsmänner in Dachau am 10. Juli 1944 ein Trinkgelage, um ihren Rekord zu feiern, an dem einen Tag wurden 24.000 Männer, Frauen und Kinder ermordet.“

Den 26 Millionen stellte die Schweizer Zeitung „Baseler Nachrichten“ vom 13. Juni 1946 „weniger als 1,5 Millionen“ entgegen. „Es ergibt sich“, schrieb sie, „nach dieser Aufstellung, die zwar leider nicht auf neuen amtlichen Zahlen beruht, deren Grundzahlen aber durchwegs von offizieller Seite stammen, daß alles in allem weniger als 1,5 Millionen Juden vorläufig als ‚tot oder vermißt‘ bezeichnet werden müssen.“ Viereinhalb Jahrzehnte später, als nicht mehr von sechs Millionen, die Stalins mordlüstiger Greuelpropagandist Ilja Ehrenburg als erster „Chronist“ in die Welt gesetzt und damit die Masse aller in deutscher Hand befindlichen Juden als ermordet proklamiert hatte[69], sondern von 4 Millionen in Auschwitz ermordeten Juden die Rede war, der Anzahl, die der sowjetische

---

65 2. Aufl., München 1987.

66 Frank, Im Angesicht des Galgens, S. 410.

67 Der Zweite Weltkrieg, Hrsg. Christian Zentner, München 1995, S. 280.

68 Im KZ Dachau gab es keine fertige Gaskammer für Massentötungen. Vgl. S. 352 ff.

69 Vgl. Ehrenburg, Ilja, Remember, Remember, in „Sowiet War News“ vom 22. Dezember 1944; vgl. auch Ehrenburg, Once Again, Remember, ebenda vom 4. Januar 1945. Ältere Schätzungen über die Anzahl der Opfer (wie z.B. in: Enzyklopädie des Holocaust, München 1995, S. 1737 und „Dimension des Völkermords“, München 1991, S. 15 f.) weichen von den derzeit ermittelten Zahlen ab.

IMT-Ankläger Andrej Andrejewitsch Smirnow im Februar 1946 in Nürnberg vorgegeben hatte[70], mutmaßte der polnische Publizist und Vize-Chefredakteur Ernest Skalski von der Warschauer „Gazeta Wyborcza“ nach dem Ende der kommunistischen Sprachregelung: „Jetzt scheint gewiß zu sein, was Zeithistorikern schon länger bekannt war: daß es <in Auschwitz> ein bis eineinhalb Millionen Opfer gewesen sind“.[71] Sein Kommentar: „Ich gebe zu, daß man manchmal die Wahrheit verheimlichen – also lügen – muß, zuweilen sogar aus erhabenen Motiven, etwa aus Mitleid oder aus Feingefühl … Wenn auch die Wahrheit nicht immer das Gute ist, so ist viel öfter die Lüge das Böse“.[72] Yehuda Bauer, einer der profiliertesten Holocaust-Forscher der Hebräischen Universität Jerusalem, hatte am 29. September 1989 in der „Jüdischen Allgemeinen“ festgestellt, daß in Auschwitz-Birkenau nicht 4 Millionen, sondern etwa 1,5 Millionen Juden ermordet worden seien, was Franciszek Piper 1993 durch die Feststellung „ergänzte“, daß in Auschwitz 1,1 Millionen Juden (neben rund 250.000 Nichtjuden) umgebracht wurden.[73] Doch war mit diesen Zahlen nicht der Gesamtumfang der Holocaust-Opfer gemeint. „Die neueste Holocaust-Forschung bestätigt“, hatte Jehuda Bauer hervorgehoben, „daß der Katastrophe der Judenvernichtung <insgesamt> 5,6 bis 5,8 Millionen Menschen zum Opfer“ gefallen seien.[74] Léon Poliakov hatte 1951 von rund zwei Millionen jüdischen Auschwitz-Opfern gesprochen, Gerhard Reitlinger zwei Jahre später von 750.000, Raul Hilberg 1961 und 1985 von mehr als einer Million.[75]

Adolf Eichmann, der Abteilungsleiter im Amt IV (Gestapo) des Reichssicherheitshauptamtes und „Protokollant“ der berüchtigten „Wannsee-Konferenz“ über „die Endlösung der Judenfrage“, sprach im August 1944 von 6 Millionen Juden, die von der SS insgesamt vernichtet worden seien, wie der SS-Obersturmbannführer Wilhelm Höttl, der sich gern als „Erfinder“ der 6 Millionen-Zahl bezeichnete[76], in einer „Eidesstattlichen Erklärung“ vom 26. November 1945 für den Nürnberger Prozeß angab. Der englische Historiker Gerald Fleming „registrierte“ insgesamt 4.975.477 „jüdische Verluste durch Endlösung“[77]. Für Ausch-

---

[70] IMT, Bd. XIX, S. 261. Der Lagerkommandant Höß hatte unter Druck drei Millionen genannt, eine Anzahl, die er später widerrief. Vgl. Meyer, Fritjof, Die Zahl der Opfer von Auschwitz. Neue Erkenntnisse durch neue Funde, in: Osteuropa. 52. Jg., H. 5/2002, S. 631.

[71] Der Spiegel vom 23. Juli 1990, S. 111: „Ich empfinde Verlegenheit“.

[72] Ebenda.

[73] Vgl. Vierteljahreshefte für freie Geschichtsforschung, 5. Jg., H. 4, Dez. 2001, S. 369. Hastings, Großbritannien. Bei dieser Zeitschrift handelt es sich zwar um ein obskures Organ rechtsradikaler Zeitgenossen, doch die in ihnen faksimilierten Dokumente, soweit sie nicht gefälscht sind, haben Quellenwert. Die Zeitschrift wird in diesem Buch nur jeweils dort zitiert, wo dies eindeutig zutrifft.

[74] Jüdische Allgemeine vom 29. Oktober 1989.

[75] Vgl. Wolffsohn, Michael, Verwirrtes Deutschland? Provokatorische Zwischenrufe eines deutsch-jüdischen Patrioten, München 1993, S. 78.

[76] Wilhelm Höttl in einem unveröffentlichten Heidemann-Interview von 1979.

[77] Vgl. Fleming, Gerald, Hitler und die Endlösung, Wiesbaden und München 1982, S. 207. In den Lagern Belzec, Sobibor und Treblinka kamen nach Fleming (ebenda, S. 71), der sich auf „Schätzungen“ der offiziellen polnischen Untersuchungskommission aus der Zeit berief, in der noch Stalins Vorgaben galten, vom 16. April–28. Oktober 1942 „etwa“ 1.500.000 Juden „durch Kohlenmonoxidgas“ ums Leben.

witz-Birkenau ermittelte der Hamburger Historiker Fritjof Meyer Anfang 2002 Zahlen und weitere Details, die von allen bis dahin publizierten Angaben erheblich abwichen und nicht nur einen Journalisten zu vorschnellen Stellungnahmen bewogen, die weder mit der Quellenlage noch mit dem Forschungsstand in Einklang zu bringen waren.[78] Anstatt Meyer für die von ihm durch die Auswertung bislang vernachlässigter authentischer Dokumente und zweifelsfrei belegte Fakten initiierte Befreiung der Schoah-Forschung von Tabu-Vorgaben zu danken, bedienten sie sich der seit Jahr und Tag dominierenden Schablonen.

In der Mai-Ausgabe 2002 der Zeitschrift „Osteuropa"[79], hatte Meyer in seinem Beitrag „Die Zahl der Opfer von Auschwitz. Neue Erkenntnisse durch neue Archivfunde" sachlich, emotionslos und mit Respekt vor den Opfern des Holocaust festgestellt, daß es nach neuesten Erkenntnissen „mutmaßlich 510.000 Tote, davon wahrscheinlich 356.000 im Gas ermordete" gegeben habe.[80] Ob diese Zahlen als endgültiges Ergebnis der Mordserie in Auschwitz gelten können, ist noch ungewiß.

Daß die Forschungsergebnisse Fritjof Meyers nicht nur überlebende jüdische KZ-Opfer und Nachkommen in Auschwitz vergaster Juden zumindest zunächst zu Zweifeln und gelegentlichen Protestbekundungen veranlassen würden, war vorauszusehen. Die Jahrzehnte lang wiederholten Millionenzahlen standen als vermeintlich unumstößliche historische Fakten im Raum. Auf besondere Weise machte in dem Zusammenhang der mit 14 Jahren Haft wegen RAF-Mitgliedschaft, Raub und Mordversuch vorbestrafte Horst Mahler von sich reden, der nach seiner Haftentlassung mit Hilfe seines Verteidigers, des späteren Bundeskanzlers Gerhard Schröder, seine Zulassung zum Rechtsanwalt erhalten hatte. Zum Rechtsradikalen mutiert, erstattete er bei der Staatsanwaltschaft Stuttgart im Januar 2003 für einen seiner Mandanten, der den Massenmord in Auschwitz geleugnet hatte, eine Strafanzeige gegen Fritjof Meyer wegen dessen Korrektur der Opferzahlen von Auschwitz und verwies darauf, daß selbst eine „Verharmlosung" des Holocaust nach neuerlichen Gesetzesvorlagen „Volksverhetzung" und damit strafbar sei. Er scheiterte – zwangsläufig – kläglich, und als er im Juli 2003 nach Auschwitz reisen und dort eine „feierliche Rede" halten wollte, ließ der brandenburgische Innenminister Jörg Schönbohm (CDU) seinen Pass und Ausweis einziehen und Mahlers Reise nach Auschwitz verbieten. Schönbohm begründete seine Entscheidung mit der Feststellung, daß Mahler „massiven Schaden für die Bundesrepublik" angerichtet habe.[81]

---

[78] In der Welt vom 27. August 2002 behauptete derselbe Journalist beispielsweise fantasievoll und tatsachenwidrig, daß Hitler „Milliardär" gewesen sei. Vgl. dazu Maser, „Hitlers Geld und seine Erben" u.a. in der Speyerer Tagespost vom 10. Dezember 2002.

[79] Die Welt vom 28. August 2002: „Linksliberaler Kronzeuge für Holocaust-Leugner. Der Fall des angesehenen Journalisten Fritjof Meyer".

[80] Osteuropa. Zeitschrift für Gegenwartsfragen des Ostens, Aachen, 52. Jg., H. 5/2002, S. 641.

[81] Sonntag aktuell vom 27. Juli 2003.

Ab wann die zur Massenvergasung umgebauten Bauernhäuser außerhalb des eigentlichen Lagers, das „Rote" und das „Weiße Haus", für Massentötungen zur Verfügung standen, ist nicht definitiv zu belegen. Im „Roten Haus" fanden Vergasungen nach zuverlässigen Berichten seit Mai 1942 statt. Das „Weiße Haus", das nach Aussagen Aumeiers seit Januar 1943 für Massenvergasungen eingerichtet gewesen sei, dürfte nach Fritjof Meyers Untersuchungen im Dezember 1942 für die Massenmorde zur Verfügung gestanden haben.[82] Albert Speers Mitteilung vom 30. Mai 1943 an Himmler (der sie am 6. Juni 1943 erhielt), daß die zum Ausbau erforderlichen Materialien geliefert werden würden, betraf offensichtlich nicht die Ausweitung der „Häuser" I und II, sondern den Ausbau der Sauna und der Blausäure-Entlausungsanlage.[83]

Am 30. Mai 1943 genehmigte Albert Speer als „Reichsminister für Bewaffnung und Munition" unter der Akten-Notiz GB 26/1-10027 g die Lieferung des für den Ausbau des KZ-Lagers Auschwitz vorgesehenen Materials. Er schrieb dem von ihm mit „Lieber Parteigenosse Himmler" angeredeten „Reichsführer SS und Chef der Deutschen Polizei", der am 17. Juli 1942 zum zweiten Male Auschwitz inspiziert und einer Vergasung holländischer Juden beigewohnt hatte:

„Auf Grund der vorliegenden Berichte und der Besichtigung des KZ-Lagers Auschwitz durch meine Herren Desch und Sander bin ich bereit, über *die in III/43* zur Verfügung gestellte Baueisenmenge in Höhe von *450 moto* für *den Bedarf* im Reichsgebiet und 180 moto für *den Bedarf* in den angeschlossenen und besetzten Gebieten einmalig folgende Mengen zuzustellen:
1) 1.000 t Baueisenbezugsrechte.
2) *1.000 t* Gußrohre, für die die SS aus ihrem Gesamtkontingent 300 t Eisenbezugsrechte zur Verfügung stellt.
3) Rd. 100 t Wasserleitungsrohre 1/2" aus dem Verfügungslager des GB-Bau in Hamm.
4) Rundstahl 8–20 mm aus Hartstahl in der erforderlichen Menge"[84]

---

[82] Nach bislang unveröffentlichten Untersuchungsergebnissen Fritjof Meyers, dem ich für meine Einsichtnahme zu danken habe. Robert Kempners Auffassung, daß die Massenvergasungen in Auschwitz am 18. Oktober 1942 – nach der Hitler-Rede vom 30. September 1942 – begonnen hätten (schriftliche Mitteilung Kempners vom 18. Juli 1977 an mich), deckt sich angesichts der späteren Forschungsergebnisse nicht mit den Tatsachen. Kempner hatte sich auf die Erklärung Hitlers bezogen, der am 30. September 1942 gesagt hatte: „Die Juden in Deutschland" hatten bislang über seine Prophezeiungen „gelacht" und hinzugefügt: „Ich weiß nicht, ob sie heute noch lachen oder ob ihnen das Lachen bereits vergangen ist". Zit. der Hitler-Rede bei Domarus, Bd. II., S. 1913.

[83] Die „Zentralsauna" mit dem Signum „Bw 32" in den Bauzeichnungen vom 13. Januar 1943 und 7. April 1943 hatte eine „Nutzfläche" von 984 qm. Sie wurde Ende 1943 fertiggestellt, verfügte über 54 Brausen, drei Autoklaven zur Desinfektion mit Dampf, vier Entwesungsöfen und eine Kurzwellen-Entlausungsanlage von Siemens. Am 28. April 1943 hatte das Wirtschafts-Verwaltungs-Hauptamt (WVHA) schriftlich verlangt, die Warte-, Dusch- und Ankleidungsräume „nicht größer als nötig vorzusehen". Nachdem der Bau begonnen worden war, unterrichtete die Auschwitzer SS-Bauleitung das WVHA am 4. Juni 1943 über eine Fleckfieberepidemie im Zigeunerlager und drängte auf raschen Baufortschritt. Archiv der Warschauer Kommission für die Erforschung der Hitler-Verbrechen, M 598c, S. 8 f.

[84] Seite 2 des Speer-Schreibens auf Seite 337.

Persönlicher Stab Reichsführer-SS
Schriftgutverwaltung
Akt. Nr. Geh. / 101/23

- 2 -

Diese Baueisenmengen sind nur für den Ausbau der KZ-Lager, insbesondere Auschwitz, zu verwenden. Für zusätzliche Behelfsbaumaßnahmen für die Aufstellung neuer Divisionen der Waffen-SS kann ich leider keine weitere Baueisenmengen zuteilen. Der Bedarf muß aus den im Rahmen des Gesamtbaueisenkontingentes des GB-Bau an die SS zugeteilten Mengen entnommen werden. Die Einzelfragen der Zuteilung werden zwischen Ihren Dienststellen und meiner Rohstoffstelle geregelt. Die Beschaffung der Bezugscheine für 1 ooo t Gußrohre, sowie der Versand der Wasserleitungsrohre ist bereits in die Wege geleitet.

Heil Hitler!

Speer

Ich freue mich, daß die Besichtigung der anderen K.Z.-Lager ein durchaus ~~positives~~ Bild ergab.

Eingang: 5. JUNI 1943
Tgb. Nr.: 38/86/43 g

Absolut authentische Angaben über den genauen Umfang der Zyklon B-Lieferungen der Firma Tesch & Stabenow (Testa) an das KZ Auschwitz existieren nicht. Im Nürnberger Prozeß erklärte beispielsweise Alfred Zaun, der Buchhalter des Unternehmens – nach einem „offiziellen englischen Protokoll“ eines englischen Militärgerichts –, daß seine vom IMT als zuverlässige Quelle bewerteten

Innenansicht von 19 Blausäure-Entlausungszellen (Zyklon B) in Auschwitz im Bauzustand (Dokument 43 des Plans Nr. 2693 der Bauleitung vom 5. August 1943). Weder die zirkulierende Lüftung noch die gasdichten Türen wurden jemals eingebaut. Die vielfachen Versuche von Chronisten, die gelieferten „Zyklon B"-Mengen von der Lieferfirma „Tesch & Stabenow" (von der nach 1945 2 maßgebliche Mitarbeiter hingerichtet wurden) und von der „Deutschen Gesellschaft für Schädlingsbekämpfung" (DEGESCH), die beispielsweise am 11. April 1944 390 Büchsen „Zyklon Blausäure ohne Reizstoff" für 975 Mark lieferte (IMT, TB.-Ausg. Bd. 3 S. 342), als Grundlage für die Anzahl der Morde zu verwenden, übersehen die Tatsache, daß Zyklon B in Auschwitz (im Gegensatz zu Birkenau) nicht nur zur Vergasung von Menschen, sondern in der selben Gaskammer auch zur Desinfektion der Häftlingskleider verwendet wurde (IMT-Dok. NI – 11390, Bl. 2). Der Lagerkommandant Höß erklärte am 15. Mai 1946 US-Vernehmern, daß in den großen Krematorien für eine Menschenvergasung 7 Büchsen und in kleineren Kammern 5 Büchsen verwendet worden seien. Bei kaltem Wetter, so erläuterte er, mußten 2–3 zusätzliche Büchsen verwendet werden. (IMT-Dok. NI-36, NI-034.)

Außenansicht der Entlausungsanlage im Bauzustand. Beide Bilder: Pressac, Jean-Claude, Auschwitz: Technique and Operation of the Gas Chambers, New York 1989.

Nicht zufällig hielten die Sowjets die Baupläne 46 Jahre verborgen.

Angaben (1942 = 7.478,6 kg und 1943 = 12.174,9 kg) auf – von ihm als IMT-Häftling im Nachhinein vorgenommenen „Zahlenzusammenstellungen aus dem privaten Umsatzbuch des Dr. Tesch" basierten, die „von den englischen Behörden ... auf ihre Korrektheit hin sorgfältig überprüft" worden seien und in „dokumentarischer Form dem Gericht unterbreitet wurden".[85]

Stalins 4-Millionen-Diktum[86] hat die Entstehung ganzer Bibliotheken initiiert, deren Autoren vornehmlich bemüht waren, diese Stalin-Vorgabe nachträglich zu stützen und durch „Quellennachweise „nicht nur zu belegen", sondern in Anlehnung an Ilja Ehrenburgs Fantasiezahlen, die selbst Stalin zu maßlos erschienen, noch zu korrigieren. So behauptete beispielsweise der deutsche Historiker Heinrich August Winkler in der Tageszeitung „Die Welt" vom 30. Januar 2003, daß „annähernd sechs Millionen ... europäische Juden" ermordet worden seien. Weder er noch eine Reihe anderer Chronisten haben begriffen, daß es Stalin nur darum gegangen war, durch seine Übertreibungen sich selbst und seine jeweils zuständigen Funktionsträger durch konstruierte Kriterien vor der Weltöffentlichkeit (und unmittelbar nach dem Ende des Krieges vor allem angesichts des Nürnberger Kriegsverbrecherprozesses) davor zu schützen, als Menschenrechtsverbrecher demaskiert zu werden.[87] Wie es den während des Krieges in die UdSSR geflüchteten Juden ergangen ist, war den Alliierten spätestens seit 1948 bekannt, was den meisten Holocaust-Forschern weithin entgangen ist. Daß Stalin die bis zu 2 Millionen Juden, die nach dem Krieg nicht mehr aus der UdSSR in ihre Ursprungsorte zurückkehren konnten, weil sie dort ihr Leben verloren hatten, wahrheitswidrig als Opfer des NS-Regimes darstellte, war für viele von ihnen kein Thema.

Jüdische Flüchtlinge, die in die unbesetzten Territorien der UdSSR hatten fliehen können, wurden von den Sowjets inhaftiert oder zur Zwangsarbeit gezwungen.[88] Von den aus Polen, den baltischen Staaten und Rumänien vor den deutschen Streitkräften von – vornehmlich nach Usbekistan in die UdSSR geflohenen – Menschen waren rund 40 Prozent Juden, von denen 20 bis 30 Prozent starben.[89] 200.000 bis 300.000 in der UdSSR verstorbene Juden allein aus Polen notierte

---

[85] Vgl. IMT, NI 11 880 und NI 11 881.

[86] Zu Auschwitz befinden sich im Zentralen Staatsarchiv in Moskau („Sonderarchiv") unter der Archivnummer 502 (1–5) 2370 seit Jahrzehnten archivierte Findbücher mit Akten, darunter beispielsweise 23 Akten im Findbuch 5 über die Beteiligung der IG-Farben aus der Zeit von 1940–1944, ferner RSHA-Unterlagen über Konzentrationslager, Kriegsgefangene und Zwangsarbeiter in der UdSSR: 504 (1–2) 42. Die Dokumente belegen Stalins Behauptungen über die Anzahl der ermordeten Juden nicht.

[87] Nach Angaben des amerikanisch-jüdischen Schriftstellers Louis Begley (eigentlich: Ludwik Begleiter) österreichischer Herkunft kamen zur Zeit Stalins nach den rund 10 Millionen Opfern während der russischen Revolution und dem Bürgerkrieg zwischen der Roten und der Weißen Armee weitere 20 Millionen Menschen im Zuge der erzwungenen Kollektivierung der Landwirtschaft, der Umsiedlungsaktionen und des politischen Terrors zwischen 1922 und Juni 1941 ums Leben. Millionen waren es ferner, die ihr Leben durch das Gulag-System bis zum Zusammenbruch des Sowjetimperiums verloren. Vgl. Begley, Louis, Ein satanisches Regime, in: Der Spiegel vom 5. Juni 1995, S. 180 ff.

[88] Joint-Archiv New York, Folder 712.

[89] Joint-Archiv New York, Folder 713.

im Juni 1943 ein Joint-Bulletin[90], 500.000 nannte das American Jewish Yearbook 1948/49.[91] Die Sowjets kaschierten diese Tatsachen durch maßlos übertriebene Angaben über die in dem von der Roten Armee zuerst eroberten Majdanek ermordeten Juden.[92]

Die publizierten Angaben über die Anzahl der europäischen Juden, die sich durch ihre Flucht der Vernichtung entziehen konnten, sind – im Gegensatz zu den spekulativen Feststellungen über die Anzahl der ermordeten Juden – relativ deckungsgleich. Raul Hilberg nennt 1,5 Millionen[93], Yitzak Arad eine bis 1,1 Millionen[94], Solomon Michoels vom Antifaschistischen Komitee der Juden in der UdSSR 2 Millionen[95]. Yisrael Gutmann von Yad Vaschem und Michael Berenbaum, die 1994 von rund 1,2 Millionen in Auschwitz ermordeten Juden ausgingen,[96] schätzten 1,5 Millionen.

Die Westmächte haben Stalins Judenpolitik weder beanstandet noch zu unterbinden versucht. Doch hatten sie auch unterlassen, den in den nationalsozialistischen Konzentrationslagern vegetierenden Juden zu helfen noch militärische Maßnahmen zur Behinderung der NS-Judenvernichtung zu ergreifen, obwohl sie weitaus besser über die vom NS-Regime als Geheimnis praktizierte Judenpolitik informiert waren als die deutsche Bevölkerung. Sie wußten infolge der britischen militärischen Entschlüsselung abgehörter deutscher Meldungen und Berichte bereits seit dem 18. Juli 1941, 12 Tage vor Görings Auftrag an Heydrich, die Wannsee-Konferenz[97] zu inszenieren, was in Polen und auf dem von deutschen Streitkräften besetzten Territorium der UdSSR im Zusammenhang mit der Judenpolitik des NS-Regimes bereits begonnen hatte.[98]

Zwar hatten die Abhörberichte schon am 13. September 1941 ihr Ende gefunden, weil die Berichte nicht mehr per Funk, sondern durch Kuriere nach Berlin gelangten, doch abgehört hatten die Briten bis dahin Meldungen über den Holocaust unter anderem in Virbalis, Lubieszow, Dvinsk, Lubiaz, Kowno, Luck, Nieswiez, Bialystock, Falsehty, Lwow, Kalarash und Wilna. Premier Winston Churchill, der erst einige Monate später Roosevelt, Eisenhower und Marshall über die Abhör-Erfolge des britischen Geheimdienstes differenziert unterrichtet hatte, gab am 14. November 1941 in einer Botschaft an „The Jewish Chronicle“, der führenden jüdischen

---

90 Rapoport, Louis, Hammer, Sichel, Davidstern, Berlin 1992, S. 93.

91 Bd. L (1948/49), S. 397.

92 So seien nach sowjetischen Propaganda-Angaben (IMT, Bd. I, S. 51, Bd. IV, S. 648) allein in Majdanek rund 1,5 Millionen Juden umgebracht worden, wobei der weitaus größte Teil nicht vergast worden sei.

93 Hilberg, Paul, Die Vernichtung der europäischen Juden, Berlin 1982, S. 209, 212 und 243.

94 Vgl. Grossmann, Wassili, Ilja Ehrenburg, Arno Lustiger (Hrsg.): Das Schwarzbuch, Reinbek 1994, S. 1022.

95 Joint-Archiv New York, Folder 424.

96 Vgl. Heinsohn, Gunnar, Jüdische Sklavenarbeiter Hitlerdeutschlands, Bremen 2001, S. 62, Anm. 102.

97 Vgl. Maser, Göring, S. 408.

98 Vgl. den Bericht von Wilhelm J. van den Heuvel, dem Präsidenten des Franklin und Eleonor Roosevelt-Instituts, in der Welt am Sonntag vom 12. Januar 1997.

Zeitung in Großbritannien, öffentlich zu, über die Leiden der Juden informiert zu sein und versicherte, daß ihr Anteil „am Tag des Sieges" „nicht vergessen sein werde".[99] Am 3. November hatte die „Neue Zürcher Zeitung" gemeldet, daß in Vichy die Absicht bestünde, im besetzten Frankreich für Juden Ghettos einzurichten und die in Frankreich lebenden Juden so zu behandeln, „wie es in Europa in wachsendem Ausmaße" der Fall sei. Bereits am 25. Mai 1941 war in der schweizer Zeitung zu lesen, daß Vallat, der Generalkommissar für jüdische Fragen, im Augenblick 16 Gesetze vorbereite, „die in Kürze den gesamten Komplex der Judenfrage in Frankreich einer Lösung entgegenführen" würde. Im Januar 1942 hatten alle in Frankreich beheimateten Juden ihre Berufsausweise abzugeben und von der Ausübung ihrer Berufe und Funktionen Abstand zu nehmen.[100] Sechs Monate später hieß es im Londoner „Daily Herald" unter anderem: „40.000 starben in Gaskammern … Von November 1941 bis März 1942 wurden rund 5.000 Juden aus den Städten Kolo, Dab, Bugaj und Izbica und etwa 35.000 aus dem Ghetto von Lodz nach Chemno im Bezirk Kolski transportiert. Dort wurden sie nach einer neuen Methode abgeschlachtet. Sie wurden in fahrbare Gaskammern verladen und darin vergast. Ihre Leichen wurden im Forst von Lombardski vergraben".[101]

An Hitlers 53. Geburtstag, dem 20. April 1942, meldete die deutsche Abwehr aus Krakau, daß die polnische Untergrundbewegung tausende Plakate gedruckt habe, die in Aufmachung und Stil den deutschen „Bekanntmachungen" glichen[102], in denen es hieße, daß das Generalgouvernement als „Bekanntmachung Nr. 35" angeordnet habe, „eine … Exkursion für ein Komitee aller in Polen lebenden ethnischen Gruppen nach Auschwitz" zu organisieren. „Die Exkursion soll untersuchen", so lautete der vermutlich aus der berüchtigten Lügen-„Giftküche" Sefton Delmers und Ellic Howes stammende ironisch-schaudererregende Text[103], der erstmals öffentlich den ersten deutschen Meldungen über 3.000 exhumierte polnische Katyn-Opfer folgte, „wie humanitär im Vergleich zu den von den Bolschewisten angewendeten Methoden die Mittel sind, die zur Massenausrottung des polnischen Volkes benutzt werden. Die deutsche Wissenschaft hat hier für die europäische Kultur Wunder vollbracht; an Stelle eines brutalen Massakers an lästigem Pöbel kann man in Auschwitz die Gas- und Dampfkammern, elektrischen Platten usw. sehen, mit denen Tausenden von Polen schnellstens vom Leben zum Tode verholfen wird, und in einer Weise, die der ganzen deutschen Nation zur Ehre gereicht. Es genügt, darauf hinzuweisen, daß allein das Krematorium jeden Tag 3.000 Leichen erledigen kann."[104]

---

99 Ebenda.
100 Neue Zürcher Zeitung vom 16. Januar 1942.
101 Daily Herald vom 30. Juni 1942.
102 Documents on Polish-Soviet Relations 1939–1945, Bd. I, S. 523.
103 Ellic Howe gab am 12. Juni 1967 in einem persönlichen Gespräch mit mir an, nicht mehr genau sagen zu können, wer ihn formuliert habe.
104 Documents on Polish-Soviet Relations 1939–1945, Bd. I, S. 523.

Dem Auschwitzer Untergrund gelang es erstmals im Mai oder Juni 1942 einen Bericht nach London zu schicken, in dem von „Vergasungen in Gaskammern" in „letzter Zeit" die Rede war.[105] Am 25. August 1942 erfuhr der britische Geheimdienst von ihm, daß Kranke durch Gas ermordet[106] worden seien, am 29. August[107], daß die SS zwei „speziell zu diesem Zweck gebaute Kammern" errichtet habe, in denen 1.200 Häftlinge Platz fänden – und bis August 1942 bereits 300.000 Häftlinge ermordet worden seien, was die Briten ebenfalls schweigend hinnahmen, obwohl für jedermann erkennbar war, daß es sich um eine Fantasiezahl handelte, die mit der Realität nichts zu tun hatte. Aber auch der Bericht des Lageruntergrundes vom 10. Oktober 1942, der feststellte, daß 1942 lediglich insgesamt 30.000 männliche und 150 (vermutlich jedoch 15.000) weibliche Juden in das KZ Auschwitz eingeliefert worden seien, von denen 10.000 umgebracht worden wären[108], bewirkte keine Korrekturen.[109]

Entscheidender Anlaß für die Deckung der Lügenpropaganda aber war für den britischen Geheimdienst, daß er trotz seiner Kenntnisse über das Katyn-Verbrechen der Roten Armee und der verlogenen Stalinschen Desinformationsmaßnahmen bemüht sein mußte, dem Erfolg der deutschen Propaganda, die sich auf authentische Tatsachen stützen konnte, entgegenzuwirken. Doch nicht nur die Briten ignorierten ihre Kenntnisse zu Stalins Gunsten. Die Amerikaner taten es ebenfalls. So entschied das US-Office of War Information in London, „die Verbrechen der Deutschen in Polen und anderen besetzten Ländern hochzuspielen".[110]

Die maßlosen Übertreibungen der Feindpropaganda – nicht nur der Sowjets – über Auschwitz und das später errichtete KZ-Lager Birkenau basierten, was ihre Daten und Nachrichten betraf, auf Kassiber-Meldungen der kommunistischen Auschwitz-Häftlinge, die ihre Versionen über die Ereignisse im Lager – per Funk – über Krakau nach London sendeten. „Ich glaube, es ist keine Übertreibung, wenn ich sage", erklärte der einstige kommunistische Funktionär Bruno Baum 1949, „daß der größte Teil der Auschwitzpropaganda, die um die Zeit in der Welt verbreitet wurde, von uns im Lager selbst geschrieben worden ist."[111] Daß die um Aufsehen bemühten Propagandaversionen übertrieben waren, gab selbst Victor Cavendish-Bentinck, der Vorsitzende des alliierten Geheimdienstkomitees „Joint Intelligence Committees" im August 1943 zu, indem er erklärte, daß die aus polnischen und jüdischen Quellen stammenden Darstellungen über Vergasungen erfunden seien und der Propaganda der deutschen Feindmächte des

---

105 Swiebocki, Henryk, Hrsg., London wurde informiert, Oswiecim 1997, S. 32.
106 Oboz koncentracyjny Oswiecim w kraj, Oswiecim 1968, S. 36.
107 Ebenda. Auch Piper, Franciszek, Die Zahl der Opfer von Auschwitz, Oswiecim 1993, S. 75.
108 Vgl. Oboz koncentracyjny Oswiecim w swietle akt delegatur rzadu RP na kraj, Oswiecim 1968, S. 45 ff.
109 Analyse der Zeugenaussagen in den (noch unveröffentlichten) Forschungsunterlagen Fritjof Meyers, dem ich für die Erlaubnis zur Einsichtnahme zu danken habe.
110 Carroll, Wallace, Persuade or Perish, Boston 1948, S. 151.
111 Baum, Bruno, Widerstand von Auschwitz, Berlin 1949, S. 34.

Ersten Weltkrieges glichen, in denen den Deutschen unterstellt wurde, aus Leichen Fett produziert zu haben. „Ich bin überzeugt“, bekannte er, „daß wir einen Fehler machen, wenn wir dieser Gaskammergeschichte offiziell Glauben schenken … Was das Töten von Polen in Gaskammern angeht, so glaube ich nicht, daß es irgendeinen Beweis dafür gibt, daß dies tatsächlich geschehen ist.“[112]

Hätten die Briten publiziert, was ihr Geheimdienst seit Sommer 1941 wußte und was er vor allem in der Folgezeit zur Kenntnis nehmen konnte, hätten sie zwar zur Erhellung bestimmter Aspekte der Judenvernichtung beigetragen, doch wären sie damit zugleich auch ihrem Bundesgenossen UdSSR in den Rücken gefallen, der sich darum bemühte, seine Propagandalüge über die von Stalin am 5. März 1940 persönlich angewiesenen[113] Morde von Katyn durch weitere wahrheitswidrige Propagandaversionen zu stabilisieren und das von sowjetischen Einheiten begangene Verbrechen als Verbrechen der deutschen Wehrmacht darzustellen. Darüber hinaus wären auch sie, die Briten, gezwungen gewesen, sich wegen der öffentlichen Weitergabe sowjetischer Geschichtsfälschungen als authentische Darstellungen verantworten zu müssen. So hatte beispielsweise der vom britischen Geheimdienst betriebene und in polnischer Sprache sendende Rundfunksender „Swiet“ am 23. März 1943, 37 Tage nach dem Beginn der Öffnung der Katyner Massengräber durch die Wehrmacht, die – zusammen mit polnischen Helfern – im ersten Massengrab 3.000 durch Genickschüsse ermordete polnische Leichen exhumierte[114], die als Gegenpropaganda erdachte Behauptung ihres Ost-Agenten Stefan Karbonski publiziert, nach der die Deutschen im Krematorium in Auschwitz täglich rund 3.000 Menschen, „vor allem Juden“, verbrennen würden.[115] Die Zahl 3.000, die auch der Deutsche Rundfunk am 13. April 1943 im Zusammenhang mit den ersten exhumierten polnischen Mordopfern publizierte[116], versuchte die „Prawda“ vom 15. April 1943 die Geschichte fälschend energisch zu konterkarieren und die Opfer den Deutschen in die Schuhe zu schieben.

Da die Leichenkammer des Auschwitzer Konzentrationslagers über ein Fassungsvermögen von 210 Quadratmetern verfügte, was dem britischen Geheimdienst aus herausgeschmuggelten Meldungen des stalinistisch orientierten Auschwitzer Untergrundes bekannt war, die angesichts der grauenhaften Situation und Lage, in der sich die Urheber befanden, keine Historiker-Berichte darstellen konnten, war den Briten klar, daß keineswegs 14 Personen auf einem Quadratmeter Platz hatten. Dennoch nahmen sie diese Version schweigend hin.

Die dichten Beschreibungen und umfassenden konkreten Erlebnisberichte von Häftlingen, die der außerdeutsche Geheimdienst im Frühjahr 1944 zu bekommen

---

112 Public Record Office, FO 371/3455, 27. August 1943.

113 Vgl. das Dok. S. 210.

114 Vgl. Kaiser, Gerd, Katyn, Berlin 2002, S. 442 und 172.

115 Vgl. Mackiewiecz, Josef, Katyn, Zürich 1949, Frankfurt/M. 1987, S. 371 f.

116 Vgl. Zawodny, J.K., Zum Beispiel Katyn, München 1971, S. 151.

hoffte, nachdem die vermeintlich besonders gut informierten Blockschreiber Alfred Wetzler und Rudolf Vrba am 7. April 1944 aus Auschwitz geflohen waren, blieben aus. Der Ende April von Wetzler und Vrba formulierte Bericht, der nach Budapest, in die Schweiz, zum Vatikan und in die USA gelangte, wo ihn das „War Refugee Bord" des amerikanischen Präsidenten im November 1944 als „WRB-Report" veröffentlichte, hielt nicht, was die Geheimdienste erwartet hatten. Zwar wird im „WRB-Report" erstmals ein Bericht über Gasmorde (mit Zyklon B) im Krematoriumskeller[117] veröffentlicht, doch die Informationen von Wetzler und Vrba waren Wiedergaben von Darstellungen anderer Häftlinge; denn sie selbst hatten in Auschwitz weder Vergasungen erlebt noch eine Gaskammer gesehen. Was sie angaben, hatten sie in Auschwitz beispielsweise von ihrem KP-Genossen Filip Müller erzählt bekommen, der dem Sonderkommando IV angehörte, das die Leichen zur Verbrennung ins Krematorium zu schaffen hatte. Eine Skizze, die Wetzler seinem Bericht angefügt hatte, die offenbar ein Krematorium darstellen sollte, war von ihm aus der Erinnerung nach einem ihm von Filip Müller oder einem russischen Häftling übergebenen „Original" nachgezeichnet worden, das ihm während der Flucht abhanden gekommen war.[118] So blieben die Erwartungen der Geheimdienste unerfüllt. Was sie von Wetzler und Vrba erfuhren, waren „Hören-Sagen"-Schilderungen, deren Inhalte sie – bis auf die Gaskammermorde – aus den vorausgegangenen Funk-Berichten aus Polen kannten. Zudem konnten beide Berichterstatter nicht gerade als zuverlässige Kuriere bezeichnet werden. Vrba neigte sichtlich zu Übertreibungen, Wetzler, der 20 Jahre später einen Roman mit dem Titel „Was Dante nicht sah"[119] unter dem Pseudonym „Josef Lánik" veröffentlichte, erwies sich als verhinderter Poet, dessen sowjetisch orientierte Propagandathesen über die Gasmorde in Auschwitz der amerikanische „WRB-Report" kritiklos publizierte. Da war von „Zyklon" als vermutliches Zyanpräparat „in Staubform" mit ca. 10 mm großen Körnern die Rede, die den Häftlingen den Tod brachten, wobei im Krematorium I und II fast 10 Häftlinge auf einem Quadratmeter hätten stehen müssen, was unmöglich ist. Daß Wetzler kein Augenzeuge gewesen ist, bezeugt auch seine Behauptung, daß die Krematorien III und IV nur halb so groß gewesen seien, was nicht zutraf. Deren Räumlichkeiten waren größer als die der Krematorien I und II. 2.000 Personen hätten die Kammer auf einmal gefüllt, wobei jeder zu vergasende Häftling nur habe stehen können. Allein diese Angaben bezeugen eindeutig, daß Wetzler kein Augenzeuge gewesen ist. Er fabulierte, daß die Zyklon-Kristalle, die der „WRB-Report" bereits 20 Jahre zuvor genannt hatte, aus „Gasduschen"-Brausen herabgerieselt seien und schließlich jährlich zunächst 2,4 Millionen Häftlinge und bis zum Frühjahr 1944, bis zu seiner Flucht aus Auschwitz, mindestens

[117] Aussage Vrbas 1964 im Frankfurter Langbein-Prozeß, in: Die mißachtete Warnung in Vierteljahrshefte für Zeitgeschichte 1/1996, S. 1 ff. Vgl. auch Pelt, The Case for Auschwitz, S. 122.

[118] Swiebocki, Henryk, Hrsg., London wurde informiert, Oswiecim 1997, S. 103.

[119] Der Roman erschien 1964 in Obzor und als „Mitdruck" auch in (Ost-)Berlin und 1967 in Frankfurt/M.

3 Millionen ums Leben gebracht hätten.[120] Und SS-Leute hätten, was eigentlich nur für Buchenwald bezeugt wurde, Lampenschirme aus Menschenhaut besessen.[121] Entsprechend falsch waren auch die Angaben seines kommunistischen Genossen Rudolf Vrba, der in seinem ebenfalls 1964 veröffentlichten Buch „Escape from Auschwitz“[122] behauptet, daß Himmler das Lager 1943 besucht habe. Zwar hatte Vrba – nach seinen Angaben im „WRB-Report“ – im Aufräumungskommando auf der Rampe die Expropriation durch massenhaften Raubmord beobachtet, von Gasmorden jedoch nichts gesehen[123], was schon im „WRB-Report“ deutlich wurde. Richtig waren Vrbas Darstellungen eigentlich nur, soweit sie sich auf den Ort der Gasmorde bezogen: In den umgerüsteten Bauernhäusern im „Birkenwald“. Als bezeichnend für sein Verhältnis zu den nachweisbaren Tatsachen erwies sich auch, daß er unter Mißachtung der Einlieferungszahlen die Anzahl der 1944 von ihm genannten 3.000 Ermordeten 1964 noch einmal erheblich „aufstockte“[124], was sein Auschwitzer „Faktenlieferant“ Filip Müller[125] später ebenfalls tat.

Die Auswertung der Berichte Wetzlers und Vrbas haben weder die Qualität von Kronzeugendarstellungen noch von unmittelbaren Zeugenaussagen überhaupt. Es waren, um dies noch einmal deutlich hervorzuheben, nahezu ausnahmslos propagandistisch orientierte Erzählungen aus zweiter Hand. Noch weniger Wert hatten die Angaben des 1940 aus dem Warschauer Ghetto geflohenen Samuel Zygelbojm. Daß die Publiktionen der Nachgeborenen – ob tatsächlicher Zeugen oder nicht – noch weniger zur authentischen Darstellung taugen, belegen nicht nur Elie Wiesel und Daniel Goldhagen. Nur wer unmittelbar zugegen gewesen ist und erlebt hat, wie die Opfer in die Gaskammer gingen, das Zyklon B in die Kammer eingeworfen wurde und die Leichen nach dem Vergasungsvorgang zur Verbrennung herausgeholt worden sind, kann als Zeuge gelten. Wetzler und Vrba waren es nicht. Hans Aumeier und Henryk Tauber, Heizer im Auschwitzer Krematorium I, hatten mehr gesehen, allerdings nur die Experimentierphase im Jahre 1943 im Rahmen der „Endlösung“ unmittelbar erlebt. Tauber hatte am 4. März 1943 im Leichenkeller des Krematoriums I 45 Tote vorgefunden, die im Bauernhaus II vergast worden waren[126], wobei er allerdings nicht Zeuge gewesen war, und auch seine erst 1989 publizierte Aussage, am 14. März 1943 die Verga-

[120] Vgl. Lánik, Was Dante nicht sah, S. 71 und S. 277. In Prag erschien 1946 auch ein Lánik-Buch unter dem Titel „Auschwitz, das Grab von 4 Millionen Menschen“.

[121] Vgl. ebenda, S. 266 f.

[122] New York 1964. Die Übersetzung: „Ich kann nicht vergeben“, Berlin 1964.

[123] Vgl. Vrba, Escape from Auschwitz, S. 71, 272, 274, 266, 39 und S. 67 ff.

[124] Vgl. Vrba, Rudolf, Escape from Auschwitz und Cannot forgive, Toronto 1964, S. 14 und S. 188 ff.

[125] Müller, Filip: Sonderbehandlung, München 1979, S. 93. Wetzlers und Vrbas Gewährsmann Filip Müller häufte in seinen Darstellungen soviele Irrtümer an, daß Jean-Claude Pressac (Technique and operation of the gas chambers, S. 181) empfahl, seine Veröffentlichung von 1979 (Sonderbehandlung, München 1979) „als ein<en> auf wirklichen Geschichten basierenden Roman zu lesen“. Wetzler und Vrba aber hatten seine „Erzählungen“ von 1944 insgesamt für bare Münze genommen.

[126] Vgl. Jan Pressac in Klarsfeld, Beate – Fundation (Hrsg.) Auschwitz – Technique and operation of the gas chambers, New York 1989, S. 484.

sung von 1.492 Krakauer Juden und am 20. März den Gasmord von 2.192 Juden aus Griechenland beobachtet zu haben, was die sowjetische Untersuchungskommission, die den Vergasungsvorgang in den Krematorien I und II untersuchte, als Beweis für ihre These anführte, kann nicht als authentischer Zeugenbericht gewertet werden. Daß Tauber während der Vergasung der Opfer aus Krakau rund zwei Stunden im Sezierraum und bei der Ermordung der griechischen Juden im Kohlenkeller eingesperrt war[127], ignorierten die Sowjets.

Nicht nur dic „Zeugen“ Wetzler und Vrba zielten mit ihren Darstellungen auf den Einsatz militärischer Mittel zur Befreiung der Häftlinge ab. Noch 1964 ist dieser Tenor aus Wetzlers Roman „Was Dante nicht sah“ herauszulesen. So heißt es beispielsweise auf Seite 267 unmißverständlich: „Es muß was unternommen werden, aber was und wie? ... Mit Reden allein kann man dieses mörderische System nicht bekämpfen, dazu sind Waffen und Heere nötig!“ Um dies zu bewirken, schienen ihm und auch Vrba Propagandaversionen, Lügen und Fälschungen vertretbar.

Doch Reaktionen, wie die Bombardierungen der Exekutionsorte und deren Eisenbahnzufahrten, hielten Churchill ebenso wie Ben Gurion und andere führende jüdische Politiker für unangebracht[128], weil man davon ausgehen mußte, daß dadurch eine große Anzahl gefangener Juden getötet werden würde[129]. Daß die Alliierten Befehlshaber, wie aus den 1976/77 erschienenen Berichten des OSS (Office of Strategy-Services) hervorgeht[130], im Spätherbst 1943 allerdings auch ausdrücklich erklärt hatten, auf Maßnahmen gegen die Todeslager verzichten zu müssen, weil nach ihrer Auffassung „andere Ziele ... Vorrang“[131] hätten, berechtigt nicht dazu, dahinter ein politisches Kalkül zu vermuten wie häufig behauptet wird. Der 1940 aus dem Warschauer Ghetto nach England geflohene polnische Jude Samuel Zygelbojm, hatte sich 1943 verzweifelt bemüht, einen der engsten Mitarbeiter William Donovans (der später beim IMT der US-Anklagebehörde angehörte) dafür zu gewinnen, die Alliierten zu bewegen, die Kon-

---

[127] Dlugoborski, Waclaw und Piper, Franciszek, Hrsg., Auschwitz 1940–1945, Oswiecim 1999, Bd. III, S. 288. Vgl. ebenda auch S. 291.

[128] Die Engländer und Amerikaner begnügten sich, wie Sefton Delmer in seinem Buch „Die Geisterarmee oder Die Invasion, die nicht stattfand“ (Wien 1972) berichtete, mit einer englisch-amerikanischen „Täuschungseinheit“, die mit „umgedrehten“ Spionen, militärischen Attrappen, simuliertem Funkverkehr und ähnlichen Raffinessen, Hitler und das Führerhauptquartier hinsichtlich des Ortes und des Termins der alliierten Invasion irritieren sollte. In welchem Umfang dies gelang, läßt sich aus den Darstellungen Delmers allerdings nicht herauslesen. Selbst der Obersalzberg, auf dem sich Hitlers „Berghof“ befand, wurde erst am 25. April 1945, 5 Tage vor dem Selbstmord Hitlers, von den Westalliierten bombardiert, wobei von den 3.500 Arbeitern, die zu der Zeit (zwischen 10 und 11 Uhr) auf dem „Berghof“-Terrain tätig waren, 6 ums Leben kamen.

[129] Dies bestätigte ein alliierter Bombenangriff vom 17. Oktober 1944, der das KZ Buchenwald bombardierte, wobei rund 150 SS-Leute und 500 Häftlinge ums Leben kamen, obwohl die Bombe nicht detonierte. Vgl. Smith, Arthur L., Die Hexe von Buchenwald. Der Fall Ilse Koch, Köln 1983, S. 238.

[130] The War Report of the OSS, Volume II. Washington DC, Sept. 1977.

[131] Zit. nach Persico, Joseph E., Geheime Reichssache. Der Kampf der CIA gegen die deutsche Abwehr, Wien, Zürich, München, Innsbruck 1980, S. 40.

zentrationslager zu bombardieren. Er nahm sich am 12. Mai 1943 das Leben, nachdem Donovans Konsultant Arthur J. Goldberg ihm mitgeteilt hatte, daß die Alliierten Befehlshaber anderen Zielen den Vorrang gäben. Zygelbojm vermutete, wie auch einige seiner Glaubens- und Leidensgefährten, Gleichgültigkeit der Alliierten gegenüber der Tragödie der europäischen Juden.[132]

Wie Stalins Angaben über die Anzahl der von Deutschen ermordeten Juden extrem falsch waren, so waren und sind auch die Behauptungen derjenigen unzutreffend, die den Holocaust leugnen und sogar davon ausgehen, daß es die Gaskammern in Auschwitz erst seit 1948 gegeben habe – und diese von den Polen errichtet worden seien.[133] Auch David Irving, dem immerhin die Entdeckung zahlreicher bedeutender Dokumente aus der NS-Zeit, speziell über den Beginn der Massenmorde in Auschwitz[134] zu verdanken ist, die er allerdings, wo ihm dies angebracht erschien[135], ignorierte, war zumindest 1995 davon überzeugt.[136] So verhinderte selbst seine Entdeckung handschriftlicher Geständnisse des ehemaligen Auschwitzer Schutzhaftlagerführers Hans Aumeier vom Sommer 1945 vor britischen Vernehmern über den Beginn der Massenmorde in Auschwitz und Birkenau seine Leugnung der Auschwitzer Vergasungen nicht. Daß das Geständnis des SS-Führers vom 25. Juli 1975[137], das Irving früher als die meisten Auschwitz-Forscher kannte[138], keine Zweifel über die Vergasungen zuläßt, hat sein „Geschichtsverständnis" nicht tangiert.

Zwar ist Aumeiers Begründung für die Massenvergasung als notwendige Vorbeugungsmaßnahme gegen Seuchen an Zynismus kaum zu übertreffen, doch sind seine Geständnisse eine historische Primärquelle von außerordentlicher Bedeutung. „Meiner Erinnerung nach", gestand er – ganz offensichtlich ohne Zwang, „war es im Monat November oder Dezember 1942[139], als die erste Ver-

---

[132] Vgl. ebenda, S. 40.

[133] Vgl. die Behauptung des Franzosen Eric Conan in der französischen Zeitung „L'Express" vom 26. Januar 1996, daß die stellvertretende Leiterin des Auschwitz-Archivs dies bestätigt habe.

[134] Vgl. die Feststellung von Jan Robert van Pelt in Pelt, Robert Jan van, Case for Auschwitz, Bloomington/Indianapolis 2002, S. 230 ff.

[135] Vgl. Broszat, Martin, Hitler und die Genesis der Endlösung, Vierteljahrshefte für Zeitgeschichte, H. 4, Okt. 1977, S. 759 ff.

[136] Schriftliche Mitteilung von Irving vom 8. April 1995 an den Autor.

[137] Public Record Office, London: WO 208/4661 – 105376. Vgl. auch Pelt. Case for Auschwitz, S. 230 ff.

[138] Vgl. Ebenda.

[139] In dem von Heinz Linge täglich notierten „Führer's Tagebuch", wie die Aufzeichnungen im Nationalarchiv Washington bezeichnet wurden (EAP 105/19), ist weder im November noch im Dezember 1942 ein konkreter Hinweis darauf vorhanden. Linge meinte am 10. August 1976 in einem persönlichen Gespräch, daß dies nach dem 11. November 1942 der Fall gewesen sein könne, nachdem deutsche Truppen die bis dahin unbesetzten Territorien Frankreichs zu besetzen begonnen hatten und Hitler vom 11. zum 12. November bei Bormann übernachtet habe (Eintragung vom 11. November 1942, S. 92). Aber er hielt auch den 28. Dezember 1942 als Eckdatum nicht für ausgeschlossen. An dem Tag hatte Bormann in Berlin sowohl eine Besprechung mit Lammers als auch mit Goebbels über „den totalen Einsatz des deutschen Volkes zur Erhöhung des Kriegspotentials". Nationalarchiv Washington, EAP 105/19. Linge erklärte jedoch, daß er „jetzt nur spekulieren" könnte. „Damals", sagte er, habe er „in Hitlers Umgebung niemals auch nur ein Wort darüber gehört", was sowenig stimmt wie Irvings Behauptung (Hitlers War, S. 327), daß Hitler im engsten Kreis niemals von der „Ausrottung" der Juden gesprochen habe. Vgl. dazu Heim, Monologe, S. 229. Hitler am

gasung von ungefähr 50–80 jüdischen Häftlingen vorgenommen wurde. Die geschah im Leichenaufbewahrungsraum des Krematoriums im Lager I … Erst am nächsten Tag mußten der Lagerarzt Grabner, Ustfhr[140] Hessler, Hptsfhr[141] Schwarz und ich zum L.K.[142] und er teilte uns mit, daß vom R.S.H.A.-Berlin[143] der Befehl des RFSS[144] gekommen ist, daß sämtliche arbeitsunfähige jüdische Häftlinge und Kranke, welche nach der Beurteilung des Arztes nicht mehr einsatzfähig werden, zwecks Verhinderung von weiteren Seuchen vergast werden sollen. Er teilte weiter mit, daß die Nacht vorher die ersten Hftlg. vergast wurden, doch wäre das Krematorium zu klein und könne die Leichenverbrennungen nicht schaffen, so daß beim Neubau des Krematoriums in Birkenau Gaskammern mit errichtet werden.

Wir waren alle sehr erschreckt und aufgeregt, doch sagte er weiter zu uns, daß die ganze Angelegenheit geheime Reichssache ist und wir auf Grund unseres Diensteides beim Ausplaudern dieser Vorkommnisse durch den RFSS mit dem Tode bestraft würden. Wir mußten auch … eine Erklärung unterschreiben, welche beim L.K. zur Aufbewahrung kam. Alle Männer, welche später mit dem Kommando zu tun hatten, wurden durch … Grabner belehrt und mußten auch bei ihm die Erklärung unterschreiben.“

Über den Ausbau der „Häuser“ I und II berichtete er: „In der Zwischenzeit wurden in Birkenau, in der Nähe der Beerdigungsstellen, 2 leerstehende Häuser durch die Bauleitung mit Gaskammern ausgebaut. Ein Haus hatte 2, das andere 4 Kammern. Die Häuser wurden als Bunker I u. II bezeichnet. Jede der Kammern faßte ungefähr 50–150 Menschen. Ende Januar <1943> oder Februar wurden dort die ersten Vergasungen vorgenommen. Das Kommando hieß ‚SK‘ (Sonderkommando)“.

Die Zeugen, die über den Gasmord in den Auschwitzer Krematorien I und II berichteten, die Häftlinge Henryk Tauber und Filip Müller und die Ärzte Charles Sigismund Bendel und Niklos Nyiszli[145], taten dies nicht unter rechtsstaatlichen

25. Januar 1942 im Führerhauptquartier: „Ich sehe nur eines: die absolute Ausrottung, wenn sie nicht freiwillig gehen.“ Vgl. dazu auch: „The Sunday Times Weekly“ vom 10. Juli 1977.

140 SS-Untersturmführer.

141 SS-Hauptsturmführer.

142 Lagerkommandant.

143 Reichssicherheitshauptamt Berlin.

144 Reichsführer SS, Heinrich Himmler.

145 Nyiszli, Assistent des berüchtigten SS-Arztes Dr. Mengele, der ausgerechnet von ihm (Nyiszli) angeregt worden war, im KZ die verbrecherischen Experimente („Forschungen“) mit Augäpfeln von Kindern zu praktizieren, log in seinem 1947 im kommunistisch regierten Rumänien erschienenen Buch (Dr. Mengele Boncolóorvosa voltam az Auschwitz-I Krematoriumban, Nagyvärad 1947) maßlos, soweit es um Zahlen und andere Fakten ging. So behauptete er beispielsweise auf den Seiten 32 und 33, daß der Auschwitzer Verbrennungsraum ca. 150 Meter lang (tatsächlich maß er 49,43 Meter) und der Raum, in den die angekommenen Häftlinge geführt wurden, 200 Meter lang gewesen seien (er war 30 Meter lang). Weitere Beispiele erübrigen sich. Als die Amerikaner Zeugen für den IG-Farben-Prozeß (3. Mai 1947 – 30. Juli 1948) suchten und Nyiszli in Nürnberg vernahmen, sagte er aus (ohne das Protokoll zu unterschreiben), lediglich dreimal 200 bis 300 Gasopfer gesehen zu haben. Vgl. IMT, Dok. NI-11710, Nationalarchiv Washington: Rg.

Bedingungen, sondern unter dem psychischen und physischen Druck der Vernehmer.

Der Auschwitzer Lagerführer bis Dezember 1943, der 1900 in Baden-Baden geborene Rudolf Franz Ferdinand Höss, der auf Wunsch seiner frommen Eltern hätte Priester werden sollen, 1922 jedoch in die NSDAP eingetreten und Ende 1923 wegen Beteiligung an einem politischen Mord zu 10 Jahren Gefängnis verurteilt worden war[146], unterschrieb am 5. April 1946 eine von ihm nach eigenen Angaben „freiwillig ... und ohne Zwang" abgegebene ausführliche Erklärung, in der es unter anderem hieß: „Ich befehligte Auschwitz bis zum 1. Dezember 1943 und schätze, daß mindestens 2.500.000 Opfer dort durch Vergasung und Verbrennen hingerichtet und ausgerottet wurden, mindestens eine weitere halbe Million starben durch Hunger und Krankheit, was eine Gesamtzahl von ungefähr 3.000.000 Toten ausmacht. Diese Zahl stellt ungefähr 70 oder 80 Prozent aller Personen dar, die als Gefangene nach Auschwitz geschickt wurden ... Unter den hingerichteten und verbrannten Personen befanden sich ungefähr 20.000 russische Kriegsgefangene ... Der Rest der Gesamtzahl der Opfer umfaßte ungefähr 100.000 deutsche Juden und eine große Anzahl von Einwohnern, meistens Juden, aus Holland, Frankreich, Belgien, Polen, Ungarn, Tschechoslowakei, Griechenland oder anderen Ländern. Ungefähr 400.000 ungarische Juden wurden allein in Auschwitz im Sommer 1944 von uns hingerichtet. ... Ich persönlich beaufsichtigte die Hinrichtungen in Auschwitz bis zum 1. Dezember 1943 ... Ich erhielt unmittelbar von RSHA alle Befehle zur Ausführung dieser Massenhinrichtungen."[147]

In Krakau, wo er seit dem 25. Mai 1946 einsaß und seine Autobiographie schrieb[148], widerrief er im eigenen Prozeß seine 50 Tage zuvor als Zeuge in Nürnberg als authentische Darstellung abgebene Erklärung und beschwor, daß es „nur" 1,35 Millionen Opfer gegeben habe.

Filip Müller wiederholte die spärlichen Angaben des sowjetischen Kommissionsberichts. Nyiszli wich in Nürnberg vor amerikanischen Vernehmern erheblich von seinen Aussagen ab, die er unter dem Druck früherer Vernehmer gemacht hatte. Keiner von ihnen hat (außer Höß für die Phase bis 1. Dezember 1943) andauernde Massenmorde für die Zeit vom Frühsommer 1943 bis zum Frühjahr 1944 bezeugt. Und nach dem unzuverlässigen „WRB-Bericht" von Wetzler und Vrba, den die Sowjets allerdings infolge der ihnen aus Moskau vorgegebenen Fakten und Zahlen in Nürnberg nicht zitierten, war für die Zeit bis April 1944 nicht von 4 Millionen, sondern von 1,765 Millionen Opfern die Rede.[149]

260, OMGUS, Records of OCCWC, Box 41, Folder IGF. Mit der Aussage war er für das IMT-Nachfolge-Verfahren der Amerikaner nicht zu gebrauchen.

146 Er wurde jedoch bereits 1928 vorzeitig entlassen.

147 Zit. nach „SS im Einsatz", S. 260 ff. Die Erklärung war in englischer Sprache abgefaßt, die Höss nach eigenen schriftlichen Angaben („Ich verstehe Englisch, wie es vorstehend geschrieben ist", ebenda, S. 263) verstand.

148 Vgl. Broszat, Martin, Kommandant in Auschwitz, München 1978, S. 151.

149 IMT, Bd. III, S. 632 f. und Bd. XXXVII, S. 433. Neben den angeblichen 4 Millionen Opfern in Auschwitz

Die Zeugen-Schilderungen über Gasmorde in den Krematorien III und IV, die bis Mai 1944 nicht einmal über eine Ventilation verfügten[150] und daher für „industrielle“ Mordaktionen unbrauchbar waren, sind im Gegensatz zu den Beschreibungen der Gasmorde in den speziell dafür umgebauten beiden Bauernhäusern ungenau, widersprüchlich und nachweisbar übertrieben, was nicht nur die Tatsache bezeugt, daß sowohl in den dortigen Leichenkellern als selbst auch in den vermeintlichen Gaskammern Häftlinge des Sonderkommandos untergebracht waren.[151] Ungeachtet der – hier lediglich beispielhaften – Fälschungsnachweise und der maßlosen Propagandaübertreibungen vor allem der Sowjets, deren Truppen Auschwitz am 27. Januar 1945 erreichten, bleiben die Geschehnisse ein frevelhaftes Verbrechen.

Zeugenberichte über die Anzahl der Öfen, das Fassungsvermögen der Gaskammern und Krematorien, die Anzahl der jeweiligen Vergasungsopfer, die Gassubstanzen, die Dauer der Vergasungen, die Herausnahme der vergasten Opfer und die Verbrennungsvorgänge usw. widersprechen vielfach einander erheblich[152], worauf hier nicht weiter einzugehen ist. Es erübrigt sich daher, auch weitere Ungereimtheiten über Auschwitz und Birkenau anzuführen: Das allein gebietet bereits der Respekt vor den überlebenden Opfern, mit denen es einen Dialog zu stiften gilt.

Die am 16. Februar 1946 vom Sowjetischen IMT-Ankläger Smirnow plakatierte Anzahl von 4 Millionen jüdischen Opfern in Auschwitz-Birkenau[153] korrigierte die Direktion des Auschwitz-Museums 1990 stillschweigend durch die Demontage der dort angebrachten 4 Millionen-Gedenktafel. Die Zweifler an den bis dahin als authentisch genannten Zahlen sahen darin teilweise mehr als nur eine Zahlenkorrektur. Sie suchten nach weiteren Widersprüchen, die sie nach eigenen Vorgaben auf ihre Weise auslegten. Und die Widersprüche waren in der Tat nicht selten eklatant.

---

wurden von den Sowjets weitere angebliche 3 Millionen für Treblinka und Majdanek genannt. Während des Nürnberger Prozesses berief sich die sowjetische Anklage auf „ungefähr 10.000“ frühere Auschwitz-Häftlinge, die den Gasmord bezeugten, jedoch keine Angaben über den Ort der Vergasungen machten. IMT, Bd. XXIX, S. 242 f. und Bd. VII, S. 198.

150 Vgl. Langbein, Hermann, Der Auschwitz-Prozeß, Frankfurt/M. 1965, S. 93 und Dlugoborski, Waclaw und Piper, Franciszek (Hrsg.), Auschwitz 1940–1945, S. 299.

151 Vgl. Eric Friedler, Barbara Siebert, Andreas Kilian, Zeugen aus der Todeszone, Lüneburg 2002, S. 190.

152 Wie unzuverlässig und falsch Zeugenberichte selbst ohne Zwang sein können, zeigte beispielsweise die Behauptung des renommierten Schauspielers Martin Held (1959: „Rosen für den Staatsanwalt“) im Fernsehen, daß sich ein gefangener deutscher Offizier im Sommer 1945 im amerikanischen Gefangenenlager Attichy am Atlantik vor Scham über deutsche Verbrechen während des Zweiten Weltkrieges das Leben genommen habe. Die Behauptung traf nicht zu. Ich befand mich die ganze Zeit mit Held im US-Lager.

153 IMT, Bd. XIX, S. 261. Die Zahl von 4 Millionen wurde von einer sowjetischen Untersuchungskommission ohne weitere Nachforschungen festgesetzt. Bis 1989 galt in Osteuropa das strikte Verbot, diese Zahl anzuzweifeln. Vgl. FAZ vom 14. September 1989.

Die erste Auschwitzer Tafel

FOUR MILLION
PEOPLE SUFFERED
AND DIED HERE
AT THE HANDS
OF THE NAZI
MURDERERS
BETWEEN THE YEARS
1940 AND 1945

Die korrigierte Tafel von 1990

DIESER ORT SEI ALLEZEIT
EIN AUFSCHREI DER
VERZWEIFLUNG UND MAHNUNG
AN DIE MENSCHHEIT.
HIER ERMORDETEN DIE NAZIS
ETWA ANDERTHALB MILLIONEN
MÄNNER, FRAUEN UND KINDER.
DIE MEISTEN WAREN JUDEN
AUS VERSCHIEDENEN
LÄNDERN EUROPAS.
AUSCHWITZ - BIRKENAU

Foto: Franziska Koch, Schweden (Juli 2003).

Umstritten: Gaskammern zur Massenvernichtung auf deutschem Boden

Die Frage, ob es in Deutschland innerhalb der Grenzen von 1937 in Konzentrationslagern Gaskammern zur massenweisen Vernichtung gegeben habe[1], wird nach wie vor nicht zweifelsfrei beantwortet, was keineswegs mit der Tatsache zu tun hat, daß die Massenmorde an Juden in Deutschland, Österreich und Frankreich nicht geleugnet werden dürfen. Das Recht auf freie Meinungsäußerung deckt das Leugnen des Völkermordes an den Juden nicht.[2] Zwar stellt eine Entscheidung des Bundesgerichtshofes von April 1994 fest, daß das „bloße Bestreiten der Gaskammermorde" sowie die Darstellung der „systematischen Morde an Juden als Lügengeschichte ... zur Knebelung Deutschlands zugunsten der Juden" noch keine Volksverhetzung darstellt und ein „Angriff auf die Menschenwürde" erst dann vorliegt, wenn der Leugnende sich mit der NS-Rassenideologie identifiziert (Frankfurter Rundschau vom 27. April 1994), doch die lokalen Gerichte setzten zuweilen andere Maßstäbe, was am 10. März 2000 schließlich zu einer verschärften rechtsverbindlichen Differenzierung führte. Seitdem gilt die Festschreibung der Vorgaben in den Paragraphen 130 und 220 a des Strafgesetzbuches, nach denen mit einer Freiheitsstrafe von „bis zu fünf Jahren oder mit Geldstrafe" zu rechnen hat, wer „eine unter der Herrschaft des Nationalsozialismus begangene Handlung" in einer Weise billigt, „leugnet oder verharmlost", die geeignet ist, „den öffentlichen Frieden zu stören" (§ 190: „Volksverhetzung").

In den USA war rund 20 Jahre zuvor, am 4. September 1979 als Reaktion auf das am 30. Oktober 1978 erlassene Gesetz Nr. 95–549 innerhalb des Justizministeriums das „Office of Special Investigations" (OSI) mit dem Auftrag ins Leben gerufen worden, „Nazi-Kriegsverbrecher" aufzuspüren und der Bestrafung zuzuführen. Doch die Leugnung der Massenmorde wurde sowenig unter Strafe gestellt wie es in Schweden, Dänemark, Norwegen, Italien und England der Fall ist.[3] In

[1] Ausgeklammert wurden von der Forschung gewöhnlich die auf anderer Ebene anzusiedelnden Massentötungen beispielsweise in den Euthanasieanstalten ab 1940 (nachdem Bouhler die Hitler-Ermächtigung, nicht Anweisung, vgl. das Dok. S. 306) am 28. August dem Justizminister Franz Gürtner übergeben hatte) in Brandenburg bei Berlin, Grafeneck bei Stuttgart, Hartheim bei Linz, Sonnenstein bei Pirna, Bernburg bei Halle und Hadamar bei Limburg. Zu Bernburg vgl. Schulze, Dietmar, Zur Geschichte der Landes-Heil- und Pflegeanstalt Bernburg Anhaltinische Nervenklinik in der Zeit von 1934–1945, unveröffentlichte Mag.-Arbeit an der Martin-Luther-Universität Halle-Wittenberg, 1993. Zu Hadamar vgl. Maser, Hitler, S. 257 und S. 439 sowie Kempner, Kreuzverhör, S. 135 ff. (Befragung des Prinzen Philipp von Hessen). Die Gasmorde an „unnötigen Essern", Geisteskranken und Juden usw. endeten in Euthanasieanstalten Ende August 1941 – nach der geharnischten Protestpredigt des Münsteraner katholischen Bischofs Clemens August Graf von Galen. Zur Predigt von Galens in der Landeskirche Münster vom 13. Juli 1941 vgl. Kuropka, Joachim und Zumholz, Anna-Maria, Clemens August Graf von Galen. Sein Leben und Wirken in Bildern und Dokumenten, Cloppenburg 1992, S. 199 ff.

[2] Vgl. Süddeutsche Zeitung vom 27. April 2001.

[3] Vgl. FAZ vom 19. April 2001: „Das linke Auge sieht, was das rechte tut".

Dänemark wird nach Paragraph 266b des Bürgerlichen Strafgesetzbuches bestraft, wer Meinungen äußert, die als Kränkung oder Erniedrigung von einer Gruppe von Menschen auf Grund ihrer Rasse, Religion, Hautfarbe, nationalen oder ethnischen Herkunft aufgefaßt werden kann. Die keineswegs nur hinter vorgehaltener Hand multiplizierten geschichtsfremden Behauptungen der öffentlich als „Holocast-Leugner" bezeichneten David Irving (England) und Fred Leuchter (USA), die verbreiteten, daß es nicht nur in den Konzentrationslagern innerhalb der deutschen Grenzen von 1937, sondern auch in Auschwitz, Birkenau und Majdanek keine Gaskammern und „keine Massenvernichtung durch Giftgas"[4] gegeben habe, sind nicht ohne Resonanz geblieben.

Anders als beispielsweise Auschwitz-Birkenau, Treblinka, Sobibor und Belzec, die seit Anbeginn als Vernichtungslager geplant waren, sollte das von der SS unterhaltene und unter Himmlers direktem Befehl stehende Lager Majdanek bei Lublin von Frühjahr 1941 bis Ende 1944 eine große industrielle Produktionsstätte betreiben und die SS versorgungstechnisch weithin unabhängig von der Wehrmacht machen, was sich jedoch als unrealistisch erwies – und Majdanek letztlich – für wahrscheinlich 250.000 Häftlinge – ebenfalls zu einem Vernichtungslager werden ließ.

Martin Broszat, der einstige Leiter des Münchener Instituts für Zeitgeschichte, war fünfzehn Jahre nach dem Ende des Zweiten Weltkrieges überzeugt, daß es zumindest in den bekanntesten drei deutschen Konzentrationslagern keine Gaskammern gegeben habe. Das US-Magazin „Our Sunday Visitor" hatte bereits am 14. Juni 1959 angegeben, daß in keinem Konzentrationslager Groß-Deutschlands Gaskammern vorhanden gewesen seien. In der Wochenzeitung „Die Zeit" vom 19. August 1960 stellte Broszat fest: „Weder in Dachau noch in Bergen-Belsen noch in Buchenwald sind Juden oder andere Häftlinge vergast worden". Die Gaskammer in Dachau[5] wurde nie ganz fertiggestellt und ‚in Betrieb' genommen." Simon Wiesenthal, der 1908 in Galizien geborene „Eichmann-Jäger" und Gründer des Wiener „Documentation Centers", der bis 1945 Häftling in 12 Konzentrationslagern gewesen war, bestätigte Broszats Angaben noch am 24. Januar 1993 in „The Stars and Stripes". Yehuda Bauer vom Yad Vashem-„International Institute for Holocaust Research" dagegen meinte am 4. Juli 2000 in einem Brief an einen deutschen Fragesteller: „Soviel mir bekannt ist, gab es in

[4] David Irving im „Vorwort" zum „Gutachten" des Amerikaners Fred Leuchter, der im Februar 1988 in Polen die ehemaligen Konzentrationslager Auschwitz und Majdanek aufgesucht und Proben von Wandverkleidungen in den Gaskammern und aus den Desinfektionsräumen entnommen hatte und danach behauptete, daß es in den Lagern keine Vergasungen gegeben haben könne. Seine Argumentation: Die Krematorien seien zu klein gewesen; die Gaskammern hätten 1988 nur äußerst geringe Spuren von Blausäureresten enthalten. Sie hätten über keine Belüftungsanlagen verfügt und seien auch nicht beheizbar gewesen, weshalb Blausäure (Zyklon B), die erst bei 27,5 Grad Celsius gasförmig werden würde, nicht habe verwendet werden können. Vgl. Fromm, Rainer und Kernbach, Barbara, Europas braune Saat, Bonn 1994, S. 59.

[5] Himmler ordnete nach seinem „Besuch" vom 13. November 1942 in Dachau an, daß Lagerbordelle einzurichten seien, in denen Dirnen zu verwenden seien, die „nach Vorleben und Haltung für ein späteres geordnetes Leben nicht mehr zu gewinnen sind". IMT, TB-Ausg. Bd. 3, S. 350.

den Grenzen von 1937 Vergasungen, z.B. in Ravensbrück, in relativ kleinen Maßstäben auch anderswo."[6] Das Münchener Institut für Zeitgeschichte und das „Ministerium für Wissenschaft, Forschung und Kultur" des Landes Brandenburg gingen zur gleichen Zeit darüber hinaus, wobei das Landesministerium sich allerdings auf Publikationen von 1983 berief. Es verwies als Quelle unter anderem auf die 1983 in Frankfurt am Main erschienene Publikation „Nationalsozialistische Massentötungen durch Giftgas", in der die Lager Sachsenhausen, Ravensbrück, Stutthof, Neuengamme, Natzweiler und Dachau von verschiedenen Autoren behandelt worden waren. Der Franzose Pierre-Serge Choumoff und der Österreicher Hans Maršálek gaben darin an, daß es auch in Mauthausen bei Linz eine Gaskammer gegeben habe.[7] Im Frauenlager Ravensbrück, so schränkten die französischen Autorinnen Anise Postel-Vinay und Germaine Tillion ein, sei die Gaskammer „erst in der Schlußphase … eingerichtet" worden.[8]

Fraglich bleibt, inwieweit – irrtümlich oder gewollt – Krematorien mit Gaskammern für Massentötungen verwechselt oder zu derartigen „Anstalten" „stilisiert" worden sind. So gab es beispielsweise in Mauthausen „Doppelmuffel-Einäscherungsöfen", in denen nach einer Meldung der Firmenleitung von „Topf & Söhne" vom 14. Juli 1941 an Heinrich Himmler innerhalb „von 10 Stunden 30–35 Leichen zur Einäscherung gelangen"[9] könnten.[10]

Das Münchener Institut erklärte am 27. Juni 2000: „Der Kenntnisstand von 1961 … ist heute überholt … auch in den Konzentrationslagern innerhalb des Altreichs … in den Grenzen von 1937" hat es „Massenmorde durch Giftgas" in Sachsenhausen, Neuengamme (Hamburg) und Ravensbrück gegeben.[11] Das „Ministerium für Wissenschaft, Forschung und Kultur des Landes Brandenburg verwies auf eine „im März 1943" in „die Krematoriumsanlagen eingebaute und betriebene" Gaskammer in Sachsenhausen und stellte fest: „… es <hat> Gaskammern und Vernichtungsstationen auf deutschem Boden gegeben."[12]

Das Ministerium, das keine eigenen Forschungsergebnisse nennen konnte, berief sich auf die von Eugen Kogon, Hermann Langbein und Adalbert Rückerl 1983 herausgegebene „Dokumentation", an der neben österreichischen, französischen, polnischen und niederländischen Autoren die namhaften Israelis Yitzak Arad, Shmul Krakowski, Shmul Spektor und auch Gideon Hausner mitgearbeitet hatten, dem Adolf Eichmann 1961 in Jerusalem Rede und Antwort stehen mußte. Kronzeuge für die Feststellung des Ministeriums war eine (angebliche) Aussage

6 Faks. des Bauer-Schreibens in Vierteljahreshefte für freie Geschichtsforschung, H. 4, 12/2001, S. 448.
7 Nationalsozialistische Massentötungen durch Giftgas, Frankfurt/M. 1983, S. 320 f.
8 Ebenda, S. 257.
9 Zit. des Dok. nach „SS im Einsatz", S. 240.
10 In den Öfen könnten, so meldete „Topf & Söhne", auch „Tag und Nacht" Einäscherungen vorgenommen werden, „wenn der Betrieb es erfordert." Zit. des Dok. nach „SS im Einsatz", S. 240.
11 Vierteljahreshefte für freie Geschichtsforschung, H. 4, 12/2001, S. 448.
12 Ebenda.

des ehemaligen Kommandanten des Lagers Sachsenhausen[13], der 1947 nach sowjetischen Protokollen vor einem in der Sowjetzone fungierenden sowjetischen Militärgericht[14] erklärt habe, „Mitte März 1943 … zum Teil" auf eigene Initiative eine „Gaskammer … zur vorgesehenen Vernichtung"[15] von Häftlingen habe errichten lassen. Träfe dies tatsächlich zu, wäre es ein in der Tat singuläres Zeugnis[16]; denn alle diejenigen, die für Massentötungen verantwortlich waren, haben sich (zumindest in den Westzonen und auch während des Nürnberger Prozesses) auf Weisungen, Anweisungen und Befehle „von höchster Stelle" berufen, was allerdings nicht nur vom IMT als unzulässig abgetan wurde.

Da die sowjetischen Militärgerichte, die zu brachialen Verfahrensweisen Zuflucht nahmen, systematisch Psychopharmaka, Folterungen und Nahrungsentzug in ihre Verfahren einbezogen, um die von ihnen gewünschten „Geständnisse" erzielen zu können, sind weder der Großteil ihrer Urteile noch ihre Erklärungen zu den jeweiligen Sachverhalten als authentische historische Quellen verwendbar. Zwei willkürlich herausgegriffene Auszüge aus Prozeßprotokollen des sowjetischen Militärgerichtshofes von 1947 im Sachsenhausen-Prozeß dürften als Belege genügen. Wilhelm Schubert, ein einstiger Blockführer des Konzentrationslagers, gestand in vorgestanzten Redewendungen auf die Fragen des sowjetischen Staatsanwaltes:

> „Staatsanwalt: Haben Sie Häftlinge verprügelt?
> Schubert: Das war für mich eine Selbstverständlichkeit!
> Staatsanwalt: Haben Sie die Häftlinge gequält?
> Schubert: Jawohl, das habe ich getan! …
> Staatsanwalt: Wieviele russische Gefangene wurden erschossen?
> Schubert: Soviel wie ich weiß wurden 1941 13.000 russische Kriegsgefangene erschossen.
> Staatsanwalt: Haben Sie an diesen Erschießungen teilgenommen?

---

[13] Im vielschichtig eingerichteten KZ Sachsenhausen (Sonderlager für inhaftierte namhafte Personen wie beispielsweise Pastor Niemöller; Arrest- und Todesort Jakob Stalins und Fälscherwerkstatt), hatten gefangene Grafiker auch massenweise britische Pfundnoten gefälscht, von denen 1959 im Toplitzsee im steirischen Salzkammergut neun Kisten entdeckt wurden, was Glücksritter und Abenteurer vermuten ließ, daß sich dort auch das „verschwundene" Gold der Reichsbank befände.

[14] Sachsenhausen-Prozeß vor dem Militärgerichtshof der sowjetischen Besatzungstruppen in Deutschland vom 23. Oktober – 1. November 1947, deutsche Abschrift des Protokolls im Archiv der von der SED-Regierung eingerichteten Gedenkstätte Sachsenhausen. Das sowjetische Originalprotokoll, das die Autoren nicht gesehen hatten, befindet sich in Moskau. Sie zitierten die Angaben nach der Berliner Publikation „Todeslager Sachsenhausen" von 1948.

[15] Ebenda, S. 66.

[16] Für Eingeständnisse maßgeblich Beteiligter im Zusammenhang mit Massenmorden durch Exekutionen und Verpflegungs- „Rationierungen" traf dies nicht zu. Zuständige Instanzen vor Ort drängten von sich aus dazu, die Zahl der Juden so klein wie möglich zu halten, wie sich der einstige Minsker Gestapochef Georg Heuser 1966 vor der Hamburger Staatsanwaltschaft ausdrückte. Vgl. Der Spiegel vom 13. Dezember 1995. Die Vernichtungsaktionen wurden beispielsweise in Weißrußland nicht nur vom Rassenwahn programmiert, sondern vielfach auch vom wirtschaftlichen Pragmatismus (Mangel an Fleisch, Brot und Unterbringungsmöglichkeiten) bestimmt. Vgl. dazu Gerlach, Christian, Kalkulierte Morde, Hamburg 1999.

Schubert: Selbstverständlich habe ich daran teilgenommen …
Staatsanwalt: Haben Sie selbst auch geschossen?
Schubert: Jawohl, 636 russische Kriegsgefangene habe ich persönlich umgelegt."[17]

Gustav Sorge, ein Rapportführer des Lagers Sachsenhausen, dem die Häftlinge den Spitznamen „Eiserner Gustav" gegeben hatten, worauf er im Prozeß angesprochen wurde, erklärte auf die Vorhaltungen des sowjetischen Anklägers:

„Der eine war eine mehr, der andere eine minder große Bestie, aber eine Bestie war jeder, und ich war die grausamste von Sachsenhausen …
Staatsanwalt: Kennen Sie Ficker und Schubert?
Sorge: Jawohl, ich kenne sie, da sie mir … als Rapportführer unterstellt waren.
Staatsanwalt: Und was sagen Sie dazu, daß Ficker und Schubert sich durch besondere Grausamkeit auszeichneten?
Sorge: Sie haben wohl die Häftlinge mißhandelt und sich durch ihre Grausamkeit ausgezeichnet, aber mich haben sie nicht erreicht."[18]

Von einer seit „März 1943" in Sachsenhausen vorhandenen Gaskammer, die das zitierte Brandenburger Ministerium als zweifelsfrei erwiesene Tatsache darstellte, redete mit einem einzigen Satz auch Harry Naujoks, ein einstiger Sachsenhausen-Häftling. In seinem 1987 nach seinem Tod „von Martha Naujoks und dem Sachsenhausen-Komitee für die BRD" ausdrücklich als „bearbeitet" bezeichneten Buch „Mein Leben im KZ Sachsenhausen 1936–1942. Erinnerungen des ehemaligen Lagerältesten"[19], steht der besagte Satz, doch Naujoks selbst war nur bis 1942 Häftling in Sachsenhausen.

Daß es im Konzentrationslager-Krematorium, das sich auf dem Gelände des „Industriehofes" in der Nähe eines Wachturmes befand, weder vor noch nach 1945 eine „Gaskammer" gegeben hat, beweisen differenzierte Lagerskizzen. Erst seit Oktober 1945 gab es in Sachsenhausen nach einer sowjetischen Lagerskizze von 1946/47 eine – allerdings nicht als solche bezeichnete – „Gaskammer", die sich jedoch nicht im „Industriehof"-Gelände, sondern in der sogenannten „Vorzone" des sowjetischen Lagers in unmittelbarer Nachbarschaft der sowjetischen Kommandanturbaracke befand.

Der 1913 in Chemnitz geborene Bundeswehr-Oberst a.D. Gerhart Schirmer, der am 5. Mai 1945 als Oberstleutnant und Ia einer Fallschirmjäger-Ausbildungsdivision in Hamburg-Blankenese in britische Gefangenschaft geraten und nach einer Flucht aus der Gefangenschaft seine Heimat Sachsen zu erreichen versucht hatte und in Tangermünde, unweit von Magdeburg, von den Sowjets inhaftiert

[17] Zit. nach SS im Einsatz, S. 217 f.
[18] Ebenda, S. 215.
[19] In der bei Röderberg im Pahl-Rugenstein Verlag 1987 in Köln als „Bearbeitung" für „die BRD" erschienenen Darstellung S. 322: „Im März 1943 wurde in der ‚Station Z' eine Gaskammer eingerichtet".

und im Oktober 1945 vom KGB in das Lager Sachsenhausen eingeliefert worden war, schilderte dagegen aus eigener Erfahrung, daß die dortige Gaskammer auf Anweisung der sowjetischen Lagerführung von ihm, dem Dipl.-Ingenieur Fritz Dörbeck[20] und weiteren 5 Gefangenen unter der Aufsicht des gebrochen russisch sprechenden sudetendeutschen Häftlings Emil Klein installiert worden sei.[21] In seiner „Eidesstattlichen Versicherung“ schilderte Schirmer: „Mitte Oktober 1945 wurden wir an die Baustelle geführt. Dort befand sich in der sogenannten Vorzone des Lagers ein großes Duschbad mit Vorraum. Das Duschbad war etwa 8 m x 10 m lang, darin befanden sich fünfundzwanzig Duschen. Im Vorraum befanden sich etwa fünfzig Kleiderhaken.

Als wir dort ankamen, lag bereits Material für die Bauarbeiten bereit. Nach Weisung von Klein wurden jetzt von uns von außen Leitungsrohre an das Wassernetz angeschlossen. Außen an der Wand wurden Sperrhähnc angebracht. Erst jetzt merkte als Erster Dipl.-Ing. Dörbeck, worum es bei diesen Arbeiten anscheinend ging.

Wir bauten nämlich an das Bad eine weitere Betonzelle von etwa 4 m x 2 m mit einem Durchbruch zu dem Vorraum des Duschbades … Der neue Durchbruch vom Vorraum zum neugebauten sogenannten ‚Erschießungsraum‘ war etwa 20 cm breit. Es sah so aus, als ob der zu erschießende Delinquent auf dem Abtritt gestanden hätte mit Blick zur Betonwand, und als ob der Schütze im Vorraum einen Genickschuß gezielt hätte ausführen können …

Nach Fertigstellung, etwa Ende Oktober 1945, wurde … Dörbeck allein zu dem Politoffizier gebracht und erhielt genaue Anweisung, welche Erklärungen er den sowjetischen Besuchergruppen abgeben sollte. Er hatte etwa folgendes zu sagen: ‚Diese Anlage, von den Nazis erbaut, diente der Vernichtung von Juden und sowjetischen gefangenen Offizieren.‘ Täglich seien etwa zweihundert Menschen vergast und etwa fünfundzwanzig erschossen worden. Dies habe von 1942 bis 1945 (April) angedauert. Etwa vom Dezember 1945 bis Ende 1947 wurden wöchentlich im Durchschnitt zwei Führungen von je dreißig bis vierzig sowjetischen Männern (meist Soldaten und GPU-Leute) und Frauen von Dörbeck durchgeführt. Oft waren Offizierc dabci, dic sclbst ganz offen Zweifel an dem Alter der Anlage äußerten, weil sie erkannten, daß der Beton neu war, daß Einschüsse an der Betonwand fehlten, und daß die Blutspuren (rote Farbe) sehr gering und nicht überzeugend waren.“[22] Die von einigen Inhaftierten Anfang 1946 während des Eintreffens der aus amerikanischer Gefangenschaft nach Sachsenhausen überführten deutschen Offiziere[23] geäußerten Mutmaßungen, daß eine im

20 Persönliche Mitteilung (1979) von Fritz Dörbeck, der nach seiner Entlassung (1956) als Verkaufsdirektor der AEG-Telefunken in Ulm tätig war.

21 Dazu Eidesstattliche Versicherung von Gerhart Schirmer vom 16. Dezember 1986. Vgl. Schirmer Sachsenhausen-Workuta. Zehn Jahre in den Fängen der Sowjets, Tübingen 1992, S. 49 f.

22 Ebenda, S. 49 f.

23 Vgl. S. 23 f.

Herbst 1945 von Häftlingen in der Lagervorzone möglicherweise zu ihrer „Beseitigung“ gebaute „Gaskammer“ mit Erschießungsanlage geschaffen worden seien[24], stifteten nicht nur Unsicherheit hinsichtlich der zu erwartenden eigenen Zukunft. Was es mit „Gaskammern“ ganz allgemein auf sich hatte, wußte zu der Zeit wohl kaum einer der Offiziere.

Daß die Sowjets die Gaskammer im Herbst 1945 bauen ließen, hing offensichtlich mit den in aller Welt veröffentlichten und diskutierten maßlos überhöhten Behauptungen der sowjetischen Anklagebehörde während des eben beendeten Nürnberger Prozesses über die Zahl der in den Lagern ermordeten Häftlinge zusammen. Schon unmittelbar nach der Einnahme Sachsenhausens hatten sie einen gefangenen SS-Offizier gezwungen, in einem „Dokumentarfilm“[25] zu erklären, daß es im Lager eine Gaskammer gäbe.Was er unter massiven Drohungen als Gaskammer vorzeigen und bezeichnen mußte, hatte allerdings mit einer Gaskammer nichts zu tun.

Vor dem Eintreffen der gefangenen deutschen Offiziere aus der amerikanischen Kriegsgefangenschaft hatte die sowjetische Lagerleitung sich einer Maßnahme bedient, die sie und ihre deutschen Anhänger spätestens 1959 in aufwendigen Publikationen als – einst von den „Nazis“ praktizierten – „völkerrechtswidrigen Akt“ brandmarkten: Sie hatten einen Stacheldrahtzaun zwischen dem Lager der Zivilisten und dem Lager der als Kriegsgefangene inhaftierten deutschen Offiziere installieren lassen. Die stalinistisch orientierten Historiker wußten zwar, daß derartige Maßnahmen völkerrechtswidrig waren, doch sie ignorierten nicht nur, was ihren Geschichtsvorstellungen widersprach, sondern ließen die Wiederholung nationalsozialistischer Rechtsverletzungen in vielen Fällen gar als rechtmäßige Maßnahmen des Regimes erscheinen, dem sie dienten. So schrieb beispielsweise Walter Bartel, der an der Berliner Humboldt-Universität lehrende Direktor des Deutschen Instituts für Zeitgeschichte 1959 in seinem in (Ost-) Berlin vom Akademie-Verlag publizierten Pamphlet mit dem Titel „Der zweite Weltkrieg 1939–1945. Wirklichkeit und Fälschung“: „Mitte Oktober 1941 befahl die SS-Kommandatur des Konzentrationslagers Buchenwald, fünf Unterkunftsbaracken durch einen Stacheldrahtzaun vom Gesamtlager abzutrennen … Dieser völkerrechtswidrige Akt stellte nur einen von den vielen Rechtsbrüchen dar, deren sich das Naziregime gegenüber dem eigenen Volk und gegenüber anderen Völkern schuldig machte.“[26]

Da die „Gaskammer“ nicht in den von den SBZ- und späteren DDR-Behörden publizierten Lagerskizzen eingezeichnet, in der streng geheimen „Provisorischen Ordnung der Speziallager auf dem Territorium Deutschlands“ vom 20. Oktober 1946 des sowjetischen Generaloberssts Serow nicht erwähnt und auch in (offensichtlich) nur einer sowjetischen Lagerskizze von 1946/47 kommentar- und

[24] Persönliche Erfahrung. Ich befand mich unter den Offizieren.
[25] Chronos-Film, Berlin-Kleinmachnow: „KL Sachsenhausen“.
[26] Bartel, Walter, Der Zweite Weltkrieg 1939–1945, Wirklichkeit und Fälschung, (Ost-)Berlin 1959, S. 73.

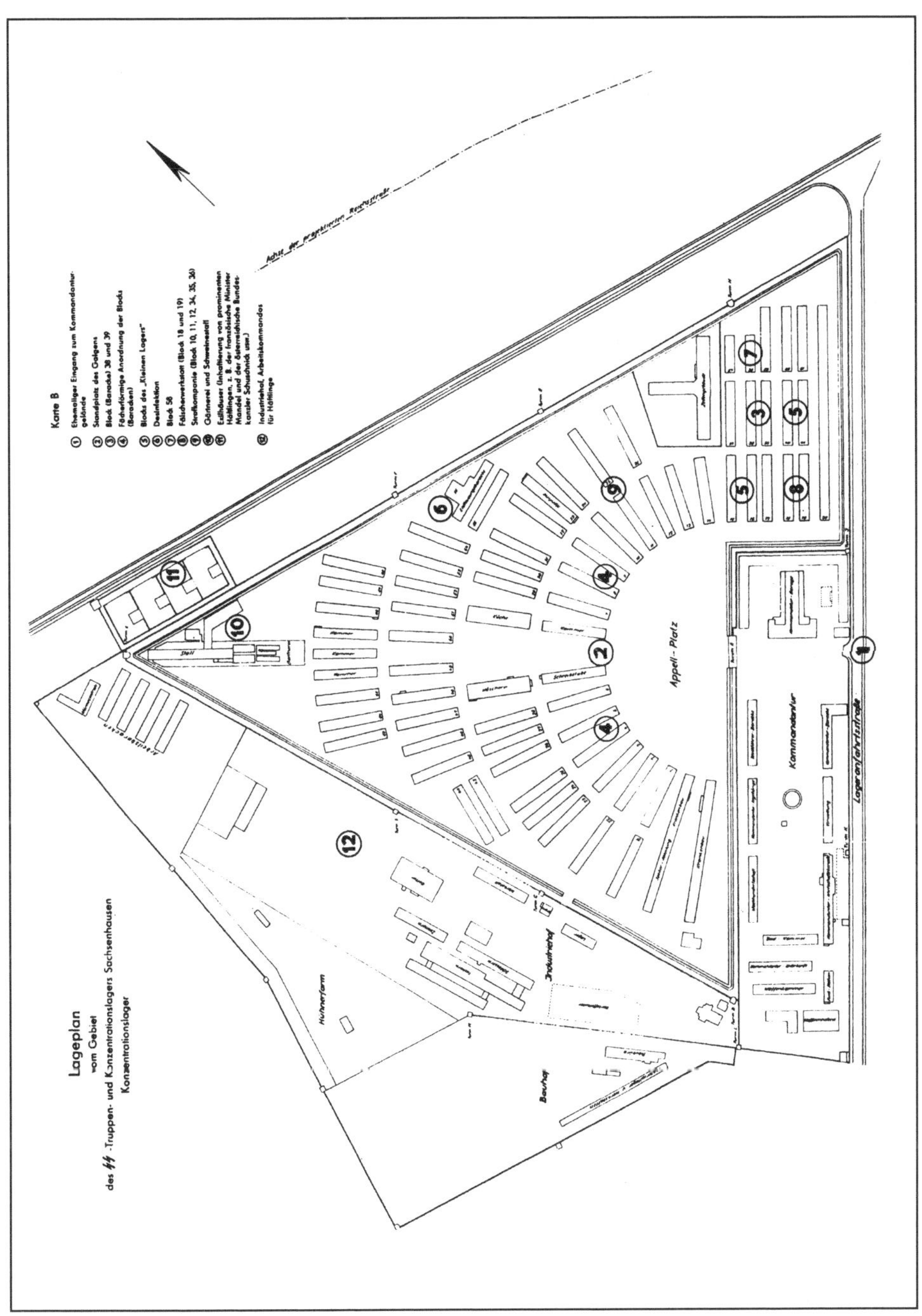

Frühe Lagerskizze der SBZ-Institutionen. Weder in der „Vorzone" (unten) noch in der Zone I und auf dem „Industriehof"-Territorium ist ein Bau oder eine Baracke als „Gaskammer" eingetragen. Auch bei dem mit „Krem" bezeichneten Krematorium fehlt jeder Hinweis darauf.

George-Archiv, Berlin

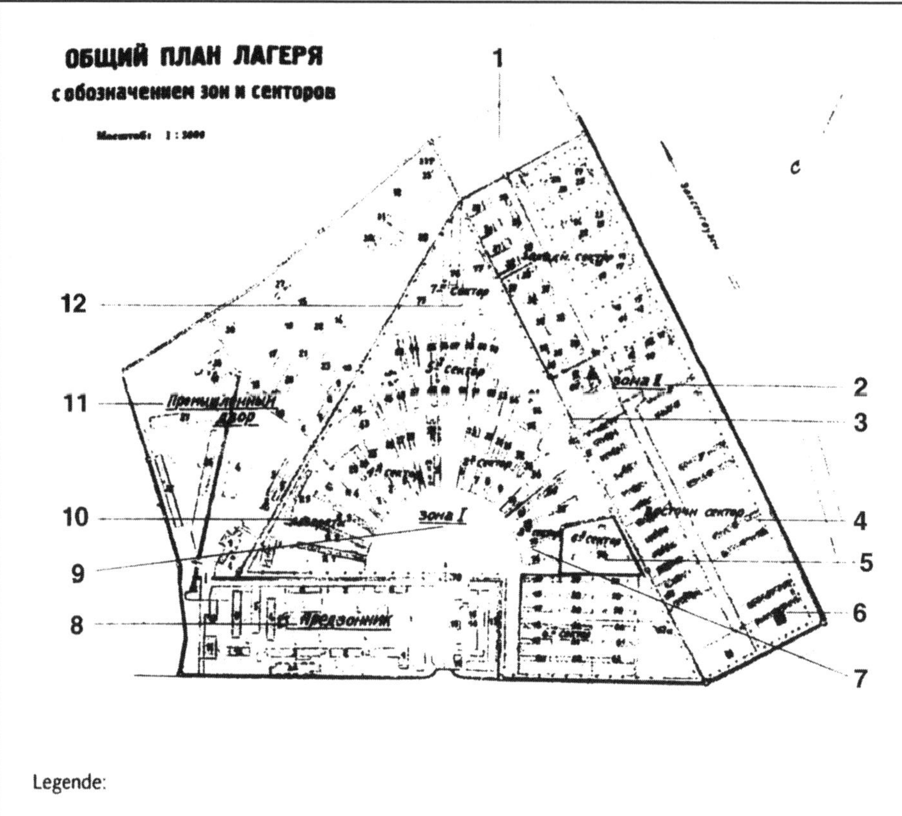

Legende:

1 - Kommandantenhof (Massengräber)
2 - Zone II
3 - Durchgang zwischen Zone I und Zone II
4 - Frauenlager in der Zone II
5 - Gefängnis
6 - Karzer in der Zone II
7 - Frauenlager in der Zone I
8 - Vorzone (sowjetischer Kommandanturbereich)
9 - Zone I
10 - Lazarett
11 - Industriehof (Werkstätten)
12 - Gärtnerei

Sowjetische Lagerskizze von 1946/47. Sie belegt den umfangreichen Ausbau des Lagers. So war beispielsweise die Lagerzone II (rechter Rand) bis auf die dort (oben) vorhandenen einstigen „Exilhäuser“ für prominente Politiker – wie Kurt Schuschnigg, Martin Luther und Martin Niemöller vorgesehen. Der „Karzer“ für Häftlinge (unten rechts), das „Frauenlager“ und ein in der Skizze am unteren Rand unterhalb des „Krankenhaus“-Baus in der Zone I nicht eingezeichneter „Leichenkeller“ waren Objekte der sowjetischen Lagerführungen. Vgl. Moré, S. 67.

namenlos eingetragen worden ist, sind Spekulationen über den Wahrheitsgehalt der Schirmer-Darstellung zwangsläufig nicht ausgeblieben.

Obwohl es zum täglichen Sprachgebrauch der Sowjets gehörte, bei jeder sich bietenden Gelegenheit „faschistische Verbrechen“ hervorzuheben, hat Serow, der Erste stellvertretende Volkskommissar für Staatssicherheit der UdSSR, in seiner – allerdings nicht nur für Sachsenhausen, sondern für alle „Speziallager“ in der SBZ geltenden – „Provisorischen Ordnung“ bis ins Detail hinein vorgegeben, wie die „Speziallager“ ausgestattet sein mußten, aber kein Wort über irgendwo vorhandene „Gaskammern“ verloren. Da er als Stellvertreter des Obersten SMAD-Chefs Schukow für Fragen der Zivilverwaltung zuständig war und auch die Befehlsgewalt über die örtlichen Militärkommandanturen innehatte und somit die eigentliche Schaltzentrale der offiziell im Juni 1945 ins Leben gerufenen SMAD war[27], hätten Bemerkungen über Gaskammern in den deutschen Konzentrationslagern nahe gelegen, zumal vor allem sowjetischen Offizieren – nach Schirmers Angaben[28] – bei Informationsführungen von Dezember 1945 bis Ende 1947 die angebliche Sachsenhausener „Gaskammer“ aus der NS-Zeit gezeigt wurde.

Daß es im nationalsozialistischen Konzentrationslager Buchenwald bei Weimar keine Gaskammer zur Massenvernichtung gab, ist ebenfalls eine historische Tatsache, die nicht einmal von stalinistisch orientierten Historikern, DDR-Ideologen, Chronisten und ehemaligen KZ-Häftlingen bestritten wird. Selbst so emotional berichtende Autoren wie Walter Poller, der „Arztschreiber in Buchenwald“[29] und der vor allem die Führungsstrategie der gefangenen sowjetischen Soldaten in Buchenwald – ohne Quellenbelege – glorifizierende und stalinistisch argumentierende SED-Historiker Walter Bartel[30], haben in ihren Buchenwald-Darstellungen – im Gegensatz zu raffiniert kombinierten Filmzusammenschnitten der ideologisch agierenden SED-Filmindustrie – nicht behauptet, daß es in Buchenwald eine Gaskammer gegeben hat.

Da es im KZ Buchenwald keine Gaskammer zur Massenvergasung von Menschen, sondern lediglich „10 Blausäure-Kreislaufbegasungskammern“ mit jeweils 10 Kubikmetern Rauminhalt gegeben hat, die keineswegs als Massenvergasungsanlagen verwendet werden konnten, wurde den Besuchern ein Zusammenschnitt aus verschiedenen Filmen vorgeführt, in denen Gaskammern zur Massenvergasung aus ehemaligen Vernichtungslagern zu sehen waren. Es sollte der Eindruck erweckt werden, daß es auch im KZ Buchenwald eine entsprechende Gaskammer gegeben habe.

---

27 Vgl. Foitzik, Jan, Die sowjetische Militäradministration in Deutschland (SMAD) in Broszat, Martin (Hrsg.), SBZ-Handbuch. Staatliche Verwaltungen, Parteien, gesellschaftliche Organisationen und ihre Führungskräfte in der Sowjetischen Besatzungszone Deutschlands 1945–1949, München 1990, S. 20.

28 Vgl. Schirmer, S. 50.

29 Poller, Walter, Arztschreiber in Buchenwald, Hannover 1960.

30 Bartel, Walter, Die Zusammenarbeit deutscher und sowjetischer Widerstandskämpfer im faschistischen Konzentrationslager Buchenwald, in: Der Zweite Weltkrieg 1939–1945. Wirklichkeit und Fälschung, (Ost) Berlin 1959, S. 73 ff. Fortan zit. als Bartel.

Der Standortarzt der Waffen-SS   Weimar-Buchenwald, den 25. Mai 1944
Weimar

Betreff: Umstellung von Cyklon-Kreislaufbegasungskammern auf "Areginal" und Meldung der Anzahl der Begasungskammern.
Bezug : Schr. d. Obersten Hygienikers v.15.5.44, Tgb.Nr.308 /44. Dr. Kö./Kn.

An den
Obersten Hygieniker
beim Reichsarzt SS und Polizei
Berlin-Zehlendorf
Spanische Allee 10.

Mit Bezug auf das oben angeführte Schreiben wird mitgeteilt dass im K.L. Buchenwald 10 Blausäure-Kreislaufbegasungskammern von je 10 cbm Rauminhalt in Betrieb sind.

Der Standortarzt der Waffen-SS Weimar

SS-Hauptsturmführer d.R.

Dienstliche Meldung des Weimarer Standortarztes der Waffen-SS vom 25. Mai 1944 an den „Obersten Hygieniker beim Reichsarzt SS und Polizei" über den Betrieb von 10 „Blausäure-Kreislaufbegasungskammern von je 10 cbm Rauminhalt" im KZ Buchenwald.[31]
Diese 10 kleinen Kammern dienten ausschließlich als Räume, in denen die Bekleidungen der Häftlinge mit Blausäure entlaust wurden.

Ein abscheuliches Verbrechen allerdings, das von zahlreichen Autoren als verbürgte Tatsache überliefert wird[32], hat es in Buchenwald gegeben: Die im Mai 1942 vom Weimarer SS-Chefarzt streng untersagte[33] Herstellung von Lampenschirmen, Geldbörsen, Handtaschen, Buchumschlägen, Lesezeichen und selbst Schuhen aus präparierter Menschenhaut. Zwar bezweifeln dies einige Historiker wie Axel Frohn, der im Nationalarchiv in Washington einen der Buchenwalder Lampenschirme sah und ihn für ein Produkt aus dem einstigen Kunststoff Igelit hielt[34], doch eine im Auftrag des US-Generals George Smith Patton im April/Mai 1945 vorgenommene medizinische Untersuchung der im April 1945 von amerikanischen Soldaten unter Führung des amerikanischen Generals E.F. Wood im Lagerlabor gefundenen rund 40 Gegenstände ergab, daß sie aus gegerbter Menschenhaut herge-

---

31 Dok. faksimiliert in SS im Einsatz, S. 186.

32 So u.a. von Arthur L. Smith jr. (Die Hexe von Buchenwald), Pierre Durand (Die Bestie von Buchenwald, Ost-Berlin 1986), Bericht von 5 ehemaligen KZ-Häftlingen (Buchenwald. Ein Konzentrationslager, Ost-Berlin 1988), Klaus Drobisch (Widerstand in Buchenwald, Ost-Berlin 1989) und Josef Lanik (Roman: Was Dante nicht sah, Obzor 1964 und Frankfurt 1967).

33 Smith jr., Arthur L., Die Hexe von Buchenwald. Der Fall Ilse Koch, Köln 1983, S. 128. Fortan zit. als Smith, Hexe von Buchenwald.

34 Persönliche Mitteilung von Axel Frohn.

stellt worden waren. „Das Gewebe besteht aus Kollagenbündeln, mit gelegentlichen Resten von Epitheln und Schweißdrüsen", hieß es im Untersuchungsbericht, der mit der Feststellung endete: „Pigmentkörper, schwarz granuliert, sind zwischen den Bündeln sichtbar. Die Untersuchungen ergeben ... daß es sich bei allen ... Proben um Menschenhaut handelt."[35] Während des IMT brachte Thomas J. Dodd, ein Mitglied der US-Anklagebehörde, die „Enthäutungen" von Häftlingen im Zusammenhang mit Ilse Koch zur Sprache, was die Verteidigung mit Hinweisen auf die Verurteilung ihres Mannes durch ein SS-Gericht und seine Hinrichtung durch ein SS-Kommando vergeblich zu entkräften versuchten.[36] Vorgaben für Zweifel und Argumente zu Angaben über gegerbte Menschenhäute basieren nicht zuletzt auf protokollierten Vernehmungsergebnissen während des Nürnberger Prozesses. Als typisches Beispiel mag die Vernehmung des ehemaligen Häftlings Balachowsky genügen, der vom 1. Mai 1944 bis 22. April 1945 in Block 50 bei der Herstellung von Impfstoffen gegen Typhus und Fleckfieber eingesetzt war.

Ein Auszug aus der Vernehmung durch den französischen Ankläger Charles Dubost:

„Dubost: Wissen Sie etwas über tätowierte Menschen?
Balachowsky: Jawohl.
Dubost: Wollen sie uns bitte sagen, was Sie darüber wissen.
Balachowsky: Die tätowierten Menschenhäute wurden im Block 2 in Buchenwald im sogenannten Pathologischen Block aufbewahrt.
Dubost: Gab es viele tätowierte Menschenhäute im Block 2?
Balachowsky: Es gab stets tätowierte Menschenhäute im Block 2. Ich weiß nicht, ob es viele waren, weil ständig Häute hereinkamen und wieder weitergegeben wurden.
Dubost: Man hat also Menschen gehäutet?
Balachowsky: Man hat die Haut abgezogen und gegerbt.
Dubost: Wollen Sie bitte Ihre Aussage über diesen Punkt fortsetzen?
Balachowsky: Ich sah SS-Männer aus Block 2 ... mit gegerbten Häuten unter dem Arm herauskommen. Ich weiß von Kameraden, die im Block 2 arbeiteten, daß dort Bestellungen auf Häute eingegangen sind, und daß diese gegerbten Häute einigen Wachposten und Besuchern geschenkt wurden, die sie zum Einbinden von Büchern benutzten."[37]

---

35 Smith, Hexe von Buchenwald, S. 103. Untersuchungsbericht vom 25. Mai 1945. Vgl. Smith ebenda, S. 239.

36 Vgl. IMT, US-Vernehmungsprotokoll (Thomas J. Dodd vom 13. Dezember 1945), Dok. 3421 PS, US 252 und 254. Die Frage, ob Ilse Koch Gegenstände aus präparierter Menschenhaut besessen habe, konnte während des Prozesses gegen sie nicht schlüssig beantwortet werden. Und auch der gegen sie erhobene Vorwurf, daß sie Häftlinge habe hinrichten lassen, weil sie über interessante Tätowierungen verfügten, war nicht zu beweisen. Vgl. Smith, Hexe von Buchenwald, S. 128. Amerikanische Soldaten, die ihre Villa ohne Voranmeldung in einer Überraschungsaktion durchsuchten, fanden keine Gegenstände aus Menschenhaut. Was sie fanden, waren Gegenstände „aus Pergament und Ölpapier", Smith, Hexe von Buchenwald, S. 124. Hermann Nett, der örtliche Polizeisekretär, der aus Weimar zur Durchsuchung der Koch-Villa herbeigeholt worden war, erklärte: „Was die Lampenschirme im Hause Koch betrifft ... Sie waren normale Lampenschirme, aus imitiertem Schweineleder oder aus Karton angefertigt". Smith, Hexe von Buchenwald, S. 124

37 Zit. des Protokolls nach „SS im Einsatz, S. 375.

Anders als Poller schildert Bartel das Leben im KZ Buchenwald. Nach seinen Informationen hat es Sabotageakte bei der Produktion von Karabinern und Präzisionsgeräten für die V2 gegeben[38], aber auch (zumindest) einen „musikalisch-literarischen Nachmittag“[39] und sogar das Angebot des SS-Lagerleiters Pister an die Häftlinge, sich freiwillig zur SS zu melden.[40]

Im Gegensatz zu den Lagern mit Gaskammern zur Massenvernichtung mit Zyklon B außerhalb der Reichsgrenzen[41] wurden die in den Lagern ohne Gaskammern im Reichsgebiet verstorbenen Häftlinge zahlenmäßig – ohne Namensnennung – genau registriert; ihr Geschlecht, ihre Nationalität und ihre Todesursache dokumentiert.[42] Ein Beispiel aus Buchenwald: Am 5. Februar 1945 meldete das Häftlingskrankenhaus der politischen Abteilung des Lagers:

Gesamtzahl der Verstorbenen im Monat Januar 1945.

1.802 Männer, 28 Frauen, 624 vom Transport tot eingeliefert, die nicht in die Lagerstärke aufgenommen wurden.

Unnatürliche Todesursache:

Auf der Flucht erschossen = 1
Freitod durch Erhängen = 3 (davon 2 Juden)
Tod nach Selbstmordversuch = 1 (Franzose)
Freitod durch Absprung = 2 (davon 1 Jude)
Tod durch Alkoholvergiftung = 3 (1 Pole, 1 Russe und unleserlich wohl 1 Slowake)
Tod durch Unfall = 2 Juden, 2 Russen, 2 Polen, 1 Franzose, 1 Slowake
= 8 = 18
zusammen 1.802

Frauen:
Jüdinnen 17
Polinnen 5
Russinnen 3
Zigeunerinnen 3 = 28 Frauen

Von den Transporten von S III und K.L. Auschwitz wurden ausserdem 175, 51 und 398, also insgesamt 624 auf dem Transport Verstorbene in das Lager eingeliefert, die in der Lagerstärke nicht aufgenommen worden waren.“[43]

---

38 Bartel, S. 78 und 79.

39 Ebenda, S. 82. Vgl. auch „Sowjetskaja Kultura“ vom 12. Juni 1957.

40 Bartel, S. 85.

41 Da wurde gewöhnlich neben der Anzahl der Überlebenden lediglich die Anzahl der zur Vernichtung transportierten toten Häftlinge (nur Geschlecht und Alter) registriert.

42 Das „Totenbuch“ des oberösterreichischen Lagers Mauthausen, für das „Topf & Söhne“ im Juli 1941 einen koksbeheizten Doppelmuffelofen zur Einäscherung verstorbener Häftlinge eingerichtet hatte, von denen nach einer Meldung von „Topf & Söhne“ vom 14. Juli 1941 an Himmler „in 10 Stunden <nur>30–35 … zur Einäscherung gelangen“ konnten (Dok. zit. in: SS im Einsatz, S. 240), schlüsselte im März 1945 detaillierter auf: Lager, Vor- und Nachnamen, Geburtstag und -ort, Todesursache (durchweg „Herzschwäche“, „Kreislaufschwäche“, „Herzmuskel-Entzündung“), Todestag und Uhrzeit. Vgl. IMT, TB-Ausg., Bd. 2, S. 66 ff.

43 Dok. Zit. aus „SS im Einsatz“, S. 182.

Gaststätte „Landhaus". Die Schäden im Dach des 1993 fotografierten Gebäudes stammen von einem Brand.

Lagerzaun des Buchenwald Nebenlagers Langenstein-Zwieberge unmittelbar nach dem „Eintreffen" der amerikanischen Truppen, die diese Aufnahmen machten. Die Bahngleise führten zum Stollen, in dem die Häftlinge arbeiteten.

Auszug aus dem Totenbuch des Konzentrationslagers

578	Häftlings-		Lager	Zu- u. Vorname	Geburts-	
fortl No	Art	No			Tag	Ort
8535	Jude Poln	136194	Solvay	Sochaczewski Alexander	14.9.11	Wloclawek
6	„ „	136198	„	Speismacher Majer	15.4.98	Ostrowice
7	„ Ung	136203	„	Spiro Germann	23.5.90	Zempten
8	„ „	136205	„	Szabowitz Izsak	8.2.24	Marm. Sziget
9	„ Poln	136211	„	Szklarz Aron	4.7.19	Lodz
8540	„ „	136212	„	Szniedc Szlama	20.8.07	Opoczno
1	„ „	136213	„	Szmolcwicz Lajb	11.9.05	Konsk
2	„ „	136217	„	Scnicer Aron	6.11.14	Lodz
3	„ „	136218	„	Sznycer Fajwel	4.1.13	Krcezepice
4	„ „	136219	„	Szpajzer Aba	11.4.24	Lodz
5	„ „	136222	„	Szigler Banjamin	25.7.06	Sosnowitz
6	„“ „	136228	„	Szulc Mozek	1.3.15	Lodz
7	„ Ung	136236	„	Szarf Mandel	7.12.20	Ilonszo
8	„ Poln	136248	„	Schöngut Henryk	10.3.05	Krakau
9	„ Ung	136250	„	Schreiber Salamon	7.2.98	Marmaro-sziget
8550	„ „	136259	„	Schwarcz Jacob	23.7.96	Meicsient
1	„ „	136253	„	„ Geza	26.9.95	Miskolc
2	„ „	136263	„	Schwartz Besnat	28.5.01	Bercgszasz
3	„ „	136265	„	„ Ludwig	8.5.25	Berekszasz
4	„ „	136267	„	Schwarz Imre	28.5.27	Nyirbogat
5	„ „	136271	„	„ Zoltan	27.5.95	Nagyvarnd
6	„ „	136272	„	Schwarzstein Laszlo	1.5.13	Budapest
7	„ „	136277	„	Stein Otto	19.5.25	Bombor
8	„ „	136281	„	Steinberger Sandor	21.7.27	Peretschek
9	„ Ung	136282	„	Steinfeld Martin	31.3.01	Kisvarda
8560	„ „	136287	„	Stern Lipot	22.10.25	Ilosva
1	„ „	136289	„	Stern Samu	17.1.97	Beregtyc Ujf.
2	„ „	136305	„	Taub Moses	24.10.95	Paloszcmete
3	„ „	136312	„	Tobias Azbad	22.10.95	Czoragrad

Daß die darin als verstorben aufgeführten Häftlinge (insgesamt 389) nicht eines natürlichen Todes gestorben sind, beweisen sowohl die Angaben über die angeblichen Todesursachen als auch die zeitlichen Abstände des jeweiligen Todeseintritts. IMT, TB-Ausg., Bd. 2, S. 76 f. Auf welche Weise sie umgebracht wurden, ist aus den Dokumenten nicht zu ermitteln. Sicher ist lediglich, daß sie nicht vergast wurden. Sowjetische Kriegsgefangene, die in Mauthausen inhaftiert waren, wurden exekutiert, was mit genauen Angaben über

Mauthausen von Januar 1945 bis 20. März 1945.

Todesursache	Tag des Todes	Stunde	579
Herz- u. Kreislaufschwäche – Herzmuskelentzünd.	19.3.1945	6	
"	"	6	
"	"	6^{30}	
ak. Herzschwäche	"	6^{55}	
"	"	6^{55}	
"	"	7	
"	"	7	
"	"	7^{15}	
"	"	8	
"	"	8	
Herz- u. Kreislaufschwäche – Herzmuskelentzündung	"	8	
ak. Herzschwäche	"	8	
Herz- u. Kreislaufschwäche- Herzmuskelentzünd.	"	8^{30}	
"	"	8^{30}	
"	"	9	
"	"	9^{15}	
"	"	9	
"	"	9^{15}	
"	"	9^{15}	
ak. Herzschwäche	"	9^{30}	
"	"	9^{30}	
"	"	9^{45}	
"	"	10	
"	"	10	
"	"	10	
"	"	10	
"		10^{30}	
"	"	10^{30}	
Herz- und Kreislaufschwäche – Herzmuskelentzünd.	"	10^{45}	

ihre Personalien und ihre Todesstunde ebenfalls ins Totenbuch eingetragen wurde. Am 9. und 10. Mai 1942 beispielsweise, fünf Wochen nach Hitlers „Weisung 41“ vom 5. April 1942, „die den Sowjets noch verbliebene lebendige Wehrkraft <an der Front> endgültig zu vernichten“, waren es 231. IMT, TB-Ausg., Bd. 2, S. 86 ff. Die Vorbemerkung zu den Exekutionen lautete im Todesbuch: Exekution lt. F.S. Erl. des Chefs der Sipo u. des SD vom 9. Mai 1942. IV A 1c–B Nr. 2501/B. 42 g.

In den Zweiglagern des KZs wichen die Verhältnisse augenfällig von den Bedingungen ab, denen die dort festgehaltenen Häftlinge unterworfen waren, was jedoch nur zum Teil als positiv bewertet werden konnte. So durften beispielsweise die – vornehmlich ausländischen – Häftlinge des Buchenwalder Nebenlagers Langenstein-Zwieberge[44], dessen Errichtung im Frühjahr 1944 die SED-Führung nachträglich propagandistisch aufwendig-fälschlich Heinrich Lübke, dem Bundespräsidenten von 1959–1969, mittels in Hamburg gefälschter „Dokumente" unterstellte, das Lager in ihrer Freizeit verlassen und sich relativ unbehindert in Langenstein aufhalten. Anfänglich, während sie selbst „ihr" Lager errichteten, waren sie sogar in einer Gaststätte namens „Landhaus" untergebracht, und auch nach der Fertigstellung des umzäunten Lagers gab es für sie weder einen elektrisch geladenen Stacheldrahtzaun noch Wachtürme. Holzpfähle, die wie bei einer üblichen Pferdekoppel jeweils mit zwei Holzlatten quer verbunden waren, umgrenzten das Lagergelände. Doch diese „Freiheiten" wogen die Benachteiligung in der Verpflegung nicht auf, die von rabiaten Funktionsträgern auch aus ihren Reihen („Lagerpolizisten", Küchenpersonal, Brotschneider, Sanitätspersonal usw.) straflos manipuliert wurden. Im Gegensatz zu ihren Leidensgefährten im Hauptlager[45], die ihre kargen Rationen immerhin regelmäßig erhielten, litten sie ständig Hunger, zumal sie vielfach in der Untertagearbeit eingesetzt wurden und schwere körperliche Tätigkeiten leisten mußten.

Im Zusammenhang mit Buchenwald fälschten die DDR-Ideologen die Geschichte auf eine für nahezu jedermann erkennbare Weise. So behaupteten sie beispielsweise, daß der von Buchenwalder KZ-Häftlingen aus ganz Europa[46] beim Nebenlager Langenstein-Zwieberge als bombensichere Produktionsstätte – unter der Regie des SS-Obergruppenführers Hans Kammler[47] – für Junkers-Flugzeuge und V-Waffenteile im Stollensystem der Thekenberge gehauene Tunnel 1945 eingestürzt sei, so daß Besichtigungen nicht stattfinden könnten. Tatsache war indes, daß die „Nationale Volksarmee" der DDR den im April 1945 zu 60 Prozent ausgebauten 60.000 Quadratmeter umfassenden Tunnel ebenfalls als Rüstungsdepot nutzte, was nur dienstlich Eingeweihte wissen durften. Und als Propagandamaßnahme erwies sich auch, daß die vom SED-Regime vorgenommenen Veränderungen auf dem einstigen Lagergelände nicht als solche gekennzeichnet

---

44 Langenstein = Ortsname, Zwieberge = geographische Einordnung.

45 Zu der Zeit leisteten allein 3.219 Buchenwalder Häftlinge beispielsweise monatlich 752.832 Arbeitsstunden für die Luftfahrtindustrie. IMT, TB-Ausg. Bd. 3, S. 358. Meldung (Geheime Reichssache) des SS-Obergruppenführers und Generals der Waffen-SS Oswald Pohls vom 21. Februar 1944.

46 Nach einer Mitteilung Himmlers an Göring („Geheime Reichssache" 1879/44) vom 14. Februar 1944, arbeiteten zu der Zeit insgesamt 35.839 KZ-Häftlinge in monatlich 8.733.495 Arbeitsstunden in Produktionsstätten für die Luftwaffe. Für Buchenwald hatte Himmler 13.000 Häftlinge zur „Flugzeugfertigung Focke-Wulf" (Jäger) „im Stollen" … „vorgesehen". IMT, TB-Ausg., Bd. 3, S. 362. Im Anschreiben hob Himmler hervor: „In Oranienburg haben wir … 6.000 Häftlinge eingesetzt … Die Häftlinge arbeiten tadellos … in Neubrandenburg" sind „die Leistungen der Frauen ausgezeichnet".

47 Kammler unterstanden mehr als 20 Rüstungsproduktionsprojekte, in deren Rahmen das Lager Langenstein-Zwieberge die Tarnbezeichnung „B 2" trug und in den Unterlagen Albert Speers als „Malachit" geführt wurde.

OBERSTE STAATSANWALTSCHAFT
DER DEUTSCHEN DEMOKRATISCHEN REPUBLIK

BERLIN N 4, den 12.4.65 19
Scharnhorststraße 37
Telefon: 2206

Az.
(In jedem Schreiben anzugeben)

An
Abt. I A
- Gen. Friedrich -
-.-.-.-.-.-.-.-.-

Anliegend wird die K 5 - Akte der ehemaligen Polizeidirektion Halberstadt (Tgb. Halb. 1o45 / 49) über Ermittlungen betr. das KZ - Zweiglager in Langenstein-Zwieberge überreicht.
Da ich am 11.4.1964 auf der Gedenkkundgebung anläßlich des 2o. Jahrestages der Befreiung dieses KZ die Ansprache zu halten hatte, wurde mir vom BStA Magdeburg diese Akte am 9.4.1965 übergeben. Sie soll nach Angaben des Gen. StA. Dimanski, Magdeburg von der VVN-Dienststelle in Magdeburg beigezogen worden sein.
Die Magdeburger Genossen behaupten, daß das KZ Langenstein-Zwieberge unter Anleitung der Baugruppe Schlemp (Lübke !) errichtet wurde. Konkrete Anhaltspunkte habe ich dafür in der Akte nicht gefunden. Für die Behauptung der Magdeburger Genossen sprechen jedoch folgende Feststellungen :

1) Die Baugruppe Schlemp war verantwortlich für unterirdische Produktionsstätten - um solche handelt es sich auch in Langenstein-Zwieberge
2) Der verantwortliche SS-Führer für die Arbeiten der Baugruppe Schlemp war SS-Gruppenführer und Generalleutnant der Waffen-SS, Dr. Ing Kammler, der auch in der überreichten Akte als vorgesetzter SS-Führer benannt wird.
3) Sowohl zeitmäßig (1943/44) als auch produktionsmäßig (für die Luftwaffe bestimmte Rüstungsaufträge - V-Waffen) gibt es eine totale Übereinstimmung zwischen dem KZ Langenstein-Zwieberge und den von der Baugruppe Schlemp errichteten KZs.
4) Ebenso wie Leau war das KZ Langenstein-Zwieberge Außenlager des KZ Buchenwald. (ebenfalls vorwiegend mit ausländischen KZ-Häftlingen belegt)

Folgende Maßnahmen werden für erforderlich gehalten :

1) Kläron, welche Rolle Baustab Schlemp evtl. in Langenstein-Zwieberge gespielt hat.
2) Da mit VP-Beschluß vom 14.3.195o das Verfahren gegen 28 Beschuldigte vorläufig eingestellt wurde, ist zu prüfen, welche Maßnahmen gegenwärtig gegen diese Personen noch einzuleiten sind.
3) Teilweise sind in den Akten Personen benannt, die nähere Kenntnisse von den in diesem KZ verübten Verbrechen haben. Diese Personen müßten, soweit sie noch leben, zunächst vernommen werden.

Die weitere Bearbeitung ist danach mit Gen. Fassunge zu besprechen, da er für Ermittlungen bezgl. Baustab Schlemp zuständiger Sachbearbeiter der Abt. V ist.

2.) Wv.: 20.6.65

20. April 1965

Bundesarchiv Berlin-Lichterfelde, DP 3 114/65, Karton 112.

wurden. Die mit Stacheldraht versehenen Betonpfeiler wurden als authentische Überbleibsel eines Stacheldrahtzaunes ausgewiesen, den es jedoch nicht gegeben hat. Untergebracht waren von April bis Oktober 1944 zunächst nur 200 Häftlinge aus dem KZ Buchenwald in der Gaststätte „Landhaus“, und als diese infolge der Zunahme der in Langenstein-Zwieberge eingesetzten Häftlinge zu klein wurde, in einer provisorisch als Quartier eingerichteten Feldscheune. Später, als die Häftlingszahl bis auf 4.500 im Dezember 1944 anwuchs, wurde etwa 2 Kilometer von der Produktionsstätte entfernt das von einem Holzzaun eingefriedete Barackenlager „B 2“ errichtet, das im März 1945 mit 5.400 Häftlingen seine höchste Belegung aufwies. Als die SS das Lager am 9. April 1945 evakuierte und die Insassen über Quedlinburg, Bitterfeld und Wittenberg nach Cosweg zu marschieren zwang, waren es noch etwa 3.000 marschfähige Häftlinge. Die Bezeichnung „Konzentrationslager“ für dieses Lager Langenstein-Zwieberge kam erst nach dem Ende des Krieges auf.

Die bis März 1945 im Lager Langenstein-Zwieberge ums Leben gekommenen rund 900 Häftlinge wurden nicht in unkenntlich gemachten Massengräbern verscharrt, wie es die Sowjets mit den in ihren „Sonderlagern“ in der SBZ ums Leben gekommenen Häftlingen taten, sondern eingeäschert und auf einem Friedhof in Quedlinburg beigesetzt.[48] Erst ab März 1945, als die Todesraten rapide anstiegen, entschied sich die SS, die Toten, insgesamt etwa 1.000, in Massengräbern zu beerdigen.

[48] Ergebnisse (2002) eines vom Land Sachsen-Anhalt finanzierten Forschungsauftrages von M.A. Denise Wesenberg von der Martin-Luther-Universität Halle-Wittenberg. Vgl. dazu auch „Am Ende des Tunnels kein Licht“ von Denise Wesenberg im Bericht der Gedenkstätte Zwieberge, Ausg. 1/2002.

Des Führers „gute Juden“

Hitler hatte die „physische Vernichtung der Juden“ befohlen, nur weil sie Juden waren, was nicht als ideologisches Herrschaftsmittel zur Sicherung und Mobilisierung von Massenloyalität erklärt werden kann, und er reagierte stets zumindest äußerst verärgert auf positive Bemerkungen über Juden. Dabei gab es Juden, die sein Wohlwollen für sich in Anspruch nehmen konnten. Regelmäßig hatte er als 17- und 18-Jähriger in Wien die Aufführung der Philharmoniker besucht, deren weltweit bekannten jüdischen Direktor und Komponisten Gustav Mahler er verehrte und bewunderte.[1] Der auf seine Anweisung unter den persönlichen Schutz der Gestapo gestellte jüdische ehemalige Hausarzt seiner Eltern, durfte seine Wohnung in Linz (im Gegensatz zu anderen jüdischen Linzer Einwohnern) ebenso behalten wie dessen Tochter Trude, deren Mann und ihre Kinder. Hitler ließ ihn in jeder Hinsicht unterstützen und ordnete an, daß ihm devisenrechtliche Erleichterungen zu gewähren seien, falls er auswandern wolle.[2] Mit Hugo Gutmann, dem einstigen jüdischen Offizier des Ersten Weltkrieges, der ihm 1918 das Eiserne Kreuz I. Klasse an die Brust geheftet hatte[3], das er bis an sein Lebensende trug, war er noch 1936 in Nürnberg zusammengetroffen, was die Gestapo allerdings nicht hinderte, ihn ständig zu verhören und zu „beschatten“. Doch nachdem Gutmann 1940 nach dem siegreichen deutschen Westfeldzug über Frankreich nach New York emigriert war, obsiegte in Hitlers Verhalten wieder sein klischeehafter Antisemitismus. So äußerte er beispielsweise in der Nacht vom 10. zum 11. November 1941 in seinem Hauptquartier gegenüber seinen Gästen: „Wir hatten einen Juden im Regiment, Gutmann, einen Feigling sondergleichen.“[4] Daß er Gutmann dennoch weiterhin auch in den USA über Geheimdienst-Kanäle finanziell unterstützen ließ[5], paßt so ins Bild wie seine Mißachtung fremden Lebens während er gleichzeitig nur Lebensmittel aß, die „die Natur freiwillig“ hergab und Schnittblumen als „Leichen“ ablehnte.

Mit Emil Maurice, seinem dunkelhaarigen, ruhigen und energischen Chauffeur und Begleiter von 1921–1928, dessen Familie ursprünglich aus Frankreich nach Schleswig-Holstein eingewanderte war, und der einen jüdischen Großvater hatte duzte er sich sogar, bis er ihn 1928 vor allem wegen dessen – von Hitler letztlich konsequent unterbundenen – heimlichen Liaison mit seiner Nichte „Geli“ Raubal fristlos entließ[6] und aller Parteiämter (so z.B. des Inspektors der 1925 neu ins

---

1 Vgl. Maser, Hitler. S. 268.

2 Zu Bloch vgl. Maser, Göring, S. 149 und Maser, Hitler, S. 80 f., 87, 99, 124, 310, 552, 616 und 627. Ferner: Zu Blochs Tochter Trude vgl. Maser, Hitler. Mein Kampf. S. 161 ff. Bloch starb 1945 in New York.

3 Vgl. Maser, Hitler, S. 144 und 558 und Maser, Göring, S. 299–303.

4 Heim, S. 132.

5 Persönliche Mitteilung des Gutmann-Freundes Joseph Drexel (1954).

6 Maurice nahm die fristlose Entlassung nicht stillschweigend hin. Er ging vor das Arbeitsgericht und erstritt sich eine Abfindung. Vgl. Der Spiegel Nr. 84/87, S. 94. Goebbels, der sich hütete, hinter Hitlers Rücken

Landsberg/L. 24.1.25.

Mein lieber Hitler !

Soeben wurde mir kund und zu wissen, daß ich am Dienstage, den 27. mittags 12,35 entlassen werde. Auf diese Nachricht habe ich ja lange gewartet und bin deshalb ausserordentlich froh, sie nun endlich erhalten haben. Ich will Dir nun nicht meine jetzige Stimmung schildern, die Du Dir sicherlich aus eigener Erfahrung noch vorzustellen vermagst, sondern möchte Dich bitten, wie versprochen, mich an diesem Tage abzuholen. – Durch Dr. Weber, der hoffentlich nicht wiederkommt, habe ich schon sagen lassen, Du möchtest eine Autobrille mitbringen, darum bitte ich Dich zu denken. Mäntel oder Decken brauchst Du keine mit ~~zu~~bringen, da ich mich warm genug anziehen kann. – Ich habe sehr viel Gepäck und wir tun besser, dieses nicht auf einmal mitzunehmen, da sich ja doch noch die Gelegenheit bietet wieder nach hier zu kommen. – Den Sprechapparat habe ich auch eingepackt und werde ihn mitnehmen, auch Deine beiden großen Bilder. Ich muß nun Schluß machen, damit Du den Brief noch zur rechten Zeit empfängst. – Von meinem Geburtstag werde ich Dir mündlich berichten. – Triffst Du in Landsberg später ein, so findest Du mich im Herzogstüberl. Ich denke aber, daß Du Pöhner noch einen guten Tag sagen wirst.

Auf ein frohes Wiedersehn in der Freiheit
freut sich Dein

E. M.

Brief von Emil Maurice (1898–1972), des gelernten Uhrmachers und von 1921 bis 1928 ständigen Chauffeurs und Begleiters Adolf Hitlers vom 24. Januar 1925 aus der Landsberger Festungshaftanstalt, wo er wegen seiner Beteiligung am Hitler-Putsch von November 1923 seine Haftstrafe absaß.

Leben gerufenen SS) enthob. Daß Maurice den von der NSDAP geforderten und von Himmler ständig angemahnten arischen Abstammungsnachweis nicht vorlegen konnte, scheint dabei kaum eine Rolle gespielt zu haben. Die von Bormann und Himmler stets mißtrauisch beobachtete jüdische Salatköchin Manziarly besaß Hitlers volles Vertrauen. Den jüdisch versippten Generalfeldmarschall Erhart Milch, der die einstigen KZ-Insassen noch im Mai 1945 – während eines Verhörs durch britische Offiziere – durchweg verächtlich als „Untermenschen"[7] bezeichnete, zog er letztlich sogar Hermann Göring vor und hatte auch nichts gegen Soldaten jüdischer Herkunft in der Wehrmacht und ebensowenig gegen die jüdischen Marineoffiziere einzuwenden, die unter Karl Dönitz ihren Dienst versahen.[8]

Mit der hübschen Gretl Slezak, der Enkeltochter einer Jüdin, unterhielt er vor der „Machtübernahme" ein vorübergehendes sexuelles Verhältnis. Einige Juden, die ihm infolge ihrer Leistungen auffielen, machte er zu „Ariern". Der Großunternehmer Imhausen, der Seife und synthetische Fette aus Kohle produzierte, war im Juli 1937 einer von ihnen[9], der Schauspieler Robert Müller an Weihnachten 1941 ein weiterer.[10] Der mit der Schauspielerin Ellen Daub – aus Heinrich Georges Zeit in Frankfurt – liierte Frankfurter jüdische Bankier Westheim, der auch für Hitler tätig war, nach dem 20. Juli 1944 verhaftet wurde und ums Leben kam, gehörte mit seiner Tochter mehrfach zu den persönlichen Gästen Hitlers. Die mit Georges ältestem Sohn Jan Götz bis in die 80er Jahre befreundete Tochter hat – anders als ihr Onkel, der Kunsthistoriker Paul Westheim, der nach Mexiko emigrierte – Deutschland niemals verlassen. Und sie hat, nicht ungern von ihren und ihres Vaters Besuchen bei Hitler erzählt.[11]

über Anliegen zu sprechen, die Hitler verärgern konnten, lobte Maurice außerordentlich, allerdings nur in der Zeit, in der Maurice noch Hitlers Gunst besaß. (Vgl. Goebbels, Tagebücher, Bd. 1., 18. Juli, 23. Juli, 31. Juli 1926 und 24. September) Daß Hitler ihm (Maurice) Kummer bereitete, soweit es dessen Liebe zu „Geli" Raubal betraf, berichtete er Goebbels, der dies am 23. September 1926 in sein Tagebuch (ebenda, S. 278) eintrug, was nicht zuletzt auch das besondere Vertrauensverhältnis zwischen dem extremen Antisemiten Goebbels und dem Juden Maurice bezeugt, dessen Herkunft Goebbels zu der Zeit allerdings auch noch nicht gekannt haben muß.

7 Einen der Offiziere versetzte diese Äußerung Milchs so in Rage, daß er dem Feldmarschall einen Schlag mit dessen Marschallstab auf dem Kopf versetzte, weshalb Milch ins Lazarett eingeliefert werden mußte. Vgl. Londoner Exange Telegraph vom 17. Mai 1945.

8 Persönliche Auskunft von Großadmiral Dönitz (August 1966). Nach Feststellungen des US-Historikers Brian Mark Rigg (Hitlers jüdische Soldaten, deutsche Ausg.: Paderborn 2003) dienten insgesamt rund 150.000 „halb-" und „vierteljüdische" Männer – vom einfachen Soldaten bis zum Generalfeldmarschall – in der Wehrmacht. Am 18. September 1942 ordnete der Reichsminister für Ernährung und Landwirtschaft an, daß alle seit der Ersten Verordnung zum Reichsbürgergesetz vom 14. November 1935 (RGBl I S. 333 Bestimmungen bezüglich der stark eingeschränkten Lebensmittelversorgung jüdischer Personen aufzuheben seien, soweit sie Juden beträfen, deren „Abkömmlinge" trotz ihrer „Mischlingseigenschaft deutsche Wehrmachtsangehörige" wären. IMT, TB-Ausg. Bd. 3, S. 182.

9 Vgl. Maser, Göring, S. 276.

10 Maser, Heinrich George, S. 282 und das Dok. S. 374.

11 Persönliche Mitteilung Jan Götz Georges vom 5. Dezember 2002. In den 80er Jahren verschwand Ellen Daub plötzlich unerwartet und ohne Ankündigung aus dem Blickfeld Jan Götz Georges, der sie trotz intensiver Nachforschungen nicht mehr ausfindig machen konnte.

Auszug aus dem Brief des jüdischen Schauspielers Robert Müller von Weihnachten 1941 an Heinrich George. *George-Archiv.*

Übertragung des Schreibens:

„In der Christnacht

Lieber Heinrich!
Laß mich vorwegnehmen,
daß ich heute morgens
durch den Reichsminister
des Innern den Bescheid
über die Entscheidung des
Führers empfing, der dahin
lautet, daß <u>ich nicht mehr</u>
als Jude gelte.
Laß mich, bitte, jetzt
davon absehen."

Eine plausible Antwort auf die Frage, wie die Diskrepanz zwischen der verbrecherischen „Endlösung der Judenfrage" und der gelegentlichen besorgten Anteilnahme am Wohlergehen bestimmter Juden möglich war, ist aus „psychohistorischer" Perspektive noch weniger möglich als die aus dieser Sicht gemutmaßten Ursachen für den „Judenvernichtungswahn."

Juden, die Hitler persönlich kannte und deren herausragende Leistungen er anerkannte, klammerte er aus seinen pervertierten Vorstellungen über „die Juden" aus. Über Bloch, dem er von Wien aus mehrfach geschrieben und auch Bilder gemalt und geschenkt hatte, sagte er 1938: „Ja, wenn alle Juden so wären wie er". Ihn, Hitler, der Schnittblumen nicht in seinen Räumen duldete, weil er sie als „Leichen" empfand, und Jagdgenossen hämisch als Mordkomplizen gegen wehrlose Tiere bezeichnete, ließ die fabrikmäßig organisierte Ermordung ungezählter unschuldiger Menschen nicht nur „kalt", sondern es erschien ihm als welthistorische Aufgabe, die Menschheit vor dem Untergang zu retten, indem er sich „des Juden erwehre" und somit „für das Werk des Herrn" kämpfe[12], wie er in „Mein Kampf" bekundet hatte.

[12] Vgl. Hitler, Mein Kampf, 469.–473. Aufl., München 1939 S. 70.

Daniel Goldhagens und Norman Finkelsteins Holocaust-Deutungen

Zu den Fälschungen und Verfälschungen der Geschichte gehört neben der Behauptung des – um den von ihm angestrebten Lehrstuhl an der Harvard-Universität gebrachten[1] – jüdischen Autors Daniel Goldhagen[2], daß alle Deutschen bereits lange vor 1933 Antisemiten mit der Absicht der völligen Ausrottung der Juden gewesen seien, die ebenso abwegige und leicht widerlegbare Version des Bochumer Historikers Hans Mommsen, daß der Antisemitismus Hitlers erst im Zuge einer kumulativen Radikalisierung seiner Politik nach der „Machtergreifung" zu seiner Hauptidee geworden sei.[3] Beide, sowohl Goldhagen, der die literarischen Darstellungen „Die Nacht zu begraben", „Alle Flüsse fließen ins Meer" und „ … das Meer wird nicht voll"[4] Elie Wiesels als authentische Vorgaben sieht, als auch sein Kritiker Mommsen ordnen Hitlers Bedeutung für das NS-Regime und seine persönliche Wortführerschaft hinsichtlich der radikalen Lösung der Judenfrage nicht in die Position ein, die zweifelsfrei nachweisbar ist.

Goldhagen und Mommsen, die sich entschieden gegen den in den zwanziger Jahren zugleich mit dem Faschismusbegriff entstandenen und ihm oft entgegengesetzten Totalitarismusbegriff[5] wenden, plakatieren ihre gegenteiligen Versionen, die ihre unterschiedlichen Quellendeutungen offenbaren, als Belege für eine völlig neue Deutung des Holocaust. Ihre totale – durch authentische Quellen nicht

---

1 Initiator der Ablehnung Goldhagens war – nach zuverlässigen Informationen Fritz Stern, der jüdische Germanist und Träger des Friedenspreises des Deutschen Buchhandels, der Goldhagen 1997 in „Foreign Affairs" vorgeworfen hatte, in der deutschen Ausgabe seines Buches, „einige seiner weitergehenden Behauptungen geändert und abgeschwächt" zu haben. Vgl. dazu: Der Spiegel vom 3. März 1997.

2 Titel der US-Ausgabe des Goldhagen-Buches: „Hitler's Willing Executioners" (Hitlers willige Scharfrichter). Der deutsche Titel, der offenbar den Eindruck erwecken sollte, daß mit „Executioners" Hitlers Testamentsvollstrecker gemeint gewesen seien: Hitlers willige Vollstrecker, Berlin 1996.

3 Diese These ist nicht weit von der Behauptung David Irvings entfernt, daß Hitlers Antisemitismusreden vor der Machtergreifung lediglich taktisches Mittel waren, von dem er später abgerückt sei. Vgl. dazu auch die nicht aufrecht zu haltenden Darstellungen Rainer Zitelmanns (Adolf Hitler, Eine politische Biographie, Göttingen und Zürich 1989, S. 129), der die leicht widerlegbare Version verfocht, daß „von einer systematischen und planmäßigen Umsetzung seiner <Hitlers> weltanschaulichen Ziele … nicht gesprochen werden" könne. Ebenda. Wie falsch diese Behauptungen sind, beweist allein bereits die Tatsache, daß Hitler um des erhofften Erfolges willen aus taktischen Erwägungen vor der Machtübernahme spätestens seit seiner Reichspräsidenten-Kandidatur weitgehend auf verbale Ausfälle gegen die Juden verzichtete. Vgl. dazu auch Domarus, Max, Hitler. Reden und Proklamationen 1932–1945, München 1965, Bd. I, S. 67 ff.

4 Wiesel, Elie, Die Nacht zu begraben, Elischa, Eßlingen und München 1962, Alle Flüsse fließen ins Meer. Autobiographie, 2. Aufl. Hamburg 1997, … und das Meer wird nicht voll. Autobiographie, Hamburg 1999.

5 Karl Dietrich Bracher dagegen tritt für die Beibehaltung des Totalitarismusbegriffs zur Kennzeichnung moderner Diktaturen (vgl. seinen Beitrag „Streit um Werte" Über den kontroversen Gebrauch der Begriffe Faschismus und Totalitarismus, FAZ vom 7. Dezember 1978) ein, der seit Mitte der sechziger Jahre durch die nahezu grenzenlose Ausdehnung des Faschismusbegriffes zunehmend tabuisiert wird. Der Bielefelder Historiker Jürgen Kocka hingegen, der weder Brachers Position noch die Auffassung Goldhagens und Mommsens verficht, ist bemüht, zwischen den Historikern zu vermitteln, die faschistische und sozialistische Diktaturen begrifflich zu trennen versuchen. Es bleibt bei einem Streit um Worte und Werte.

schlüssig zu rechtfertigende – Übertreibung des Rassismus-Aspekts im Rahmen der NS-Ideologie bezeugt nicht nur die Vernachlässigung maßgeblicher anderer Faktoren der NS-Politik, sondern auch ihre Absicht, ihre Forschungsergebnisse als etwas „Neues“ im Rahmen der Antisemitismusforschung anerkannt zu bekommen. Neu sind zwar ihre Versionen, doch zutreffend sind sie nicht. Goldhagens Behauptungen über einen – von Hitler unabhängigen – speziellen Antisemitismus in Deutschland sind ebenso falsch wie Mommsens Feststellungen über Hitlers Antisemitismus, dessen erste Anzeichen für Sommer 1908 belegt werden können.

Nicht nur deutsche Historiker, Politikwissenschaftler und geschichtskundige Politiker haben die Unterstellungen Goldhagens – seit ihrer Publikation – als abwegig und geschichtsfremd zurückgewiesen. Goldhagens jüdischer Kollege Finkelstein beispielsweise, dessen Mutter den Holocaust nach „Aufenthalten“ im Warschauer Ghetto, im Konzentrationslager Majdanek und in den Arbeitslagern Czestochowa und Skarzysko-Kamina überlebte, nach 1945 durch den Entschädigungsraster der Jewish Material Claims Against Germany, dem Dachverband aller jüdischen Organisationen, gefallen war und schließlich von der Bundesrepublik Deutschland eine einmalige „Abfindung“ von 3.500 Dollar bekommen hatte[6], bekundete offen, daß das Goldhagen-Buch „Hitlers willige Vollstrecker“ eine „mißlungene“[7] Publikation sei und er den Versuch des Autors, Wiesels Holocaust-Belletristik als authentische Vorgaben zu nehmen, nur als „bestenfalls komisch“[8] bewerte. Er, Finkelstein, könne Goldhagen nur in einem Punkt „aus ganzem Herzen“ zustimmen, in dessen Definition nämlich, daß Philosemiten Antisemiten im Schafspelz seien.[9]

Daß sowohl die im November 1938 durch die berüchtigte „Reichskristallnacht“ aller Welt drastisch kundgetane Verfolgung der Juden in Deutschland als auch die seit der Machtübernahme wilden Antisemitismus-Exzesse einzelner NS-Funktionsträger nur gewaltsam als Beweis für Goldhagens These akzeptiert werden können, bezeugen unmißverständliche Kriterien.

Claus Jakobi[10] schrieb am 4. Oktober 2003 in der „Bild“-Zeitung: „In fünf Jahren – so lange wie Gerhard Schröder regiert – hatte … <Hitler> eine hilflos am Boden liegende Nation in eine Großmacht verwandelt. Er bannte in Deutschland das Gespenst eines Bürgerkrieges, die Furcht vor einer Inflation und gab fünf Millionen Arbeitslosen Arbeit. Er zerriss den Friedensvertrag von Versailles und trat aus dem Völkerbund aus. Er nahm sich die Wehrhoheit zurück und besetzte das entmilitarisierte Rheinland. Er holte Saar und Memel ‚heim ins Reich‘ und Österreich und das Sudetenland gleich noch dazu. Und das alles ohne ernsthaften

[6] Vgl. Finkelstein, Norman, Die Holocaust-Industrie. Wie das Leiden der Juden ausgebeutet wird, München und Zürich, 2001, S. 92, fortan zit. als Finkelstein.
[7] Finkelstein, S. 177 f.
[8] Ebenda, S. 57.
[9] Ebenda, S. 177 ff.
[10] Vgl. die Fußnote 1, S. 308.

Bewertung des NS-Regimes durch als „deutsche Normalbürger“ klassifizierte Probanden* der Geburtsjahrgänge von 1907–1928 nach Forschungsergebnissen von 1999:

Anteil des NS-Regimes am Aufschwung und am Rückgang der Arbeitslosigkeit nach 1933		98 %
NS-Regime „Schreckensherrschaft:	nein	62 %
	gelegentlich	66 %
Schuld am Krieg von 1939–1945	„kapitalistische Mächte“	72 %
Namentlich bekannte Konzentrationslager:	soweit von KZ-Lagern vor 1939 gehört, als gewöhnliche Straflager vor allem für Asoziale aufgefaßt:	61 %
Kenntnis von Vernichtungslagern im Osten während des Krieges:	keine	87 %
	einige	2 %
	gerüchteweise	30 %
	„Juden werden im Osten neu angesiedelt“	48 %
	angezweifelt von	34 %
Einstellung zu jüdischen Mitbürgern:	soweit es sich um Ärzte handelte (positiv)	97 %
	hinsichtlich jüdischer Kaufleute	39 %
Zustimmung zur NS-Judenpolitik nach der sogenannten „Reichskristallnacht“ von November 1938:		1 %

* 82 Prozent der unter der Regie des Psychologie-Professors Fritz Süllwold (Ordinarius an der Universität Frankfurt/M. und Hrsg. der „Zeitschrift für experimentelle und angewandte Psychologie“) befragten Probanden aus allen deutschen Bundesländern, die sich über die Vorstellungen und die Einstellungen zu Ereignissen ihrer einstigen Umwelt äußerten, verfügten über Gymnasial- oder Oberrealschulabschlüsse. Keiner von ihnen befand sich zur Zeit des NS-Regimes in einer herausragenden Position.

Vgl. Süllwold, Fritz, Erlebte Geschichte. Die deutschen Normalbürger 1933–1945. Eine geschichtspsychologische Untersuchung, München 2001.

Grundsätzliches Interesse an der Judenpolitik des Regimes	gering	46 %
	groß	4 %
Bewertung der Rolle der Polizei:	korrekt	72 %
	freundlich	20 %
	hilfsbereit	23 %
	überheblich und rücksichtslos	17 %
Gefühl des Schutzes durch Justiz und Polizei:	positiv	64 %
	ebenso, wenn keine Politik im Spiele sei	35 %
Volksgemeinschaft (gegen Klassenkampf):	fortschrittlich	56 %
	unrealistisch oder lediglich NS-Propaganda	25 %
Löhne und Gehälter:	angemessen	84 %
Preise für Hausrat und Lebensmittel:	angemessen	96 %
Arbeitsdisziplin und Arbeitsmoral:	hohe Einschätzung	92 %
Beurteilung der „Deutschen Arbeitsfront“:	Sachwalter der Arbeitnehmer	85 %
Existenzsicherung im Alter:	ausreichend und zuverlässig	96 %
Organisation „Kraft durch Freude“:	„vorbildliche soziale Großtat“	92 %
Einschätzung älterer Menschen:	mit Respekt	72 %
	Erfahrungsschatz	32 %
	Ballast für die Gesellschaft	2 %
Unterstützung in Krankheitsfällen	ausreichend	46 %
	sehr gut	52 %
Leistungsanforderungen in den Schulen:	angemessen	98 %
Disziplin in den Schulen:	angemessen	92 %
Einfluß des Einkommens der Eltern auf Förderungschancen in den Schulen:		10 %

Einfluß von Begabung und Leistung der Schüler:		90 %
Rollenverteilung Mann und Frau	gleichrangig	94 %
	… die Frau habe sich unterzuordnen	46 %
Soziale Werte:	Pflichterfüllung	90 %
	Kameradschaft	75 %
	persönliche Disziplin	65 %
	Treue	61 %
	Freundlichkeit und Hilfsbereitschaft	56 %
	persönliche Ehre, Tapferkeit und Mut	54 %
Bewertung des Zwei-Frontenkrieges seit dem 22. Juni 1941:	mit Besorgnis	66 %
	mit Niedergeschlagenheit	35 %
Einschätzung der alliierten Forderung nach bedingungsloser Kapitulation:	Verhinderung eines vorzeitigen Kriegsendes	78 %
Angst vor Rache der Sieger nach dem Ende des Krieges:	Ja	4 %

Widerstand des Auslandes. Im Gegenteil: England schloss ein Flottenabkommen mit ihm, Italien ein Freundschaftsabkommen. Frankreich das Münchner Abkommen, der Vatikan einen Konkordatsvertrag, die Sowjetunion einen Nichtangriffspakt. Und zu den Olympischen Spielen kamen auch noch fröhliche Amerikaner angereist."

Die deutschen Arbeiter hatte Hitler vor dem Kriege nicht durch seinen biologischen Antisemitismus, sondern durch das unter seiner Regie zustande gebrachte Wirtschaftswunder für sich und seine „Arbeiterpartei" gewonnen, während er das patriotische Großbürgertum durch seine außenpolitischen Erfolge hinter sich brachte.

Sowenig Goldhagens Publikation „Hitlers willige Vollstrecker" von 1996 als Widerspiegelung der Geschichte, wie sie wirklich gewesen ist, gelten kann, sowenig kann auch sein 2002 erschienenes Buch „Die katholische Kirche und der Holocaust"[11] dies für sich in Anspruch nehmen. Goldhagen, der sich vor allem auf Dar-

[11] Goldhagen, Daniel, Die katholische Kirche und der Holocaust. Eine Untersuchung über Schuld und Sühne, Berlin 2002.

stellungen anderer Autoren stützt, Primärquellen offensichtlich kaum kennt und längst bekannte Details als neue Erkenntnisse plakatiert, geht es auch darin um pure Effekthascherei, wobei er durch eindeutige Behauptungen glaubt den Anschein erwecken zu können, Geschichte authentisch dargestellt zu haben. Seine Publikation ist kein historisch-politisches Buch, sondern so etwas wie ein Tribunal, das über theologische und religionsgeschichtliche Fragen richtet, die er so auslegt, daß sie sich fugen- und komplikationslos in sein Klischee einfügen lassen. So gelingt es ihm, dem historisch nicht gebildeten Leser vorzugaukeln, daß sich nicht nur die römisch-katholische Kirche, sondern das Christentum insgesamt, seit 2000 Jahren grundlos und frevelhaft an den Juden vergangen habe, nachdem das Judentum durch gefälschte Schriften, wozu nach seiner Auffassung auch das „450 antijüdische Auslassungen" enthaltende „Neue Testament" gehörte, das er – neben der Liturgie der katholischen Kirche – von anstößigen Passagen gesäubert sehen möchte[12], entstellt dargestellt worden sei. Historische Facetten, Kriterien und eindeutige Sachverhalte, die nicht in sein vorgefaßtes Bild passen, ignoriert er konsequent. Das Buch, das keinen angemessenen Dialog zwischen Juden und Christen stiftet, sondern nahezu alle Voraussetzungen dazu zerstört, stellt sich als Versuch dar, der jüdischen Religion zu attestieren, der christlichen Religion, die aus den gleichen Quellen stammt, hinsichtlich der Moral und Ethik überlegen zu sein. Andere Religionen und ihre Eigentümlichkeiten und Kulturen liegen außerhalb der Perspektive Goldhagens, dessen Vorstellungen von dem Trugbild geprägt sind, daß der Antisemitismus ein Teil der Ur-Lehre des Katholizismus sei. Wie sein Buch „Hitlers willige Vollstrecker", so wird auch dieses Zeitabläufe, Ursachen und Folgen vertauschende und jeder seriösen Geschichtsforschung Hohn sprechende Buch infolge der schier beispiellos unrichtig dargestellten Geschichte wie ein Strohfeuer ohne positive Wirkung enden.

Dem Goldhagen-Kritiker Norman Finkelstein erscheint die weithin übereinstimmend als verbindlich akzeptierte Definition des Holocaust als „einzigartig", „beispiellos", „nicht übertragbar" und als „nicht vergleichbar", als eine unwissenschaftliche Argumentation und Interpretation. Er meint, in den „Thesen" „ab einem bestimmten Punkt eine umgekehrte Form des Chauvinismus"[13], einen „puren Chauvinismus" erblicken zu müssen.[14] Wer diese Ansichten aus seinen Holocaust-Darstellungen ausklammere, spräche nach seiner Auffassung nicht mehr von Geschichte, sondern redete „über Religion … oder ethnischen Chauvinismus".[15] In einem Interview erklärte er im Februar 2001: „Mein Anliegen ist, daß

[12] Zu Goldhagens Reformforderungen (nicht Vorschlägen) gehörten unter anderem: „Duldung anderer Religionen" (S. 339), Beseitigung des Unfehlbarkeitsdogmas (S. 336 f.), Abschaffung oder Überarbeitung der antisemitischen „christlichen Bibel" (S. 351).

[13] Finkelstein, S. 55.

[14] Finkelstein, S. 177. „Mich beschleicht in letzter Zeit das Gefühl", sinnierte Finkelstein, „daß einige dieser politisch korrekten Historiker, die auf der absoluten Einmaligkeit des Nazi-Holocaust insistieren, einer Familie von Philosemiten angehören. Und das ist eine Art von umgekehrtem Chauvinisimus". Finkelstein, S. 178.

[15] Finkelstein, S. 55.

die Integrität der historischen Überlieferung erhalten bleibt, die historische Erinnerung nicht ausgebeutet wird und man an die Deutschen keine anderen moralischen Maßstäbe anlegt als an andere Nationen. Die Amerikaner haben kein Recht, den Deutschen moralische Lehren zu erteilen."[16] „Ich kenne", sagte er, „die Geschichte meines Landes <USA> genug, um zu wissen, daß unsere Verbrechen viele, viele Bände füllen".[17]

Daß Finkelsteins Holocaust-Definition letztlich ebenso wenig mit dem tatsächlichen historischen Sachverhalt gemeinsam hat wie Goldhagens Behauptungen über die Deutschen und das Christentum, bedarf keines weiteren Kommentars.

---

[16] Rheinischer Merkur vom 16. Februar 2001. Vgl. dazu eine Erklärung des UN-Generalsekretärs Kofi Annan vom 31. August 2001 in CNS-News Wire vom 1. September 2001 und in Jerusalem Post vom 11. September 2001.

[17] Rheinischer Merkur vom 16. Februar 2001.

Frevelhafte Respektlosigkeit vor den Opfern: „Benjamin Wilkomirski“ alias Bruno Dössekker

Vor und während der akademischen und literarischen Auseinandersetzungen mit dem Holocaust trieben gewissenlose Abenteurer, Lügner und dreiste Hochstapler ihr Unwesen. Sie wandten sich mit frei erfundenen, Mitleid erregenden Geschichten über angebliche eigene KZ-Erlebnisse an die Öffentlichkeit – und fanden nicht selten zumindest vorübergehend nicht nur offene Ohren, sondern auch gutgläubige Sponsoren, die ihnen Preise verliehen, sie in den Medien herumreichten und ihnen vielfältige Möglichkeiten schufen, sich als „Helden“ präsentieren zu können. Einer der erfolgreichsten Betrüger, um hier wenigstens einen von ihnen anzuführen, war Benjamin Wilkomirski, der 1995 mit seinem Buch „Bruchstücke“[1], das als autobiographisches Werk erschien, weithin Aufsehen erregte und durch respektable Literaturpreise und andere Ehrungen ausgezeichnet wurde. Tatsächlich aber hatte er „nur“ eine leidvolle Story über eine angebliche Horror-Kindheit im KZ fabuliert, obwohl er niemals Häftling eines Konzentrationslagers gewesen ist. Bruno Dössekker, wie der Geschichten-Fälscher tatsächlich hieß, der sich als Jude ausgab, ohne es tatsächlich zu sein, war darüber hinaus auch nicht nur niemals Insasse im KZ Birkenau gewesen und auch nicht in Polen, sondern in der Schweiz aufgewachsen, was nach mehreren Auftritten in Schulen und Universitäten bekannt wurde. Nach seiner Entlarvung als Fälscher und Lügner, sah sich Carol Brown Janneway, die Übersetzerin und Herausgeberin seines Buches, dazu genötigt, sich zu dem Lügengespinst zu äußern, was ebenfalls auf eine Weise geschah, die nicht nur als peinlich, sondern hinsichtlich ihrer Behauptung, daß „keine nachprüfbaren Tatsachen“ zur Verfügung stünden, auch als Fälschungsunterstützung zu bewerten war. „Falls sich die Anschuldigungen als zutreffend herausstellen“, erklärte sie, „dann stehen keine nachprüfbaren … Tatsachen zur Debatte, sondern es sind spirituelle Tatsachen zu bewerten. Man müßte die Seele überprüfen, und das ist unmöglich.“[2] Der während einer als „Wilkomirski-Syndrom“ angekündigten Diskussion im Potsdamer Moses-Mendelssohn Zentrum im Mai 2001[3] verfochtenen These, daß er, Wilkomirski-Dössekker, den Norman Finkelstein als „halb Spinner halb Scharlatan[4]“ bezeichnete, keinen systematischen Betrug begangen, sondern lediglich eine langwierige traumatische Einbildungsgeschichte veröffentlicht habe, die sich – nach einer angeblichen Lektüre von 2.000 Büchern über den Holocaust – als Folge eines vorausgegangenen Identitätswandels erwiese wurde dort nicht wi-

---

[1] Wilkomirski, Benjamin, Bruchstücke, Frankfurt/M. 1995.

[2] Vgl. FAZ vom 29. Mai 2001.

[3] Lappin, Elena, The Man with Two Heads, in: Granta Nr. 66.

[4] Finkelstein, Norman, Die Holocaust-Industrie. Wie das Leiden der Juden ausgebeutet wird, München und Zürich, 2001, S. 67.

dersprochen. Er, den namhafte US-Universitäten und das United States Holocaust-Museum Memorial durch Einladungen geehrt hatten, konnte die Veranstaltung letztlich schadlos als Verteidigung für seinen Betrug buchen. Er habe, so wurde ihm attestiert, ein weltweites Mitgefühl für die Opfer des Holocaust mobilisiert und keinerlei authentische Holocaust-Berichte diskreditiert. Daß Wilkomirski in grotesker Weise vor laufenden Kameras frei erfundene Szenen schilderte und behauptete, an einer von ihm „identifizierten" Stelle vermeintlichen „jüdischen Verwandten" in die Arme gelaufen zu sein, und in theatralischem Leidensgebaren und kitschig pseudoreligiösem Getue agierte, machte ihn nur lächerlich. Kritikern erschien er zwar als notorischer und kranker Geschichtenerzähler, jedoch nicht als strafwürdiger Fälscher und Betrüger. Allgemein wurde ihm zugebilligt, von seinem Holocaust-Trauma so durchdrungen zu sein, daß er nicht nur selbst fest daran glaube, sondern auch andere davon zu überzeugen in der Lage sei, wie es beispielsweise bei dem 1912 verstorbenen Abenteuerschriftsteller Karl May der Fall gewesen ist, in dessen Büchern während der NS-Zeit und in der DDR überdies auch 11.000 Stellen „ideologiegerecht" umgeschrieben wurden.[5]

Die aufwendig gestalteten Mahnstätten wie die Villa am Wannsee, Stätte der einstigen Wannsee-Konferenz, Yad Vaschem, United States Holocaust Memorial oder das Museum Auschwitz-Birkenau im Berliner Kronprinzenpalais mit ihren Dokumentenausstellungen, Installationen und leblosen Stellen, wie sie das Berliner Holocaust-Mahnmal aufweist, haben die in sie gesetzten Erwartungen nicht ausreichend erfüllt. Sie haben nicht vermocht, die Erinnerung an den Holocaust wachzuhalten, ein angemessenes Gegenwarts- und Zukunftsbewußtsein zu initiieren und einen Dialog zwischen den Toten und den Lebenden zu stiften.

In Auschwitz wurden am 22. April 2002 innerhalb der 100-Meter-Schutzzone, unmittelbar neben dem einstigen Vernichtungslager mit Erlaubnis des polnischen Provinz-Gouverneurs ein Einkaufszentrum, ein Parkplatz, eine Buchhandlung, eine Apotheke und ein Schnellimbiß eröffnet.[6]

Ohne die Pflege einer spezifischen Literaturgattung muß die bewußte Beziehung zur Vergangenheit zunehmend verblassen. Wie Geschichte ohne differenzierte Biographien ihrer Exponenten nicht wirklich nachvollzieh- und erklärbar bleibt, so verhält es sich auch hinsichtlich der Erinnerung an den Holocaust. Das konkret dargestellte Schicksal beispielsweise der zum Katholizismus konvertierten Nonne Edith Stein, des deutsch-jüdischen Mädchens Anne Frank oder der 1918 in Polen geborenen Mala Zimetbaum[7], bewirkt mit einiger Sicherheit mehr als ungezählte Stelen und leblose Mahnmale.

---

5 Vgl. den Bild-Bericht „Winnetou von Nazis und SED gefälscht" vom 19. März 2001.

6 Vgl. Mannheimer Morgen vom 22. April 2002.

7 Zu Mala Zimetbaum vgl. Sichelschmidt, Lorenz, Ein Leben und eine Liebe in Auschwitz, Bremen 1995.

„Die Deutschen", sagte der 1929 geborene ungarisch-jüdische Schriftsteller Imre Kertész, der Auschwitz überlebte, „wollen mit einem Mahnmal den Holocaust unvergeßlich machen … Für mich ist das überflüssig … Die öffentlichen Festtage, Reden, die öffentlichen Mahnmale, finde ich institutionalisiert"[8].

Auschwitz, Anne Frank, Edith Stein und das Bild dieses 1935 geborenen Jungen namens Issy Rondel, hier 1941 vor Soldaten der SS in Warschau, symbolisieren seit jeher die „Endlösung der Judenfrage", die Shoah – oder den „Holocaust". Obwohl Issy Rondel 37 Jahre nach dem auf diesem Foto festgehaltenen Vorfall in England öffentlich erklärte, nicht vergast worden zu sein, erscheint sein Bild nach wie vor auf Buchtiteln, in den Medien und im Internet als das eines Holocaust-Opfers, das im Mai 1943 von Warschau aus in ein Vernichtungslager (meist wird Treblinka genannt) transportiert worden sei. Issy Rondel, der 2003 als Vater von vier Kindern wohlbehalten in einer englischen Kleinstadt unweit von London lebt, berichtete im Januar 2003 in einem persönlichen Gespräch, 1978 von Medien beschuldigt worden zu sein, aus seiner Offenbarung und dem Bericht über das tatsächliche Ereignis von 1941, einer für ihn glimpflich verlaufenden Razzia der SS in Warschau, Kapital habe schlagen und sich vor der Weltöffentlichkeit interessant machen zu wollen, was ihn schließlich dazu bewogen habe, seinen Wohnort zu wechseln und künftig zu schweigen.
Foto: Internet, September 2002

[8] Kertész-Interview in der Schwetzinger Zeitung vom 5. Januar 2004.

Guido Knopps Geschichtsdarstellungen nach Oscar Wildes ironischem Rat: „laßt nie Fakten einer guten Story in die Quere kommen“

Auf effektvolle Weise manipuliert die vom Zweiten Deutschen Fernsehen (ZDF) ausgestrahle und vom „Spiegel“ als „Clippschule vom Lerchenberg“ parodierte zeitgeschichtliche Sendereihe die Geschichte, soweit sie mit Hitler zusammenhängt. Alle zwischen 1992 und 1998 gesendeten Themenreihen haben dies belegt: „Bilder, die Geschichte machten“ (1992), „Top-Spione, Verräter im Geheimen Krieg“ (1994), „Hitler – eine Bilanz“ (1995), „Hitlers Helfer“ (erste Staffel 1997: Himmler, Göring, Goebbels, Heß, Speer und Dönitz), „Vatikan – Die Macht der Päpste“ (1997), 1998: zweite Staffel der Reihe „Hitlers Helfer – und Vollstrecker“ (Eichmann, Bormann, Schirach, Mengele), „Unser Jahrhundert – Deutsche Schicksalstage“ (24-teilige Serie ab Mai 1998).

Obwohl sich der Regisseur Guido Knopp als Leiter der ZDF-Redaktion „Zeitgeschichte“ bei der Produktion seiner (eigentlichen Haupt-)Sendung „Hitler – eine Bilanz“ von dem 1943 geborenen und als Chronisten des NS-Regimes ausgewiesenen englischen Historiker Ian Kershaw beraten ließ, der seit 1989 an der Universität Sheffield als Direktor des Historischen Instituts Geschichte lehrt, erwies sich das gesendete Ergebnis als eine Art „Hollywood“-Produkt. Die vornehmlich den Methoden der „Oral-History“ verpflichtete – und bei fehlenden alten Filmen – gelegentlich drehbuchmäßig fantasievoll nachgestellte – Geschichtsdarstellung hat oft nur dem Namen nach etwas mit einem tatsächlichen Nachvollzug der Geschichte zu tun. Hier zunächst drei publizierte Stellungnahmen von Kollegen Knopps: Die „Stuttgarter Zeitung“ vom 22. Dezember 1995 nach einer Sendung, die als „Bilanz“ und „Meilenstein in der Hitler-Interpretation“ angekündigt worden war: „Es gibt keine ‚Bilanz‘ zum Thema Hitler. Vollends nicht im Film, der von der Optik diktiert wird. Kein Mittel der Dramatisierung kann er, Guido Knopp, der verantwortliche Leiter der Sendungen, bei deren Konstruktionen ihm 1998 16 fest angestellte Helfer zur Seite standen, lassen ... damit wird unweigerlich alles erstickt, was einer intensiven Erkundung der Fakten angemessen wäre, damit es nicht einfach bei der bloßen Verdammung bleibt, die so billig zu haben ist.“ Und Frank Schirrmacher, einer der Herausgeber der „Frankfurter Allgemeinen Zeitung“, interpretierte Knopps Stilmittel am 18. April 1998 in der FAZ: „Die neue ZDF-Ästhetik verbindet Goebbels Wochenschauen mit Hollywoodreizen (Musik, Sprecher, Plot), investigativem Journalismus („neue Dokumente“, „erstmals zugängliche Quelle“, „unbekannte Filmaufnahmen“) und der definitorischen und psychologischen Unempfindlichkeit von Seifenopern. Es geht jetzt alles durcheinander, nicht nur Fiktion und Dokumentation, Text oder Musik, sondern auch die Linearität des dokumentarischen Erzählens ... Es sollen die Hersteller dieser Sendungen reden von Marktanteil, Quote, Reichweite und Remidemmi; aber sie sollen schweigen von historischer Aufklärung."

Die „Süddeutsche Zeitung" vom 23. April 1998 rezensierte beispielsweise die Sendereihe „Hitlers Helfer" als unseriös und konstatierte: „Aufgeregt, zerschnipselt, verwirrt. Guido Knopps Reihe ‚Hitlers Helfer' hat mit ernsthafter Zeitgeschichte nichts mehr zu tun ... Ein Video-Clip-Geraschel. Ein Fanal bedingungsloser Anpassung an das Zeitgeist-Gespenst. Erlaubt, weil es der Quote nützt ... Die Helfer-Filme erlauben sich eine nicht dagewesene, üble Gemengelage aus originalen Materialien, virtuell rekonstruierten Schauplätzen und nachgedrehten Handlungsteilen ... Was wir sehen, ist der Untergang eines Genres. Und die Couch-Potatoes? Lachen sich schief über die wirre Anmache und greifen nach einem guten Zeitgeschichtsbuch."

Die vom ZDF zum Nachvollzug authentischer Geschichte stilisierten Zeitgeschichtssendungen unterschieden sich in ihrer Substanz, Qualität und grobschlächtigen Instrumentalisierung der Geschichte durchaus nicht von den Geschichtsmanipulationen der unbelehrbaren Marxismus-Exegeten. Daß sie nicht nur von den 13 Prozent der Fernsehzuschauer, die nach statistischen Angaben nie ein Buch lesen, für bare Münze genommen werden, bestätigt die keineswegs neue Erkenntnis, daß bestimmte Fernsehsendungen nicht den Verstand ansprechen, sondern Emotionen spontan wach werden lassen. Knopps Selbstverteidigung, Sendungen nicht nur für Professoren, sondern auch für den einfachen Mann von der Straße zu produzieren, exemplifiziert angesichts der von ihm geleiteten Produktionen, daß die Maxime Leopold von Rankes, Geschichte so darzustellen, wie sie wirklich gewesen ist, nicht zu seinen Richtlinien gehört. Den Zuschauern wird durch die Gleichsetzung von (sehr oft „modisch" stilisierten) Meinungen und individuellen Erlebnisdeutungen mit tatsächlich Geschichte konstituierenden Details und Zusammenhängen weithin der Boden entzogen, auf dem ein normales Verhältnis zur Geschichte gedeihen kann. Daß die deutsche Historie in einer nicht so fernen Phase durch ungeheuerliche Hypotheken belastet wurde, bietet keinen zwingenden Anlaß, sie weiterhin noch mehr zu verdrehen. Mit einer extrem emotionalisiert und personalisiert agierenden „Geschichtsaufklärung", die zudem auf eine angemessene Einbettung der deutschen Geschichte der Weimarer Republik und des NS-Regimes in den europäischen Kontext verzichtet, wird das Gegenteil von dem erreicht, was eigentlich bewirkt werden soll. Wo Nuancen zu Ausnahmen gehören, historische Vorgänge und Figuren effektvoll dramatisiert und instrumentalisiert werden, kann kritisches Bewußtsein nicht gefördert werden. Oscar Wildes Rat an seine Kollegen, „laßt nie Fakten einer guten Story in die Quere kommen", könnte auf die Methoden Knopps gemünzt sein, der durch seine permanente Öffentlichkeitswirksamkeit über das Fernsehen selbst in die Fachwissenschaft hineinwirkt, sie in ihrem verantwortungsvoll fachgerechten Nachvollzug der Geschichte behindert und ihr damit überflüssige Probleme bereitet.

Der Umstand, daß die von geschichtsfremden Laien akzeptierte derbe Geschichtsverdrehung von einer „staatlich-rechtlichen“ Institution als authentische deutsche Zeitgeschichte[1] auch ausländischen Sendern angedient[2] – und durch diverse Preise ausgezeichnet wird, scheint die Auffassung zu bestätigen, daß die Akzeptanz der „Darbietungen“ für die Erinnerungsschmelze im historischen Bewußtsein der Deutschen symptomatisch ist, deren Blick vornehmlich auf das aus der Nationalgeschichte ausgeklammerte NS-Regime gelenkt wird, die indes nur einen Bruchteil der deutschen Geschichte ausmacht. Zwar gab es bislang unter den Auszeichnungen keine einzige, die als Anerkennung einer wissenschaftlichen Leistung definiert werden könnte, doch die Show-Preise[3] garantierten Zuschauer-Quoten. Stolz wies das ZDF beispielsweise 1998 darauf hin, daß 7,5 Millionen Zuschauer den Film „Hitlers Helfer“ gesehen hätten.[4]

Der häufig kolportierte pauschale Vorwurf, daß der 1948 in Treysa geborene Guido Knopp wie ein „Blinder über Farben“ rede, weil er von der Geschichte kaum eine Ahnung habe, verkennt indes die Tatsachen. Knopp, 1975 von der Philosophischen Fakultät der Universität Würzburg mit einer Dissertation über die SPD und USPD zum Dr. phil. promoviert, bewies beispielsweise im Rahmen der im Juli 1978 von ihm als ZDF-Redakteur initiierten „Aschaffenburger Gespräche“ durch ausgewogene Urteile, daß die Zeitgeschichte – und vor allem Hitler und das NS-Regime – für ihn nicht unbedingt „unbekanntes Land“ seien. Doch Knopp, der den historischen Diskurs zwar bemerkenswert gut beherrscht, enthält sich bei der Darstellung Hitlers und der Interpretation des NS-Regimes kontinuierlich der sprachlichen Steigerungstufe und der Bilanz der Forschung, verwendet traditionelle Begriffe, ohne ihre unterschiedlichen Phänomene zu differenzieren, bedient sich des seit Jahrzehnten unveränderten Grundmusters der „Belehrung“ und multipliziert stereotyp ein dem sachgerechten Nachvollzug der Geschichte nicht angemessenes schlichtes Denkmodell mit gravierenden Fehlern. Nur in seinen ZDF-Filmen (November 2001) „Die große Flucht“ hielt er sich weitgehend an historische Tatsachen.

Über welchen wissenschaftlich fundierten Kenntnisstand Knopp über Hitler selbst verfügt, deuten die von ihm geleiteten Fernseh-Sendungen und die von ihm als Ergebnisse eigener Forschungen plakatierten Kommentare über Hitler und das NS-Regime an.

---

1 Zwar existiert bislang weder national noch international eine übereinstimmende Periodisierung für „Zeitgeschichte“, doch ist die vom ZDF gewählte Festlegung auf die Zeit von 1932–1945 absurd. In Deutschland wird der Beginn der Zeitgeschichte üblicherweise mit dem Eintritt der USA in den Ersten Weltkrieg, in Frankreich mit dem Beginn der Französischen Revolution (1789) und in Rußland mit dem Beginn der Revolution (1917) angesetzt. In der DDR galt das Ende des Zweiten Weltkrieges als ihr Beginn.

2 Die Reihe „Hitlers Helfer“ wurde beispielsweise an 42 ausländische Sender verkauft.

3 Das silberne Kabel (1996), Deutscher Fernsehpreis Goldener Löwe (1997), Bayerischer Filmpreis (1997), Österreichischer Fernsehpreis ROMY (1998), Goldene Kamera (2004).

4 Schriftliche Mitteilung des ZDF: 13-NDU-1998 11:01 ZDF Arte-Chefredaktion.

Seine gewöhnlich theaterhaft inszenierten TV-Serien und deren Wiederholungen in Büchern sind verwaschene Singularität, die auf gefilterten Teilergebnissen der (nur äußerst selten dargelegten) Fachliteratur basieren, von oft nicht zu verantwortenden Oral-History-Ergebnissen gespeist werden und nicht von Interesse für die Wissenschaft sein können. Exemplarisch zeigten dies beispielsweise Knopps Kommentare zu der vom US-Geheimdienst FBI (ursprünglich OSS) über Hitler von 1942 zusammengestellten Akte „Adolph Hitler“, die zum Großteil Erzählungen aus dritter und vierter Hand enthalten, in mancher Hinsicht noch nicht einmal den Kenntnisstand des Hitler-Biographen Konrad Heiden von vor fast 70 Jahren widerspiegeln. Daß US-Präsident Bill Clinton die Akte vor seinem Abschied aus dem „Weißen Haus“ zur allgemeinen Kenntnisnahme freigab[5], bedeutete angesichts ihrer Behandlung von Trivialitäten und zum Teil bestürzend falschen und längst korrigierten Fakten und Facetten schon zur Zeit ihrer Zusammenstellung, daß er sie für das hielt, was sie in vieler Hinsicht seit jeher war: Makulatur! Daß die ‚Bild‘-Zeitung diese Akte am 8. Januar 2002[6] zu einer Grundlage für den „Sieg der USA über die Nazis“ hochstilisierte und sie vom Journalisten Guido Knopp kommentieren ließ, paßte ins Bild.

Für Knopp, der nicht der Geschichte, sondern dem Zeitgeist Tribut zollt, war Hitler „nur ein Psychopath“, der sein „Selbstvertrauen“ als Junge verloren hatte und ihm „als Mann … hinterher“-lief[7]. Klassenfotos aus den Schulen von Linz und Steyr, Berichte einstiger Mitschüler und sein Jugendfreund August Kubizek bezeugten für die Jugendzeit durchweg und übereinstimmend das extreme Gegenteil. Hitler selbst, der den Aspekt, soweit er seine Zeit „als Junge“ betraf, in „Mein Kampf“ mit der Feststellung beschrieb, daß er ein „kleiner Rädelsführer“ gewesen sei und seine Kindheit mit dem Passus umschrieb, „Wenn mir heute durch meine politischen Gegner … mein Leben durchgeprüft wird bis in die Zeit meiner … Jugend, um endlich mit Erleichterung feststellen zu können, welche unerträglichen Streiche dieser ‚Hitler‘ – schon in seiner Jugend verübt hat“[8], bestätigte die entsprechenden Zeugenberichte. Stets – bis zum letzten Tag seines Lebens – hat er seine Umgebung selbstbewußt und souverän beherrscht, gleichgültig ob es sich dabei um Schulkameraden, Mitarbeiter, Minister, Militärs aller Ränge oder Professoren handelte. Hjalmar Schacht, während des Nürnberger Prozesses vom US-Psychologen Gustav M. Gilbert mit einem ungewöhnlich hohen Intelligenzquotienten von 143 IQ bewertet, erklärte beispielsweise: Hitler hat „unendlich viel gelesen, hat sich ein großes Wissen angeeignet und jonglierte mit diesen Kenntnissen in einer virtuosen Weise in allen Debatten und Vorträgen. Er war zweifellos ein genialer Mensch in gewisser Beziehung … Er war ein Mas-

---

[5] Vgl. Heiden, Konrad, Adolf Hitler, 2 Bde., Zürich 1936, und Heiden, Geburt des Dritten Reiches, 2. Aufl., Zürich 1934.

[6] Vgl. S. 407 ff.

[7] Bild-Zeitung, 9. Januar 2002.

[8] Hitler, Mein Kampf, S. 3 und S. 6.

Eine Seite aus Hitlers frühem Entwurf einer „Monumentalen Menschheitsgeschichte“

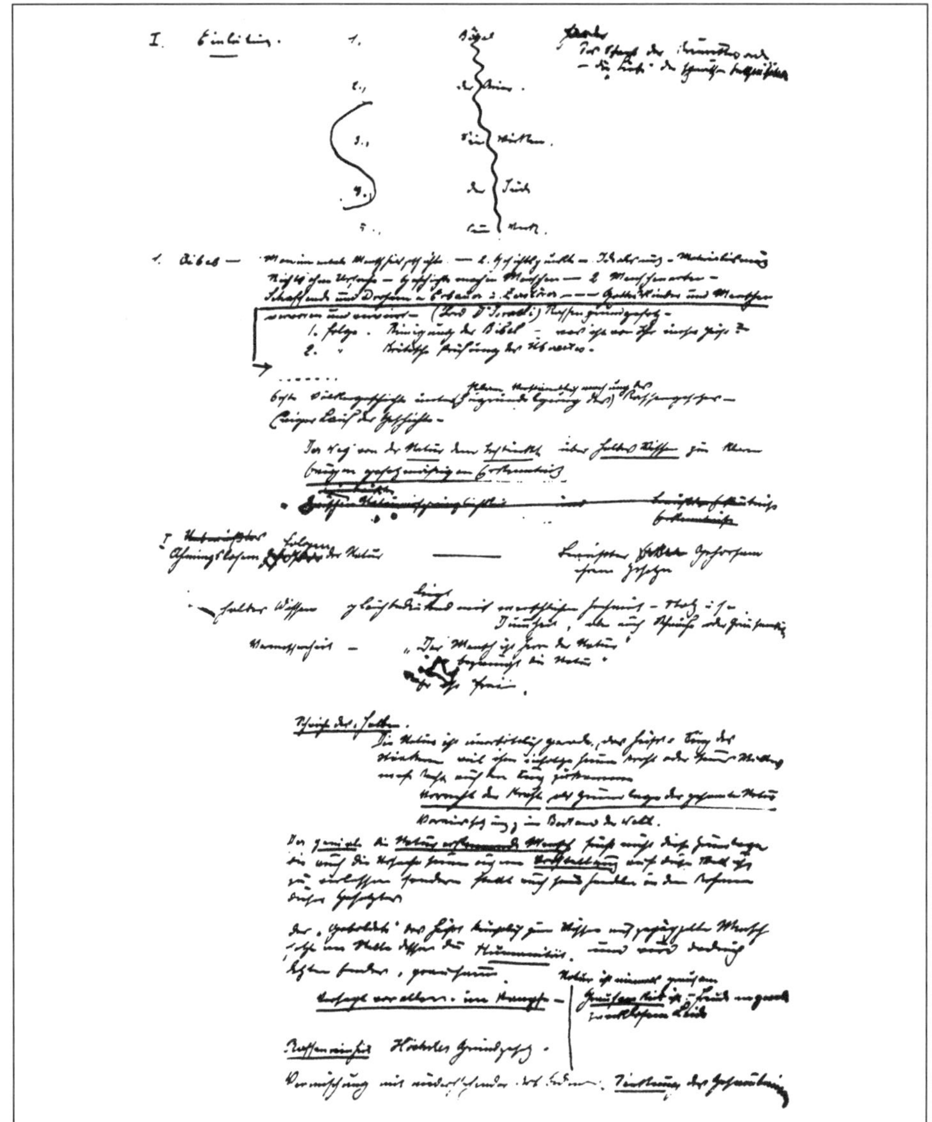

Vgl. hierzu Maser, Hitlers Briefe und Notizen, S. 292 f. Wie viele „Weltverbesserer“ vor und nach ihm, so war auch Hitler überzeugt, entdeckt und begriffen zu haben, was Historiker und Philosophen seit Jahrtausenden zu ergründen versuchen: den „ewigen Ablauf der Geschichte“. Da er sich früh schon für ein – vor allem – politisches Genie hielt, andere Menschen nur als „Mittel zum Zweck“ ansah und glaubte, bereits als kaum 25-Jähriger Autodidakt den Schleier der Geschichte gelüftet und den endgültigen geistigen Standort gefunden zu haben, war sein Entwurf für eine „Monumentale Menschheitsgeschichte“, den er zu Beginn seiner politischen Laufbahn skizzierte, von außerordentlicher Bedeutung.

Übertragung des oberen Teils

I. Einleitung

1. Bibel
2. Der Arier
3. Sein Wirken
4. Der Jude
5. Sein Werk

– 3 unleserliche Zeilen (der Verf.) –

1. Bibel – Monumentale Menschheitsgeschichte – 2. Gesichtspunkte – Idealismus – Materialismus

Nichts ohne Ursache – Geschichte machen Menschen – 2 Menschenarten
Schaffende und Drohnen – Erbauer u. Zerstörer – – – Gotteskinder und Menschen
verworren und verwirrt – (Lord Disraeli) Rassengrundgesetz –
1. Folge. Reinigung der Bibel – was ist von Ihr unser Geist?
2. Folge Kritische Prüfung des Überrestes –

.... klarer Verständlichmachung des
Erste Völkergeschichte unter (Zugrundelegung des) Rassengesetzes
–
Ewiger Lauf der Geschichte –
Der Weg von der Natur dem Instinkt über halbes Wissen zu klarem bringen gesetzmäßiger Erkenntnis

(hier folgen drei durchgestrichene Zeilen)

I. Unbewußtes (durchgestrichen)
Folgen
Ahnungslosem (durchgestrichen) der Natur – Bewußter (durchgestrichen)
Gehorsam
ihrem Gesetze

liegt
Halbes Wissen gleichbedeutend mit menschlichem Hochmut – Stolz usw.
Dummheit, aber auch Schwäche oder
Grausamkeit,
Vermessenheit – „Der Mensch ist Herr der Natur"
„Er bezwingt die Natur"
Er ist frei.

senpsychologe von geradezu diabolischer Qualität … Er war ein Mann von einer unbeugsamen Energie, von einem Willen, der alle Widerstände über den Haufen rannte."[9] Ähnlich das Urteil Hermann Görings, der in Nürnberg sagte: „Bei der dynamischen Persönlichkeit des Führers war unerwünschter Rat gar nicht angebracht." Er tat „dort die Vorschläge und die Beratungen kurz ab, wo er selbst schon seine Entschlüsse gefaßt hatte" oder „den Beratenden nicht zu jenem Einfluß oder zu jener einflußreichen Position … kommen lassen wollte."[10] Karl Dönitz, von Gilbert mit dem gleichen Intelligenzquotienten (138) wie Göring eingestuft, äußerte: Hitler war „eine gewaltige Persönlichkeit … mit einer außerordentlichen Intelligenz und Tatkraft, mit einer geradezu universalen Bildung und einem kraftausströmenden Wesen und mit einer ungeheuer suggestiven Kraft."[11] Und Generaloberst Alfred Jodl, der einstige Chef des Wehrmachtführungsstabes, der während des Krieges ständig in Hitlers Nähe war, urteilte über Hitler: Er „war eine Führerpersönlichkeit von ungewöhnlichem Ausmaß … sein Wille triumphierte letzten Endes bei jeder geistigen Auseinandersetzung gegenüber jedermann."[12] Entsprechend äußerten sich Joachim von Ribbentrop[13], Hans Frank[14], Generalfeldmarschall Wilhelm Keitel[15], Konstantin von Neurath[16] und Walter Funk.[17]

In der „Zwischenzeit", der Zeit seiner Jugend und der Übernahme der Kanzlerschaft und deren Folgen, war sein Selbstbewußtsein ebenfalls eine der wesentlichsten Grundlagen für seine Karriere. Im September 1919 wurde er in die Partei aufgenommen. Seit Juli 1921 war er bereits ihr diktatorisch agierender Führer, was er bis zu seinem Selbstmord blieb.

Wie Guido Knopps absolut falsche Behauptung nach diesen Urteilen zu bewerten ist, bedarf an dieser Stelle sicherlich keines weiteren Kommentars.

Daß Hitler sehr viel gelesen hat, und gleichwohl nichts in sich aufnahm, „was nicht in sein Weltbild paßte", ist spätestens seit 1925/26 bekannt, seit Hitler dies selbst in „Mein Kampf" wahrheitsgetreu dargestellt hat. „Ich kenne Menschen", schrieb er, die „unendlich viel ‚lesen', und zwar Buch für Buch, Buchstaben um Buchstaben, und die ich doch nicht als ‚belesen' bezeichnen möchte. Sie besitzen freilich eine Unmenge von ‚Wissen', allein ihr Gehirn versteht nicht, eine Einteilung und Registratur dieses in sich aufgenommenen Materials durchzuführen. Es fehlt ihnen die Kunst, im Buche das für sie Wertvolle vom Wertlosen zu sondern, das eine dann im Kopfe zu behalten für immer, das andere, wenn

---

9 Maser, Nürnberg, S. 597 und IMT, Bd. XII, S. 492.
10 Ebenda, S. 598, IMT, Bd. IX, S. 413.
11 Ebenda, S. 599, IMT, Bd. XIII, S. 334.
12 Ebenda, S. 601, IMT, Bd. XV, S. 333.
13 Ebenda, S. 600, IMT, Bd. X, S. 257.
14 Ebenda, S. 599, IMT, Bd. XII, S. 20.
15 Ebenda, S. 599 f., IMT, Bd. X, S. 671 f.
16 Ebenda, S. 601 f., IMT, Bd. XVII, S. 107.
17 Ebenda, S. 602, IMT, Bd. XIII, S. 94.

Aufruf der Kulturschaffenden

Berlin, 17. August.

Die unterzeichneten Persönlichkeiten richten folgenden Aufruf an die Öffentlichkeit:

Volksgenossen, Freunde!

Wir haben einen der Größten deutscher Geschichte zu Grabe geleitet. An seinem Sarge sprach der junge Führer des Reiches für uns alle und legte Bekenntnis ab für sich und den Zukunftswillen der Nation.

Wort und Leben setzte er zum Pfand für die Wiederaufrichtung unseres Volkes, das in Einheit und Ehre leben und Bürge des Friedens sein will, der die Völker verbindet. Wir glauben an diesen Führer, der unsern heißen Wunsch nach Eintracht erfüllt hat.

Zwei Wochen nach Hindenburgs Tod hatten namhafte Exponenten des deutschen Kulturlebens die Deutschen in der Presse aufgerufen, am 19. August 1934 bei der Volksabstimmung über das „Gesetz über das Staatsoberhaupt“ für die Vereinigung der Ämter des Reichskanzlers und des Reichspräsidenten zu stimmen.

Unterzeichnet hatten den Aufruf unter anderem: Wilhelm Furtwängler, Erich Heckel, Georg Kolbe, Emil Nolde und Richard Strauß. Und auch der Bildhauer Ernst Barlach und der Architekt Mies van der Rohe, die der Akademie der Künste zu Hindenburgs Lebzeit von sich aus den Rücken gekehrt hatten, um dem Ausschluß zuvorzukommen, biederten sich Hitler nach Hindenburgs Tod an. Auch sie hatten den Aufruf unterzeichnet.

BERTOLT BRECHT Berlin, 17. Juni 1953

Werter Genosse Ulbricht,

die Geschichte wird der revolutionären Ungeduld der Sozialistischen Einheitspartei Deutschlands ihren Respekt zollen.

Die grosse Aussprache mit den Massen über das Tempo des sozialistischen Aufbaus wird zu einer Sichtung und zu einer Sicherung der sozialistischen Errungenschaften führen.

Es ist mir ein Bedürfnis, Ihnen in diesem Augenblick meine Verbundenheit mit der Sozialistischen Einheitspartei Deutschlands auszudrücken.

Ihr

bertolt brecht

BERLIN-WEISSENSEE, BERLINER ALLEE 190, FERNRUF 560393 BANK: BERLINER STADTKONTOR 20/94134
BERLIN NW 7, LUISENSTRASSE 18, FERNRUF 421968 (BERLINER ENSEMBLE)

Bundesarchiv Berlin (SAPMO) Ny 4182/1387, Bl. 14.

Bertolt Brecht, der aus Deutschland emigrierte und 1935 ausgebürgerte Lyriker, Dramatiker und Autor didaktischer Prosa, der als Emigrant in seinem 1941 in Finnland verfaßten Parabelstück „Der unaufhaltsame Aufstieg des Arturo Ui" (Berlin 1973) den Diktator Hitler als „Gangsterchef" Ui lächerlich zu machen versucht hatte, befand sich 1934 nicht unter denen, die sich Hitler anbiederten. Er tat es 9 Jahre später beim SED-Diktator Walter Ulbricht während des Volksaufstandes vom 17. Juni 1953 in der DDR. Daß er allerdings, wie eilfertige westliche Medien verbreiteten, den SED-Machthabern empfohlen habe, sich ein „anderes Volk" zu suchen, deckte sich nicht mit den Tatsachen.

möglich, gar nicht zu sehen, auf jeden Fall aber nicht als zwecklosen Ballast mitzuschleppen. Auch das Lesen ist ja nicht Selbstzweck, sondern Mittel zu einem solchen. Es soll in erster Linie mithelfen, den Rahmen zu füllen, den Veranlagung und Befähigung jedem ziehen; mithin soll es Werkzeug und Baustoffe liefern, die der einzelne in seinem Lebensberuf nötig hat, ganz gleich, ob dieser nur dem primitiven Broterwerb dient oder die Befriedigung einer höheren Bestimmung darstellt; in zweiter Linie aber soll es ein allgemeines Weltbild vermitteln. In beiden Fällen ist es aber nötig, daß der Inhalt des jeweilig Gelesenen nicht in der Reihenfolge des Buches oder gar der Bücherfolge dem Gedächtnis zur Aufbewahrung übergeben wird, sondern als Mosaiksteinchen in dem allgemeinen Weltbilde seinen Platz an der ihm zukommenden Stelle erhält und so eben mithilft, dieses Bild im Kopfe des Lesers zu formen. Im anderen Falle entsteht ein wirres Durcheinander von eingelerntem Zeug, das ebenso wertlos ist, wie es andererseits den unglücklichen Besitzer eingebildet macht.“[18]

Nach Knopp liebte Hitler (absurder kann eine Behauptung kaum sein) Hunde und Kinder nur, weil sie „nicht widersprachen“[19], da ihm die Fähigkeit zum „konstruktiven Dialog“ gefehlt habe.[20]

Paul Schmidt, der 1899 in Berlin geborene Dolmetscher, der seit 1934 zunächst im Auswärtigen Amt tätig war und danach Hitlers Chefdolmetscher wurde, berichtete in seinen 1964 erschienenen, besonders kritisch orientierten Memoiren[21] über seine erste Zusammenkunft mit Hitler und dessen Dialogfähigkeit: „Vielleicht hatte ich einen tobenden Demagogen erwartet, wie ich ihn vom Rundfunk her kannte und wie er mir in seinen rücksichtslosen Maßnahmen oder auch in den starknackigen, dickbäuchigen Typen seiner Anhänger entgegengetreten war, die ich im braunen Hemd und Reithose auf den Straßen Berlins ‚in Aktion‘ gesehen hatte. Ich empfand ihn <Hitler, der Verf.> an jenem Morgen und während der ganzen Verhandlungen mit den Engländern als einen Mann, der mit Geschick und Intelligenz unter voller Wahrung der Formen, wie ich sie für solche politische Gespräche gewohnt war, seinen Standpunkt so vertrat, als habe er jahrelang nichts weiter getan, als derartige Unterhaltungen geführt.“[22]

Winston Churchill, der keineswegs verdächtigt werden konnte, ein Anhänger oder gar Bewunderer Hitlers zu sein, bezeichnete Hitler am 7. November 1938 öffentlich nicht nur als einen „großen Mann“, sondern auch als einen Staatsmann, wie Großbritannien ihn nach einem verlorenen Kriege brauchen würde, um es in die „rechtmäßige Stellung“ in die „Gemeinschaft der Völker“ zurück-

---

[18] Hitler, S. 36 f. Zur Frage, was Hitler las, vgl. Maser, Hitler. S. 178 ff. und Percy Ernst Schramm in: Picker, Tischgespräche, Stuttgart 1963, S. 68 ff.

[19] Bild-Zeitung, 9. Januar 2002.

[20] Ebenda.

[21] Schmidt, Paul, Statist auf diplomatischer Bühne, Frankfurt/M. und Bonn 1964.

[22] Ebenda, S. 295. Vgl. dazu u.a. auch Hitlers Verhandlungen mit dem französischen Ministerpräsidenten Laval (Schmidt, S. 564).

Winston Churchill in der Londoner „Times" vom 7. November 1938

MR. CHURCHILL'S REPLY

AGGRESSION UNDREAMT OF

Mr. Winston Churchill last night issued the following statement in reply to Herr Hitler's criticism of him in his speech at Weimar yesterday: —

I am surprised that the head of a great State should set himself to attack British members of Parliament who hold no official position and who are not even the leaders of parties. Such action on his part can only enhance any influence they may have, because their fellow-countrymen have long been able to form their own opinion about them and really do not need foreign guidance.

Herr Hitler is quite mistaken in supposing that Mr. Eden, Mr. Duff Cooper, myself, and leaders of the Liberal and Labour Parties are warmongers. Not one of us has ever dreamed of an act of aggression against Germany. We are, however, concerned to make sure that our own country is properly defended, so that we can be safe and free and also help others to whom we are bound.

Herr Hitler ought to understand this mood and respect it. I have always said that if Great Britain were defeated in war I hoped we should find a Hitler to lead us back to our rightful position among the nations. I am sorry, however, that he has not been mellowed by the great success that has attended him. The whole world would rejoice to see the Hitler of peace and tolerance, and nothing would adorn his name in world history so much as acts of magnanimity and of mercy and of pity to the forlorn and friendless, to the weak and poor.

SOME GOOD ADVICE

Since he has been good enough to give me his advice I venture to return the compliment. Herr Hitler also showed himself unduly sensitive about suggestions that there may be other opinions in Germany besides his own. It would be indeed astonishing if, among 80,000,000 of people so varying in origin, creed, interest, and condition, there should be only one pattern of thought. It would not be natural; it is incredible. That he has the power, and, alas! the will, to suppress all inconvenient opinions is no doubt true. It would be much wiser to relax a little, and not try to frighten people out of their wits for expressing honest doubt and divergences.

He is mistaken in thinking that I do not see Germans of the Nazi régime when they come to this country. On the contrary, only this year I have seen, at their request, Herr Bohle, Herr Henlein, and the Gauleiter of Danzig, and they all know that, in common with most English men and women, I should like nothing better than to see a great, happy, peaceful Germany in the vanguard of Europe.

Let this great man search his own heart and conscience before he accuses anyone of being a warmonger. The whole peoples of the British Empire and the French Republic earnestly desire to dwell in peace side by side with the German nation. But they are also resolved to put themselves in a position to defend their rights and long-established civilizations. They do not mean to be in anybody's power. If Herr Hitler's eye falls upon these words I trust he will accept them in the spirit of candour in which they are uttered.

Übersetzung des Churchill-Textes von Seiten 396 und 397:

Unvorhergesehener Angriff

Mr. Winston Churchill gab in der letzten Nacht die folgende Erklärung in Beantwortung von Herrn Hitlers Kritik an ihm in seiner Rede gestern in Weimar:

Ich bin überrascht, daß der Chef eines großen Staates sich daran macht, britische Parlamentsmitglieder anzugreifen, die keine offizielle Stellung innehaben und nicht einmal Leiter von Parteien sind. Eine solche Aktion aus seiner Richtung kann allen Einfluß, den diese haben, nur vergrößern, denn ihre Landsleute können sich über sie seit langem eine eigene Meinung bilden und brauchen wirklich keine Anleitung aus dem Ausland.

Herr Hitler ist ganz im Irrtum, wenn er annimmt, daß Mr. Eden, Mr. Duff Cooper, ich selbst und manche Führer der liberalen und der Labour-Partei Kriegstreiber sind. Nicht einer von uns hat jemals von einer Aggression gegen Deutschland geträumt. Wir sind jedoch interessiert sicherzustellen, daß unser eigenes Land angemessen verteidigt wird, so daß wir sicher und frei sind und auch anderen helfen können, mit denen wir verbunden sind.

Herr Hitler sollte dieses Verhalten verstehen und respektieren. **Ich habe immer gesagt, daß, wenn Großbritannien einen Krieg verlieren würde, ich hoffte, wir würden einen Hitler finden, der uns zurückführen würde in unsere rechtmäßige Stellung in der Gemeinschaft der Völker.**[32] Gleichwohl bedaure ich, daß er bei dem großen Erfolg, der ihn begleitete, nicht mäßiger (reifer) wurde. Die ganze Welt wäre erfreut, einen Hitler des Friedens und der Toleranz zu sehen und nichts würde seinen Namen in der Weltgeschichte so sehr schmücken, wie Akte von Großmut und Barmherzigkeit, Mitleid mit den Verlorenen und Freundlosen, mit den Schwachen und Armen.

Ein guter Ratschlag

Weil er so freundlich war, mir seinen Rat zu erteilen, wage ich, das Kompliment zurückzugeben. Hitler zeigte sich auch übertrieben empfindlich gegenüber Andeutungen, es gäbe vielleicht andere Meinungen in Deutschland neben der seinigen. Es wäre in der Tat erstaunlich, wenn in einem 80-Millionen-Volk, so verschieden in seinen Ursprüngen, Glaubensbekenntnissen, Interessen und Veranlagungen nur ein einziges Denkmuster existierte. Es wäre unnatürlich. Es ist nicht glaubhaft. Daß er die Macht hat, und, leider!, den Willen, alle unbequemen Meinungen zu unterdrücken, ist ohne Zweifel wahr. Es wäre viel weiser, ein wenig zurückzustecken und nicht zu versuchen, den Leuten Angst einzujagen, wenn sie ehrlich Zweifel oder Meinungsverschiedenheiten zum Ausdruck bringen.

Er ist im Irrtum, wenn er denkt, ich würde Deutsche vom Nazi-Regime nicht empfangen, wenn sie in unser Land kommen. Im Gegenteil, allein in diesem Jahr habe ich auf ihr Ansuchen Herrn Bohle, Herrn Henlein und den Gauleiter von Danzig empfangen, und sie alle wissen, daß ich, so wie die meisten Engländer, Männer und Frauen, nichts besser fände, als ein großes, glückliches, friedfertiges Deutschland in der Vorhut von Europa zu sehen.

Dieser große Mann (Hitler) sollte sein Herz und sein Gewissen prüfen, bevor er irgend jemanden anklagt, Kriegshetzer zu sein. Alle Völker des Britischen Empire und der französischen Republik wünschen ernsthaft, in Frieden Seite an Seite mit der Deutschen Nation zu leben. Aber sie sind auch entschlossen, sich in die Lage zu versetzen, ihre Rechte und seit langem bestehende Zivilisationen zu verteidigen. Sie wünschen nicht, in irgend jemandes Macht zu stehen. Wenn Herr Hitler dieses Schreiben sieht oder einen Blick auf dieses Schreiben wirft, vertraue ich darauf, daß er es annehmen wird in dem Geist von Aufrichtigkeit, in welchem es geschrieben ist.

---

32 Hervorhebungen (Fettdruck) im Text durch den Autor.

zuführen.[23] Und auch der 10 Monate zuvor – nach einer knapp einjährigen Zeit als König – zurückgetretene Edward VIII., der Hitler mit seiner ihm kurz zuvor angetrauten Ehefrau, der Amerikanerin Mrs. Wallis Simpson, im Oktober 1937 auf dem Obersalzberg besucht hatte und ihm am 23. Oktober 1937 „für die große Gastfreundschaft", für die „große Aufmerksamkeit" und für die während seines Deutschland-Besuches entgegengebrachte „herzliche Aufnahme überall" schriftlich dankte[24], teilte offensichtlich Churchills Meinung. Mrs. Wallis Simpson, die trotz der Weigerung der Regierung König Edward VIII. heiraten zu dürfen, nach dessen Abdankung den Titel „Herzogin von Windsor" führen durfte, galt nach den 1989 veröffentlichten Angaben des FBI – im Gegensatz zu Churchill – als betonte Sympathisantin Hitlers.

Arnold Joseph Toynbee, der – wie Hitler im April 1889 geborene – englische Geschichtsphilosoph und Kulturtheoretiker, den Hitler Ende Februar 1936 in der Reichskanzlei zu einem Gespräch empfangen hatte, schrieb 1967: „Während dieser zweieinviertel Stunden entwickelte Hitler sein Thema mit meisterhafter Logik und Klarheit. Ich kann mir nicht vorstellen, daß irgendeiner der Professoren, die ich gehört habe, so lange ununterbrochen hätte sprechen können, ohne den Faden zu verlieren".[26]

Als Erklärung zum Schlagzeilen-Titel „Woher hatte Hitler den Hitler-Gruß", schrieb Knopp, den Erzählungen des einstigen Harvard-Studenten und CIA-Kronzeugen Ernst Hanfstaengl folgend, daß dieser Hitler vorgeschlagen habe, den traditionellen Harvard-Schlachtruf „Harvard! Harvard!" in ein „rhythmisches Sieg-Heil" umzumünzen.[27] Tatsache dagegen ist, daß der sogenannte „Deutsche Gruß", der Hitler-Gruß, auf persönlichen Erlebnissen und Studien Hitlers – und dem Vorbild Mussolinis und der italienischen Faschisten – fußte. Auch darüber berichtete er seinen Gästen in seinem Hauptquartier. In der Nacht vom 3. zum 4. Januar 1942 monologisierte er: „Ich habe ihn <den deutschen Gruß> zum Parteigruß gemacht, nachdem der Duce längst ihn hatte.[28] Ich hatte die Beschreibung vom Reichstag in Worms gelesen: Luther wurde mit dem alten Deutschen Gruß begrüßt, der zeigen sollte, daß sie ihm nicht mit der Waffe, sondern in Frieden gegenüberstehen. Der friderizianische Gruß´war noch, den Hut herauszuhalten. Im Mittelalter mußten die Unfreien die Kopfbedeckung herunternehmen, während die Edlen mit dem Deutschen Gruß gegrüßt haben. Im Rats-

---

23 Vgl. das Dok. S. 396 ff.

24 Brief faksimiliert in Maser, Hitler, S. 321.

25 Anfang 2003 gab der britische Geheimdienst Informationen bekannt, die aus der Zeit von 1936/37 stammten. Sie belegen, daß Mrs. Simpson Edward mit dem Autohändler Guy Marcus betrog, während er (Edward) um sie warb. Wieweit diese Tatsache die Entscheidung des Könighauses beeinflußt hat, ist nach wie vor umstritten.

26 Toynbee, der sich 1936 auf einer Reise durch Deutschland befand und einen Vortrag an der Akademie für Deutsches Recht hielt, in seinem 1967 erschienen Buch „Acqaintances" („Bekanntschaften"). Zit. nach „Adolf Hitler". Sonderdokumentation der Zeitschrift „Das III. Reich", o.J., S. 28.

27 Bild-Zeitung, 16. Januar 2002.

28 Vgl. S. 400.

Mussolini und der „deutsche Gruß“, Abb. in der „Berliner Illustrirten Zeitung“ vom 21. Februar 1926. 133 Tage später führte Hitler den Gruß als „deutschen Gruß“ für die NSDAP ein.

keller in Bremen habe ich 1921/22 die Leute sich so grüßen sehen. Da ist es mir zum ersten Mal aufgefallen. Es ist das alte Überbleibsel: Ich habe keine Waffe in der Hand! Am ersten Parteitag in Weimar <3./4. Juli 1926> habe ich dann so grüßen lassen“.[29]

Die nicht haltbare These des Politologen Tyrell,[30] der behauptete, daß Hitler immer nur „der Trommler“ habe sein wollen, der „Trommler“ für einen der großen „Drahtzieher“ hinter den Kulissen, modifizierte Knopp insofern, als er behauptete, daß Hitler nach seinem gescheiterten November-Putsch von 1923 erkannt habe, daß es „rechts von der Republik keinen Größeren“ gegeben hätte, „für den er trommeln konnte“, so daß er sich selbst zum „Messias“ machte, auf „den das Volk gewartet habe“.[31] Daß Hitler keinen „Größeren“ als sich selbst gesehen habe, ist falsch. Wie vor und während des Putsches, so erschien ihm auch danach noch der legendäre General Erich Ludendorff, den jedermann nicht nur in Deutschland kannte, als die große extrem rechte Integrationsgestalt, auch wenn

[29] Heim, Monologe, S. 173.
[30] Vgl. S. 87 ff.
[31] Bild-Zeitung, 17. Januar 2002.

er in seiner „Regierungserklärung" während des Putsches nicht ihn, sondern sich selbst zum Reichskanzler proklamierte.[33]

Daß Hitler „das Neue haßte", wie Knopp behauptet[34], wird von ungezählten Tatsachen widerlegt. Von Tatsachen, die nicht nur die Technik betrafen, deren Exponenten und Erfinder sich nahezu ständig mit seinen Vorschlägen konfrontiert sahen. Nicht nur Albert Speer hatte seine Last damit. Schon eine einzige – willkürlich herausgegriffene – Bemerkung Hitlers zeigt, wie extrem falsch Knopp über Hitler informiert ist. So erklärte er seinen Besuchern am 19. Oktober 1941 im „Führerhauptquartier", wie falsch und schädlich es sei, sich nur an Altes, Hergebrachtes zu halten. „Das Baugewerbe ist das älteste Gewerbe, und so erklärt sich", sagte er, „daß auf keinem Gebiet der Wirtschaft so an der hergebrachten Arbeitsweise festgehalten wird, wie gerade hier. Wir sind da furchtbar rückständig. Ein Haus bauen darf nichts anderes sein als eine Montage. Dabei mögen im Niveau der Wohnungen Unterschiede bestehen: Die Zahl der Bauteile kann verschieden sein, wenn nur die Elemente sich gleichbleiben. Nur wer ein übriges tun will, läßt sich sein Haus nach eigenem Geschmack errichten. Er braucht nicht die Dreizimmerwohnung für billiges Geld. Wozu brauchen wir im Deutschen Reich hundert verschiedene Formen von Waschbecken? Wozu die Unterschiede in den Fenster- und Türmaßen? In jeder neuen Wohnung muß man sich eine neue Garnitur von Vorhängen anschaffen! Für mein Auto finde ich überall Ersatzteile, für meine Wohnung nicht. Die Ursache liegt in der Möglichkeit, an Neuem Geld zu verdienen, geboten durch die Gebrauchsmuster, Geschmacksmuster und Patentgesetzgebung. In ein, zwei Jahren muß dieser Unfug aufhören!"[35]

Da Hitler spätestens seit 1933 keinen Alkohol trank und seit seiner Wiener Zeit auch niemals rauchte, attestierte Knopp ihm kurzerhand, „nicht genußfähig"[36] gewesen zu sein. Tatsache dagegen ist, daß Hitler, der in der Frühzeit seiner Karriere beispielsweise gern Bier trank[37], konsequent auf den „Genuß" von Alkohol verzichetete, weil er befürchtete, „dick" zu werden, was seiner Ansicht nach nicht zu seinem „Führer"-Image gepaßt hätte. Weshalb er, der nach eigenen Darstellungen in seiner Jugendzeit ein starker Raucher gewesen war, das Rauchen aufgegeben hatte, schilderte er seinen Gästen in der Nacht vom 11. zum 12. März 1942 in seinem „Führer-Hauptquartier" in Ostpreußen: „Dreizehn Kreuzer habe ich jeden Tag für Zigaretten ausgegeben, fünfundzwanzig bis vierzig Stück habe ich geraucht an jedem Tag", sagte er und folgerte: „Da ist mir einmal der Gedanke gekommen: Wie, wenn du statt für dreizehn Kreuzer Zigaretten zu kaufen, dir Butter kaufen würdest für das Brot, das macht fünf Kreuzer, und

---

33 Vgl. Maser, Frühgeschichte, S. 445 ff.

34 Bild-Zeitung, 9. Januar 2002.

35 Heim, Monologe, S. 95.

36 Bild-Zeitung, 9. Januar 2002.

37 Nach eigenen Angaben vom 8. Juli 1942 zwei bis drei Flaschen während jeder Rede. Vgl. Picker, Tischgespräche, S. 451.

du hast noch etwas übrig! Ich habe meine Zigaretten in die Donau geworfen und habe nie mehr danach gegriffen. Ich bin überzeugt, wenn ich Raucher wäre, ich würde den Sorgen nicht standgehalten haben, die mich seit so langer Zeit belasten".[38]

Knopp meinte in der „Bild"-Zeitung vom 16. Januar 2002 über Hitlers Verhältnis zur Musik: „Hitler hielt sich selbst für einen ausgesprochenen Musikliebhaber – wohl ein Fehlurteil in eigener Sache. Zwar kannte er die Opern seines absoluten Favoriten Richard Wagner in- und auswendig … Letztlich aber war Musik für ihn vor allem das akustisch wirkungsvollste Mittel der Steigerung theatralischer Effekte." Musik-Fachleute waren und sind dagegen anderer Ansicht.

Hitlers Jugendfreund August Kubizek, der bis Sommer 1908 mit Hitler zusammen war und das Wiener Konservatorium besuchte, mit der Musik-Leidenschaft seines Freundes – nicht selten zu seinem Verdruß – konfrontiert wurde und als Musikstudent zu beurteilen vermochte, was von Hitlers Klavierspiel, von seinen Kompositionen, seinen Vorlieben für Opern, Konzerte und deren Komponisten zu halten war, berichtete beispielsweise: „Dann spielte er, ohne Noten, auswendig am Flügel, was er sich als Vorspiel zu einer Oper gedacht hatte … Es handelte sich um eine Untermalung des gesprochenen Wortes mit natürlichen musikalischen Elementen, für die er auch alle Instrumente zu verwenden gedachte … Die einzelnen musikalischen Gedanken hatten Gehalt und Sinn."[39] Hitler, der wie sein Freund auch, bei dem Klavierlehrer Prewratzky-Wendt Klavierunterricht erhalten hatte[40], die von dem 1907 in die USA gegangenen jüdischen Dirigenten, Komponisten und Direktor Gustav Mahler geleitete Hofoper nahezu täglich besuchte[41] und neben Richard Wagner Carl Maria von Weber, Franz Schubert, Felix Mendelssohn-Bartholdy, Robert Schumann und Edvard Grieg besonders gern hörte und – nach Kubizeks Überlieferung – auch Solistenkonzerte „niemals versäumte"[42], unternahm vor 1908, als noch nicht Zwanzigjähriger, gar den Versuch, aus Wagners Musikdramen eine neue Oper zu komponieren.[43] Seine Fähigkeiten und Fertigkeiten als Klavierspieler, die Kubizek zuweilen skeptisch beurteilte, reichten jedenfalls aus, nach dem Tode seiner Mutter (1907) Klavierschülern Unterricht zu erteilen und das Haushaltsgeld aufzubessern. Zudem spielte er seit seiner frühen Kindheit Zither, ein Saiteninstrument, das sich noch heute bei den Hitler-Verwandten in Spital befindet. Der Flügel, auf dem Hitler auch als „Führer und Reichskanzler" noch gelegentlich spielte, befand sich noch in den siebziger Jahren bei Heinrich Heim in der Münchener Unertlstraße.

---

38 Heim, Monologe, S. 317.
39 Kubizek, S. 241.
40 Kubizek, S. 241 und das Dok. S. 403 mit der Bestätigung von Prewratzky-Wendt vom 17. November 1938.
41 Maser, Hitler, S. 268.
42 Kubizek, S. 252.
43 Vgl. ebenda, S. 240 und 255.

Auch die Namen Kubizek und Hitler sind in diesem Büchlein zu finden; die Seite letztgenannter wurde fotografiert und diesem Schreiben beigeschlossen.

Gerne möchte ich wissen, ob sich unser Führer seines einstigen kleinen und bescheidenen Klavier-Lehrers „Josef Prewratzky" (seit dem Jahre 1938 seinen Familien-Namen verdeutscht, in Wendt) noch erinnert?

Josef Wendt (Prewratzky)
Linz a/Don. Mozartstraße 26
Oberdonau

Linz a/Don. am 17. XI. 1938

Letzte Seite eines Schreibens von Josef Prewratzky-Wendt vom 17. November 1938, der Hitler und Kubizek Klavierunterricht erteilt hatte.
Text des Schreibens: „Auch die Namen Kubizek und Hitler sind in diesem Büchlein zu finden. Die letzte Seite wurde fotografiert und diesem Schreiben beigeschlossen. Gerne möchte ich wissen, ob sich unser Führer seines einstigen kleinen und bescheidenen Klavier-Lehrers Josef Prewratzky (seit dem Jahre 1938 seinen Familiennamen verdeutscht, in Wendt) noch erinnert?"

Bundesarchiv Koblenz NS 26/65.

Knopp schilderte Hitler als Feigling, den stets panische Angst vor Attentaten umgetrieben habe, wobei er als „Beweis“ für seine Behauptung unter anderem anführte, daß Hitlers Hauptquartiere hermetisch gesichert worden seien.[44] Abgesehen davon, daß Hauptquartiere in Kriegen von allen Armeen sorgfältig abgeschirmt und bewacht werden, sahen die diesbezüglichen Tatsachen in Hitlers Hauptquartieren noch 1944 anders aus, was nicht nur am 20. Juli 1944 während des Stauffenberg-Attentats deutlich wurde. So hatten die Sowjets beispielsweise hervorragend ausgebildete und akzentfrei deutsch sprechende Agenten in Hitlers Führerhauptquartier „Wolfsschanze“ in Ostpreußen mit dem Auftrag eingeschleust, Hitler zu töten. Als sich die als Bauarbeiter sorgfältig getarnte und unauffällig agierende Gruppe bereits im Sperrkreis II bewegen konnte und in der Lage war, Hitler bei einem seiner Spaziergänge mit seiner Schäferhündin „Blondi“ zu erschießen, wurde ihr Anführer von Stalin persönlich per Geheimfunk „zurückgepfiffen“. Stalins eingestandenes Kalkül: Wird Hitler getötet, tritt Hermann Göring an seine Stelle, und von ihm ist zu erwarten, daß er sich umgehend mit den Westalliierten arrangiert, mit ihnen einen Frieden aushandelt und die gesamten deutschen Streikräfte gegen die Sowjets antreten läßt, was ihn, Stalin, vor schwer zu bewältigende Probleme stellen und für Deutschland eine günstige Kriegswende bringen könnte.[45]

Hitlers Wahn, von der „Vorsehung“ auserkoren zu sein, die Menschheit vor dem Judentum und dem Bolschewismus zu retten und den Fortbestand des Erdenlebens zu gewährleisten, ließ ihn zuweilen blind gegen Gefahren sein, was besonders hinsichtlich seiner persönlichen Sicherheit galt. So durfte das aus Holländern, Norwegern, Dänen und auch einigen Schweden rekrutierte SS-Panzergrenadier-Regiment „Nordland“, dessen Angehörige von Hitler und seinem Regime ebenso begeistert waren wie der schwedische Regisseur Ingmar Bergman, noch am Ende seines Lebens in Berlin für seine Sicherheit vor der Roten Armee sorgen.

Knopp ignorierte bei seiner Darstellung nicht nur die völlig entgegengesetzt lautenden unbestreitbar authentischen Zeugenberichte und Darstellungen angesehener Hitler-Biographen über Hitlers Mut und Kaltblütigkeit in brisanten Situationen, sondern verfälschte auch die Darstellung der CIA-Akte, in der es heißt: „Im Jahr 1923 wurden bestimmte Phasen der Partei in Straßenkämpfen entschieden, in denen er <Hitler> besonders couragiert auftrat ... Es ist ein absolut bewußter Mut. Hitler bleibt selbst in Notsituationen ruhig und besonnen. Er kennt die beste Methode, seine Feinde schachmatt zu setzen.“[46] Bereits während des Ersten Weltkrieges wurde Hitler, obwohl kein deutscher Staatsbürger und daher nur Ge-

---

44 Bild-Zeitung, 12. Januar 2002.

45 Differenziert belegte Mitteilung eines ehemaligen sowjetischen Geheimdienstoffiziers, der in Stalins Auftrag während des Krieges und bei den Vorbereitungen der Sowjets für den Nürnberger Prozeß – und auch in ihm – vor allem als Dolmetscher (russisch-deutsch) fungierte.

46 Zit. des Aktentextes in Bild-Zeitung, 11. Januar 2002.

freiter, für seine Unerschrockenheit, für seine Tapferkeit und seinen Mut, vom deutschen Heer vielfach ausgezeichnet. Schon am 2. Dezember 1914 erhielt er das Eiserne Kreuz II. Klasse. Am 17. September 1917 zeichnete sein Regimentskommandeur ihn mit dem „Militärverdienstkreuz III. Klasse mit Schwertern" aus, worauf am 9. Mai 1918 das „Regimentsdiplom für hervorragende Tapferkeit" bei Fontaine folgte. Nach seiner ersten Verwundung erhielt er am 18. Mai 1918 das Verwundetenabzeichen in Schwarz, am 4. August 1918 das Eiserne Kreuz I. Klasse und am 25. August die Dienstauszeichnung III. Klasse.[47] Im Gegensatz zu Stalin, der in seiner Frühzeit zwar im Bund gleichgesinnter Genossen und Komplizen Banken ausgeraubt hatte und sechsmal verbannt wurde, persönlich aber äußerst feige war und zeitlebens nur einmal (im Juli 1945 von Moskau nach Potsdam zur Potsdamer Konferenz) zu fliegen wagte und sich dabei wie ein Ertrinkender ängstlich zitternd an den ihn begleitenden Molotow klammerte, war Hitler häufig mit dem Flugzeug unterwegs. Und im Gegensatz zu Stalin, der nicht einmal gewagt hatte, sich am 7. November 1941, als sich die deutschen Streitkräfte Moskau näherten, den an der Kreml-Mauer in Reih und Glied vorbeiparadierenden Soldaten zu zeigen, tauchte Hitler nicht selten und ohne aufwendige Begleitung – überraschend sogar in den Schützengräben der Infanterie auf. Der Film, der Stalin am 7. November 1941 in voller Uniform redend und winkend auf dem Podest der Kreml-Mauer zeigte, war „getürkt". Stalin hatte die Kameraleute bereits am 6. November zu sich in den Kreml befohlen, wo sie ihn in den Posen filmen mußten, die dann in die Aufzeichnungen vom 7. November hineingeschnitten wurden. Erschien er einmal, wußte niemand – außer vielleicht Berija und Molotow – ob er es denn auch wirklich selbst war. Seine Doppelgänger, die Schauspieler Georgij Saakjan und Michael Gelowani, die ihn in Filmen („Lenin im Oktober", „Der Schwur", „Der Fall von Berlin") so lebensecht kopierten, hatten ihn, den gnadenlosen Menschenverächter, infolge ihres Aussehens und ihrer Fähigkeiten, tatsachenwidrig als gütigen „Vater des Volkes" darzustellen, einmal (während der Vorführung des Films „Der Fall von Berlin") war Stalin selbst zu Tränen gerührt. Der Massenmörder Stalin, der nach den Untersuchungen Alexander Jakowlews, des Vorsitzenden der vor allem in Rußland viel diskutierten Kreml-Kommission der Volksdeputierten der UdSSR seit 1989 zur Rehabilitierung von Opfern politischer Repressionen auf 366 Listen mindestens 44.000 Todesurteile persönlich unterschrieb[48] und für den gewaltsamen Tod von rund 43 Millionen Menschen in der UdSSR verantwortlich gewesen ist, war alles andere als ein Held.

Heinz Linge, Hitlers Kammerdiener und „Chef des persönlichen Dienstes", berichtete aus eigener Erfahrung, daß er und andere Begleiter Hitlers oft verängstigt und geradezu entsetzt gewesen seien, weil Hitler – von seiner Unantastbarkeit

---

[47] Vgl. Maser, Hitler, S. 136 ff. und Kriegsstammrolle der 7. Komp. I. Ersatz-Batl. 2. Bayr. Inf. Regt., Bd. XXII (Bundesarchiv Koblenz, NS 26/12).

[48] Jakowlew, Alexander, Die Abgründe meines Jahrhunderts, Leipzig 2003, 269.

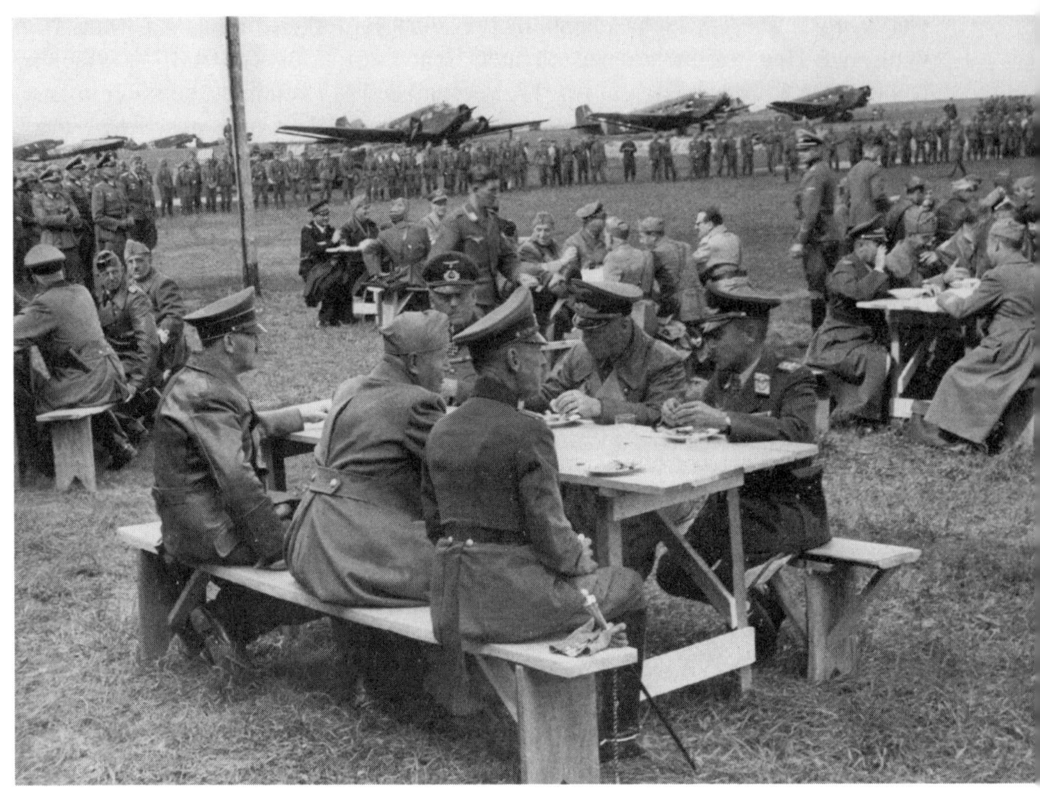

Ohne Furcht vor Attentaten: Hitler mit Mussolini mit deutschen und italienischen Offizieren und Mannschaften des Heeres und der Luftwaffe auf dem Flugplatz Uman in der Ukraine Mitte 1942. *Foto: Zeitgeschichtliches Bildarchiv Heinrich Hoffmann.*

überzeugt – jederlei „Schutz“ ablehnte, wenn er Spaziergänge unternahm oder mit dem Auto oder mit der Eisenbahn unterwegs war.[49] Und auch sein Flugkapitän Hans Baur bestätigte, daß Hitler im Gegensatz zu ihm bei gefährlichen Flügen (zum Beispiel im Nebel) stets völlig frei von Angstgefühlen gewesen sei.[50]

Im Sommer 1943 beispielsweise ging Hitler, mit Mantel und Hut bekleidet, an einem regnerischen Abend unbefangen in den Straßen Münchens spazieren, wobei ihm nur Heinz Linge auf relativ weiter Entfernung folgen durfte.[51] Gern fuhr er im offenen Auto, das nicht immer sein besonders ausgerüsteter „Staats-Mercedes“ sein mußte, sowohl auf Autobahnen, Landstraßen und durch Städte und Dörfer, obwohl er – wie Hermann Göring – über einen von Fachleuten des Reichssicherheitshauptamtes in jeder Hinsicht getesteten 8-sitzigen sogenannten „Großen Mercedes“ als Reisegefährt verfügte, der infolge seiner starken Panzerung 3,5 t wog, ebenfalls in ein Cabriolet verwandelt werden konnte, 160 Stundenkilometer nach 12,2 Sekunden erreichte und – bei einem Benzinverbrauch von 30 Litern für 100 km – 220 Stundenkilometer leistete.[52] Die 3,8 Zentimeter dicken schußsicheren Fensterscheiben und die stark gepanzerten Seitenwände und der Autoboden waren geeignet, die Autoinsassen vor Attentaten weitgehend zu sichern, was Hitler nicht unbedingt für notwendig hielt.[53]

Daß Knopp die Karriere Hitlers, über den er sagte, daß „Reden ... das erste und auf Jahre hin auch einzige Talent“ war, „das er hatte“[54], letztlich nur durch eine Manipulation und grobe Instrumentalisierung von Details, Fakten und Zusammenhängen gewaltsam erklären kann, resultiert offensichtlich entweder aus einer unzureichenden Kenntnis des tatsächlichen Geschichtsablaufes und der authentischen Quellen oder aus der Absicht, sie nach eigenem Ermessen grundsätzlich subjektiv und negativ zu definieren. Die Konfrontation der Aktentexte mit seinen Kommentaren läßt andere Urteile schwerlich zu.

Die von der „Bild“-Zeitung vom 8. bis 18. Januar 2002 mit Knopp-Kommentaren unter dem effekthascherischen Titel „Freigegeben! Die Geheimakte Adolf Hitler“ als Serie abgedruckte und als „Psychoakte des Kriegsverbrechers Adolf Hitler“ plakatierte Geheimakte des OSS (später CIA) ist ein Werk von Dilettanten, deren Texte teilweise von Goebbels' Propagandaministerium zur Verfügung gestellt worden sein könnten. Der Text dokumentiert durchweg die Abhängigkeit der OSS-Beamten von den Angaben ihrer deutschen Informanten. Obwohl Hitler zu der Zeit längst nicht nur über ganz Europa herrschte, sondern

---

49 Persönliche Mitteilung von SS-Hauptsturmführer Heinz Linge vom 10. August 1976.

50 Persönliche Mitteilungen Hans Baurs (Dezember 1970 und Februar 1971).

51 Persönliche Auskunft von Heinz Linge (9. September 1976).

52 Der derzeitige Mercedes 500 hat ein Leergewicht von 1.885 kg. Er verbraucht für 100 km 18 Liter und erreicht in 6,5 Sekunden 100 km/h. Der Mercedes 600 wiegt (leer) 2.035 kg., benötigt für 100 km 20,7 Liter Benzin. 100 km/h erreicht er in 6,3 Sekunden. Beide Mercedes-Typen können im 4. und 5. Gang auf ca. 250 km/h beschleunigt werden.

53 Persönliche Auskunft von Heinz Linge (9. August 1976).

54 Bild-Zeitung, 18. Januar 2002.

auch den USA den Krieg erklärt hatte, enthält es keine eigenen Erkenntnisse. Berichte aus dritter und vierter Hand erscheinen als authentische Darstellungen der Tatsachen. Da es sich bei den OSS-Informanten um aus Deutschland emigrierte Personen handelte, die lediglich angeben konnten, was sie bis zum Zeitpunkt ihrer Emigration über Hitler wußten – oder zu wissen meinten, bildete die Akte letztlich eine Sammlung von Erinnerungen, die oft unzutreffend waren.

Falsch sind in der peinlich hochgespielten Akte unter anderem bereits am Anfang nicht nur Hitlers Vorname und der Nachname seiner Mutter vor deren Heirat geschrieben.

Er selbst erscheint als „Adolph" Hitler, seine Mutter Klara Pölzl als „Klara Poelz". Und falsch sind auch die Namen der zweiten Ehefrau (Brigid statt Brid-

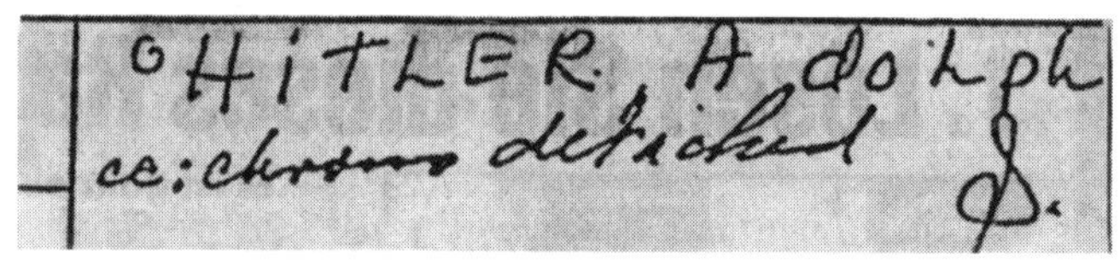

ged Elizabeth) von Hitlers Halbbruder Alois und der ursprüngliche Name Schicklgruber seines 1837 unehelich geborenen Vaters, der nach einem amtlichen Schreiben der Bezirkshauptmannschaft Mistelbach vom 20. November 1876 „vollkommen berechtigt" war, „den Geschlechtsnamen seines Vaters Hitler zu führen" (siehe Seite 51 f.), und seit der Legitimierung Hitler hieß. Daß er – als Schicklgruber – seinen erst 1889 geborenen Sohn Adolf „nachträglich als Sohn anerkannt" habe, war ein weiterer peinlicher Fehler. Nicht nur diese Fehler hätten die US-Geheimdienstler nicht zu machen brauchen, wenn sie die zu der Zeit auch in den USA weithin bekannten Bücher Konrad Heidens[55] über Hitler zu Rate gezogen hätten.

Unzutreffend war die Behauptung, daß Hitler Bildung „verachtet" und deshalb den ihm 1932 von der Landesregierung Braunschweig angebotenen Professoren-Titel abgelehnt habe, weil er „so wenig Wertschätzung für den Professoren-Typ" gehabt habe.[56] Tatsache ist dagegen, daß die Landesregierung letztlich von der Ernennung Abstand nahm, weil sie mit Recht befürchten mußte, daß „Professor Hitler" die Studenten der Technischen Hochschule Braunschweig, an der er lehren sollte, zu SA-Formationen mutieren lassen würde. Falsch ist auch, daß Hitler die deutsche Staatsbürgerschaft 1932 durch die Ernennung zum „Oberregierungsrat" erhalten habe. Richtig ist, daß er am 25. Februar 1932 zum Regierungsrat beim Landeskultur- und Vermessungsamt Braunschweig mit dem Auf-

[55] Heiden, Konrad, Adolf Hitler, 2 Bde., Zürich 1936, ders., Geschichte des Nationalsozialismus, Hamburg 1932, ders., Geburt des Dritten Reiches, 2. Aufl., Zürich 1934.

[56] Bild-Zeitung, 8. Januar 2002.

trag ernannt wurde, die Geschäfte eines Sachbearbeiters in der Braunschweigischen Gesandtschaft in Berlin wahrzunehmen und die wirtschaftlichen Interessen des Landes zu verfechten.[57]

Die in der „Akte" aufgestellte Behauptung, daß Hitler „sehr wenig Briefe selbst" schriebe und „nie eine Schreibmaschine" benutzte[58], ist nicht nachvollziehbar, denn die pauschalierende Behauptung trifft nicht für „alle Zeiten" Hitlers zu.[59] Sowohl als Jüngling, als Soldat und auch als Parteiführer vor 1933 hat er relativ viele handschriftliche Briefe verfasst. Ebenso falsch ist, daß er „nie irgendwelche Notizen"[60] gemacht habe. Ganze Bündel von Notizen allein für seine vielen Reden liegen vor.[61] Die in der „Akte" durchaus gerechtfertigt als „Kritzeleien" charakterisierten „Zeichnungen oder Sketche, normalerweise Flaggen, Parteisymbole, Bühnenausstattungen, Porträts und Häuser"[62] entstanden während seiner Telefonate, zumal dann, wenn ihn die Gespräche langweilten.

Bei all den Angaben in der „Akte" ist die „Handschrift" des nicht nur von seinen Gegnern als „Märchenerzähler" bezeichneten Ernst Hanfstaengl deutlich spürbar, der nach seiner – durch einen makabren Scherz, nicht jedoch als Folge eines Protestes gegen Hitler und das NS-Regime initiierten – „Flucht" aus Deutschland[63] US-Präsidenten Roosevelt, den er bereits lange zuvor kennengelernt hatte, von seinem einstigen Intimfreund Hitler erzählte, dem er seit 1937 gram war, weil er vermutete, daß Hitler selbst hinter dem „Plan" gesteckt habe, ihn (Hanfstaengl) aus dem Flugzeug zu werfen.

Hanfstaengl, der selbst sehr belesen war und viel darauf hielt[64], kannte zwangsläufig einen Großteil der Lektüre, die Hitler zur Zeit ihrer näheren persönlichen Beziehungen las, und er hatte von ihm selbst auch häufig zu hören bekommen, wie er las. Doch das wußte jedermann, der „Mein Kampf" gelesen – oder „überflogen" – hatte ebenfalls. Der andere Kronzeuge, Robert M.W. Kempner, der ebenso wie Hanfstaengl „Mein Kampf" kannte, nicht aber Hitler selbst begegnet war, hat zu dem Aspekt Lektüre, persönliche Notizen und Korrespondenzen im

[57] Vgl. die Dokumentation in Maser, „Mein Schüler Hitler", S. 80 ff.

[58] Bild-Zeitung, 8. Januar 2002.

[59] Vgl. Maser, Hitlers Briefe und Notizen.

[60] Ebenda.

[61] Ebenda.

[62] Bild-Zeitung, 8. Januar 2002.

[63] Um dem fantasiereichen und stets ängstlich um seine Sicherheit und ein mögliches jähes Ende seiner Karriere und Beziehung zu Hitler fürchtenden Hanfstaengl, der eine ganze Zeit hindurch als heimlicher künftiger Außenminister gehandelt wurde, einen Streich zu spielen, beschlossen einige maßgebliche Partei-Funktionsträger hinter vorgehaltener Hand das Gerücht in die Welt zu setzen, daß sie sich seiner radikal entledigen wollten. Als Hanfstaengl 1937 als „Auslandspressechef" einen Flug zu einer Dienstreise antreten sollte, „tuschelten" sie so, daß Hanfstaengl es vernehmen mußte, daß er während des Fluges aus dem Flugzeug geworfen werden solle. Er verließ Deutschland umgehend und landete schließlich bei Roosevelt und diente dem CIA als wichtigster Kronzeuge für die hier behandelte Akte.

[64] Persönliche Mitteilung Hanfstaengls.

Rahmen der OSS-Akte nichts beigetragen.[65] Während des Nürnberger Prozesses verblüffte er zwar oft die Angeklagten in Kreuzverhören mit entsprechenden Details, doch das waren Konsequenzen der intensiven amtlichen Beschäftigung des US-Hilfsanklägers gerade mit derartigen Hinterlassenschaften Hitlers.

Der nachfolgende Auszug aus der „Akte" richtet sich selbst. „Er liest oft", so heißt es da, „Parteiberichte und konzentriert sich so lange auf sie, solange er Interesse daran findet. Er vermeidet jedoch das Lesen von Berichten und sonstigen Unterlagen so weit wie möglich bis hin zur Fahrlässigkeit."[66] „Parteiberichte" mußte er zwangsläufig lesen, zumindest soweit sie sich mit Fragen und Problemen befaßten, die seiner Entscheidungen – oder unbedingten Kenntnisnahme – bedurften. Unnötig lange Episteln langweilten ihn so, wie es beispielsweise bei Napoleon, Bismarck und Adenauer gleichermaßen der Fall gewesen ist. Hermann Göring, von Hitler 1939 zu seinem „Nachfolger" ernannt, erklärte in Nürnberg: „In einzelnen Fällen ließ er <Hitler> sich … Unterlagen geben, ohne daß die Experten genau erkennen konnten, aus welchem Grunde. In anderen Fällen hat er seinen Fachberatern gegenüber ausgesprochen, was er beabsichtigte, und von ihnen diesbezügliche Unterlagen und Beurteilungen eingeholt. Entschieden hat er … selbst".[67]

Als authentische Schilderung kann der – zweifellos auf Hanfstaengls Angaben basierende – folgende Passus aus der „Akte" gewertet werden: „Hitler ist außerordentlich unberührt von Geräuschen. Während er Papiere liest, läßt er sich – da er es liebt, in der Lage zu sein, Gesagtes zu überhören – durch ausgelassene Unterhaltungen nicht stören. Ein ständiges Stimmengewirr ist für ihn fast der Ersatz für den Kontakt mit dem Leben draußen in der Welt und der Erkenntnis, was sich daraus für ihn entwickelt. Hitler kann Stille sehr gut vertragen. Auf einer Zug- oder Autofahrt von Berlin nach München sagt er während der gesamten Reise manchmal nur wenige Worte. Dann denkt und plant er. Während der Einnahme von Mahlzeiten läßt Hitler allgemeine Gespräche zu; doch nach ein oder zwei Stunden beginnt er mit einem Monolog."[68]

Keineswegs zutreffend dagegen ist, was die OSS-Mitarbeiter pauschalierend über die „Monologe" Hitlers notierten. Die in der „Akte" bewerteten Monologe Hitlers hatte Hanfstaengl, auf dessen Berichten ihre Beurteilung basierte, lediglich bis 1937 auf gemeinsamen kurzen Spaziergängen, bei gelegentlichen Tafelrunden, Auto- und Eisenbahnfahrten, also jeweils in geselliger Atmosphäre erlebt. Daß Hitler dabei meist über Ereignisse redete, die von den täglichen Bedrängnissen weit entfernt waren, ist verbürgt.[69] Die „Akte" nannte als Beispiele für den Beginn

---

[65] Persönliche Mitteilung R.M.W. Kempners.
[66] Bild-Zeitung, 9. Januar 2002.
[67] IMT, Bd. IX, S. 678.
[68] Ebenda.
[69] Vgl. u.a. Picker, Tischgespräche, S. 24.

der Monologe: „Als ich in Wien war“, „Als ich Soldat war“, „Als ich in Gefangenschaft war“, was Hitler – außer seiner Haftzeit – niemals gewesen ist, und „Als ich kurz nach der Gründung Führer der Partei war.“[70] Daß seine Monologe aus der Zeit von 1941 bis 1944, die sein einstiger Jurist und treuer Gefolgsmann Heinrich Heim (NSDAP-Mitglied-Nr. 1782) mit Martin Bormanns Wissen zum Teil wortgetreu notierte[71], die Gegenwart als Gesprächsthema nach Möglichkeit auch nur dann tangierten, wenn sie nicht einfach ignoriert werden konnten, hing mit Hitlers Intention zusammen, unangenehme Tatbestände möglichst von sich wegzuschieben, was seit 1942/43 infolge der militärischen Ereignisse an den Fronten zwangsläufig der Fall sein mußte. Diese Monologe, bei denen Hitler sich buchstäblich „mit Gott und der Welt“ befaßte, betrafen – um nur einige Beispiele anzuführen – eigene Erlebnisse aus der Zeit seiner Kindheit, Jugend, Militärzeit und „Kampfzeit“, die Kultur, die Geschichte, die Kunst, medizinische Fragen, Religionsprobleme und -vergleiche, Parteianliegen aus der Vergangenheit, juristische Aspekte, Familienangelegenheiten, Probleme der Technik und Zukunftsvisionen nicht nur für die Zeit nach dem stereotyp prophezeiten Sieg. Über sie konnte in der „Akte“ nichts stehen, da es bis Ende 1942 dafür keine Zeugen gab, so daß Hanfstaengls Darstellung aus der Zeit bis 1937 nicht als authentisches Urteil über die gesamten „Monologe“ gewertet werden kann.

Entsprechend ist der Großteil der Angaben zu bewerten, die offensichtlich als Rückschlüsse auf Details und Zusammenhänge auch für die Zeit seit dem Beginn des Krieges gelten sollten, der in der „Akte“ bezeichnenderweise ebensowenig eine Rolle spielte wie die Judenpolitik Hitlers und sein Führungs- und Regierungsstil. Banale Feststellungen über Hitlers „Ernährung“, seine Eßgewohnheiten, seinen alltäglichen Tagesablauf, sein Verhältnis zum Film, zum Tanz, Theater, Zirkus und Varieté sowie über sein Sexualleben und seine Beziehungen zu historischen Gestalten wie beispielsweise Friedrich dem Großen, Blücher und Napoleon füllten – neben den hier differenziert behandelten Aspekten – die oft betulich und von subjektiven Vorstellungen getragenen 68 Seiten der Akte.

Anders ist die amerikanische Geheimdienstakte von 1945 zu beurteilen, in der Hitlers Ärzte Angaben über ihren einstigen Patienten „A“ zu Protokoll gaben.[72] In der „Akte“ heißt es beispielsweise: „Hitler ist peinlich auf sein äußeres Erscheinungsbild bedacht. Er zieht seinen Mantel in der Öffentlichkeit nie aus – ganz gleich, wie warm ihm ist. Hitler erlaubt es niemandem, ihn in seinem Badezimmer oder nackt zu sehen. In seiner Kleidung ist er immer sehr konventionell und folgt dem Rat seines Schneiders. Hitler zieht die ihm bereitgelegte Kleidung ohne jegliche Diskussion an.[73] Hitler benutzt keinerlei Parfüm … Hit-

---

[70] Bild-Zeitung, 9. Januar 2002.

[71] Vgl. Heim, Monologe, S. 7 f. und S. 492 f.

[72] Vgl. dazu S. 424 ff.

[73] Traudl Junge, die Sekretärin Hitlers, die auch sein letztes Testament tippen mußte, berichtete, daß sie Hitler niemals anders als im feldgrauen, „doppelreihigen Rock“, in schwarzer Hose, in einem weißen Hemd

ler ist sehr auf Körperpflege bedacht und liebt es, ein Bad zu nehmen. Er rasiert sich jeden Tag. Einmal in der Woche stutzt ein Friseur Hitlers Schnauzbart und auch die Haare läßt Hitler sich regelmäßig schneiden. Dazu wird in der Regel ein örtlicher Friseur – ein altes Parteimitglied – herangezogen. Hitler ist sehr robust und verfügt über eine gute körperliche Ausdauer. Nach einem langen und anstrengenden Tag und dem Auslassen von ein oder zwei Mahlzeiten hat Hitler immer darauf bestanden, daß seine Chauffeure und Mitarbeiter zuerst etwas zu essen bekamen – bevor auch er etwas zu sich nahm. Wenn ihn bei einer solchen Gelegenheit eine enthusiastische Kellnerin zuerst bediente, nahm er den Teller und trug ihn selbst zu seinen Chauffeuren. Ihn interessierten keinerlei sportliche Aktivitäten – weder im Freien noch in Gebäuden. Er betreibt – mit Ausnahme von Spaziergängen, die er regelmäßig durchführt – keinerlei körperliche Betätigung. Er durchschreitet ständig den Raum und pfeift dabei eine Melodie. Dabei geht Hitler immer diagonal von einer Ecke zur gegenüberliegenden Ecke – möglicherweise eine Gewohnheit, die er als Gefangener in Landsberg angenommen hat … Obwohl Hitler eine Menge von der Funktionsweise von Autos oder Flugzeugen versteht, hat er nie gelernt, ein Auto zu fahren oder ein Flugzeug zu fliegen. Er liebt jedoch Autofahrten wegen der damit verbundenen Privatsphäre sowie der frischen Luft – und des Schlafs. Bei schlechtem Wetter geht Hitler nicht aus dem Haus. Wenn er jedoch einer Verpflichtung nachzugehen hat, mißachtet er das Wetter. Bei jeder Parade nutzt Hitler unabhängig vom Wetter ein offenes Fahrzeug, was er auch von seinem gesamten Gefolge verlangt. Hitler sagt: ‚Wir sind nicht Teil der Bourgeoisie, sondern Soldaten'."[74]

Knopp ignorierte sämtliche Feststellungen über Hitlers Charakter, Mentalität und Verhaltensweisen, die in dem Abschnitt der Psychoakte beurteilt werden. Obwohl die Akte Hitlers „robuste" und „gute" körperliche Kondition bis Ende 1942 hervorhob und lediglich eine knappe Bemerkung über seine unzureichende Sehfähigkeit enthielt, ließ Knopp sich ausschließlich – ohne Quellenhinweise – auf Hitlers Hypochondrie und falsche Angaben über dessen Krankheiten[75] aus, von denen in der Akte mit keinem einzigen Wort die Rede ist. Anstatt die in der Akte enthaltenen Irrtümer und falschen Angaben zu korrigieren, redete er vom „Psychopathen" Hitler und schloß seinen Kommentar über diesen Teil der Akte mit der Feststellung: „Am Ende sehen wir das Wrack <Hitler> im Bunker von Berlin, von Parkinson zerstört – einen Hitler, der am liebsten auch sein eigenes Volk mit in den Untergang gerissen hätte. Das zumindest hat er nicht geschafft."[76]

---

und schwarzer Krawatte gesehen habe. Bild-Zeitung, 5. Februar 2002. Die Darstellung in der „Akte" bezieht sich auch da auf die Vorkriegszeit.

74 Bild-Zeitung vom 10. Januar 2002.

75 Zu Hitlers Krankheiten vgl. Maser, Hitler, S. 376 ff.; zu den Arzneien, die er bekam, hier S. 442 ff.

76 Bild-Zeitung, 10. Januar 2003.

Daß Hitler an Parkinson gelitten habe, meinte Hans-Dietrich Röhrs bereits Mitte der sechziger Jahre herausgefunden zu haben.[77] Obwohl seine Diagnose eindeutig falsch war[78], folgten ihm zahlreiche Adepten. Nachweisbar litt Hitler an einer Schüttelneurose, die erstmals bei amerikanischen Soldaten während des Ersten Weltkrieges diagnostiziert wurde.[79] Daß er sich infolge dieser Schüttelneurose gedrängt fühlte, seine weltpolitischen Pläne so umgehend wie möglich zu realisieren, kann nicht bestritten werden. Wer diesen Sachverhalt allerdings als eigentliche Ursache für das Scheitern seiner Politik begreift, verkennt die Geschichte ebenso, wie es bei Emile Zola der Fall war, der meinte, daß das französische Kaiserreich zugrunde gegangen sei, weil Napoleon III. an Gallensteinen gelitten habe.

Drei Jahre nach der Formulierung der OSS-Psychoakte von 1942 gaben Hitlers Leibarzt Theo Morell und die von den Westalliierten ebenfalls gefangen genommenen weiteren Hitler-Ärzte vor dem OSS neben ausführlichen Erklärungen über die körperliche Verfassung ihres inzwischen toten Patienten „A" und dessen Behandlung als „Psychiatrische Daten" zu Protokoll:

„a) Orientierung, was Zeit, Ort und Personen betrifft, war ausgezeichnet.
b) Erinnerung an Ereignisse, an neue und fernliegende, war hervorragend.
c) Sofortige Erinnerung an Persönlichkeiten, Statistiken, Namen usw. war vortrefflich.
Hitlers Allgemeinbildung (Erfahrung) war durch ihren Mangel an Universitäts-Ausbildung gekennzeichnet, welchen er jedoch durch Aneignung einer großen Ansammlung von Allgemeinwissen durch Lektüre kompensierte.
e) Urteilsvermögen über Zeit- und Raumbeziehungen war vorzüglich.
f) Reaktion auf die Umwelt war normal.
g) Er war unbeständig, zeitweise ruhelos und manchmal sonderbar (seltsam), sonst (unter anderen Umständen) zur Zusammenarbeit bereit und nicht leicht ablenkbar.
h) Gefühlsmäßig sehr labil. Neigungen und Abneigungen waren sehr festgelegt (entschieden).
i) Gedankenfluß zeigte Kontinuität. Die Rede war weder langsam noch schnell (flott) – und immer relevant (sachkenntlich, erheblich) wichtig.
j) ‚Globus hystericus' wurde nicht beobachtet. Kein Gedächtnisschwund. Epigastritischer Schmerz mag möglicherweise hysterischen Ursprungs gewesen sein.

[77] Vgl. Röhrs, Hans-Dietrich, Hitler – Die Zerstörung einer Persönlichkeit. Grundlagen der Feststellungen zum Krankheitsbild, Neckargemünd 1965 S. 186 und 191 f.

[78] Vgl. Maser, Hitler, S. 534, 582 f., 585 f.

[79] Ebenda, S. 376 ff. Derzeit leiden ungezählte amerikanische Vietnam-Veteranen an dieser Schüttelneurose, die in Darstellungen häufig als „Überlebenssyndrom", „Granatenschock" und auch als „Hysterie" erscheint. Wie jüngere Untersuchungen zeigen, werden auch zahlreiche Holocaust-Überlebende von traumatischen Erfahrungen ähnlichen Charakters geplagt.

k) Keine krankhaften Ängste oder Zwangsvorstellungen.
l) Keine Halluzinationen, Illusionen oder paranoide Neigungen."[80]

Falsch ist in der Akte von 1942 – um nur einige Beispiele anzuführen – die Vermutung, daß Hitlers Gewohnheit, den „Raum … immer diagonal von einer Ecke zur gegenüberliegenden Ecke" zu durchschreiten, „möglicherweise" auf seinen Aufenthalt (seit dem 1. April 1924) in der Landsberger Festungshaftanstalt nach seinem November-Putsch von 1923 zurückzuführen wäre.[81] In der Festungshaftanstalt, aus der er am 20. Dezember 1924 vorzeitig entlassen wurde, verfügte er – im Gegensatz zu seinen mitgefangenen Parteigenossen – nicht nur über zwei wohnlich eingerichtete Zellen, die niemals von ihm selbst gereinigt und in Ordnung gehalten werden mußten, sondern auch über weitere außergewöhnliche Privilegien. So durfte er beispielsweise Besucher jedweder Art und Herkunft empfangen, Audienzen gewähren und sogar seinen Schäferhund zu sich bringen lassen, wann immer er dies wollte.[82] Von „einer Ecke zur gegenüberliegenden Ecke" hat er da nicht gehen müssen. Falsch ist in der Akte ferner die Behauptung, daß Hitler „nie gelernt" habe, „ein Auto zu fahren". Tatsache ist, daß er einen Führerschein besaß[83] und „Auto fahren" konnte, auch wenn er es im Gegensatz zu Hermann Göring nicht tat, dem er gelegentlich vorwarf, die Verkehrsordnung „todesmutig" zu ignorieren, mit seinem „großen Mercedes" (mit dem Nummernschild WL 461 462) vornehmlich links zu fahren und alle anderen Verkehrsteilnehmer zu brüskieren.

Über Hitlers Stimme hieß es in der „Akte" von 1942: „Seine Stimme enthält eine typisch österreichische metallische Sonorität. Im Allgemeinen ist seine Stimme sehr weich. Die klischeehaften Berichte darüber, daß Hitler laut schreit, stimmen nicht. Während seiner ‚Geschäftszeiten' kann aber jeder Anlaß zu einer ‚großen Szene' und einem Kontrollverlust führen. Vor und nach seiner Rede läßt Hitler sich besondere Getränke mixen, um seine Stimme zu besänftigen. Wahrscheinlich läßt er sich auch regelmäßig eine Spritze in den Hals geben."[84]

Was zu der Zeit weder Hanfstaengl noch die anderen Informanten des OSS wußten, erfuhr der amerikanische Geheimdienst erst drei Jahre später von Hitlers Hals-Nasen-Ohren-Arzt Erwin Giesing, als er die in Gefangenschaft geratenen Hitler-Ärzte vernahm.

Hanfstaengl, der Hitler im April 1932 während dessen Wahlreisen für das Amt des Reichspräsidenten mit einigen anderen der engsten Mitarbeiter Hitlers begleitet hatte, der im April, Juli, Oktober und November 1932 als Regierungsrat der Braunschweigischen und Anhaltinischen Gesandtschaft in Berlin und Kandi-

[80] Punkt 17 des Ärzte-Protokolls. S. 438 ff.
[81] Ebenda.
[82] Maser, Hitler, S. 62 und 68.
[83] Pers. Mitteilung von Heinz Linge, 10. August 1976). Hitlers Führerschein wurde drei Jahrzehnte nach Hitlers Tod vom Münchener Auktionshaus „Hermann-Historica" versteigert.
[84] Bild-Zeitung, 11. Januar 2002.

Ein Dokument aus der „Akte", das die Amerikaner nicht zur Publikation zur Verfügung stellten.

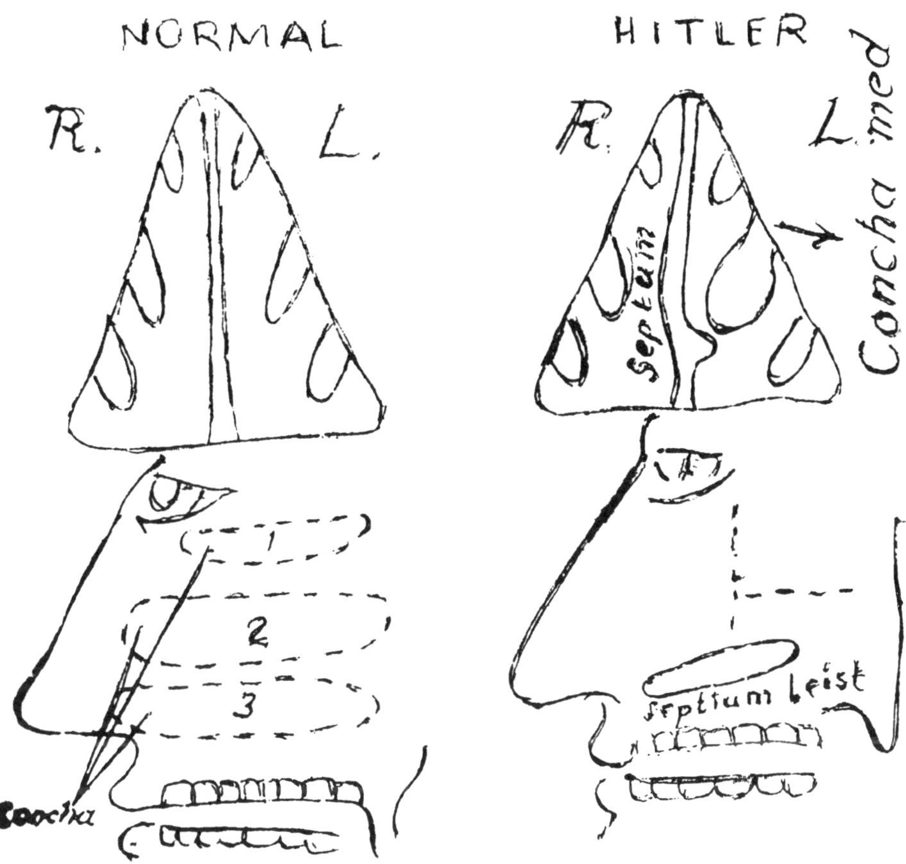

Hitlers Nase

Linke Seite: Skizze einer normalen Nase. Rechte Seite: Hitlers Nase. Skizzen vom 12. Juni 1945 für den US-Geheimdienst von Dr. Erwin Giesing, der Adolf Hitler 1944 als Hals-Nasen-Ohren-Arzt behandelte. Hitlers Nase war, wie die Gegenüberstellung deutlich zeigt, anatomisch verengt. Die mittlere linke concha (Schleimhaut) war übermäßig groß und deformiert, die Nasenscheidewand an mehreren Stellen verbogen und in der Nähe der Wurzel auf der linken Seite stark verdickt.

Abb. aus Paul Devrient. „Mein Schüler Hitler", Hrsg. Maser, München 2003, S. 23.

dat für das Amt des Reichspräsidenten und danach als Parteiführer für die Reichstagswahlen in 41 Tagen in ganz Deutschland über 130 lange Reden hielt, war entgangen, daß einer der Mitreisenden der Schauspieler und Opernsänger Paul Devrient gewesen war. Ihn hatte Hitler für 1.000 Mark im Monat (ein Arbeiter verdiente zu der Zeit rund 32 Mark) auf Empfehlung seines Hals-Nasen-Ohren-Arztes Dermitzel engagiert, um sich von ihm Sprech- und Schauspielunterricht geben zu lassen.[85] Dermitzel, der Hitler 1936 an den Stimmbändern operierte[86], hatte 1932 gehofft, seinem Patienten, dessen Nase anatomisch verengt, die linke Schleimhaut übermäßig groß und deformiert war und die Atmungsfähigkeit einschränkte, auf die Weise eine Operation ersparen zu können – was letztlich doch nicht der Fall war.

Der Text der OSS-Akte spiegelt lediglich wieder, was Hanfstaengl wußte.

Guido Knopp kommentierte den „Akten"-Text, soweit er sich auf den Redner Hitler bezog, in der „Bild"-Zeitung vom 11. Januar 2002 auf die für seine Geschichts-Interpretationen typische Weise. „War Hitler ein ‚genialer Redner'?", fragte er und folgerte, „Heute kommt es vielen fast unfaßbar vor, daß dieser dumpfe Demagoge Millionen Menschen offenkundig faszinieren konnte."

Goethe ließ seinen „Faust" sagen: „… die Zeiten der Vergangenheit / Sind uns ein Buch mit sieben Siegeln. / Was ihr den Geist der Zeit heißt, / Das ist im Grund der Herren eigener Geist, / In dem die Zeiten sich bespiegeln" – und Mephisto darauf erwidern: „Ich sag es dir, ein Kerl, der spekuliert, / Ist wie ein Tier, auf dürrer Heide / Von einem bösen Geist im Kreis herum geführt, / Und rings umher liegt schöne grüne Weide."

Schon der Respekt vor denen, die Opfer Hitlers und seiner Reden geworden sind, gebietet eine sachkundige Analyse des Sachverhalts.

Die Reden Hitlers, den die angesehene amerikanische Zeitschrift „Vanity Fair" bereits 1931 zu den weltweit am meisten beachteten Rednern der Gegenwart zählte, wirkten – im Rahmen der meist nach dem Muster kirchlicher Feiern sorgfältig präparierten Umfeld – primär durch den Rhythmus, die Melodik, die rhythmisch-melodische Gliederung und Betonungsstruktur, durch das Sprechtempo, die Dynamik, Stimmlage und Stimmfarbe Hitlers. Viele hörten nicht, was er sagte, sondern wie er es sagte. Nicht die Ratio, sondern die emotionalen Bereiche der Zuhörer sprach er an. Während es ihm auf diesem Wege möglich war, sehr vielen seiner Zuhörer bestimmte Ziele und Veränderungen so aufzu-

---

[85] Vgl. Maser, Hrsg., Mein Schüler Hitler. Das Tagebuch seines Lehrers Paul Devrient, Pfaffenhofen 1975; jüngste Aufl. München 2003. Fortan zit. als Maser, Mein Schüler Hitler. Das Buch wurde erstmals im März 2003 auszugsweise auch vom Wiener „Stadttheater Rabenhof" als authentische Dokumentation (im Gegensatz zu dem dichterisch-spekulativen Parabelstück „Der unaufhaltsame Aufstieg des Arturo Ui" von Bertolt Brecht von 1973) aufgeführt.

[86] Persönliche Mitteilung von Prof. Dr. Erwin Giesing (1975) Giesing hatte ursprünglich bei Dr. Dermitzel als Assistenzarzt gearbeitet und war von ihm 1944 Hitler als Hals-Nasen-Ohren-Arzt – nach dem Stauffenberg-Attentat empfohlen worden. Daß Dermitzel Hitler operiert hatte, erfuhr Giesing erst von Hitler selbst.

Hitler, der sich in Bayern bereits 1919 einen Namen als Redner gemacht hatte, während des Hitler-Prozesses nach dem Hitler-Putsch vom 8./9. September 1923 in München. Zeichnung des Presseberichters W. Krain in der renommierten „Berliner Illustrirten Zeitung“ vom 9. März 1924. Obwohl der dilettantische Putsch 19 Menschenleben (16 Nationalsozialisten und 3 Polizisten) das Leben gekostet hatte, gelang es Hitler – nicht zuletzt – infolge seiner rhetorischen Fähigkeiten und seines Charismas, das Gericht letztlich buchstäblich auf seine Seite zu ziehen. Er „erniedrigte“ die Anklage und machte „den Anklagestand zur Propagandabühne der NSDAP“, wie ein Gericht im Februar 1949 im Verfahren gegen den abwesenden Oberlandesgerichtsrat Neithardt und die ebenfalls abwesenden anderen „Hitler-Richter“ von 1924 feststellte. In der für seine demagogische Argumentations- und Denkweise typischen Manier rief er mit Pathos geladener Stimme in den Gerichtssaal: „Die Tat des 8. November ist nicht mißlungen. Sie wäre mißlungen dann, wenn eine Mutter gekommen wäre und gesagt hätte, Herr Hitler, Sie haben auch mein Kind am Gewissen. Aber darf ich versichern, es ist keine Mutter gekommen.“

Daß keine Mutter zu ihm kommen konnte, weil er sich seit dem 11. November 1923 in Untersuchungshaft befunden hatte, verschwieg er geflissentlich.

drängen, daß sie mindestens emotional nicht mehr von ihm loskamen, erzielte „Mein Kampf" derartige Folgen nicht. Seine Leser konnte er weder durch gespielten Zorn noch durch theatralische Entrüstung oder durch die Steigerung der Klangfarbe seiner Stimme von den Tatsachen ablenken, die ihm nicht paßten, oder an die er nicht glaubte, obwohl er sie propagierte und sich – zum Teil dem Scheine nach – für sie einsetzte.

Nach wissenschaftlich fundierten Erkenntnissen beruhte ein beträchtlicher Teil der Erfolge Hitlers als Redner auf der Tatsache, daß er über eine so außergewöhnliche Modulationsfähigkeit seiner Sprechweise verfügte, daß es ihm möglich war, durch den 2½ Oktaven umfassenden Frequenzbereich seiner Sprechweise die logischen Denkfunktionen in der Großhirnrinde seiner Zuhörer mit Berechnung zu hemmen und zugleich auch die emotionalen Bereiche des Hirnstammes zu aktivieren. So war er, was exakt meßbar ist und als ein Beweis unter vielen anderen angeführt wird, stets in der Lage, die Töne, die sich aus den rhythmischen Hervorhebungen ergeben, zwischen 200 und 300 Hertz (Hz) auszusprechen, obwohl seine normale Tonlage zwischen 170 und 160 Hz aufwies. Hitler, dessen Sprecheigenarten nicht nur habituell verankert waren, sondern von ihm auch zielgerichtet ausgenutzt wurden, gelang es, „mit Hilfe von Rhythmus, Gliederungseigenart und Melodik, die logischen Denkfunktionen der Großhirnrinde weitgehend zu paralysieren und je nach Absicht die emotionalen Bereiche des Hirnstammes stärker zu aktivieren. Diese psycho-prosodischen Einflußmöglichkeiten benutzte er vor allem dann, wenn er ganz bestimmte Absichten, absurde oder auch unmenschliche Forderungen, entscheidende Wahrheits- und Geschichtsfälschungen oder notwendige Rechtfertigungen für unerwartete oder gar verbrecherische Taten dem Zuhörer aufzwingen wollte". Nicht zufällig sind denn auch Hitlers Feststellungen in „Mein Kampf" über die Bedeutung und Wirkungsmöglichkeiten eines Redners – nicht nur für Politiker – aufschlußreicher als beispielsweise die Lehren über die Psychologie der Massen von Le Bon und McDougall, weil Hitler Erfahrungen ausbreitete und sowohl seine Wirkungsbestimmung der Propaganda als auch eine Apologie des gesprochenen Wortes vorlegte. „Mein Kampf" beweist, daß er seine Wirkungsmöglichkeiten als Redner kausal-psychologisch motivierte.[87]

Hitler, dessen Sprache stets ein bestimmtes Reservoir logisch-begrifflicher Formen und Inhalte „auf Abruf" bereithielt, hatte rasch erkannt, daß bestimmte Begriffe und Namen durch stereotype Verknüpfungen mit gewünschten Vorstellungen und Gefühlswerten die angestrebten Änderungen in der allgemeinen Gefühls- und Wertassoziation erzeugen konnten. Schon als „Bildungsoffizier" kurz nach dem Ersten Weltkrieg hatte er bemerkt, wie zum Beispiel das von ihm stets durch bestimmte Kontextbeziehungen zur negativsten Wertassoziation überhaupt

[87] Vgl. Maser, Mein Schüler Hitler, zit. nach der Ausg. von 2003, S. 43 f. und Schnauber, Cornelius, Wie Hitler sprach und schrieb, Frankfurt 1972, u.a. S. 77 ff., 102 f. und 112 f.

„Redner, über die man am meisten redet“, Beitrag in der amerikanischen Zeitschrift „Vanity Fair“, nachgedruckt in der „Berliner Illustrirten“ vom 13. Dezember 1931. Oberste Reihe von l. nach r.: Brüning, MacDonald, Mussolini; mittlere Reihe: Lloyd George, Briand, Stalin; untere Reihe: Zamora, Hitler, Gandhi.

10 Jahre später mutmaßte Bert Brecht, daß Hitler sich von dem Provinzschauspieler Basil „Unterricht“ in Deklamation und edlem Auftreten habe geben lassen. Vgl. dazu Brechts Parabelstück „Der unaufhaltsame Aufstieg des Arturo Ui,“ posthum Berlin 1958.

„aufgebotene" Wort „Jude" bei vielen seiner Zuhörer Gefühle und Vorstellungen wie Haß und Empörung erzeugte. So erschien das Wort „Jude" denn auch propagandistisch als Achse der sprachlich-gedanklichen Absicherungen in den Reden Hitlers und der nationalsozialistischen Propagandisten.

Von Hitlers Rednertalent beeinflußter Stellenwert der NSDAP von 1928–1933:

	1928	1930	1932 Juli	1932 Nov.	1933
SPD	29,8% 153 Mand.	24,5% 143 Mand.	21,6% 133 Mand.	20,4% 121 Mand.	18,3% 120 Mand.
Zentrum/ BVP	15,2% 78 Mand.	14,8% 87 Mand.	15,7% 97 Mand.	15,0% 90 Mand.	13,9% 92 Mand.
NSDAP	2,6% 12 Mand.	18,3% 107 Mand.	37,4% 230 Mand.	33,1% 196 Mand.	43,9% 288 Mand.
KPD	10,6% 54 Mand.	13,1% 77 Mand.	14,6% 89 Mand.	16,9% 100 Mand.	12,3% 81 Mand.
Konservat. Parteien	25,1% 122 Mand.	20,3% 113 Mand.	8,3% 48 Mand.	11,3% 64 Mand.	9,6% 59 Mand.
DVP	8,7% 45 Mand.	4,5% 30 Mand.	1,2% 7 Mand.	1,9% 11 Mand.	1,1% 2 Mand.
DDP/ Staatsp.	4,9% 25 Mand.	3,8% 20 Mand.	1,0% 4 Mand.	1,0% 2 Mand.	0,9% 5 Mand.
Mandate Reichstag	491	577	608	584	647
Wahlbeteiligung	75,64%	82,0%	84,0%	80,6%	88,7%

Wie in „Mein Kampf" vorgezeichnet, wurden kritische Einzelne und Gruppen, die Hitler als Opponenten, Gegner und Feinde ansah, mit Superlativen negativer Prägung beschimpft, Intellektuelle pauschal als „überzüchtet", „blutleer" und „weltfremd", als „Hohlköpfe", „Strohköpfe" und „dummes Hühnervolk" diffamiert, was bei seinen Anhängern auf offene Ohren und Herzen traf. Die von der nationalsozialistischen Propaganda ganz allgemein bündelweise mißbrauchten Superlative gingen zum größten Teil zwar ebenfalls auf Hitler zurück, resultierten jedoch aus einem Mißverständnis. Die Propagandisten wußten nicht, daß Hitler gern Superlative wie „größte Menschheitszerrüttung aller Zeiten", „größter Wortbruch aller Zeiten", „das grausamste Diktat aller Zeiten" und „schandbarste Unterwerfung und Ausplünderung aller Zeiten" und aggressiv artikuliert beeindruckende Fakten- und Zahlenkolonnen verwendete, um sich vor allem an ihnen bewußt zu orientieren, wenn er sich als Redner emotional abreagierte. Nicht ohne Grund ließ er sich seit 1922 seine Reden vor der Veröffentlichung meist noch

Der Vorsitzende
Braunschweigischen Staatsministeriums.

Eing.: - 9. NOV. 1932
Tgb. Nr.: 2601

Braunschweig, den 8.November 1932.

Pers.H.

Fernsprecher: 5800 — 5811.
Postscheckkonto: Hannover 42219.
Bankkonto: Braunschw. Staatsbank.

Auf den Bericht vom 3.d.Mts. Nr.2601.

Dem Regierungsrat A. Hitler bewillige ich den erbetenen Urlaub bis auf weiteres. Die Zahlung der Bezüge ist einem Wunsche des Regierungsrats Hitler entsprechend während der Dauer des Urlaubs einzustellen.

gez. Dr. Küchenthal.

An
[Bra]unschweigische,Anhaltische
[Me]cklenburg-Strelitz'sche
[Ver]tretung beim Reich,
Berlin W 62.
Lützowplatz 11.

Beglaubigt:
Min.Oberinspektor.

Diensturlaub für den Regierungsrat Adolf Hitler für Wahlreisen von Juli bis November 1932 für die Reichstagswahlen im November 1932.

Dok.: Bundesarchiv Koblenz NS 26/5

einmal vorlegen, und nicht selten änderte er dann Textstellen, die ihm bei der nüchternen Lektüre nicht behagten, grob übertrieben oder gar irreal erschienen.[88]

Als Hitler 1932 erstmals als deutscher Staatsbürger vor die Wähler trat, war er nicht mehr Politiker ohne zivilen Beruf, sondern Staatsbeamter (Regierungsrat), er benutzte als einziger „Wahlkämpfer“ ein Flugzeug und konnte innerhalb eines Tages in verschiedenen und weit voneinander entfernt liegenden Orten reden, er konnte die außergewöhnliche Qualität seiner Sprache und Stimme erstmals so schonend einsetzen, daß sie nicht schaden litt – und er verzichtete erstmals, ebenfalls aus politischem Kalkül, tunlichst darauf, antisemitische Reden zu halten und den Juden anzulasten, was er jetzt den anderen politischen Parteien vorwarf.

Angesichts der schier unvorstellbaren Geschehnisse ist es zwar nicht leicht, wissenschaftstheoretische Maximen auf die zeitgeschichtliche Forschung anzu-

[88] Vgl. Maser, Hitler, S. 317 f.

Nun steht die Wahl eines neuen Reichspräsidenten vor uns.

Seit Wochen mogeln und feilschen die Parteien der Rechten und Linken, [illegible] von der einzigen Sorge, [illegible]) Männer zu finden, die auch die nächsten 7 Jahre auf dem Boden der alten Tatsachen stehen würden, (um die Person eines Kandidaten.)

Sie kommen nicht zu dem einzig möglichen, ehrlichen Entschluß, dieser nachnovemberlichen Zeit einen prinzipiellen Kampf anzusagen und dem deutschen Volke als Führer einen Mann vorzuschlagen, der seinem Wollen und Wesen nach nicht nur nicht auf dem Bdden der Novemberrepublik steht, sondern den heiligen Willen und unerschütterlichen Entschluß besitzt, die deutsche Not zu beenden- zerbrechen, die Wehrlosigkeit zu beenden, der internationalen Finanzhydra den Kopf zu zertreten und dem Volke zu geben, was des Volkes ist, auf daß aus der Leiche des heutigen Barmat[illegible] [illegible] dereinst wieder ein [illegible] werde.

Nein. Der alte Zustand soll, wenn auch vielleicht unter anderen [illegible] weiterdauern.

In allen grundsätzlichen Fragen deutscher Innen - und Außenpolitik soll sich nichts ändern.

Der Vergewaltigung des deutschen Volkes durch seine inneren und äußeren Ausplünderer soll nicht entgegengetreten werden.

Nur die Farbe soll [illegible] wechseln.

Wir unterzeichneten Männer der nationalen Opposition [illegible] in einer solchen Entwicklung die endgültige Sanktionierung einer dauernden Versklavung und damit Verelendung unseres Volkes.

Wir können die Parole der feigen Duldung ebensowenig gutheißen wie der die der bewussten Schlechtigkeit an sich.

Wir sehen in einem Reichspräsidenten nationaler Färbung ohne brutale Entschlossenh dem Revolutionsskandal endgültig den Todesstoß zu geben, für die Freiheit und Zukunft un-

Eine von Hitler 1932 diktierte und nachträglich von ihm handschriftlich korrigierte Seite für einen Wahlaufruf, in dem er als offizieller Kandidat massiv agierte – und sich in diesem Entwurf als Retter aus der Misere der Nation anpries (zum Beispiel: anstelle „als Führer einen Mann“ = „als Führer den Mann“). Auch darin vermied er jeden Hinweis auf eine eventuelle Schuld des Judentums an der politischen Situation und Lage, in der sich Deutschland befand. Er verzichtete aus nüchternem politischem Kalkül auf eine der maßgeblichen Säulen seiner „Weltanschauung“, was einige seiner Unterführer, bei denen antisemitische Tiraden ihre Argumente nach wie vor dominierten, in ihren Reden zu der Zeit nicht zu tun vermochten.

Dok.: Heinrich Heim.

wenden, soweit bestimmte „Details" der Geschichte zu behandeln sind, doch ein Verzicht auf die differenzierte Methodik, die bei der Untersuchung anderer Geschichtsepochen angewandt wird, kann zu keinem befriedigenden Ergebnis führen. Eine nur politisch-moralische Aufarbeitung muß „Volkspädagogik" initiieren, die mehr schadet als nützt. Historiker und Publizisten, und es sind nicht wenige, die den Nationalsozialismus und das NS-Regime methodisch auf eine unorthodoxe Weise behandeln, müssen sich den Vorwurf gefallen lassen, einer letztlich unfruchtbaren Tätigkeit nachzugehen.

Das Ende der Legenden über die Berichte der Hitler-Ärzte

Dieses vom US-Geheimdienst als „Morell-Protokoll" bezeichnete Dokument enthält die Aussagen des von den Amerikanern 1945 gefangen genommenen Theo Morell (Leibarzt Hitlers) und der weiteren Ärzte, die Hitler in Morells Auftrag bis an Hitlers Lebensende behandelt haben. Dr. Robert M.W. Kempner, der während des Nürnberger Prozesses der US-Anklagebehörde angehörte und im Nachfolgeprozeß (Fall XI) als Hauptankläger fungierte, erhielt das – nach seinen und Erwin Giesings Angaben – in deutscher Sprache verfaßte Protokoll zur „Aufbewahrung". Anstatt sich Kopien herstellen zu lassen, wozu er in bestimmten Fällen befugt war, behielt er – wiederum nach eigenen Angaben – unberechtigt das Original und entzog es jeder Auswertung durch Ärzte oder Fachhistoriker.[1] Am 30. September 1970 stellte er es mir für meine Hitler-Biographie „Adolf Hitler. Legende – Mythos – Wirklichkeit" zur Verfügung, wobei er schriftlich ausdrücklich hervorhob, daß er es gern selbst „als erster veröffentlicht" hätte, es mir „jedoch zu treuen Händen" überlasse. Den vollständigen Text des Dokuments habe ich bislang niemals veröffentlicht.

Zwar haben der englische Historiker David Irving[2] und der deutsche Mediziner Ernst Günther Schenck[3] zwischen 1969 und 1989 Dokumente des Nationalar-

---

1 Zu Kempners Umgang mit Originaldokumenten vgl. Der Spiegel vom 3. November 2003 und vom 17. November 2003. Im Spiegel vom 3. November 2003 heißt es u.a.: „Während seiner Tätigkeit in Nürnberg hatten Kempner und seine Mitarbeiter ständigen Zugriff auf das Beweismaterial. Vorausschauend hatte sich Kempner die ausdrückliche Genehmigung besorgt, Kopien … und Akten mitzunehmen." Die ungezählten Dokumente hatte Kempner nach dem Nürnberger Prozeß nicht gerade sachgerecht in Regalen, Müllsäcken und Kisten in einem Haus in Landsdowne in den USA verstaut. 1999, als das Haus nach seinem Tod (1993) verkauft wurde, beschlagnahmte das FBI die zuletzt bei dem US-Altwarenhändler Martin gelagerten Unterlagen. Im Spiegel vom 3. November 2003 hieß es dazu: „Rabiat verschafften sich FBI-Agenten Zutritt zu einem Reihenhaus im Hafenviertel von Philadelphia. Streifenwagen riegelten die Straße ab. Für die Fahnder verlief die Razzia bei dem Altwarenhändler Walton Martin erfolgreich. Zwei Überseekoffer und 21 Kisten voller Nazi- und Wehrmachts-Dokumente beschlagnahmten die Beamten der amerikanischen Bundespolizei." Zahlreiche Dokumente waren zu der Zeit längst verschollen, an Militariahändler verkauft oder versteigert worden. Einen Teil hatte das Deutsche Bundesarchiv nach Kempners Tod übernommen, einen weiteren eine amerikanische Forschungseinrichtung. Am 27. Oktober 2003 entschied das Bezirksgericht der amerikanischen Ostküsten-Metropole Philadelphia, daß der Händler Martin die Hälfte des übriggebliebenen Kempnerschen Dokumentenschatzes (nach dessen Angaben im Wert von 170.000 US $) behalten dürfe, während die andere Hälfte zwischen dem Holocaust-Museum und dem Nationalarchiv Washington aufzuteilen sei.
Das mir am 30. September 1970 von Kempner übereignete Original-„Morell-Protokoll" war nirgendwo dabei. Die Feststellung des „Spiegel" vom 3. November 2003, daß Kempner „der Geschichtswissenschaft … eher einen Bärendienst erwiesen" habe, trifft für dieses Dokument nicht zu. Es bleibt der Geschichtswissenschaft erhalten.

2 Irving, David, Hitlers Krankheiten, Stern Nr. 25–29, 1969, derselbe: Wie krank war Hitler wirklich?, München 1980.

3 Schenck, Ernst Günther, Patient Hitler. Eine medizinische Biographie, Düsseldorf 1989.

chivs Washington,[4] einige der mitgeschriebenen Angaben der vernommenen Ärzte, auszugsweise Rückübersetzungen ihrer abgegebenen Erklärungen und zusätzliche schriftliche Berichte[5] vor allem von Hitlers Leibarzt Morell, seinem Hals-, Nasen- und Ohrenarzt Erwin Giesing, seinem Begleitarzt Karl Brandt und seinem Chirurgen Hanskarl von Hasselbach, publiziert und zum Teil unterschiedlich gedeutet. Das von Kempner in seinem Besitz gebrachte Protokoll der Ärztevernehmungen und -Befragungen, das beispielsweise im Gegensatz zu dem von Irving eingestandenermaßen kaum entzifferbaren Tagebuch Morells[6], das Schenck nach eigenen Angaben „nur teilweise zur Verfügung" stand, problemlos lesbar ist, wird hier erstmal veröffentlicht.

---

4 Sammelreport der amerikanischen Vernehmungsoffiziere von November 1945: Headquarters, United States Forces European Theater Military Intelligence Service Center 0I – Consolidated Interrogation Report (IR) No 2/15. Oktober 1945 und No 4/29. November 1945

5 Die Berichte hatten durchweg nur einen geringen Wert für die Beurteilung des Gesundheitszustandes Hitlers. So enthält bespielsweise Erwin Giesings 177 Seiten umfassender Bericht, den er in einer Art „Schnellverfahren" bereits am 12. Juni 1945 vorlegte, weitaus mehr Gemeinplätze über politische Gespräche mit Hitler als differenzierte Befunde über die ärztliche Behandlung seines Patienten „A" (Hitler). Wie er mir erklärte, hat er sich infolge der Gefahr, von den Amerikanern womöglich bestraft zu werden, – in nicht ärztliche Belangen – nicht immer an die Tatsachen gehalten.

6 Vgl. Schenck, S. 547, Anm. 20.

7 Ebenda. Doch auch Publikationen der jüngsten Zeit (wie Neumayer, Hitler, Wahnideen, Krankheiten, Perversionen, Wien 2001), haben auf die Darstellung des Protokolls verzichten müssen, weil es ihren Autoren in authentischer Fassung nicht zur Verfügung gestanden hat.

Dr. Robert M. W. Kempner und R. I. Levin
Rechtsanwälte

6 FRANKFURT AM MAIN
Feuerbachstraße 28 · Telefon 72 20 45

30.9.1970
I sti

Herrn
Dr. Werner Maser

672 Speyer
Am Renngarten 2

Lieber Dr. Maser !

In der Anlage sende ich Ihnen den amerikanischen Bericht über die Krankheit Hitlers, der von den Ärzten aufgrund der Nachkriegsvernehmungen amtlich gemacht worden ist. Wie Sie wissen, habe ich ihn telefonisch aus meinem Archiv in den USA für Sie bestellt und er ist erfreulicherweise auch gefunden und per Luftpost geschickt worden. Ich sende Ihnen diesen Bericht zu treuen Händen und Sie können ihn für Ihr Hitlerbuch verwenden, obwohl ich ein solches Stück lieber als erster in Memoiren veröffentlicht hätte. Voraussetzung ist unsere Vereinbarung, dass Sie diesen Bericht nicht anderen zugänglich machen und ausdrücklich in Ihrem Buch vermerken: Dieser Bericht wurde mir aus dem Archiv von Dr. Robert M.W.Kempner, dem früheren stellvertretenden amerikanischen Hauptankläger ~~im Nürnb~~ in den Nürnberger Kriegsvernrecherprozessen zur Verfügung gestellt. Bei Beginn der Verfahren hatte noch die Frage eine Rolle gespielt, ob Hitler tatsächlich Selbstmord verübt oder ob er, wie Gerüchte behaupteten, noch ~~im letzten~~ vor der Besetzung Berlins etwa nach Südamerika ausgeflogen sei.

Für heute mit vielen Grüssen

Robert M.W.Kempner

Das mir von Kempner übergebene Dokument umfaßt 26 Schreibmaschinenseiten. Die Seiten 2 und 17 sind als Faksimile abgedruckt.

Nach Aussagen von Kempner und Erwin Giesing wurden die Fragen an die deutschen Ärzte in Deutsch übersetzt und die Ärzte haben in Deutsch geantwortet, deutsche Emigranten haben protokolliert. Die bei der Niederschrift entstandenen Fehler bei medizinischen Fachbegriffen, die Anglizismen als Erläuterung sowie Schreibfehler wurden im Text unverändert übernommen. Zum besseren Verständnis für medizinische Laien habe ich auf den ersten 11 Seiten des Dokuments (bis einschließlich (16) b in gedruckter Form) gelegentlich in Absprache mit Fachärzten erklärend eingegriffen, ohne den Sachverhalt zu verändern.

Das „Morell-Protokoll“

(1) Allgemein

Dr. Morell wurde im Jahre 1936 der persönliche Arzt Hitlers. Zu diesem Zeitpunkt achtete Hitler auf sein Alter und litt unter einer Magen-Darm-Störung. Er wog rund 70 kg und war ungefähr 176 cm groß. Temperatur, Puls und Atmung waren normal und bewegten sich ungefähr acht Jahre (bis 1944) innerhalb normaler Grenzen. Seine Blut-Gruppe war „A“ (Landsteiner); siehe Anhang VI. Sein psychischer Zustand war sehr komplex.

(2) Krankengeschichte

Im Jahre 1936, als Morell Hitler zum erstenmal untersuchte, litt der Führer akut unter Magen-Darm-Störungen und hatte Schwierigkeiten mit seiner Diät (Ernährungsweise). Beim Abtasten wurde eine Schwellung im Oberbauch bemerkt, die auf einen vergrößerten linken Leberlappen zurückgeführt wurde. Darüber hinaus spürte Hitler Schmerzen in der Gegend der rechten Niere. Ein Ekzem wurde am linken Bein bemerkt, das offensichtlich in Verbindung mit der gestörten Verdauung stand. Daraufhin führte Dr. Morell ein Untersuchungsverfahren durch, das von Prof. Nissle, dem Direktor des Bakteriologischen Instituts in Freiburg entwickelt worden war, dessen Ergebnis das Vorhandensein von „dysbacterial flora“ (Dysbakterie des Darmes) im Darm-Trakt (Gebiet) zeigte. Nissle hatte zu dieser Zeit eine Emulsion eines Stammes von Bacillus coli communis präpariert, welche die Eigenschaft hatte, den Darm-Trakt zu besiedeln, kommerziell bekannt als „Mutaflor“, und Morell leitete die Behandlung damit ein, indem er verschrieb, 1–2 Kapseln nach jeder Morgenmahlzeit (durch den Mund) einzunehmen. Als ein Ergebnis dieser Behandlung begann Hitlers Verdauungssystem normaler zu arbeiten, das Ekzem verschwand innerhalb von ungefähr sechs Monaten, und er begann an Gewicht zuzunehmen.

Als während des Krieges der Vorrat an „Mutaflor“ abnahm, wurde auch eine ähnliche coli-Zubereitung (Herstellung), „Trocken Coli Hamma“ genannt, verwendet, die von Prof. Laves von der Universität Graz hergestellt wurde.

Hitler litt auch unter Blähungen („meteorism“). Dieser Zustand wurde durch seine vegetarische Ernährung verschlimmert. Um die Blähungen zu lindern, verschrieb Morell Dr. Kösters Antigas-Tabletten, zwei bis vier zu jeder Mahlzeit. Diese Tabletten (extr. nuc. vomic., extr. bellad., extr. Gent.) wurden über eine Zeit von Jahren hinweg eingenommen und beide, Dr. Giesing und Brandt, glauben, daß der kumulative Effekt der Strychnin-Komponente für die epigastrischen Schmerzen verantwortlich gewesen sein mag (engl. „epigastric“ = die Magengegend betreffend) ebenso für die gelbsüchtige Verfärbung der Bindehaut und das Bronzebraun der Haut (siehe auch USFET – MISC Report OI – CJR 2), was während des Jahres 1944 bemerkt wurde. Auf der anderen Seite glaubt Dr. Morell, daß Hitler an „Gastroduodenitis“ mit Verminderung des Gallenflusses erkrankt war und daß die gelbsüchtige Verfärbung darauf zurückgeführt werden kann.

Er sieht diese Ansicht durch die Tatsache gestützt, daß Hitler in der Gegend der Gallenblase Schmerz spürt. Der Urin war zeitweise dunkel-braun und enthielt Gallenpigmente. Morell behandelte Hitler mit Gallestol, um normalen Gallenfluß wieder herzustellen. Da Hitlers Ernährung unzulänglich und unausgeglichen war, ergänzte Morell sie durch Vitamultin-Calcium (Vitamin B 1, Ascorbinsäure, Calcium, Nikotin-Säure-Amid); dabei gab er es oft zusammen mit Glukose intravenös, um den Verlust von Energie zu verhindern. Eine Spezialzubereitung von Vitamultin-Calcium-„F-Tabletten“, die nur für Hitler hergestellt wurden, nahm Hitler auch durch den Mund ein.

Obwohl die epigastrischen Schmerzen durch die „Mutaflor“-Behandlung vermindert wurden, hielten sie an, um manchmal mit großer Heftigkeit, besonders nach Mahlzeiten, wiederzukommen. Als eine zusätzliche Maßregel verschrieb Dr. Morell Progynon-Injektionen (eine Zubereitung mit Benzolsäure und Follikelhormonen), die die Zirkulation in den Magenwänden vermehrt und darauf abzielt, einen Krampf der Magenwände zu verhüten. Progynon B 0,1. Forte (50.000 internationale Einheiten) wurde intramuskulär gegeben; es brachte Linderung (Erleichterung).

(3) Narben

Eine Narbe, die Folge einer Wunde im Ersten Weltkrieg (evtl. aus dem Ersten Weltkrieg), war auf dem linken Oberschenkel in mittlerer und seitlicher Lage vorhanden.

(4) Haut und Körperhaut war blaß und von reiner Struktur. Ein Ekzem auf dem linken Bein verschwand während des Jahres in dem die Behandlung mit „Mutaflor“ begann.

Seite 2 des Original-Protokolls

hergestellt wurde.
Hitler litt auch unter Blähungen ("meteorism"). Dieser Zustand wurde durch seine vegetarische Ernährung verschlimmert. Um die Blähungen zu lindern, verschrieb Morell Dr. Kösters Antigas-Tabletten, zwei bis vier zu jeder Mahlzeit. Diese Tabletten (extr. nuc. vomic. extr. bellad., extr. Gent.) wurden über eine Zeit von Jahren hinweg eingenommen und beide, Dr. Giesing und Brandt, glauben, daß der kumulative Effekt der Strychnin-Komponente für die epigastrischen Schmerzen verantwortlich gewesen sein mag (engl. "epigastric" = die Magengegend betreffend), ebenso für die gelbsüchtige Verfärbung der Bindehaut und das Bronzebraun der Haut. (siehe auch USFET - MISC Report OI - CIR 2), was während des Jahres 1944 bemerkt wurde.
Auf der anderen Seite glaubt Dr. Morell, daß Hitler an "Gastroduodenitis mit Verminderung des Gallenflusses erkrankt war und daß die gelbsüchtige Verfärbung darauf zurückgeführt werden kann. Er sieht diese Ansicht durch die Tatsache gestützt, daß Hitler in der Gegend der Gallenblase Schmerz spürt. Der Urin war zeitweise dunkel-braun und enthielt Gallenpigmente. Morell behandelte Hitler mit Gallestol, um normalen Gallenfluß wieder herzustellen.
Da Hitlers Ernährung unzulänglich und unausgeglichen war, ergänzte Morell sie durch Vitamultin-Calcium (Vitamin B 1, Ascorbinsäure, Calcium, Nikotin-Säure-Amid); dabei gab er es oft zusammen mit Glukose intravenös, um den Verlust von Energie zu verhindern. Eine Spezialzubereitung von Vitamultin - Calcium-"F-Tabletten", die nur für Hitler hergestellt wurden, nahm Hitler auch durch den Mund ein.

Obwohl die epigastrischen Schmerzen durch die "Mutaflor"-Behandlung in hohem Grade vermindert wurden, hielten sie an, um manchmal mit großer Heftigkeit, besonders nach Mahlzeiten, wiederzukommen. Als eine zusätzliche Maßregel verschrieb Dr. Morell Progynon-Injektionen (eine Zubereitung mit Benzolsäure und Follikelhormonen) die die Zirkulation in den Magenwänden vermehrt und darauf abzielt, (einen) Krampf der Magenwände zu verhüten. - Progynon B 0,1 forte (50,000 internationale Einheiten) wurde intramuskulär gegeben; es brachte Linderung (Erleichterung) (Über Einzelheiten von "mediaction" siehe Sektion b)
(oder: Was Einzelheiten über (von) "mediaction" betrifft, siehe Sektion b)

Petechinen wurden nicht beobachtet. Die Haut war gegenüber heißer und kalter, scharfer und stumpfer Berührungen normal empfindlich.

(5) Gesicht

Der Gesichtsausdruck war sehr markant („von intensiver Qualität") und bezwang und faszinierte die meisten Menschen, die den Führer trafen. Es bestand keine wahrnehmbare (merkliche) Asymmetrie. (Eine) Schätzung des Gesichts-Index zeigt (gibt an) mehr oder weniger (einen) Typus mit langem Gesicht. Verschiedene horizontale Falten auf der Stirn waren dauernd vorhanden. Ebenso waren zwei kurze Falten in der „Glabella"-Gegend (vorhanden).

Empfindlichkeit über dem Kiefer (in Richtung Kiefer?) und Siebbeinkrümmungen waren nicht vorhanden, wenn Hitlers Gesicht Engagement verriet (Zorn, Freude etc.).

(6) Kopf

a. Allgemein

Die Schädeldecke war leicht langköpfig. Die Schläfengefäße ragten nicht hervor. Kein krankhafter Befund am Warzenfortsatz. Hirnschale (Schädelhaube) zeigte keine Spuren von Narben (Schrammen). Das Haar war sehr dunkelbraun, fast schwarz, mit leicht angedeuteter Spärlichkeit; etwas grau an den Schläfen, weniger an den übrigen Stellen.

b. (*Den Buchstaben b übergingen die Protokollanten*)

c. Augen

Ein minimaler Grad von „Exophthalmus" war immer vorhanden. Für (die) Altersgruppe war der Augendruck (Spannkraft) altersgemäß normal. Augenbewegungen gut zugeordnet (abgestimmt) und nach allen Richtungen frei. Die Augenlider zeigten weder eine Verzögerung noch einen anderen Beweis für Pathologia. Die Pupillenreflexe waren normal, ebenso Bindehaut und „soclera". Seine Augen waren blau mit schwacher Graufärbung. Die Augenbrauen ragten merklich hervor.

d. Ohren

Die Ohrmuscheln waren von mittlerer Größe und lagen am Schädel eng an. Es war kein Anhaltspunkt für Abweichung auf Pathologie oder Mißgestaltigkeit irgendeines Teiles der äußeren Ohren vorhanden. Die äußeren Gehörgänge waren von mittlerer Weite und im übrigen normal. Kein Anhaltspunkt für Mißbildung oder Pathologie an Schnecke, „fossa of anthelix", „Tragus", Läppchen, „antitrigus", „concha", „anthelix" oder „fossa of helix" wurde festgestellt.

e. Nase

Die Nase war aufrecht mit einer leichten Erhöhung auf dem „dorsum". Der untere Teil war dick und fleischig, mit relativ hervorragenden „Nares" <herausragenden vorspringenden Nüstern>. Hitler litt häufig unter Entzündung und Verengung der Nasengänge.

f. Mund

Die Lippen hatten normale rote Farbe und waren ziemlich schmal. Die Lippenschleimhaut zeigte keine krankhaften Erscheinungen. Der Biß war normal (orthognat), die Zähne defekt (unvollständig, schadhaft). Zahnfleischentzündung im Jahre 1936 wurde durch Behandlung mit Vitamin C und antiseptischen Mundwasser völlig ausgeheilt. Die Zunge war von mittlerer Größe und während der Jahre 1935–36 als eine Folge von gastritischer Störung häufig belegt. Vernarbung der Mandeln war wahrscheinlich einer Mandelentzündung aus der Zeit seiner Kindheit zuzuschreiben. Zäpfchen und Gaumen zeigten keine Anormalität. „Nasopharynx", „Oropharynx" und „Larynx" waren infolge von Infektionen in den oberen Atemwegen oft entzündet. „Foetor ex ore" war im März-April 1945 vorhanden. Die Nasolabial Falten waren stark ausgeprägt.

(7) Nacken/Hals

Die Beweglichkeit der Halswirbelsäule war nach allen Richtungen normal. Pulsationen wurden nicht beobachtet. Neubildungen oder fühlbare Knoten waren nicht vorhanden und kein Anhaltspunkt für Erkrankung von Schild- und Nebenschilddrüse. Prof. Dr. von Eicken operierte Hitler 1935 und wieder 1944, um einen Polypen vom linken Stimmband zu entfernen.

(8) Brust

Die Brusthaut war blaß. Brust und Rücken unbehaart. Die Brustdrüsen zeigten kein übermäßiges Wachstum oder andere krankhafte Abweichungen. „Supraclavicula" (über dem Schlüsselbein befindlich), „suprasternal", Schlüsselbein, „sternal", „mammary", „inframammary", „scapular", „interscapular", „infrascapular", „axillary" und „infraaxillary" -Gegenden normal. Brustkorb-Form war „asthenic". Umfang und Durchmesser wurden nicht gemessen. Retraktion oder Pulsation (pulsieren) wurden nicht beobachtet. Brustkorb in allen Teilen normal.

(9) Lungen

Lungenexpansion normal. Durch Abhören kein krankhafter Befund feststellbar.

(10) Herz

Blutdruck, wie er bei vielen Gelegenheiten gemessen wurde, betrug durchschnittlich 143 mm „systolisch", ungefähr 100 mm „diastolisch". Bei Aufregung stieg der „systolische" Druck auf 170 bis 180 oder manchmal auf eine Höhe von 200 mm. Die Perkussion <Abklopfen> ergab mäßige Erweiterung (Vergrößerung) der linken (Herz-) Kammer mit Verschiebung (Versetzung) der Herz-Spitze nach links von der Medioclavicular-Linie, allerdings noch innerhalb des 5. „Intercostal"-Raumes. Beim Abhören wurde Symptom für erhöhten Blutdruck deutlich (d.h. Akzentuierung des 2. Herztones) und ein Aorta-Geräusch im 2. „Intercostal"-Raum in (Richtung?) der rechten „Parasternal"-Linie festgestellt. Elektrokardiogramm (Morell) von Prof. Dr. Weber vom Herz-Institut in Bad Nauheim ausgewertet, zeigte rasch fortschreitende Coronar-Sklerose. Die Pulsfrequenz betrug durchschnittlich 72 pro Minute mit nur sehr leichter „respiratory arrythmia" (wohl arythmischer Atmung).

Es gab keinen Anhaltspunkt für extra Zusammenziehung oder für atrioventriculäre Überleitungsstörungen. Ein Herz-Belastungs-Test wurde nicht vorgenommen.

(11) Bauch

Die Form war normal. Bei der Untersuchung im Jahre 1936 Schmerz und Empfindlichkeit in der epigastrischen Gegend. Konsistenz und Lebervergrößerung in der rechten „hypochondriac" Gegend, und „tympanites" in der linken „hypochondriac" und „umbilical" (= zum Nabel gehörig) -Gegend. Betasten förderte auch Schmerz in der Gegend der rechten Niere zu Tage.

Morell glaubt, daß Schmerzen, Empfindlichkeit und Krämpfe in der epigastrischen Gegend durch „gastro-duodenitis" mit Störung im normalen Gallenfluß verursacht wurden und daß dieser Zustand auch für die gelbsüchtige Verfärbung von Haut und Bindehaut („Sclera") verantwortlich waren, wie sie während des Jahres 1944 auftrat – später aber beseitigt wurde.

Urinanalyse ergab zu diesem Zeitpunkt das Vorhandensein von Gallen-Pigmenten mit zunehmendem Gehalt an „Urobilinogen" und „Urobilin". Morell verordnete sorgfältige Diät und Behandlung mit Gelostol, „Mutaflor" und Bad-Kissinger-Pillen und bewirkte eine auffallende Besserung des Zustandes. Niemals Empfindlichkeit im Mc Burnyschen Punkte feststellbar. Bauchdecke und „Cremaster"-Reflexe waren immer feststellbar. Kein Leisten- oder Schenkelbruch.

(12) Lymphatische Drüsen

Von Morell wurden keine schmerzhaften Stellen (keine schwachen, weichlichen empfindsamen) oder vergrößerte Drüsen beobachtet.

(13) Rücken (Kreuz)

Das Rückgrat die Wirbelsäule besaß normale Beweglichkeit. Eine leichte (ein leichter) „kyphose“ der Brustwirbelsäule wurde in späteren Jahren sichtbar. Es schloß auch eine sehr leichte „scoliosis“ des dorsalen und zu den Lenden gehörigen Rückgrats mit jedoch nur minimaler Störung der Symmetrie an. Über (um) Rückgrat oder Becken war keine Empfindlichkeit (festzustellen).

(14) Rektal- und Genital-Bereich

Es bestand keine Störung des Blasen- und rektalen Schließmuskel-Tones und kein Anhaltspunkt für Prostata-Erkrankung oder Hämorrhoiden.

(15) Extremitäten

Hitler erzählte Morell, daß er sein linkes Schulterblatt in der Gegend (im Bereich) der unteren Seite der Gelenkpfanne während des Putsches im Jahre 1923 gebrochen hatte und daß für viele Jahre die Reichweite für (Spielraum für) (Weg-) Auswärtsbewegung und Rotation des oberen linken Armes begrenzt war. Völlige Wiederherstellung der Funktion wurde scheinbar später erreicht.

Ein leichtes Zittern des linken Armes und Beines und ein leichtes Nachziehen des linken Beines wurde zuerst 1942 oder 1943, kurz nachdem Hitler sich eine grippe-ähnliche Krankheit während einer Inspektions-Reise nach Winniza in der Ukraine zugezogen hatte, beobachtet. Morell glaubt, daß das Zittern seine Ursache in Hysterie hatte (hysterischer Natur gewesen ist …), schließt aber die Möglichkeit nicht aus, daß es aus der oben (erwähnten) Krankheit resultierte. Das Zittern nahm an Heftigkeit stufenweise bis zu dem Versuch der Ermordung Hitlers am 20. Juli 1944 zu; unverzüglich verschwand es danach ganz. Es erschien dann nach kurzer Zeitspanne in verschlimmerter Form wieder und wurde fortlaufend schlimmer bis zum April 1945.

(16) Neurologische Daten

a) Allgemein

Körper. Die Haltung war während späterer Jahre etwas gebeugt infolge einer leichten „Kyphose“ der dorsalen Brustwirbelsäule, aber Kopf- und Schulterstellung waren normal. Prompte Antwort auf Fragen usw. zeigte normalen Bewußtseinszustand. Die Haut bestand aus feinem Gewebe ohne anormale Pigmentierungen. Die sekundären Geschlechts-Merkmale waren im allgemeinen normal entwickelt. Das Kopfhaar war glatt (gleichmäßig, geschmeidig, weich usw.) und schwarz-braun; es zeigte normale Entwicklung (normales Wachstum). Transpiration war lokal und allgemein normal. Der Kopf war mehr oder weniger „dolichocephalic“. Der Tastbefund erbrachte keinen Anhaltspunkt für „exostosis“ <Knochenvorsprünge>. Kein Geräusch wurde beim Abhorchen im Kopf gehört und keine Empfindlichkeit oder anormale Resonanz bei Perkussion.

b) Schädel-Nerven

I Keine Geruchshalluzinationen oder Verminderung (Beeinträchtigung) des Geruchssinns.

II Kein Papillen-„Ödem“. Keine visuellen Halluzinationen.

III, IV und V Kein Doppelsehen (also normal). Kein konvergentes oder divergentes Schielen. Kein „Nystagmus“. Pupillen waren regelmäßig, gleich und zeigten auf Licht normale Reaktion.

VI Kein Anhalt (Empfindung) für Neuralgie oder Lähmung. Keine „Parasthesie“. Keine Kiefer-Abweichung und keine motorische Muskel- oder Kaustörung. Corneal-Reflex nicht getestet.

VII Keine Geschmacks-Perversion oder andere Abweichung der vorderen zwei Drittel der Zunge. „Lacrimation“ und „Speichelfluß“ normal. Gesichts-Symmetrie gegeben. War imstande, Stirn in Falten zu legen.

VIII (Siehe Anhang IV)

IX Keine „dysphagia“. Geschmacksempfindung auf dem hinteren Drittel der Zunge normal. Schluck- und Sprechfunktionen nicht beeinträchtigt. Kein Projektil-(Er-)-Brechen. Keine Abweichung des weichen Gaumens. Druck auf den Augapfel oder auf den Sinus casoticus (Halsschlagader) „sinus“ verlangsamte den Puls, aber Dr. Morell kann sich nicht daran erinnern, in welchem Jahr er den Test unternahm.

XI War imstand mit den Achseln zu zucken.

XII Herausgestreckte Zunge zeigte keine Abweichung (vom Normalen), keine „Febrillation“ oder Atrophie.

c) Großhirn

Frontal: Gehirntätigkeit normal. Konzentration hervorragend (ausgezeichnet). Keine Euphorie, keine Enthaltsamkeit (Unkeuschheit), keine „anosmia" oder kein Persönlichkeitswandel (Veränderungen).

Motorischer Bereich: Keine (Nerven-) Zuckung (Muskel-Verkrampfung), keine Parese oder Lähmung der Sprechmuskulatur (keine „paresis", „paralysis" oder Sprechunfähigkeit).

Vor-motorischer Bereich: Kein erzwungenes Begriffsvermögen- oder keine Plumpheit.
„Parietal": Empfindung intakt. Konnte (Erscheinungs-) Formen (Umrisse) unterscheiden.

Hinterhaupts-(Gegend): Keine visuellen Halluzinationen. Keine quadratischen Feld-Effekte (siehe Anhang III).

Schläfen-(Gegend): Keine Hör- oder visuellen Halluzinationen.
Keine Sinnesaphasie.
Keine Traumzustände.

„Corpus striatum": Zittern des linken Armes und Beines und leichtes Nachziehen des linken Beines zuerst 1942 oder 1943 bemerkt. Keine Unbeweglichkeit beobachtet.

d) Kleinhirn

Keine „Hypotonie", „nystagmus", „dysarthrie", „ataxie", „asynergie" oder „adiadochokinesis" <Seine Fähigkeit, rasch zu reagieren, z.B. Finger rasch zu öffnen und zu schließen, waren nicht eingeschränkt. Hervorragende Muskelspannung>.

e) Rückenmark

Keine lokale oder allgemeine Muskel-Schwäche mit Ausnahme geringer Schwäche des Stimmbandmuskels. Normale Reaktion auf äußerliche (Bauch-, „cremasteric") und tiefe (Bizeps, „Triceps", Kniescheibe) Reflexe. „Babinsky" war negativ. Keine Pathologie angezeigt.

Anmerkung (Kommentar):

Morell unternahm alle üblichen Reflex-Tests. Wenn keine Pathologie hinsichtlich der Reflexe angezeigt wurde, (wörtl.: unter den Reflexen) würde dies (es) gewöhnlich nicht getestet werden; es bedeutet nur, daß in acht Jahren der Behandlung Hitlers, der Herd (die Quelle, Energiequelle) keine Ursache hatte, den Verdacht zu haben, daß der Reflex abnormal war.

f) Reflex-Zentren und Rückgrat-Basis-Funktionen (Wirbel-)

(root = Wurzel, Basis, Quelle, Ursprung, Ursache, Urgrund, Stamm)

Basis (Funktion) C-1

Keine motorische Störung oder Pathologie der kleinen Hals-Muskeln. Drehung und Dehnung (Streckung) des Kopfes normal. Keine Sinnesstörung oder Pathologie von Hals oder Hinterkopf.

Basen C-2 und C-3

Keine motorische Pathologie oder Störung von Nackenmuskeln oder „trapezius". Kopf-Beugung und Hochziehen der Schultern normal. Keine Sinnes-Pathologie oder Störung von Hinterkopf oder der Seitenansicht des Halses.

Basis C-4

Keine motorische Störung oder Pathologie von „scalenus", Zwerchfell, „levatores", „scapulae" oder „rhomboides". Inspiration normal. Äußere Rotation des oberen Armes normal (eine vorübergehende Begrenzung von Bewegung und Rotation des linken Oberarmes, verursacht durch Bruch in der „glenoid" Gegend von (der) „scapula" im Jahre 1923; verschwand nach mehreren Jahren. Keine Sinnesstörung oder Pathologie von Hals, Schulter, Brust bis zur 2. Rippe oder den Rücken bis Wirbelsäule von (der) „scapula".

Basis C-5

Keine motorische Störung oder Pathologie von „deltroid", „biceps", „coracobrachialis", „brachioradialis", „supinator" oder von (der) „supra- oder infraspinatur". -Bewegung von Oberarm und Beugung und „supination" des Unterarms normal. Keine Sinnesstörung oder Pathologie von „dorsum", von Schulter und Arm oder im Seitenanblick des Oberarms. Bizeps-Reflex normal.

Basis C-6

Keine motorische Störung oder motorische Pathologie von „pectorales", latissimus dorsi", „teres major", „subscapularis", „serratus anterior", „triceps" oder des Verbreiters des Unterarms. Anziehung und Innenrotation von Oberarm und Extension und „Pronation" des Unterarms normal. Keine Sinnesstörung oder Pathologie beim Seitenanblick des Oberarms oder der (in) Radialseite des Unterarms. Triceps-Reflex normal.

Basis C-7

Keine motorische Störung oder Pathologie der Streckmuskeln des Handgelenks, der Finger oder Beugemuskeln oder des Handgelenks. Beugung (Biegung) und Extension des Handgelenks normal.

Keine Sinnesstörung oder Pathologie bei Radialansicht des Unterarms oder des Daumens.

Basis C-8

Keine motorische Störung oder Pathologie der langen Streckmuskel oder der langen Beugemuskeln der Finger und „thenar“-Muskeln. Keine Sinnesstörung oder Pathologie von Beugemuskel oder Streckmuskel-Oberflächen, von Mittel- oder Unterarm und der Hand.

Basis T-1

Keine motorische Störung oder Pathologie der kleinen Muskeln an Hand und Fingern. Keine Sinnesstörung oder Pathologie in (bei) „ulnar“-Seite des ganzen Armes oder des kleinen Fingers.

Basen T-1 bis T-12

Keine motorische Störung oder Pathologie der Rückenmuskeln, der „intercostal“ oder „abdorminal“-Muskeln. Keine Sinnesstörung oder Pathologie von Hals- (Nacken) -Rückgrat (bis) zum 5. „Lumbor vertebra“ im Rücken oder vom Nacken-Rückgrat zum Poupart-Band in der Stirn. Abdorminal-Reflexe normal.

Basis L-1

Keine motorische Störung oder Pathologie der niederen Abdorminal-Muskeln, quadratus lumborum, psoas oder sartorius. Keine Sinnesstörung oder Pathologie der äußeren „gluteal“-Gegend oder der „inguinal“-Gegend.

Basis L-2

Keine motorische Störung oder Pathologie (von) „iliopsoas“ oder der (von) „cremaster“. Keine Sinnesstörung oder Pathologie in der Gegend der Seitenansicht von (Ober-) Schenkel und der Hoden. Cremaster-Reflex normal.

Basis L-3

Keine motorische Störung oder Pathologie von „iliopsoas“, von Schenkel-Anziehmuskeln oder „quadriceps“. Flexion, innere Rotation und Anziehung der Schenkel normal. Keine Sinnesstörung oder Pathologie bei vorderer oder innerer Ansicht von Schenkel und Knie. Patellar-Reflex links verstärkt.

Basis L-4

Keine motorische Störung oder Pathologie von „quadriceps“. Bein-Extension normal. Keine Sinnesstörung oder Pathologie bei innerer Ansicht von Schenkel, Bein oder Fuß.

Basis L-5

Keine motorische Störung oder Pathologie des „glutens medius oder minimus", oder des (von) „semimembraneus", „semiteninosus", „biceps", „tensor fascial/latal" oder der (von) „tibialis anterior". Anziehung von (Ober-) Schenkel und Bein-Flexion normal. Keine Sinnesstörung oder Pathologie der Außenseite von Bein und Fuß.

Basis S-1

Keine motorische Störung oder Pathologie des (von) „glutens maximus", „obturator internus", „pynformis", „gemelli", „quatratus femoria", „tibialis anterior" oder des (von) „extensor digitorum longus". Extension und äußere Rotation von (Ober-) Schenkel und dorsiflexion von Fuß und Zehen normal. – Keine Sinnesstörung oder Pathologie bei hinterer Ansicht von Wade oder Fußsohle, der äußeren Fußbegrenzung oder der Zehen. „Plantar" und „Achilles" Reflex normal.

Basis S-2

Keine motorische Störung oder Pathologie von „gastrocnemius solens", „extensor" und „flexor digetorum communis longus" oder „hallucis longus", „tibialis posterior" oder der kleinen Fußmuskeln.

Plantar-Flexion von Fuß und Zehen normal. Keine Sinnesstörung oder Pathologie im Kreuz (Rücken)-Bereich außerhalb von Bein oder der äußeren Fußbegrenzung.

Basen S-3 bis S-5

Freiwilliger Beginn beim Urinieren und Darmentleerung unter Kontrolle. Keine Sinnesstörung oder Pathologie des (von) perineum, anus oder perianal-Gegend. Von Dr. Morell Analreflex nicht getestet.

(17) Psychiatrische Daten

a) Orientierung, was Zeit, Ort und Personen betrifft war ausgezeichnet.
b) Erinnerung an Ereignisse, an neue und fernliegende, war hervorragend.
c) Sofortige Erinnerung an Persönlichkeiten, Statistiken, Namen usw. war vortrefflich.

Hitlers Allgemein-Ausbildung (Erfahrung) war durch ihren Mangel an Universitäts-Ausbildung gekennzeichnet, welchen er jedoch durch Aneignung einer großen Ansammlung von Allgemeinwissen durch Lektüre kompensierte.

e) Urteilsvermögen über Zeit- und Raumbeziehungen war vorzüglich.
f) Reaktion auf Umwelt war normal.

g) Er war unbeständig, zeitweise ruhelos und manchmal sonderbar (seltsam), sonst (unter anderen Umständen) zur Zusammenarbeit bereit und nicht leicht konfus.
h) Gefühlsmäßig sehr labil. Neigungen und Abneigungen waren sehr festgelegt (entschieden).
i) Gedankenfluß zeigte Kontinuität. Die Rede war weder langsam noch schnell (flott;) – und immer relevant (sachkenntlich, erheblich) wichtig.
j) „Globus hystericus" wurde nicht beobachtet. Kein Gedächtnisschwund. Epigastrischer Schmerz mag möglicherweise hysterischen Ursprungs gewesen sein.
k) Keine krankhaften Ängste oder Zwangsvorstellungen.
l) Keine Halluzinationen, Illusionen, oder paranoide Neigungen vorhanden.

(18) Urologische Daten

Im Jahre 1936 litt Hitler in der Gegend der rechten Niere Schmerz, aber nicht im Bereich der Blase, Prostata, Hoden, „epididymes", „urethra", oder „ureters". Urinieren zeigte keine anormale Schwierigkeit in der Häufigkeit, beim Tröpfeln (Rinnen), Zurückhalten oder des Blut-Volumens. Es gab keine fühlbare Resistenz im unteren oder oberen Leib oder im „costovertelbral"-Winkel.

Urinanalysen wurde bei verschiedenen Gelegenheiten vorgenommen um den „genitouriner" Trakt zu prüfen (kontrollieren) und herauszufinden, ob andere pathologische Symptome festzustellen (vorhanden) waren.

(19) Geschlechtsmerkmale

Die Sexualorgane ließen keine Anzeichen von Anormalität oder Pathologie erkennen und die sekundären Geschlechtsmerkmale waren normal entwickelt. Hitler liebte die Gesellschaft attraktiver Frauen sehr – besonders während der Jahre seines Weges zur Macht. In späteren Jahren war seine Libido offensichtlich durch die Zunahme von Pflichten und Verantwortung sublimiert. Morell glaubt, daß Hitler, obwohl er starker Sexualaktivität nicht zuneigte, mit Eva Braun Geschlechtsverkehr hatte, obgleich sie in getrennten Betten schliefen.

(20) Röntgen-Untersuchungen

Fünf Röntgenuntersuchungen von Hitlers Kopf sind als Anhang II beigefügt. Die 3 Platten – sie wurden am 19. September 1944 aufgezeichnet – wurden im Armee-Hospital in Rastenburg in Ostpreußen hergestellt, während Dr. Giesing Hitlers Verwundungen behandelte, die er beim Versuch der Ermordung Hitlers am 20. Juli 1944 erlitt. Zwei Platten, aufgezeichnet am 21. Oktober 1944, wurden unter Morells Aufnahmen gefunden; aber er kann sich nicht mehr daran erinnern, wann und warum sie angefertigt wurden.

(21) Fecal-Untersuchungen

Wiederholte Fecal-Untersuchungen wurden wegen des Auftretens von dysbacterialintestinal Flora und um den therapeutischen Effekt bei der Behandlung mit „Mutaflor" in Grenzen zu halten, (zu hemmen) vorgenommen.

(22) Blut-Untersuchungen

Die folgenden Blut-Untersuchungen wurden zu verschiedenen Zeiten vorgenommen, um eine allgemeine Orientierung zu ermöglichen: (zu erhalten): Rot-Blut-(Be-)-Rechnung, Farbindex, „Hemoglobin", „Determination" (Sahli), Weiß-Blut-(Be)-Rechnung, weiße Unterscheidungs-Korpuskel(?), Blut-Sedimentbildung-Betrag, Blutzuckerbestimmung, Blut-Calcium-Bestimmung, Blut-Serologie, (Wassermann, Kahn und Meinicke) und „interferometric"-Bestimmung von „catabolic fermentation" im Blut-Serum. Berichtmuster, die über diese Tests gemacht wurden, wurden unter Morells Aufnahmen gefunden und sind (werden) in den Anhängen VI, XI, XII, XIII, XIV und XV wiedergegeben.

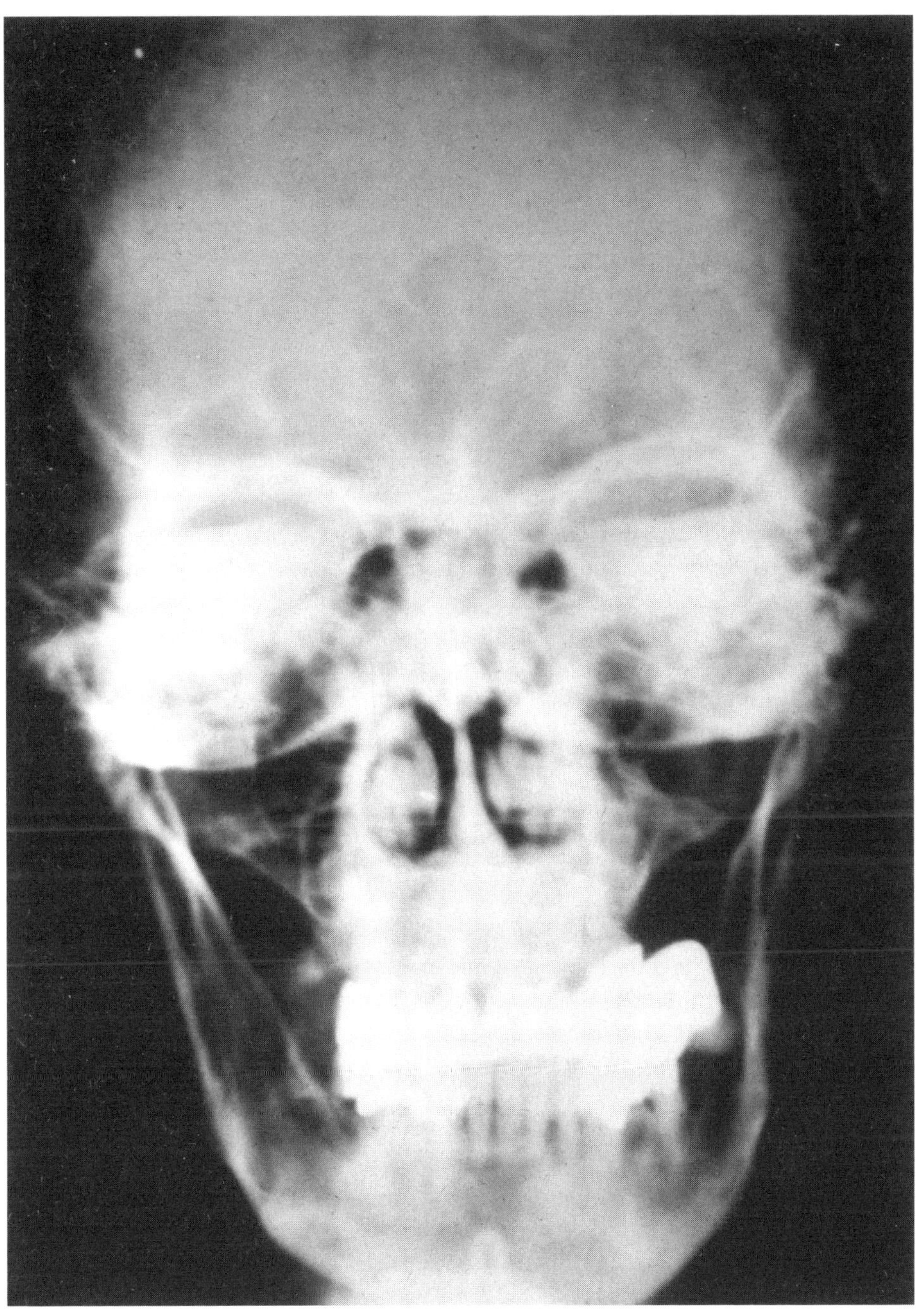

Eine der von Prof. Erwin Giesing nach dem Stauffenberg-Attentat vom 20. Juli 1944 aufgenommenen Röntgenaufnahmen von Hitlers Kopf. Eine weitere Aufnahme S. 166.

(23) Elektrokardiographie

Vier Elektrokardiogramme, die sich über eine Zeit von 3 Jahren erstrecken (August 41 bis September 44), sind als Anhang VII angeheftet. Dr. Morell nahm diese Untersuchungen vor und sandte die Diagramme an Dr. Weber, der weitbekannten Autorität auf dem Gebiete der Herzkrankheiten und Direktor des Herz-Instituts in Bad Nauheim/Hessen zur Ablegung und Diagnose. Allein auf der Basis solcher Karten diagnostizierte Dr. Weber eine rasch fortschreitende Coronar-Sklerose – eine Meinung (eine Ansicht), an die er sich erinnert und jetzt bekräftigt.

a) (*Wurde von den Protokollanten übergangen*)

b) Medikamentöse Behandlung von Dr. Morell

Das Folgende stellt eine fast komplette Liste von Arzneien (Präparaten) dar, die von Dr. Morell während seiner Behandlung Hitlers verwendet(et) wurden. Einige wurden fast täglich verwendet, während andere nur verabreicht wurden, wenn sich die Notwendigkeit ergab. Morphium, Schlafmittel usw. sind in dieser Liste nicht einbezogen. Aber sie enthält die Namen von Substanzen, die eine sehr schnelle Wirkung haben. Glucose z.B. wird ganz schnell absorbiert und ruft in der Folge ein Gefühl des Wohlbefindens hervor. Hitler mochte nach einer Glukose-Injektion mit Situationen sehr unterschiedlich fertiggeworden sein (erledigen, handhaben, umgehen, sich verhalten usw.). Konstante medikamentöse Behandlung über einen Zeitraum von Jahren mag (kann) die physiologische Balance seines Körpers bis zu solch einer Höhe aus dem Gleichgewicht gebracht haben, daß sogar im Normalfall auf harmlose Arzneien vertraut wurde (?) würde vertraut werden (?). Solch eine Person mag von solch medikamentöser Behandlung abhängig werden, selbst, wenn die benutzten Substanzen nicht Arzneien sind, die von gewohnheitsmäßiger Natur sind (vermutlich: Arzneien, die süchtig werden lassen).

(1) Ultraseptyl

Eine Tablette von 2-(p-aminobenzol-sulfonamido)-4 methylhiazol enthält 0,5 g. Diese Tabletten wurden von Dr. Morell verordnet, weil Hitler unter ständiger katarrhischer Entzündung des oberen Atmungstraktes und unter Angina litt. Anwendung: 1–2 Tabletten per os …, unter Zusatz von viel Flüssigkeit (Fruchtsaft oder Wasser) nach einer Mahlzeit. Flüssigkeit wurde eingenommen, um die Bildung von Calculi zu verhindern. Quellenangabe: Ultra-Septyl-Sanabo, Vienna XII/82 (siehe auch Anhang XVI: Übersetzung einer der Vermerke Dr. Morells).

Seite 17 des Original-Protokolls

im Blut-Serum. Berichtmuster, die über diese Tests gemacht wurden, wurden unter Morells Aufnahmen gefunden und sind (werden) in den Anhängen VI, XI, XII, XIII, XIV und XV wiedergegeben.

(23) Elektrokardiographie

Vier Elektrokardiogramme, die sich über eine Zeit von 3 Jahren erstrecken (August 41 bis September 44), sind als Anhang VII angeheftet. Dr. Morell nahm diese Untersuchungen vor und sandte die Diagramme an Dr. Weber, der weitbe= kannten Autorität auf dem Gebiete der Herzkrankheiten und Direktor des Herz-Instituts in Bad Nauheim/Hessen zur Ab~~stegung~~ und Diagnose. Allein auf der Basis solcher Karten diagnostizierte Dr. Weber eine rasch fortschreitende Coronar-Sklerose - eine Meinung (eine Ansicht), an die er sich er= innert und jetzt bekräftigt.

b) Medikamentöse Behandlung von Dr. Morell

Das Folgende stellt eine fast komplette Liste von Arzneien (Präparaten) dar, die von Dr. Morell während seiner Behand= lung Hitlers verwendetet wurden. Einige wurden fast täglich verwendet, während andere nur verabreicht wurden, wenn sich die Notwendigkeit ergab. Morphium, Schlafmittel usw. sind in dieser Liste nicht einbezogen. Aber sie enthält die Namen von Substanzen, die eine sehr schnelle Wirkung haben. Glucose z.B. wird ganz schnell absorbiert und ruft in der Folge ein Gefühl des Wohlbefindens hervor. Hitler mochte nach einer Glukose-Injektion mit Situationen sehr unterschiedlich fertiggeworden sein (erledigen, handhaben, umgehen, sich verhalten usw.). Konstante medikamentöse Be= handlung über einen Zeitraum von Jahren mag (kann) die physiologische Balance seines Körpers bis zu solch einer Höhe aus dem Gleichgewicht gebracht haben, daß sogar im Normalfall auf harmlose Arzneien vertraut wurde (?) würde vertraut wer= den (?). Solch eine Person mag von solch medikamentöser Behand= lung abhängig werden, selbst, wenn die benutzten Substanzen nicht Arzneien sind, die von gewohnheitsmäßiger Natur sind (vermutlich: Arzneien, die süchtig werden lassen).

(2) Eubasin

Eine Sulfonamid-Arznei. Eine Ampulle enthält 5 ccm intragluteal/gespritzt. Wurde nur einmal injiziert, da es Schmerz verursachte. Therapeutisch gegen Erkältung verwendet.

(3) Chineurin

Hamma-Produkt. Fertiggestellt von Dr. Mulli. Diese Arznei enthält etwas Chinin. Anwendung per os nach einer Mahlzeit. Therapeutisch verwendet gegen Erkältungen. Es wurde anstelle von Ultraseptyl benutzt.

(4) Omnadin

Omnadin ist eine Mischung von Protein, lipoiden Substanzen von Felle und animalischen Fetten. Vorausgesetzt alle antigenic-Besonderheiten zu haben(?) und sollte daher am Anfang von Infektionen verwendet werden. Es ist genau festgelegt (bestimmt) gegen Erkältungen. Dr. Morell zog Omnadin dem Ultraseptyl vor, weil es ungiftig war. Manchmal wurde Omnadin in Verbindung mit Vitamultin-CA (siehe b. (13)). 1 Ampoula-2 cc wurde zu einer Zeit intramuskulär gegeben. Omnadin wurde verwendet, wenn immer Hitler an Erkältungen litt und als Ersatz für Ultraseptyl.

(5) Penicillin-Hamma

Vor-(Zu-) bereitet von Dr. Mulli. Penicillin wurde einmal in Form von Puder verwendet – auf einer Hautwunde auf Hitlers rechter Hand, 8–10 Tage nach dem Attentat auf sein Leben am 20. Juli 1944. Die Hautwunde hatte Erbsengröße.

(6) Optalidon

Ein markengeschütztes Analgeticum, eine Kombination von amidopyrine und Barbituraten, die Sandoptal enthält (ein markengeschütztes hypnotic-iso-butylallyl, Babitursäure): 0.05 g; Dimethylamino phenazon (pyramidon): 0.125; Coffein: 0.025. Verwendung: 1–2 Tabletten per os; wurde gegen Kopfschmerzen genommen.

(7) Brom-Nervacit

Zusammengesetzt aus KBr 4 %, NA3PO4 0.1 %, Naphidyl 1 %; dicthylbarbitur-Säure, phenyldimethylpyrazolon, spiritus, sacch. et sacch t. fact. Aroma. Verwendet als Sedativum, um Schlaf hervorzurufen und bei Aufregung. Dosis: 1–2 Tabletten-Löffel. Um eine Bromine-Reaktion zu verhindern, verordnete es Dr. Morell nur alle 2 Monate.

(8) Septoiod

Produkt der Diwag-Chemie-Firma AG., Berlin-Waidmannslust. Dr. Morell verwendete Septoiod gegen Atmungsinfektionen. Er dachte auch, es würde das Fortschreiten von Hitlers Arteriosklerose verhüten und gebrauchte es anstelle von Ultroseptyl. Zuweilen wurde es intravenös bis zu einer Maximaldosis von 20 ccm gespritzt.

(9) Zirkulatorische analeptics

Cardiazol (Pentamethylentetrazol) Coramin (Pyridin-B-carbonic-acid-dicthylamid).

Im Jahre 1941 beobachtete Dr. Morell Ödeme am äußeren und inneren Knödel von Wadenbeinen und Schienbeinen; um die zirkulatorische Leistungsschwäche zu überwinden und die Zirkulation anzuregen, wurden Cardiazol und Coramin verabreicht. Es wurde in Form einer Lösung verwendet, von der 10 Tropfen innerlich für die Zeit einer Woche gegeben wurde; nachdem diese medikamentöse Behandlung für einen Monat unterbrochen wurde, wurde es gelegentlich wieder gegeben, als das Ödem zutage trat(-en).

(10) Sympathol

„Para-oxyphenylethanolmethylamin“, nur 1/100 so wirksam wie Adrenalin. Es wurde von Dr. Morell verordnet, um das Herz-Blut-Minuten-Volumen zu vergrößern.

Es reguliert die Herz-Aktivität und überwindet Gefäß-Insuffizienz. Es wurde in (als) Lösung besorgt und innerlich verabreicht – 10 Tropfen täglich in zeitlich begrenzten Perioden seit 1942.

(11) Strophantin

Ein kristallinisches „glykosid“ verwendet als Herz-„tonic“ (-Tonikum?). Elektrokardiogramme von Hitler deuteten im Jahre 1941 auf Coronar-Sclerose. Dr. Morell ordnete daher eine Behandlung mit intravenös (verabreichten) Injektionen von Strophantin an, wobei er 0.02 mg täglich für Perioden von ungefähr 2–3 Wochen gab. Diese Typus der Behandlung wurde während der letzten 3 Jahre verschiedene Male wiederholt.

(12) Prostrophanta

In Ampullen besorgt, von denen jede 0.3 mg Strophantin in Kombination mit Glukose und Vitamin-B-Komplex („nicotinic acid“) wurde gleich gebraucht wie Strophantin.

(13) Vitamultin-Ca

Enthielt: A, B-Komplex, C, D, E, K, P. – Es wurde von der Hamma-GmbH, Hamburg, in Form von Ampullen und Tabletten geliefert. Ist seit 1938 produziert worden. Dr. Morell injizierte einen Tag um den anderen 4.4 ccm intragluteal. Er verschrieb auch Tabletten, die Hitler manchmal nahm. Es wurde mit kurzen Unterbrechungen von 1938–1944 benützt. Es wurde oft in Kombination mit anderen Arzneien genommen.

(14) Intelan

Besteht aus Vitamin A, D und Glukose. Genau wie Vitamultine therapeutisch verwendet, um Appetit herbeizuführen, überwinden Müdigkeit und Stärken körperliche Widerstandskraft. Intelan wurde in späteren Jahren, von 1942–1944 verabreicht. Es wurde in Tablettenform besorgt und zweimal täglich zu den Mahlzeiten eingenommen.

(15) Glukose

Glukose (5–10 %) -Lösung wurde verabreicht, um Kalorien (Gehalt) zu ergänzen. Auch verwendet als Mischspritze, um dem „contractiven“ Effekt von Strophantin entgegenzuwirken. Es wurde intravenös jeden 2. oder 3. Tag (10 cc) mit kurzen Unterbrechungen für einen Zeitraum von Jahren (von 1937–1940) injiziert.

(16) Tonophosphan

Bayer-Produkt. Es ist das Natrium-Salz von „dimethyl-amino-methyl-phenyl-phosphinor-Säure. Es ist ein Stimulans für „unstriped“ Muskeln <glatte Muskulatur> und wurde auch verordnet, um Phosphor zu ergänzen. Es wird in Ampullen und Tabletten geliefert. Ampullen enthalten eine 1–2 %ige Lösung, Tabletten 0.1 g. Tonophosphan wurde subkutan verabreicht und wurde nur vorübergehend während der Jahre 1942–1944 verwendet.

(17) Mutaflor

Es ist eine Emulsion, eines besonderen Stammes von „Bacillus coli-comunis“ und aus (in) Eingeweide (Darm-) löslichen Kapseln zubereitet.

Sachverständiger: Prof. Nissle, Hageda-A.f., Berlin NW 21. Fragen, die das Produkt betrafen, wurden an Prof. Nissle in Freiburg i.Br. gerichtet. Nach Prof. Nissle haben bestimmte Stämme von „Bacillus coli-communis“ die Eigenschaft, sich im intestinal-Trakt anzusiedeln. Solch eine Eigenschaft wird nicht durch Yoghurt oder „acidophylos Bacillus“ nachgewiesen. Weil Hitler so sehr unter Verdauungsstörung litt (1936–1940), dachte Dr. Morell, eine anormale Bakterienflora („bacterial flora“) im (des) „Intestinaltraktes“ sei die Ursache. Eine Stuhl-Untersuchung bewies, daß dies der Fall war. Dr. Morell verordnete daher die Behandlung mit Mutaflor. Es milderte Hitlers Schmerzen und Verdauungsstörungen. Als der Vorrat von Mutaflor abnahm – als Resultat des Krieges – stellte ein ehemaliger Lehrer, Prof. Laves von der Grazer Universität, ein ähnliches Coli-Präparat mit Namen Trocken-Coli-Hamma her. Prof. Laves untersuchte auch Hitlers Exkremente und stellte Dysbakterie der Darmflora („dysbacterial-intestinal-flora“) fest. Mutaflor-Behandlung bestand aus der Verabreichung einer Serie von Kapseln: am ersten Tag eine gelbe Kapsel, vom 2. bis zum 4. Tag eine rote Kapsel täglich und von da an 2 rote Kapseln täglich für eine Zeit von vielen Jahren (1936–1943) mit einigen Unterbrechungen (Trocken-Coli-Hamma als Ersatz verwendet).

(18) Luizym

Dies ist ein (Verdauungs-) „enzyme“-Präparat, Fermente mit Spalt-Zellulose enthalt, „hemicellulose und Kohlehydrate carbohydrate“. Es wurde gegen Verdauungsschwäche und Blähungen (meteorism) verwendet und um pflanzliche Nahrung verdaulicher zu machen (Hitler war Vegetarier). Es wurde in Tabletten oder Dragees besorgt (geliefert). Luizym wurde einmal in einer Zeitspanne genommen, wenn Blähung und Verdauungsstörung schlimmer wurden. Dosis: 1 Tablette nach den Mahlzeiten.

(19) Glyconorm

Dr. Morell behandelte Hitler mit Glyconorm (2 cc intramuskulär injiziert), um die Verdauungsstörung zu verhindern (einzudämmen). Es wurde nur selten benutzt und nur während der Jahre 1938–1940.

Es wurde auch in Bohnenform geliefert. Es wurde hauptsächlich zur Vermeidung (Vorbeugung) von „pellagra" verwendet. Glyconorm enthält Stoffwechsel-Fermente (COZYMASE I und II), Vitamine und Aminosäuren.
Hergestellt von Nordmark-Werke, Hamburg.

(20) Dr. Kösters Antigas-Pillen

Enthält: „extr. Nux vom., extr. bellad. da 0.5, extr. Gent. 1.0 – 2 – 4.

Pillen werden zu jeder Mahlzeit für eine Zeit von vielen Jahren von 1936–1943 mit zeitlichen Unterbrechungen eingenommen, weil Hitler unter Blähungen litt. Dr. Brandt und Dr. Giesing glauben, daß der kummultative Effekt dieser Arznei die „gelbe" Verfärbung von Haut und „Scleren" und die epigastrischen Krämpfe hervorrief, was im September 1944 bemerkt wurde.

(21) Euflat

Kombinierte Zubereitung von „radix angelicae", „papaverin", „aloe", aktiven Galle Extrakten, „coffee-charcoal", „adsorb.", „pancreas extract". Wurde in Pillenform besorgt und oral für bessere Verdauung und gegen Blähungen verwendet. Diese Arznei wurde nur während der Jahre 1939–1944 eingenommen.

(22) Eukodal

(Dihydro-oxycodein-onchlorhydrate) und Morphium Derivat schmerzstillend, krampflösend.

(23) Eupavermiun (Synthetic alkoloid), krampfstillend.

Beide wurden gegen epigastrische Krämpfe eingenommen. Wurde intravenös injiziert, wenn immer Krämpfe und Schmerz manifestiert wurden.

(24) Kamille

Häufig zu Klistier-Reinigungen benutzt, die Hitler selbst anordnete.

(25) Progynon

Progynon B.-Öl ist ein „esther“ von „benzoic acid“ und der (des) „dihydrofollicle“-Hormon. Es ist in internationalen „benzoate“-Einheiten standardisiert.

1 Ampulle hat 1 mg (10. … IBU). Es wurde intramuskulär gegeben. Es verstärkte die Zirkulation der <Magenschleimhaut> „gastric mucosa“ und verhindert Krampf der gastrischen Trennwand Magenwand und der Gefäße. Dr. Morell nahm Behandlung auf, wenn Hitler unter „gastroduodenitis“ litt (1937–1938).

(26) Hitlers Potenz wurde durch eine Kombination aller männlichen Hormone und die Hinzufügung von Extrakten der (des) „testis“, Samen-Bläschen und Prostata(-Drüse) junger Stiere, verstärkt. Dr. Morell behauptet, es nur einmal verwendet zu haben und da, um Erschöpfung und Depression zu bekämpfen. Es wurde intramuskulär verwendet. 2.2 cc (1 Ampulle). Es ist ein Hamma-Produkt.

(27) Prostacrinum

Ein Extrakt von Samenbläschen und Prostata (-Drüse). Verwendet, um depressive Stimmungen zu verhindern. Wurde im Jahre 1943 für kurze Zeit verwendet. Dosis: 2 Ampullen intramuskulär jeden 2. Tag.

(28) Cortiron

„Desoxyceticosteronacetate“.
Wurde intramuskulär injiziert. Wurde gegen Muskelschwäche benutzt und um die „carbohydrate metabolism“ und die Fettresorption zu beeinflussen, wurde nur ein paar Mal gebraucht.

Das Fazit: Ein leerer Stuhl

Der Historiker Trevor-Roper, seit 1979 als Lord Dacre Mitglied des britischen Oberhauses, der im Auftrage englischer Behörden die offene sowjetische Beschuldigung vom September 1945 widerlegen sollte, daß England sowohl Hitler als auch dessen Ehefrau Eva Asyl gewährt hätte, hat sein Buch „The Last Days of Hitler“[1], Hitlers letzte Tage, um dies noch einmal ausdrücklich zu wiederholen, zu früh geschrieben.[2] 1956 stellte er selbst fest: „Im Laufe dieser zehn Jahre haben sich einige Geheimnisse des letzten Krieges aufgeklärt, andere sind noch geheimnisvoller geworden ... Neue Artikel und Bücher sind geschrieben worden, und früher gemachte Feststellungen sind bezweifelt oder gar widerrufen worden.“[3] Die wichtigsten Zeugen, die über den Tod Hitlers und die Verbrennung seiner Leiche hätten Auskunft geben können, befanden sich bis 1955/56 in sowjetischer Kriegsgefangenschaft: Hitlers SS-Adjutant Otto Günsche, sein „Kammerdiener“ Heinz Linge[4], Johann Rattenhuber, der Kommandant der Leibwache, Flugkapitän Hans Baur und Harry Mengershausen, ein Offizier der Leibwache. Sie, von denen einige persönlich Hitlers toten Körper (und auch den Eva Brauns) mit Benzin übergossen, angezündet und in einem Bombenkrater vor Hitlers Bunker im Garten der Reichskanzlei „bestattet“ hatten, haben Trevor-Roper vor ihrer Entlassung aus der sowjetischen Gefangenschaft nicht als Zeugen zur Verfügung gestanden. Seine Bemühungen, die Erlaubnis der Sowjets für Gespräche mit den Zeugen zu erhalten, blieben erfolglos, „die Russen lehnten die Beantwortung irgendwelcher Nachfragen über sie ab“.[5] Trevor-Ropers wichtigster erster „Zeuge“ vor 1955/56 Erich Mansfeld, hatte lediglich Vermutungen geäußert.[6] Anders Hitlers Chauffeur Erich Kempka, der in amerikanische Kriegsgefangenschaft geraten war – und Reichsjugendführer Arthur Axmann, der sich vorübergehend in den bayerischen Alpen verborgen hatte. Sie hatten die Leichen Hitlers und Eva Brauns persönlich gesehen und deren „Beseitigung“ beigewohnt. Dank ihrer Aussagen war Trevor-Roper in der Lage, den öffentlichen Äußerungen der Sowjets zu widersprechen, die behaupteten, daß Hitler vermutlich weiterhin lebe.

Die Sowjets blieben – offensichtlich auf Stalins Anweisung – relativ lange dabei, Hitlers Leiche nicht gefunden zu haben, obwohl sie nach Verhören, die sie im Mai 1945 mit Hitlers Zahnärztin Käthe Heusermann, dem Zahntechniker Fritz

---

1 Trevor-Roper, H.R., The Last Days of Hitler, London und New York, 1947, 1950 und 1955; deutsche Ausg. Zürich 1948 und 1950.

2 Vgl. S. 158 ff.

3 Trevor-Roper, Lügen um Hitlers Leiche, in: Der Monat, Berlin, Mai 1956.

4 Vgl. Linge, Heinz, Dienen bis zum Untergang, Hrsg. Werner Maser, München 1980.

5 Trevor-Roper, Der Monat, Mai 1956, S. 3.

6 Mansfeld hatte erklärt, am 30. April 1945 um Mitternacht bemerkt zu haben, daß ein Bombenkrater frisch bearbeitet worden war, woraus er geschlossen habe, daß die Leichen dort vergraben worden seien.

Steckbrief-Abbildungen der Alliierten für Suchtrupps, die Hitler gegen Ende des Krieges tot oder lebendig finden sollten. *(Fotos: AP. A. Blumenthal, Fleurop, Keystone.)*

Wie Hitler zu der Zeit tatsächlich aussah, wußten sie nicht.
Den Hitler, den die letzten „Wochenschau"-Aufnahmen zeigten, hielten sie für einen Doppelgänger, den Hitler gar nicht hatte.

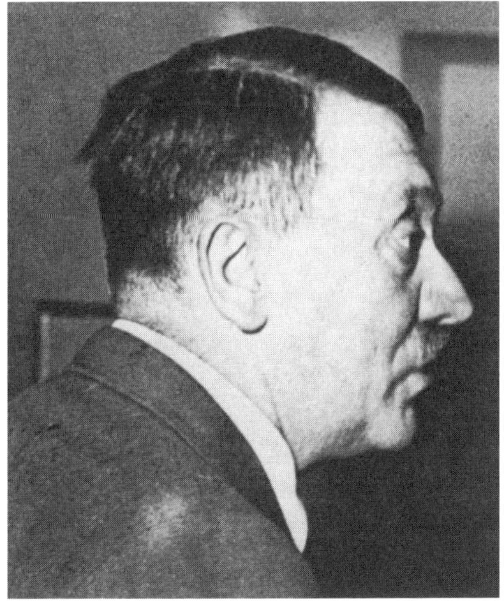

Hitler gegen Ende des Krieges.
Foto: Dr. Paul Schmidt-Carell.

Echtmann (der Hitlers Prothesen hergestellt hatte) – und Harry Mengershausen geführt hatten, überzeugt waren, sowohl Hitlers als auch Eva Brauns Leichname gefunden und „mit an Sicherheit grenzender Wahrscheinlichkeit identifiziert“ zu haben.[7] Marschall Schukow erklärte am 9. Juni 1945 öffentlich: „Wir haben keinen Leichnam entdeckt, der als derjenige Hitlers identifiziert werden konnte. Es ist alles höchst geheimnisvoll“[8], und Generaloberst Bersarin behauptete: „Meiner Meinung nach hat Hitler irgendein Versteck aufgesucht und lebt irgendwo in Europa, wahrscheinlich bei General Franco“.[9] Und Stalin äußerte noch am 1. August 1945 während der Potsdamer Konferenz in Anwesenheit von Truman und Attlee, daß Hitler „nicht greifbar“ sei.[10]

Als die Sowjets Hitlers Tod nicht länger verheimlichen konnten, flüchteten sie sich in die Behauptung, daß er durch Gift aus dem Leben geschieden sei, was sie erstmals 1949/50 in dem als „Dokumentarfilm“ vorgestellten farbigen Propagandafilm „Der Fall von Berlin“[11] wider besseren Wissens zum besten gaben.

Daß Hitler sich in seinem Bunker selbst erschoß, nachdem er aus Sicherheitsgründen zuvor auch noch Gift genommen hatte, paßte den Sowjets nicht ins Konzept. Sie logen und fälschten die Geschichte systematisch und zielgerichtet. Den Soldatentod durfte Hitler nicht gestorben sein, weil es keinen Mythos geben sollte. Sein Selbstmord mußte anrüchig sein. Erst 1968, 15 Jahre nach Stalins Tod, gab der sowjetische Historiker Lew Besymenski zu, daß Hitler sich – nach der Einnahme von Gift – durch einen Kopfschuß das Leben genommen

---

7 Vgl. Trevor-Roper, Lügen um Hitlers Leiche, S. 7.

8 Ebenda.

9 Ebenda. Die Agentur Reuter meldete am 3. Mai 1945, daß Truman überzeugt wäre, daß „Hitler tot“ sei. Die US-Nachrichtenagentur „United Press“ meldete am selben Tage, daß die portugiesische Regierung anläßlich des Todes Adolf Hitlers angeordnet habe, auf öffentlichen Gebäuden Halbmast zu flaggen. Auf Halbmast gesetzt waren auch die Flaggen auf der spanischen Botschaft, der japanischen Gesandtschaft und auf der päpstlichen Nuntiatur. Der irische Ministerpräsident de Valera stattete der deutschen Botschaft einen Besuch ab, um sein Beileid zum Tode Hitlers auszusprechen. Gerüchte jedweder Art geisterten umher: Moskau bezeichnete die Todesmeldung als „faschistischen Trick“, der Hitler die Möglichkeit schaffen sollte, von der Bildfläche zu verschwinden. In Tokio wurde kolportiert, daß Hitler von einer explodierenden Granate getötet worden sei. Nach „Paris-Presse“ hätten „andere Nazi-Führer Hitler mit einer Bombe in die Luft gesprengt“. Die Londoner „Daily Express“ meldete, daß Hitler mit einem U-Boot nach Japan unterwegs sei. Vgl. dazu: Time-Magazine (USA) vom 14. Mai 1945.

10 Nach Angaben des US-Außenministers James F. Byrnes (Speaking Frankly, New York 1947, S. 68) hat Stalin während der Potsdamer Konferenz darüber hinaus erklärt, daß er glaube, Hitler lebe noch und halte sich wahrscheinlich in Spanien oder Argentinien auf. Noch Jahre später geisterten Gerüchte um die Welt, daß Adolf Hitler noch lebe. So veröffentlichte beispielsweise die in New York monatlich erscheinende „The National Police Gazette“ im Dezember 1952 einen vierseitigen exklusiven „Augenzeugenbericht“ über Hitlers angebliche Flucht in die Antarktis. Die angeblichen „Augenzeugen“ Mr. X und Mr. E.I.S., ehemalige Nazi-Agenten, hätten Hitler und der von Hitler schwangeren Eva (Braun) Hitler ermöglicht, am 29. April 1945 aus dem von der Roten Armee eingeschlossenen Berlin mit einem „Fieseler Storch“ zu flüchten, nach Norwegen zu fliegen, dort in einem versteckten Fjord in ein U-Boot umzusteigen und nach Bahia Honda an der columbianischen Künste, von 6 treuen Mitarbeitern und Wissenschaftlern begleitet, zu fahren, wo er am 19. Juli 1945 (allerdings ohne seine Frau, die inzwischen an einem Hirnschlag verstorben und ins Meer versenkt worden sei) gelandet sei, und seine Spezialisten in einem von 24 U-Booten gesicherten Zufluchtsort an seinen Geheimwaffen („Wunderwaffen“) arbeiteten.

11 Der Film, der Stalin peinlich verherrlichte, wurde im Juni 1950 auch im Ostsektor Berlins gezeigt.

habe.[12] Der SED-Historiker Olaf Groehler dagegen log wider besseren Wissens im Auftrag des „Zentralinstituts für Geschichte der Akademie der Wissenschaften der DDR“ noch 1976: „Das Ende Adolf Hitlers ist weder ruhmvoll noch tragisch. Er starb nicht, wie sein Nachfolger Dönitz log, im Kampf, er tötete sich nicht selbst mit dem Revolver, sondern ließ sich wie ein Hund von seinen Adjutanten abknallen, nachdem er und Eva Braun vorher Zyanid geschluckt hatten.“[13]

In seinem „Letzten Willen“ hatte Hitler am 29. April 1945 festgestellt: „Ich selbst und meine Gattin wählen, um der Schande des Absetzens oder der Kapitulation zu entgehen, den Tod. Es ist unser Wille, sofort an der Stelle verbrannt zu werden, an der ich den größten Teil meiner täglichen Arbeit im Laufe eines zwölfjährigen Dienstes an meinem Volke geleistet habe.“

Die in Rußland kolportierte Äußerung „Die Wehrmacht verriet mich, ich scheiterte durch meine Generäle. Stalin war der Klügere, als er die Rote Armee säuberte und sich von falschen Aristokraten befreite“, entstammte einem fiktiven Interview, das die russische „Nationale Zeitung“ auf Betreiben des Herausgebers Viktor Dawydow und des Chefredakteurs Alexander Lobkow 50 Jahre nach dem Ende des Zweiten Weltkrieges als das angeblich letzte Interview Adolf Hitlers publiziert hatte.[14]

Mit dem Tod Hitlers, wenn schließlich auch von eigener Hand, war der Krieg zu Ende und für die Generalität, das Offizierskorps und die deutschen Streitkräfte insgesamt eine Situation entstanden, die sie zumindest vorübergehend „kopf-los“ machte. Jahrelang den von Hitler geschaffenen und bis zum bitteren Ende praktizierten Regelungen unterworfen, die dem Individuum außerhalb der starren Vorgaben keine Chancen für eigene und gegenteilige Entscheidungen gestatteten, sahen sich die weitaus meisten von ihnen in ein Vakuum fallen. Das Nichts erschien ihnen als das letzte Wort zum Teil selbst für die deutsche Geschichte. Hitlers Credo, daß sich „ein 1918“ niemals wiederholen würde, hatte seine Bestätigung gefunden.

---

[12] Besymenski, Lew, Der Tod des Adolf Hitler, Hamburg 1968, u.a. S. 94.

[13] Groehler, Olaf, Das Ende der Reichskanzlei, Ost-Berlin 1976, S. 33.

[14] Vgl. Nationale Zeitung, Nr. 2, S. 4, Moskau 1995. Der fantasiereichen journalistischen Konstruktion zufolge war es einem angeblichen Schweizer Journalisten namens Kurt Speidel gelungen, „24 Stunden vor der Selbsttötung Hitlers“ ein Interview von Hitler zu bekommen. Speidel sei beim Sturm der Roten Armee auf die Reichskanzlei ums Leben gekommen, das Interview jedoch schließlich im Museum der Sowjetstreitkräfte gelandet.

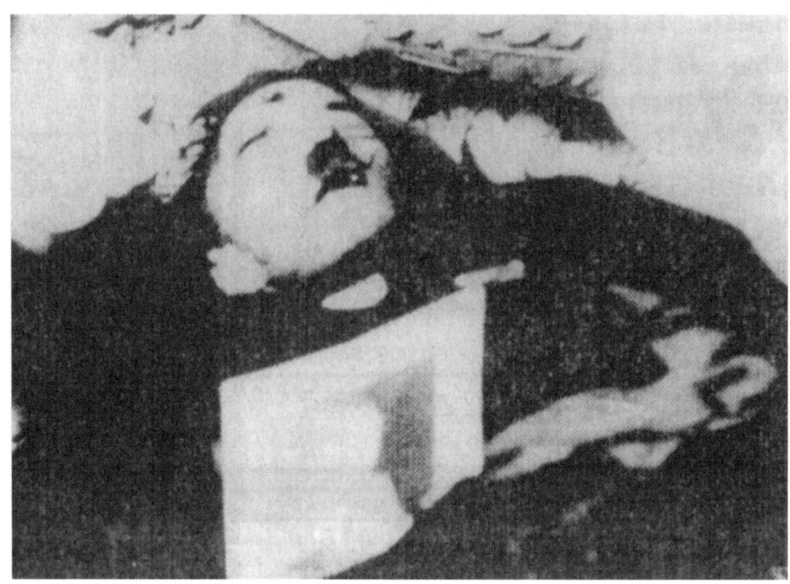

Dieser vom sowjetischen Geheimdienst Anfang Mai 1945 ohne Direktiven Stalins vorschnell als „Hitler-Leiche" zurechtgemachte Tote wurde den Medien propagandistisch aufwendig als „Beweis" für die Behauptung vorgestellt, daß die Rote Armee die Hitler-Leiche gefunden habe. Die Fälschung flog auf, nachdem ein amerikanischer Journalist entdeckt hatte, daß der Tote gestopfte Socken trug. Darauf entfernten die Sowjets den Toten mit fadenscheinigen Ausreden. *Foto: Ullstein.* Spekulationen über den in Moskau aufbewahrten angeblichen Hitler-Schädel sind müßig, da für dessen Herkunft lediglich Angaben ehemaliger KGB-Mitarbeiter vorliegen, deren Berichte nicht auf ihre Authentizität geprüft werden können.

Unmittelbar nach Hitlers Tod: Deutsche Offiziere nach ihrer Gefangennahme in Berlin.
Foto: W. Grebnow, Ria Nowosti

Symbolträchtig: Abfall und Gerümpel auf und um den Tisch, auf dem Hitler den 2. Band seines Buches „Mein Kampf“ schrieb. Der Tisch befindet sich seit 2003 in Bay Village in den USA.

Oktober 1948: Spruchkammerverfahren München gegen Adolf Hitler und Eva Braun. Der leere Stuhl stellt die toten Angeklagten dar.

Todeserklärung Adolf Hitlers vom 25. Oktober 1956

II 48/52

Abschrift

B e s c h l u s s :

Es wird festgestellt, daß

A d o l f H i t l e r ,

geboren am 20. April 1889 in Braunau am Inn, tot ist. Als Zeitpunkt seines Ablebens wird der 30. April 1945 15.30 Uhr festgestellt.

Berchtesgaden, den 25.Oktober 1956
Das Amtsgericht:
gez. Dr. Stephanus

Zur Beglaubigung:
Berchtesgaden, den 25. Oktober 1956
Der stellvertretende Urkundsbeamte der Geschäftsstelle
des Amtsgerichts:
(Wellert)
Justizangestellte

Maser mit Heinz Linge, Hitlers Kammerdiener und Chef des persönlichen Dienstes seit 1934. Linge verbrannte gemeinsam mit SS-Sturmbannführer Otto Günsche Adolf und Eva Hitlers Leichen am 30. April 1945 nach 15.30 Uhr und zerstampfte die Überreste mit einem Holzstampfer.

1956 schleiften ungarische Demonstranten Stalins Bronze-Kopf durch Budapest, bevor der Sowjetmarschall Schukow den Aufstand mit 12 Divisionen der Roten Armee brachial niederwarf. *Abb. aus „46–96. 50 Jahre Springer – 50 Jahre Zeitzeugen. Das waren Zeiten“, Berlin, 10. September 1996.*

Nikita Chruschtschow demaskierte Stalin auf dem XX. Parteitag der KPdSU (B) als Initiator eines gefährlichen „Personenkults“, als Tyrann, Mörder und militärischen Nichtskönner, was letztlich zwar zur Folge hatte, daß sein Leichnam am 31. Oktober 1961 aus dem Lenin-Mausoleum entfernt und an der Kremlmauer – ohne Kopfbüste – beigesetzt wurde, doch für viele seiner einstigen Anhänger ist er – wie das vom römischen Kaiser Caligula zum Konsul ernannte Pferd, das trotz der „Ehrung“ ein Pferd blieb, auch weiterhin das geblieben, was er für sie zuvor gewesen war. Das durch seine Geschichtsschreibung verfälschte Geschichtsbild hat seine Strahlkraft trotz der teilweise einander widersprechenden Paradigma-Vorgaben nicht bei jedermann verloren. So warb beispielsweise die Kreml-Partei „Einiges Rußland“ im Oktober 2003 für die Parlamentswahlen mit Plakaten, die Stalins Porträt in der Umgebung von Militärs und Dichtern wie Tolstoj und Dostojewski zeigten.

BIBLIOGRAPHIE

Diese Bibliographie bietet einen Überblick zu den wichtigsten Veröffentlichungen. Weitere Publikationen, unveröffentlichte Quellen, Akten und Dokumentationen, die im Zusammenhang mit Einzelfragen relevant sind, werden in den betreffenden Fußnoten berücksichtigt.

Andrew, Christopher und Mitrochin, Wassili, Das Schwarzbuch des KGB. Moskaus Kampf gegen den Westen, deutsche Übersetzung aus dem Englischen. The Mitrochin Archive: The KGB in Europe and the West, Berlin 1999.

Aretz, Emil, Die Auschwitz-Lüge. Ein Erlebnisbericht, 1972.

Aronsfeld, C.C., Mein Kampf's career since 1945, Patterns of Prejudice, Institute of Jewish Affairs, vol. 6, No. 4, Juli–August 1972.

Aschenauer, Rudolf (Hrsg.), Ich. Adolf Eichmann, Leoni 1980.

Augstein, Rudolf, in: Reden über das eigene Land: Deutschland, Kulturreferat der Landeshauptstadt, München 1984.

Bahar, Alexander und Kugel, Wilfried, Der Reichstagsbrand. Wie Geschichte gemacht wird, Berlin 2001.

Bainbridge, Beryl, Jung Adolf, Roman, Zürich 1979.

Bartel, Walter, Der Zweite Weltkrieg 1939–1945, Wirklichkeit und Fälschung; (Ost)Berlin 1959.

Basler, Werner, Zur Vorgeschichte des deutsch-sowjetischen Nichtangriffspaktes 1939, Zeitschrift für Geschichtswissenschaft, II, 1. Beiheft.

Baum, Bruno, Widerstand von Auschwitz, Berlin 1949.

Bavendamm, Dirk, Roosevelts Krieg 1937–45 und das Rätsel von Pearl Habour, München 1993.

Below, Nicolaus von, Als Hitlers Adjutant 1937–1945, Mainz 1980.

Besymenski, Lew, Der Tod des Adolf Hitler, Hamburg 1968.

ders., Zähmung des Taifuns, Ost-Berlin 1981 (Übersetzung der 1978 in Moskau erschienenen Ausgabe).

Binion, Rudolf, „... daß ihr mich gefunden habt". Hitler und die Deutschen: Eine Psycho-Historie, Stuttgart 1978.

Bolterauer, Lambert, War Adolf Hitler eine originäre Fanatikerpersönlichkeit?, in: Die Macht der Begeisterung. Fanatismus und Enthusiasmus in tiefenpsychologischer Sicht, Tübingen 1989. Nachdruck in: The Hebrew University of Jerusalem, Sigmund Freud Center for Study and Research in Psychoanalysis Departement of Psychology, Mount Scopus, Jerusalem.

Bordjugow, G., Neweshin, W. (Hrsg.), Plante Stalin einen Angriffskrieg gegen Hitler?, Moskau 1995.

Bracher, Karl Dietrich, Zusammenbruch des Versailler Systems und zweier Weltkriege, in: Propyläen Weltgeschichte, Bd. 9.

Brisand, André, Canaris, Frankfurt 1976.

Broszat, Martin, Hitler und die Genesis der „Endlösung", in: Vierteljahrshefte für Zeitgeschichte, H. 4/1977.

ders., Kommandant in Auschwitz, München 1978.

Bullock, Alan, Hitler. Eine Studie über Tyrannei, 71.–75. Tausend, Düsseldorf 1967.

Byrnes, James F., speaking Frankly, New York 1947.

Carr, William, Adolf Hitler. Persönlichkeit und politisches Handeln, Berlin, Köln, Mainz 1978.

Carroll, Wallace, Persuade or Perish, Boston 1948.

Caspar, C., Mein Kampf – A Bestseller in: Jewish Sozial Studies, Jg. XX, 1958.

Conquest, Robert, Am Anfang starb Genosse Kirow, Düsseldorf 1970.

Cornish, Kimberley, Der Jude aus Linz, Berlin 1998.

Danilow, Walerij, Hat der Generalstab der Roten Armee einen Präventivkrieg gegen Deutschland vorbereitet?, in: Österreichische Militär-Zeitschrift, H. 1/1993.

De Zayas, Alfred M., Die Wehrmacht-Untersuchungsstelle. Deutsche Ermittlungen über alliierte Völkerrechtsverletzung im Zweiten Weltkrieg, München 1980.

Deborin, G.A., Der Zweite Weltkrieg, Ost-Berlin 1960.

Deichmann, Hans, Ich sah Königsberg sterben, Schnellbach 2000.

Delmer, Sefton: Die Geisterarmee oder Die Invasion, die nicht stattfand, Wien 1972.

Demandt, Alexander, Ungeschehene Geschichte, Göttingen 2000. Titel gleichlautend mit dem Essay von 1984.

Der Hitler-Prozeß vor dem Volksgericht in München. Ungekürztes Protokoll, München 1924.

Deschner, Günther, Reinhard Heydrich. Statthalter der totalen Macht, Esslingen 1977.

Deuerlein, Ernst, Der Aufstieg der NSDAP in Augenzeugenberichten, Düsseldorf 1968.

Diels, Rudolf, Lucifer ante portas … es spricht der erste Chef der Gestapo …, Stuttgart 1950.

Dimitroff, Georgi, Memoiren, Berlin 2000.

Djilas, Milovan, Gespräche mit Stalin, Frankfurt/M. 1962.

Dlugoborski, Waclaw und Piper, Franciszek (Hrsg.), Auschwitz 1940–1945, Oswiecim 1999.

Domarus, Max, Hitler. Reden und Proklamationen 1932–1945, München 1965, Bd. I.
Dönitz, Karl, Zehn Jahre und zwanzig Tage, Frankfurt am Main 1964.
Drexel, Joseph E., Der Fall Niekisch. Eine Dokumentation, Köln 1964.
Drobisch, Klaus, Widerstand in Buchenwald Ost-Berlin 1989.
Durand, Pierre, Die Bestie von Buchenwald, (Ost-)Berlin 1986.

Ehrenburg, Ilja, Remember, Remember, in: „Sowiet War News“ vom 22. Dezember 1944.

Fabry, Philipp W., Mutmaßungen über Hitler, Düsseldorf 1969.
Falin, Valentin, Zweite Front. Die Interessenkonflikte in der Anti-Hitler-Koalition, München 1995.
Fest, Joachim, Hitler. Eine Biographie, Frankfurt, Berlin, Wien 1973.
Finkelstein, Norman, Die Holocaust-Industrie. Wie das Leiden der Juden ausgebeutet wird, München und Zürich 2001.
Fleming, Gerald, Hitler und die Endlösung, Wiesbaden und München 1982.
Foitzik, Jan, Die sowjetische Militäradministration in Deutschland (SMAD), in: Broszat, Martin (Hrsg.), SBZ-Handbuch. Staatliche Verwaltungen, Parteien, gesellschaftliche Organisationen und ihre Führungskräfte in der Sowjetischen Besatzungszone Deutschlands 1945–1949, München 1990.
Frank, Hans, Im Angesicht des Galgens, München und Gräfelfing 1953.
Frenkin, Anatolij, Präventivschlag oder unbegründeter Überfall Hitlers auf die UdSSR?, in: Deutsche Militärzeitschrift, Brühl, Oktober/Dezember 1995.
Freund, Michael, Deutsche Geschichte, München 1979.
Friedler, Eric, Siebert, Barbara, Kilian, Andreas, Zeugen aus der Todeszone, Lüneburg 2002.
Friedrich, Jörg, Der Brand. Deutschland im Bombenkrieg 1940–1945, Berlin 2002.
Frieser, Karl-Heinz, Blitzkrieg-Legende. Der Westfeldzug 1940, München 1995.
Fromm, Erich, Anatomie der menschlichen Destruktivität, Stuttgart 1974.
Fromm, Rainer und Kernbach, Barbara, Europas braune Saat, München 1994.

Gerlach, Christian, Kalkulierte Morde, Hamburg 1999.
Gisevius, Hans Bernd, Bis zum bitteren Ende, Zürich 1946.
Goebbels, Joseph, Tagebücher. Hrsg. Fröhlich, Elke, München, New York, London, Paris 1987 und Hrsg. Reuth, Ralf Georg, TB-Ausg. München und Zürich 1992.
Goldhagen, Daniel, Die katholische Kirche und der Holocaust. Eine Untersuchung über Schuld und Sühne, Berlin 2002.
ders., Hitler's Willing Executioners“ (Hitlers willige Vollstrecker), Berlin 1996.
Görlitz, Walter, Geldgeber der Macht. Wie Hitler, Lenin, Mao Tse-tung, Mussolini, Stalin, Tito ihren Aufstieg zur Macht finanzierten, Düsseldorf 1976.

Gorodetzky, Gabriel, Die große Täuschung. Hitler, Stalin und das Unternehmen „Barbarossa", Berlin 2001. Die englische Originalausgabe erschien 1999.
Groehler, Olaf, Das Ende der Reichskanzlei, Hrsg. Zentralinstitut für Geschichte der Akademie der Wissenschaften der DDR, Ost-Berlin 1976.
Grossmann, Wassili, Ilja Ehrenburg, Arno Lustiger (Hrsg.): Das Schwarzbuch, Reinbek 1994.
Gruchmann, Lothar, Hitler über die Justiz. Das Tischgespräch vom 20. August 1942, in: Vierteljahrshefte für Zeitgeschichte, H.12/1964.
Gründler, Gerhard E. und Manikowsky, Armin von, Das Gericht der Sieger. Oldenburg und Hamburg 1967.
Gutman, Yisrael/Berenbaum, Michael, Anatomy of the Auschwitz death camp, Bloomington Indianapolis 1994.

Haase, Günther, Die Kunstsammlung des Reichsmarschalls Hermann Göring. Eine Dokumentation, Berlin 2000.
Haffner, Sebastian, Anmerkungen zu Hitler, München 1978.
Hampe, Karl, Geschichte Konradins von Hohenstaufen, (1894), 3. Aufl., Leipzig 1942.
Hanfstaengl, Ernst, Zwischen Weißem und Braunem Haus. Memoiren eines politischen Außenseiters, München 1970.
Hanstein, Wolfram von, Von Luther bis Hitler. Ein wichtiger Abschnitt deutscher Geschichte, ohne Ort/Jahr.
Hart, Liddell, Geschichte des Zweiten Weltkrieges, 2 Bde. in 1, Düsseldorf und Wien 1972.
Heiden, Konrad, Adolf Hitler, 2 Bde., Zürich 1936.
ders., Geburt des Dritten Reiches, 2. Aufl., Zürich 1934.
ders., Geschichte des Nationalsozialismus, Berlin 1932.
Heim, Heinrich, Adolf Hitler. Monologe im Führer-Hauptquartier 1941–1944. Hrsg. Jochmann, Werner, Hamburg 1980.
Heinsohn, Gunnar, Jüdische Sklavenarbeiter Hitlerdeutschlands, Bremen 2001.
Hensel, Jürgen und Nordblom, Pia (Hrsg.), Hermann Rauschning – Materialien und Beiträge zu einer politischen Biographie, Osnabrück 2003.
Heuss, Theodor, Hitlers Weg, Stuttgart, Berlin, Leipzig, 1931 (Neu-Ausg., Hrsg. Eberhard Jäckel, Tübingen 1968.).
Hilberg, Raul, Die Vernichtung der europäischen Juden, Berlin 1982.
Hildebrand, Klaus, Grundriß der Geschichte. Das Dritte Reich, München und Wien 1979.
Hillgruber, Andreas, Staatsmänner und Diplomaten bei Hitler. Vertrauliche Aufzeichnungen über Unterredungen mit Vertretern des Auslands, Bd. I, Frankfurt 1967.
Hillgruber, Andreas und Hümmelchen, Gerhard, Chronik des Zweiten Weltkrieges, Frankfurt 1966.
Hitler, Adolf, Mein Kampf, 469.–473. Aufl., München 1939.

Hoffmann, Joachim, Die Angriffsvorbereitungen der Sowjetunion 1941, in: Zwei Wege nach Moskau. Vom Hitler-Stalin-Pakt bis zum „Unternehmen Barbarossa". Im Auftrag des Militärgeschichtlichen Forschungsamtes hrsg. von Bernd Wegner, München und Zürich 1991.

ders., Die Kriegführung aus der Sicht der Sowjetunion, in: Der Angriff auf die Sowjetunion, Stuttgart 1987, S. 713–809 (= Das Deutsche Reich und der Zweite Weltkrieg. Hrsg. vom Militärgeschichtlichen Forschungsamt, Bd. 4).

ders., Die Sowjetunion bis zum Vorabend des deutschen Angriffs, in: Der Angriff auf die Sowjetunion. Stuttgart 1987, S. 38–97 (= Das Deutsche Reich und der Zweite Weltkrieg. Hrsg. vom Militärgeschichtlichen Forschungsamt, Bd. 4).

Hubatsch, Walther (Hrsg.), Hitlers Weisungen für die Kriegführung 1939–1945, München 1965.

Ilsemann, Sigurd von, Der Kaiser in Holland. Aufzeichnungen aus den Jahren 1924–1941: Monarchie und Nationalsozialismus, München 1968.

Irving, David, Göring, München und Hamburg 1987.

ders., Hitlers War, London 1977.

Jäckel, Eberhard, Hitler. Sämtliche Aufzeichnungen 1905–1924, Stuttgart 1980.

Jacobsen, Hans Adolf, 1939–1945. Der Zweite Weltkrieg in Chronik und Dokumenten. Darmstadt 1959.

ders., Der Fall Gelb. Der Kampf um den deutschen Operationsplan zur Westoffensive 1940, Wiesbaden 1957.

ders., Dokumente zur Vorgeschichte des Westfeldzuges 1939–1940. Göttingen 1956.

Jacobsen, Hans Adolf und Hans Dollinger (Hrsg.), Der Zweite Weltkrieg in Bildern und Dokumenten, 3 Bde., München 1963.

Jacobsen, Hans-Adolf und Werner Jochmann (Hrsg.), Ausgewählte Dokumente zur Geschichte des Nationalsozialismus 1933–1945, Bielefeld 1961 ff.

Jakowlew, Alexander, Die Abgründe meines Jahrhunderts, Leipzig 2003.

Jetzinger, Franz, Hitlers Jugend. Phantasien, Lügen – und die Wahrheit, Wien 1956.

Joachimsthaler, Anton (Hrsg.), Schroeder, Christine, Er war mein Chef. Aus dem Nachlaß der Sekretärin von Adolf Hitler. München 1985.

ders., Hitlers Liste, München 2003.

Kaiser, Gerd, Katyn, Berlin 2002.

Kehrig, Manfred, Stalingrad, Stuttgart 1976.

Kehrl, Hans, Kriegswirtschaft und Rüstungsindustrie, in: Bilanz des Zweiten Weltkrieges, Oldenburg 1953.

Kempner, Robert M.W., Das Dritte Reich im Kreuzverhör, München und Esslingen 1969.

ders., Eichmann und Komplizen, Zürich, Stuttgart, Wien 1961.

ders., SS im Kreuzverhör, München 1964.
Kershaw, Ian, Der Hitlermythos. Volksmeinung und Propaganda im Dritten Reich, Stuttgart 1980.
Knopp, Guido (Hrsg.), Hitler heute. Gespräche über ein deutsches Trauma, Aschaffenburg 1979.
Koch-Hillebrecht, Manfred, Hitler. Ein Sohn des Krieges. Fronterlebnis und Weltbild, München 2003.
Kopelew, Lew, Aufbewahren für alle Zeit, Hamburg 1976.
Kowalewski, A.J., J.W. Stalin – Der Inspirator und Organisator der Siege des Sowjetvolkes im Großen Vaterländischen Krieg, Ost-Berlin 1952.
Kriegstagebuch des Oberkommandos der Wehrmacht, Hrsg. Percy E. Schramm, Bd. I., 1. August 1940 bis 31. Dezember 1941, erläutert und zusammengestellt von Hans-Adolf Jacobsen, München 1982.
Krockow, Christian Graf von, Hitler und seine Deutschen, München 2001.
Kubizek, August, Adolf Hitler, mein Jugendfreund, Graz, Göttingen 1953.
Kuropka, Joachim und Zumholz, Anna-Maria, Clemens August Graf von Galen. Sein Leben und Wirken in Bildern und Dokumenten, Cloppenburg 1992.

Langbein, Hermann, Der Auschwitz-Prozeß, Frankfurt/M. 1965.
Lange, Karl, Hitlers unbeachtete Maxime. „Mein Kampf“ und die Öffentlichkeit, Stuttgart-Berlin-Köln-Mainz 1968.
Langer, Walter C., Das Adolf Hitler-Psychogramm. Eine Analyse seiner Person und sein Verhalten, verfaßt 1943 für die psychologische Kriegführung der USA, Wien, München, Zürich 1973.
Lanik, Josef, Was Dante nicht sah. Roman, Obzor 1964 und Frankfurt 1967.
Lappin, Elena, The Man with Two Heads, in: Granta Nr. 66.
Leppmann, Wolfgang, Gerhart Hauptmann, München 1986.
Linge, Heinz, Dienen bis zum Untergang, Hrsg. Werner Maser, München 1980.
Lozowick, Yaacov, Hitlers Bürokraten. Eichmann, seine willigen Vollstrecker und die Banalität des Bösen, Zürich, München 2000.

Machtan, Lothar, Das Doppelleben eines Diktators, Berlin 2001.
Mackiewiecz, Josef, Katyn, Zürich 1949, Frankfurt/M. 1987.
Magenheimer, Heinz, Die Sowjetunion und der Ausbruch des Zweiten Weltkrieges, in: Österreichische Militär-Zeitschrift, H. 5/1989.
Mann, Thomas, Bruder Hitler, in: Pariser Emigranten-Zeitschrift Das neue Tagebuch, Paris 1939, in Ges. Werke, Bd. 12, Frankfurt/M. 1960.
Manstein, Erich von, Verlorene Siege, Bonn 1958.
Maser, Werner, Adolf Hitler. Legende – Mythos – Wirklichkeit, Eßlingen und München 1971.
ders., Adolf Hitler. Mein Kampf. Fahrplan eines Welteroberers. Geschichte – Auszüge – Kommentare, München 1966 (1. Aufl. Eßlingen 1963).
ders., Das Regime. Alltag in Deutschland 1933–1945, München 1983.

ders., Der Wortbruch. Hitler, Stalin und der Zweite Weltkrieg, München 1994.
ders., Die Frühgeschichte der NSDAP. Hitlers Weg bis 1924, Frankfurt 1965.
ders., Die Organisierung der Führerlegende. Studien zur Frühgeschichte der NSDAP bis 1924, Diss. Friedrich-Alexander-Universität Erlangen.
ders., Heinrich George. Mensch aus Erde gemacht, Berlin 1998.
ders., Hermann Göring, Hitlers janusköpfiger Paladin, Berlin 2000.
ders., Hindenburg. Eine politische Biographie, Rastatt 1989.
ders., Hitler, Vater eines Sohnes, in: Salzburger Universitätszeitschrift „Zeitgeschichte“, H. 5, 1978.
ders., Hitlers Briefe und Notizen. Sein Weltbild in handschriftlichen Dokumenten, 1. Aufl. Düsseldorf 1973 ff., 10. deutsche Neuauflage, Graz 2002.
ders., Neue Gewichtungen. Anti-Hitler-Koalition aus russischer Sicht, in: Deutsche Militärzeitschrift Nr. 3/95 vom 1. April 1995, S. 68 ff.
ders., Nürnberg. Tribunal der Sieger, Düsseldorf 1977.
Maser, Werner (Hrsg.) Mein Schüler Hitler. Das Tagebuch seines Lehrers Paul Devrient, Pfaffenhofen 1975; jüngste Aufl. München 2003.
ders., Lina Heydrich. Leben mit einem Kriegsverbrecher, Pfaffenhofen 1976.
Melnikov und Nevezhin, Was the USSR planing to attack Germany in 1941? in: Russian Studies in History. A Journal of Translations; 2000.
Meyer, Fritjof, Die Zahl der Opfer von Auschwitz. Neue Erkenntnisse durch neue Archivfunde, in: Osteuropa, 52. Jg. 5/2002.
Miltenberg, Weigand v., Adolf Hitler – Wilhelm III., Berlin 1931, Neu-Ausg. (Hrsg. Karl Dietrich Bracher), Stuttgart 1965.
Möcker, Hermann,War Wittgenstein Hitlers „Jude aus Linz“, wie Kimberley Cornish aus antipodischer Sicht meint?, in: Österreich in Geschichte und Literatur, H. 5 (308), Wien 2000.
Mommsen, Hans, Nichts Neues in der Reichstagsbrandkontroverse. Anmerkungen zu einer Donquichotterie, in: Zeitschrift für Geschichtswissenschaft, 49 Jg., H. 4/2001.
Morand, Lord, Churchill. Der Kampf ums Überleben 1940–1945. Aus dem Tagebuch seines Leibarztes Lord Moran. München 1967.
Morozow, Michael, Der Georgier. Stalins Weg und Herrschaft, München 1980.
Morré, Jörg, Speziallager des NKWD, Brandenburgische Landeszentrale für politische Bildung 1997.
Müller, Filip: Sonderbehandlung, München 1979.
Müllern-Schönhausen, Johannes von, Die Lösung des Rätsel's Adolf Hitler. Der Versuch einer Deutung der geheimnisvollsten Erscheinung der Weltgeschichte, Wien 1959.
Murawski, Erich, Der deutsche Wehrmachtbericht 1939–1945 … Mit einer Dokumentation der Wehrmachtsberichte vom 1. Juli 1944 bis zum 9. Mai 1945, Boppard 1962.

Neumann, Sigmund, Die Parteien der Weimarer Republik, Neu-Ausg. Hrsg. Karl Dietrich Bracher, Stuttgart 1965

Noelle, Elisabeth und Neumann, Erich Peter, Hrsg., Jahrbuch der Öffentlichen Meinung 1965–1967, Allensbach und Bonn 1967

Nolte, Hans-Heinrich, „Drang nach Osten". Sowjetische Geschichtsschreibung der deutschen Ostexpansion, Köln und Frankfurt a.M. 1976.

Olden, Rudolf, Hitler the Pawn, London 1936.

Pelt, Robert Jan van, Case for Auschwitz, Bloomington/ Indianapolis 2002.

Persico, Joseph E., Geheime Reichssache. Der Kampf der CIA gegen die deutsche Abwehr, Wien, Zürich, München, Innsbruck 1980.

Petzold, Joachim, Die Demagogie des Hitler-Faschismus, Ost-Berlin 1982.

Picker, Günther, Der Fall Kujau. Chronik eines Fälschungsskandals, Frankfurt/M. und Berlin 1992.

Picker, Henry, Hitlers Tischgespräche im Führerhauptquartier 1941–1942, Stuttgart 1963, zit. 2. Aufl., 1965.

Piper, Franciszek, Die Zahl der Opfer von Auschwitz, Oswiecim 1993.

Ploetz, Karl (Hrsg.), Auszug aus der Geschichte, Würzburg 1968.

Poller, Walter, Arztschreiber in Buchenwald, Hannover 1960.

Post, Walter, Die verleumdete Armee, Selent, Pour le merite 1999.

Pressac, Jan in: Klarsfeld, Beate – Fundation (Hrsg.) Auschwitz – Technique and operation of the gas chambers, New York 1989.

Ranke, Leopold von, Geschichte der romanischen und germanischen Völker von 1494 bis 1514 (1824), 3. Aufl., Leipzig 1885.

Rapoport, Louis, Hammer, Sichel, Davidstern, Berlin 1992.

Rauschning, Hermann, Die Revolution des Nihilismus, Zürich 1938, Neuaufl. 1964.

ders., Gespräche mit Hitler, Zürich 1940, zit. nach der Ausg. Wien 1973.

Reschin, Leonid, Feldmarschall im Kreuzverhör. Friedrich Paulus in sowjetischer Gefangenschaft 1943–1945, Berlin 1996.

Riefenstahl, Leni, Memoiren, München, Hamburg 1997.

Rigg, Mark, Hitlers jüdische Soldaten, deutsche Ausg. Paderborn 2003.

Röhrs, Hans-Dietrich, Hitler – Die Zerstörung einer Persönlichkeit. Grundlagen der Feststellungen zum Krankheitsbild, Neckargemünd 1965.

Röttgen, Herbert (Victor Trimondi), Hitler Buddha Krishna, Wien 2002.

Roxan, David und Wanstall, Ken, Der Kunstraub. Ein Kapitel aus den Tagen des 3. Reiches, München 1966.

Sander, Helke und Johr, Barbara (Hrsg.), Befreier und Befreite. Krieg. Vergewaltigung. Kinder, München 1992.

Schenck, Ernst Günther, Patient Hitler. Eine medizinische Biographie, Düsseldorf 1989.

Schieder, Theodor, Rauschnings Gespräche mit Hitler als Geschichtsquelle, Opladen 1972.

Schirmer, Gerhard, Sachsenhausen-Workuta. Zehn Jahre in den Fängen der Sowjets, Tübingen 1992.

Schmidt, Matthias, Albert Speer. Das Ende eines Mythos. Die Aufdeckung seiner Geschichtsverfälschung. Speers wahre Rolle im Dritten Reich, Bern, München 1982.

Schmidt, Paul, Statist auf diplomatischer Bühne, Frankfurt/M., Bonn 1964.

Schnauber, Cornelius, Wie Hitler sprach und schrieb, Frankfurt 1972.

Schukow, Georgi K., Erinnerungen und Gedanken, Stuttgart 1969,

Schustereit, Hartmut, Vabanque. Hitlers Angriff auf die Sowjetunion 1941 als Versuch, mit dem Sieg im Osten den Westen zu bezwingen, Herford, Bonn 1988.

Seidler, Franz W., Verbrechen an der Wehrmacht. Kriegsgreuel der Roten Armee 1941/1942, Selent 1997.

Shirer, William L., Aufstieg und Fall des Dritten Reiches, Köln, Berlin 1961.

Sichelschmidt, Lorenz, Ein Leben und eine Liebe in Auschwitz, Bremen 1995.

Sigmund, Anna Maria, Die Frauen der Nazis, Bd. I, Wien 1998.

Smith, Arthur L. jun., Der geplante Tod?, in: Deutschland zwischen Krieg und Frieden. Beiträge zur Politik und Kultur im 20. Jahrhundert, Bundeszentrale für politische Bildung, Bd. 295, Bonn 1990.

ders., Die Hexe von Buchenwald. Der Fall Ilse Koch, Köln 1983.

Sontheimer, Kurt, Antidemokratisches Denken in der Weimarer Republik, in: Der Weg in die Diktatur 1918–1933, München 1963.

Speer, Albert, Spandauer Tagebücher, Berlin 1975.

Stalin, Josef, Über den Großen Vaterländischen Krieg der Sowjetunion, Moskau 1946.

ders., Werke, 13 Bde., Ost-Berlin 1951–1953.

Stern, Joseph Peter, Hitler. Der Führer und das Volk. München 1978.

Stern, Leo, Die westdeutsche Geschichtsschreibung im Dienst der psychologischen Kriegführung, Einheit, XIV.

Strauss, Wolfgang, Präventivkrieg oder Angriffskrieg?, Staatsbriefe 5/1995.

Streit, Christian, Keine Kameraden. Die Wehrmacht und die sowjetischen Kriegsgefangenen 1941–1945, Stuttgart 1980.

Suhr, Herbert, Schreib das auf Herbert. 40 Jahre beim Stern, Hamburg 1996.

Suworow, Viktor, Der Eisbrecher. Hitler in Stalins Kalkül, Stuttgart 1989.

ders., Der Tag M, Stuttgart 1995.

Swiebocki, Henryk (Hrsg.), London wurde informiert, Oswiecim 1997.

Taschenbuch Militärpolitik und Wehrpflicht, Berlin 1968.

Thomas, Hugh, Der Mord an Rudolf Heß, München 1982.

Tobias, Fritz, Der Reichstagsbrand. Rastatt 1962.
ders., Stehen Sie auf, van der Lubbe. Der Reichstagsbrand 1933 – Geschichte einer Legende. Nach einem Manuskript von Fritz Tobias, in: Der Spiegel, 43/1959–1-2/1960.
Tobias, Fritz/Fraenkel, Heinrich, Noch einmal: Reichstagsbrand. Tobias gegen Fraenkel und Fraenkel gegen Tobias, in: Der Monat 14 (1961/62).
Tobias, Jim G. und Zinke, Peter, NAKAM. Jüdische Rache an NS-Tätern, Hamburg 2001.
Toland, John, Adolf Hitler, Bergisch Gladbach 1977.
Topitsch, Ernst, Stalins Krieg – Die sowjetische Langzeitstrategie gegen den Westen als rationale Machtpolitik 2. Aufl., München 1986 und Herford 1993.
Trevor-Roper, Hugh Redwald, Hitlers politisches Testament. Die Bormann Diktate vom Februar und April 1945, Hamburg 1981.
ders., Lügen um Hitlers Leiche, in: Der Monat, Berlin, Mai 1956.
ders., The Last Days of Hitler, London und New York 1947, deutsche Ausgabe: Hitlers letzte Tage, Frankfurt/M., Berlin 1965.
Tschujew, Feliks, Sto sorok besed s Molotowim, Moskau 1991.
Tucholsky, Kurt, Gesammelte Werke, Bd. III, Hamburg 1961.
Tyrell, Albrecht, Führer befiehl … Selbstzeugnisse aus der Kampfzeit der NSDAP, Düsseldorf 1969.
Tyrell, Albrecht, Vom „Trommler“ zum „Führer“, Der Wandel von Hitlers Selbstverständnis zwischen 1919 und 1924 und die Entwicklung der NSDAP, München 1975.

Ueberschär, Gerd und Wette, Wolfram (Hrsg.), „Unternehmen Barbarossa“. Der Deutsche Überfall auf die Sowjetunion, Paderborn 1984.
Ulam, Adam B., Stalin. Koloß der Macht, München 1973,

Voslensky, Michael S., Das Geheime wird offenbar. Moskauer Archive erzählen 1917–1991, München 1995.
Vrba, Rudolf, Escape from Auschwitz und Cannot forgive, Toronto 1964.

Waite, Robert G.L., The Psychopathic God Adolf Hitler, New York 1977.
Warlimont, Walter, Im Hauptquartier der Wehrmacht 1939–1945. Grundlagen-Formen-Gestalten, Frankfurt und Bonn 1964.
Wassilewski, Alexander Michailowitsch, Sache des ganzen Lebens, Ost-Berlin 1977.
Weidenfeld, Werner, Geschichtsbewußtsein der Deutschen. Die Gegenwart der Vergangenheit, in: Deutschland zwischen Krieg und Frieden. Beiträge zur Politik und Kultur im 20. Jahrhundert, Bundeszentrale für politische Bildung, Bd. 295, Bonn 1990.
Werth, Alexander, Rußland im Krieg 1941–1945, München 1965.

Wesenberg, Denise, Am Ende des Tunnels kein Licht“ in: Bericht der Gedenkstätte Zwieberge, Ausg. 1/2002.
Wheeler-Bennett, John W., Die Nemesis der Macht. Die deutsche Armee in der Politik 1918–1945, Düsseldorf 1954.
Wiesel, Elie, … und das Meer wird nicht voll. Autobiographie, Hamburg 1999.
ders., Alle Flüsse fließen ins Meer. Autobiographie, 2. Aufl. Hamburg 1997.
ders., Die Nacht zu begraben, Elischa, Eßlingen und München 1962.
Wilkomirski, Benjamin, Bruchstücke, Frankfurt/M. 1995.
Wolffsohn, Michael, Verwirrtes Deutschland? Provokatorische Zwischenrufe eines deutsch-jüdischen Patrioten, München 1993.
Wolfschlag, Claus M., Horrorwesen, Angstprojektion, Stereotyp. Die Figur des „Nazis“ im phantastischen Film, in: Sechzehnte Etappe, Bonn, Jan. 2001/Dez. 2002, S. 65 ff.
Wolkogonow, Dimitri, Stalin. Triumph und Tragödie. Ein politisches Porträt, 2. Aufl. Düsseldorf 1990.
Woodward, D., British Foreign Policy in the Second World War, London 1962, Bd. I.

Zawodny, J. K., Zum Beispiel Katyn. Klärung eines Kriegsverbrechens, München 1971.
Zentner, Christian (Hrsg.), Der Zweite Weltkrieg. Ein Lexikon, München 1995.
Zitelmann, Rainer, Adolf Hitler, Eine politische Biographie, Göttingen und Zürich 1989.

PERSONENREGISTER